Werner Meyer   Hirsebrei und Hellebarde

W

Werner Meyer
Hirsebrei und Hellebarde
Auf den Spuren des mittelalterlichen Lebens in der Schweiz

Walter-Verlag Olten und Freiburg im Breisgau

Der Verlag dankt folgenden Institutionen
und Stiftungen, welche die Herausgabe dieses Buches
mit großzügigen Beiträgen ermöglichten:

Jubiläumsstiftung der Schweizerischen Kreditanstalt
Migros-Genossenschafts-Bund
Otto-Gamma-Stiftung
Pro Helvetia
Regierungsrat des Kantons Solothurn
Ulrico Hoepli-Stiftung

Alle Rechte vorbehalten
© Walter-Verlag AG, Olten 1985
Gesamtherstellung in den grafischen Betrieben des Walter-Verlags
Printed in Switzerland

ISBN 3-530-56707-8

Inhalt

Spuren der Geschichte 9

Von der Forschung zum Geschichtsbild 10

Wildnis und Wohnlichkeit

Landschaft und Geschichte 13

Die Naturlandschaft 14

Der Wald 14 – Das Hochgebirge 18 – Die Gewässer 21 – Das Klima 24 – Die Tierwelt 27

Die Verwandlung der Landschaft durch den Menschen 29

Kultivierung und Zerstörung 29 – Die Rodungstätigkeit 32 – Die Entwicklung der Siedlungsverhältnisse 34 – Rohstoffgewinnung 38 Neue Verkehrsverbindungen 39 – Ergebnisse und Würdigung 42

Die Kulturlandschaft 43

Kornland und Hirtenland 43 – Das Ackerland 44 – Gärten und Weinberge 48 – Wiesen und Weiden 58 – Die Siedlungen 60 – Wasser- und Landwege 68

Behausung und Gemeinschaft

Mensch und Umwelt 75

Abhängigkeit und Geborgenheit 75 – Der Mensch und sein Abfall 76 Die Jahreszeiten 78 – Katastrophen 80 – Anpassungsfähigkeit – die Überlebenschance 81

Bauen und Wohnen 83

Naturnahes und umweltgerechtes Bauen 83 – Die Symbolkraft des Baues 84 – Baustoffe und Bauweise 85 – Bauformen 90 – Der Innenausbau der Wohnstätten 94 – Die Trinkwasserversorgung 99

Von der Adelsherrschaft zur Eidgenossenschaft 102

Herrschaft, Schutz und Schirm 102 – Rodung und Herrschaft 106 Die Bildung von Territorialherrschaften 108 – Habsburg und die Innerschweiz 109

Vom Dreiländerbund zur dreizehnörtigen Eidgenossenschaft 115

Bewährung und Wachstum 115 – Mittel und Wege der eidgenössischen Territorialpolitik 117 – Natürliche und zufällige Landesgrenzen 120 – Die unterentwickelte Staatsgewalt 121 – Anfänge eines schweizerischen Nationalbewußtseins 124

Die mittelalterliche Gesellschaft

Standesdenken und soziale Gruppen 127

Standesdenken und Standesbewußtsein 127 – Bundschuh, Schwert und Falke – die Bedeutung der Statussymbole 128 – Das Glücksrad – Sinnbild des sozialen Auf- und Abstiegs 130 – Die Frauen 133

Der Klerus 135

Pfaffen und Laien 135 – Das Ansehen der Geistlichkeit 137 – Die geistliche Laufbahn und die Rückkehr in die Welt 140

Adel und Aristokratie 142

Adelsstand und Rittertum 142 – Die spätmittelalterliche Aristokratie 146 – Die Jagd nach Titeln und Wappen 147 – Beamte und Gelehrte 149

Das breite Volk 151

Die Bauern 151 – Die Handwerker 153 – Krämer und Kaufleute 155 Knechte und Mägde 158

Randgruppen der Gesellschaft 160

Huren und Henker – die unentbehrlichen Verworfenen 160 – Bettler und Invalide 163 – Juden, Zigeuner und Morisken 164 – Diebe, Räuber und Banditen 174

Das Alltagsleben

Das Tagewerk 177

Tagesablauf und Zeitmessung 177 – Arbeit, Freizeit und Vergnügen 179 – Das Wohnen 182 – Der Hausrat 183

Kleidung, Nahrung und Verständigung 187

Sprache, Worte und Gebärden 187 – Kleider und Schmuck 190 – Die tägliche Nahrung 195 – Tischsitten 197

Die Arbeitswelt 199

Münzen, Maße und Gewichte 199 – Das Arbeitsgerät 202 – Gemeinsames Werken 206 – Löhne, Preise und Arbeitskonflikte 209

Leben und Sterben 211

Von der Wiege bis zur Bahre 211 – Die Gefährdung des Daseins 214 Krankenpflege und soziale Fürsorge 219 – Der gute und der schlechte Tod 223 – Das Begräbnis 226

Das Zeitalter des Glaubens

Die Organisation der Kirche 229

Die Allgegenwart der Kirche 229 – Die Ausstattung von Kirchen und Kapellen 232 – Fromme Stiftungen 235 – Klösterliches Leben 236

Religiöse Gebräuche 239

Der Kult als Teil des Lebens 239 – Prozessionen und Wallfahrten 242 – Bruderschaften 245 – Der Totenkult 247

Glaube und Aberglaube 247

Zauber und Wunder 247 – Heilige und ihre Reliquien 257 – Das Wuettisheer und die dankbaren Toten 261 – Ketzer, Hexen und Zauberer 262

Das Fest

Mittelalterliche Festfreude 267

Das Fest als Ausnahmezustand 267 – Festanlässe und Termine 268 Die Ritualisierung der Feste 270

Formen des Festes 273

Vielfalt und Maßlosigkeit 273 – Essen und Trinken 274 – Spiele und Wettkämpfe 276 – Tanz, Musik und Liebe 278 – Maske, Lärm und Feuer 280 – Das Festpersonal 284

Ständische Feste 285

Fest und Gemeinschaft 285 – Das ritterliche Fest 288 – Schützenfeste in den Städten 289 – Die ländliche Chilbi 291

Fest und Obrigkeit 292

Besuchsfeste 292 – Die Repräsentation der Herrschenden 292 – Das Fest als Unruheherd 303 – Förderung und Unterdrückung 304

Recht und Gewalt

Normen, Sitte, Brauch und Recht 305

Spuren mittelalterlichen Rechtslebens 305 – Ritual und Eid 306 – Volksjustiz 308 – Gewohnheitsrecht und geschriebenes Recht 309

Das Rechtsdenken 311

Das Gottesurteil 311 – Fehde, Rache und Sühne 312 – Rechtsordnung und Rechtsempfinden 314 – Ungleiches Recht für alle 317

Rechtsmittel und Rechtsgrundlagen 318

Gerichte und Prozesse 318 – Sühne und Strafe 320 – Henken, Buße und Verbannung 322 – Die Durchsetzung des Rechts 324

Recht und Staat 326

Kirchenrecht und geistliche Gerichte 326 – Hohe und niedere Gerichtsbarkeit 328 – Gerichtshoheit und Staatsgewalt 335

Krieg und Frieden

Der gewalttätige Lebensstil 337

Rauf- und Fehdelust 337 – Recken und Raubritter 339 – Unstaatlichkeit des Kriegertums 340 – Der Friede als Ausnahmezustand 342

Der Kampf um den Frieden 344

Die Sorge um den Landfrieden 344 – Waffenverbote 345 – Maßnahmen gegen unstaatliche Feldzüge 347 – Obrigkeitliche Friedens- und Kriegspolitik 349

Die Kriegsbereitschaft 351

Burgen, Letzinen und Stadtbefestigungen 351 – Waffen und Zeughäuser 354 – Musterungen, Reisrödel und Ausbildung 356 – Anführer und Mannschaft 358

Ritterliches und eidgenössisches Kriegertum 361

Bewaffnung und Kriegermentalität 361 – Kriegsbräuche 362 – Stärken und Schwächen des Kriegertums 366 – Kriegertum und Obrigkeit 368

Das Söldnerwesen 371

Ursprung und Hintergründe des Reislaufens 371 – Das Söldnerleben 377 – Reislauf und obrigkeitliche Politik 380 – Auswirkungen des Reislaufens 381

Das «finstere Mittelalter» – eine Schlußbetrachtung 385
Vergleichende Zeittafel 388
Literaturhinweise 391
Bildnachweis 394
Dank 395

Spuren der Geschichte

Menschliches Leben hinterläßt Spuren. Mit zunehmendem Alter werden sie immer spärlicher, blasser und lückenhafter, aber auch geheimnisvoller und faszinierender: Ein stillgelegtes Bahngeleise oder ein umgekipptes Autowrack empfinden wir als Umweltverschmutzung, eine Burgruine oder einen griechischen Tempel als kulturgeschichtliches Denkmal. Wo liegt die Grenze zwischen Müll und archäologischer Fundschicht?
Es ist Aufgabe des Historikers, den Spuren früheren Lebens nachzugehen, sie zu sammeln, zu deuten und zu einem Geschichtsbild zusammenzusetzen. Jede Epoche hat sich in eigenen, für den Kenner unverwechselbaren Spuren verewigt. Beschriebene Pergamente, illustrierte Handschriften, Hufeisen, christliche Embleme, Wappenschilder, Schnabelschuhe, gotische Fensterformen oder mörtelverbundene Bruchsteinmauern deuten an, daß wir Reste des Mittelalters vor uns haben, jener rund tausendjährigen Epoche mit dem seltsamen Namen, der den Zeitraum zwischen der Antike und der Neuzeit, das heißt zwischen dem 6. und dem 16. Jahrhundert, bezeichnet und der dem Menschen des Mittelalters völlig unverständlich vorgekommen wäre.
Über die Geschichte der Schweiz im Mittelalter gibt es ein umfangreiches, auch leicht zugängliches Schrifttum. Darauf möchte ich ausdrücklich hinweisen, denn das hier vorgelegte Buch befaßt sich mit der Lebensweise der Menschen und setzt den geschichtlichen Rahmen der äußeren Ereignisse, die Bündnisse, Kriege, Schlachten und Friedensschlüsse sowie die politischen Entwicklungen, in den groben Zügen als bekannt voraus.
Wer nach Fundgegenständen gräbt, wer in alten Handschriften liest oder sonstigen Spuren der Vergangenheit nachgeht, sollte nie vergessen, nach dem Menschen zu fragen, von dem diese Spuren stammen. In den Geschichtsbüchern liest sich so manches an abstrakten Begriffen und Formulierungen, die erst dann lebendig werden, wenn sie mit konkreten Vorstellungen erfüllt sind. Landesausbau, Stadtgründung, Agrarkrise – was heißt denn das eigentlich? Wie erlebten die Menschen des Mittelalters eine Hungersnot, eine Pestepidemie, einen harten Winter, die Eintönigkeit des Alltags? Auf solche Fragen will ich in diesem Werk eingehen, im Sinne einer Reise in die mittelalterliche Vergangenheit. Die Spuren, die von dieser Epoche übriggeblieben sind, werden uns als Wegweiser dienen.
Das Buch wendet sich weniger an den Berufshistoriker, sondern eher an den Geschichtsfreund, der den verschiedenartigen Resten mittelalterlichen Lebens nachgehen und sich in diese frühere, uns fremd gewordene Welt zurückversetzen möchte. Geschichte als Erlebnis könnte uns vielleicht ein tieferes und umfassenderes Verständnis für vergangene Jahrhunderte vermitteln als eine auf blutleere Abstraktionen ausgerichtete Wissenschaft.

Von der Forschung zum Geschichtsbild

Über das Leben in der mittelalterlichen Schweiz liegen nur lückenhafte und einseitige Nachrichten vor. Gewiß fließen im Spätmittelalter die Quellen reichlicher als in früheren Jahrhunderten, trotzdem bleiben selbst für die Zeit um 1500 mit ihrer bereits recht dichten Überlieferung viele Lebensbereiche von Dunkel umgeben. Was die Geschichtsforschung im Verlauf der Jahre an gesicherten oder wenigstens glaubhaften Ergebnissen erarbeitet hat, ist Bestandteil eines riesigen Mosaiks, von dem aber viele Einzelstücke verlorengegangen sind. Wer den Versuch wagt, vom Leben im Mittelalter ein Gesamtbild zu entwerfen, sieht sich in der Lage eines Bilderrestaurators, der ein nur in Bruchstücken erhaltenes Freskogemälde wiederherzustellen hat: Die einzelnen Bildfragmente lassen zwar auf das Gesamtmotiv schließen, aber um die Lücken zu füllen und um den Bildinhalt verständlich zu machen, muß aufgrund von Vergleich, Rückschluß und intuitivem Nachempfinden vieles ergänzt werden. Die Ergänzungen können sich nachträglich als irrig herausstellen, vor allem, wenn neue Informationen ans Tageslicht kommen. In der Geschichtsforschung hat die Ausweitung der Methoden zu einer Wissenschaftsdynamik geführt, die es geradezu vermessen erscheinen läßt, neue Forschungsergebnisse als endgültig hinzustellen. Lange stützte sich der Historiker ausschließlich auf die Schriftquellen, die ihm aus mittelalterlicher Zeit in Form von Urkunden, Chroniken, obrigkeitlichen Akten, privaten Aufzeichnungen und sonstigen Dokumenten vorlagen. Lebensbereiche, über die sich die schriftlichen Nachrichten ausschwiegen, klammerte der Geschichtsforscher kurzerhand aus seinen Betrachtungen aus. Mittlerweile sind neue Informationsmöglichkeiten erschlossen worden: die Erforschung der Bilder, der Sachquellen (Realien), das heißt der Bauten, Geräte, Waffen oder Trachten, ferner der volkstümlichen Überlieferung mit ihren Sagen, Sitten und Bräuchen. Eine immer größere Bedeutung für die Erforschung des Mittelalters bekommt die Archäologie, die durch Ausgrabungen und Untersuchungen am aufgehenden Mauerwerk Spuren früheren Lebens sicherstellt und zuverlässige Datierungen vermittelt. Naturwissenschaftliche Disziplinen – etwa die Dendrochronologie (Altersbestimmung anhand der Jahresringe von Hölzern), die Radiokarbondatierung (Altersbestimmung durch Messung des radioaktiven Kohlenstoffs C^{14} an tierischen und pflanzlichen Resten), die Klimatologie, die Glaziologie (Gletscherkunde), die Botanik, die Zoologie und die Anthropologie – können wesentliche Beiträge zur Lösung historischer Probleme liefern. Wie vielseitig die Anwendungsmöglichkeiten all dieser naturwissenschaftlichen Untersuchungsmethoden für die Geschichtswissenschaft sind, läßt sich vorderhand noch gar nicht abschätzen.

Die Ausweitung der Forschungsdisziplinen birgt aber die Gefahr der Zersplitterung, des Spezialistentums, indem sich die einzelnen Wissenschaftszweige in fachspezifische Richtungen auseinanderbewegen und sich in unwesentlichen Details verlieren, statt sich im historischen Gesamtbild zu vereinigen: Mancher Archäologe gräbt ohne geschichtliche Fragestellung, viele Historiker kümmern sich nicht um die archäologischen Befunde und Datierungen. Dieser Entwicklung ist Einhalt zu gebieten, sonst entfernen sich die Geschichtswissenschaften von Fragen des allgemeinen Interesses und bleiben letztlich für die breite Öffentlichkeit, in deren Dienst sie sich stellen sollten, unverständlich und belanglos.

Dieses Volk ist ungesittet, derb und wild und liebt seine rauhen Berge und Wälder, in denen es aufgewachsen ist, über alles.
Thomas Morus, Utopia, 1516

Wildnis und Wohnlichkeit

Landschaft und Geschichte

Wir stehen in den ersten Jahrzehnten des 13. Jahrhunderts. Kühne, schwindelfreie Gebirgsbewohner klettern an den schroffen Felswänden der Schöllenenschlucht herum, die Uri vom Urserental trennt. Angeseilte Handwerker spitzen Löcher für Tragbalken und Fundamentlager für eine Steinbrücke aus dem harten Granit. Kolonnen von Säumern (Lasttiertreibern) schaffen laufend Gerät und Baumaterial heran, und schließlich wird von unbekannten Berglern vollendet, was späteren Generationen als Wunderwerk erscheint, dessen Verwirklichung man sich ohne Hilfe des Teufels nicht vorstellen kann: Der stiebende Steg mit der Teufelsbrücke öffnet die bis dahin unpassierbare Schöllenen und macht den Gotthard mit einem Schlag zu einem der beliebtesten Paßübergänge im zentralen Alpenraum. Diese Tat hat unübersehbare Folgen: Überall an den Anmarschrouten zum Gotthard zwischen Rhein und Vierwaldstättersee entstehen größere und kleinere Städte, oft an Flußübergängen. Am Fuß der Gotthardsüdrampe erlangt der seit Urzeiten befestigte Platz von Bellinzona eine erhöhte verkehrspolitische und strategische Bedeutung, und die Länder am Gotthard selbst, Uri, das Urserental und die Leventina, rücken ins Spannungsfeld der europäischen Politik.

Ob die wagemutigen Erbauer der Teufelsbrücke und des Schöllenenpfades alle Auswirkungen ihrer Tat vorausgesehen haben, bleibe dahingestellt. Schließlich wissen wir nicht einmal, von wem Initiative und Auftrag für das Werk ausgegangen sind. Mit Sicherheit hat der Gotthardpaß in der Folgezeit das Schicksal zunächst des Landes Uri, später der Gebiete an den Zugangsrouten und schließlich der Eidgenossenschaft überhaupt wesentlich geprägt. Der innere Zusammenhang zwischen Landschaft und Geschichte tritt uns am Gotthard in beispielhafter Klarheit entgegen.

Geschichte spielt sich in vier Dimensionen ab, in der zeitlichen und in den drei räumlichen. Zustände, Ereignisse und Entwicklungen fügen sich in irreversibler Abfolge zu historischen Prozessen zusammen, deren Ursachen und Auswirkungen unlösbar mit dem landschaftlichen Raum verbunden sind. Geschichtliche Größe wird am Ausmaß zeitlicher oder räumlicher Wirkung gemessen. Die Landschaft bildet also für die Geschichte nicht bloß Kulisse oder äußeren Rahmen; historische Prozesse erwachsen vielmehr aus ihr heraus und verändern sie laufend. Die Menschen, mit deren Anwesenheit und Tätigkeit in einem Gebiet geschichtliche Vorgänge überhaupt erst beginnen, leben in einer eigenen landschaftlichen Umgebung, mit der sie sich auseinandersetzen, von der sie geprägt werden und die sie nach ihren Möglichkeiten und Bedürfnissen zu gestalten bestrebt sind.

Geschichtliches Bewußtsein klammert sich an historische Landschaften und deren Denkmäler. Die Erhaltung und die Pflege historischer Stätten dienen letztlich der Bewahrung und laufenden Erneuerung geschichtlichen Bewußtseins. Gedankenlose, mutwillige oder gar mit Absicht geplante Zerstörungen historischer Stätten können zum Erlöschen geschichtlichen Denkens und Erlebens führen.

Die Naturlandschaft

Der Wald Die nachhaltigsten und am tiefsten greifenden Landschaftsveränderungen des Mittelalters wurden durch den Landesausbau verursacht, durch die Binnenkolonisation, die einerseits eine stetige Verringerung des Waldes, andererseits eine bedeutende Zunahme des menschlichen Siedlungsraumes bewirkte. Die Erschließung von wenig bis gar nicht bewohntem Land begann bereits im Frühmittelalter anläßlich der Einwanderung germanischer Siedlergruppen und erreichte im 12. und 13. Jahrhundert vor dem Hintergrund einer starken Bevölkerungszunahme ihre größte Intensität. Erst im ausgehenden Mittelalter ebbte die Kolonisationstätigkeit, die in ihrer letzten Phase noch bis in alpine Hochtäler und auf marginale Böden vorgedrungen war, allmählich ab.

Im Gesamtergebnis bestimmte der durch Rodung und Siedlungsgründung betriebene Landesausbau des Mittelalters – abgesehen von geringen, durch wirtschaftliche und klimatische Rückschläge bedingten Auflassungen – das Landschaftsbild der Schweiz bis zum Beginn des modernen Industriezeitalters. Im Gebiet der Schweiz ist beim mittelalterlichen Landesausbau sehr viel Wald gerodet worden, aber größere Sümpfe, Moore oder Seen sind nicht künstlich trockengelegt worden.

Prägendes Element der mittelalterlichen Landschaft war zusammen mit den Gewässern zweifellos der Wald, der – obgleich durch die fortschreitenden Rodungen stetig zurückgedrängt – große Teile der heutigen Schweiz bedeckte, bis hart an die menschlichen Siedlungen heranreichte und sich im Alpenraum in weit höhere Lagen erstreckte als heute. Um 1100 war die Bischofsstadt Basel gemäß zuverlässiger schriftlicher Kunde von einer schmalen, bloß ein bis zwei Kilometer tiefen Acker- und Gartenbauzone umgeben, während die Gebiete der heutigen Außenquartiere weitläufige bewaldete Einöden bildeten, in denen vereinzelte Rodungsinseln mit Weilern lagen. Bei andern Städten dürfte es sich ähnlich verhalten haben, und die Dörfer – heute durch Landwirtschafts- oder gar moderne Wohn- und Industriezonen verbunden – waren im Mittelalter noch meist durch Waldstreifen unterschiedlicher Breite getrennt. An die starke Verbreitung des Waldes im Hochmittelalter erinnern heute noch viele Orts-, Flur- und Landschaftsnamen. Die Bezeichnung «Waldstätte» für die Länder der Urschweiz taucht bereits im späten 13. Jahrhundert auf, und ihre Bewohner werden schon um 1250 die «Waldleute» genannt.

Weitläufige und geschlossene Waldflächen erstreckten sich im Hochmittelalter über große Gebiete des Mittellandes, der Voralpenzone und des Juras. Der Arboner Forst reichte im 10. Jahrhundert vom Bodensee bis an den Säntis, ein riesiges Waldgebiet muß sich vom Brünig über das Entlebuch und den Napf bis in den Oberaargau ausgedehnt haben. Auch im Greyerzerland, im

Hochjura der heutigen Kantone Waadt, Neuenburg, Bern und Jura waren um die Jahrtausendwende noch weite, wenig berührte Waldgebiete anzutreffen. Im Tessin dürften um 1000 die schwer zugänglichen Seitentäler des Sopraceneri und die höheren Lagen des Malcantone noch kaum bewohnt, mehrheitlich bewaldet gewesen sein. Schriftliche Zeugnisse für die Verbreitung des Waldes im Hochmittelalter begegnen uns in den Urkunden des 11. und 12. Jahrhunderts in großer Zahl.

Die Wälder wuchsen im Mittelalter wie heute auf siedlungsfeindlichen und landwirtschaftlich unergiebigen Böden, an felsigen Talflanken, an steilen Böschungen und Berglehnen, auf Hügelkuppen mit dünnem Erdreich, in schwer zugänglichen Tobeln. Daneben bedeckten sie, soweit sie der Rodungstätigkeit noch nicht zum Opfer gefallen waren, auch günstiges Siedlungs- und Ackerland. Dicht bewaldet waren vor allem auch die Talniederungen, in denen die Flüsse ihre Mäander und Nebenarme bildeten und durch häufige Hochwasser und Bettwechsel eine intensive Nutzung oder gar Besiedlung unmöglich machten. Solche «Auen-» und «Hardwälder» in den überschwemmungsgefährdeten Flußniederungen blieben vom mittelalterlichen Landesausbau weitgehend verschont. Sie begannen erst im 19. Jahrhundert im Zuge der großen Flußmeliorationen zu verschwinden. Von den einst so weit verbreiteten Auenwäldern sind heute nur noch ganz kärgliche Reste übrig.

Weite Teile der mittelalterlichen Wälder blieben vom Menschen lange Zeit unberührt und bildeten einen eigentlichen Urwald. Umgekippte Stämme und Wurzelstöcke, Dornbüsche und Gestrüpp vereinigten sich zu undurchdringlichen Hindernissen. Felsblöcke, Geröll und steile Wasserläufe, Runsen genannt, erschwerten das Vorwärtskommen im Gebirge, Bachbetten, Erosionsgräben und moorige Senken im Unterland. Zur Unwegsamkeit gesellte sich die Schwierigkeit, sich zu orientieren. Leicht konnte man sich in der Unendlichkeit der mitteleuropäischen Urwälder hoffnungslos verirren. Große, unbegangene Wälder ohne Weg und Steg boten deshalb auch einen wirksamen Schutz vor feindlicher Annäherung: Im 14. Jahrhundert fühlten sich die Berner hinter dem Bremgartenwald sicher vor den plündernden Truppen des Bischofs von Basel, und als dieser drohte, den schützenden Wald abzuholzen, hängten die Berner zur Verhöhnung des aussichtslosen Unterfangens Schleif- und Wetzsteine an die Bäume.

Die Nutzung des Waldes blieb auf die Randzonen beschränkt, nicht zuletzt weil Erschließungswege fehlten, die für den Abtransport größerer Stämme nötig gewesen wären. Da der mittelalterliche Mensch auch in den von ihm genutzten Zonen des Waldes keine nennenswerten forstwirtschaftlichen Eingriffe vornahm, blieb die urwüchsige, natürliche Zusammensetzung der Waldflora und vor allem der Baumarten im wesentlichen erhalten, obwohl die fortschreitende Rodung, verbunden mit dem Weidgang im Wald, eine gewisse Verschiebung in der Häufigkeit einzelner Baumarten bewirkte. So scheint etwa die häufige Brandrodung eine Vermehrung von Birke, Espe, Erle und Föhre verursacht zu haben. In den Wäldern des Unterlandes herrschte jedenfalls die Eiche vor, gefolgt von der Buche und anderen Laubbaumarten. In den Auenwäldern waren naturgemäß feuchtigkeitsliebende Bäume wie Erlen und Weiden verbreitet. Tannen zählten in den Wäldern des Unterlandes eher zu den rareren Baumsorten, weshalb sie schon früh, das heißt im 14. Jahrhundert, durch obrigkeitliche Verordnungen geschützt wurden.

Im Gebirgswald überwog naturgemäß das Nadelholz mit Föhre, Lärche, Fichte und Weißtanne, in hohen Lagen besonders des Bündnerlandes auch mit der Arve.

Südlich der Alpen kam die Kastanie hinzu. Neben hohen Bäumen gab es in den mittelalterlichen Wäldern auch viel Buschwerk und ausgedehntes Dickicht mit Dornengestrüpp. Stauden wuchsen an den Waldrändern, an den Hecken und auf Lichtungen. Die Häufigkeit der Haselstaude, zu erklären aus der Beliebtheit der Nüsse und aus der vielseitigen Verwendungsmöglichkeit des Holzes, ist durch das verbreitete Auftreten in Orts- und Flurnamen hinlänglich erwiesen.

Säuberlich von Astwerk und sonstigen Hindernissen gereinigte Waldböden waren im Mittelalter unbekannt. Im Mittelland lagen allenthalben Findlinge herum, Felsblöcke unterschiedlicher Größe, die von den Gletschern der Eiszeit aus den Alpen ins Unterland verfrachtet worden waren. Im Kulturland hatte man schon früh begonnen, diese Steine zu beseitigen, im Verlauf des Spätmittelalters verschwanden sie auch aus den meisten Wäldern, da sie qualitätvolles Baumaterial lieferten. Im 12. und 13. Jahrhundert sind ganze Burgmauern aus solchen Findlingen aufgetürmt worden. Was heute noch an «erratischen Blöcken» herumliegt und liebevoll unter Naturschutz gestellt wird, ist nur der kärgliche Restbestand einer ursprünglich unermeßlich reichen, von der Natur selbst angelegten Sammlung stummer Zeugen der letzten Eiszeit.

In die Unwirtlichkeit des Urwaldes drangen Menschen nur ausnahmsweise vor, vielleicht um ein angeschossenes Wild zu verfolgen, um einen neuen Weg zu erkunden oder um einen kolonisatorischen Vorstoß einzuleiten. Wo die vom Menschen genutzte Waldzone zu Ende ging, begann eine andere Welt, die den wilden Tieren, den Ungeheuern, Dämonen und Gespenstern gehörte, wo der Mensch nichts verloren hatte. Nicht nur von Bären und Wölfen ist in Berichten die Rede, auch von Drachen, Wildmännern, Feen und Kobolden, vor allem auch von Totengeistern, die in verrufenen Einöden und schrecklichen Tobeln (Waldschluchten) ihr Unwesen treiben. Noch im 18. Jahrhundert galt das gefährliche Scaläratobel zwischen Chur und Trimmis als Tummelplatz ganzer Heerscharen grausiger Gespenster. Bis in die Neuzeit hinein pflegten Bauern und Holzfäller ein vielseitiges Brauchtum, das in der Bannung der Waldgeister seinen Ursprung hatte.

Für den ganz auf natürliche Rohstoffe angewiesenen Menschen des Mittelalters galt der Wald, solange er weite Flächen überzog, als nahezu unerschöpfliche Reserve lebensnotwendiger Güter. Daß er Bau- und Brennholz lieferte, versteht sich von selbst, weniger bewußt ist man sich heute seiner Bedeutung für die Ernährung; Waldfrüchte aller Art, vor allem Beeren und Nüsse, wurden in großen Mengen gesammelt. Auf die Tiere des Waldes gehe ich später im Abschnitt über die Jagd ein, auch die Nutzung des Waldes zu Weidezwecken muß in anderem Zusammenhang besprochen werden. Hier ist noch kurz auf seine Bedeutung für die Gewinnung von Rohstoffen hinzuweisen: Holz bildete im Mittelalter einen Werkstoff von fast unbegrenzter Vielseitigkeit, allerdings mit der Einschränkung, daß sich nicht alle Holzarten für alle Verarbeitungstechniken und Endprodukte gleich gut eigneten. Weidenruten wurden geflochten, Buchs und Eibe gedrechselt und geschnitzt, während für Küfer- und Böttcherarbeiten Eiche und Tanne bevorzugt wurden. Für die Herstellung des Langbogens und später, bis zur Ablösung durch Horn oder Stahl, des Armbrustbogens verwendete man Eibenholz, das im Spätmittelalter aus dem Alpenraum bis ins ferne England mit seinen berühmten Bogenschützen exportiert wurde. Rohstoffe des Waldes waren auch die speziell für gewerbliche Zwecke unerläßlichen Holzkohlen und die beim Glasmachen benötigte Pottasche. Die Rinde der

Die Simme im Engnis von Laubegg bei Boltigen. Von Menschenhand unberührte Wasserläufe bestimmten im Mittelalter das Landschaftsbild.

Weißtanne lieferte Gerbstoff, das Harz von Nadelhölzern wurde als Klebstoff, zur Pechherstellung und als medizinisches Pflaster gebraucht.

Die vielseitige Nutzung des Waldes sowie die fortschreitenden Rodungen machten schon im 14. Jahrhundert Einschränkungen im Holzschlag nötig. Der Schutzwirkung des Waldes vor Lawine, Steinschlag und Erosion war man sich im Alpenraum gewiß schon früh bewußt, aber bereits um 1300 erkannte ein aufmerksamer Dominikanermönch im Elsaß auch die Zusammenhänge zwischen Rodung, Wasserhaushalt, Überschwemmungen und Klimaveränderung.

Die ersten, im 14. Jahrhundert einsetzenden Schutzmaßnahmen gingen je nach Besitzverhältnissen von der Obrigkeit oder von Allmendkorporationen aus und bestanden im völligen oder teilweisen Verbot des Holzschlags, des Holzsammelns und des Viehtriebs. Die Schutzfunktion eines bereits 1397 in Bann gelegten Waldes ist heute noch deutlich am Wald oberhalb von Andermatt zu erkennen.

Im Verlauf des 15. Jahrhunderts wurden die obrigkeitlichen Schutzbestimmungen verschärft und präzisiert. Waldfrevler mußten mit Geldbußen oder Verbannung rechnen, widerrechtlich im Wald weidendes Vieh, gleichgültig ob Schwein, Schaf oder Ziege, wurde beschlagnahmt. Die Waldnutzung, Weidgang und Holzschlag, unterlag der obrigkeitlichen Bewilligung, die nur nach Bedarf erteilt wurde. Über die Einhaltung der Nutzungsbeschränkungen hatte der Bannwart zu wachen. Neben die mehrheitlich repressiven Schutzbestimmungen traten im Verlauf des 15. Jahrhunderts vereinzelt auch weitere Maßnahmen: Jungwald wurde zum Schutz vor Wild- und Viehschäden «eingeschlagen», das heißt mit einem Zaun umgeben. Wenn wertvolle Bäume, vor allem Eichen, gefällt wurden, mußten an ihrer Stelle neue Schößlinge gepflanzt werden. Diese Einschränkungen in der Waldnutzung sind von der Bevölkerung keineswegs immer gut aufgenommen worden. In den Volksaufständen des ausgehenden Mittelalters tauchte immer wieder die Forderung nach offenem Weidgang und nach freierem Holzschlag auf. Einen schrankenlosen Raubbau am Wald verhinderten in der Folgezeit allerdings weder die Abweisung derartiger Begehren noch die besondere Weitsicht der Obrigkeit, sondern eher die gesamthaft geringe Bevölkerungsdichte der Schweiz, die spezielle Bodengestalt im Gebirge mit ihren Schwierigkeiten des Abtransportes und schließlich der Mangel an Rohstofflagern, deren Ausbeutung einen bedeutenden Holzverschleiß nach sich gezogen hätte.

Das Hochgebirge Die vielen Berge und Höhenzüge der Voralpen und des Juras waren im Mittelalter, soweit nicht der nackte Fels zutage trat und jeglichen Baumwuchs verhinderte, von Wald überzogen. Die Gebirgsketten des Alpenraumes ragten jedoch mit ihren Gipfeln in Höhen hinauf, auf denen nie, auch nicht in noch so milden Klimaperioden, Büsche oder Bäume gediehen. Zwischen die obere Wald- und Baumgrenze – sie scheint sich ursprünglich mit der Verbreitungsgrenze der Alpenrose gedeckt zu haben – und die Zone von ödem Fels, Schnee und Eis schob sich der karge Vegetationsgürtel der alpinen Magerwiesen. Deren Graswuchs diente nicht bloß dem alpinen Wild als Nahrung. Im Mittelalter trieb der Mensch während der Sommermonate seine Viehherden in diese unwirtlichen Höhen. Über den genauen Verlauf der Klima-, Schnee- und Vegetationsgrenzen im Mittelalter herrscht noch Ungewißheit, doch deuten Einzeluntersuchungen darauf hin, daß im 13./14. Jahrhundert die Gletscher zeit-

Schuttkegel im Gebirge. Von Wildbächen und Lawinen verfrachtetes Geröll verlangsamt den Pflanzenwuchs und die Bildung einer für landwirtschaftliche Nutzung notwendigen Humusdecke. Lawinenschnee bleibt bis in den Sommer liegen.

weise weit zurückgedrängt waren und auch der natürliche Baumwuchs höhere Lagen erreichte. Inwieweit solche Einzeluntersuchungen verallgemeinert werden dürfen, bleibt im Hinblick auf die starken regionalen Schwankungen in der Klimaentwicklung des Alpenraumes einstweilen unsicher. Gewiß ist, daß nach dem Ausgang des Mittelalters eine Klimaverschlechterung eintrat, die im 17. Jahrhundert in der Kleinen Eiszeit ihren Höhepunkt erreichte, was einen Vorstoß der Gletscher, eine Verödung der höchstgelegenen Alpweiden und die Auflassung exponierter Siedlungsplätze bewirkte.

Bis an die Schwelle zur Moderne, genauer bis zum Beginn des Bergtourismus, war die Gipfelwelt des Alpenraumes eine geschichtslose Naturlandschaft, in die sich der Mensch nicht vorwagte. Nicht daß es den Alpenbewohnern an klettertechnischen Kenntnissen gefehlt hätte, sowohl das Kletterseil als auch das Steigeisen waren im Mittelalter bekannt, wie aus zeitgenössischen Abbildungen und aus Bodenfunden ersichtlich ist, und ohne den Gebrauch solcher Hilfsmittel wäre die Errichtung von Brücken, Wasserleitungen und Befestigungen an schwer zugänglichen Felswänden kaum möglich gewesen. Auch eisenbeschlagene Stöcke und Stangen zum Überwinden schwieriger Passagen waren von der Gebirgsjagd her geläufig. In hochgelegene Felswände und Eisfelder drangen gelegentlich Einzelgänger vor, Jäger, Strahler und seit dem Spätmittelalter immer häufiger auch Metallsucher. Die eigentlichen Gipfel- und Gratregionen wurden jedoch gemieden, und zwar fehlte nicht bloß jede Veranlassung für eine so mühsame und gefährliche Wanderung, es war auch die Scheu vor Unbekanntem, mehr noch vor Geistern und Dämonen, die die Menschen vom Bergsteigen abhielt. Auf den Gletschern gingen die armen Seelen um, über die Felsgrate strich das Totenvolk, in den Höhlen und Schründen hausten Kobolde, Drachen und Dämonen. Wohl der am meisten verrufene Berg des Alpenraumes war der Pilatus, ursprünglich Frakmont geheißen, auf dessen felsigen Gipfeln der ruhelose Geist des Pontius Pilatus umhertobte, bis er von einem fahrenden Schüler in einen Bergsee gebannt wurde. Zudem soll der Berg von zahlreichen Drachen bewohnt worden sein. Das geheimnisvolle Grauen, das den Pilatus umgab, muß im Spätmittelalter auf ver-

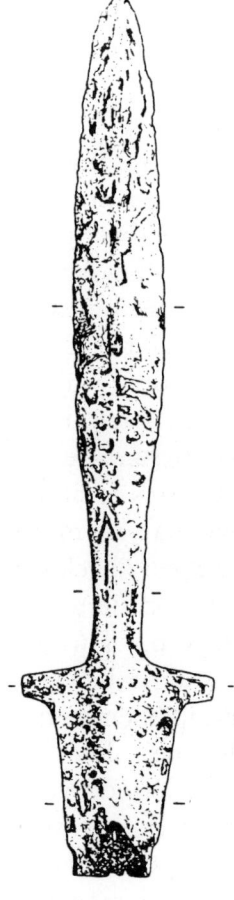

Saufeder etwa aus dem Jahr 1300, gefunden auf der Burg Bischofstein BL. Seit dem Hochmittelalter entwickelten sich spezielle Jagdwaffen, dazu zählte die Saufeder, ein schwerer Spieß mit kurzem Schaft, eingesetzt bei der Jagd auf Bären, Wildschweine und Auerochsen.

wegene Abenteurer, auch auf wißbegierige Gelehrte, eine besondere Anziehungskraft ausgeübt haben. Da man aber in Luzern glaubte, die bösen Unwetter am Pilatus seien ein Werk des erzürnten Geistes, verbot die Obrigkeit, ihn zu besteigen, und hielt die Älpler an, waghalsige Besucher am Weitermarsch zu hindern. 1387 wurden sechs Geistliche schwer gebüßt, weil sie das Pilatusseelein besucht hatten. Für die ersten Besteigungen des Gipfels im 16. Jahrhundert war eine obrigkeitliche Bewilligung erforderlich.

Für die unberührte Gipfelwelt der Alpen kannte der mittelalterliche Mensch nur summarische Namen. Ein differenzierteres Namensnetz mit besonderen Bezeichnungen für einzelne Gipfel, Felspartien oder Bergflanken scheint sich erst seit dem Spätmittelalter allmählich gebildet zu haben. Für einige Namen von Bergmassiven ist ein sehr hohes Alter belegt: Der Säntis kommt in latinisierter Form bereits im 9. Jahrhundert vor, der Ortstock im 12., der Eiger im 13. und das Balmhorn im 14. Jahrhundert, während – eher unerwartet – die Jungfrau erst 1578 schriftlich erwähnt wird.

Einzelne Bergnamen, die in mittelalterlichen Quellen genannt werden, sind heute nicht mehr mit Sicherheit identifizierbar, sie müssen in späterer Zeit durch andere Benennungen abgelöst worden sein. Am häufigsten tauchen einzelne Berge im Zusammenhang mit Grenzbeschreibungen auf, wo sie als Landmarken dienen, freilich in sehr summarischer Umschreibung. Noch seltener als die Berggipfel erscheinen in den Texten des Mittelalters die Gletscher. Die Erwähnung eines «unteren Gletschers» bei Grindelwald im Jahre 1220 bildet eine große Ausnahme. Blieben somit im Mittelalter die Gipfelregionen der Alpen von Menschen unberührt, scheinen die Paßübergänge regelmäßig und einigermaßen häufig benützt worden zu sein, sei es von fremden Reisenden, sei es von einheimischen Jägern, Hirten oder Fehdekriegern. Solange der Paßverkehr nicht an die fahrbaren Straßen der Neuzeit gebunden war, sondern zu Fuß, zu Pferd, auf Esel und Maultier abgewickelt wurde, standen neben den bekannten Hauptrouten stets auch zahlreiche Nebenverbindungen über alle erdenklichen Joche und Lücken zur Auswahl – sofern ein ortskundiger Führer als Begleiter den Weg zu zeigen vermochte. Als bleibender Eindruck von den Alpen blieb den durchreisenden Fremden weniger die Schönheit der Berglandschaft als die Schrecken der Eis- und Felseinöden in der Erinnerung haften.

Die Gewässer Außer den ausgedehnten Wäldern mit ihrer Tier- und Pflanzenwelt und neben dem felsigen, eisstarrenden Hochgebirge bestimmten die Gewässer das natürliche Landschaftsbild des schweizerischen Raumes im Mittelalter. Während aber nach Abschluß des mittelalterlichen Landesausbaues die Waldfläche bis ins 19. Jahrhundert im wesentlichen konstant blieb, hat sich seit dem 15./16. Jahrhundert das Gewässersystem in der Schweiz durch natürliche Vorgänge und durch künstliche Eingriffe ganz entscheidend verändert. Man könnte geradezu sagen, außer dem veränderten Siedlungsbild unterscheide die heutige Landschaft nichts so sehr von der spätmittelalterlichen wie das völlig umgestaltete Gewässernetz.

Im Mittelland und an den Alpenrändern dehnten sich die bekannten Seen infolge des noch viel weniger fortgeschrittenen Verlandungsprozesses ungleich weiter aus als heute, zudem waren sie in flachem Gelände von weitläufigen, jetzt nur noch in geringen Resten erhaltenen Sumpf- und Riedzonen begleitet. Der Lago Maggiore erstreckte sich noch über einen großen Teil der Magadino-Ebene und reichte bis nahe an Bellinzona heran, das noch im Spätmittelalter über einen eigenen Hafen verfügte. Auch die anderen großen Alpenrandseen griffen mit ihrem oberen Ende viel weiter in die Alpentäler hinein – der Bodensee, der Vierwaldstättersee, der Genfersee. Welche enormen Geschiebemengen seit dem Ausgang des Mittelalters durch die Gebirgsflüsse in die Seen abgelagert worden sind, verdeutlicht jene Kirche in der Ebene von Chiavenna, die jetzt nur noch mit dem Campanile und dem Dachgiebel aus dem angeschwemmten Geröll herausragt. Im Spätmittelalter füllte das Geschiebe der Maggia allmählich den Hafen des Schlosses von Locarno aus, und 1515 ergoß sich eine entsetzliche Schlamm- und Geröllflut, die «Buzza», aus dem Bleniotal in den Lago Maggiore, verwüstete die Talniederung des Ticino und zerstörte die Sperrmauer von Bellinzona.

Zwischen dem Zürich- und dem Walensee dehnte sich im Mittelalter als Rest eines ursprünglich zusammenhängenden Seensystems ein durchgehend schiffbares Gewässernetz aus, umgeben von einem weiten Ried, in dessen Mitte der nun verschwundene Tuggener See lag. Die vom Lombach und von der Lütschine angeschwemmte Landbrücke zwischen Thuner- und Brienzersee muß um die Jahrtausendwende bereits bestanden haben, dürfte aber noch wesentlich schmaler als heute gewesen sein. Die ausgedehnte Sumpflandschaft des «Großen Mooses» zwischen Murten- und Bielersee ist erst durch die Juragewässerkorrektion des 19. Jahrhunderts trockengelegt worden. Kleinere Seen, Tümpel und Sümpfe waren überall in den vielen flachen Senken des Mittellandes anzutreffen. Für den Menschen boten die weiten Ried- und Sumpfgebiete keinen angenehmen Aufenthalt. Außer den Gefahren, die von heimtückischen Moorlöchern und Morastflächen ohne festen Grund drohten, und den Dünsten, die aus dem Sumpf aufstiegen, müssen Schwärme von Stechmücken die Riedzone heimgesucht und zeitweise mit Malaria verseucht haben.

Zu den ungezählten stehenden Gewässern, den Seen und Tümpeln, gesellten sich Flüsse und Bäche, die ungezähmt und unberechenbar ihren Weg suchten. Im Ge-

Die Berner verspotten die baslerisch-bischöflichen Truppen: Die Drohung des Bischofs, den Bremgartenwald umzuhauen, der Bern gegen Norden deckt, beantworteten die Berner mit dem Aufstellen von Schleifsteinen, um die Aussichtslosigkeit des Unterfangens zu zeigen. Darstellung des 15. Jahrhunderts.

birge zwängten sie sich durch enge, tief eingeschnittene Schluchten und stürzten über Felskanten als sprühende Wasserfälle zu Tal. In den flachen Niederungen beschrieben Bäche und Flüsse weitläufige Mäander, gegliedert in Haupt- und Nebenarme, deren Verlauf nach jedem Hochwasser wieder wechseln konnte. Erosion und Anschwemmung bildeten so für Jahrhunderte ein natürliches Wechselspiel, in das der Mensch wenig einzugreifen vermochte. Den Lauf der Bäche markierten Busch- und Baumreihen, vor allem Erlen und Weiden, deren Wurzelwerk die stürmische Erosion an den Uferböschungen hemmte. Längs der größeren Flüsse erstreckten sich weite Auen- oder Hardwälder, die zu roden man wegen der stetigen Überschwemmungsgefahr unterließ. Erst im Zeitalter der modernen Flußmeliorationen begannen Abholzung und Urbarisierung der Auenwälder. Hochwasser, verursacht durch die Schneeschmelzen im Frühling, durch lange Regenperioden und heftige Gewitter, setzten wiederholt die Auenwälder unter Wasser, höhlten neue Flußläufe aus, füllten Untiefen aus, schwemmten Geschiebebänke an oder rissen alte Furten hinweg. Im Alpenraum schütteten die aus schmalen Tobeln und engen Seitentälern hervorbrechenden Wildbäche gewaltige Mengen grobblockigen Geschiebes auf und bedrohten ihre nächste Umgebung mit Rüfinen (Steinlawinen). Manche Wasserläufe, «Runsen» genannt, waren die längste Zeit im Jahr ausgetrocknet, konnten sich aber bei Hochwasser in reißende Gießbäche verwandeln.

Das gesamte System von stehenden und fließenden Gewässern blieb das Mittelalter hindurch von Eingriffen durch den Menschen im wesentlichen unberührt. Meliorationen, die einen Flußlauf veränderten, indem sie einen trägen Mäander in einen gestreckten, rasch dahinfließenden Kanal umwandelten oder durch Quer- und Längsverbauungen einen Wildbach zähmten, sind für das Hoch- und Spätmittelalter so wenig bezeugt wie die Trockenlegung großer Sümpfe. Um Überschwemmungen zu vermeiden, begnügte man sich mit dem Wegräumen von festgefahrenem Treibholz. Für solche Arbeiten konnte die Obrigkeit die betroffene Bevölkerung aufbieten. An den Ufern der schiffbaren Flüsse entstanden im Verlauf des Spätmittelalters «Treidelpfade», schmale Wege unmittelbar über der Wasserlinie, auf denen die Zugpferde verkehrten, die Lastschiffe vom Land aus flußaufwärts schleppten. Größere Felsblöcke, die eine Gefahr für die Schiffahrt bedeuteten, wurden seit dem ausgehenden 15. Jahrhundert durch Sprengung mit Schießpulver beseitigt.

Wichtige Kunstbauten waren die Schwellen, mächtige Steindämme, die den Fluß schräg durchqueren und zum Auffangen von geflößtem Holz dienten.

Den stärksten, wenn auch in seiner Gesamtheit noch immer bescheidenen Eingriff des Menschen in das natürliche Gewässersystem bedeuteten die künstlichen Weiher sowie die für gewerbliche Zwecke angelegten Kanäle. Im Hochmittelalter begannen die Klöster mit dem Bau solcher Anlagen, seit dem 14. Jahrhundert standen sie zunehmend unter der Aufsicht der städtischen Behörden. Kanäle wurden von einem Wuhr, einem aufgestauten Bach, abgeleitet und durch ein von Menschenhand ausgehobenes oder verdämmtes Bett zu Mühlen, Sägen, Hammerschmieden und sonstigen Gewerbebetrieben geleitet. Die Stadt Basel verfügte im Spätmittelalter über ein in seiner Gesamtlänge von rund neun Kilometern beachtliches System von Gewerbekanälen, die man «Teiche» nannte. Ihre Anfänge reichen bis ins 13. Jahrhundert zurück. In den regenarmen Zonen des Wallis entwickelte sich seit dem Hochmittelalter ein künstliches Gewässernetz von bäuerlicher Prägung: Es handelte sich um die Bewässerungsanlagen der «Bisses», die als schmale Kanäle von fernen Quellen oder Gletschern durch unwegsamstes Gelände das Wasser für die Äcker und Wiesen herbeiführten.

Die künstlichen Weiher wurden durch Dämme aufgestaut oder in flachen Mulden ausgehoben und direkt durch nahe Quellen oder abgeleitete Bäche gespeist. In den Weihern wurden Fische, vor allem Forellen und Karpfen, gezüchtet; seit dem Spätmittelalter dienten sie mitunter auch als Wasserreservoire für den Notfall eines Brandausbruchs und zum Einlegen von hölzernen Wasserleitungsröhren. In fortifikatorischer Verwendung umgaben sie zahlreiche, meist kleine Niederungsburgen, die «Weiherhäuser».

Die Bedeutung des Wassers als lebenspendendes Element war dem mittelalterlichen Menschen durchaus bewußt, und vielfältig waren die Nutzungsmöglichkeiten, von denen er Gebrauch zu machen verstand: Neben dem in unserem Land kaum genutzten Wind und neben der Zugkraft von Tieren war das Wasser der wichtigste Energielieferant für mechanische Anlagen wie Mühlen oder Hammerschmieden. Wasserwege zu Schiff waren im Mittelalter bequemer und rascher als die meisten Landrouten. Natürliche Gewässer sowie künstliche Weiher und wassergefüllte Burg- oder Stadtgräben boten Schutz vor feindlicher Annäherung. Die zahlreichen Fische, die sich in allen Gewässern tummelten, galten im Mittelalter als wichtiges Grundnahrungsmittel für weite Teile der Bevölkerung. Baden und Schwimmen in Seen und Flüssen aus sportlichem Bewegungsdrang oder in Thermalquellen aus medizinischen Gründen war im Spätmittelalter nichts Außergewöhnliches.

Aus der Sicht des 20. Jahrhunderts mit seiner katastrophalen Gewässerverschmutzung verdient die Sauberkeit der Bäche, Flüsse und Seen im Mittelalter besondere Beachtung. Ein bewußt erlebtes Umweltschutzdenken war dem mittelalterlichen Menschen zwar noch fremd, und man scheute sich nicht, verendete Tiere kurzerhand in die Flüsse zu werfen. Fäkalien und Abfälle übergab man bedenkenlos dem Wasser. Verunreinigungen brachten sicher auch gewisse Gewerbebetriebe, besonders Gerbereien oder Leimsiedereien. Gegen krasse Fälle von Gewässerverunreinigungen schritt seit dem 15. Jahrhundert die Obrigkeit mit Bußen ein. Die im ganzen geringe Bevölkerungsdichte und die natürliche Abbaufähigkeit aller Abfallstoffe verursachten aber nirgends bleibende oder größere Verschmutzungsschäden.

Die enge Beziehung des Menschen zum Wasser hatte zur Folge, daß sämtliche Gewässer, Seen, Bäche und Flüsse, einen Eigennamen trugen. Seit dem Ausgang des Mittelalters hat sich der Gesamtbestand der Gewässernamen zum Teil allerdings erheblich verändert, weshalb längst nicht alle Namen von kleineren Gewässern, die in hochmittelalterlichen Quellen erwähnt werden, mit Sicherheit identifiziert werden können. Auffallenderweise tragen die großen Flüsse wie Aare und Rhein Eigennamen, die einer frühen, jedenfalls vorrömischen Sprachschicht entstammen, während die Seen mittelalterliche oder gar neuzeitliche, meist von Ufersiedlungen abgeleitete Namen tragen, die somit ältere, zum großen Teil verschollene Bezeichnungen abgelöst haben müssen.

Das Klima Neben der Bodengestalt, der Tier- und Pflanzenwelt sowie den Gewässern gehörte das Klima zu den wesentlichen natürlichen Umweltfaktoren, die das Leben des Menschen im Mittelalter bestimmten. Wie stark sich das Klima mit seinen Schwankungen auf siedlungs-, wirtschafts- und bevölkerungsgeschichtliche Prozesse im Mittelalter ausgewirkt hat, ist

Spätmittelalterliche Bärenjagd. Der Bär wird von der Hundemeute gestellt. Die Jäger sind mit der Saufeder, dem schweren Jagdspieß, mit Hifthörnern und Dolchmessern ausgerüstet.

heute im einzelnen freilich nicht mehr genau zu bestimmen, zu lückenhaft sind für die Zeit vor 1500 unsere Kenntnisse über die Klimaentwicklung, obwohl in den letzten Jahren naturwissenschaftliche Untersuchungen wichtige neue Erkenntnisse geliefert haben.

Wenn keine direkten Meßdaten über klimatische Erscheinungen wie Niederschlagsmengen, Temperaturschwankungen, Windrichtung und -stärke, Dauerhaftigkeit der Schneedecke, Bewölkung oder Luftfeuchtigkeit vorliegen, muß man sich mit der Deutung überprüfbarer symptomatischer Befunde behelfen, mit der Jahresringbildung an den Bäumen, mit der Entwicklung der Gletscher im Gebirge, mit Einzelnachrichten über Hochwasser, Dürreperioden, strenge Winter, gute oder schlechte Ernten, Getreidepreise, Lawinenniedergänge oder lange Regenzeiten.

Trotz der Lückenhaftigkeit des Gesamtbildes zeichnet sich für die Geschichte des Klimas im Hoch- und Spätmittelalter ein Befund ab, der für die Zeit zwischen dem 10. und dem frühen 16. Jahrhundert auf günstige Verhältnisse schließen läßt. Die bekannten, zum Teil geradezu sprichwörtlichen regionalen Unterschiede im heutigen Klima der Schweiz, bedingt durch die wechselnde geographische Lage und die verschiedenartige Bodengestalt, muß es bereits im Mittelalter gegeben haben: strenge Winter im Hochjura und im Engadin, viele Niederschläge in der Voralpenzone, lange Herbstnebel in der Aareniederung, milde Durchschnittstemperaturen in den tiefeingeschnittenen Föhntälern und am Genfersee, trockene Sommer im Wallis und in der Waadt.

Im ganzen zeichnete sich das Klima im Hoch- und Spätmittelalter durch seine Milde aus, die allgemein die Ernten günstig beeinflußte, hochgelegene Alpentäler bis um 2000 Meter ü.M. ganzjährig bewohnbar machte und den Wein- und Getreidebau auch in marginalen Zonen noch zuließ. Selbst im rauhen Urserental (zirka 1400 Meter ü.M.) sind für das Spätmittelalter Kornäcker bezeugt, und in den begünstigten Lagen am Vierwaldstättersee gedieh im 15. Jahrhundert die Edelkastanie. Eine auffallende Häufung von warmen und trockenen Sommern hätte im 14. und 15. Jahrhundert ohne anderweitige Störungen überdurchschnittliche Wein- und Getreideerträge ermöglicht. Die enorme Bevölkerungszunahme im Hoch- und Spätmittelalter wäre ohne diese langdauernde klimatische Gunstperiode kaum denkbar. Freilich hat es auch in dieser Zeit wiederholt kurzfristige Rückschläge und Verschlechterungen gegeben: Ins 12. Jahrhundert fielen mehrere Gletschervorstöße. Wir haben Nachricht von besonders harten und langen Wintern, von ungewöhnlichen Schneemengen, von zerstörerischen Hochwassern, aber auch von Dürreperioden und Hitzewellen. Teuerungen und Hungersnöte waren die zwangsläufigen Begleiterscheinungen solcher Klimalaunen. Sie dauerten jeweils nicht lange und scheinen sich nicht auf die Bevölkerungsentwicklung ausgewirkt zu haben.

Die letzte warme Klimaphase des ausgehenden Mittelalters fiel in die Jahre zwischen 1530 und 1559. Damals herrschten ganz ungewöhnlich hohe Durchschnittstemperaturen, welche die Werte der modernen Warmzeit im 20. Jahrhundert deutlich übertrafen. Mit dem Jahr 1560 setzte jedoch eine Klimaverschlechterung ein, die sich in Wellenbewegungen bis ins ausgehende 17. Jahrhundert immer mehr verschärfte und als «Kleine Eiszeit» in die Geschichte einging. Ihre Wirkung auf die Bevölkerung, auf die Landwirtschaft, auf das Bauwesen und auf die allgemeinen Lebensformen war so nachhaltig, daß man sagen könnte, die mittelalterlichen Siedlungs- und Wirtschaftsverhältnisse hätten in der «Kleinen Eiszeit» ihr Ende gefunden.

Ritter beim Angeln, frühes 14. Jahrhundert.

Die Tierwelt Die ausgedehnten, vom Menschen noch wenig berührten Waldflächen, die Sumpf- und Riedlandschaften sowie die weitläufigen Berggebiete gewährten einer Vielzahl von freilebenden Tieren ausreichenden Lebensraum. Die unsichere Quellenlage macht es freilich unmöglich, für die Schweiz im Mittelalter eine gesicherte, vollständige Liste aller Wildtierarten aufzustellen oder gar verbindliche Angaben über die Populationsdichte zu machen. Gewiß ist, daß manche Tierarten, die im Mittelalter im Gebiet der heutigen Schweiz als Standwild bezeugt sind, nun bei uns verschwunden sind oder höchstens gelegentlich auftreten. Allerdings sind die wenigsten Tierarten, die mittlerweile ausgerottet wurden und heute teilweise durch Neuaussetzungen wieder heimisch gemacht werden sollen, schon im Mittelalter zum Verschwinden gebracht worden: Die Zeit der großen Ausrottaktionen fiel erst in die frühe Neuzeit, ins 17. bis 19. Jahrhundert, und nicht immer war es die intensive, gezielt auf Dezimierung ausgerichtete Verfolgung, die eine Tierart aussterben ließ, sondern die durch den Menschen mit seinen Siedlungen und seiner kolonisatorischen Expansion verursachte Umweltveränderung, die gewissen Tierarten die Lebensgrundlage entzog und die überlebenden Exemplare vertrieb. Im Freiburgischen ist kürzlich neben einer verlassenen mittelalterlichen Siedlung eine Bärenhöhle entdeckt worden, die bei der Okkupation des Platzes durch den Menschen von den Tieren für immer verlassen worden sein muß.

Außer den bei Ausgrabungen zutage tretenden Tierknochen, die vor allem von eßbarem Jagdwild stammen, unterrichten uns gelegentlich schriftliche Nachrichten über das Auftreten und die Verbreitung einzelner Tierarten. In der frühen Neuzeit werden diese meist nur sehr lückenhaften Informationen durch naturwissenschaftliche Werke zoologisch interessierter Gelehrter und zunehmend auch durch Reisebeschreibungen ergänzt. Über das Jagdwild liegt eine bis ins Hochmittelalter zurückreichende Fachliteratur vor, die aber weniger über das Auftreten oder die Verbreitung einzelner Tierarten als vielmehr über die verschiedenen Formen und Bräuche des Waidwerks berichtet. Sehr unklar bleibt der Aussagewert ikonographischer Quellen.

Zu den wenigen Tierarten, die noch im Verlauf des Hoch- und Spätmittelalters im Raum der Schweiz ausgestorben sind, zählen vermutlich Auerochs, Wisent und Wildpferd. Um die Jahrtausendwende muß auch der Elch noch in der Schweiz heimisch gewesen zu sein, wie verschiedene Skelettfunde zeigen. Heute in der Schweiz ausgestorben, im Mittelalter aber noch stark verbreitet waren Braunbär und Wolf. Während sich die Bären vor allem in wenig begangenen Bergzonen aufhielten, scheinen sich die Wölfe noch im 16. Jahrhundert in strengen Wintern bis in die Nähe menschlicher Siedlungen vorgewagt und gelegentlich Haustiere, vielleicht sogar Menschen angefallen zu haben. Kein Wunder, daß der Wolf zusammen mit dem Bären, dem Luchs und der Wildkatze als Schadwild galt, das von den im 15. Jahrhundert einsetzenden Jagdbeschränkungen der Obrigkeit ausgenommen blieb und für dessen Erlegung – sei es mit Fallen, mit der Schußwaffe oder mit der Treibjagd ins Netz – sogar noch Prämien entrichtet wurden, im 15. und 16. Jahrhundert in Form von Geld oder Tuch.

Zum häufigsten Jagdwild gehörten der Hirsch, das Reh und das Wildschwein. Unter den kleineren Säugern galten das Eichhörnchen, der Hase und im Gebirge das Murmeltier als jagdbar. Wichtigstes Jagdwild in den Alpen, seit dem 16. Jahrhundert in vielen Gegenden unter besonderen Schutz gestellt, war die Gemse. Durch rigorose Bannbestimmungen konnte sie vor dem Aussterben gerettet werden, während der Steinbock im Verlauf des 17. Jahrhunderts trotz obrigkeitlichen Jagdverboten zum Verschwinden gebracht wurde. Weit verbreitet muß der Fuchs gewesen sein, seltener die Wildkatze.

Schwer abzuschätzen sind die mittelalterlichen Bestände für den Dachs, den Iltis und die verschiedenen Marderarten. In den unmeliorierten Gewässern lebten viele Biber und Fischotter. Fischotter wurden seit dem späten 15. Jahrhundert als Schadwild verfolgt, weil sie als gefährliche Fischräuber galten. Wie bei den Bären und Wölfen setzte die Obrigkeit Prämien für das Erlegen von Fischottern aus. An die einstige Verbreitung des Bibers erinnern viele Orts- und Flurnamen.

Womöglich noch vielfältiger als die Säugetierwelt war im Mittelalter der Vogelreichtum. Große Raubvögel wie der Lämmergeier, der Stein- und Seeadler sowie der Uhu zählten zum Standwild; beträchtlich müssen die Bestände an Birk- und Auerhähnen, an kleineren Greifvögeln, besonders an Sperbern, Falken und Milanen, und schließlich an allen erdenklichen Arten von Wasservögeln wie Gänsen, Enten oder Reihern gewesen sein. Eifriges Bejagen mit verschiedenen Methoden scheint allerdings seit dem 14. Jahrhundert verschiedene Vogelpopulationen stark gelichtet zu haben, weshalb die Obrigkeit wiederholt den Vogelfang einschränken oder vorübergehend sogar verbieten mußte. Die Stadt Zürich erließ bereits 1335 ein Gesetz zum Schutz der kleinen Vögel, wobei die Begründung, sie seien nützliche Vertilger von Insekten und Ungeziefer, besonders beachtenswert erscheint. Heuschrecken traten seit dem 15. Jahrhundert periodisch in Schwärmen auf und richteten an den Kulturen schwere Verheerungen an. Eine nicht mit Sicherheit identifizierte Finkenart fiel im Spätmittelalter ebenfalls schwarmweise ins Gebiet der Schweiz ein, allerdings ohne schädliche Auswirkungen. Große Beachtung fanden im Mittelalter die Wanderbewegungen der Zugvögel, vor allem der Störche, deren Eintreffen und Wegfliegen als Hinweis auf kommende Ereignisse gedeutet wurden.

Außer dem Seeadler, der seit dem 16. Jahrhundert in der Schweiz nur noch sporadisch vorkam, und dem Waldrapp (Schopfibis), der um 1600 nur noch vereinzelte Brutplätze innehatte, scheint im Verlauf des Mittelalters keine Vogelart zum Verschwinden gebracht worden zu sein. Das große Sterben der Wildvögel, das mit dem Verschwinden verschiedener Arten endete, setzte erst im 19. Jahrhundert ein, als außer der Jagd auch die zunehmende Veränderung der Lebensbedingungen den Vogelbeständen immer mehr zusetzte.

In den vom Menschen kaum veränderten oder verunreinigten Gewässern wimmelte es von ungezählten Fischen. Einzelne Arten wie zum Beispiel die Lachse und Nasen müssen zeitweise in so ungeheuren Schwärmen aufgetreten sein, daß sie ohne besonderes Fanggerät mit einfachen Weidenkörben aus dem Wasser geschöpft werden konnten. Sonstige Fangmethoden belegen ebenfalls den einstigen Fischreichtum der Gewässer, zum Beispiel die Reusenfischerei oder das Abstechen mit dem mehrzackigen Fischspeer.

Praktisch alle Fische galten als eßbar und bildeten in ihrer Gesamtheit für weite Teile der Bevölkerung ein wichtiges Grundnahrungsmittel, dessen Reserven mit den damaligen Fangmethoden und -gewohnheiten nie ernsthaft in Gefahr gebracht wurden. In mittelalterlichen Quellen werden als beliebteste Speisefische Lachse, Nasen, Felchen, Hechte, Aale, Karpfen, Barben, Äschen und Rotaugen genannt.

Die Verwandlung der Landschaft durch den Menschen

Kultivierung und Zerstörung

Wenn wir heute die Eingriffe des modernen Menschen in die Natur als Umweltzerstörung empfinden, als Bedrohung unserer Lebensgrundlagen durch das Verschleudern von Rohstoffen, durch die Verschmutzung der Luft und der Gewässer und durch klimaverschlechternden Raubbau, dürfen wir nicht übersehen, daß der Mensch, einmal aus der Stufe des naturvolkhaften Jäger- und Sammlerdaseins herausgetreten, seine Umgebung stets verändert hat. Neu und besorgniserregend sind nicht die Eingriffe an sich, sondern ihre gigantischen Ausmaße und – infolge offener Kreisläufe – ihre bleibenden Auswirkungen auf die Zukunft. Ermöglicht wird die moderne Umweltzerstörung durch eine Technologie, die einen Stand erreicht hat wie nie zuvor in der Geschichte. Wenn wir die auf kurzfristigen Profit angelegte Ausbeutung unseres Planeten der bescheidenen Rohstoffgewinnung früherer Zeiten gegenüberstellen, dürfen wir nicht übersehen, daß eine Umweltzerstörung, wie sie heute im Gange ist, im Mittelalter gar nicht möglich gewesen wäre, weil die technischen Voraussetzungen gefehlt hätten. Dieser Umstand verbietet uns, den mittelalterlichen Menschen eines besonders ausgeprägten Umweltbewußtseins zu rühmen. Die Antwort auf die Frage, ob er im Besitz umweltbelastender Technologien auf deren Einsatz wirklich verzichtet hätte, bleibt in rein spekulativen Mutmaßungen hängen.

Gewiß zielten die Eingriffe des mittelalterlichen Menschen in Umwelt und Natur zum geringsten Teil auf reine Ausbeutung ab und hielten sich in solchen Fällen – man denke an die Rohstoffgewinnung – in Grenzen. Al-

lerdings läßt sich nicht bestreiten, daß während des Mittelalters die Niederlegung der Wälder im mediterranen Raum wegen des riesigen Bedarfes an Bau- und Brennholz wie schon in der Antike bedenkenlos vorangetrieben wurde, was weite Landstriche veröden ließ.
In den Alpen und in Mitteleuropa strebten die großen Eingriffe in die Natur freilich nicht Ausbeutung, sondern Kultivierung an. Roden bedeutete nicht Zerstören von Wald, sondern Gewinnen von Lebensraum für die zunehmende Bevölkerung.
Die Verkleinerung des Waldes blieb zwar nicht ohne Folgen auf Klima und Wasserhaushalt, wie bereits im 13. Jahrhundert beobachtet wurde. Sie wirkte sich aber nicht katastrophal aus, denn das gerodete Land wurde, soweit man es nicht überbaute, für landwirtschaftliche Zwecke genutzt. Die Humusdecke blieb somit erhalten, Erosion und Versteppung setzten mit ihrer zerstörerischen Wirkung gar nicht erst ein. Zudem führte auch die intensivste Rodung nirgends in der Schweiz zu einem völligen, weiträumigen Verschwinden des Waldes. Die Bodengestalt, überall – selbst im Mittelland, ganz zu schweigen vom Jura und von den Alpen – von landwirtschaftlich kaum nutzbaren Böschungen, Steilhängen und Höhenzügen geprägt, bewirkte die Erhaltung größerer und kleinerer Waldflächen. In den Alpen, wo dem Wald eine zusätzliche Bedeutung als Schutz vor Rüfinen und Lawinen zukam, mußten auch in jenen Hochtälern, deren Bäume im Lauf der Zeit fast vollständig aufgezehrt wurden, wie im Urserental, einzelne Waldflächen als geschützte Bannwälder stehengelassen werden. Erst in der frühen Neuzeit setzte stellenweise mit der Intensivierung des Bergbaus und der Glasbläserei die Beseitigung größerer Waldflächen ein.
Auch wenn somit die Rodung grundsätzlich der Gewinnung von Kulturland diente, kam es doch zu dauernden

Auf der Frohburg ob Olten sind neben sonstigen Spuren gewerblicher Tätigkeit auch die Reste einer Eisenschmelze (vorn links) festgestellt worden. Beim Mauergeviert rechts handelt es sich um die Ruine einer Filterzisterne.

Schädigungen durch menschliche Eingriffe, und zwar wegen landwirtschaftlicher Übernutzung und gewerblicher Rohstoffgewinnung. Freilich hielten sich diese Störungen in engen Grenzen, so daß keine größeren Landstriche betroffen wurden. In den Alpen scheint infolge intensiver Bestoßung durch Schafe die Magerwiese stellenweise zerstört worden zu sein, was zur Auflösung der Humusdecke führte. Steinbrüche, Kies- und Lehmgruben schlugen Wunden in die Landschaft; Erzabbau bewirkte die Anschüttung von Abraumhalden; Übernutzung des Waldes durch den Weidgang von Schweinen und sonstigem Vieh ließ den Wald dahinschwinden. Aber all diese Eingriffe lösten noch keine bleibende Umweltzerstörung aus, so wenig wie die unbefangene Beseitigung von Tierkadavern und allerhand Unrat durch Werfen in Flüsse und Bäche eine dauernde Gewässerverschmutzung zur Folge hatte. Obrigkeitliche Schutzmaßnahmen, die eine Übernutzung oder Schädigung der natürlichen Landschaft mit ihren Gewässern und ihrer Tierwelt verhindern sollten, reichen bis ins 14. Jahrhundert zurück und belegen, daß dem mittelalterlichen Menschen die großen ökologischen Zusammenhänge durchaus bewußt waren.

Die Rodungstätigkeit Für weite Teile Europas bedeutete das Mittelalter eine Epoche des Landesausbaues. Zwischen dem Ausgang der Karolingerzeit und dem 15. Jahrhundert sind große Waldflächen gerodet worden, um für Kultur- und Siedlungsland Platz zu schaffen.

Unermüdlich drang der Mensch in die Urwälder vor und verwandelte Wildnis in Wohnlichkeit. Dieser Landesausbau war einer der bedeutendsten, umfassendsten und folgenschwersten historischen Prozesse des Mittelalters. Er war freilich so eng mit den Gewohnheiten des Alltagslebens verbunden, daß er als etwas Vertrautes und Selbstverständliches in der schriftlichen und ikonographischen Überlieferung verhältnismäßig wenig Spuren hinterlassen hat und auch in unserem landläufigen Geschichtsbild des Mittelalters nur am Rande erscheint.

Im Gelände sind viele Hinweise auf den mittelalterlichen Landesausbau zu finden. Allein schon das Landschaftsbild, das größere und kleinere Siedlungskammern neben geschlossenen Waldflächen zeigt, läßt unverkennbar auf eine einstige gezielte Kolonisationstätigkeit schließen. Besonders schöne Beispiele von Rodungskammern sind unter anderem im Jura, im Napfgebiet, in der Zentralschweiz sowie in Appenzell erhalten geblieben. Diese landschaftlichen Befunde werden durch die Flur-

Außerhalb der Siedlungen verrieten neben Wegen und bebautem Land Quellfassungen und Bildstöcke die Nähe von Menschen.

und Ortsnamenforschung ergänzt und bestätigt. Namen, die mit Rüti, Schwand/Schwendi, Stock oder Brand gebildet sind, weisen direkt auf frühere Rodungen hin. Bei anderen Bezeichnungen hat sich die ursprüngliche Bedeutung verwischt; so sind zum Beispiel viele Namen, die das Wort «Rot» enthalten, nicht von der Farbe abzuleiten, sondern vom Stammwort roden, und bezeugen damit ebenfalls die einstige Kolonisationsarbeit.

Punktuell liefert neuerdings auch die archäologische Bodenforschung Belege für die mittelalterliche Rodungstätigkeit. Brandschichten unter der Ackerkrume können von Waldbränden stammen, die eigens zum Zweck der Rodung gelegt worden sind – ihre naturwissenschaftlichen Datierungen weisen ins Mittelalter –, und pollenanalytische Untersuchungen belegen den Wechsel von der Wald- zur Ackerbauflora. Auch Geräte, die bei der Kolonisationsarbeit benötigt wurden, kommen bei Grabungen zum Vorschein.

Das Abholzen des Waldes zu Rodungszwecken wurde häufig durch das «Schwenden» eingeleitet, das Abschälen der Rinde, das die Bäume verdorren ließ. Das Mittel der Brandrodung dürfte vornehmlich bei minderwertigem Wald eingesetzt worden sein, da man auf gutes Stammholz wohl kaum verzichten wollte. Verschiedenartig geformte Äxte, Gertel (sichelförmige Messer) zum Ausasten und Ketten mit Kettenkeilen, «Guntli» genannt, werden auf Siedlungsplätzen im Rodungsland häufig ausgegraben. Wichtigstes Gerät für die Kolonisationsarbeit war die Reuthaue, ein massiver, einseitiger Pickel, der sich gleichermaßen zum Ausgraben von Wurzelwerk, zum Beseitigen von Dornengestrüpp und zum Wegwuchten von Steinen eignete. Zur Umwandlung von Wildnis in Kulturland genügte nicht bloß die Beseitigung des Waldes, es mußten auch Felsblöcke und Steine entfernt, schädliche Pflanzen ausgerottet sowie Humusdecken angelegt und gesichert werden. Besonders in den Alpen, wo spätestens seit der Karolingerzeit hochgelegenes Weideland über der natürlichen Waldgrenze erschlossen wurde, war das Zusammentragen von Steinen noch wichtiger als das Umhauen einzelner Bäume. Die Übernützung des Waldes durch den Weidgang von Schweinen, Ziegen und Rindern konnte kolonisatorische Vorstöße insofern vorbereiten, als dadurch der Wald so stark gelichtet wurde, daß in der folgenden Ausholzaktion nur noch Restbestände zu beseitigen waren.

Der Verlauf der Rodungstätigkeit zwischen dem 9. und dem 15. Jahrhundert kann einstweilen nicht mit Sicherheit rekonstruiert werden. Erschwerend wirkt sich der Umstand aus, daß die Kolonisation einer Siedlungszone in einzelnen Schüben vor sich gehen konnte, deren Ausmaße heute nur schwer abzuschätzen sind. In der Herrschaft Löwenburg JU scheint gegen Ende des 10. Jahrhunderts in einem ersten Vorstoß die Talniederung der Lützel und ein Teil der weiter südlich gelegenen Juraterrasse gerodet worden zu sein. Im Verlauf des 12. bis 14. Jahrhunderts wuchs die Herrschaft im Waldgebiet des Lützeltales durch zusätzliche Rodungen auf ihren endgültigen Umfang an. Eine ähnliche Entwicklung spielte sich auf der Wartburg oberhalb von Olten ab: Im späten 12. Jahrhundert wurde mit der Gründung der Feste Alt-Wartburg der Umschwung der Wartburghöfe erschlossen. Bis gegen 1500 wurden dieser «Urrodung» neue Siedlungs- und Nutzflächen angegliedert, die sich über den bewaldeten Höhenzug des Engelberges erstreckten.

In Fortsetzung des frühmittelalterlichen Landesausbaues dürfte in einer ersten Phase das fruchtbare, für Ackerbau geeignete Land auf sicheren Talböden und Geländeterrassen kolonisiert worden sein. Danach griff um 1100 der Landesausbau auf die zweitrangigen und schließlich marginalen Böden über. Im 13. Jahrhundert erreichte die Rodungstätigkeit in unserem Land ihre größte Intensität, ebbte im 14. Jahrhundert allmählich ab und hörte gegen 1500 bis auf wenige Ausnahmen auf. Im Alpenraum wurde hochgelegenes Weideland von den Talsiedlungen aus seit der Karolingerzeit erschlossen. Der Bedarf an zusätzlicher Weidefläche löste im 13. Jahrhundert eine von oben nach unten ausgreifende Rodungsbewegung aus und zwang im 14. Jahrhundert zur Errichtung von Maiensäßen (Zwischenstationen der Weidetiere für Frühling und Herbst) auf isolierten Terrassen zwischen Dauersiedlung und Alp. Die Okkupation von Alpweiden für die Sömmerung von Vieh setzt voraus, daß es im Tal feste Dauersiedlungen gibt. Im inneren und südlichen Alpenraum hielt die Erschließung hoher, abgelegener Seitentäler mit der Errichtung von Dauersiedlungen bis auf Höhen um 2000 Meter ü. M. bis ins 14. Jahrhundert hinein an und erlebte mit den Walserwanderungen im 13./14. Jahrhundert ihren letzten großen Schub.

Träger der hochmittelalterlichen Kolonisationsbewegung waren anfänglich herrschaftliche Unternehmer, adlige Grundherren, Klöster, geistliche und weltliche Landesherren, welche die Rodungsarbeit mit Hilfe bäuerlicher Untertanen betrieben. Seit dem 13. Jahrhundert ging die Initiative zum Landesausbau immer mehr auf Dorf- und Talgemeinden unter Führung der lokalen Oberschicht über, während sich die Rolle des Landesherrn auf die Garantie von Schutz und Schirm beschränkte. Je stärker der Bevölkerungsdruck war, desto intensiver wurde der Landesausbau betrieben. Solange die kolonisatorischen Vorstöße auf siedlungsleeren Raum zielten, der als «herrenloses Land» galt, blieben Konflikte aus. Sobald sich aber die Kolonisationsabsichten verschiedener Siedlergruppen kreuzten, waren Auseinandersetzungen unvermeidlich. Fehden um die Nutzungsrechte auf Alpen und in Wäldern und um die Herrschafts- und Besitzansprüche auf neugerodetes Land waren im Mittelalter geradezu an der Tagesordnung. Meist spielten sich diese Konflikte in Form eines hartnäckigen und langwierigen Kleinkrieges mit gegenseitiger Sachbeschädigung und Viehraub ab. Am bekanntesten ist der «Marchenstreit» geworden, die Auseinandersetzung um Siedlungsraum zwischen den Schwyzern und dem Kloster Einsiedeln, die bereits 1100 begann und erst zu Beginn des 14. Jahrhunderts durch einen Gewaltstreich der Schwyzer endete.

Mit dem Fortschreiten des Landesausbaues wurde nicht nur das Landschaftsbild verändert. Es entstanden auch neue politische und soziale Strukturen, die die Geschichte der Schweiz über den Ausgang des Mittelalters hinaus ganz wesentlich beeinflußten. Vor allem aber brachte der Landesausbau neben einer Verdrängung von Wald und Wildnis eine durch die Bevölkerungszunahme geprägte Veränderung in den Siedlungsverhältnissen.

Die Entwicklung der Siedlungsverhältnisse

Für die Zeit um die Jahrtausendwende wird die Gesamtbevölkerung im Gebiet der heutigen Schweiz auf rund 400 000 Menschen geschätzt. Eine Berechnung, wieviel Menschen das pro Quadratkilometer ausgemacht habe, ergäbe allerdings ein falsches Bild, da die Bevölkerungsdichte von Region zu Region sehr verschieden war. Neben praktisch menschenleerer Wildnis gab es auffallend dicht besiedelte Gegenden. Dazu zählte etwa die nächste Umgebung von Kastellen und Städten aus der Römerzeit, besonders in Verbindung mit Bischofssitzen wie bei Basel/Augst, Chur, Windisch-Brugg, Zürich, Avenches oder Genf. Eine dichtere

Besiedelung ist ferner für den mittleren Aareraum, für Teile des Thurgaus, für den Genferseeraum, für das Gebiet von Bellinzona-Locarno sowie für das Mendrisiotto anzunehmen. Auch im Innern der Alpen muß es Täler mit ansehnlicher Siedlungsdichte gegeben haben: im Wallis unterhalb von Sitten, in der Leventina, in einzelnen Bündner Tälern.

Wirtschaftliche und politische Zentren waren um die Jahrtausendwende die Bischofssitze, die Klöster, die Großhöfe des Adels sowie die immer häufiger aufkommenden Burgen. Hauptsächlichste, am weitesten verbreitete Siedlungsform war indessen das Dorf, die Ansammlung bäuerlicher Hofstätten, gruppiert um einen Herrenhof. Pfarrkirchen gab es noch längst nicht in jedem Dorf, Einzelhöfe waren noch selten.

Was man sich für die Jahrtausendwende unter einer Stadt vorzustellen hat, bleibt für das Gebiet der Schweiz noch unklar. Früh- oder prästädtische Siedlungsformen, wie sie die Stadtkernarchäologie langsam ans Tageslicht fördert, zeigen bereits differenzierte Gewerbesiedlungen mit ausgeprägter Arbeitsteilung. Die Frage nach einer allfälligen Kontinuität der Wirtschaft und Siedlung innerhalb alter römischer Städte und Kastelle ist noch nicht schlüssig zu beantworten. Der Anthropologe hält ein auffallendes Überwiegen von Skelettmerkmalen gallorömischen Zuschnitts in der Population Basels und anderer Siedlungen römischen Ursprungs bis um die Jahrtausendwende fest.

Mit dem Fortschreiten des Landesausbaues, der Schaffung neuen Kulturlandes durch Rodung, entstanden

Im hochgelegenen Fellital UR sind die zu Weidezwecken nutzbaren Böden von Steinen und Gestrüpp befreit worden, größere Felsblöcke und Waldflächen wurden ihrer Schutzwirkung wegen belassen.

nach der Jahrtausendwende allenthalben neue Siedlungen, wodurch sich das Landschaftsbild ganz entscheidend veränderte. Während aber die Rodungstätigkeit bis weit ins 15. Jahrhundert hinein anhielt, hörten die Gründungen neuer Siedlungen im Lauf des 14. Jahrhunderts bis auf wenige Sonderfälle auf. Die meisten neuen Niederlassungen sind im späten 12. und im 13. Jahrhundert entstanden, als der Landesausbau seine größte Intensität erlebte. Durch die Neugründungen des 11. bis 14. Jahrhunderts wurde das bestehende Siedlungsbild nicht einfach ausgedehnt, sondern stark umstrukturiert. Neue Klöster von größerer Bedeutung als selbständige Elemente des Siedlungswesens entstanden nur bis ins 12. Jahrhundert (zum Beispiel Disentis, Engelberg, Einsiedeln, Lützel, Romainmôtier). Spätere Gründungen fristeten ein bescheidenes Dasein.

Der Herrenhof, dessen Ablösung durch die Burg als weltliches Herrschafts- und Wirtschaftszentrum und als Wohnsitz des Adels bereits im 10. Jahrhundert begonnen hatte, verlor seine Bedeutung im Verlauf des 11. und 12. Jahrhunderts endgültig. An seine Stelle trat die Burg, die sich aus der Bindung an die Dorfgemeinschaft löste und eigene Standorte an schwer zugänglichen Plätzen suchte. Die größte Blütezeit erlebte der Burgenbau in der Schweiz ungefähr zwischen 1170 und 1250. Bis ins Spätmittelalter hinein blieb die Burg ein prägendes Element der Landschaft. Bekannt für ihre Burgendichte sind heute noch neben einigen Bündner Tälern wie dem

Geringe Reste von Trockenmauern verraten einen einstigen Siedlungsplatz (Nätschenstäfeli ob Realp UR).

Domleschg oder der Gruob Teile des Nordwestschweizer Juras, der Waadt und des Wallis. In anderen Gegenden, erwähnt seien der Thurgau, das Bernbiet, das Luzerner Hinterland und Teile der Innerschweiz, gab es einst ebenfalls sehr viele Burgen, doch sind die meisten heute aus dem Landschaftsbild und damit aus unserem Geschichtsbewußtsein verschwunden.

Der hochmittelalterliche Landesausbau führte zwangsläufig auch zur Entstehung neuer Dörfer, in denen die Bauern wohnten, die das gerodete Neuland zu bestellen hatten. Auf kargen Böden der Marginalzone, die nicht genug Anbaufläche für ein ganzes Dorf geboten hätten, entstanden seit dem 13. Jahrhundert immer mehr Einzelhöfe. Daß sie in der Voralpenzone während des Spätmittelalters überhandnahmen, hing allerdings weniger mit dem Bedürfnis nach neuem Siedlungsraum zusammen als mit dem Wechsel vom Ackerbau zur Viehzucht, indem der Anbau von Winterfutter die geschlossene Zelgenflur (Feldergruppe) des Ackerbaudorfes sprengte und damit die Auflösung des zum Haufen zusammengedrängten Dorfbildes einleitete.

Den nachhaltigsten Strukturwandel im Siedlungswesen brachte der Landesausbau mit dem Aufkommen des Städtewesens im 12. Jahrhundert. Im Unterschied zum Dorf bildete die Stadt, auch die kleine, dank ihren differenzierten Gewerben und ihren Märkten von Anfang an viel mehr ein wirtschaftliches Zentrum und dank ihrer häufigen Verbindung mit einer stadtherrlichen Burg auch einen Mittelpunkt der politischen Macht, auch wenn sie anfänglich nicht in den Händen des gewerbetreibenden Bürgertums, sondern der adligen Oberschicht und des Stadtherrn lag.

Städte bewirkten eine starke Umstrukturierung des Siedlungsbildes, nicht nur weil sie als neue Überbauungen die Landschaft beherrschten, sondern auch weil sie eine starke Anziehungskraft auf die bäuerliche Bevölkerung der näheren Umgebung ausübten. Die Abwanderung der bäuerlichen Landbewohner in die Stadt, bald nach dem Willen des Stadtherrn, bald zum Ärger der ländlichen Grundherren, führte zur Ausdünnung der Bauernbevölkerung in unmittelbarer Stadtnähe, mitunter zur Verödung ganzer Dörfer. Das Dorf Berslingen ist zu Beginn des 13. Jahrhunderts bei der Umsiedlung seiner Bewohner in die nahe Stadt Schaffhausen verlassen worden. Von mehreren Dörfern, die einst an der Peripherie von Basel bestanden haben müssen, sind nur noch sehr dürftige Spuren faßbar.

Im Alpenraum entwickelte sich das Siedlungsbild bis ins 15. Jahrhundert weitgehend auf der Grundlage der um die Jahrtausendwende bestehenden Strukturen. Der bereits angelaufene Burgenbau wurde intensiviert, neue Klostergründungen blieben eher selten, zur Entstehung von Gründungsstädten kam es nur ausnahmsweise. Die bäuerliche Kolonisation ließ neue Dörfer und Einzelhöfe wachsen, die als Dauersiedlungen im 14. Jahrhundert Höhenlagen von gut 2000 Metern ü. M. erreichten. Oberhalb der Waldgrenze führte die intensivere Bestoßung des Weidelandes, seit dem 14. Jahrhundert das Überhandnehmen der Rinderhaltung, zur Errichtung eines dichteren Netzes von temporär besiedelten Alpstafeln unterschiedlicher Größe.

Während der Landesausbau zwischen dem 10. und dem 15. Jahrhundert stetig, wenn auch in wechselnder Intensität, voranschritt, kam es bei der Entwicklung des Siedlungswesens in der gleichen Zeit manchmal zur Stagnation oder sogar zu Rückschlägen. Auf deren vielseitige Gründe ist in anderem Zusammenhang einzutreten.

Der Burgenbau klang im 14. Jahrhundert mit Ausnahme der savoyischen Westschweiz nicht bloß aus, sondern er brach geradezu ein, denn zwischen etwa 1300 und

1450 müssen fast 75 Prozent aller im 13. Jahrhundert bewohnten Burgen verlassen und dem Zerfall preisgegeben worden sein – kriegerische Zerstörungen waren keinesfalls die Hauptursache dieses Burgensterbens. Auf marginalen Böden angelegte Kleindörfer und Einzelhöfe wurden zwischen dem 14. und dem 16. Jahrhundert oft verlassen. Hochgelegene Dauersiedlungen wurden erst im 16. Jahrhundert beim Beginn der «Kleinen Eiszeit» preisgegeben oder in sommerliche Temporärsiedlungen umgewandelt.

All diese Rückschläge im Siedlungswesen sind nicht etwa auf nachhaltige Bevölkerungsrückgänge zurückzuführen. Gewiß schlugen die Pestepidemien im 14. Jahrhundert furchtbare Lücken in die Populationen vor allem der Städte. Außergewöhnliche Geburtenzahlen glichen diese Verluste aber sehr rasch wieder aus, und es fällt auf, daß das 14. Jahrhundert nicht nur das Zeitalter der Pestkatastrophen war, sondern auch die Epoche der großen Stadterweiterungen. Die Auflassung von Burgen, kleinen Dörfern und Einzelhöfen im Spätmittelalter beruhte somit kaum auf einem Bevölkerungsschwund, sondern vor allem auf politischen, wirtschaftlichen und sozialen Veränderungen. Nennenswerte Landschaftsveränderungen brachten diese Rückschläge kaum, denn die während des hochmittelalterlichen Landesausbaues entwickelten Grundstrukturen des Siedlungswesens, fußend auf dem Dorf und der Stadt, blieben unangefochten erhalten.

Rohstoffgewinnung Die Gewinnung von Rohstoffen aus dem Boden sowie aus der Tier- und Pflanzenwelt löste im Gebiet der Schweiz während des Mittelalters verhältnismäßig wenig landschaftliche Eingriffe aus. Die Glasbläserei, die seit dem 13./14. Jahrhundert in mitteleuropäischen Waldgebieten erhebliche Bedeutung erlangte und sich durch einen großen Verbrauch an Holz bemerkbar machte, fristete im schweizerischen Raum ein bescheidenes Dasein. Auch der Abbau und die Verhüttung von Eisenerzen bewirkten wegen der wenig leistungsfähigen Technologie und der mehrheitlich geringen Erzlager in unserem Land keine einschneidende Umweltveränderung. Da und dort entstanden Abraumhalden, etwa im Jura, die sich aber sehr bald begrünten. Größerer Holzkohlenverbrauch wurde allein schon durch die obrigkeitlichen Einschränkungen in der Waldnutzung verhindert. Auch die Ausbeutung anderer Metallvorkommen, etwa der seit dem 13. Jahrhundert abgebauten Silberlager in Rätien, blieben auf das Landschaftsbild ohne nennenswerten Einfluß. Erst im 16./17. Jahrhundert setzten größere Eingriffe ins Landschaftsbild und in den Waldbestand aus gewerblichen Gründen ein.

Bleibende Landschaftsveränderungen brachten die Steinbrüche, in denen das Baumaterial für große Siedlungen gewonnen wurde. Für Städte wie Bern, Basel, Zürich oder Genf müssen im Laufe des Mittelalters ganz beträchtliche Mengen von Bausteinen beschafft worden sein. Auch das Brennen von Kalk, der für die Zubereitung des Mörtels benötigt wurde, wird ansehnliche Mengen kalkhaltigen Gesteins verschlungen haben.

Umfangreiche Lehmlager wurden erst im Laufe des Spätmittelalters als Folge der aufkommenden Ziegelbedachung erschlossen. Die Herstellung von Baukeramik setzte zwar schon im 13. Jahrhundert ein – das Kloster St. Urban stellte um 1260/70 Backsteine, Dachziegel und Bodenfliesen her –, doch brachte erst das 15. Jahrhundert eine größere Nachfrage nach Dachziegeln, während Backsteine mit Ausnahme des Mendrisiotto im schweizerischen Raum während des Mittelalters ohne-

Ein Bauer schneidet mit einem Gertel Ruten. Der stilisiert wiedergegebene Baum zeigt mit seinen dicken Ästen und dünnen Zweigen, daß er regelmäßig beschnitten wird (Deckengemälde von Zillis, 12. Jahrhundert).

hin nur sporadisch verwendet wurden. Aus diesem Grunde blieb die Ausbeutung von Tonlagern bis weit ins 14. Jahrhundert hinein der Herstellung von Geschirr- und Ofenkeramik vorbehalten, was den Bedarf auf kleine Mengen einschränkte. Gleiches gilt im Alpenraum für den Abbau des zur Herstellung von Gefäßen und Ofenplatten verwendeten Specksteins.

Die Beschaffung pflanzlicher Rohstoffe blieb mit Ausnahme des Bauholzes ebenfalls ohne großen Einfluß auf das Landschaftsbild. Schöne Baumstämme waren allerdings sehr begehrt, nicht nur im eigenen Land, sondern auch in holzarmen Gegenden des Auslandes. In größeren Mengen wurden sie jedoch stets im Zusammenhang mit Rodungsunternehmungen geschlagen, die ohnehin auf die Entfernung einer Waldfläche hinzielten. Seit dem Spätmittelalter mußte für das Umhauen schönwüchsigen Nutzholzes Ersatz in Form junger Baumsprößlinge gepflanzt werden.

Welcher Art auch immer die Gewinnung von Rohstoffen sein mochte, eine bleibende Auswirkung auf das Landschaftsbild scheint im Mittelalter, abgesehen von kleineren Störungen, noch nicht eingetreten zu sein.

Neue Verkehrsverbindungen Als Folge des Bevölkerungszuwachses, des Landesausbaues mit der Gründung neuer Siedlungen und als Folge des seit dem 12. Jahrhundert aufblühenden Fernhandels entstanden im Hoch- und Spätmittelalter neue Verkehrswege zu Wasser und zu Lande. Deren Verlauf richtete sich nicht bloß nach den natürlichen Gegebenheiten, nach dem Gewässersystem, nach Geländedeformationen oder nach der Sicherheit vor Steinschlag, Überschwemmungen und Lawinenniedergängen, sondern auch nach politischen Voraussetzungen und vor allem nach den Siedlungsverhältnissen. Umgekehrt kam es auch vor, daß bestehende Verkehrsrouten ihrerseits die Entwicklung des Siedlungsbildes prägten. So ist beispielsweise die bereits erwähnte Gründung von Städten an der Route von Basel nach Luzern um die Mitte des 13. Jahrhunderts (unter anderem Liestal, Olten, Zofingen, Sursee) als Folge des gegen 1230 erschlossenen Gotthardpasses zu betrachten.

In dünn besiedelten Gegenden, die von Transitrouten durchquert wurden, bedurfte es wenigstens einer minimalen Infrastruktur, die den elementaren Bedürfnissen der Reisenden nach Sicherheit, Verpflegung und Unterkunft entsprach. Vor allem im Alpenraum, wo sich die Paßwege durch weitläufige, menschenleere Einöden schlängelten, mußten Übernachtungsgelegenheiten für Menschen und Tiere geschaffen werden. So entstanden schon im Hochmittelalter längs der Paßrouten Hospize, Susten (Rasthäuser), Kapellen und Tavernen. Im Hochmittelalter waren es vor allem Klöster, welche die Paßrouten betreuten, Disentis, Pfäfers, Müstair und so weiter. Später übernahmen weltliche Grund- und Landesherren den Bau der Brücken, Galerien und Wege sowie die Aufsicht über die Unterkünfte, wofür sie einen Straßenzoll erhoben, der an bestimmten Plätzen entrichtet werden mußte. Seit dem Spätmittelalter sorgten die genossenschaftlich organisierten Säumer für den Unterhalt der Wege und die Sicherheit der Reisenden. Reste mittelalterlicher Susten, Hospize, Wegkapellen und Zollstätten haben sich längs der Alpenpaßpfade in großer Zahl erhalten, doch liegen einstweilen nur wenige archäologische Untersuchungsbefunde vor. Susten und Zollstätten waren nicht selten befestigt, wohl zum Schutz vor Fehdeüberfällen und Übergriffen von Räuberbanden.

Interessante Ergebnisse erbrachten die Ausgrabungen des 1374 erbauten Hospizes am Lukmanier: Es kam ein Mauergeviert mit großem Unterkunfts-, Schlaf- und Tavernenraum zum Vorschein. Nebenräume dienten wohl zum Einlagern von Handelswaren und Vorräten. An das Geviert angebaut waren eine kleine Kapelle und eine Abortanlage.

Alles in allem dürfte der Ausbau der Paßrouten mit all den Brücken, Galerien, Stützmauern und Gebäuden das Landschaftsbild der Alpen wenig verändert haben, zumal man sich den Verkehr, der sich auf diesen Saumpfaden abwickelte, im Vergleich zu den Frequenzen der Gegenwart als sehr unbedeutend vorzustellen hat. Gewiß verkehrte unterschiedliches Volk auf diesen Reiserouten. Pilger, Kaufleute, Reisläufer und Viehtreiber stellten wohl den Hauptanteil, doch traf man auch Fürsten, gekrönte Herrscher, fremde Boten und Gesandte, fahrendes Volk, Vertriebene und lichtscheues Gesindel an.

Im Unterland, wo die wichtigen Heerwege vorwiegend durch dichter besiedeltes Gebiet führten, stützten sich die Dienstleistungsbetriebe für den Reisenden meistens auf das bestehende Netz der Dörfer und Städte ab, deren gewerbliche Struktur sich stark auf den Transitverkehr ausrichtete, wie sich an der großen Zahl von Tavernenwirten, Hufschmieden, Wagnern und Sattlern zeigt.

Wurden um die Jahrtausendwende noch viele Flüsse auf Furten überquert, entstanden seit dem 12. Jahrhundert immer mehr Brücken und Fährbetriebe. Zu deren Schutz und Überwachung bildeten sich befestigte Siedlungen, Burgen und kleine Städte. Landesherrliche Politik war seit dem 13. Jahrhundert bestrebt, durch den Bau von gut gangbaren Wegen und Brücken und durch die Gründung kleiner Städte zur Versorgung der Reisenden den Transitverkehr über ihr Territorium zu leiten, was Zolleinnahmen und Verdienstmöglichkeiten brachte. Gezielte Versuche, altbekannte Routen auf neu

Reuthaue, gefunden auf der Burg Schiedberg.
Dieses Gerät war im Mittelalter neben der Axt das wichtigste Werkzeug bei der Rodungsarbeit.

erschlossene Wege umzuleiten, wurden zwischen dem 12. und 15. Jahrhundert wiederholt unternommen, freilich mit unterschiedlichem Erfolg.

Der Ausbau des Simplons durch die Bischöfe von Sitten, des Lukmaniers durch das Kloster Disentis, des Gotthards durch unbekannte Initianten, das waren erfolgreiche Unternehmungen, die Nebenachse vom Hauenstein an die Aare bei Fridau, der Bau einer Fahrstraße über den Septimer, die Verbindung von Basel nach Zürich über den Aareübergang bei Freudenau erwiesen sich als Fehlplanungen.

Über die Beliebtheit einer Transitroute entschied nicht allein die Qualität des Weges und der Brücken oder die Dichte der Infrastruktur, sondern auch die Sicherheit der Reisenden vor Überfällen und die Behelligung durch Zollabgaben.

Handelsstädte wie Basel wehrten sich im Spätmittelalter entschieden gegen die Errichtung neuer Zölle, die oft keine Verbesserung der Wegverhältnisse, sondern nur eine politische Schikane von seiten des wirtschaftlich bedrängten Landadels bedeuteten. Auf Versuche, die Zölle zu umgehen, antworteten deren Inhaber mit der Konfiszierung der Ware, was von den Städten als Wegelagerei oder «Raubrittertum» ausgelegt wurde, zumal die buntscheckigen Herrschaftsverhältnisse und verworrenen Territorialgrenzen im Spätmittelalter eine wirksame Bekämpfung des Banditentums sehr erschwerten. Zeitweise müssen sich längs einzelner Transitrouten in Höhlen, verlassenen Burgen und einsam gelegenen Mühlen und Tavernen Scharen von Räubern eingenistet haben, die das Reisen zu einem gefahrvollen Unternehmen machten und ganze Handelsrouten in Verruf brachten. Im 14. Jahrhundert gab es in Augst an der Brücke eine Taverne, in welcher der Wirt, unterstützt von seiner Frau, jahrelang unerkannt Reisende nachts totschlug und beraubte. Gelegentliche Großaktionen gegen Banditen und Wegelagerer schafften vorübergehend Besserung.

Alles in allem veränderte der Ausbau des Verkehrsnetzes im Hoch- und Spätmittelalter die Landschaft kaum. Die schmalen, den natürlichen Geländeformen folgenden Fahrwege und Saumpfade beeinträchtigten das Landschaftsbild wenig; auch die größten Kunstbauten, die Brücken, nahmen sich verhältnismäßig bescheiden aus: Wenn wir heute auf einer spätmittelalterlichen Brücke stehen, haben wir Mühe, uns vorzustellen, daß über eine derart schmale Passage ein Transitverkehr von europäischer Bedeutung gegangen sein soll.

Stärker als die Weg- und Brückenbauten selbst wirkten sich im Landschaftsbild die Folgen auf die Siedlungsentwicklung aus, indem längs der bedeutenden Transitrouten zahlreiche Niederlassungen unterschiedlicher Größe entstanden, deren Bewohner ihren Lebensunterhalt zu einem guten Teil aus dem Durchgangsverkehr bestritten.

Ergebnisse und Würdigung Durch den mittelalterlichen Landesausbau ist die Schweiz grundlegend verändert worden: Für die zunehmende Bevölkerung, die sich zwischen dem 10. Jahrhundert und dem Spätmittelalter von 400000 auf 800000 Menschen verdoppelte, wurde neuer Lebensraum geschaffen. Auch wenn dieser Vorgang im einzelnen kaum mehr rekonstruiert werden kann, im Endergebnis steht er fest und stellt in seiner Gesamtheit eine ungeheure Leistung dar, nicht zuletzt im Hinblick auf die beschränkten Mittel, die für dieses Kolonisationswerk zur Verfügung standen. Schwierigkeiten, die sich aus den Mängeln der wenig entwickelten Technologie ergaben, wurden durch Mut, Geduld, Anpassungsfähigkeit und Solidarität überwunden.

Mit der Erweiterung des Lebensraumes für die verdoppelte Bevölkerung, mit der Umwandlung von Wildnis in Kulturland, mit der Gründung von Dörfern, Klöstern, Burgen und Städten, mit dem Bau von Brücken und Wegen, mit all diesen Erschließungswerken wuchsen auch neue politische Strukturen, die den Rahmen für die kulturellen Lebensäußerungen abgaben. Die außerordentlich stark ausgeprägte Gliederung der Schweizer Landschaft durch Flüsse, Täler, Berge und Seen begünstigte die Entstehung kleiner und kleinster Einheiten. Freilich wurde das Verschmelzen der einzelnen Teile zu einem einheitlichen territorialen Gebilde im Mittelalter auch durch weitere Faktoren verhindert, etwa durch die auf Zufälligkeiten beruhende Geschichte der landesherrlichen Dynastien, durch politische und militärische Ereignisse inner- und außerhalb der Schweiz. An dieser Stelle gilt es festzuhalten, daß der Landesausbau des Mittelalters wegen der landschaftlichen Gliederung ein Nebeneinander kleinerer politischer Einheiten sowie eine kulturelle und sprachliche Vielfalt erzeugte – das prägte die Geschichte der Schweiz seit dem Ausgang des Mittelalters bis in unsere Zeit.

Durch den Landesausbau und die mit ihm verbundenen Bevölkerungsverschiebungen bildeten sich innerhalb der Schweiz Kulturgrenzen heraus, deren Verlauf oft schwer

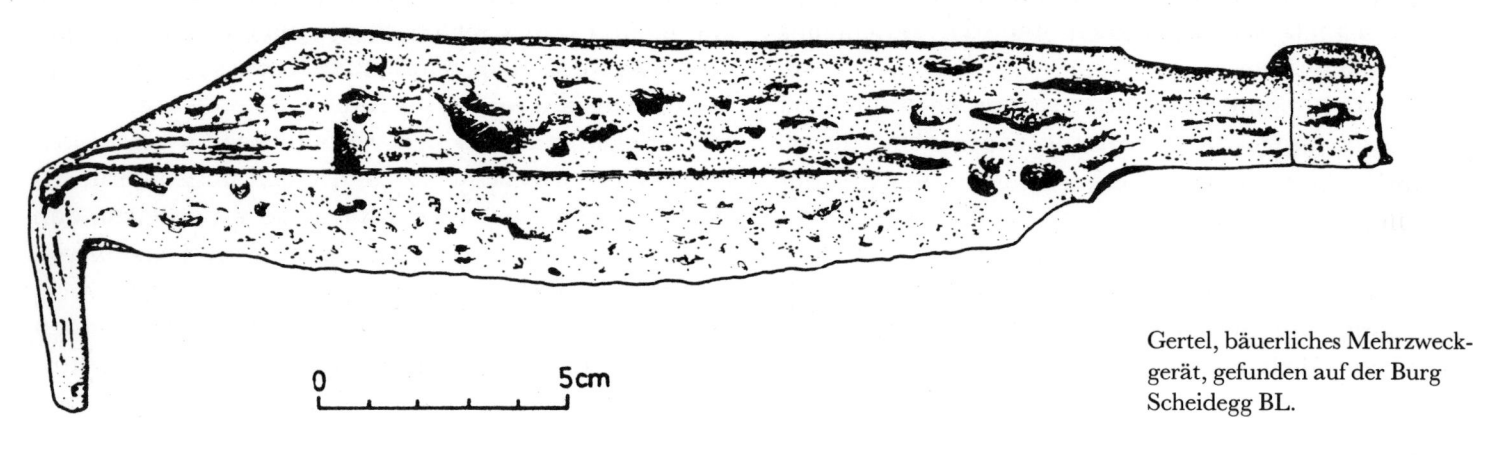

Gertel, bäuerliches Mehrzweckgerät, gefunden auf der Burg Scheidegg BL.

erklärbare, ja wunderliche Züge aufwies. Deutsche Sprachinseln inmitten romanischen Siedlungsraumes können mit Wanderbewegungen deutschsprachiger Kolonistengruppen, vor allem der Walser, erklärt werden. Worauf aber ist das Fehlen von Tongeschirr im rätischen Raum zurückzuführen? Oder die Verbreitung des Kleiderringens, des späteren «Schwingens», im Alpengebiet? Oder das beharrliche Festhalten an archaischen Ackerbaugeräten in ganz bestimmten Regionen? Soweit solche Kulturerscheinungen vom Fragebogen des «Atlas der schweizerischen Volkskunde» (aufgenommen um 1940) erfaßt sind, lassen sie sich kartieren und interpretieren. Andere Erscheinungen harren noch der Bestandesaufnahme, besonders im Bereich der archäologisch greifbaren Befunde.

Die Erhebungen für den «Atlas der Volkskunde» führten zum überraschenden Nachweis einer Kulturgrenze, welche die Schweiz in nordsüdlicher Richtung durchschneidet und der Linie Aare–Reuss–Napf–Brünig folgt. Über den Ursprung und das Alter dieser Grenze herrscht keine völlige Klarheit. Viele Lebensäußerungen, durch die sie gekennzeichnet wird, sind neuzeitlicher oder gar moderner Herkunft, was aber lediglich die bis in unser Jahrhundert anhaltende grenzbildende Kraft dieser Nord-Süd-Linie belegt und über das Alter noch nichts aussagt. Auffallenderweise verläuft diese Kulturgrenze längs einer hochmittelalterlichen Waldzone, die verhältnismäßig dünn besiedelt war und sich erst seit dem 13. Jahrhundert durch das Fortschreiten der Kolonisation allmählich auflöste. Somit zeichnet sich die Möglichkeit ab, daß eine wichtige, bis in die Neuzeit hinein bestehende Kulturgrenze letztlich auf eine mittelalterliche Waldbarriere zurückgeht, die sich einst zwischen die zwei großen Siedlungsräume des schweizerischen Mittellandes geschoben hat.

Die Kulturlandschaft

Kornland und Hirtenland   Die rätselhafte Grenze, welche die Schweiz auf der Linie Aare–Reuß–Napf–Brünig in zwei Kulturzonen teilt, kreuzt sich im Voralpenraum mit einer anderen Grenze, die in westöstlicher Richtung verläuft und das Ackerbaugebiet des Mittellandes von der Viehzuchtzone des Alpenraumes trennt. Über den genauen Verlauf der Trennlinie zwischen «Hirtenland» und «Kornland» gehen die Meinungen freilich auseinander, und wahrscheinlich kann diese Frage auch kaum je völlig geklärt werden, denn im Laufe der Zeit dürfte sich diese Grenze mehrmals verschoben und sich eher als breite Übergangszone denn als exakte Linie dargeboten haben.

Im Spätmittelalter treten uns die wirtschaftlichen und kulturellen Unterschiede zwischen den Ackerbauern des Unterlandes und den Viehhirten der Alpen als bewußt erlebter und bisweilen als polemisch formulierter Gegensatz deutlich in den Quellen entgegen, in bildhafter Symbolik in der Erzählung von der Kappeler Milchsuppe, die anläßlich der Reformationskriege 1529, gewissermaßen auf der Grenze zwischen dem Innerschweizer Hirten- und dem zürcherischen Kornland, gekocht wurde, wobei die Schwyzer die Milch und die Zürcher die Brotbrocken lieferten.

Diese scharfe Trennung zwischen den Ackerbauern des Unterlandes und den Viehzüchtern der Alpen mit all den Unterschieden in den Lebensformen und Sozialstrukturen bestand schon in der ersten Hälfte des 15. Jahrhunderts, wie die boshaften Bemerkungen des Zürcher Chorherrn Felix Hemmerli über die Schwyzer Hirten zeigen.

Das alpine Hirtentum des Spätmittelalters, geprägt

durch exportwirtschaftliche Produktionsformen, die dem Ackerbau nur ein Kümmerdasein für den nötigsten Eigenbedarf gestatteten, ist allerdings erst im Laufe des 14. Jahrhunderts aufgekommen und hat keineswegs sämtliche Teile des Alpenraumes erfaßt. Rinderhaltung mit Überschußproduktion von Schlachtvieh und Milchprodukten finden wir vor allem in der nördlichen Alpenabdachung, in Appenzell, in Glarus, in der Zentralschweiz, im Berner Oberland und im Greyerzerland. Die inneren und südlichen Partien der Alpen, vor allem Graubünden, die Tessiner Täler und das Wallis, blieben in den altertümlichen Formen einer Mischung von Alpwirtschaft und Ackerbau verhaftet.

Im Flachland hatte der Ackerbau am Ausgang der Antike nach dem Zusammenbruch des römischen Villensystems mit der Einwanderung germanischer Siedlergruppen einen neuen Anfang gefunden und im Laufe des Hochmittelalters im Zuge des Landesausbaues verbesserte Anbauformen, vor allem jene der Dreifelderwirtschaft, entwickelt. Wie stark die agrarischen Errungenschaften des Hochmittelalters den Ackerbau im Alpenraum beeinflußt haben, entzieht sich einstweilen unserer Kenntnis. Gewiß ist, daß im Innern der Alpen Getreidefelder bereits im Neolithikum und in der Bronzezeit angelegt worden sind und daß es Ackerfluren im Frühmittelalter in den dichter besiedelten Tälern in großer Zahl gegeben haben muß.

Umgekehrt bleibt unbestritten, daß im Alpenraum die Viehzucht, verbunden mit Milchverarbeitung, schon seit frühgeschichtlicher Zeit bekannt ist. Seit wann die Alpweiden, das heißt die Magerwiesen oberhalb der natürlichen Waldgrenze, für die Sömmerung des Viehs genutzt werden, wissen wir noch nicht, für die Karolingerzeit liegen jedenfalls gesicherte Nachrichten und archäologische Belege vor. Vorläufig lassen wir auch die Frage offen, welcher sozialen Schicht die Älpler des Hoch- und Spätmittelalters angehört haben. Bis ins 14. Jahrhundert haben wir somit im Alpenraum ein Nebeneinander von Ackerbau und Viehhaltung mit Nutzung der Alpweiden anzunehmen. Im Tal lagen neben den Getreideäckern auch die Wiesen für das Winterfutter. Erst im 14. Jahrhundert trat ein Umschwung ein: Das Aufkommen einer vermehrten Rinderhaltung für die Produktion von Käse und Schlachtvieh drängte einerseits die früher vorherrschende Schafhaltung in Randzonen ab und führte andererseits auf den Talböden zu einem weitgehenden Verschwinden des Ackerbaues, da er zugunsten der Heuproduktion aufgegeben werden mußte. Dies bedeutete die Entstehung des «Hirtenlandes», mit dem seit dem 15. Jahrhundert die Eidgenossenschaft identifiziert wurde und das sich kulturell und wirtschaftlich so schroff vom benachbarten Kornland abhob.

Das Ackerland Ackerland diente im Mittelalter fast ausschließlich der Produktion von Getreide. Andere Feldfrüchte, soweit sie schon bekannt waren, wurden mit Ausnahme von Rüben, die mitunter auf kleinen Äckern gepflanzt wurden, in den siedlungsnahen Gärten gezogen. Die einzelnen Ackerflächen waren so in die Landschaft gelegt, daß sie von der natürlichen, eventuell auch künstlichen Bewässerung, von der Sonneneinwirkung und von der Bodenbeschaffenheit her die größtmöglichen Erträge versprachen. Dem Prinzip der Ernteerwartung blieb bei der Standortwahl das Bedürfnis nach Arbeitsersparnis stets untergeordnet. Dies zeigt sich besonders in marginalen Lagen der späteren Landesausbauphasen, als Äcker um der Sonneneinstrahlung willen an sehr unbequem zu bearbeitenden Steilhängen angelegt wurden. Im Gebirge mit seinem kurzen Sommer

St-Ursanne: Aus der ursprünglichen Klostersiedlung entwickelte sich im 13. Jahrhundert ein Städtchen, dessen Bedeutung vor allem durch die Brücke über den Doubs bestimmt wurde.

spielte bei der Standortwahl für Ackerland auch das möglichst frühe Wegschmelzen der Schneedecke eine wichtige Rolle.

Weite, bis an den Horizont reichende Ackerfluren waren auch im Mittelland, dem eigentlichen «Kornland», selten, da das Gelände stark durch Hügelkuppen, Bachläufe, Steilböschungen und sumpfige Niederungen gegliedert war, was die Bildung großräumiger zusammenhängender Getreideanbauflächen verhinderte. Die weiten Ebenen im Mittelland, heute großflächig eingeteilte Landwirtschaftszonen, bestanden im Mittelalter noch aus Sumpf und Ried.

Umgekehrt blieben nach Abschluß des mittelalterlichen Landesausbaues auch kleine und kleinste Anbauflächen nicht ungenutzt. Wenn sich der Einsatz des Pfluges nicht aufdrängte, blieb allemal die Möglichkeit des Hackbaues offen. Deshalb finden sich heute im Jura, in den kupierten Teilen des Mittelandes und in der Voralpenzone Spuren von Ackerbau selbst auf kleinen Terrassen und schmalen Hügelkuppen. Die Gesamtfläche eines solchen Kleinackers betrug manchmal kaum eine Are. Die weite Verbreitung kleinster Ackerparzellen legt Zeugnis ab von der intensiven landwirtschaftlichen Nutzung auch marginaler Zonen im Spätmittelalter.

Wo das Gelände für den Ackerbau zu steil war, mußten künstliche Terrassen das Gefälle der Erdoberfläche mildern. Diese Maßnahme ermöglichte einerseits die Beseitigung der Steine in der Ackererde und verhinderte andererseits das Wegschwemmen der kostbaren Humusdecke bei heftigen Regenfällen. Steinige Böden mußten in regelmäßigen Abständen, jedenfalls nach der Schneeschmelze oder nach Gewittern, abgelesen werden. Schöne Steine konnte man für Bauarbeiten beiseite schaffen. Schlechte wurden am Rand der Ackerflur deponiert, wo sie sich mit der Zeit zu Wällen oder rundlichen Hügeln,

den «Lesehaufen», auftürmten. Steinwälle, Lesehaufen und Reste von Terrassierungsmauern im Wald, wie sie der aufmerksame Wanderer häufig beobachten kann, deuten auf einstiges, meist spätmittelalterliches Ackerland hin. Freilich ist nicht immer zu entscheiden, was früher genau angepflanzt worden ist. An sonnenbeschienenen Steilhängen könnten Reste künstlicher Terrassen auch auf einstigen Weinbau hinweisen.

Die Ackergestalt wurde im wesentlichen durch die Bebauungsform bestimmt. Äcker, auf denen Hackbau betrieben wurde, waren Quadrate oder breite Rechtecke. In Gebrauch waren im Hoch- und Spätmittelalter verschiedene Hacken, am häufigsten der Karst mit herzförmigem Blatt, bisweilen auch mit Zinken. Auf trockenen, lehmigen Böden mußten grobe Erdklumpen mit Holzhämmern zerklopft werden. Ebenfalls der Quadratform näherten sich die mit dem altertümlichen Hakenpflug bewirtschafteten Äcker. Dieses Gerät vermochte lediglich die Scholle zu zerkrümeln und wurde deshalb kreuz und quer über den Acker gezogen. Der seit dem 11. Jahrhundert bekannte, aber erst im 13. Jahrhundert allgemein verbreitete Beetpflug mit Schar, Sech und Streichbrett, der die Umwendung der Scholle ermöglichte und tiefer ins Erdreich faßte als der Hakenpflug, bedeutete eine Neuerung mit weitreichenden und vielseitigen Folgen. Das umständliche Wenden am Rand des Ackers wurde nach Möglichkeit vermieden, und man versuchte, möglichst lange Furchen zu ziehen. Das führte zur Bildung langer, schmaler Ackerstreifen. Je nach Gelände wurden Pflugmodelle mit oder ohne Radvorgestell benützt (Schwing- und Räderpflug). Da man, um die Scholle zusammenzuhalten, von außen nach innen pflügte, wurde das Erdreich allmählich im Mittelteil des Ackers zusammengedrängt, was eine gewölbte Oberfläche zur Folge hatte («Wölbäcker»). Bei Erbteilungen oder Teilverkäufen wurden diese Äcker der Länge nach getrennt, so daß manchmal Äcker von nur wenigen Furchen Breite entstanden. Im schweizerischen Kornland bestimmten die Fluren mit aneinander gereihten Wölbäckern über weite Strecken das Bild der bäuerlichen Kulturlandschaft. Wo sich das Gelände für den Einsatz des Beetpfluges mit Streichbrett nicht eignete, blieben der Hackbau und die Bewirtschaftung mit dem Hakenpflug bis in die Neuzeit erhalten. Verbesserte Modelle des Beetpfluges mit gewundenem Streichbrett, wie sie für das 15. Jahrhundert vereinzelt bezeugt sind, konnten sich erst in der Neuzeit durchsetzen. Zum Lockern des Bodens diente seit dem Hochmittelalter die hinter ein Zugtier gespannte Egge.

Der reine Getreidebau auf den Ackerfluren zehrte am Nährstoffgehalt des Humus und gefährdete deshalb auf die Dauer die Fruchtbarkeit des Bodens. Die im Mittelalter bekannten Düngemethoden reichten allein nicht aus, um die Verschlechterung der Ackerkrume aufzuhalten: Auf brachliegenden Feldern ließ man Haustiere weiden, deren Exkremente einen schwachen Düngungseffekt erzielten, und seit dem 13. Jahrhundert versuchte man, den Boden mit zugeführtem Mergel zu verbessern. Die systematische Düngung mit gesammeltem Stallmist kam erst in nachmittelalterlicher Zeit auf.

Um eine stetige Verschlechterung des Bodens zu verhindern, wandte man im Mittelalter das Prinzip des Flurwechsels an, wodurch die Ackerfläche nicht jedes Jahr dem humuszehrenden Getreidebau ausgesetzt war, sondern in bestimmten Abständen brachliegen blieb und die natürliche Pflanzendecke, die sich in dieser Zeit bildete und die vor der neuen Getreideaussaat in die Krume gepflügt wurde, dem Boden neue Nährstoffe zuführte und so die Fruchtbarkeit bewahrte.

Die wohl altertümlichste Form des Flurwechsels war die Ägertenwirtschaft. Sie wurde im Mittelalter vor allem im Bereich von Einzelhofsiedlungen, auf schlechterem Boden in höheren Lagen und im Gebirge auf Allmendland angewendet und bestand darin, daß auf Weide- und Brachland Jahr für Jahr andere Flächen unter den Pflug oder die Hacke genommen wurden, so daß es mehrere Jahre dauern konnte, bis die Reihe wieder am gleichen Stück Land war. Diese sehr extensive Form des Ackerbaues hat sich auf marginalen Böden, zum Beispiel im Hochjura, bis ins 20. Jahrhundert erhalten.

Im Hochmittelalter war am häufigsten die Zweifelderwirtschaft anzutreffen, bei der das Ackerland alternierend im einen Jahr mit Getreide bepflanzt war und im anderen Jahr brachlag. Im 13. Jahrhundert setzte sich dank besseren Anbau- und Erntemethoden und dank der Gunst des Klimas die intensivere Anbauform der Dreifelderwirtschaft durch, die vorher nur gelegentlich auf besonders gutem Land möglich gewesen war. Sie brachte eine Fruchtfolge im Dreijahresrhythmus. Die eine Flur wurde mit Winterfrucht, vorwiegend Dinkel («Korn», Spelz) bepflanzt, die zweite mit Sommerfrucht (Hafer und Hirse, seit dem 15. Jahrhundert zunehmend Roggen), die dritte Flur lag brach. In rauheren Gebirgslagen bevorzugte man die widerstandsfähige Gerste. Wenn der in den Bergen kurze Sommer zur Ausreifung nicht ausreichte, mußte das Getreide grün geschnitten und auf hohen Holzgestellen (Histen) getrocknet und zur Reife gebracht werden.

Zum Schneiden des Getreides verwendete man bis weit in die Neuzeit hinein die Sichel. Dieses Gerät hatte den Vorteil, daß es einhändig bedient werden konnte, wodurch die andere Hand zum Umfassen der Garbe frei blieb. Langgeschäftete Sicheln für zweihändigen Gebrauch und Sensen dienten nur ausnahmsweise zum Schneiden von Getreide. Im Mittelalter waren zwei Sicheltypen bekannt, die Rundsichel und die abgewinkelte Sichel. Beide Typen hatten langgezogene, schmale Klingen mit gezähnter Schneide.

Bei der Zwei- und Dreifelderwirtschaft bildeten die Äcker einer Siedlungsgemeinschaft, beispielsweise eines Dorfes, geschlossene Fluren, Zelgen genannt, die von allen Inhabern in gleichem Rhythmus bebaut werden mußten, das heißt, daß auf den Äckern der «Sommerzelge» die Sommerfrucht und auf den Äckern der «Winterzelge» die Winterfrucht gepflanzt werden mußte, während die «Brachzelge» unbebaut blieb. Alle Dorfgenossen waren diesem Flurzwang unterworfen. Ihre Äcker verteilten sich in «Gemengelage» gleichmäßig über die drei Zelgen. Die einheitliche Bepflanzung verlieh der mittelalterlichen Agrarlandschaft eine gewisse Eintönigkeit, die durch das Fehlen von Obstbäumen und die kontrastarmen, von der Jahreszeit abhängigen Farben der Ackerfluren noch verstärkt wurde. Auflockernde Elemente bildeten die Zäune, mit denen man die Äcker umgab, um sie vor Wild und Hausvieh zu schützen, die im Spätmittelalter aufkommenden Bildstöcke, die vielen Buschreihen und Hecken sowie einzelne schattenspendende Bäume, vor allem Buchen, Linden oder Eichen, in deren Schatten sich die Bauern von der Arbeit auf den heißen Äckern erholen konnten.

Gärten und Weinberge Über den hoch- und spätmittelalterlichen Gartenbau sind wir wesentlich schlechter unterrichtet als über den Getreidebau. Denn die Ackerfluren waren mit herrschaftlichen Abgaben («Kornzinsen», Getreidezehnten usw.) belastet, über die ein bis ins 13. Jahrhundert zurückreichendes, ansehnliches Archivmaterial vorliegt. In ausgesprochenen Weinbaugegenden gilt Ähnliches für die Reben, dagegen bildeten die Gärten in der Regel einen Bestandteil von Haus und Hof und wurden deshalb in die Beschreibung von herrschaftlichen Gütern und Einkünften selten aufgenommen.

Diese einseitige Quellenlage darf indessen nicht dazu verleiten, die Bedeutung des Gartenbaues für die Ernährung oder für das Landschaftsbild zu unterschätzen. In den Gärten wurde vielerlei Gemüse gezogen, verschiedene Sorten von Rüben, ferner Bohnen, Erbsen, Kürbisse, Lauch und Kohl, Zwiebeln und Knoblauch, nicht zu vergessen die Gewürz- und Arzneikräuter. Zum mindesten in Gärten von besseren Häusern, vor allem in Kloster- und Burggärten, hielt man auch Zierpflanzen, etwa Rosen und Nelken. Die Untersuchungen pflanzlicher Überreste in Abfall- und Fäkaliengruben, wie sie in der Schweiz bis jetzt leider noch wenig betrieben werden, die aber bei Grabungen in Zürich und Schaffhausen mit Erfolg angewandt worden sind, können wichtige Aufschlüsse über die Verwendung von Nutzpflanzen vermitteln; freilich ist nicht immer mit Sicherheit zu entscheiden, ob dieses oder jenes Gewächs in einem Garten kultiviert oder wildwachsend gepflückt worden ist. Gewiß aber ist, daß auch im Mittelalter der Kampf gegen alles mögliche Unkraut einen großen Teil der Gartenarbeit ausgemacht hat.

Die Gärten lagen in unmittelbarer Umgebung der menschlichen Behausungen – nicht zuletzt deshalb zählten sie als fester, nicht eigens aufzuführender Bestandteil von Haus und Hof. In den Dörfern legte man die Gärten nach Möglichkeit innerhalb des Etters, des bebauten Ortsgebiets, an, um sie vor Wildschaden zu bewahren und wohl auch um die Frauen und Mädchen, denen die Pflege des Gartens oblag, dem Rechtsschutz der Dorfgemeinschaft zu unterstellen.

Gärten waren im Mittelalter stets abgegrenzt, wenig-

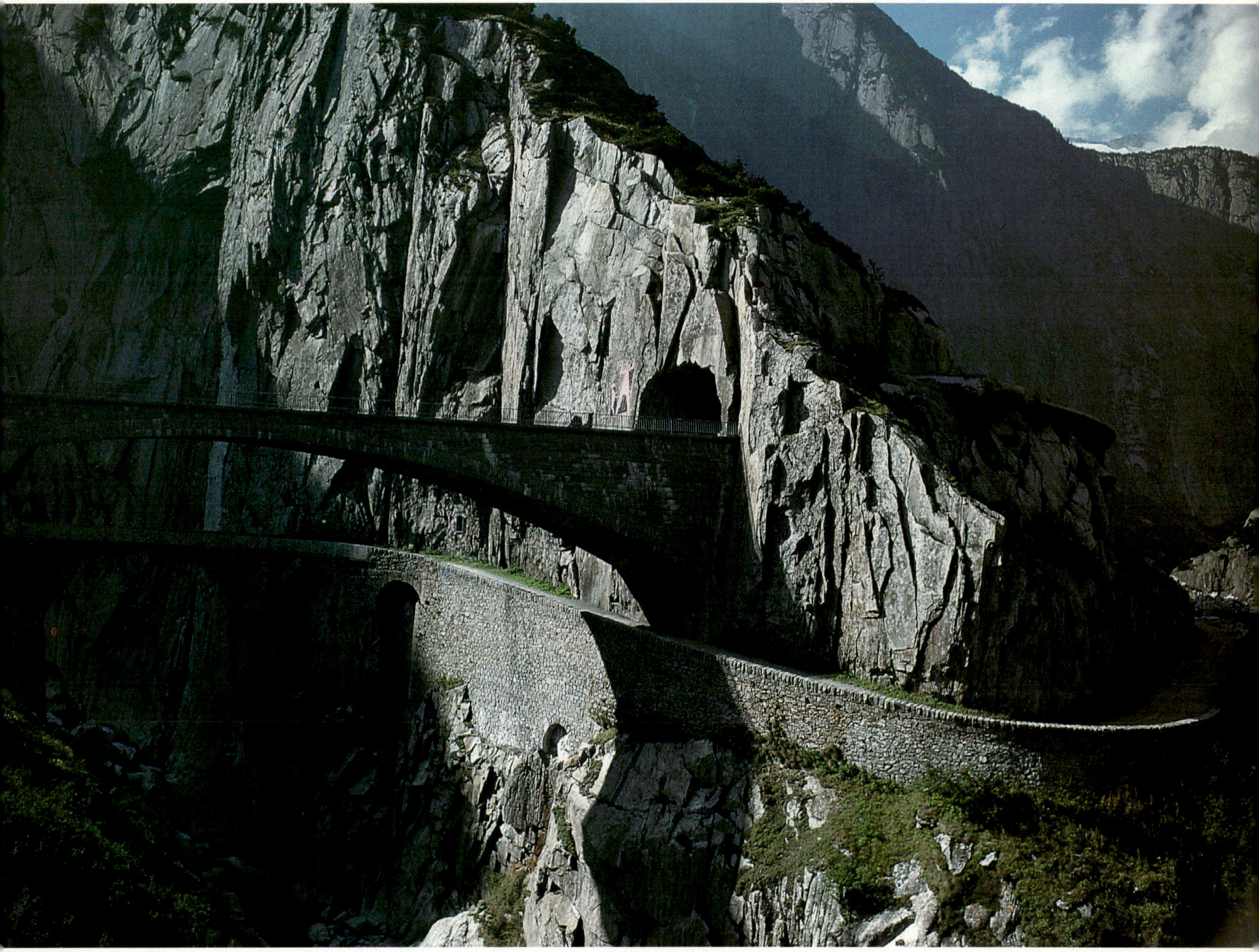

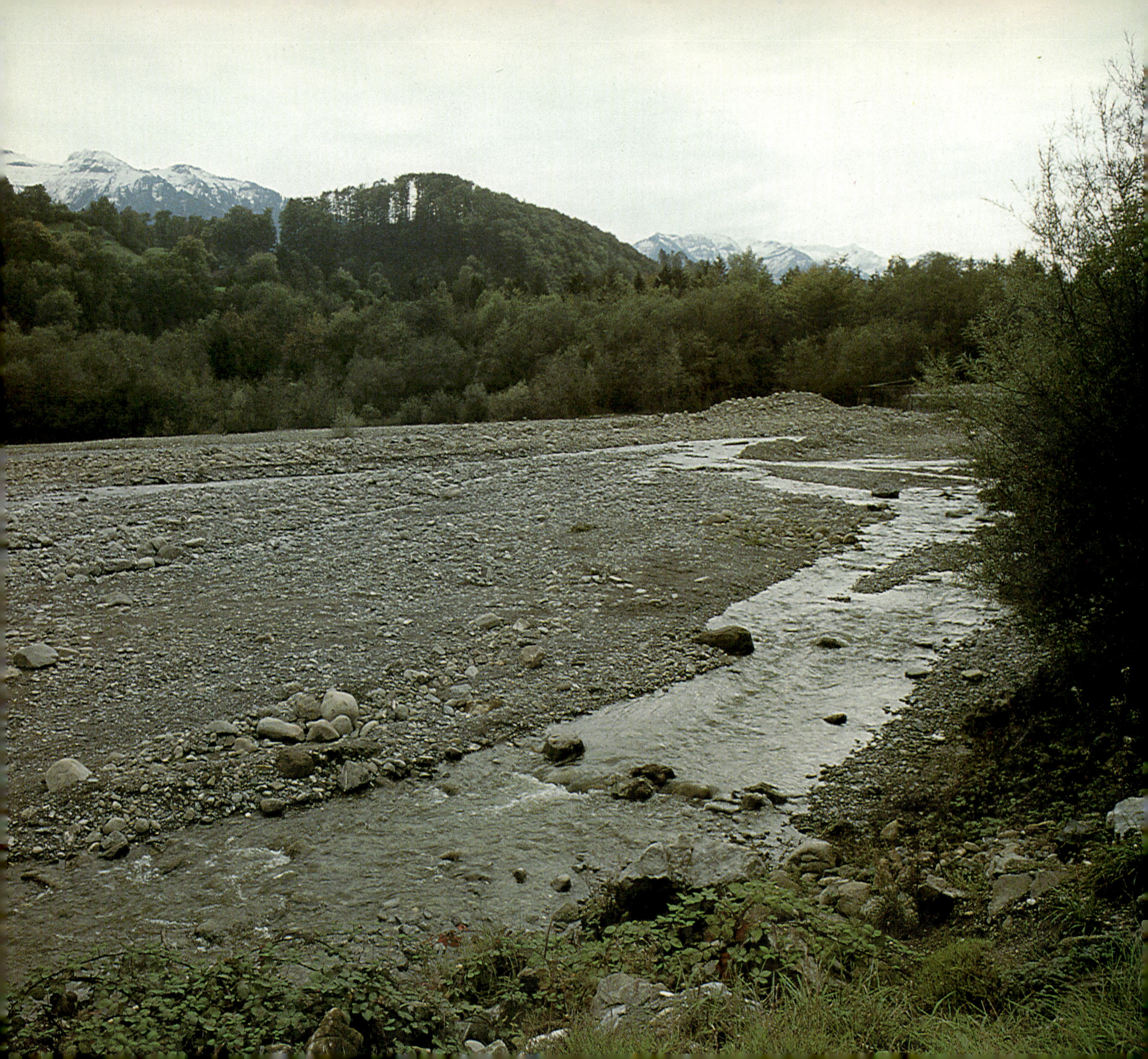

<< Schöllenenschlucht und Teufelsbrücke in Uri. Seit der Öffnung der Schlucht im 13. Jahrhundert mußten Straße und Brücke immer wieder neuen Bedürfnissen angepaßt werden. Neben der unteren Brücke liegen schwache Fundamentreste zweier älterer Brückenwiderlager.

< Im Mittelalter pendelten die Flüsse in einer breiten, von Auenwäldern umsäumten Überschwemmungszone.

> Die Schlucht der Viamala war bis ins ausgehende 15. Jahrhundert ein unbezwungenes Hindernis.

∨ Teufelsstein bei Göschenen UR. Mit dem Sturzblock soll nach der Sage der Teufel vergeblich versucht haben, die von ihm gebaute Brücke in der Schöllenen zu zerschmettern, nachdem die listigen Urner ihn um den Lohn geprellt hatten.

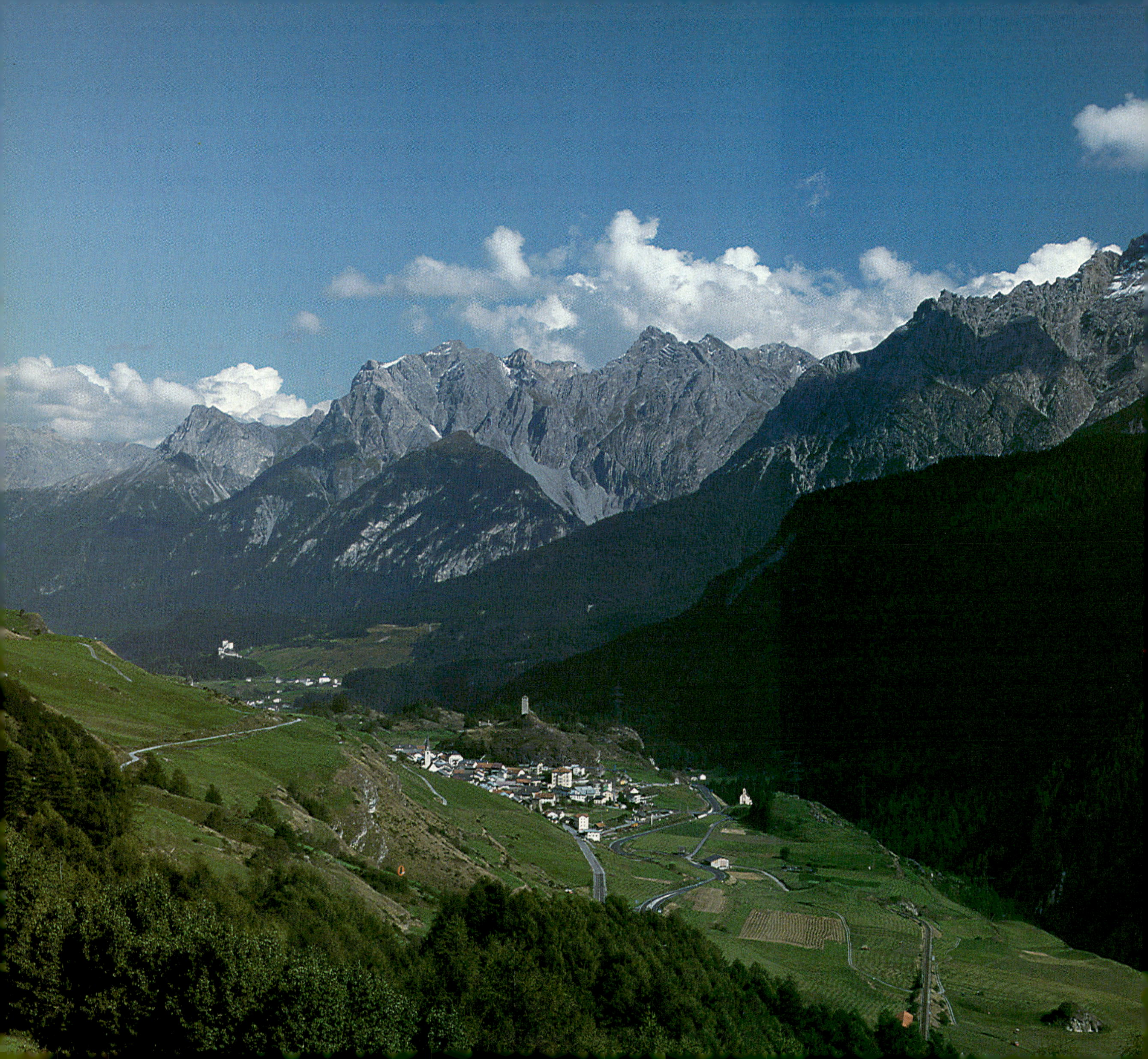

< Blick ins Unterengadin mit Ardez. Mittelalterliche Kulturlandschaft mit Siedlungen auf der Sonnenseite des Tals und großen, unbewohnten Waldflächen auf der Schattenseite. Über dem Dorf Ardez die Ruine der Burg Steinsberg, errichtet an der Stelle eines älteren Kirchenkastells.

> Alpine Agrarlandschaft bei Ernen im Goms. Noch erhalten sind die Umrisse kleiner Äcker für Pflug- und Hackbau. Im Hintergrund die drei Pfeiler des Galgens.

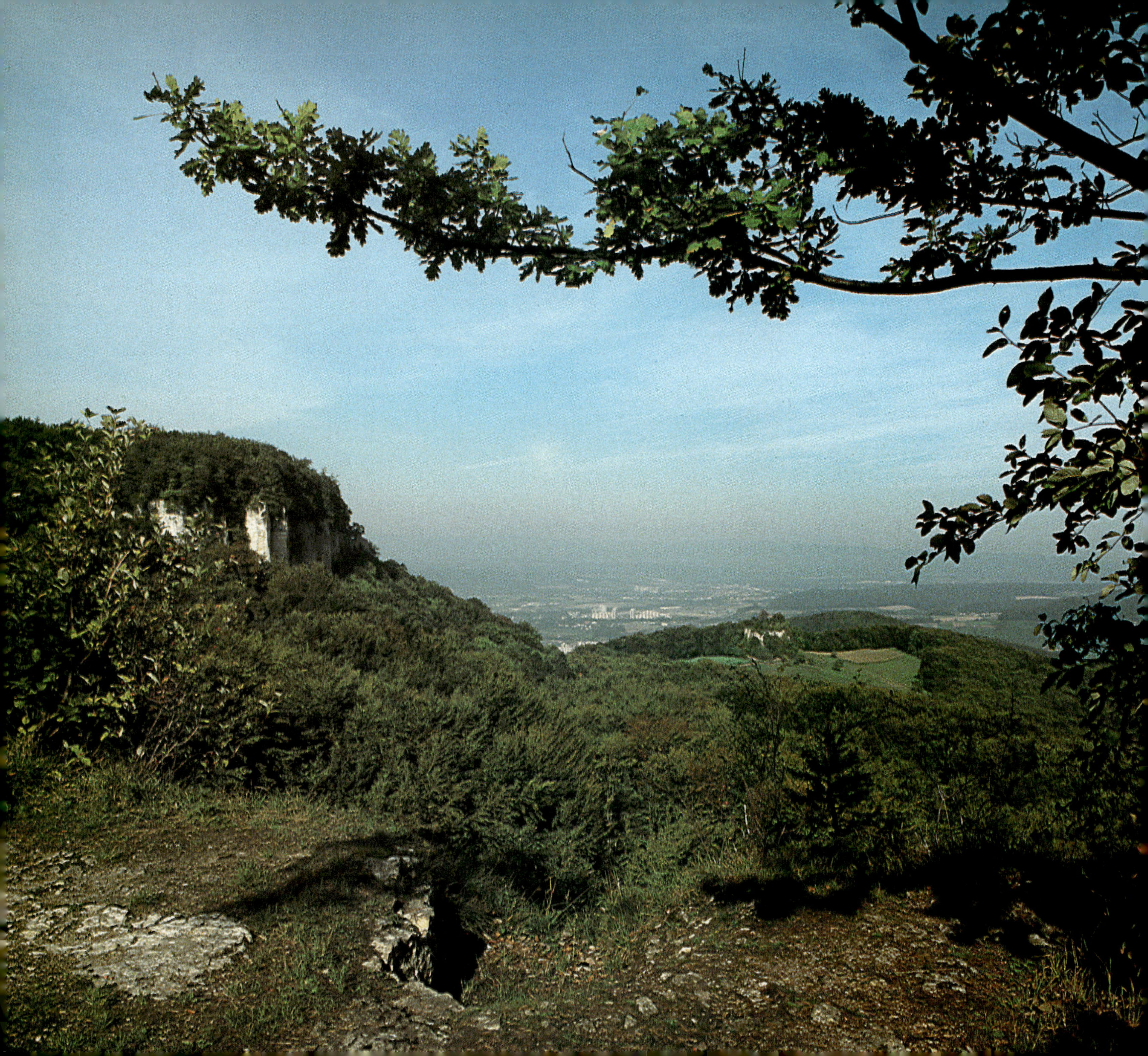

< Mittelalterliche Rodungsinsel im Jura. Inmitten eines weitläufigen Waldgebietes dehnt sich die Landwirtschaftszone der heute noch als Ruine erhaltenen Feste Schauenburg aus.

> Blick auf das Burgstädtchen Saillon VS. Die Errichtung lokaler und regionaler Verwaltungs- und Wirtschaftszentren in Form einer Verbindung von Burg und Stadt war seit dem 13. Jahrhundert ein wichtiges Mittel landesherrlicher Territorialpolitik.

>> Eng zusammengedrängtes Dorf in mittelalterlicher Tradition: Wohn- und Wirtschaftsbauten, vereinzelt sind noch Äcker zu erkennen.

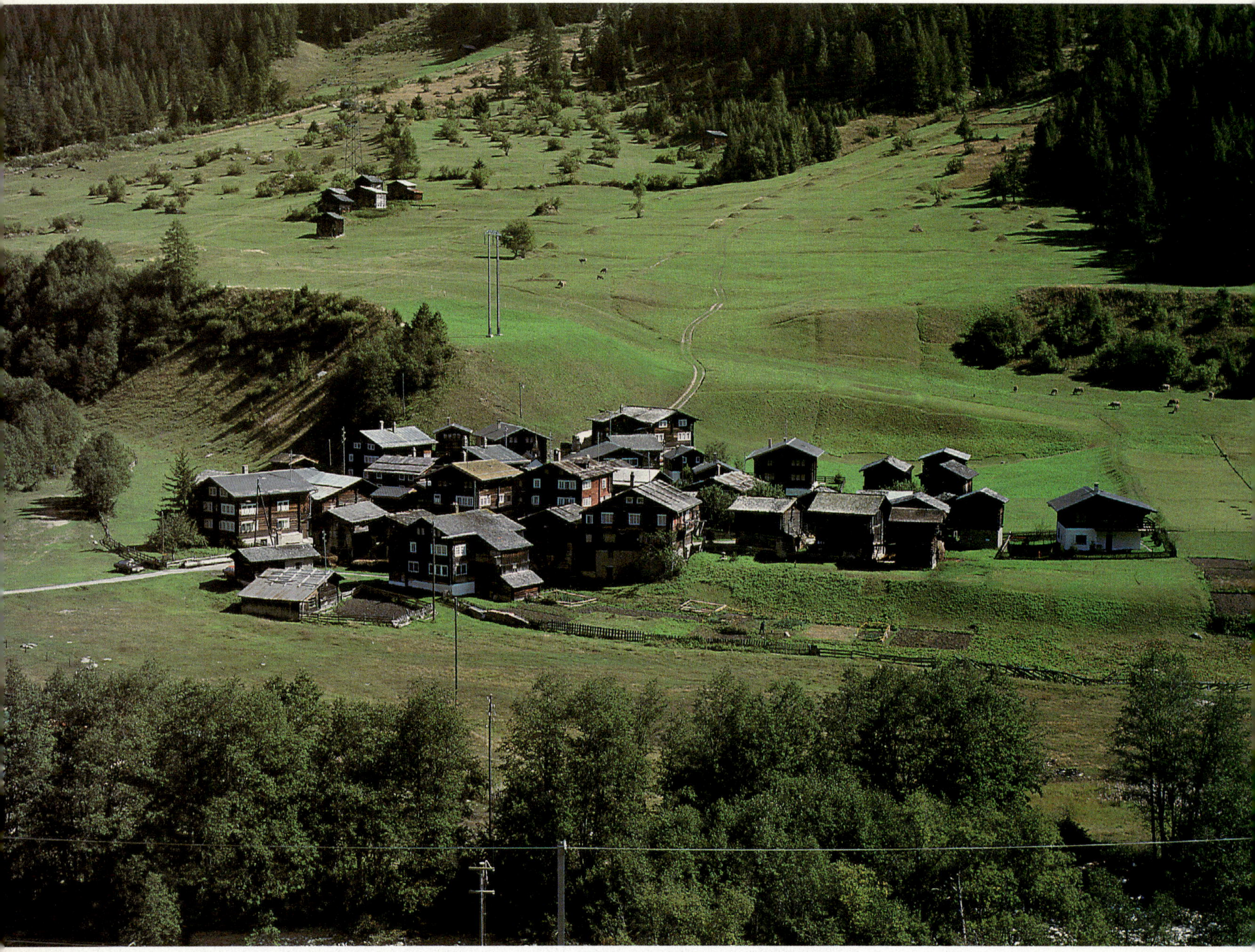

stens mit einem Holzzaun, mußten sie doch vor dem weidgängigen Vieh geschützt werden. In Gegenden mit steinigen Böden umsäumten anstelle hölzerner Zäune auch Steinmauern oder -wälle den Garten. In rauhen Gebirgsgegenden boten solche meist nur unsorgfältig geschichteten Steinwälle auch Schutz vor heftigem Wind. Wenn in den Städten genügend unüberbaute Fläche vorhanden war, legte man die Gemüsegärten innerhalb des wehrhaften Mauerrings an, wie die Beispiele von Basel und Luzern zeigen. In Bern und Freiburg entstanden noch vor dem Ausgang des Mittelalters auf den abschüssigen Hängen zwischen den überbauten Quartieren und dem Ufer der Aare und der Saane Gärten auf künstlichen Terrassen. Für die Stadtbewohner und ihre Ernährung muß der Gartenbau schon im 13. Jahrhundert so wichtig gewesen sein, daß er nicht nur für den Eigenbedarf betrieben wurde, sondern auf Produktionsüberschüsse für den öffentlichen Verkauf ausgerichtet war. Damit wurde die Gärtnerarbeit zum selbständigen Beruf. In Basel schlossen sich die Gärtner bereits um 1265 mit den Obst- und Lebensmittelhändlern zu einer Zunft zusammen.

Zum Gartenbau gehörte auch der Obstbau, der vor allem die Pflege und Veredelung von Obstbäumen bezweckte. Fruchttragende Sträucher und Stauden wurden jedoch nur teilweise kultiviert, denn man scheint den Bedarf an allen möglichen Beeren sowie an Haselnüssen überwiegend von wildwachsenden Pflanzen im Wald und an den Buschreihen gedeckt zu haben.

Die Obstbäume standen in umfriedeten Gärten. Bisweilen umgab eine steinerne, aus Mörtelmauerwerk aufgeführte Einfassung den Obstgarten, meist aber begnügte man sich mit einem guten Holzzaun. Apfel- und Birnbäume dürften am häufigsten gehalten worden sein, in klimatisch günstigen Lagen wuchsen auch Kirsch-, Zwetschgen- und Pfirsichbäume. Südlich des Alpenkammes und in den warmen Föhntälern gedieh die Edelkastanie, die eine sehr bedeutende Rolle für die Ernährung im Spätmittelalter gespielt haben muß und weite Teile der sonnenbeschienenen Talflanken bedeckte. Im alpinen Hirtenland, wo das eigene Getreide seit dem 14. Jahrhundert rar war, kam dem Obstbau eine große Bedeutung zu, da aus Birnen, Zwetschgen und Nüssen sowie Haselnüssen aus dem Wald ein Brei hergestellt wurde, der zum Strecken des teuren Brotteigs benötigt wurde. (Daraus entwickelten sich die bekannten Birnbrotspezialitäten.)

Vom Arbeitsvorgang her mit dem Garten- und Obstbau zu vergleichen, von der Anbaufläche her jedoch wesentlich umfangreicher war der Rebbau. Heute hat er sich bekanntlich auf Gebiete zurückgezogen, die sich vom Klima und von der Bodenbeschaffenheit her für die Erzeugung von Qualitätsweinen eignen. Im Mittelalter jedoch waren die Rebbauflächen trotz der viel geringeren Bevölkerung ungleich umfangreicher als heute. Obwohl der durchschnittliche Verbrauch damals höher war – der Wein war ein alltägliches Grundnahrungsmittel –, müssen die Hektarerträge niedriger gewesen sein. Auch die Weinqualität, besonders den Alkoholgehalt, hat man sich auf tieferer Stufe vorzustellen, obschon es Gegenden gegeben hat, etwa das Elsaß, die für ihre guten Weinsorten bekannt waren.

Gewiß war das Mittelalter mit seinem zeitweise trockenen, im Durchschnitt sehr milden Klima eine Gunstperiode für den Weinbau. Das mag auch erklären, warum Hinweise auf einstiges Rebgelände an Orten gefunden werden können, an denen es heute niemandem in den Sinn käme, einen Weinstock zu pflanzen.

Steile Hänge, die sich wegen ihrer sonnenexponierten Lage für den Rebbau besonders gut eigneten, mußten mit Steinmauern terrassiert werden, damit bei heftigen Regengüssen der wertvolle Humus nicht weggeschwemmt wurde. Zudem verstärkten und verlängerten die Steinmauern die Wirkung der Sonnenbestrahlung. In diese Terrassenmauern, wie wir sie heute noch in den großen Weinbaugegenden bewundern können, steckt eine unglaubliche, jahrhunderte-, vielleicht sogar jahrtausendealte Dauerarbeit. Im Wallis, am Bielersee, im Klusertal bei Aesch BL und wohl auch an anderen Orten läßt sich erkennen, daß im Spätmittelalter viele Terrassenmauern im Rebgelände neu aus dem Abbruchschutt zerfallender Burgen errichtet worden sind. Im Tessin, wo das leicht und präzis spaltbare Gneisgestein einen idealen Werkstoff bot, entwickelte sich schon im Hochmittelalter die Doppelkultur mit dem Weinbau auf der Pergola aus Steinpfeilern und Holzplanken und dem Gras- oder Ackerbau auf dem Boden zwischen den Pergolapfeilern.

In günstigem, nebelfreiem Gelände pflanzte man Reben auch in der Ebene, vor allem in der unmittelbaren Umgebung von Städten. Außerhalb der schützenden Gräben und Mauern müssen sich um die meisten unserer Städte weitläufige Rebberge erstreckt haben.

Hinweise auf einstigen Weinbau sind heute außer in Flurnamen auch an Überresten im Gelände erkennbar. Die alten Terrassenmauern, mittlerweile vielleicht von Gestrüpp und vom Wald überwuchert, zeigen oft noch die Umrisse ehemaliger Rebberge an, vielleicht sind sogar noch Spuren einer Trotte oder eines in den Fels geschroteten Kellers erhalten. Wenn die Stützmauern zerfallen und die Steine weggeräumt sind, bleiben mitunter wenigstens die mehr oder weniger verschliffenen Terrassierungen sichtbar.

Funde von alten Weinstöcken, die sich dank günstiger Voraussetzungen im Boden konserviert haben und in Ausnahmefällen – wie das Beispiel vom Klusertal bei Aesch BL zeigt – sogar bis in die Römerzeit zurückreichen können, sind naturgemäß sehr selten. Häufig dagegen kommen Geräte für den Wein- und Gartenbau zum Vorschein. Neben Hacken und Stechgabeln verschiedener Größe und Form ist vor allem das Rebmesser zu nennen, ein Gerät mit breiter, mondsichelförmiger Klinge, das zum Beschneiden der Reben und Obstbäume sowie zur Traubenernte diente. Wo solche Messer gefunden werden, ist mit Sicherheit auf ehemaligen Wein- und Obstbau zu schließen.

Wiesen und Weiden Die Haltung von grasfressenden Haustieren ist im mitteleuropäischen Raum mit seinen Wintern zwangsläufig an Weideland, auf dem das Vieh grasen kann, und an Wiesland, das Heu für die Winterfütterung liefert, gebunden. Während das Wiesland in Einzelparzellen aufgeteilt war, stand das Weideland als Allmend zur kollektiven Nutzung offen. Im Laufe des Hoch- und Spätmittelalters bildeten sich im Gebiet der Schweiz mit der Auflösung der Grundherrschaften allmählich Eigentums- und Rechtsverhältnisse heraus, die von genossenschaftlichem Denken geprägt waren, aber je nach Region auffallende Eigenheiten entwickelten.

Von der Menge des zur Verfügung stehenden Futters hing die Größe des winterlichen Viehbestandes ab. Tiere, die nicht verkauft werden konnten und für die kein Futter vorhanden war, mußten im Herbst geschlachtet werden. Auf Oktober und November entfielen deshalb die meisten Viehschlachtungen, was in anschaulicher Weise durch die spätmittelalterlichen Monatsbilder illustriert wird. Schweine und Kleinvieh hielt man im Winter in kleinen Verschlägen, Ziegen holte man bei grimmiger Kälte ins Haus, oft sogar in die Wohnräume. Schafe und Rinder blieben jedoch das ganze Jahr hindurch im Freien. Stallhaltung und -fütterung kamen erst in nachmittelalterlicher Zeit auf. Schutz fanden die Tiere im Wald unter Bäumen, wo sie sich gegebenenfalls auch noch von Rinde, Moos und Laub ernähren konnten. Das Heu wurde in kleinen Stadeln gespeichert, die inmitten der winterlichen Weidezonen standen. Es wurde demnach im Freien oder in Winterpferchen verteilt. Eine solche Anlage aus dem Hochmittelalter ist 1983 bei Mitlödi GL archäologisch untersucht worden. Aus mächtigen Steinblöcken gefügt, bestand sie aus einem rechteckigen Pferch und zwei kleinen Heustadeln auf steinernem Sockel.

Während in den Viehzuchtgebieten des Alpenraums für den Anbau von Winterfutter ansehnliche Flächen an Wiesland zur Verfügung standen, gab es im Unterland mit seiner auf den Ackerbau ausgerichteten Landwirtschaft nur sehr wenig Grasbau. Die Ausnahme bildeten die von den Zelgenfluren der Bauerndörfer abgetrennten Burggüter sowie die herrschaftlichen Schweighöfe, auf denen mehrheitlich Viehzucht betrieben wurde, weshalb sie zu einem großen Teil aus Weide- und Wiesland bestanden.

Futterwiese und Weidefläche blieben klar getrennt. Wenn sie direkt aneinanderstießen, verhinderten starke Zäune oder feste Trockenmauern, daß die Tiere in einem unbewachten Augenblick aus der kargen Weide in die fette Wiese eindringen konnten. Nur in der kalten Jahreszeit stand das Wiesland dem Weidgang offen.

Die Wiesen mußten wegen ihrer intensiveren Bewirtschaftung stärker gepflegt werden als die Weiden. Jährlich waren sie von Laub, Geäst und Steinen zu säubern; in trockenen Zonen mußte der Graswuchs durch künstliche Bewässerung gefördert werden. Vorstehende Felsblöcke und Unebenheiten wurden nach Möglichkeit beseitigt, um die Heuernte zu erleichtern. Zum Mähen des Grases gebrauchte man seit dem Hochmittelalter die Sense; hölzerne Gabeln und Rechen waren zum Trocknen und Einbringen erforderlich. Im Berggebiet betrieb man das Heuen barfuß, in schlangenverseuchten Gebieten fühlte man sich durch die Anwesenheit von Ziegen sicher, die im Rufe standen, Schlangen zu zertreten. Möglicherweise sind zum Heuen an steilen Hängen schon im Mittelalter Steigeisen getragen worden. Eingebracht wurde das Heu vor allem als Bürde auf dem Rücken von Menschen und Tieren. Die Verwendung von Karren blieb auf flacheres Gelände beschränkt.

Das Weideland bedurfte geringerer Pflege. Lose Steine wurde eingesammelt und auf Lesehaufen geworfen. Mitunter schichtete man diese Steine sehr sorgfältig auf, um eine möglichst geringe Fläche zu beanspruchen. Auf der Alp Genòr am Monte Generoso finden sich runde Steinpfeiler mit vorstehenden, spiralig in die Höhe führenden Trittsteinen. Stellen, die dem Vieh gefährlich werden konnten, mußten mit Zäunen oder Trockenmauern gesichert werden. Der Verbrauch von Brennholz für den Wohnbedarf und die Käseherstellung führte auf den hochgelegenen Alpen zu einer allmählichen Verdrängung holzwüchsiger Stauden, etwa der Alpenrosen, und damit zu einer Erweiterung der grasbewachsenen Weidefläche. Umgekehrt konnten im Mittelalter größere Verwüstungen von Weideland, verursacht durch Rüfinen und Lawinenniedergänge, von Menschenhand nicht behoben werden. Es blieb nichts anderes übrig, als zu hoffen, die von der Natur geschlagenen Wunden würden gelegentlich von selbst durch die Bildung einer neuen Pflanzendecke wieder verheilen.

In den Talregionen des Gebirges und im Unterland galten die Randzonen der Wälder als Viehweide. Den

Übergang von der offenen, grasbestandenen Weide und dem dichten, kaum durchdringlichen Wald hat man sich fließend vorzustellen. Wegen der Eicheln und Buchnüsse wurden vor allem die Schweine in die Wälder getrieben, wegen des Mangels an sonstiger Weidefläche und an Winterfutter aber auch andere Tiere, besonders Geißen. Da sie dem Wald, vor allem dem Jungwuchs, Schaden zufügten – was im Zeitalter des Landesausbaues als Mittel zur Rodung ausgenützt werden konnte –, schränkte die Obrigkeit seit dem 15. Jahrhundert den Weidgang im Wald ein. Durch Zäune und Trockenmauern wurden die Wälder vor weidendem Vieh geschützt. Im Gebiet der Dreifelderwirtschaft diente die jeweilige Brachzelge als Viehweide.

Größere Probleme als im Kornland, wo der Bestand an Haustieren bis über das Ende des Mittelalters hinaus eher bescheiden blieb, selbst wenn man die beträchtlichen Viehherden der Städte mit in Rechnung stellt, ergaben sich für die Versorgung des Viehs im Hirtenland des Alpen- und Voralpenraumes vor allem nach dem Umbruch des 14. Jahrhunderts, als sich die Rinderhaltung mit Überschußproduktion von Schlachtvieh und Käse für den Exporthandel durchsetzte. Auf den Rückgang des Ackerbaues zugunsten des Grasbaues für das Winterfutter ist bereits hingewiesen worden. Hinzu kam noch eine Verknappung der sommerlichen Weidefläche über der Baumgrenze, was eine umfangreiche Rodungstätigkeit im Bereich der Alpweiden sowie die Erschließung von Rodungsinseln auf halbem Weg zwischen Tal und Alp («Maiensäßen») auslöste. Beschleunigt wurde diese Entwicklung durch den steigenden Bedarf an Futter für die Saumtiere an den Paßrouten. Stellenweise scheint eine Übernutzung der alpinen Magerwiese eingetreten zu sein, wodurch der Graswuchs zugrunde ging und die Humusdecke durch Erosion zerstört wurde.

Auf den Alpen grenzten Holzzäune, häufiger trocken geschichtete Mauern das Weideland von gefährlichen Felswänden oder Tobeln ab, zudem markierten sie Eigentums- und Nutzungsgrenzen. So dürften etwa seit dem 14. Jahrhundert die Rinderalpen von den auf kargerem Boden liegenden Schafalpen durch Weidemauern abgetrennt worden sein. Nicht mit völliger Sicherheit sind die Pferche zu erklären, deren Spuren sich da und dort in höheren Lagen der Alpen noch finden. Wenn sie zusammen mit Hausresten auftreten, dürfte es sich um die Stafeln von einstigen Schafalpen handeln. Isolierte Pferche oder Pferchsysteme werden dagegen eher als Überbleibsel von Melkplätzen, von Lägern oder von Sammelstellen für die Alpabfahrt zu erklären sein. Im Mittelalter könnten solche Pferche aber ähnlich wie langgezogene Quermauern auch zur Verhinderung des Viehraubs errichtet worden sein, der in den damaligen Fehden um Weide- und Siedlungsland eine große Rolle gespielt haben muß.

Die Siedlungen Obwohl sich, wie bereits erwähnt, zwischen dem 10. und dem 16. Jahrhundert die Einwohnerzahl im Gebiet der Schweiz ungefähr verdoppelte, von rund 400 000 auf 800 000 Menschen, blieb die Bevölkerungsdichte gering, so daß die Siedlungen – die größten Städte zählten knapp 10 000 Einwohner – in der Weite des Raumes zu verschwinden schienen. Die menschlichen Behausungen in der Landschaft fielen kaum auf, einesteils wegen der geringen Bevölkerungsdichte, anderseits aber auch dank der diskreten, den natürlichen Gegebenheiten angepaßten Bauweise. Einem Fremden kündigte sich die Nähe einer menschlichen Siedlung zunächst durch die Spuren landwirtschaftlicher oder gewerblicher Tätigkeit im Gelände an, durch abgeweideten Wald, Ackerfluren, Kiesgruben, Lesehaufen, Holzzäune oder Steinmäuerchen. Je nach Jahreszeit und Gegend waren weidende Tiere, Schweine, Schafe, Ziegen oder Rinder, vielleicht auch Pferde, zu sehen oder wenigstens am Gebimmel der Viehglocken zu hören. Seit dem Spätmittelalter kündigten heraldische Marken an Bäumen, Felsblöcken oder künstlich gesetzten Steinen den Verlauf von Besitz- und Herrschaftsgrenzen an. Ausgetretene Pfade, die in einer Richtung zusammenliefen, zeigten den Weg zur Niederlassung, da und dort standen Bildstöcke oder Kreuze, seltener auch Kapellen, am Weg.

Makabre Hinweise auf die Nähe menschlicher Behausungen boten die Richtstätten, bestehend aus Galgen und Rad, umschwärmt von krächzenden Raben. Die meisten Hochgerichte sind heute verschwunden, an ihren einstigen Standort erinnern noch Flurnamen wie zum Beispiel «Galgenhubel» oder «Giüstizia». Einzelne Richtstätten lagen versteckt in Waldeslichtungen, andere aber grüßten den Vorbeiziehenden auf offenem, weithin sichtbarem Hügel an der Landstraße.

Ein untrügliches Zeichen, daß man sich einer Siedlung näherte, auch wenn noch keine Häuser sichtbar waren, bildete neben dem häufigen, turnusmäßigen Geläute von Kirchenglocken und dem Bellen der Hunde der Rauch, der von den Wohnstätten und Gewerbeplätzen ausging und den man je nach Windverhältnissen bereits riechen konnte, längst bevor eine Rauchfahne zu sehen

Grundmauern einer im 10. Jahrhundert errichteten Alphütte auf der Charetalp ob dem Muotatal. Das trocken geschichtete Mauerwerk ist 2 m dick. Das 2,5 auf 2,5 m messende Innere enthielt eine einfache Feuerstelle.

war. Rauch und Feuer kündigten Wohnlichkeit, Wärme und Geborgenheit an – kein Wunder, daß im mittelalterlichen Rechtsleben die häusliche Feuerstelle eine wichtige Rolle spielte. Menschen sah der Fremde, der einer Siedlung zustrebte, anfänglich wohl nur von weitem und in geringer Zahl. Instinkthafte Scheu vor dem Unbekannten, Angst vor ansteckenden Krankheiten sowie bittere Erfahrungen mit Kriegerscharen, Räuberbanden und Diebsgesindel dürften den mittelalterlichen Menschen gelehrt haben, sich beim Eintreffen von Fremden zunächst einmal ins Hausinnere, vielleicht sogar in irgendein Versteck zurückzuziehen und sich erst dann zur Begrüßung zu zeigen, wenn sich die Ankommenden als harmlos oder befreundet zu erkennen gaben.

Weithin sichtbar waren nur Niederlassungen, die bewußt auf Anhöhen errichtet worden waren, vor allem Burgen, zuweilen Klöster und kleinere Städte. Häufig lag die eigentliche Siedlung versteckt in einer Talmulde, und nur die an erhöhtem Standort gebaute Kirche war schon aus der Ferne sichtbar. Selbst große Städte wie Bern oder Freiburg, die in einer Flußschlinge liegen, dürften erst dann in der Landschaft aufgetaucht sein, wenn man sich im «Weichbild» befand, das heißt innerhalb des durch Kreuzsteine markierten Rechtsbezirkes, der sich ein bis zwei Kilometer um die Stadtmauern erstreckte.

Den Standort einer Niederlassung bestimmte eine Vielzahl von Faktoren, die heute nur noch selten in ihrer Gesamtheit festgestellt werden können. Die jeweilige Verkehrslage, die gern zur Erklärung der Entstehung einer Siedlung angeführt wird, war nur einer dieser Faktoren und oft keineswegs der wichtigste: Weit in die Vorgeschichte zurückreichende Siedlungstraditionen, gefestigt durch sakrale Bindungen, konnten für den Standort einer mittelalterlichen Niederlassung ebenso ausschlaggebend sein wie klimatische Verhältnisse, Wasservorkommen, natürliche Verteidigungsmöglichkeiten, herrschaftliche Besitzverhältnisse und Rechtsansprüche, Rohstoffvorräte, Ackerland und Weidegründe.

Charakteristisches Merkmal der mittelalterlichen Sied-

Doppelhornjoch. Das aus einem einzigen Stück Holz geschnitzte Joch wurde den Zugrindern mit Lederriemen an die Hörner gebunden. Eine aus Weiden geflochtene Schlinge verband das Joch mit der Deichsel. Diese schon im Neolithikum entwickelte Jochform ist in Reliktgebieten mit abschüssigem Ackerland bis ins 20. Jahrhundert hinein verwendet worden.

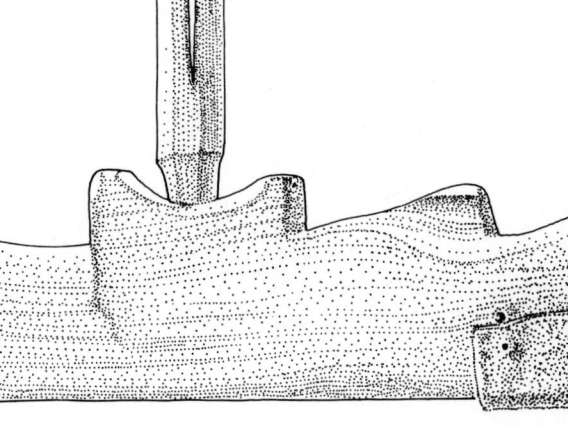

lung war ihre zur Schau gestellte Abschließung nach außen. Sie wirkte sich im Rechtsleben aus, galt doch innerhalb der Niederlassung ein anderes Recht als außerhalb, namentlich in bezug auf die Wahrung des Friedens. Auch im sozialen Bereich galt das Prinzip der Abschließung, denn zwischen Einwohner und Fremdling, zwischen Bürger und Hintersasse, zwischen Seßhaftem und Fahrendem, zwischen Herrn und Knecht, zwischen den Angehörigen der einzelnen Stände bestand eine klare Trennung, die im Siedlungsbild und im Bauwesen sichtbaren Ausdruck fand.

Für die Trennung der Niederlassung von der Außenwelt oder für die Grenzziehung zwischen verschiedenen Rechts- und Sozialbezirken kannte das Mittelalter deutliche, von der Allgemeinheit verstandene Schranken. Um die Stadt oder die Burg zog sich ein wehrhafter Mauerring, oft begleitet von trockenen oder wassergefüllten Gräben. Auch das Kloster war von einer wenn auch nur gelegentlich verteidigungsfähigen Umfassungsmauer umgeben, während das Dorf von einem Holzzaun aus Flechtwerk, dem Etter, eingefaßt war. Er hatte kaum wehrhaften Charakter, schützte aber doch vor Wölfen und Dieben, und er markierte den spezifischen Rechtsbezirk der Wohnstätten.

Ähnliche Zäune umgaben auch die Einzelhöfe. Südlich der Alpen war das in der Lombardei verbreitete, auf römischen Traditionen fußende Gehöft mit viereckiger Umfassungsmauer üblich. Immunitätsbezirke, das heißt Liegenschaften mit eigenem Recht, faßte man wie Friedhöfe mit einer Mauer ein, und in größeren Städten gab es gemauerte Abschrankungen zwischen den einzelnen Quartieren.

Gewisse Siedlungsplätze waren allein schon durch ihre Lage von den Wohnstätten der Allgemeinheit getrennt. Gewerbliche Niederlassungen wie Mühlen, Hammerschmieden oder Sägewerke waren an fließendes Wasser gebunden, andere wie Kohlenbrennereien, Glasbläsereien oder Harzbrennereien an das Vorkommen von Brennmaterial und Rohstoffen. Bei den Burgen entsprach die Trennung von den übrigen Wohnstätten dem

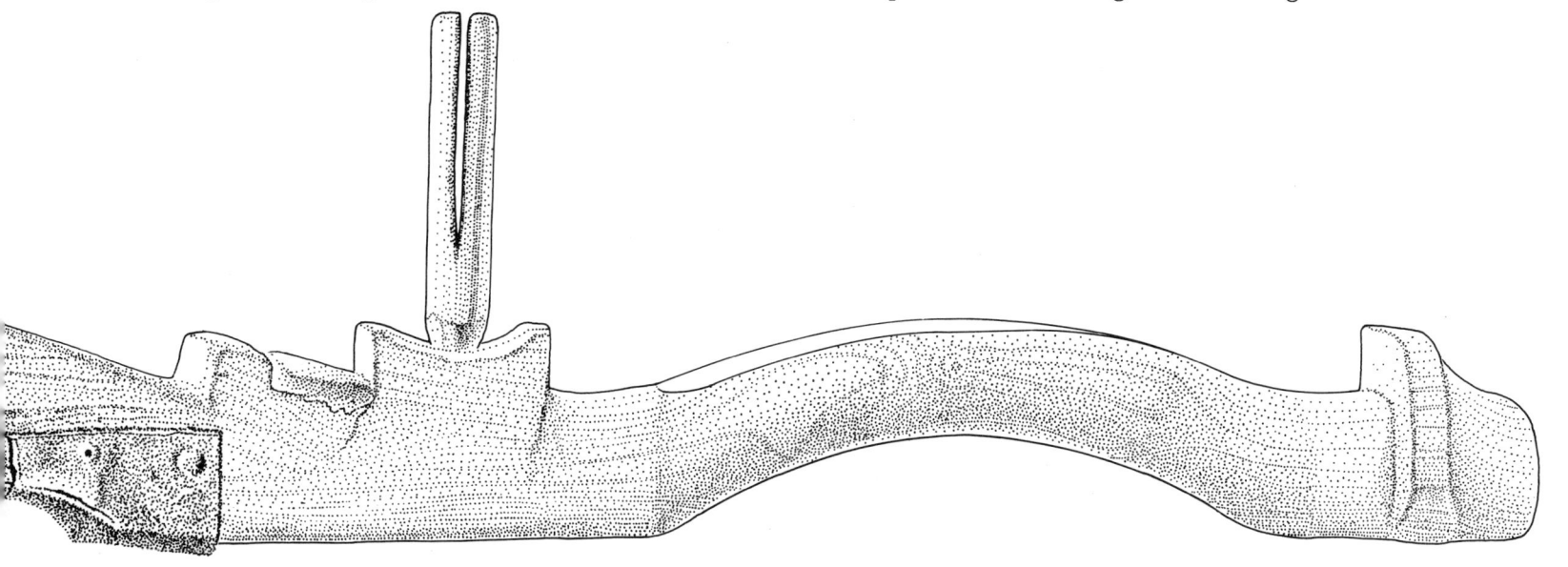

Bedürfnis des Adels nach sozialer Isolierung, bei den Klöstern und Einsiedeleien dem Bedürfnis des Mönchs- und Eremitentums nach Abkehr von weltlichen Dingen. Leprakranke wurden seit dem Hochmittelalter in abgesonderte Pflegestätten, in Siechenhäuser oder Leprosorien, eingewiesen. Gesellschaftliche Randgruppen, die als verrufen galten – unter ihnen Henker, Schinder, Gaukler –, bewohnten in den Städten besondere Quartiere, in Basel etwa den Kohlenberg. Auf dem Land trieben sich die sozialen Außenseiter oft als Fahrende herum und hatten keinen festen Wohnsitz, aber feste Treffpunkte an abgelegenen Orten, an die heute noch Flurnamen wie «Bettlerküche» erinnern. Verständlicherweise galten einsam gelegene Mühlen, Tavernen und vor allem auch Ruinen nicht bloß als verrufene Schlupfwinkel von Räubern und Banditen, sondern wie die Wegkreuzungen als Aufenthaltsorte von Geistern, Kobolden, Dämonen und Gespenstern.

Im Siedlungsbild spiegelten sich neben der Wirtschafts- und Sozialstruktur des Mittelalters die Herrschafts- und Machtverhältnisse sowie die Glaubensvorstellungen. In der Landschaft und in der einzelnen Niederlassung größeren Ausmaßes dominierten die Bauten des sakralen Lebens, die Kirchen und Klöster, dann die Mittelpunkte der weltlichen Herrschaft, die Burgen und Dinghöfe, seit dem 13. Jahrhundert als Wirtschaftszentren die Städte,

Brand einer Holzbrücke. Einfache Konstruktion mit Querplanken ohne Geländer oder Dach, 15. Jahrhundert.

dort wiederum die Kirchen und die Bauten der städtischen Obrigkeit, das Rathaus, die öffentlichen Magazine, die Stadtbefestigungen mit ihren Türmen und Toren.

Die Gebäude der geistlichen und weltlichen Oberschicht, die Zentren religiösen Lebens und politischer Herrschaft, galten als Status- und Machtsymbole und wirkten damit als Leitbilder für die nach oben drängenden Schichten. Der Steinbau, dessen sich in weiten Teilen unseres Landes zuerst Kirche und Adel bedienten, verkörperte Legitimität, Vornehmheit und Reichtum. Er wurde noch im Hochmittelalter, spätestens im 12. Jahrhundert, von den reichen Kaufleuten in den Städten übernommen und im 14. und 15. Jahrhundert auch von der bäuerlichen Oberschicht. Somit setzte sich nördlich der Alpen zunächst in den Städten und seit dem 14./15. Jahrhundert auch in den Dörfern allmählich der Steinbau anstelle der traditionellen Holzbauweise durch.

Freilich entwickelten sich in den Bau- und Siedlungsformen regionale Eigenheiten, die teilweise durch die unterschiedliche Bevölkerungsdichte, teilweise durch die jeweiligen Herrschafts- und Sozialstrukturen sowie Wirtschaftsweisen bedingt waren. Burgen wurden zwischen dem 10. und dem 14. Jahrhundert im ganzen Land errichtet, allerdings in sehr unterschiedlicher Größe und Häufigkeit. Neben den monumentalen Anlagen des Hochadels vom Typus Chillon, Burgdorf oder Kyburg entstanden in der ganzen Schweiz um die 2000 Burgen des Kleinadels, meist nur aus Wohnturm oder festem Haus, Ökonomiegebäude und Ringmauer bestehend. Die meisten Burgen thronten auf mehr oder weniger steilen Anhöhen, einzelne standen auch in kaum zugänglichen Höhlen. Vor allem in den Niederungen des Mittellandes treffen wir Burgen auch auf Inseln inmitten von Seen und künstlichen Weihern an. Repräsentative Wohntürme gab es in Dörfern und Städten in großer Zahl.

Weitaus seltener als die Burgen waren die Klöster. Mehrheitlich als Stiftungen vornehmer Familien im Verlaufe des Hochmittelalters entstanden, bildeten sie teils den Kern größerer Siedlungen von städtischem Zuschnitt wie bei Schaffhausen, St. Gallen oder Payerne,

Lastschiff für den Binnenverkehr auf Flüssen und Seen, um 1500. Der Rumpf ist flach und breit, Bug und Heck sind stumpf mit je zwei Rudern. In der Mitte ist die Last gestapelt.

teils lagen sie in ländlicher Abgeschiedenheit als isolierte Sakral- und Kulturzentren. Die eigentlichen Klostergebäude, bestehend aus Kirche und Konventbauten mit Abtwohnung, Zellen, Bibliothek und Versammlungsräumen, waren umgeben von Gästewohnungen und zahlreichen Wirtschaftsbauten, die den Bedarf des Klosters an landwirtschaftlichen und handwerklichen Produkten deckten. Neben großen Klöstern, deren Macht und Reichtum sich in bedeutenden Bauten wie bei Engelberg, Einsiedeln, Lützel, St. Urban, Disentis oder Romainmôtier spiegelten, gab es eine Fülle kleinerer klösterlicher Niederlassungen, meist Familienstiftungen, die ein sehr bescheidenes Dasein fristeten. Schönthal, Mistail, Torrello, Beinwil, Seedorf oder Kleinlützel sind Beispiele für solche Kleinklöster.

Überall in der Schweiz herrschte die bäuerliche Siedlung vor. Die Dörfer waren in lockere, aus einzelnen Hofstätten zusammengesetzte Haufen gegliedert, umgeben vom Etter. Den Kern bildete der Dinghof, der Sitz der lokalen Obrigkeit. Die Kirche, umgeben vom Friedhof, lag nicht selten abseits des Dorfes. Die Zahl der Pfarrkirchen stieg im Verlaufe des Mittelalters stark, so daß um 1500 fast jedes Dorf seine eigene Kirche für den sonntäglichen Gottesdienst hatte.

Im Gebirge drängten sich die Häuser mitunter auf sehr engem Raum zusammen und ließen nur schmale, verwinkelte Durchgänge frei. Diese Anordnung entsprach dem Bedürfnis, den spärlichen landwirtschaftlich nutzbaren Boden nicht durch Überbauungen zu schmälern und die Häuser auf die vor Rüfinen, Lawinen und Überschwemmungen geschützte Fläche zu konzentrieren. Aus ähnlichen Gründen baute man in kupiertem Gelände Einzelhöfe an den landwirtschaftlich schwer nutzbaren Böschungen und hielt so den flachen, tiefgründigen Boden für den Acker- und Grasbau frei. Im Unterland konnten Bachläufe und Landstraßen zur linearen Anordnung der Hofstätten einladen, was seit dem ausgehenden Mittelalter zur Bildung von Reihen- oder Straßendörfern führte, wie sie heute noch im Jura das Siedlungsbild bestimmen.

Der bis ins 15. Jahrhundert anhaltende Landesausbau bewirkte in seiner Spätphase die Entstehung von Einzelhofsiedlungen, die sich über die meist hügelige Landschaft verteilten und den Wald in die agrarisch kaum nutzbaren Tobel und Steilhänge verdrängten. Einzelhöfe hat es, wie die Ortsnamenforschung gezeigt hat und wie aus einzelnen archäologischen Belegen hervorgeht, schon im Hochmittelalter gegeben. Im Spätmittelalter beherrschten sie, wie im Appenzell oder im Napfgebiet, das Landschaftsbild über weite Strecken. Ob durch die Streusiedlungsweise der Einzelhöfe ältere Haufendörfer zusammen mit ihren Gemeinschaftsfluren aufgelöst worden sind, müßte archäologisch noch geklärt werden. Immerhin fällt auf, daß sich bei Illgau am Eingang ins Muotatal inmitten einer charakteristischen Einzelhofgegend die Spuren eines älteren, auf engem Raum zusammengedrängten Haufendorfes erhalten haben.

Wie sich die europäische Agrarkrise des 14. Jahrhunderts, die auf die Pestzüge, auf Kriegszerstörungen, auf wiederholte Mißernten und auf wirtschaftliche Strukturveränderungen zurückgeführt wird, auf das Siedlungsbild in der Schweiz ausgewirkt hat, bleibt einstweilen unklar. Ein eigentlicher Wüstungsprozeß, das heißt die landesweite Verödung durch die Preisgabe ganzer Dörfer und ihres Nutzlandes, wie er für andere Teile Europas angenommen wird, scheint in unserem Land nicht stattgefunden zu haben.

Mittelalterliche Städte verteilen sich sehr ungleich über das Gebiet der Schweiz. In weiten Teilen des Mittellandes, etwa im Thurgau, im Aargau und im Waadtland, gab es seit dem 13. Jahrhundert zahlreiche kleine Städte, die als regionale Wirtschaftszentren das Landschaftsbild wesentlich prägen. Im Jura konzentrierten sich die Städte auf die Niederungen mit Durchgangsrouten, während im Alpenraum nur ganz wenige Siedlungen städtischen Charakters entstanden. An ihre Stelle traten im Spätmittelalter die unbefestigten «Flecken», zum Beispiel Altdorf, Schwyz, Glarus, die als Mittelpunkte sakralen Lebens, als Marktorte und als Sitz der politischen Behörden Zentrumsfunktion ausübten. Auffallenderweise lag an der für den internationalen Transitverkehr doch recht bedeutenden Gotthardroute zwischen Luzern respektive Zug und Bellinzona keine einzige Stadt, während im Wallis, in Rätien sowie im Berner und Freiburger Oberland wenigstens in den Haupttälern einzelne Städte anzutreffen waren. Man muß diese gewiß nicht selbstverständliche Lücke an städtischen Siedlungen längs der Gotthardroute wohl darauf zurückführen, daß eine auf Stadtgründungen bedachte dynastisch-landesherrliche Macht im zentralen Alpenraum fehlte.

Von den zahlreichen, zwischen dem 12. und dem 14. Jahrhundert gegründeten Kleinstädten unseres Landes sind nicht wenige noch vor dem Ende des Mittelalters wieder eingegangen, sei es wegen eines Krieges, der den baulichen und wirtschaftlichen Ruin herbeigeführt hatte, sei es wegen des Konkurrenzdruckes einer mächtigeren Nachbarstadt.

Während die bäuerlich-ländliche Siedlung des Dorfes und Weilers durch das Überbauungsprinzip der unterschiedlich dicht gestreuten Einzelbauten bestimmt wurde, herrschte in der Stadt die aneinandergereihte Häuserzeile vor. Dieses Prinzip, gemäß archäologischen Befunden schon in frühstädtischen Überbauungen des 11. Jahrhunderts vorgezeichnet, gewährleistete zwar eine gute Ausnützung der Baufläche, erhöhte aber auch das Risiko von Großbränden, von denen in schriftlichen Aufzeichnungen immer wieder die Rede ist. Der spätestens seit dem 13. Jahrhundert auch in den Quartieren breiterer Volksschichten aufkommende Steinbau ermöglichte die Errichtung fester Mauern auf den Parzellengrenzen, die als «Brandmauern» die Ausbreitung von Brandherden erschweren sollten. Die geschlossenen, seitlich durch Brandmauern begrenzten Häuserzeilen mit ihren voll ausgenützten Parzellen brachten in die bauliche Entwicklung der spätmittelalterlichen Stadt eine nur schwer zu durchbrechende Katasterkonstante. Was sich verschieben konnte, war die Vorder- und Rückfront der Häuser, ferner die Zahl der Geschosse, aber kaum mehr die Breite. Hinter den Häusern dehnten sich, falls genügend Platz vorhanden war, Gärten und Ställe aus. Bevor im 14./15. Jahrhundert das Fensterglas aufkam, war das Innere der Häuser, nur durch Scharten belichtet, sehr finster; deshalb mußten viele handwerkliche Arbeiten im Freien vor den Häusern verrichtet werden. Mit dem Aufstellen von Handwerksgerät, dem Anbringen eines Schutzdaches gegen Regen und dem Aufstapeln von Ware bezog man seit dem 12./13. Jahrhundert die Vorplätze ins Alltagsleben ein, und vielfach wurde dann die Hausfassade auf Kosten der Straßenbreite vorverlegt.

Der auch im Spätmittelalter zunehmende Raumbedarf verleitete die Hausbewohner immer wieder zur Beanspruchung von Straßenfläche, sei es zum Abstellen sperrigen Materials wie Fässer oder Brennholz oder zum Auftürmen von Stallmist, sei es durch Vergrößerung der Häuser durch vorkragende Obergeschosse. Die Bildung von Lauben wie etwa in Bern steht am Ende dieser Entwicklung. Die städtischen Behörden führten im Spätmittelalter einen ebenso stetigen wie aussichtslosen Kampf gegen die vielfältige Beeinträchtigung der Straßenbenützung durch die Hausbesitzer. Wegen der Enge der städtischen Gassen war es unumgänglich, für die Märkte, die einen wesentlichen Teil des Wirtschaftslebens einer Stadt ausmachten, freie Flächen auszusparen, entweder ganze Plätze, die nicht überbaut werden durften, oder Marktgassen, wie sie für die Zähringerstädte charakteristisch sind. Damit man Straßen und Plätze besser sauberhalten konnte, begann man im 14. Jahrhundert schrittweise mit der Kopfsteinpflasterung. Das machte das durch Viehtrieb und Wagenverkehr stark belastete Gehniveau im Stadtinnern widerstandsfähiger gegen Regen und Schmelzwasser. Kleine, durch die Gassen geleitete Kanäle, die Eegräben, schwemmten einen großen Teil des täglichen Unrats fort.

In allen Siedlungen gab es Stätten der Begegnung, an denen sich die Leute bei bestimmten Gelegenheiten trafen. Auf dem Dorf war das der Platz vor der Kirche mit dem Friedhof, in der Stadt der Marktplatz, das Areal vor dem Rathaus oder der Platz, auf dem die Jugend sich im Schießen und im sportlichen Wettkampf übte. Vielbenützte Treffpunkte waren auch die Brunnen, an denen man den täglichen Wasservorrat für den Haushalt holte. Seit dem 14. Jahrhundert zählten die öffentlichen Brunnen in den Städten zu den Repräsentationsbauten und erhielten eine entsprechende künstlerische Ausgestaltung.

Die Stadtbefestigungen des Spätmittelalters, bestehend aus turmbewehrten Mauern mit Toren, Wehrgängen und vorgelagerten Gräben, waren im allgemeinen so weit gezogen, daß genügend Innenraum vorhanden war, um die Wohnbevölkerung aufzunehmen. Erst im 19. Jahrhundert wuchsen die Schweizer Städte über ihre mittelalterlichen Befestigungsgürtel hinaus. Der verteidigungstechnische Wert der meisten Stadtbefestigungen war gering und hielt nach dem Aufkommen der Pulvergeschütze seit dem späten 14. Jahrhundert mit der Entwicklung der Belagerungstechnik selten Schritt. Ganz vernachlässigt wurden die Befestigungsanlagen der kleinen Landstädtchen unter der Herrschaft der eidgenössischen Orte.

Politische, wirtschaftliche und gesellschaftliche Gründe führten während des ganzen Mittelalters zur Preisgabe von Siedlungsplätzen. An die «heidnische Vorzeit» erinnerten viele römische Ruinen, die man stetig zur Gewinnung von Bausteinen, Kalk und Ziegelschrot ausbeutete. Aufgelassene Dörfer verschwanden wegen ihrer leichten Holzbauweise rasch aus dem Landschaftsbild. Im Alpenraum blieben von den trocken gemauerten Häusern nach der Entfernung brauchbaren Holzwerks nur Steinhaufen zurück. Stadtwüstungen – ihre Zahl ist in der Schweiz nicht sehr groß – hinterließen an sichtbaren Spuren vor allem Reste der Stadtbefestigung und der Stadtburg, wie an den Beispielen von Arconciel, Fridau oder Montenach ersichtlich ist. Von anderen Städten wie Glanzenberg oder Eschenbach sind nur archäologisch faßbare Reste erhalten geblieben. Am längsten widerstanden dank ihrer massiven Bauweise die aufgelassenen Burgen dem natürlichen Zerfall. Daß trotzdem Hunderte von ihnen ganz aus dem Landschaftsbild verschwunden sind, hängt mit ihrer schon im Spätmittelalter einsetzenden Ausbeutung zur Stein- und Kalkgewinnung zusammen. Das mittelalterliche Siedlungsbild war nicht nur von Aufbau und Benützung geprägt, sondern auch von Zerfall und Verwahrlosung.

Wasser- und Landwege Im Vergleich zu den modernen Verkehrsverhältnissen des 20. Jahrhunderts waren die mittelalterlichen Wegverbindungen von einer geradezu unglaublichen Dürftig-

keit, sowohl in bezug auf die Dichte des Verkehrsnetzes als auch auf den Zustand der Wege.
Wichtigstes Transportmittel war, sofern man sich nicht auf die eigenen Füße verließ, das Reit- und Saumtier, das heißt das Pferd, der Esel und das Maultier. Im Verlaufe des Spätmittelalters kamen im Flachland dank verbesserten Wegverhältnissen – vor allem dank den zahlreicheren Brücken über die vielen Flußläufe – vermehrt ein- und zweiachsige Karren für den Waren-, sel-

---

Wohnturm in Schaffhausen. Im 12. und 13. Jahrhundert sind in den Städten viele Wohntürme errichtet worden. Nur wenige davon haben sich als Baukörper erhalten.

---

tener für den Personentransport auf. Beim Eintritt ins Gebirge war es jedoch mit dem Einsatz dieses einigermaßen bequemen Reise- und Transportmittels vorbei: Die Alpenpässe blieben bis weit in die Neuzeit hinein nur dem Fuß-, Reit- und Saumverkehr erschlossen. Der Versuch von 1387, über den Septimerpaß eine Fahrstraße zu bauen, endete mit einem kläglichen Mißerfolg.
Da die Transportkapazität der Landrouten sehr begrenzt blieb, übten die Wasserwege auf Reisende eine große Anziehungskraft aus. Auch wenn es in der hoch- und spätmittelalterlichen Schweiz kein künstliches Kanalsystem gab, bestand doch vom Rhein an bis an den Fuß der Alpenpässe ein dichtes natürliches Gewässernetz, das für flachkielige Schiffe bei normalem Wasserstand gut zu befahren war. Bei größeren Stromschnellen, man denke etwa an Laufenburg oder den Rheinfall, mußte man die Schiffe freilich leeren und oberhalb oder unterhalb des Hindernisses wieder neu beladen. Die natürliche Strömung der großen Flüsse konnte für größere Lastschiffe allein mit Ruder-, Stachel- oder gar Segelkraft nicht überwunden werden. Deshalb entstanden im

Laufe des späteren Mittelalters längs der schiffbaren Flüsse die Treidelpfade, auf denen sich Zugpferde abrackerten, welche die Schiffe flußaufwärts zu schleppen hatten.

Für den Schiffsverkehr auf den schweizerischen Binnengewässern waren seit dem Mittelalter die in Korporationen organisierten «Schiffleute» verantwortlich, die auch die notwendigen Einrichtungen wie Treidelpfade oder Anlegestellen zu betreuen hatten. Archäologische Reste einer spätmittelalterlichen Uferverbauung, wohl verbunden mit einer Schifflände, sind an der Zihl, begleitet von zahlreichen Bootshakeneisen, zum Vorschein gekommen. Die einst so zahlreichen Treidelpfade sind leider wegen der Flußkorrekturen des 19. Jahrhunderts bis auf ganz geringe Reste verschwunden.

Die Landwege paßten sich, vergleichbar mit den Siedlungen, in ihrem Verlauf der Landschaft an, wodurch die Kunstbauten auf ein Minimum beschränkt blieben. Die alten, kunstvoll gebauten und möglichst gerade gezogenen Römerstraßen scheinen im Spätmittelalter nicht mehr bekannt, geschweige denn benützt worden zu sein. In den Alpen, wo es noch keine Fahrstraßen gab, die eine stetige, aber nicht zu große Steigung verlangt hätten, bewegte man sich, solange es ging, in den flachen Niederungen und nahm bei steilen Talstufen starke Steigungen in Kauf. Manchmal war es nötig, das Wegtrassee an der Bergseite anzubösche und an der Talseite mit Mauern zu stützen. Nach Möglichkeit gemieden wurden Überschwemmungszonen. Sumpfige Niederungen, denen man nicht ausweichen konnte, mußten mit Knüppeldämmen überwunden werden. Felsbarrieren und enge Schluchten, wie sie im Gebirge am Fuß der Paßrouten häufig anzutreffen sind, wurden auf mühsame Weise über hochgelegene Talschultern umgangen, bis sie im späteren Mittelalter durch kühne Kunstbauten überwunden wurden. Auf die Erschließung der Schöllenen im frühen 13. Jahrhundert, durch die der Gotthard erst zum Paß von europäischer Geltung aufstieg, habe ich bereits hingewiesen. Ein ähnliches Werk ist im ausgehenden 15. Jahrhundert mit der Öffnung der Viamalaschlucht geleistet worden.

Saumpfade und Fahrwege blieben bis weit in die Neuzeit hinein schmal. Oft hatten Reisende mit ihren Tieren und Wagen Mühe, sich zu kreuzen. Um die Zerstörung von Kulturland durch Tiere und Wagen, die seitlich ausscherten, zu verhindern, grenzte man bisweilen die Wege mit Zäunen oder Steinmauern ab. Im Mittelland, wo unter der Erdoberfläche der weiche Sandstein zum Vorschein kam, bildeten sich auf häufig begangenen oder befahrenen Routen Hohlwege, besonders bei Steigungen, die sich im Laufe der Zeit immer tiefer in den Boden hineinfraßen, bis sie schließlich unbenützbar wurden und verlegt werden mußten. Deshalb können heute im Mittelland oft mehrere parallel laufende Wegspuren beobachtet werden. Die Benützung von Hohlwe-

---

Kleinbasel aus der Vogelperspektive (Ausschnitt), um 1615. Gründungsstadt des 13. Jahrhunderts. Ausgedehnte Klosteranlage «Klingental» mit Kirche, Konvent und Wirtschaftsgebäuden. Links im Bild ein Gewerbekanal («Teich»).

---

gen oder von Pfaden, die durch dichte Wälder führten, wurde immer wieder durch Sträucher und Bäume erschwert, deren Äste und Wurzeln den Weg versperrten. Seit dem Spätmittelalter mußten deshalb auf obrigkeitliche Weisung von Zeit zu Zeit die Wege von störendem Pflanzenwuchs befreit werden.

Der schlechte Zustand der mittelalterlichen Wege beruhte vor allem auf dem unzureichenden Belag. In der Regel bestanden die Wege aus ausgetretenen Trassen,

24

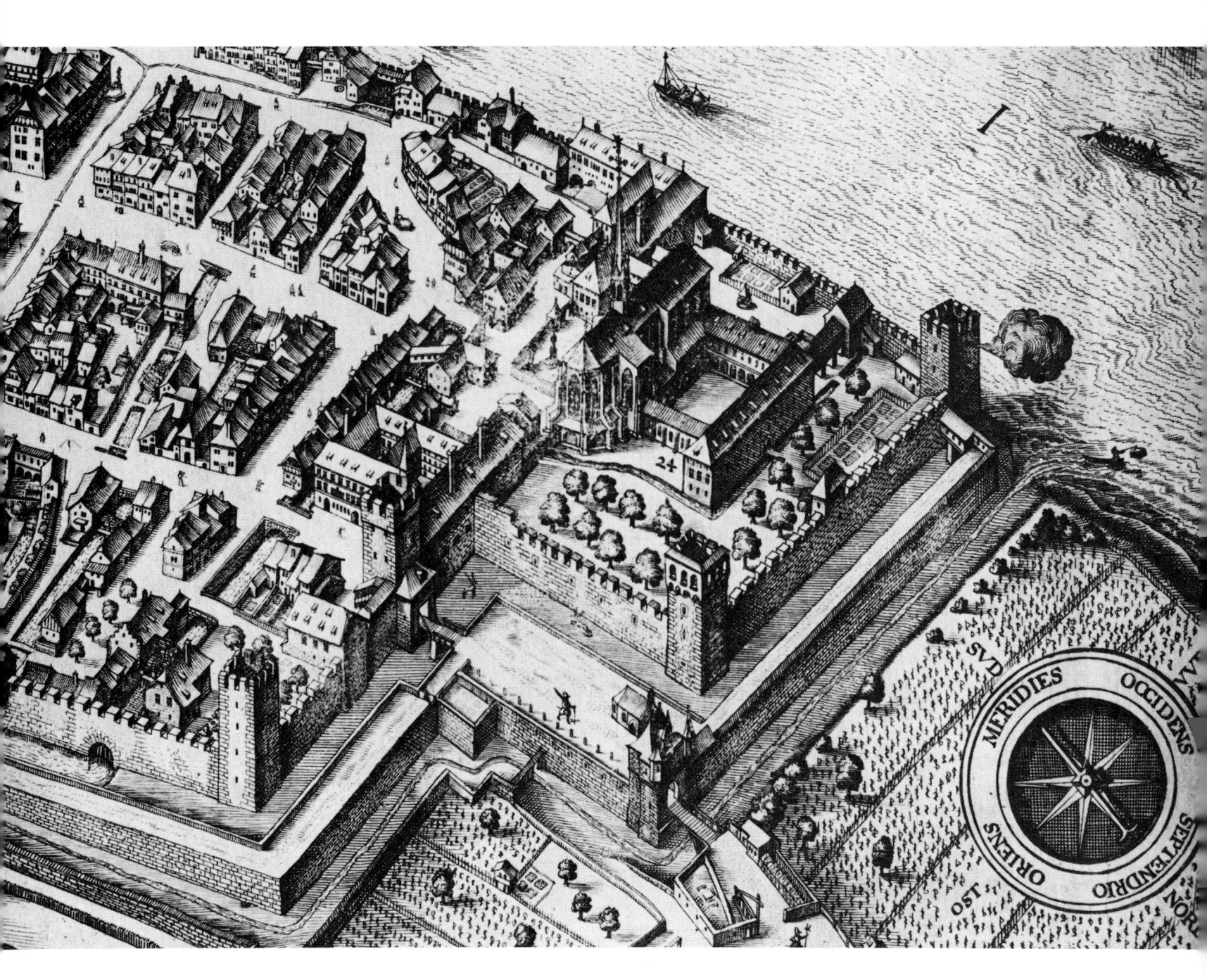

MERIDIES
OCCIDENS
SEPTENDRIO
ORIENS

auf denen der natürliche Untergrund, meist Lehm, Sand oder Geröll, zutage trat. Bei nassem Wetter verwandelte sich die Oberfläche solcher Wege in Morast, der Pferde und Karren tief einsinken ließ. Pflasterungen waren auf Wegen, die über Land führten, im Mittelalter noch unbekannt, dagegen versuchte man bei vielbegangenen Routen durch Mergelschüttungen den Zustand der Trasse zu verbessern. Wo harter Fels anstand, schlug man für Tiere und Menschen Trittstufen. Bisweilen bildeten sich auch Karrengeleise.

Paßpfade durch unwegsames Felsgelände mußten oft durch den Bau von steinernen Rampen begehbar gemacht werden. An steilen Stellen versuchte man mit schweren Trittsteinen und hochkant gestellten Platten das Ausgleiten von Menschen und Tieren zu verhindern. Auf häufig benützten Wegen hinterließen die Reisenden mit ihren Tieren und Wagen zahlreiche Spuren, die bei genauer Untersuchung alter Wegstrecken regelmäßig gefunden werden: Hufeisenfragmente und Hufnägel, eiserne Karrenbestandteile, Holzschuhnägel.

Unangenehme Hindernisse für eine Reise zu Lande bildeten die Flußläufe. Im Hochmittelalter mußten sie noch mehrheitlich an Furten überquert werden, seit dem 13. Jahrhundert entstanden jedoch immer mehr Brücken, dank denen die Überquerung eines Flusses nicht mehr vom Wasserstand und den Launen des Wetters abhing, obwohl immer wieder bei Hochwasser Brücken zerstört wurden. Wenn möglich suchte man als Standort für den Bau einer Brücke eine felsige Stelle aus, wo der Fluß tief eingeschnitten in ein natürliches Bett gezwängt war, das er nicht willkürlich verändern konnte. Freilich lagen nicht überall so günstige topographische Voraussetzungen wie bei Brugg, Baden oder Laufenburg vor, weshalb manche Brücken gefährdet blieben und von Zeit zu Zeit erneuert werden mußten. Im Hochmittelalter scheinen Steinbrücken noch selten gewesen zu sein. Die in Stein ausgeführte Kleinbasler Hälfte der Rheinbrücke in Basel, gebaut um 1220, dürfte zu den frühesten steinernen Brückenkonstruktionen unseres Landes zu zählen sein. Steinerne Joche kamen im Spätmittelalter auf, aber noch bis in die Neuzeit hinein gab es viele Brücken mit steinernen Pfeilern und hölzernen Jochen.

Hölzerne Brückenpfeiler bestanden bei tiefen Flüssen aus mächtigen Eichenpfählen, die man zugespitzt, vielleicht sogar mit einem Eisenschuh verstärkt, bei Niedrigwasser in das Schotterbett gerammt hatte. Bei seichteren Gewässern mit schlammigem Grund mußten die Pfeiler auf einen Holzrost abgestützt werden. Viele Brücken bestanden aus einem schmalen, einfachen Steg, der vielleicht nicht einmal ein Geländer hatte. Um die hölzernen Joche vor dem Regenwasser zu schützen und um zu vermeiden, daß bei Nässe die Brückenplanken glitschig wurden, begann man schon im 14. Jahrhundert mit dem Bau von gedeckten Holzbrücken. Als älteste noch erhaltene Holzbrücke Europas gilt die um 1330 errichtete Kapellbrücke in Luzern.

Brücken über größere und kleinere Flüsse waren oft in die Befestigung von Städten einbezogen, die sich im Zusammenhang mit dem Brückenschlag gebildet hatten. Dagegen sind in der mittelalterlichen Schweiz Brücken selten befestigt worden. Das schönste Beispiel einer Wehrbrücke steht im Wallis, wo der Dalaturm bei Lenk die alte, über eine enge, tief eingeschnittene Schlucht führende Talstraße sperrt. Die wenigen sonst bekannten Türme und Tore wehrhaften Charakters bei Brücken (unter anderem Augst, Tiefencastel, Schuls) scheinen nicht vor dem 16. oder 17. Jahrhundert errichtet worden zu sein.

Wichtige Verkehrswege waren gesäumt von allen möglichen Bauten. Auf die Susten, Hospize und Tavernen haben wir bereits hingewiesen. Hier seien noch die sakralen Anlagen genannt, die Wegkreuze, Bildstöcke und Kapellen. Sie dienten nicht bloß dem Reisenden, vor allem dem Pilger, zur religiösen Erbauung, sie bildeten auch Orientierungspunkte in der Fremde, Stätten des Trostes, Schutzplätze vor den unheimlichen Gefahren, die auf den Wanderer lauerten. Mit Räubern und Wegelagerern konnte man vielleicht noch fertig werden, bei Ungeheuern, Geistern und Gespenstern, die sich mit besonderer Vorliebe an Kreuzwegen aufhielten, hörten jedoch die irdischen Hilfsmittel auf, und es war gut, sich der geistlichen zu versichern. Viele Kreuze und Kapellen sind zur Bannung von Geistern und Dämonen gebaut worden.

Drohende Lawinen, die einen Paßweg gefährden konnten, versuchte man seit dem Aufkommen der Pulverwaffen um 1400 mit Büchsenschüssen auszulösen. Wegrouten durch das verschneite Gebirge markierte man mit langen Stangen. Ruhebänke aus Stein oder Holz, bisweilen mit einer Stufe an der Lehne für die Traglast versehen, luden zur kurzen Rast ein.

Reisen, speziell das Reisen zu Fuß, macht Durst, weshalb die Versorgung von Mensch und Tier mit Trinkwasser längs der wichtigen Verkehrsrouten von großer Bedeutung war. Außer den Gasthäusern und den größeren Siedlungen, in denen man sich mit Wasser und mit Wein versorgen konnte, gab es auch Brunnen und Quellfassungen, die zum Trinken einluden. An den Trägern waren mit Ketten Schöpflöffel befestigt, aus denen der Wanderer seinen Durst stillen konnte.

Der Unterhalt der Wege und Brücken lag im Mittelalter beim Besitzer des Wegrechts. «Zoll und Geleit» galten als wichtiges Herrschaftsrecht, dessen Inhaber einerseits Weg und Steg in Ordnung zu halten, vielleicht auch Banditen zu bekämpfen hatten und andererseits für die Benützung eines Wegabschnittes eine Zollgebühr nach genauem Tarif erheben durften. Diese Wegzölle wurden natürlicherweise meist dort eingezogen, wo die Reisenden nicht ausweichen konnten, an Brücken, Engpässen oder Umschlagplätzen. An die Zollstätte in Flüelen erinnert heute noch der mittelalterliche Wohnturm; von der einst wichtigen Zollstätte am Monte Piottino sind noch geringe Reste erhalten.

Der Unterhalt der großen Paßrouten oblag seit dem Spätmittelalter den Säumergenossenschaften, die für bestimmte Wegstrecken das Transportmonopol innehatten und von Reisenden, die ihre Dienste nicht in Anspruch nahmen, sondern mit eigenen Saumtieren über den Paß zogen, eine Sondersteuer, die Fuhrleite, erhoben. Zahlungsunwillige mußten mit der Beschlagnahme von Saumtieren und Waren rechnen. Dieses Säumermonopol, das uns fast wie legalisierte Wegelagerei vorkommt, entspricht unseren Rechtsvorstellungen kaum mehr, hatte aber im Mittelalter den unbestreitbaren Vorteil, daß die Kosten für den Unterhalt der Paßwege auf auswärtige Reisende abgewälzt werden konnten.

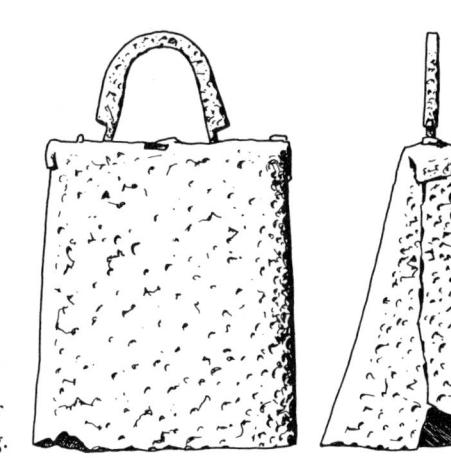

Mittelalterliche Viehschellen, gefunden auf der Burg Schiedberg.

Getreideernte um 1500. Die Garben werden auf zweirädrige Karren geladen.

Behausung und Gemeinschaft

Mensch und Umwelt

Abhängigkeit und Geborgenheit Von den Bedingungen der Umwelt war der mittelalterliche Mensch in hohem Maße abhängig. Für schwere Eingriffe in natürliche Prozesse reichten weder seine Mittel noch seine technischen Möglichkeiten aus. Gegen zerstörerische Naturgewalten vermochte er wenig auszurichten, auch kannte er oft ihre Ursachen nicht, so daß er sich weder wirksam schützen noch hinterher die Zusammenhänge erklären konnte. Groß war deshalb die Bereitschaft, sich unter den Schutz göttlicher Mächte zu stellen und hereinbrechendes Unglück als göttliche Strafe hinzunehmen.

Die Abhängigkeit des Menschen von der Natur äußerte sich in vielfältigen Erscheinungen: in der Lebensmittelversorgung, die sehr anfällig auf Mißernten, Viehseuchen und sonstige Störungen war; in Katastrophensituationen, für deren Meisterung weder technische Mittel noch soziale Einrichtungen ausreichend zur Verfügung standen; in Epidemien, denen man völlig ratlos gegenüberstand; in extremen Witterungsverhältnissen, die sich sofort auf die Wasserversorgung, auf die Ernte, auf die Überlebenschancen für Mensch und Tier im Winter auswirkten. Dem Gefühl, in einer gefährlichen Umwelt zu leben, dem ein allgemeines, stark ausgeprägtes Schutzbedürfnis entsprang, stand das Bewußtsein gegenüber, von der Natur mit Gottes Hilfe versorgt zu werden. Tatsächlich fand der mittelalterliche Mensch in seiner nächsten Umgebung fast alles, was er zum Leben brauchte – freilich dank niedrigen Ansprüchen, gemessen am heutigen Standard. Feld und Wald, Tiere im Wasser, in der Luft und auf dem Land, Fels und Erdreich lieferten Nahrung, Kleidung, Baumaterial und nahezu alle Rohstoffe für lebenswichtige Güter. Was aus fernen Ländern importiert werden mußte, waren Luxuswaren, auf die wegen ihres statussymbolischen Wertes nicht verzichtet werden konnte: Seide, Straußenfedern, Perlen, Edelstein, Elfenbein. Auch der Pfeffer ist hier zu nennen, der wegen seines hohen Preises oft mehr als Zahlungsmittel oder Vermögensanlage galt denn als Verbrauchsware für die Küche. Erst im Spätmittelalter wurden in größeren Mengen Speisen aus der Ferne importiert (Reis, Heringe).

Die Versorgung des Menschen durch die Natur förderte die Gemeinschaft mit der Natur, die Bedrohung durch zerstörerische Mächte zu einem Respekt vor der Umwelt. Man erlebte auch die alltäglichen oder alljährlichen Naturvorgänge unmittelbarer als heute: den Wechsel von Tag und Nacht, von kalt auf warm, von trocken auf feucht, den Zyklus der Jahreszeiten, den Witterungswechsel, denn es fehlten hochentwickelte Technologien, welche all diese naturbedingten Wechselerscheinungen mit Beleuchtungssystemen, Klimaanlagen oder langfristigen Lebensmittelkonservierungen hätten ausgleichen können.

Aufgehoben in der durch die göttliche Vorsehung gelenkten Natur, die zu verändern er sich für berechtigt hielt, die zu zerstören er aber mit seinen Mitteln nicht vermocht hätte, lebte der Mensch des Mittelalters in einer Umgebung, die für ihn aus den vier Elementen Feuer, Erde, Wasser und Luft zusammengesetzt war. Obwohl diese Vorstellung vom Aufbau der materiellen Welt völlig neben den Erkenntnissen der modernen Naturwissenschaften liegt, entbehrt sie mit ihrer einfachen, auf Erfahrung und Anschauung beruhenden Umschreibung der sinnlich wahrnehmbaren Materie nicht der tieferen, lebensnahen Weisheit.

Der Mensch und sein Abfall Menschliches Leben und Abfallproduktion sind zwangsläufig und naturgemäß miteinander verbunden. Die Antwort auf die kulturgeschichtlich in allen Epochen bedeutsame Frage, was mit dem Abfall eigentlich geschehen sei, hängt weitgehend von seiner Menge und seiner Zusammensetzung ab.

Im Mittelalter ist verhältnismäßig wenig Abfall erzeugt worden, da die allgemeine Knappheit in der Versorgung mit lebenswichtigen Gütern, vor allem mit Rohstoffen und Lebensmitteln, zu einem sparsamen Verhalten zwang. Eßbare Reste von Mahlzeiten wurden kaum fortgeworfen, und wichtige Grundnahrungsmittel wie Brot galten geradezu als etwas Heiliges. Auch handwerkliche Erzeugnisse, meist sehr solide und auf lange

Zimmermann an der Arbeit.
Eine Frau sammelt sorgfältig die Holzspäne ein.

Lebensdauer gearbeitet, wanderten nicht gleich auf den Müll, wenn sie etwas abgenutzt oder beschädigt waren. Das Ausbessern und Reparieren defekter Gegenstände aus Holz, Leder, Gewebe oder Metall galt als etwas Selbstverständliches, und was infolge langen Gebrauches oder unheilbarer Schäden unmöglich mehr seinen Zweck erfüllen konnte, wurde beiseite gelegt, um gelegentlich in Zweit- oder gar Drittverwendung wieder benützt zu werden. Von der Wegwerfmentalität unseres Jahrhunderts war man im Mittelalter weit entfernt. Trotzdem bildete sich Abfall, im Spätmittelalter deutlich mehr als im 13. Jahrhundert und früher. Diese Zunahme des Mülls seit dem 13. Jahrhundert ist auf die steigende handwerkliche Produktion und auf die merkliche Verbesserung in der Versorgung mit verschiedenartigen Gütern zurückzuführen.

Defektes oder ausgedientes Material, für das man keine Weiterverwendung mehr hatte und das aufzubewahren sich nicht lohnte, wurde letztlich doch weggeworfen und vereinigte sich mit Haushalt- und Gewerbeabfällen sowie menschlichen und tierischen Exkrementen zu vermischtem Unrat, mit dem zu leben der mittelalterliche Mensch gewohnt war.

In bäuerlichen Siedlungen und auf Burgen warf man den Unrat vor das Haus, wo er sich allmählich in Kompost verwandelte. Abfallhalden unterhalb von Burganlagen bilden heute archäologische Fundgruben. Waren Gewässer wie Burggräben oder Dorfbäche in der Nähe, beförderte man den Unrat dort hinein, wo er spätestens beim nächsten Hochwasser weggeschwemmt wurde. In Klöstern und Städten legte man schon im Hochmittelalter schachtförmige, ausgemauerte Gruben zur Aufnahme von Fäkalien und Abfällen an. Mitunter benützte man für solche Zwecke auch aufgelassene Zisternen, Sodschächte und gewerbliche Gruben. Im Spätmittelalter beseitigte man den Abfall und Unrat in den Städten mit fließendem Wasser, das oberirdisch in kleinen, in das Straßenpflaster eingelassenen Kanälen floß, die in den Stadtbach, den See oder den Fluß mündeten. Um eine Verstopfung dieses Kanalisationssystems und damit eine Überschwemmung der Gassen zu verhindern, erließ die Obrigkeit Verbote gegen das Wegwerfen von sperrigem Material und vor allem von Tierkadavern.

In bäuerlichen Siedlungen verrichtete man die Notdurft irgendwo im Freien beim Misthaufen. Auf den Burgen und in besseren Stadthäusern kam schon im 11. Jahrhundert der an die Hausfassade angebaute Aborterker oder Abortschacht auf, das «Sprachhus» oder «heimliche Gemach». Nach Möglichkeit brachte man sie über einem steilen Abhang oder über einem Gewässer an, so

Schiffbruch bei Wangen an der Aare.

daß sich die Fäkalien und Abfälle nicht am Fuß der Mauer auftürmten.

Zu den Abfällen zählten auch die Tierknochen, die als nicht weiter verwertbare Überbleibsel von Mahlzeiten fortgeworfen wurden. Bevor sie irgendwo endgültig auf einem Kehrichthaufen landeten oder mit anderen Abfällen in das Erdreich des Naturbodens gestampft wurden, taten sich noch Hunde, Katzen, Vögel, Ratten und Mäuse an ihnen gütlich. Der in unmittelbarer Nähe der Häuser liegende Unrat, mit dem man sich einfach abfand, muß zeitweise penetranten Gestank entwickelt haben, übertroffen vielleicht noch von den Gerüchen faulender Abfälle einzelner Gewerbe, speziell der Gerber, Fischer und Metzger. Wo Abfälle herumliegen, stellt sich auch das Ungeziefer ein. Myriaden von Fliegen und anderen Insekten schwirrten in den mittelalterlichen Siedlungen herum. Mäuse und Ratten, von den streunenden Katzen nur unwesentlich dezimiert, fanden überall reichlich Nahrung. Will man als charakteristisches Merkmal der modernen Stadt den Lärm anführen, müßte bei der mittelalterlichen Stadt in erster Linie der Gestank genannt werden.

Die Jahreszeiten Witterungsschwankungen und die jahreszeitlichen Wechsel trafen den mittelalterlichen Menschen mit voller Härte, und zwar nicht bloß extreme Situationen wie strenge Winter mit viel Schnee und Eis oder trockene, heiße Sommer. Die stark ausgeprägte Abhängigkeit von den Launen der Natur, bedingt durch die einfache Wohnweise und die störungsanfällige Lebensmittelversorgung, machte bereits durchschnittliche Winter zu einem Problem des Überlebens. Um die Wärme des häuslichen Feuers zusammenzuhalten, verrammelte man Türen und Fenster und stopfte die Mauerritzen mit Moos zu. In größeren Gebäuden zog man sich in die heizbaren Räume zurück. Nach schlechten Sommern und bei langen Wintern konnten die Vorräte für Menschen und Vieh zur Neige gehen. Im Gebirge wurden die Wohnstätten völlig eingeschneit, so daß sich die Menschen, um ins Freie zu kommen, regelrecht aus dem Schnee auszugraben hatten; die Toten mußten buchstäblich aufs Eis gelegt werden, bis man sie im Frühling nach kirchlichem Ritus bestatten konnte. Bei großer Kälte holte man auch Haustiere, vor allem Schweine und Ziegen, in die Wohnräume hinein, um durch die animalische Wärmeabstrahlung die Temperaturschwankungen des wechselnd brennenden Heizfeuers auszugleichen. Sehr unangenehm muß in den Wintermonaten die Ungezieferplage gewesen sein. Auch an langen Abenden wird man sich oft die Zeit mit dem gegenseitigen Ablesen von Flöhen und Läusen vertrieben haben. Die Chronisten berichten von besonders harten Wintern, in denen die großen Seen zufroren, die Vögel aus der Luft abstürzten, Menschen erfroren und sich die Wölfe bis an die Dörfer heranwagten. Der Frühling bedeutete jedes Jahr eine Erlösung von den Schrecknissen und Gefahren des Winters. Die Frühlingslieder der mittelalterlichen Dichter und die ländlichen Frühjahrsfeste belegen anschaulich die Freude über die Rückkehr der warmen Jahreszeit. War das Überwintern in Wohnhäusern schon beschwerlich, muß das fahrende Volk, das keine feste Unterkunft besaß, unter der Kälte besonders gelitten haben.

Nicht ohne Fährnisse war auch der Sommer. Lange Hitzeperioden ließen die Wasserversorgung zusammenbrechen; zu trockene oder zu nasse Sommer vernichteten die Ernte, was Teuerung und Hungersnot auslöste.

Im Laufe des Spätmittelalters verlor der Winter einiges von seinem Schrecken, weil man dank den im 13./

Aborterker am Wohnturm der
Burg Neu-Süns, 13. Jahrhundert.

14. Jahrhundert aufkommenden Neuerungen im Hausbau – Ofenheizung, verglaste Fenster, Unterkellerung, mehrere Räume – der Kälte besser begegnen konnte. Diese Neuerungen wirkten sich vor allem in den Städten aus, wo sich ein verhältnismäßig angenehmes, von den Schwankungen der Jahreszeiten unabhängigeres Leben entfalten konnte als auf den Burgen in unwirtlicher Höhe und in den noch lange Zeit sehr einfach gebauten Bauernhäusern.

Katastrophen Das Gefühl des mittelalterlichen Menschen, hilflos jenseitigen Mächten ausgeliefert zu sein, deren Wirken man in den Naturvorgängen zu erkennen glaubte, fand in den Katastrophen, die von Zeit zu Zeit über die Menschen hereinbrachen, immer wieder neue Nahrung.

Nicht von den Menschen- und Viehseuchen soll hier die Rede sein, die in oft kurzen Abständen das Land heimsuchten, auch nicht von den kriegerischen Verheerungen, die häufig Unschuldige und Unbeteiligte trafen, sondern von den Naturkatastrophen, denen der Mensch fassungslos gegenüberstand.

Brände gehörten zu den häufigsten Unglücksfällen. Auf die kriegerischen und kriminellen Brandstiftungen will ich hier nicht eingehen, sondern auf die Brandausbrüche infolge Unachtsamkeit, schicksalhafter Verkettung unglücklicher Umstände oder natürlicher Ursachen wie Blitzschlag. Wegen der offenen Herdfeuerstellen konnte bereits widriger Wind einen Brand auslösen, weshalb man in den Föhntälern schon im Spätmittelalter bei Föhnsturm strikte das Auslöschen sämtlicher Haushaltfeuer vorschrieb. In Siedlungen mit eng aneinander gebauten Häusern konnten sich auch kleine Brandherde zu furchtbaren Flächenfeuern ausweiten. Von großen, quartierverheerenden Brandkatastrophen blieb kaum eine Schweizer Stadt verschont; eine Aufzählung aller überlieferten Stadtbrände würde eine weit über den Rahmen dieses Buches hinausgehende Liste füllen.

Weniger häufig waren Erdbeben; das verheerendste, von dem die mittelalterliche Geschichte meldet, ereignete sich am 18. Oktober 1356 und verwüstete die Stadt Basel und ihre Umgebung. Allerdings litten in der Stadt durch die Erdstöße vor allem die großen Steinbauten, das Münster, die Kirchen, die Stadtbefestigungen. Die Hauptschäden verursachten der ausgebrochene Brand und die Überschwemmung des durch Trümmer aufgestauten Birsigs. Zerstört wurden vor allem auch die Kirchen und Burgen in Basels Umgebung. Ein besonderes Unglück suchte 1435 die Stadt Zug heim, indem die seeseitige Untergasse mit 26 Gebäuden in den Fluten versank und 60 Menschen in den Trümmern begrub.

Auffallenderweise wirkten sich Überschwemmungen und Lawinen weniger verheerend aus, als man vielleicht vermuten möchte. Die meisten Talsiedlungen waren auf erhöhten Terrassen angelegt, wo sie vor Hochwasser im allgemeinen geschützt blieben. Freilich konnten tief am Wasser gelegene Orte oder Quartiere – man denke etwa an Kleinbasel, Wangen an der Aare, Martigny oder Luzern – nach langen Regenperioden oder heftiger Schneeschmelze vorübergehend unter Wasser gesetzt werden. Derartige Ereignisse richteten vor allem Verwüstungen an Gebäuden, in erster Linie an Brücken an, während Menschen selten zu Schaden kamen. Auch die Lawinen donnerten in der Regel wirkungslos ins Tal, weil man vorsorglich die Dörfer auf lawinensicheren Geländevorsprüngen oder unterhalb schützender Bannwälder angelegt hatte. Lawinen verschütteten zur Hauptsache Reisende, die im Winter die Alpen überquerten.

Furchtbare Katastrophen bedeuteten Rüfi- und Bergsturzniedergänge, die ganze Siedlungen unter sich begruben. Im 13. Jahrhundert wurde das Dorf Onoldswil bei Waldenburg BL verschüttet. Naturgemäß ereigneten sich die meisten Bergstürze im Alpenraum, wo Siedlungsplätze nicht bloß unter niedergehenden Gesteinsmassen begraben, sondern auch infolge erosionsbedingter Unterhöhlung von Steilufern in ein Tobel abstürzen konnten. Eine doppelte Katastrophe trug sich im frühen 16. Jahrhundert im Tessin zu, als 1512 ein Bergsturz den Ausgang des Bleniotales verschüttete und einen See aufstaute, der 1515 losbrach und sich als Schlamm- und Schuttlawine bis in den Lago Maggiore wälzte. Damals wurde die ganze Talsohle der Riviera verwüstet und die «Murata», die Sperrmauer von Bellinzona, zur Hälfte weggerissen.

Solchen Ereignissen hatte der mittelalterliche Mensch nichts entgegenzusetzen außer dem Vertrauen in die Obhut Gottes, dem man durch den Bau von Kapellen und Kreuzen an gefährdeten Stellen sichtbaren Ausdruck verlieh. Ungewöhnliche Vorkommnisse, vor allem Kometen und Mißgeburten, deutete man als Vorzeichen schrecklicher Ereignisse und brachte Katastrophen, die sich kurz danach ereigneten, mit ihnen in Zusammenhang.

Anpassungsfähigkeit – die Überlebenschance — Wehrlos gegen hereinbrechende Katastrophen, ausgeliefert den Gefahren der Umwelt, entwickelte der Mensch des Mittelalters erstaunliche Fähigkeiten, sich auf die Launen der Natur einzustellen, sich den unbeeinflußbaren Gegebenheiten anzupassen, bedrohlichen Situationen, die er nicht hätte meistern können, von vornherein auszuweichen. Anpassung als Überlebensstrategie! Dieses Verhalten hatte nichts mit

Monatsbild des Januars: Ein Mann sitzt vor dem Kaminfeuer. Im Hintergrund hängen Würste und Fleischstücke. Sta. Maria del Castello in Mesocco, um 1450.

dumpfem, lethargischem Fatalismus zu tun, der sich letztlich nur lähmend ausgewirkt hätte. Erfahrung, Beobachtungsgabe und eine fast instinkthafte Naturverbundenheit lenkten des Menschen Entscheidungen, seine Gewohnheiten, seine Schritte. Er bewegte sich im Einklang mit der Natur, die ihn eben nicht nur bedrohte, sondern die ihm auch Geborgenheit vermittelte. Noch heute hört man im Rüfi- und lawinengefährdeten Maderanertal das Wort: «Du mußt den Berg lieben, der Dich bedroht!»

Die Anpassungsfähigkeit des mittelalterlichen Menschen tritt uns deutlich in der Bauweise entgegen, ferner in der Genügsamkeit der Lebenshaltung, im korporativen Bewußtsein, im Sinn für realistische Möglichkeiten. Kleidung und Ernährung richteten sich bis zum Ausgang des Mittelalters zur Hauptsache auf landeseigene, leicht zu beschaffende Produkte aus; der Knappheit an Lebensmitteln, Brennmaterial und Rohstoffen begegnete man mit einer umfassenden Sparsamkeit. In schwierigen Situationen oder gar Katastrophen galt die gegenseitige Hilfe innerhalb der Familie, der Nachbarn oder der politischen Gemeinschaft als etwas Selbstverständliches und unterlag der Regelung durch Brauch und Herkommen, nachträglich auch durch Gesetz. Die «Frondienste» beruhten ursprünglich auf der Verpflichtung zu Dienstleistungen gegenüber dem Grundherrn, betrafen aber in der Regel Unternehmungen von öffentlichem Interesse, wie den Unterhalt von Wegen und Brücken, und lebten nach der Auflösung der Grundherrschaften als Kollektivarbeiten für die Allgemeinheit weiter.

Die Wirtschaftsformen des Mittelalters, besonders Akkerbau und Viehzucht, waren auf die Gegebenheiten zugeschnitten, die der Boden bot, und hielten sich auch im Rahmen des ökonomisch Möglichen: Der verbesserte Beetpflug mit gewundenem Streichbrett, eine Erfindung des 15. Jahrhunderts, vermochte sich bei den Bauern nicht durchzusetzen, da seine Anschaffung zu teuer gewesen wäre und den Käufer in Schulden gestürzt hätte.

Der Anpassungsfähigkeit in der Lebensweise, in den Wirtschaftsformen und im Arbeitsverhalten entsprach die elementare, geradezu urwüchsige Lebenskraft breiter Volksschichten, eine Vitalität, die es ermöglichte, auch heftigste Rückschläge zu überwinden. Dies zeigten besonders deutlich die Pestepidemien, denn sie rissen zwar seit dem 14. Jahrhundert wiederholt schwere Lücken in die Bevölkerung, die aber – wie schon erwähnt – sehr bald durch hohe Geburtenüberschüsse wieder ausgeglichen wurden. Auch nach Kriegen und Naturkatastrophen scheinen die geschlagenen Wunden rasch verheilt zu sein. Unmittelbar nach dem verheerenden Erdbeben von 1356 machte sich Basel an den Wiederaufbau und entwickelte dabei eine erstaunliche Finanzkraft. Härte im Nehmen und Mut zum Neubeginn zeigten sich häufig nach Schicksalsschlägen. Äußeres Zeichen war die Festfreude nach ausgestandener Not: Im Berner Feldlager führte man um 1350 nach überwundener Pestgefahr einen Freudentanz auf, und 1517 beschlossen die Innerschweizer, nach der Pest und nach der Trauer um die Niederlage von Marignano für die Miteidgenossen ein Schützenfest und eine Kirchweih zu veranstalten.

Gewiß schöpfte der mittelalterliche Mensch in schwierigen Lagen und nach Schicksalsschlägen Kraft und Hoffnung aus seinem Glauben, der ihm dann zur Seite stand, wenn seine eigenen Mittel und Möglichkeiten zu Ende waren. Auf die Hilfe Gottes und der Heiligen oder auf ein besseres Jenseits ließ sich selbst in auswegslosen Situationen noch bauen, und gern waren die Menschen im Mittelalter bereit, in überraschenden und unerwarteten Wendungen des Schicksals zum Guten das wunderbare Wirken der göttlichen Allmacht zu sehen.

Bauen und Wohnen

Naturnahes und umweltgerechtes Bauen

Wenn wir heute eine von späteren Eingriffen weitgehend verschonte Siedlung mit spätmittelalterlicher oder frühneuzeitlicher Überbauung betrachten, ein Kloster, eine Burg, ein Dorf oder eine Stadt, begeistern wir uns am malerischen Anblick der Örtlichkeit, an den verwinkelten Gassen, an den abwechslungsreichen und doch geschlossen wirkenden Häuserzeilen, an den trutzigen Türmen einer Burg oder einer Stadtbefestigung, an der vollendeten Stilsicherheit einer Kirche oder Kapelle. Was wir an der mittelalterlichen Bauweise als malerisch empfinden und als ästhetisches Erlebnis genießen, ist nichts anderes als das Ergebnis einerseits der instinksicheren Anpassungsfähigkeit früherer Bauhandwerker an die von der Natur geschaffenen Voraussetzungen und andererseits des harmonischen Einklangs von architektonischer Ausdrucksform und funktionellen Bedürfnissen.

Die mittelalterliche Bauweise hatte sich nicht zuletzt wegen der Beschränkung in den technologischen Möglichkeiten eng an die von Klima, Gelände und ortseigenen Baustoffen vorgezeichneten Rahmenbedingungen zu halten. Topographische Veränderungen des Bau- oder Siedlungsplatzes durch Abgraben, Anschütten und Planieren wurden nur in sehr bescheidenem Ausmaß vorgenommen. Künstlich aufgeworfene Burghügel, «Motten» genannt, mit einem Inhalt von 3000 Kubikmetern, das Anschütten von Grabenaushub hinter den Stadtmauern oder die Hinterfüllung hoher Stützmauern, zum Beispiel bei den Münstern von Basel und Bern, lagen bereits an der oberen Grenze des Üblichen. Die kapazitätsarmen Transportmittel zwangen zur Verwendung von Baumaterial aus der unmittelbaren Umgebung. Klimatische Besonderheiten, heftige Winde, häufige Regenfälle, mächtige Schneemassen oder starke Temperaturschwankungen, bestimmten nicht nur die Wahl des Siedlungsplatzes, sondern auch die Entwicklung der Bauweise. Weitgehend unabhängig von zeitgebundenen Stilrichtungen bildeten sich im Spätmittelalter Hausformen und Baugewohnheiten heraus, die sich zu langlebigen, von Erfahrung geprägten Traditionen verfestigten, die erst in unserem Jahrhundert – übrigens mit zweifelhaftem Erfolg – durchbrochen wurden.

Die auf uns malerisch wirkende Unregelmäßigkeit der mittelalterlichen Bauweise in der Anordnung der Häuser und in der Linienführung der Gassen findet ihre Erklärung somit nicht etwa in einer dem Abwechslungsdrang verpflichteten Architekturtheorie, sondern in einer geschickten Anpassungsfähigkeit an natürliche Voraussetzungen. Fluß- und Bachläufe, Seeufer, Terrassen und Böschungen, Wind- und Wasserverhältnisse, bestehende Straßenzüge und Eigentumsgrenzen bildeten die Grundlagen sowohl für die organisch gewachsenen als auch für die als Neugründungen planmäßig angelegten Siedlungsflächen. Im Rechteck nach dem Schachbrettraster konzipierte Grundrißmuster finden sich nur ausnahmsweise bei Städten und Burgen in flachen Niederungen, wo das Gelände keine besonderen Bedingungen auferlegte. Ein Weiterleben der schachbrettförmigen Überbauungen römischer Stadtareale bis in hochmittelalterliche Zeit ist für das Gebiet der Schweiz einstweilen nicht belegt.

Anpassung an die Umwelt zeigt sich auch in den einzelnen Bauelementen: Mauerdicke, Dachform, Fenstergröße, Inneneinteilung, selbst die Raumnutzung, all das nahm im Mittelalter Bezug auf die natürliche Umgebung. Gutes Baumaterial, Holz, Stein oder Ziegel, konnte mehrmals verwendet werden. Eine der häufigsten, vor allem im Kornland verbreiteten Dachbedeckungen, das Stroh, war ein Abfallprodukt des Getreidebaues, soweit es nicht für Liegeplätze von Mensch und Tier oder für Flechtwerk verwendet wurde.

Durch die enge Anlehnung der mittelalterlichen Bauweise an die Umweltbedingungen ergab sich eine tiefe innere Beziehung zwischen Siedlung und Landschaft, eine harmonische Verbindung von Architektur und Natur, die in der offensichtlichen Standortbezogenheit des Bauwerkes gipfelte. Die häufige Zweit- oder gar Drittverwendung von Abbruchmaterial an einem anderen Ort widersprach diesem Bauprinzip des Eingehens auf die Umwelt in keiner Weise. Trotz ausgeprägtem Traditionalismus und einer starken typologischen Fixierung in den Formen nimmt das mittelalterliche Gebäude in der Gestaltung, in der Plazierung und im Material so eindeutig Bezug auf die Umgebung, daß man es sich kaum an einem anderen Ort vorstellen könnte. Das gilt auch für die sakralen und weltlichen Bauten der Oberschicht, für die Kirchen und Burgen, deren Baumuster zum Teil aus fremden Ländern importiert worden sind.

Freilich ist es trotz der Anpassungsfähigkeit an die Natur immer wieder zu Fehlentwicklungen gekommen: Gewisse Burgen in Graubünden wurden auf so unstabilen Kiesgrund gebaut, daß über kurz oder lang ganze Mauerzüge in die Tiefe stürzten. Viel bittere Erfahrung mußte gesammelt werden, bis durch bestimmte bauliche Vorkehrungen, etwa durch Ziegeldächer oder feste Trennmauern auf den Parzellengrenzen, die Brandgefahr in den Städten eingedämmt wurde. In den Bauformen, wie sie uns am Ausgang des Mittelalters entgegentreten, spiegelt sich nicht nur die Gabe des Menschen, sich in der Umwelt einzufügen, sondern auch die Fähigkeit, Erfahrungen zu sammeln und Lehren zu ziehen.

Die Symbolkraft des Baues Die mittelalterlichen Bauwerke waren zunächst – wie jede architektonische Schöpfung – in ihrer Gestaltung als «Zweckbauten» funktionell geprägt. Darüber hinaus verkörperten sie – vergleichbar mit der Kleidertracht – bewußt oder unbewußt erlebte Bedürfnisse ihrer Bewohner, sich in ganz bestimmter Weise zu zeigen und darzustellen. Ein mittelalterliches Gebäude wurde in jedem Fall als Symbol für eine Botschaft verstanden, es sollte je nach seiner Art Frömmigkeit, Macht, Reichtum, Herrschaftsanspruch oder Wehrbereitschaft anzeigen. Selbst einfachste Bauten der bäuerlichen Bevölkerung hatten ihren Symbolwert, verrieten sie doch die vom Bauernstand erwartete Anspruchslosigkeit und Bescheidenheit. Somit spiegelte sich in der mittelalterlichen Architektur die soziale Struktur der Bevölkerung. Die Bauten der geistlichen und weltlichen Oberschicht, die Kirchen, Klöster, Burgen und Amtsgebäude, galten als Status-, Macht- und Herrschaftssymbole und hoben sich demgemäß durch ihre Größe, Lage und Ausführung von den Häusern der übrigen Leute ab. Gleichzeitig wirkten sie als Leitbilder für die nach oben drängenden Schichten. Der Steinbau, dessen sich nördlich der Alpen zuerst die Kirche und der Hochadel bedienten, verkörperte die legitime Macht und Herrschaft. Im 12. Jahrhundert übernahm ihn der ländliche Kleinadel, dann das Stadtbürgertum und erst im Spätmittelalter der Bauernstand. Die Elemente der hochmittelalterlichen Wehrarchitektur, Türme, Zinnen, Erker, Toranlagen, prägten zunächst den Burgenbau des Adels, tauchten aber seit dem Spätmittelalter als dekorative Schwundformen auch bei den Bauten des aufstrebenden städtischen und ländlichen Patriziates auf.

In der Errichtung von Burgen auf entlegenen Anhöhen oder in abseitigen Sumpf- und Flußniederungen äußerte sich die im 10. Jahrhundert einsetzende und seit etwa 1200 immer bewußter vollzogene soziale Abschließung des Adels gegen unten. Die räumliche Isolierung der mittelalterlichen Oberschicht fand ihre Fortsetzung im Bau von spätmittelalterlichen und neuzeitlichen Schlössern oder Landsitzen, die sich das Schweizer Patriziat – oft unter Einbeziehung mittelalterlichen Burggemäuers – zur Legitimierung seines gesellschaftlichen und politischen Führungsanspruches baute. Der Burg als Herrschafts- und Machtsymbol begegnete man besonders bewußt und sensibel im Alpenraum, wo zwischen dem 12. und dem 16. Jahrhundert Aufstände gegen mißliebig gewordene Herren regelmäßig von Burgenzerstörungen begleitet waren, so daß die Ruinen gewaltsam gebrochener Burgen geradezu zu Symbolen der Freiheit werden konnten.

Blieb somit der Symbolwert des Bauwerkes während des ganzen Mittelalters erhalten, konnten sich immerhin die Formen und Einzelelemente ändern: Gehobenen Stand verkörperte bis um 1150 das Steinhaus, dann der Turm, seit etwa 1250 der geräumige Palas oder die Burganlage mit turmbewehrter Ringmauer. Wohlstand und gesteigertes Selbstbewußtsein drückten sich im Spätmittelalter in den Schweizer Bauernhäusern aus, noch deutlicher in den öffentlichen und privaten Bauten der Städte. Den repräsentativen Charakter des Bauwerkes unterstrich in zunehmendem Maß der Fassadenschmuck aus Malereien, Steinskulpturen und Holzschnitzereien. Im 15. Jahrhundert gesellten sich Sonnenuhren, vereinzelt auch Räderuhren hinzu. An die Stelle des Hocheinganges der Burgtürme traten die Freitreppe und der Treppenturm vor den Häusern der städtischen und ländlichen Oberschicht. Als typisch mittelalterliches Element kam seit dem 13./14. Jahrhundert der heraldische Fassadenschmuck auf. Gemalte oder plastisch geformte Wappen über den Hauseingängen behielten bis weit in die Neuzeit hinein ihre Beliebtheit. Im Mittelalter machten nicht nur Kleider Leute, sondern auch Häuser.

Baustoffe und Bauweise Während des ganzen Mittelalters blieb das Bauen an standortverhaftetes Material gebunden, an Holz, Lehm und Stein. Auch die Dächer wurden mit dem gedeckt, was die Natur in der Umgebung zu bieten hatte. Die Verwendung von fremden Baustoffen ist nur ganz gelegentlich bei Gebäuden mit stark ausgeprägtem Repräsentationscharakter festzustellen: Vereinzelt finden sich bei Burgen und Kirchen Fenster- und Türeinfassungen aus ortsfremdem Stein, im Jura kommt Sandstein aus dem Schwarzwald, in den südlichen Alpentälern Marmor aus Italien vor.

Um die Jahrtausendwende herrschte außerhalb des Alpenraumes der Holzbau vor. Der Steinbau beschränkte sich damals auf Kirchen und wenige Burgen, also auf Repräsentationsbauten der Oberschicht. Das Bauholz, vorwiegend Eiche, wurde teils in der Stabbau-, teils in der Fachwerktechnik verarbeitet. Die Fachwerktechnik ist in den sogenannten Ständerbauten noch heute weit verbreitet. Ihr Prinzip besteht darin, daß die konstruktiv tragenden Elemente der Wand ein offenes Gerüst von horizontal und vertikal zusammengefügten Balken bilden. Um eine geschlossene Wandfläche zu erhalten, mußte man die Zwischenräume mit lehmverstrichenem Rutenflechtwerk füllen. Die senkrechten Pfosten steckten ursprünglich direkt im Boden («Pfostenbau»), seit dem 13./14. Jahrhundert standen sie auf einem horizontalen Rahmen vom Schwellbalken.

Die Stabbauweise hat sich bei uns nur bis ins 13. Jahrhundert erhalten, während sie in Skandinavien noch heute anzutreffen ist. Die Wände werden aus «Stäben», das heißt aus senkrecht gestellten Bohlen, gebildet, die gegenseitig sowie oben und unten in liegenden Balken vernutet sind. Bis jetzt ist in der Schweiz die Stabbautechnik vor allem im Nordwesten, mit größeren Baukomplexen in der frühstädtischen Siedlung Basel/Petersberg aus dem 10. bis 12. Jahrhundert, nachgewiesen. Baugeschichtlich vorerst noch ungedeutet ist der gut erhaltene Stabbau in einer Walliser Grottenburg.

Ebenfalls im Hochmittelalter gebräuchlich waren Wände aus doppeltem Flechtwerk, wobei die 10 bis 15 Zentimeter breiten Zwischenräume mit Kies und Lehm gefüllt wurden. Wie der Stabbau scheint auch diese Bauweise im Verlauf des 13. Jahrhunderts preisgegeben worden zu sein.

Im Mittelland überschnitt sich der weitverbreitete, für Laubwaldgegenden typische Pfosten- und Fachwerkbau mit dem alpinen, auf geradwüchsige Nadelhölzer zugeschnittenen Blockbau. Mittelalterliche Blockwände waren anscheinend bis nach Zürich anzutreffen. Beim Blockbau werden die Wandbalken horizontal übereinandergelegt und an den Ecken in Aussparungen miteinander verzahnt oder «gestrickt». Voraussetzung für diese Bauweise ist eine horizontale Basis. Dafür muß in unebenem Gelände ein Steinsockel errichtet oder eine Planierung vorgenommen werden. Für den Blockbau sind im Alpenraum bereits vormittelalterliche Belege bekannt. Das urtümliche Pfostenhaus, die Frühform des Ständerbaues, ist im Alpenraum seit dem Neolithikum nachgewiesen, scheint aber im Hochmittelalter durch den Blockbau endgültig verdrängt worden zu sein. Im Spätmittelalter beherrschte der Blockbau, soweit als Baustoff Holz diente, das Siedlungsbild in den Alpen und im nördlichen Vorland. Selbst in Luzern waren um 1500 noch zahlreiche Häuser in der Blockbautechnik errichtet

– diese Bauweise blieb keineswegs auf ländlich-bäuerliche Siedlungen beschränkt, sondern wurde wie der Fachwerkbau im angrenzenden Raum auch in städtischen Überbauungen verwendet. Bei Blockbauten, die innen nicht zusätzlich durch ein Getäfer verschalt waren, mußten jeden Herbst zur besseren Isolierung die Ritzen mit Moos ausgestopft werden. Reine Holzbauten bestanden aus einem Material, das sich gut für mehrmalige Wiederverwendung eignete. Die einfach konzipier-

---

Städtischer Platz um 1500 mit Ziehbrunnen. Fassaden mehrgeschossiger Häuser, teils in Fachwerk, teils in Stein. Ziegeldächer mit Lukarnen. Der Platz ist gepflästert.

---

ten Häuser des Hochmittelalters konnten deshalb ohne weiteres auseinandergenommen und an einem anderen, wegen der beschränkten Transportmöglichkeiten freilich nicht allzu weit entfernten Standort wieder aufgebaut werden, weshalb das Haus vielerorts bis weit ins Spätmittelalter hinein als «Fahrhabe», das heißt als bewegliches Gut, galt. Um Holzwerk zusammenzuhalten, gebrauchte man außer Eisennägeln auch Holznägel, die in vorbereitete Löcher eingeschlagen wurden.

Beim Steinbau sind zwei grundsätzlich verschiedene Techniken zu unterscheiden: das Trocken- und das Mörtelmauerwerk. Das Mörtelmauerwerk ist erstmals von den Römern in unserem Land verbreitet worden, scheint aber im Laufe des Frühmittelalters nördlich der Alpen weitgehend außer Gebrauch geraten zu sein. In den letzten Jahrhunderten des 1. Jahrtausends sind nicht selten sogar die Kirchen aus Holz errichtet worden. Mörtelmauerwerk blieb auf Bauten der politischen und kirchlichen Führungsschicht, das heißt auf Burgen des Hochadels, auf Pfalzen und Klöster mit ihren Kirchen, beschränkt. Unter dem Einfluß oberitalienischer Bau-

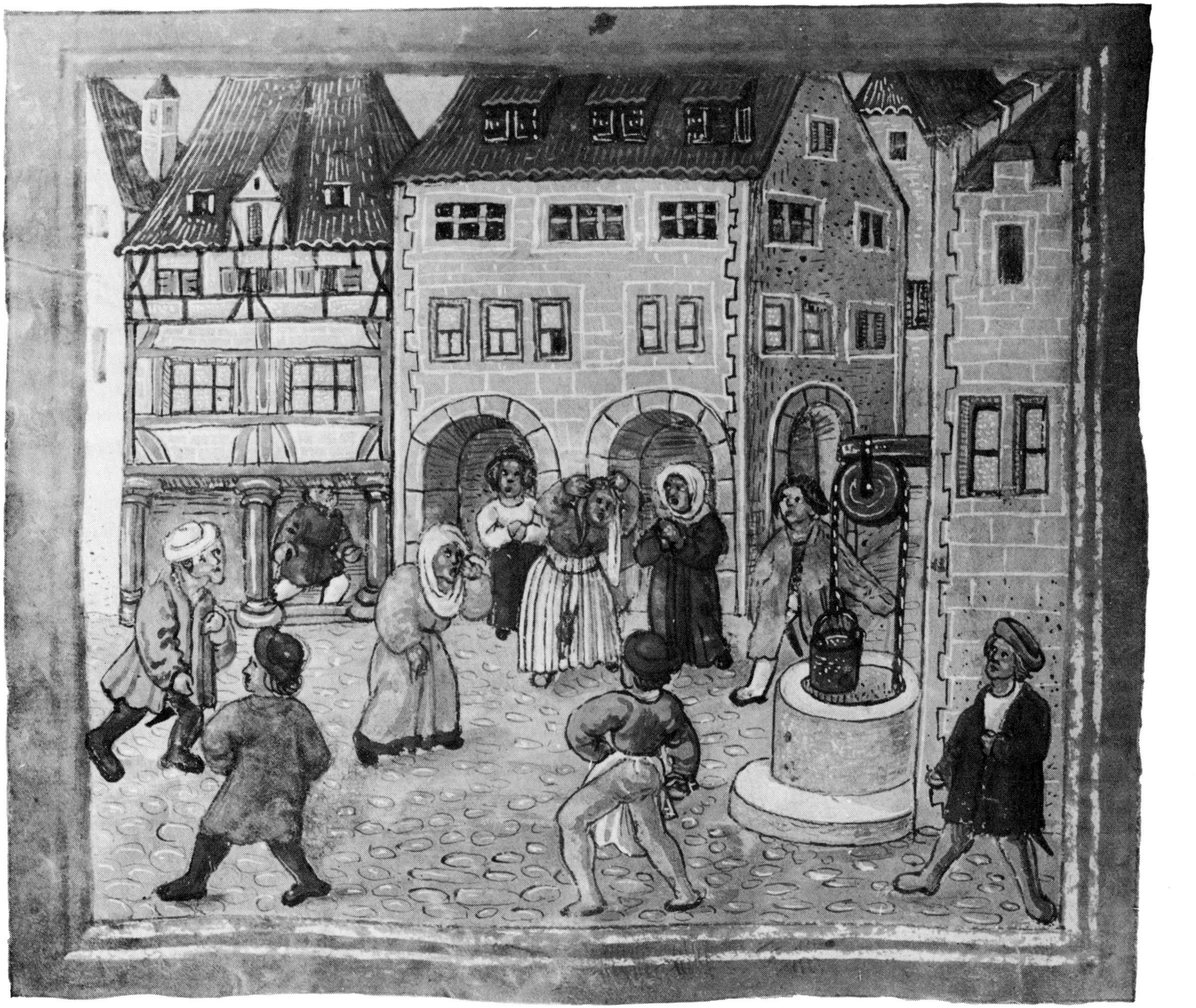

leute breitete sich seit dem 11. Jahrhundert die Mörtelbauweise immer mehr aus, erfaßte zunächst die Burgen und Kirchen des ländlichen Adels, dann die Häuser der frühstädtischen Oberschicht, seit etwa 1100 die Stadtbefestigungen, seit dem 13. Jahrhundert auch die Überbauungen städtischer Handwerkerquartiere und im Spätmittelalter auch bäuerliche Siedlungen. In der Westschweiz setzte sich der Steinbau offenbar etwas früher und vor allem konsequenter durch als in der Ostschweiz, wo er oft auf den Unterbau der Häuser beschränkt blieb und die oberen Geschosse dem Holzbau überließ.

Der Mörtel, der als Bindemittel diente, war ein Gemenge aus Kalk, Sand und Wasser. Üblicherweise mischte man ihn auf dem Bauplatz in Holzmulden oder in ausgehobenen Gruben mit Schaufeln. In karolingischer Zeit waren Mischwerke in Gebrauch, in denen der Mörtel durch das horizontale Drehen eines Gittergestells zubereitet wurde. Der für die Mörtelherstellung erforderliche Kalk wurde in besonderen Öfen gebrannt und in Gruben gelöscht («Sumpfkalk»). Im Alpenraum, wo es kalkhaltiges Gestein stellenweise nur in höheren Lagen gibt, mußten solche Kalkbrennöfen fern der Siedlungen in unbewohnter Einöde errichtet werden.

Das zur Verfügung stehende Steinmaterial bestimmte das Aussehen der Mauer. Üblich war im Mittelalter die Zweischalentechnik, bei der das innere und das äußere Mauerhaupt in Lagen geschichtet und der Mauerkern mit Steinen und Mörtel ausgefüllt wurden. Sorgfältige Mauertechniken mit gleichmäßig geformten, schön horizontal gelagerten Steinen sind typisch für das Hochmittelalter. Im 13. Jahrhundert kam eine nachlässigere Verarbeitung des Steinmaterials auf, für dessen Auswahl und Zurichtung immer weniger Aufwand getrieben wurde. Im späteren Mittelalter schenkte man nur noch dem Eckverband größere Aufmerksamkeit. Die West- und Südschweiz zeichnet sich allgemein durch mehr Sorgfalt in der Mauertechnik aus.

Hochmittelalterliche Mauern waren oft auf Sicht gearbeitet, das heißt, die Steine blieben unverputzt, und höchstens die Fugen wurden mit einem breiten Mörtelband geschlossen (Rasa-pietra-Technik). Vom 13. Jahrhundert an setzte sich der deckende Verputz durch, der freilich von Zeit zu Zeit erneuert werden mußte.

Vom Mörtelmauerwerk verschieden ist das im Alpenraum seit prähistorischer Zeit bekannte Trockenmauerwerk, bei dem die Steine ohne Bindemittel aufeinandergeschichtet werden. Seine Hauptverbreitungsgebiete sind die südlichen Alpentäler sowie die hochgelegenen, holzarmen Regionen oberhalb der Waldgrenze. Mittelalterliches Trockenmauerwerk, gekennzeichnet durch verhältnismäßig große, lagerhaft geschichtete Steine, ist in den letzten Jahren archäologisch wiederholt nachgewiesen worden, und zwar nicht nur für Hausbauten, sondern auch für Stütz- und Pferchmauern.

Eine besondere Abart des Steinbaues beruht auf der Verwendung von Ziegel- oder Backsteinen aus gebranntem Ton. Am südlichen Alpenrand vermochte sich der Backstein seit dem Ausgang der Antike zu behaupten. Nördlich der Alpen wurde er unter dem Einfluß der Zisterziensermönche, die im Kloster St. Urban eine Ziegelsteinmanufaktur betrieben, im 13. Jahrhundert für einzelne Bauten und Bauteile verwendet. Dann faßte er um 1400 im Waadtland Fuß, wohl als Importgut italienischer Baumeister.

Holz- und Steinbau dürfen nicht als völlig getrennte Bauprinzipien gesehen werden. Steinmauern wurden durch horizontale und vertikale Holzanker und Armierungsbalken verstärkt; Zwischenböden mehrgeschossiger Steinbauten bestanden in der Regel aus Trägerbalken

Quellfassung mit angekettetem Trinklöffel.

und Holzdielen; Zwischenwände, Innen- und Außentreppen sowie vorkragende Lauben fügte man ebenfalls aus Holz zusammen, ebenso das Dachgerüst.
Schon im 11. Jahrhundert sind mehrteilige Gebäude belegt, deren Wände teils aus Holz, teils aus Stein errichtet wurden, und zwar findet sich sowohl die vertikale wie die horizontale Teilung. Beim Zweiraumhaus auf der Burg Rickenbach SO (Mitte des 11. Jahrhunderts) war die Küche aus Holz, die angrenzende ofengeheizte Stube aus Stein. Über den Ursprung des im zentralen Alpenraum verbreiteten Hauses mit steinerner Küche und hölzernem Wohnteil herrscht keine völlige Klarheit. Die ältesten Bauten dieses früher als «Gotthardhaus» bezeichneten Typus scheinen noch ins 14./15 Jahrhundert zurückzureichen.
Die in Rätien beliebte Mischbauweise, den Gebäudesokkel und die Eckkonstruktion aus Stein zu errichten, für den Mittelteil der Wand jedoch Holz zu verwenden, ist offenbar schon in römischer Zeit bekannt gewesen.
Weit verbreitet war im Burgenbau der hölzerne Obergaden über einem steinernen Turmsockel. Im Spätmittelalter wurde diese Gliederung von der städtisch-bürgerlichen und anschließend auch von der bäuerlichen Architektur übernommen und zu den frühneuzeitlichen Haustypen mit steinernem Unterbau und Fachwerk- oder Blockbauaufsatz entwickelt.
In den mittelalterlichen Dachkonstruktionen bildeten sich spätestens seit dem 12. Jahrhundert regionale Sonderformen heraus, die durch die Baustoffe einerseits und durch die Klimaverhältnisse andererseits geprägt waren. Innerhalb der einzelnen Regionen zeichneten sich die Dächer trotz gewissen Wandlungen im Spätmittelalter durch ihre Einheitlichkeit aus, was wesentlich zur Geschlossenheit des Ortsbildes beitrug.
Die Dachformen waren einfach. Neben dem Pultdach gab es das Sattel- und Zeltdach mit unterschiedlich starker Neigung. Walmdächer sind für das Spätmittelalter sicher belegt, während das Halb- und Krüppelwalmdach erst gegen 1500 aufgekommen zu sein scheint. Über die Konstruktion des Dachgerüstes in mittelalterlicher Zeit wissen wir verhältnismäßig wenige Einzelheiten. Die späteren Grundformen, das Pfettendach mit horizontalen Tragbalken und das Sparrendach mit Tragbalken in der Dachschräge, waren in einfachen Ausführungen gewiß schon entwickelt. Über das Aufkommen des von Mittelstützen getragenen, steilen Hochstuddaches herrscht Unklarheit; ob es vor das ausgehende Mittelalter zurückreicht, bleibt fraglich. Besser sind wir über das Dachmaterial informiert: Im Mittelland und im Jura herrschten das Stroh- und das Schilfdach vor, im Alpenraum überwog das Schindeldach. Steinplatten deckten die Dächer in den südlichen Alpen-

tälern und in den Alphütten oberhalb der Baumgrenze. Gegen die Poebene hin waren die Hohlziegeldächer schon im Hochmittelalter gebräuchlich. Nördlich der Alpen fanden sie anfänglich nur in Klöstern und Kirchen Verwendung, um die Wende vom 13. zum 14. Jahrhundert setzten sie sich auf den Burgen durch, gegen 1400 in den größeren Städten. Dem Hohlziegel lief noch im 14. Jahrhundert nördlich der Alpen der Biberschwanzziegel den Rang ab. Um 1510 wundert sich Thomas Platter, im Wallis aufgewachsen, über die roten Ziegeldächer, die er in Luzern erstmals in seinem Leben sieht.

Die Zerstörung der traditionellen, im Spätmittelalter entwickelten Dachlandschaft mit ihren funktionellen Bindungen an die Umwelt ist erst durch den Einbruch der modernen Zeit mit ihren neuartigen Bedürfnissen und Bautechniken ausgelöst worden.

Bauformen Um die Jahrtausendwende herrschte in den meisten Gegenden der Schweiz der ebenerdige Einraumbau vor, freilich in unterschiedlichen Ausführungen und Dimensionen. Im rätischen Alpenraum scheinen sich, wie die Ausgrabungsbefunde von Schiedberg bei Sagogn gezeigt haben, mehrteilige Baukomplexe antiker Tradition bei den Wohnbauten der adligen Oberschicht erhalten zu haben. Nördlich der Alpen umfaßten die Repräsentationsbauten des karolingischen Reichsadels, faßbar unter anderem in der Pfalz auf dem Lindenhof in Zürich, größere gemauerte Gebäude mit geräumigen Sälen. Ähnliche Bauten sind für die Bischofssitze anzunehmen. Der ortsansässige Hochadel begnügte sich mit einfachen Hallenbauten für öffentliche Anlässe und benützte bis ins frühe 12. Jahrhundert bescheidene Wohnbauten. Der Turm als wehrhafte und repräsentative Bauform kam in der Westschweiz – mit Ausläufern bis in den Solothurner Jura – im späten 11. Jahrhundert auf, setzte sich aber allgemein erst von der Mitte des 12. Jahrhunderts an durch.

Das enge, im Durchschnitt drei auf fünf Meter messende Einraumhaus, je nach Gegend in Stein oder in Holz ausgeführt, bildete um die Jahrtausendwende den allgemein verbreiteten Haustyp. Wir finden ihn auf den frühen Adelsburgen, in den Dörfern, in den frühstädtischen Siedlungen und auf den sommerlichen Temporärsiedlungen des Alpenraumes. In der einräumigen Alphütte hat sich dieser archaische Haustyp bis in die Neuzeit hinein erhalten. Im Klosterbau, der schon früh zu mehrteiligen repräsentativen Bauformen übergegangen war, wie der St. Galler Idealplan eines Klosters aus karolingischer Zeit zeigt, wurde das Einraumhaus von den der strengen eremitischen Lebensweise verpflichteten Kartäusern als verbindliche Form der Mönchszelle übernommen.

Erste Anstöße zur Weiterentwicklung des Hausbaues gingen vom Adel aus, der im 11. Jahrhundert auf seinen Burgen an die Stelle des Einraumhauses das Zweiraumhaus setzte, bestehend aus Küche und Stube. Um die gleiche Zeit entstanden die ersten mehrgeschossigen Steinbauten, am besten erhalten im Beispiel von Hohenrätien. Auch die um 1100 errichteten frühstädtischen Steinbauten mit Obergeschoß und Pultdach, nachgewiesen unter anderem in Basel, sind wohl der Oberschicht zuzuweisen.

Auf die Veränderungen im Burgenbau, der seit dem 12. Jahrhundert eine Eigendynamik entwickelte, bedingt durch die Funktionsvielfalt der Adelsburg, die neben Wohn- und Wirtschaftsfunktionen auch Wehraufgaben sowie standes- und herrschaftssymbolische Repräsentationsbedürfnisse erfüllte, gehe ich hier nicht ein, auch nicht auf den Klosterbau, der im Bereich des Sakral- und Wohnbaues eigene, von mönchischem Gemeinschaftsgeist geprägte Wege ging.

Im ländlich-bäuerlichen Wohnbau blieb das Einraumhaus bis ins 13. Jahrhundert hinein bestimmend. Im Alpenraum wurde eine ältere Hausform mit quadratischem Grundriß um 1300 von einem jüngeren Typus mit längsrechteckigem Grundriß und dünnerem Mauerwerk abgelöst. Vereinzelt können auch Rundbauten nachgewiesen werden, besonders die in den südlichen Alpentälern verbreiteten Trulli mit dem Kragkuppelgewölbe, entstanden wohl unter mediterranem Einfluß.

Zum ebenerdigen, aus Holz oder Stein errichteten Einraumhaus gesellte sich im Hochmittelalter das schon in frühgeschichtlicher Zeit bekannte Grubenhaus, bei dem der Wohn- oder Nutzraum kellerartig in den Boden versenkt war und das Dach direkt über der Erdoberfläche ansetzte. Die Seitenwände bestanden aus Holzbohlen oder Flechtwerk. Man betrat diesen Haustyp entweder durch eine Öffnung im Dach oder durch eine Tür mit vorgelagerter Außentreppe auf der Giebelseite. Solche Grubenhäuser lassen sich auf Burgen, in Dörfern und in frühstädtischen Siedlungen nachweisen. Sie dienten – mit Feuerstelle ausgerüstet – als Wohnbauten im Winter, als Arbeitshäuser, etwa als Webkeller («tunc») und als Lagerräume für bestimmte Produkte. Die seit den Anfängen der Menschheit als Unterkunft benützten Höhlen waren auch noch im Mittelalter in Gebrauch. In schwer zugänglichen Felsgrotten legte man Burgen und Fluchtplätze an, am bekanntesten sind die Höhlenburgen im Wallis, Tessin und in Graubünden. Im zentralen Alpenraum dienten Höhlen als Sommerbehausung für die Älpler und als Speicher für Milch und Milchprodukte. Im Mittelland mit seinem weichen Molassegestein errichtete man unter überhängenden Felsvorsprüngen Häuser, deren Rückfront künstlich in den Berg geschrotet war.

Die Entwicklung des hochmittelalterlichen Gehöftes zum Bauernhaus der Zeit um 1500 ist beim derzeitigen Forschungsstand nicht ganz klar zu verfolgen. Der Plan des im 13. Jahrhundert aufgelassenen Dorfes Berslingen bei Schaffhausen zeigt einräumige Wohn- und Wirtschaftsbauten unterschiedlicher Größe aus Holz, analog zu dem aus Trockenmauerwerk aufgeführten Gehöft von Zwing Uri bei Amsteg aus dem 12. Jahrhundert. Die einzelnen Bauten hatten gewiß unterschiedliche Funktionen. Außer an Speicher ist an Mehrzweckwohnräume, an Küchen, Stuben und Schlafräume zu denken. Wenn festgestellt werden kann, daß im Mittelland und Jura seit dem ausgehenden Mittelalter Wohnräume, Stallungen, Dreschplatz («Tenn»), mitunter sogar Speicher und Heuboden in einem einzigen Haus unter einem Dach vereinigt auftreten, ist man vielleicht geneigt, für das Spätmittelalter einen «Additionsprozeß» anzunehmen, in dessen Verlauf die ursprünglich selbständigen Teile zusammengewachsen wären. Gesicherte archäologische Zeugnisse, die eine solche Entwicklung stufenweise belegen könnten, fehlen allerdings; zudem mutet diese Herleitung des frühneuzeitlichen Mehrzweckbauernhauses allzu evolutionistisch an. Glaubwürdiger erscheint die Auffassung, das in verschiedenen regionalen Varianten auftretende Mehrzweckbauernhaus sei eine Neuschöpfung des Spätmittelalters, entstanden in Anlehnung an die mehrteiligen Gebäudekomplexe auf den Burgen der adligen Oberschicht. Klarheit werden erst systematische Ausgrabungen spätmittelalterlicher Bauernsiedlungen bringen. Als gewiß kann gelten, daß im 13. Jahrhundert die Einzweckbauten noch üblich waren und sich im 15. Jahrhundert die Vielzweckbauernhäuser bereits durchgesetzt hatten. Eine Vermittlerrolle zwischen Burg und Bauernhaus könnte im Spätmittelalter die Schicht der grundherrlichen Beamten, der dörflichen Meier, gespielt haben, die zwar dem Bauernstand angehörten, aber herrschaftliche Bauten wie Dinghöfe und Zehntenscheunen bewohnten oder betreuten.

In den Alpen, besonders in Rätien, läßt sich nachweisen, wie die hochmittelalterlichen Bauformen des Adels, der Wohnturm und der Palas, im Spätmittelalter den bäuerlichen Hausbau beeinflußt haben. Allein in Zuoz sind zwischen dem 13. und dem 15. Jahrhundert über zwei Dutzend Wohntürme entstanden.

In weiten Teilen des Alpenraumes ist das Wohnhaus ein selbständiger Baukörper geblieben, und die Wirtschaftsbauten, Kornspeicher, Heustadel oder Schweineställe, bildeten Bauten für sich, die unter Umständen vom Wohnhaus ziemlich weit entfernt liegen konnten. Über das Aufkommen mehrteiliger Wohnbauten im Alpenraum wissen wir sehr wenig. Unter dem Einfluß des Burgenbaues könnten die ältesten bäuerlichen Mehrraumhäuser in den Alpen im 13. Jahrhundert entstanden sein. Im Verlauf des Spätmittelalters wurden sie im Bereich der ganzjährig bewohnten Talsiedlungen zum horizontal oder häufiger vertikal unterteilten Gebäudekomplex ausgestaltet, der für eine oder mehrere Familien Küchen, Stuben und Schlafkammern barg.

Bis ins ausgehende Mittelalter bot sich das bäuerliche Haus, unabhängig vom jeweiligen Verwendungszweck, in der ganzen Schweiz als alleinstehender Bau dar. Seit dem 15. Jahrhundert – ältere Belege fehlen in der Schweiz – entstanden unter dem Einfluß naher Städte in den Dörfern der Nordwestschweiz und in ausgesprochenen Weinbauregionen geschlossene, meist aus Stein errichtete Häuserzeilen, die dem Dorf ein städtisches Gepräge verliehen. In manchen Teilen des Alpenraumes, vor allem im Wallis und im Tessin, wo die Dörfer auf engem Raum zusammengedrängt waren, schlängelten sich zwischen den Wohn- und Wirtschaftsbauten schmale und verwinkelte Gassen hindurch. Die einzelnen Häuser beanspruchten einen verhältnismäßig kleinen Grundriß, umfaßten aber mehrere Geschosse, zum Teil mit verschiedenen Eigentümern. Spuren einer solchen Bauweise sind auch in der Innerschweiz festzustellen.

In Siedlungen städtischen Charakters wurden die Haustypen des freistehenden, eingeschossigen Einraumhauses sowie des Grubenhauses bereits um die Jahrtausendwende preisgegeben und durch mehrteilige, aneinanderstoßende Baukomplexe ersetzt, die im Unterteil großenteils aus Stein, im Oberteil jedoch durchwegs aus Holz bestanden. Bei Städten, die sich im Lauf des Hochmittelalters aus älteren Siedlungskernen allmählich herausgebildet hatten wie Basel, Genf oder Zürich, entwickelten sich eindeutige Parzellen- und Baugrenzen, die später den Hausbau bestimmten, erst allmählich, etwa im 11. und 12. Jahrhundert.

Bei den Gründungsstädten des 12. und 13. Jahrhunderts – man denke an Bern, Freiburg, Murten, Frauenfeld oder Aarau – scheint von Anfang an eine gleichmäßige Parzellierung abgesteckt gewesen zu sein, auch wenn es Jahrzehnte dauern konnte, bis das im Rahmen der Stadtgründung abgegrenzte und mit Wehrmauern eingefaßte Areal überbaut war.

Die Entwicklung des städtischen Hausbaues wurde somit durch die Tiefe und die Breite der einzelnen Parzellen bestimmt. Zwischen den Häusern blieb nur selten ein freier Raum, vielleicht wenn ein altes Wegrecht bestand oder wenn ein Abwasserkanal vorbeifloß. Ein Durchgangsrecht brauchte nur zu ebener Erde respektiert zu werden. Die Obergeschosse ragten oft über die Baulinie hinaus, zuweilen so weit, daß sie außen mit Pfosten oder Pfeilern abgestützt werden mußten, wodurch die von

Figurengeschmückter Brunnenstock. Solche Prunkbrunnen dienten seit dem 14. Jahrhundert außer der Wasserversorgung vor allem der städtisch-obrigkeitlichen Repräsentation.

manchen Städten bekannten Lauben entstanden. Über enge Gassen spannte man Schwibbögen, um die vorkragenden Hauswände gegeneinander abzustützen. Anfänglich waren die städtischen Häuser von geringer Tiefe. Meist verfügten sie über Hinterhöfe mit landwirtschaftlichen Nebenbauten. Seit dem 13. Jahrhundert dehnten sich die Stadthäuser innerhalb ihrer Parzellenbreite immer mehr in die Tiefe aus, wobei die Hinterhöfe überbaut und die Vorderfronten in die Allmend vorgeschoben wurden. Vor allem aber wuchsen die Stadthäuser immer mehr in die Höhe und umfaßten bereits im 13. Jahrhundert drei und mehr Geschosse. Bis ins Spätmittelalter hinein gab es Häuser, die pro Geschoß außer der Innentreppe nur einen Raum enthielten, meist aber barg ein Stockwerk mehrere Räume. Da die Innentreppen eng und steil waren und sich für den Transport schweren und sperrigen Materials schlecht eigneten, brachte man seit dem Spätmittelalter auf der Straßenseite des Dachhimmels einen Seilaufzug an, mit dessen Hilfe Lasten bis in den Dachboden gehievt werden konnten.

Die meisten Stadthäuser waren ebenerdig zugänglich, nur wenige besaßen einen Keller. Erst im ausgehenden Mittelalter setzte das Ausschachten von Kellern in größerem Ausmaß ein, wobei die neuen Keller je nach Platzverhältnissen einen Einstieg im Hausinnern oder eine Tür mit Kellertreppe von der Straße her erhielten. Die zunehmende Unterkellerung der städtischen Wohnhäuser im Spätmittelalter und in der frühen Neuzeit könnte mit ein Grund für das Aussterben der Pest gewesen sein, denn durch die Keller wurden die Menschen stärker von den Ratten getrennt, die diese Krankheit verbreiteten. Der vertikalen Gliederung des spätmittelalterlichen Stadthauses ordnete sich die funktionelle Gliederung unter: Im Keller – soweit überhaupt vorhanden – lagerten Vorräte, im Erdgeschoß waren die Gewerbebetriebe untergebracht, wobei gegen die Straße hin eine breite Fensteröffnung für die Verkaufsauslage bestand. Im zweiten und dritten Geschoß lagen die Wohnräume, das heißt die Küche mit der Vorratskammer und die Stube, während die obersten Stockwerke die Schlafkammern enthielten.

Im Mauerwerk unserer Städte, namentlich in den auf alten Parzellengrenzen errichteten Brandmauern, aber auch in den Fassaden an den Straßen, hat sich viel mittelalterliche Bausubstanz erhalten, obwohl durch nachträgliches Einbrechen von Fenstern und Türen, durch Aufstocken und durch sonstige Umbauten der spät- oder gar hochmittelalterliche Zustand stark verwischt worden ist. Im 16. und 17. Jahrhundert waren die Schweizer Städte – den Jahreszahlen über den Haustüren nach zu schließen – riesige Bauplätze, die das mittelalterliche Stadtbild mit seinen Holz- und Fachwerkbauten und seinen dominierenden Wohntürmen und Adelshäusern aus Stein weitgehend zum Verschwinden brachten und durch eine behäbige, an den Bauformen der Spätgotik und Renaissance orientierte Steinarchitektur bürgerlicher Prägung ersetzte.

Der Innenausbau der Wohnstätten Neben den bekannten Bilddarstellungen und Schriftquellen, die vor allem die spätmittelalterlichen Verhältnisse beleuchten, werden wir zunehmend durch Ausgrabungsbefunde über den Innenausbau mittelalterlicher Behausungen unterrichtet.

Mittelpunkt der Wohnstätte war das Feuer. Dieses erst machte ein Gebäude bewohnbar, groß war dementsprechend seine Symbolbedeutung im Rechtsleben und im religiösen Denken. Um die Jahrtausendwende kannte man überall in der Schweiz nur die offene, bodenebene Mehrzweckfeuerstelle, die gleichermaßen zum Heizen und Kochen, allenfalls auch zur Beleuchtung diente (Spezialfeuerstellen für gewerbliche Verrichtungen seien hier ausgeklammert). Die Mehrzweckfeuerstelle lag meistens an einer Wand, häufig in einer Ecke und beanspruchte daher in den anfänglich ohnehin engen Räumen verhältnismäßig wenig Platz. Der Feuerplatz war mit Steinplatten ausgelegt und mit hochkant gestellten, im Rund oder Viereck angeordneten Steinen eingefaßt. Bei Holzwänden mußte eine rückwärtige Isolierung aus Lehm oder Steinen angebracht werden. Der Rauch stieg in den offenen Dachstuhl und zog durch die Dachritzen ab. Von einem Kamin oder Rauchfang mit eigenem Abzugskanal liegen aus den hochmittelalterlichen Einraumhäusern keine Nachrichten vor.

Die im 11. Jahrhundert nördlich der Alpen einsetzende Verbesserung der Wohnfeuerstelle war naturgemäß engstens mit der Entwicklung des Hausbaues verbunden. Auf den temporär benützten Alpsiedlungen blieb die offene Mehrzweckfeuerstelle bis in die Neuzeit hinein erhalten, ebenso in den vertikal gegliederten Wohnbauten der südlichen Alpentäler, wo sie im Spätmittelalter eine aus Rauchfang und Seitenwänden gebildete Umrahmung erhielt, die sich für die repräsentative Ausgestaltung eignete.

Mit dem Aufkommen des mehrteiligen Wohnhauses nördlich der Alpen entstand die ofenbeheizte, rauchfreie Stube. Auf den Burgen, wo diese Entwicklung begann, wurde dieser Raum auch «Kemenate» genannt. Die Küche behielt ihre offene Feuerstelle. Im Laufe des Spätmittelalters wurde sie mit einer mächtigen Haube ausgestattet, die den Rauch aufnahm und durch einen Schlot ins Freie leitete. In diesem Rauchfang konnten nun auch Fleisch und Würste aufgehängt werden, die man vorher zum Räuchern am Dachgebälk hatte befestigen müssen. Um das Hantieren an den Pfannen und Töpfen zu erleichtern, begann man in besseren Häusern seit dem 15. Jahrhundert, die Feuerfläche der Herdstelle um etwa 50 Zentimeter anzuheben, indem man eine steinerne Herdplatte auf einer erhöhten Unterlage anbrachte. Die seitlich geschlossene Herdfeuerstelle, die als «Sparherd» den Holzverbrauch einschränkte, kam in der Schweiz erst im ausgehenden 16. Jahrhundert allmählich in Gebrauch.

Der Heizofen, aufgestellt in der Wohnstube, kam im späteren 11. Jahrhundert auf. Je nach Gliederung des Wohnhauses wurde er von der Stube, vom Gang oder von der anstoßenden Küche aus beheizt («Vorder»- und «Hinterlader»). Die ältesten Öfen scheinen aus Platten von feuerfestem Gestein zusammengefügt worden zu sein. Seit dem späten 11. Jahrhundert setzte sich nördlich der Alpen die Ofenkachel durch, zunächst ein becherförmiges Gebilde aus Keramik, das die Wärmeausstrahlung beschleunigte und verstärkte. Im 14. Jahrhundert kam die Blattkachel in Gebrauch, die mit ihrem viereckigen Umriß den Aufbau geschlossener Kachelwände ermöglichte. Bis ins 13. Jahrhundert hinein blieb der Kachelofen den Burgen, den Klöstern und den besseren Stadtwohnungen vorbehalten. Erst um die Wende vom 13. zum 14. Jahrhundert hielt er auch in den bäuerlichen Siedlungen Einzug.

Die alte Bauernstube mit ihrer «Kunst», dem großen Kachelofen mit Sitzbank, heute Inbegriff ländlicher Gemütlichkeit, ist eigentlich die bäuerliche Nachahmung des adligen und städtisch-bürgerlichen Wohnkomforts im späteren Mittelalter.

Im Alpenraum vermochte sich der Kachelofen nicht vollständig durchzusetzen. So wie der Specksteintopf mit der Geschirrkeramik konkurrierte, vermochte sich der aus Specksteinplatten gefügte Ofen neben dem Kachelofen zu behaupten. In den Behausungen der adligen Oberschicht, auf den Burgen und in den Klöstern, drang der Gebrauch des Kachelofens zwischen dem 13. und dem 16. Jahrhundert unter dem Einfluß des städtischen Hafnergewerbes im nördlichen Alpenvorland freilich bis tief in die südlichen Alpentäler vor. Wo in der Westschweiz während des Mittelalters die Grenzzone zwischen Kachelofenheizung und offenem Kaminfeuer lag, ist beim gegenwärtigen Forschungsstand nicht mit Sicherheit zu bestimmen. Auf den Burgen scheint zwischen dem 13. und dem 15. Jahrhundert der Gebrauch des Kachelofens bis an die Linie Neuenburgersee – Greyerzerland üblich gewesen zu sein.

Keine nennenswerte Rolle spielte in der Schweiz die aus der Antike stammende Hypokaustheizung, bei der größere Räume, vor allem Kirchen und Säle, von unterirdisch angelegten Feuerkellern aus erwärmt wurden.

Eine besondere Feuerstelle, die zum Haushalt gehörte, war der Backofen. Nicht immer war er im Wohnbau untergebracht. Als erkerartiger, nach außen vorkragender Anbau konnte er immerhin von innen bedient werden. Frühformen dieses Prinzips sind im Elsaß schon bei Einraumhäusern der Merowingerzeit belegt. Der Backofen war manchmal auch in einem eigenen «Backhaus» untergebracht, das von mehreren Teilhabern, vielleicht von der ganzen Gemeinde, benützt werden durfte. Solche Backhäuser spätmittelalterlicher Tradition sind unter anderem noch in den inneralpinen Getreidebauzonen sowie in der Westschweiz anzutreffen. Sie sind vielleicht als Weiterführung des herrschaftlichen, den Untertanen in der Burg, meist im Vorburgbereich, zur Verfügung stehenden Backofens zu verstehen.

Das offene Feuer spendete außer Wärme, das ein Gefühl von Wohnlichkeit und Geborgenheit verbreitete, auch

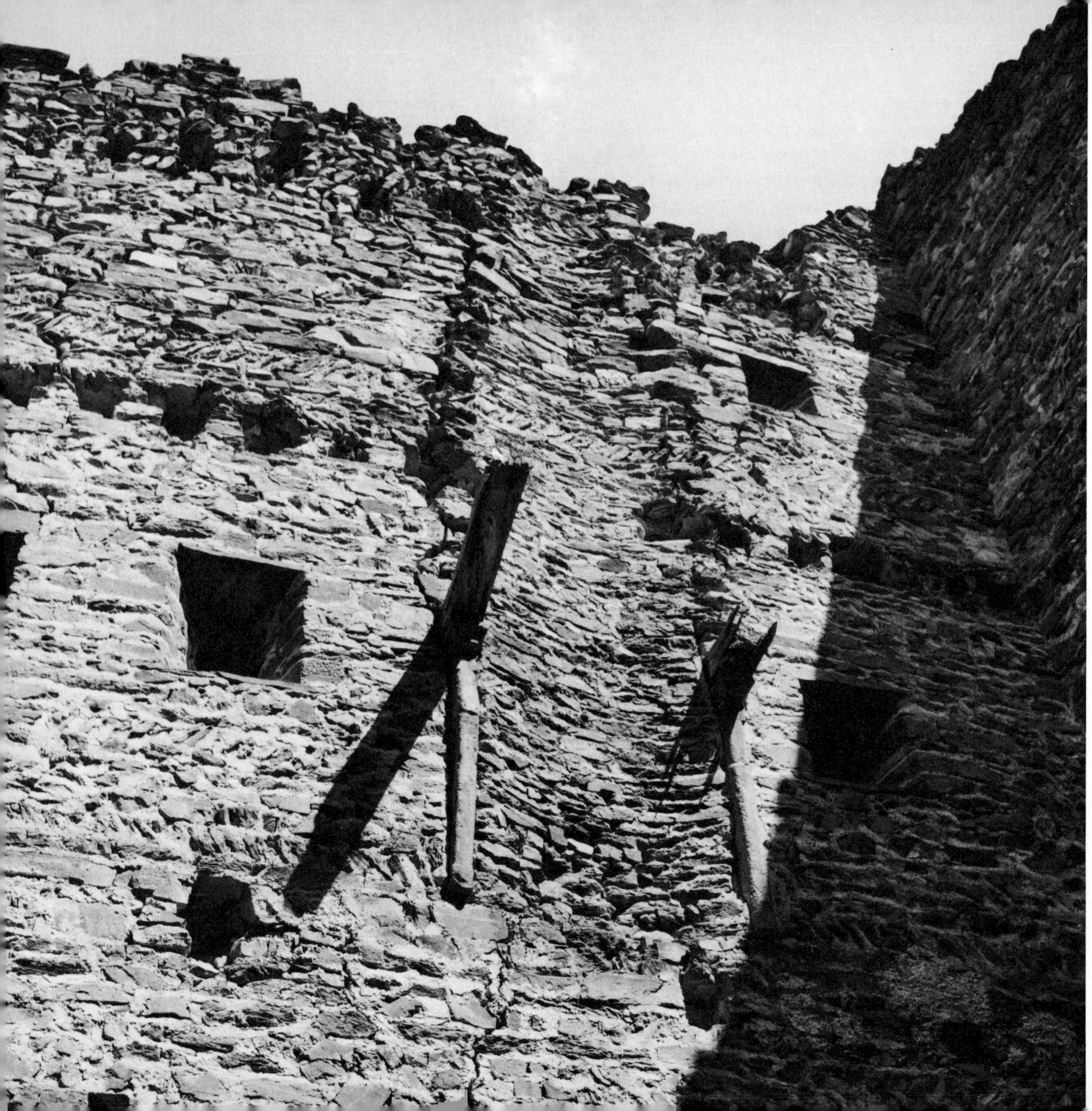

Licht. Das Innere der hochmittelalterlichen Wohnungen war nur spärlich erhellt. Gewiß hielt man sich im Tagesablauf mehr an den natürlichen Sonnenstand und verrichtete mancherlei Tätigkeiten, für die viel Licht vonnöten war, im Freien oder unmittelbar an den Fenstern, die deshalb häufig mit Sitznischen ausgestattet waren. Ohne künstliche Beleuchtung kam man aber nicht aus. Es standen Kienspäne, Talglampen und für größere Räume Pechfackeln zur Verfügung. Wachskerzen, mehrheitlich dem Kult vorbehalten, wurden bis ins Spätmittelalter für profane Beleuchtungszwecke wohl nur bei besonderen Gelegenheiten gebraucht. Talglampen konnten in Wandnischen aufgestellt werden, Kienspäne und Fackeln befestigte man an eisernen Klammern. Das Feueranzünden war mühsam und umständlich, weshalb man sich nach Möglichkeit bemühte, auf dem Herd und im Ofen die Glut zu bewahren. Neues Feuer mußte mit Funkenschlag des Feuerstahls auf Stein, aufgefangen durch Zunder, erzeugt werden.

Die Fenster bestanden – wie schon erwähnt – bis um 1300 aus schmalen, schartenförmigen Schlitzen, die spärliches Licht einfallen ließen, aber die Kälte fern hielten. Große Fensteröffnungen mußten den Räumen, die nur in der warmen Jahreszeit benützt wurden, vorbehalten bleiben. Erst als um 1300 die Butzenscheibenverglasung aufkam, zunächst auf Burgen, in Klöstern und in Stadthäusern, seit dem 15. Jahrhundert auch in Bauernhäusern, konnten ganzjährig bewohnte Räume mit größeren Fenstern ausgestattet werden. Freilich waren auch sie noch verhältnismäßig klein, nämlich kaum über 50 Zentimeter breit und kaum mehr als einen Meter hoch. Um mehr Licht zu erhalten, verband man mehrere Öffnungen zu doppelten oder mehrfachen Fenstern. Als zusätzlichen Schutz gegen Wind und Kälte brachte man außen hölzerne Klappläden an, die von innen verriegelt werden konnten. In den Alpen scheint sich die Fensterverglasung später als im Unterland durchgesetzt zu haben.

Die Türen waren eher schmal und bildeten im Umriß meist ein Rechteck mit geradem Sturz. Bei Steinbauten konnte der obere Abschluß auch aus einem Rund- oder Spitzbogen bestehen. Die Türgewände beschrieben gegen innen einen Falz, der als Anschlag für die Holztür diente. Sie war aus massiven Bohlen gearbeitet und drehte sich entweder oben und unten mit Hilfe von Zapfen in ausgesparten Lagern, «Drehpfannen» genannt, oder in eisernen Angeln, die in die Leibung eingelassen waren. Eisenschlösser mit massiven Riegeln und klobigen Schiebebalken verhinderten, daß die Türen von außen aufgestoßen werden konnten.

Ursprünglich führten die Türen ebenerdig ins Innere der Einraumhäuser. Bei mehrgeschossigen Bauten scheint die Verbindung von Stockwerk zu Stockwerk bis ins 13. Jahrhundert hinein eher durch Außentreppen und Laubengänge hergestellt worden zu sein. Innentreppen kamen wohl erst um 1300 häufiger in Gebrauch, sie lagen in den von den übrigen Räumen durch Zwischenwände abgetrennten Treppenhäusern, die sich im Verlauf des Spätmittelalters zunehmender Beliebtheit erfreuten. In massivem Mauerwerk, wie es seit dem 12. Jahrhundert beim Burgenbau aufkam, konnten gelegentlich auch Wendeltreppen ausgespart werden. Der

---

Kaminanlage im Wohnturm der Burg Hohenrätien oder Hochrialt ob Thusis, 12. Jahrhundert. Vor dem Aufkommen der Ofenheizung mußten die Wohnräume vom offenen Kaminfeuer erwärmt werden. In ausgesprochenen Repräsentationsräumen sind auch später noch Kamine nach französischem Vorbild mit dekorativ ausgestaltetem Rauchfang eingerichtet worden.

Treppenturm als selbständiger, außen an den Wohnbau angeschobener Baukörper («Schneggen») gehört indessen erst dem ausgehenden Mittelalter an.

Die Holztreppen bestanden aus massiven Spältlingen mit dreieckigem Querschnitt, die auf schrägen Pfetten, tragenden Balken, befestigt waren («Blocktreppen»). Steintreppen, außer in den südlichen Alpentälern nur an Bauten mit ausgeprägtem Repräsentationscharakter belegt, besaßen über einem gemauerten Sockel steinerne Trittstufen. Als Handlauf mußte häufig ein Hanfstrick genügen.

Die Zwischenböden, auf hölzernen Tragbalken ruhend, bestanden in der Regel aus eng verfugten Dielen oder aus Spältlingen, deren Ritzen mit Lehm gefüllt waren. Besonders in der Nähe offenen Feuers, aber auch in Räumen mit Repräsentationscharakter verwendete man seit dem 13. Jahrhundert Bodenfliesen aus gebranntem Ton. Im Erdgeschoß bildete der gestampfte Naturboden das Gehniveau. Mörtel-, Steinplatten- und Fliesenböden kamen seit dem 13. Jahrhundert immer häufiger vor. Die einzelnen Geschosse waren selten über zwei Meter hoch. Überdurchschnittliche Geschoßhöhen zeichneten die Räume mit Repräsentationsfunktion aus.

Die Abortanlage in Wohngebäuden war bei Bauten der adligen Oberschicht seit etwa 1100 allgemein üblich und bestand aus einer Wandnische oder einem Erker, von dem aus die Fäkalien durch eine direkte Abflußöffnung ins Freie geleitet wurden. Diese Aborte waren nicht immer verschließbar, so daß wie beim Nachttopf und wie bei der Fäkalientruhe, die im Wohnraum stand, eine

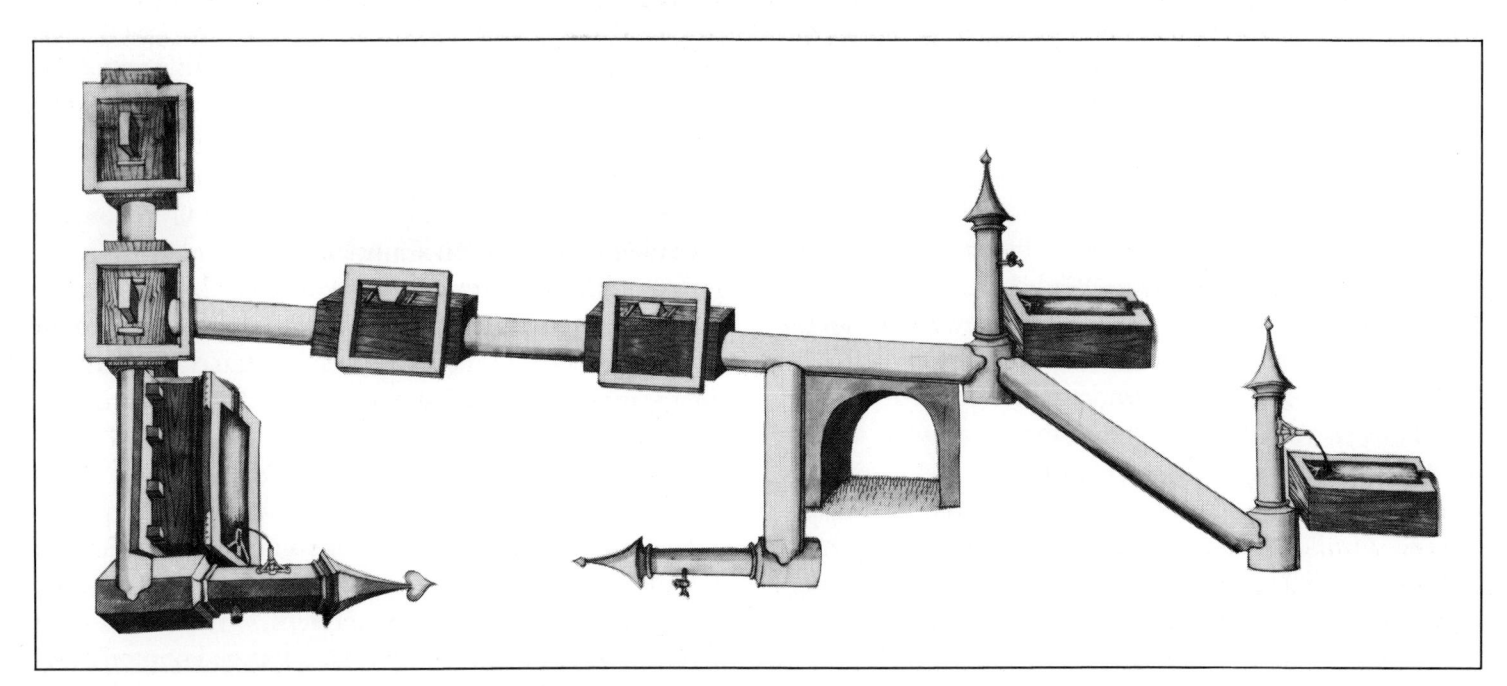

Ausschnitt aus dem Wasserleitungsplan des Hans Zschan für Basel, entstanden um 1500.

oder mehrere Sitzlöcher hatte und von Zeit zu Zeit geleert werden mußte, jedermann zusehen konnte. Ähnlich wie der Fäkalienkanal führte aus der Küche der Ablauf des Schüttsteins ins Freie.

Waren bis ins 13. Jahrhundert hinein die Wohnverhältnisse selbst in Bauten der Oberschicht sehr einfach und anspruchslos, entwickelte sich seit ungefähr 1250 ein größerer Komfort sowohl beim beweglichen Hausrat wie bei der baulichen Ausstattung.

Schon im 12. Jahrhundert begann bei Wohnbauten der Oberschicht die repräsentative Ausgestaltung der Fassaden, besonders der Fenster- und Türpartien, seit dem 13. Jahrhundert diente auch der Innenausbau der Standesrepräsentation. Bis ins 14. Jahrhundert hinein lieferte der Adel die Leitbilder der Wohnkultur, später in zunehmendem Maße das reiche Stadtbürgertum. An adligen und städtischen Bauten orientierte sich im Spätmittelalter auch der Bauernstand, wobei dessen reiche Oberschicht im Alpenraum seit dem späten 15. Jahrhundert zunehmend über das Reislaufen unter den Einfluß ausländischer, vor allem französischer und italienischer Vorbilder geriet.

Verbesserungen im Wohnkomfort brachte seit der Wende vom 13. zum 14. Jahrhundert das bereits erwähnte Aufkommen der Fensterverglasung. Um die gleiche Zeit begann man mit der Holztäferung von Wohnräumen in Steinbauten, wodurch die im 13. Jahrhundert sehr beliebten Freskomalereien auf dem Wandverputz nur noch den Repräsentationsräumen vorbehalten blieben. Im Spätmittelalter begann die Verschalung der Deckenbalken mit verziertem Holzwerk; immer mehr Schmuckcharakter bekam auch der Stubenofen. Farbige Wappenscheiben, anfänglich für herrschaftliche und obrigkeitliche Bauten bestimmt, schmückten seit dem 15. Jahrhundert auch die Fenster besserer Privathäuser.

Seitenansicht einer Ofenkachel. Man erkennt links die viereckige Sichtfläche, rechts die angesetzte Röhre, «Tubus» genannt, die im Ofenkörper steckte.

Die plastische und gemalte Fassadendekoration hochmittelalterlicher Prägung, meist mit heraldischen oder ritterlichen Motiven, erhielt im Spätmittelalter neue Impulse durch das Aufkommen von Häusernamen in den Städten. Immer beliebter wurden auch Sonnenuhren und Sinnsprüche – entsprechend den verbreiteteren Lesekünsten der Bevölkerung.

Überblickt man die Entwicklung der Innenausstattung im Verlauf des Mittelalters als Ganzes, könnte man zusammenfassend sagen, daß ein Bauern- oder Bürgerhaus des 15. Jahrhunderts deutlich besser eingerichtet war als eine Adelsburg des 12. Jahrhunderts.

Die Trinkwasserversorgung Obwohl im Mittelalter das Wasser in Flüssen, Bächen und Seen unvergleichlich sauberer war als heute, kam man nicht ohne künstliche Anlagen zur Trinkwasserversorgung aus, denn in größeren Siedlungen war der Bedarf an reinem Wasser für Mensch und Tier verständlicherweise recht groß, das natürliche Wasser wegen der Siedlungsabfälle jedoch ungenießbar. Andere Siedlungsplätze lagen an wasserarmen Standorten, was ebenfalls besondere Einrichtungen erforderte. Der Wert guten Wassers war den Menschen im Mittelalter durchaus bewußt, weshalb das «Brunnenvergiften», als Vorwurf ungerechtfertigterweise oft gesellschaftlichen Randgruppen angelastet, als besonders niederträchtiges Verbrechen galt. Mit Vorliebe benützte man frisches Wasser, das an der Quelle gefaßt werden konnte. Einfache Quellfassungen, flache Träger aus Stein und Holz, sind auf spätmittelalterlichen Bildern überliefert. Wenn die Quelle abseits der Siedlung lag, mußte das Wasser durch Leitungen herangeführt werden. Zur Verfügung standen ge-

mauerte, mit Platten gedeckte und mit Lehm abgedichtete, etwa 10 bis 20 Zentimeter breite Kanäle sowie Holzröhren, die man als «Teuchel» bezeichnete. In den Städten und wahrscheinlich auch in den Klöstern gab es solche Leitungen seit dem 13. Jahrhundert. Größere und weitverzweigte Verteilsysteme kamen allerdings erst im Laufe des 15. Jahrhunderts auf. Über die spätmittelalterlichen Wasserleitungen in Basel orientiert uns der um 1500 entstandene Plan des Hans Zschan. Die hölzernen Teuchel speisten zur Hauptsache öffentliche Brunnen, nur Klöster und wenige Häuser reicher Bürger verfügten über eigene Anschlüsse. Die Aufsicht und der Unterhalt des Leitungssystems gehörten zum Aufgabenbereich des Brunnmeisters, eines städtischen Beamten, der auch für die Bereitstellung frischer Teuchel – die Holzleitungen wurden rasch faul und undicht – verantwortlich war. Dieses gefaßte und hergeleitete Quellwasser floß in den Stockbrunnen, der aus einem Holz- oder Steintrog mit Überlauf sowie dem namengebenden Brunnenstock, einer Säule mit der Leitungsröhre, bestand. An den Stock-

---

Dorfbild um 1500: Im Vordergrund mehrteilige Fachwerkhäuser mit Etter; im Hintergrund große Burg, ummauerte Kirche und Hochgericht; unten rechts ein Bach mit Brett zum Überschreiten. Am Horizont sind Burgen und Ruinen erkennbar.

---

brunnen deckten die Stadtbewohner ihren täglichen Wasserbedarf, sie waren deshalb bevorzugte Orte der täglichen Begegnung, vor allem für die Dienstboten. Seit dem 14. Jahrhundert dienten die Brunnen, von Figuren meist allegorischen und heraldischen Charakters verziert, der städtisch-bürgerlichen Repräsentation.

Wo es keine Quellen gab, mußte man unterirdische Wasseradern suchen und mit senkrechten Schächten, den «Sodbrunnen», erschließen. Bisweilen genügte in Hanglage eine geringe Tiefe von wenigen Metern, um Sickerwasser zu fassen. Oft aber mußten Schächte von 15 bis 30 und noch mehr Metern Tiefe in den Fels getrieben werden, bis man endlich auf genügend Wasser stieß. Für solche Arbeiten gab es spezialisierte Handwerker, die auch die Fähigkeit hatten, intuitiv mit Hilfe von Wünschelruten Wasseradern aufzuspüren. Sodschächte wurden mit einer Brüstungsmauer umgeben und oft mit einem Dach geschützt. Mit dessen Gebälk war auch die Aufzugsvorrichtung verbunden, bei Sodschächten mit geringerer Tiefe eine Haspel für den Handbetrieb, bei tiefen Brunnen ein Tretrad. Ein Kupferkessel oder Holzeimer beförderte das Wasser in die Höhe.

Vor allem auf Höhenburgen, aber auch auf Einzelhöfen im Hochjura, wo das Graben eines Sodbrunnens nicht in Frage kam, mußte man sich mit Zisternen begnügen, in denen das Regenwasser der Dächer gesammelt wurde. Die Tankzisterne, ein unterirdischer, meist gewölbter Raum, war im Mittelalter vor allem im Alpenraum verbreitet. Im Gebiet der Strohdächer benötigte man eine Reinigungseinrichtung für das Regenwasser, weshalb man sich schon im 11. Jahrhundert der Filterzisterne bediente, in der das schmutzige Wasser, bevor es durch einen Schöpfschacht nach oben gezogen wurde, in einem Filtrierkörper aus Sand und Kies gereinigt wurde. Erst mit dem Aufkommen der Ziegelbedachung im 14. Jahrhundert geriet die Filterzisterne in Vergessenheit. Für das Hochziehen des Wassers gebrauchte man entweder wie beim Sodbrunnen eine Haspel oder den noch heute im Jura bekannten Wippgalgen.

Das am Brunnen geholte Wasser wurde im Haushalt in Krügen, Kesseln und Holzeimern aufbewahrt. Die Umständlichkeit, Wasser herbeizuschleppen, dürfte den mittelalterlichen Menschen Sparsamkeit im Verbrauch gelehrt haben.

Von der Adelsherrschaft zur Eidgenossenschaft

Herrschaft, Für das von den mittelalterlichen
Schutz und Schirm Menschen bewohnte Land, handelte es sich nun um Altsiedelgebiet oder um Rodungszonen, mußte eine lebensfähige Gemeinschaftsorganisation geschaffen werden, denn menschliches Zusammenleben ist an Normen gebunden, die von Sitte, Brauch und Recht bestimmt werden, durch das «alte Harkommen», wie es im 15. Jahrhundert hieß. Da im Mittelalter eine staatliche Organisation im heutigen Sinne des Wortes fehlte, deren Behörden und Dienstleistungsbetriebe Recht und Wohlfahrt hätten gewährleisten können, bedurfte es der meist durch Eidschwur zusammengehaltenen Personenverbände, um die elementaren Bedürfnisse des Menschen nach Sicherheit und Wohlergehen zu stillen. Naturgemäß erstreckte sich die Wirksamkeit von Personenverbänden auf das von den Menschen besiedelte und genutzte Land, während die unbewohnten Urwälder und Einöden Niemandsland, Grenzzonen mit unklaren Besitzverhältnissen, bildeten. Der königliche oder landesherrliche Anspruch auf die Gewalt über unbesiedeltes Land nahm erst dann wirksame Formen an, wenn durch Kolonisationsarbeit dieses Land urbar gemacht und von Menschen bewohnt wurde.

Es gab drei Grundformen von Personenverbänden: den durch Blutsverwandtschaft bedingten Sippenverband, der im schweizerischen Raum länger als anderswo Bestand hatte, die genossenschaftliche Korporation und die Herrschaftsorganisation, die durch das Prinzip des Schutzes von Untergebenen gekennzeichnet war. Mit dieser dritten Form wollen wir uns hier befassen.

Die Lebenshaltung des Menschen wurde durch ein ausgeprägtes Schutzbedürfnis bestimmt, das auf einem vielschichtigen Gefühl der Angst vor Feinden, Krankheiten und Naturgewalten, des Ausgeliefertseins an unheimliche und übermenschliche Mächte beruhte. Der Mensch suchte Schutz, wo immer er ihn zu finden hoffte: in der Kirche, in der Familie, auf befestigten Plätzen, in Höhlen, bei Freunden, bei mächtigen Herren. Das Bedürfnis nach Schutz war stärker als der Drang nach Freiheit, oder anders ausgedrückt, Freiheit war nur für den erstrebenswert, der fähig war, sich selber zu schützen.

Der Preis für den Schutz durch einen Mächtigen war somit die Unfreiheit, die Unterwerfung. Aus diesen Zusammenhängen entwickelten sich seit dem Frühmittelalter verschiedenartige Herrschaftsformen. Oberster Herrscher war der König, unter seinem direkten Schutz standen mächtige Herren, auf Reichsgut liegende Klöster und Bistümer, viele Städte und auch gesellschaftliche

---

Brächalp und Ortstockmassiv (GL/SZ). Um 1400 brach zwischen den Schwyzern und Glarnern ein Streit um das Weidegebiet oberhalb der im Bild erkennbaren Felsbarriere aus. Ein Schiedsgerichtsverfahren wies die Ansprüche der Glarner ab. Die Felswand wurde später zur schwyzerisch-glarnerischen Kantonsgrenze. Siedlungsreste liegen unterhalb der Felsblöcke.

Randgruppen wie Juden, Spielleute oder fahrendes Volk. In der Karolingerzeit als Stellvertreter des Königtums eingesetzt, vor allem für militärische und richterliche Aufgaben, wandelten sich um die Jahrtausendwende die Grafen zu regionalen Herrschern, deren Machtstellung vor allem auf dem Großgrundbesitz, der richterlichen Gewalt und dem kriegerischen Gefolge des lehnsabhängigen Dienstadels beruhte. Der freie Adel – seine Angehörigen begegnen uns in den Quellen als «nobiles»

– stützte seine Macht auf Großgrundbesitz und auf die Verfügungsgewalt über die unfreien Bauern ab. Der adlige Großgrundbesitzer war also nicht bloß Inhaber von Grund und Boden, sondern auch Herr über die bäuerliche Bevölkerung, die für ihn das Land bestellte, ihm Gehorsam zu schwören, Dienstleistungen (Frondienste) zu erbringen und Abgaben, meist in Naturalien, abzuliefern hatte. Dafür nahm der Herr seine Untertanen in «Schutz und Schirm», das heißt, er war für ihren Schutz im Recht, im Wohlergehen und gegen Feindeshand verantwortlich. Das Herrschaftsverhältnis zwischen Grundherrn und Untertanen beruhte demnach auf Gegenseitigkeit. Es war durch einen Eid abgesichert und hatte nur so lange Geltung, als beide Parteien ihren Verpflichtungen nachkamen. Da die adligen Herren über ihre Untertanen in Wahrnehmung ihrer Schirmpflicht eine Art Vormundschaft (Vogtei) ausübten, beanspruchten sie das Recht, Waffen zu tragen und selbständig Krieg zu führen, als ein Standesprivileg, das den Untertanen verweigert wurde. Die Entwaffnung des mitteleuropäischen Bauern begann bereits im 12. Jahrhundert. Nur im Alpenraum behielt die bäuerliche Bevölkerung ihr Waffenrecht und damit ihren kriegerischen Geist.

Zwischen die Adelsherrschaften schob sich der Besitz der Klöster. Er war im Laufe der Zeit durch fromme Schenkungen zustande gekommen, hinter denen allerdings oft politische Absichten steckten. Das weltliche Klostergut, grundherrschaftlich organisiert, wurde von Dinghöfen und Burgen aus verwaltet. Ein Schutzherr, der «Kastvogt», sollte es vor feindlichem Zugriff bewahren, doch kam es nicht selten vor, daß dieser das Klostergut in seinen persönlichen Besitz umzuwandeln trachtete, weshalb die großen Klöster bestrebt waren, sich dem Einfluß eines Vogtes zu entziehen und den Schutz ihrer Güter eigenen ritterlichen Dienstleuten anheimzustellen,

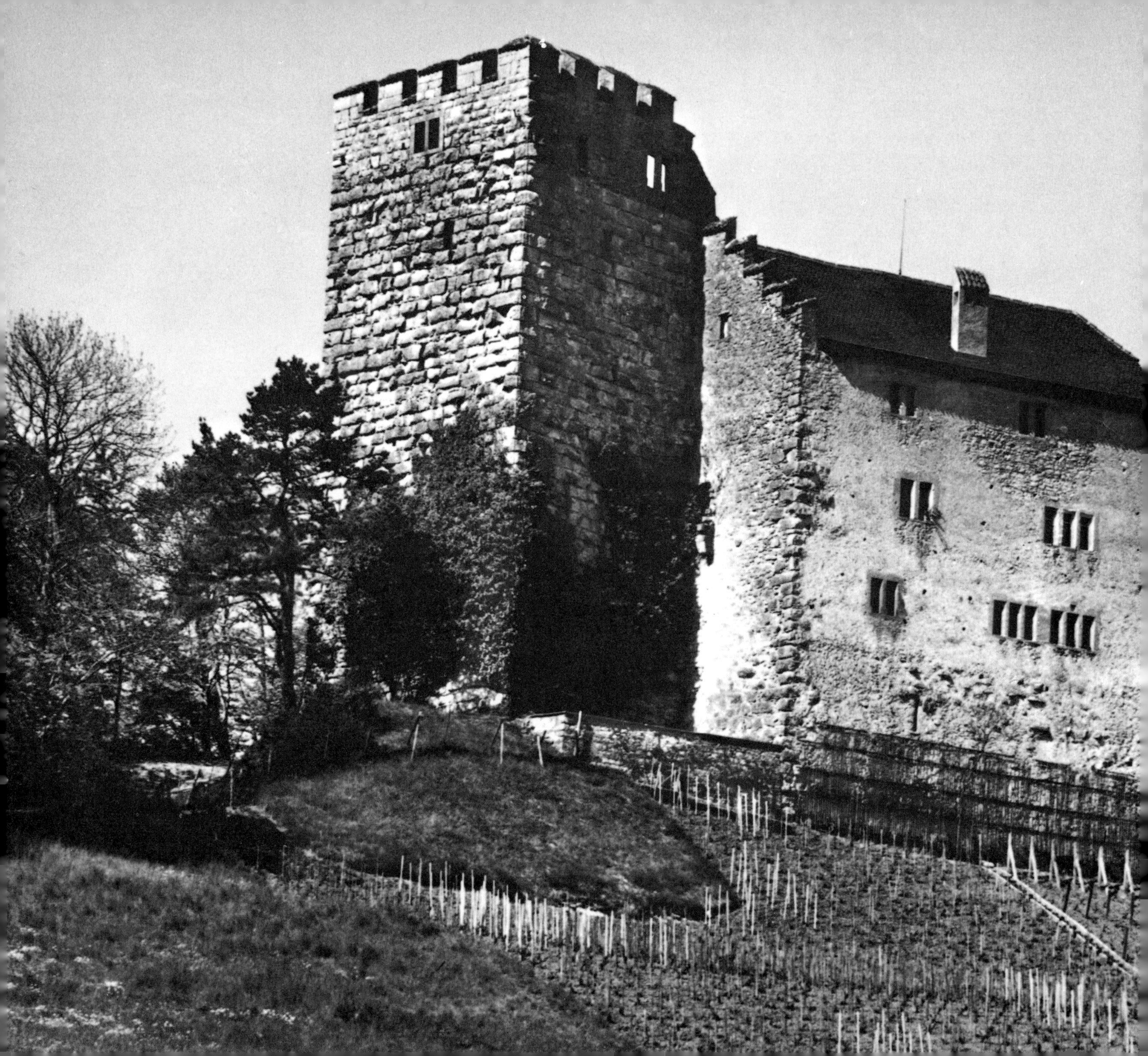

die auf klösterlichen Burgen saßen (z. B. St. Gallen oder Disentis).
Im 10. Jahrhundert begann der grundherrliche Adel, seine bisherigen Wohnstätten, die Herrenhöfe in den Dörfern, zu verlassen und sich abseits der bäuerlichen Siedlungen Burgen zu errichten. Sie übernahmen alsbald die Funktion der Herrenhöfe als Mittelpunkt der grundherrlichen Güter- und Rechtskomplexe. Land, Herrschaftsrechte, Einkünfte galten nun als Zubehör ei-

Habsburg. Die heutigen Bauten stammen aus dem 13. bis 15. Jahrhundert. Von der Grafenburg des 11. und 12. Jahrhunderts sind nur geringe, mittlerweile ausgegrabene und restaurierte Reste erhalten geblieben. Sie zeigen, daß die ursprüngliche Burganlage wesentlich umfangreicher gewesen ist als der heutige Komplex. Der mächtige Hauptturm ist ein Werk des 13. Jahrhunderts.

ner Burg. Damit wurde die Adelsburg, auch wenn sie bloß aus einem einfachen Wohnturm bestand, nicht nur zum Standes-, sondern auch zum Macht- und Herrschaftssymbol. Wenn es im Hoch- und Spätmittelalter bei Volksaufständen zur Zerstörung von Burgen kam – für das Gebiet der Schweiz sei an die Unruhen im Bleniotal, im Wallis, in Graubünden und vor allem im Dreiländerbund erinnert –, galt der Angriff auf einen festen Platz stets dem Zeichen der verhaßten Herrschaft und nicht etwa dem militärischen Stützpunkt.
Güter und Rechte, die an eine Burg gebunden waren, konnten deren politischen und wirtschaftlichen Wert selbst dann noch aufrechterhalten, wenn die Mauern schon längst am Zerfallen waren. Wegen der herrschaftlichen Güterkomplexe sind im Spätmittelalter um «Burgställe», die nur noch Schutthaufen waren, erbitterte Auseinandersetzungen geführt worden.

Rodung und Herrschaft Für die neuen Siedlungsräume, die durch den Landesausbau erschlossen wurden, mußte eine Rechtsordnung geschaffen werden, die den immer zahlreicheren Menschen ein gedeihliches Zusammenleben ermöglichte. Die Träger der Kolonisationsbewegung, die adligen Familien, bedienten sich des seit dem Frühmittelalter bekannten Prinzips der Grundherrschaft, um diese Aufgabe zu erfüllen. Das neu gerodete Land bildete den Besitz des adligen Herrn, der es mehrheitlich den bäuerlichen Untertanen, die den Landesausbau betrieben, zur Bewirtschaftung überließ, sich aber einen Teil zur eigenen Nutzung vorbehielt. Dies nannte man das «Burggut», das wenigstens am Anfang mit dem Land der Untertanen nicht verschmolzen, sondern eine selbständige Nutzungszone war, die von der Herrenburg aus direkt bestellt wurde. Die Untertanen waren dem Grundherrn zu den üblichen Leistungen verpflichtet, zu Gehorsam, zu Abgaben und zu Dienstleistungen. Mittelpunkt des neu erschlossenen Herrschaftsgebietes war die Burg, auf der der Rodungsherr und seine Nachfolger residierten. Sehr viele Burgen in der Schweiz – vorsichtige Schätzungen liegen bei 60 Prozent – sind im Zusammenhang mit kolonisatorischen Unternehmungen als «Rodungsburgen» auf neu urbarisiertem Land entstanden.

Bis ins 13. Jahrhundert hinein gab es in der Schweiz keine landesherrliche Macht, die den ursprünglichen Anspruch des Königtums auf unkultiviertes Land für sich hätte durchsetzen können. Die auf Rodungsgelände gewachsenen Herrschaften bildeten deshalb selbständige, von übergeordneten Machthabern unabhängige Eigengüter (Allodien) in den Händen kleiner und mittlerer Herren adligen Standes. Bis um die Mitte des 12. Jahrhunderts waren es vor allem die Freiherren (nobiles), die ihren Besitz durch Rodungen zu mehren und durch Ausübung der Gerichtshoheit im neu erschlossenen Land in den Grafenstand aufzusteigen versuchten. Nach 1150 begegnet uns immer häufiger der lehnsabhängige Dienstadel als Träger der Kolonisationsbewegung. Auf neu erschlossenem Land, das der Ministerialadlige als Eigengut beanspruchte, wurden zahlreiche Burgen als Zentren kleiner Grundherrschaften errichtet, was die Umgebung des von der hochadlig-gräflichen Gewalt beanspruchten Befestigungsregals ermöglichte.

Für die bäuerlichen Untertanen, die im Zusammenhang mit einer grundherrlichen Rodung umgesiedelt wurden, bedeutete der Landesausbau vielleicht eine Verbesserung der ökonomischen Situation, keineswegs aber der Rechtsstellung. Das «Kolonistenrecht», das den Siedlern in neu erschlossenem Land mehr Freiheit und Autonomie gewährte – man spricht in diesem Zusammenhang von der «Rodungsfreiheit» –, war eine Erscheinung der landesherrlichen Kolonisationspolitik, die auf Errichtung weiträumiger, geschlossener Territorien abzielte. Die freiheitliche Rechtsstellung sollte den Anreiz für Zuzüger bilden, sich am Kolonisationswerk zu beteiligen. Die Aussicht auf persönliche Freiheit – und damit auf wirtschaftlichen und sozialen Aufstieg – lockten die bäuerlichen Untertanen in die Gründungsstädte des 12. und 13. Jahrhunderts. Der bekannte Grundsatz «Stadtluft macht frei» beruhte somit auf dem vom landesherrlichen Stadtgründer praktizierten Kolonistenrecht.

Geteilte Meinungen bestehen in der Frage nach der Verbreitung der «Rodungsfreiheit» unter der bäuerlichen Bevölkerung. In der Grundherrschaft profitierte offenbar nur der adlige Rodungsherr vom Kolonistenrecht, das ihm die Möglichkeit gab, lehnsfreies Eigengut zu erwerben und das Recht des Burgenbaues auszuüben, während die bäuerlichen Untertanen ihren unfreien Stand beibehielten. Ob die bevorzugte Rechtsstellung

Rodende Bauern. Rechts entfernen sie Wurzelwerk und Gestrüpp und bauen ein Haus; links nimmt der Anführer vom Grundherrn eine Urkunde über seine Rechte und Pflichten entgegen.

der Freibauern im Alpenraum auf der «Rodungsfreiheit» beruhte oder auf der frühmittelalterlichen Bauernfreiheit, die infolge lückenhafter Entfaltung der Grundherrschaft in manchen Alpentälern bis ins 14. Jahrhundert hinein erhalten geblieben wäre, läßt sich im Einzelfall kaum schlüssig beantworten. Freilich hat man Mühe, sich vorzustellen, wie sich in einer entlegenen, schwer zugänglichen Bergwildnis grundherrliche oder vogteiliche Machtansprüche gegenüber einer geländekundigen, wehrhaften Bevölkerung hätten wirksam durchsetzen lassen.

Klare Verhältnisse liegen bei den Walsern in Graubünden vor. Diese deutschsprachigen Siedler, ursprünglich aus dem Goms stammend, bekamen von den rätischen Territorialherren, vor allem von den Häusern Sax-Misox, Vaz und Rhäzüns, kaum oder gar nicht bewohnte Hochtäler zugewiesen, in denen sie sich auf freien Zinsgütern niederlassen und in Gemeinden mit Selbstverwaltung unter einem gewählten Ammann organisieren konnten. Diese bevorzugte Rechtsstellung war nicht spezifisch walserisch, sondern typisch für das mittelalterliche Kolonistenrecht.

Die Bildung zahlreicher Herrschaften auf gerodeten Eigengütern zwischen dem 10. und dem 13. Jahrhundert bewirkte im Gebiet der Schweiz eine außergewöhnliche Zersplitterung der politischen Macht. Auf den Rodungsburgen saßen selbstbewußte Herren, die sich rühmen durften, «nur von Gott und ihrem guten Schwerte abhängig zu sein», und sich nur widerstrebend dem Druck landesherrlicher Machthaber unterwarfen. Das auf dem hochmittelalterlichen Landesausbau beruhende kleinräumige Gefüge der burgenbewehrten Adelsherrschaften ist in der Schweiz durch den Territorialisierungsprozeß des Spätmittelalters nicht beseitigt worden, sondern hat nach seiner Eingliederung in die Eidgenossenschaft deren partikularistische und föderalistische Grundstruktur wesentlich mitgeprägt.

Die Bildung von Territorialherrschaften Zwischen 1150 und 1250 erreichte der Landesausbau im Gebiet der Schweiz seine größte Intensität. Seine Begleiterscheinungen, Burgenbau und Herrschaftsbildung, führten zu einer ausgeprägten Zersplitterung der Machtverhältnisse, die den ursprünglichen Sinn der Herrschaftsorganisation, die Gewährleistung von Schutz und Schirm, ernsthaft in Frage stellte. Fehden adliger Herren untereinander und gegen Klöster, Räuberbanden und durchmarschierende Kriegerscharen brachten Unruhe und Terror ins Land, was ein immer größeres Bedürfnis nach einer übergeordneten Macht weckte, die für Recht und Sicherheit zuständig war. Friede bedeutete nicht einfach den gewaltlosen Zustand, sondern die vertraglich vereinbarte Ordnung mit fest umrissenem Gültigkeitsbereich bezüglich Raum, Zeit und Menschen. Für seine Durchsetzung war eine starke Ordnungsmacht mit richterlichen Befugnissen notwendig, und aus dieser Situation heraus entwickelte sich seit dem 12. Jahrhundert die landesherrliche, an ein geschlossenes Territorium gebundene Gewalt. Die Idee des Gottesfriedens, einer von der Kirche im späten 10. Jahrhundert gegründeten Friedensbewegung, war um die Mitte des 12. Jahrhunderts endgültig gescheitert. An ihre Stelle trat nun unter der Führung des staufischen Kaisertums die Idee des Landfriedens, des von den weltlichen Machthabern überwachten Friedensgebotes. Dessen Durchsetzung war Aufgabe der Fürsten, Grafen und Landesherren. Sie leiteten aus der richterlichen und militärischen Pflicht, den Frieden zu wahren, den Anspruch auf die Hoheit über das ganze Land ab, was im Endziel die Aufrichtung des Territorialstaates bedeutete.

Diesen Bestrebungen der Landesherren stellte sich der freie Adel entgegen, der nicht nur an seinem Fehderecht, das heißt am Recht der privaten, gewaltsamen Selbsthilfe, festhielt, sondern auch die Autonomie seines Besitzes zu behaupten trachtete. Zwischen Landesherren und Feudaladel bildete sich im 12. und 13. Jahrhundert in weiten Teilen Europas eine Konfliktsituation heraus, die je nach Machtverhältnissen und sonstigen Gegebenheiten sehr unterschiedlich verlaufen konnte, im allgemeinen aber den Landesherrn letztlich als Sieger sah.

In der Schweiz sah es allerdings lange Zeit schlecht für die Sache der Territorialherrschaft aus. Nur in der Westschweiz, wo das Haus Savoyen den Feudaladel zu unterwerfen vermochte, und im Tessin, wo sich die adligen Geschlechter in die Stadtstaaten von Como und Mailand integrieren ließen, kam es bereits im 13. Jahrhundert zur Bildung geschlossener Territorialherrschaften. In Savoyen hatte wesentlichen Anteil an dieser Entwicklung Graf Peter II., den man den «kleinen Karl den Großen» nannte. Da aber Savoyen seine Macht nie weiter als bis ins Unterwallis und bis nach Bern vorschieben konnte und Mailands Besitz nur bis zum Gotthard reichte, blieben die übrigen Gebiete der Schweiz von diesen Territorialmächten unberührt.

In der zweiten Hälfte des 12. Jahrhunderts setzten im mittleren und oberen Aareraum die Herzöge von Zähringen zum Versuch einer Territorialbildung an. Sie gründeten Städte und begannen mit der Unterwerfung des selbstherrlichen Landadels. Dessen Widerstand mußten sie in beschwerlichen Feldzügen brechen. Einige dieser besiegten Herren, an ihrer Spitze die Freiherren von Signau-Schweinsberg und von Brienz-Ringgenberg, setzten sich vor der Macht und dem Zorn des Zähringers in die Innerschweiz ab, wo sie sich vor seinem Zugriff sicher fühlten.

Nach 1200 standen die Herzöge kurz vor dem Erfolg, da starb 1218 das Geschlecht aus, wie schon ein halbes Jahrhundert zuvor das Haus Lenzburg, und damit blieb das zähringische Projekt einer Territorialherrschaft unvollendet liegen. Ihre Rechtsnachfolger, die Grafen von Kyburg, nahmen um die Mitte des 13. Jahrhunderts den zähringischen Plan wieder auf, doch verhinderte ihr Aussterben um 1263/64 auch diesmal seine Ausführung. Mehr Erfolg hatten die geistlichen Machthaber, die Bischöfe von Basel, Chur, Konstanz und Sitten sowie die Äbte von St. Gallen und Disentis, aber ihre Territorien blieben von vergleichsweise bescheidenem Umfang. Ähnliches gilt für viele weltliche Herren, denen es zwischen dem 12. und dem 14. Jahrhundert glückte, kleine, aber geschlossene Territorialherrschaften aufzurichten, etwa den Freiherren von Vaz und von Sax-Misox in Rätien, den Grafen von Toggenburg in der Ostschweiz, den Grafen von Frohburg und von Neuenburg im Jura, den Grafen von Greyerz am Oberlauf der Saane. Derartige Kleinterritorien erschweren aber zusammen mit den vielen autonomen Grundherrschaften im Rodungsland seit der Mitte des 13. Jahrhunderts die Entstehung eines großen Territorialstaates, dessen Bildung sich das Haus Habsburg spätestens seit der Zeit König Rudolfs zum Ziel gesetzt hatte.

Bis zum Beginn des 14. Jahrhunderts war es den Habsburgern gelungen, den größten Teil des widerspenstigen Adels unter ihre Botmäßigkeit zu bringen. Trotzdem flammte der Widerstand immer wieder auf. Nicht nur beim Adel, wie die Verschwörung gegen König Albrecht zeigt, sondern auch in den Städten Basel und Bern sowie im zentralen Alpenraum, wo es unter der Führung des Lokaladels zur Entstehung der Eidgenossenschaft kam.

Trotz wiederholten Anstrengungen, die von beachtlichen Teilerfolgen begleitet waren, blieb es dem Haus Habsburg versagt, in der Schweiz und am Oberrhein, also in den «Vorlanden», eine geschlossene Territorialherrschaft aufzurichten. Abgesehen von den Niederlagen gegen die Innerschweizer, mißlangen auch ihre Versuche, Bern und Zürich zu unterwerfen, und am Rheinknie vermochte der Bischof von Basel, unterstützt von der aufstrebenden Stadt, dem habsburgischen Druck erfolgreich zu widerstehen.

Südlich des Rheins blieb es im Spätmittelalter den Eidgenossen vorbehalten, die alte Idee der friedenssichernden Territorialherrschaft zu verwirklichen. Die Stadt Bern, territorialpolitisch erfolgreichster Ort der Eidgenossenschaft, sollte somit vollenden, was ihre Gründer, die Herzöge von Zähringen, Jahrhunderte früher vergeblich versucht hatten.

Habsburg und die Innerschweiz Die Frage nach der Entstehung der Eidgenossenschaft um die Wende vom 13. zum 14. Jahrhundert ist seit dem 18. Jahrhundert, als zum erstenmal Zweifel an der historischen Wirklichkeit des Schützen Tell geäußert wurden, zu einem Dauerbrenner der Gelehrtenpolemik geworden. Hier ist nicht der Ort, das umfangreiche Schrifttum kritisch zu würdigen, noch viel weniger soll den zahlreichen Theorien, die im Laufe der Zeit in die Welt gesetzt worden sind, eine neue hinzugefügt werden, zumal man den Eindruck nicht loswird, die Forschung habe sich zum Teil in Einzelfragen von eher nebensächlicher Bedeutung verstiegen und sich dadurch die Sicht auf die Gesamtzusammenhänge und das Wesentliche verbaut. Ich versuche hier deshalb lediglich, die an sich unbestrittene Tatsache, daß sich um 1300 aus einer Konfliktsituation mit Habsburg heraus die Eidgenossenschaft gebildet hat, mit den in den anderen Kapiteln dargestellten siedlungs- und herrschaftsgeschichtlichen Fragen in Zusammenhang zu bringen.

Um die Wende vom 13. zum 14. Jahrhundert muß die Eidgenossenschaft im Verlaufe eines längeren Prozesses entstanden sein. Diesen Prozeß gesamthaft zu überblicken ist wegen der unsicheren Quellenlage nicht möglich; deshalb ist die Forschung immer wieder der Versuchung erlegen, einzelne, in der Überlieferung faßbare Stationen der Entwicklung in ihrem Gewicht zu überschätzen. Dazu kam seit der Neuzeit das nationalstaatliche Bedürfnis, den Anfang der Eidgenossenschaft in eine abgerundete Geschichte einzukleiden und sie auf das Jahr genau zu datieren, was aber für ein Gebilde wie die Schweiz mit größten Schwierigkeiten verbunden war. Den Bundesbrief von 1291 als «Gründungsurkunde der Eidgenossenschaft» zu bezeichnen bedeutet eine Notlösung, die den Blick für die historische Wirklichkeit zwangsläufig trübt.

Hinter dem Nebelschleier der unsicheren Überlieferung, die aus späten Chroniktexten und aus zeitgenössischen, inhaltlich aber meist unergiebigen Urkunden besteht, können wir die historischen Zusammenhänge nur ahnen. Von der Mitte des 13. Jahrhunderts an war das Gebiet der Waldstätte dem territorialpolitischen Druck des Hauses Habsburg ausgesetzt, wobei allerdings nicht übersehen werden darf, daß sich wichtige Güter und Rechte in der Innerschweiz im Besitz der Nebenlinie von Habsburg-Laufenburg befanden, deren Politik sich keineswegs immer mit der des Hauptzweiges von Habsburg-Österreich deckte. Erst im 14. Jahrhundert fiel das habsburgisch-laufenburgische Hausgut stückweise an Österreich.

Rund um den Vierwaldstättersee verfügten die Habsburger über zahlreichen Besitz und waren bestrebt, ihn zu mehren. Landesherrliche Machtansprüche traten besonders bei der Friedenswahrung hervor, etwa beim Eingreifen in die blutige Fehde zwischen den zwei Urner Sippen der Izzeli und Gruoba oder bei der Unterstützung des Klosters Einsiedeln in dessen Konflikt mit den Schwyzern um neues Siedlungsland. Das Einschreiten des Vogtes gegen den Bau eines steinernen Wohnturms durch Stauffacher kann als Wahrnehmung des landesherrlichen Befestigungsregals gedeutet werden.

Gewiß gab es in der Oberschicht der Waldstätte zahlreiche Anhänger Habsburgs. Ritterliche Inhaber von habsburgischen Lehen und Ämtern waren zweifellos gewillt, für die Interessen ihres Herrn einzustehen, zumal sie im Gefolge Österreichs auch am gesellschaftlichen Leben des habsburgischen Hofes teilnehmen konnten. Am stärksten und am längsten war diese habsburgische Partei wohl in Ob- und Nidwalden vertreten.

Hier stellt sich die Entstehung der Eidgenossenschaft weniger als Abwehrkampf eines geschlossenen Blockes gegen außen dar denn als Parteienkonflikt innerhalb der Oberschicht und als Auseinandersetzung zwischen zwei Prinzipien, dem der Unterwerfung unter eine landesherrliche Schirmherrschaft und dem der selbständigen, auf den eigenen Schutz vertrauenden Lokalgewalt.

Die im Aufbau begriffene Territorialmacht stützte sich auf Vögte, das heißt auf ein- und absetzbare, nur der Herrschaft verantwortliche Beamte. Daß sie in der Wahl ihrer Mittel zur Erweiterung der landesherrlichen Macht nicht zimperlich waren, wird durch viele Nachrichten belegt und ist schließlich mit dem Bild des «bösen Vogtes» in die Motivwelt der Sage eingegangen.

Mittelalterlicher Aareübergang bei Brugg. Der Brückenschlag für wichtige Verkehrsrouten war oft mit der Gründung einer befestigten Siedlung verbunden.

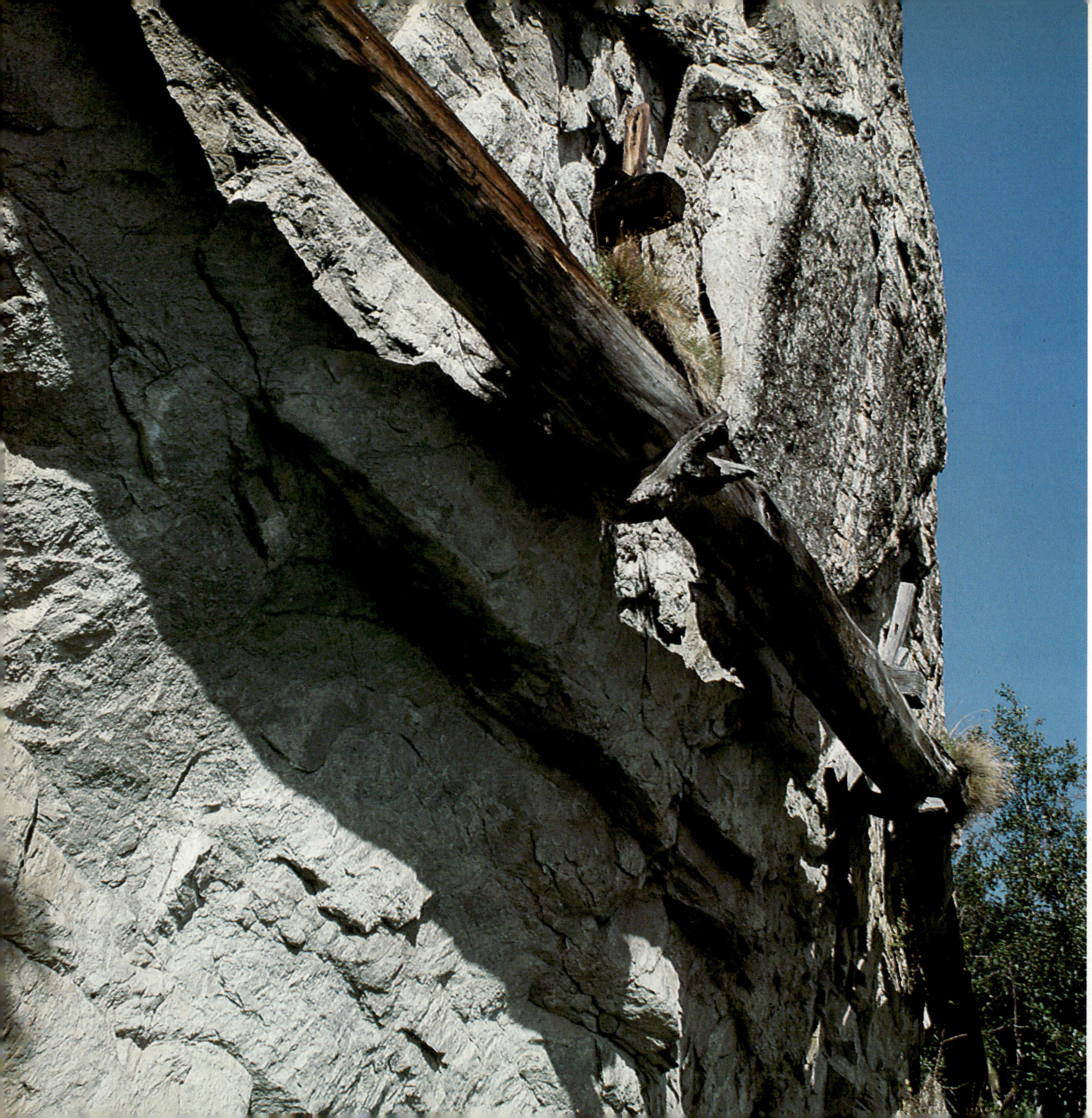

< Hölzerne Wasserleitung im Wallis. Durch den im Hochmittelalter einsetzenden Bau von Wasserleitungen (Bissen) wurden Trockenzonen der Landwirtschaft erschlossen. Gleichzeitig entwickelte sich ein kompliziertes nachbarschaftliches Wasserrechtssystem.

> Mittelalterlicher Bauplatz. Links vorn wird der Mörtel gemischt. Das Gebäude wird von Gerüsten aus hochgezogen, die auf Balken im Mauerwerk (Gerüsthebel) ruhen.

∨ Zerstörende Wirkung eines Hochwassers.

>> Stadtbrand von Bern: Löschversuche mit Wasserkesseln. Gerettetes Gut wird ins Freie geschafft, dazwischen Kinder, Frauen und Geistliche.

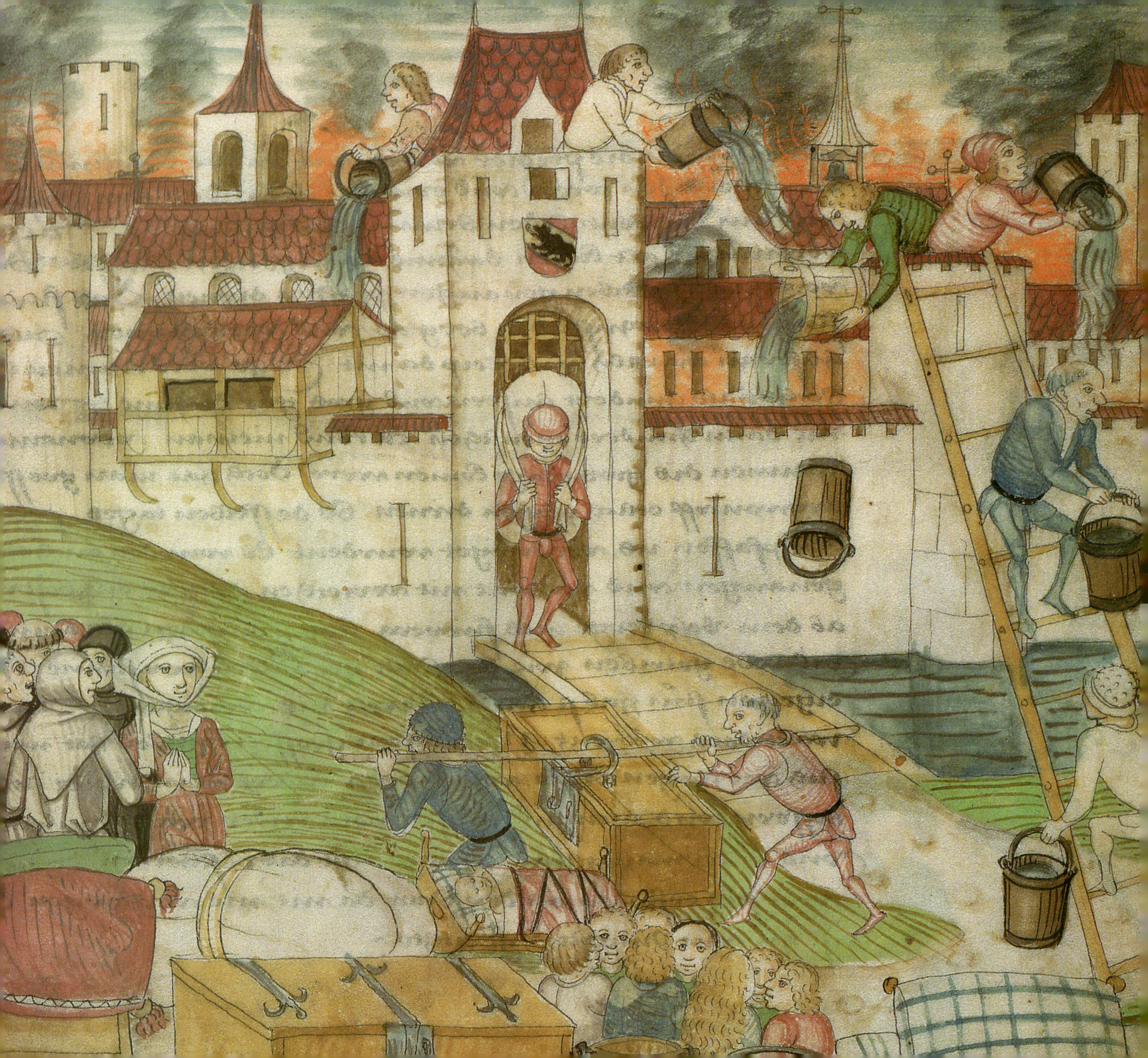

Daß sich herrschaftliche Beamte, eingesetzt zur Verwaltung und Mehrung der habsburgischen Güter und Rechte, allerhand Übergriffe und Provokationen geleistet haben, braucht nicht bezweifelt zu werden, auch wenn keine authentischen Belege erhalten sind.

Der Wille zum Widerstand bildete sich allmählich heraus und führte schließlich zu einer Verschwörung der für das Spätmittelalter typischen Organisationsform aufständischer Gruppen. Gegen die habsburgischen Herrschaftsansprüche stellten sich einheimische Adlige mit ihrem Anhang im Volk, die um ihre eigene Machtstellung bangen mußten. Die Ablehnung fremder Richter im Bundesbrief von 1291 entsprach vor allem ihren Interessen. Manche Herren setzten mit dem Widerstand gegen die habsburgische Territorialpolitik die Haltung ihrer Groß- und Urgroßväter fort, die sich seinerzeit gegen die Zähringer gewehrt hatten und deshalb ihre Heimat hatten verlassen müssen: Die Freiherren von Attinghausen, die bedeutendste Adelsfamilie in Uri, ist aus dem Stamm des im Emmental ansässigen Hauses Signau-Schweinsberg hervorgegangen.

Dank der Bodenforschung tritt die Rolle der Burgen bei diesen Vorgängen deutlicher in Erscheinung. Ein allgemeiner Burgenbruch innerhalb weniger Tage, wie ihn die späten Chronisten überliefern, hat freilich nicht stattgefunden. Gewiß aber dürfte sich der habsburgisch gesinnte Adel Burgen und Wohntürme gebaut haben, die dann später, in der Zeit der politischen Spannungen, von der Gegenpartei als verhaßte Herrschaftssymbole und als bewußte Provokation – wie der legendäre Geßlerhut – empfunden worden sind.

Daß deshalb im Lauf der Zeit die eine oder andere Burg eines mißliebig gewordenen Herrn überfallen und zerstört worden ist, bleibt durchaus glaubhaft. Wenig Beachtung hat die Forschung bis jetzt der um 1244 errichteten Feste Neu-Habsburg bei Meggenhorn entgegengebracht, die man wohl als größeres Herrschaftszentrum für die Länder am Vierwaldstättersee geplant hatte, die dann aber aus noch ungeklärten Gründen bedeutungslos geblieben war – im Sinne einer mittelalterlichen Investitionsruine.

Der habsburgisch-innerschweizerische Konflikt trieb 1315 einer ersten Entscheidung entgegen, indem Österreich als Schutzherr über Einsiedeln in den Marchenstreit, die Auseinandersetzung zwischen den Schwyzern und dem Kloster um neu gerodetes Siedlungsland, eingreifen mußte. Der habsburgische Feldzug galt der Vertreibung schwyzerischer Kolonisten, der Unterstützung der offenbar bedrängten Habsburgerpartei in Obwalden und in weitestem Sinn auch der Unterwerfung der drei Länder unter die habsburgische Territorialgewalt. Die Schlacht am Morgarten 1315 ließ diese Pläne scheitern. Sie beendete die mehrjährige Anfangsphase des Konfliktes und führte zu einer ersten Festigung der Eidgenossenschaft, was im Bundesbrief von Brunnen, drei Wochen nach der Schlacht ausgefertigt, seinen schriftlichen Niederschlag fand.

Vom Dreiländerbund zur dreizehnörtigen Eidgenossenschaft

Bewährung und Wachstum Die Schlacht am Morgarten von 1315 hatte großes Aufsehen erregt und den Fortbestand der Eidgenossenschaft ermöglicht. Eine Garantie für die Zukunft bedeutete der spektakuläre Erfolg allerdings nicht, und wie es mit der

Eidgenossenschaft nach 1315 weitergehen sollte, war zunächst völlig offen.

Im Innern brachte das 14. Jahrhundert den drei Waldstätten die Aufhebung der noch bestehenden Grundherrschaften, mehrheitlich durch Loskauf, in Einzelfällen auch durch gewaltsame Usurpation. Dieser Vorgang löste die Verpflichtung, die mit Abgaben belasteten Äcker zu bestellen, dadurch wurde die auf Export ausgerichtete Großviehzucht und Milchverarbeitung möglich: weil die grundherrlichen Getreidezinsen wegfielen, konnte das Ackerland in Grasflächen für den Winterfutterbau umgewandelt werden. Dem Beispiel der Innerschweizer folgten die Glarner und Appenzeller, bei denen die Beseitigung der grundherrlichen Rechte ebenfalls das Umsteigen der Landwirtschaft auf die Großviehhaltung bewirkte.

Der aufkommende Vieh- und Käsehandel hob für die Innerschweiz die Bedeutung der Gotthardroute. Uri begann bereits im 14. Jahrhundert mit den ersten Vorstößen in die Leventina; an der Nordrampe des Gotthards rückten die beiden Städte Luzern und Zug als Umschlagplätze des Transithandels und als mögliche Operationsbasen für österreichische Unternehmungen gegen die Eidgenossen ins Spannungsfeld. Um sich gegen Überraschungsangriffe und Plünderzüge zu sichern, baute man an Engnissen Sperrmauern, Letzinen genannt, und befestigte die für feindliche Landungen geeigneten Seeufer mit Türmen und Palisadenreihen.

Der Bund der Eidgenossen mit Luzern 1332 brachte zwar noch nicht die Trennung dieser Stadt von Österreich, leitete aber für die Eidgenossenschaft eine neue Phase ein, die des territorialen Ausgreifens durch den Abschluß von Bündnissen mit benachbarten Städten und Ländern. Bis 1353 kam die achtörtige Eidgenossenschaft zustande, bis 1513 die dreizehnörtige. Beim Vertragsabschluß hatten die Städteorte noch längst nicht den Umfang ihres späteren Territoriums. Luzern (1332), Zürich (1351) und Zug (1352) reichten kaum über ihr Weichbild hinaus, während Bern (1353) immerhin bereits bedeutende Teile des Oberlandes besaß.

Die Aufnahme neuer Bundesglieder bedeutete für die Eidgenossenschaft nicht bloß eine Erweiterung des Territoriums, sondern auch eine Stärkung ihrer kriegerischen Macht, enthielten doch die Bundesbriefe die Verpflichtung zu gegenseitiger militärischer Hilfeleistung, und zwar innerhalb eines geographischen Raumes, der weit über das bestehende Territorium der Eidgenossenschaft hinausreichte. Für die neu eintretenden Orte versprach das Bündnis erhöhten Schutz in Zeiten kriegerischer Gefahr. Gerade Städte und Länder, die den bequemen Weg der Unterwerfung unter die Gewalt eines fürstlichen Landesherrn nicht gehen wollten, sondern es vorzogen, sich in reichsständischer Unabhängigkeit zu behaupten, waren auf gegenseitige Hilfe angewiesen, um nicht der Einzelabschlachtung zu verfallen. Im Wallis vermochte sich der Bischof von Sitten, unterstützt von seinen Untertanen, mit knapper Not gegen Savoyen zu behaupten. Südlich der Alpen verschluckte Mailand unter den Visconti alle kleineren Territorien einschließlich der Städte Como und Chiavenna, und im Schwabenland erlag der dortige Städtebund, durch Verträge ebenso gut abgesichert wie die Eidgenossenschaft, den Schlägen der Grafen von Württemberg. Um dieselbe Zeit unternahm Österreich einen erneuten Anlauf, die Eidgenossen militärisch niederzuwerfen, vor allem auch, um deren territoriales Ausgreifen ins Mittelland und in Richtung Bodensee zu verhindern. Die Schlachten von Sempach (1386) und Näfels (1388) brachten Österreichs Pläne endgültig zum Scheitern. Ohne diese beiden Siege hätte die Eidgenossenschaft wohl das Schicksal des

Schwäbischen Städtebundes geteilt und sich aufgelöst. Der militärische Erfolg sicherte ihren Fortbestand und erhöhte ihren Marktwert als Bündnispartner.

Selbst die Bevölkerung von Untertanengebiet, das in den Besitz eines eidgenössischen Ortes gelangte, konnte zufrieden sein. Unter eidgenössischer Herrschaft erhielten die Untertanen zwar nicht die Freiheit, aber wenigstens jenen Schutz und Schirm, den ihre früheren Herren, die adligen Grund- und Landesherren, nur ungenügend hatten ausüben können. Als um 1375 die wilden Söldnerscharen der Gugler einfielen und den mittleren Aareraum heimsuchten, waren es die Berner, die diese Eindringlinge vernichteten und damit anzeigten, wer mächtig genug war, die landesherrliche Schutz- und Schirmpflicht wirksam wahrzunehmen.

Nach den Niederlagen von Sempach und Näfels war das Gebiet der Eidgenossenschaft für die Habsburger unwiderruflich verloren. Auch die Hoffnungen, Basel in die Hand zu bekommen, schlugen damals endgültig fehl. Österreich mußte sich in der Folgezeit damit begnügen, seine Positionen in der Ostschweiz und in Rätien zu behaupten, um die Grafschaft Tirol mit dem Brennerpaß, die 1363 an Habsburg gefallen war, gegen Westen abzudecken.

Im 15. Jahrhundert sah sich Österreich mehrheitlich in die Defensive gedrängt. Die Eidgenossenschaft war hingegen ihrer Phase der Selbstbehauptung entwachsen und bildete ein zwar lockeres, aber doch gesichertes Bündnissystem, das erstaunlicherweise den Belastungsproben des 15. Jahrhunderts, den inneren Streitigkeiten, den Kriegen gegen mächtige Feinde und den wirtschaftlichen und sozialen Problemen, nicht nur standzuhalten vermochte, sondern sogar gestärkt aus ihnen hervorging. Von einer politischen Einmütigkeit war man freilich auch um 1500 noch weit entfernt.

Mittel und Wege der eidgenössischen Territorialpolitik

Um die Mitte des 16. Jahrhunderts war die territoriale Entwicklung der Eidgenossenschaft in den wesentlichen Zügen abgeschlossen. Der letzte große Zuwachs spielte sich in der Westschweiz mit der Eroberung der Waadt (1536) und der Aneignung der Herrschaft Greyerz (1555) ab.

Der Weg vom Dreiländerbund zur dreizehnörtigen Eidgenossenschaft mit ihren Zugewandten Orten und Gemeinen Herrschaften führte über zahlreiche Stationen und war gekennzeichnet von zäher Beharrlichkeit und spektakulären Erfolgen, aber auch von Enttäuschungen und blamablen Rückschlägen. Es wäre falsch, die territoriale Entwicklung der Schweiz allein als Ergebnis einer langsamen Addition von Landflächen zu sehen. Denn zusammen mit dem geographischen Wachstum der Eidgenossenschaft fand ein politischer Verdichtungsprozeß statt, der die bunte Vielfalt von einzelnen Gütern, Rechten und Herrschaften noch im Spätmittelalter zur Landeshoheit verfestigte, die sich anschließend zur Staatsgewalt entwickelte, zwar nicht einheitlich für die gesamte Eidgenossenschaft, aber doch in abgestufter Ausprägung innerhalb der einzelnen Orte.

Die Aufnahme eines Ortes in den Bund galt für das gesamte Gebiet, das im Augenblick des Vertragsabschlusses zu dem betreffenden Ort gehörte, und wenn dieser sein Territorium nachträglich erweiterte, zählte die Neuerwerbung ebenfalls zur Eidgenossenschaft, freilich mit der Einschränkung, daß die gegenseitige militärische Hilfsverpflichtung, wie sie erstmals im Zürcher Bund von 1351 umschrieben worden war, nur innerhalb der vertraglich festgelegten Grenzen Geltung hatte und ihre Ausdehnung auf neu angeschlossenes Gebiet eine zusätzliche Vereinbarung nötig machte.

Im Hinblick auf die bekannte Kriegstüchtigkeit der Eidgenossen, die zwischen dem 14. und dem 16. Jahrhundert wiederholt in spektakulären Schlachten und Feldzügen ihre Bestätigung fand, läuft man leicht Gefahr, die Bedeutung der militärischen Eroberung für die altschweizerische Territorialpolitik zu überschätzen. Die Eroberungszüge in den Aargau (1415) und in die Waadt (1536) scheinen diese Ansicht zu bestätigen, doch zeigt sich bei genauerer Betrachtung der Ereignisse, daß die militärische Besetzung, das heißt die gewaltsame Aneignung «manu militari», für das Wachstum des schweizerischen Territoriums keineswegs die wichtigste Rolle gespielt hat. Das alteidgenössische Kriegertum entwickelte im Spätmittelalter eine so starke Eigengesetzlichkeit und eine so ausgeprägte Unabhängigkeit von der politischen Obrigkeit, daß es nur bedingt als deren Machtinstrument eingesetzt werden konnte. Kriegerische Unternehmungen wirkten sich territorialpolitisch mehr als einmal geradezu kontraproduktiv aus, erinnert sei an den Sundgauerzug oder an die unsinnigen Aktionen gegen Konstanz. Umgekehrt brachte es die politische Führung wiederholt nicht fertig, militärische Erfolge in Landgewinn umzuwandeln. Aus den Burgunderkriegen schaute mit der Abtretung einiger Herrschaften in der Waadt, gemessen am militärischen Aufwand und Erfolg, ein dürftiges Ergebnis heraus, und der spektakuläre Sieg von Giornico brachte den Urnern und ihren Miteidgenossen territorial überhaupt nichts ein.

Obwohl also das Mittel der militärischen Eroberung in der eidgenössischen Territorialpolitik eine eher untergeordnete Rolle spielte, kam dem Krieg, besonders dem Kleinkrieg mit all seinen Verwüstungen, erhebliche Bedeutung zu, indem durch lange und verheerende Kriege adlige Gegner der Eidgenossen wirtschaftlich dermaßen ruiniert wurden, daß sie ihren Besitz an den ökonomisch stärkeren Sieger veräußern mußten. Besonders erfolgreich waren mit diesem Vorgehen die Berner, die im 14. Jahrhundert durch zermürbende Kleinkriege das Grafenhaus Neu-Kyburg und die adligen Herren des mittleren und oberen Aareraumes vernichteten und deren Ländereien aufkauften.

Die Schwäche am Verhandlungstisch ergab sich aus den unterschiedlichen Interessen der einzelnen Orte: Bern strebte in den Aareraum und mit Freiburg in den Westen, Solothurn nach Norden, Uri nach Süden, Zürich nach Osten und in den Bodenseeraum. Immer wieder scherten einzelne Orte aus eigenem Desinteresse aus, wenn ein gemeinsames Vorgehen gegen außen Erfolg versprochen hätte. Die Solothurner begründeten ihre Zurückhaltung in den Mailänder Feldzügen mit den Worten, sie hätten keinen Käse, keinen Ziger oder keine Butter nach Mailand zu verkaufen. Ein gegenseitiges Mißtrauen, der freundeidgenössische Nachbar könne zu groß werden, mag ebenfalls mitgespielt haben.

Eroberungsfeldzüge der Eidgenossen hatten, wie die Beispiele des Aargaus und der Waadt zeigen, nur dann Aussicht auf dauernden Gebietsgewinn, wenn die Aktion diplomatisch gut vorbereitet war und das militärische Unternehmen nur noch die Vollstreckung einer politisch bereits entschiedenen Sache bedeutete.

Der friedliche Erwerb von Land und Hoheitsrecht bildete das häufigste und sicherste Mittel der eidgenössischen Territorialpolitik. Eingeleitet wurden solche Käufe oft durch die Aufnahme adliger Herren ins Burg- oder Landrecht, womit sich der betreffende eidgenössische Ort über seine Schirmverpflichtung das Recht der Intervention und vor allem des Erstangebots beim Verkauf sicherte. Nicht ungern sahen es die eidgenössischen Städte, wenn ihre reichen Bürger auf der Jagd nach klingenden Titeln Burgen und Herrschaften verarmter Adliger aufkauften, denn als nächster Schritt konnte dann die

Veräußerung des herrschaftlichen Besitzes an die betreffende Stadt folgen. Die wirtschaftlich bedrängte Lage zwang viele adlige Grund- und Landesherren im Spätmittelalter, immer wieder Geld aufzunehmen, wodurch sie ihren Besitz entweder mit Hypotheken belasteten, deren Rückzahlung außerhalb ihrer Möglichkeiten lag, oder als Pfandschaft aus der Hand gaben ohne Hoffnung auf eine Auslösung. Der Pfandherr, ein eidgenössischer

---

Beschwörung des Zürcher Bundes von 1352. Vorn das schwörende Volk, in der hinteren Reihe die obrigkeitlichen Boten mit den Zeremonialwaffen. Rechts der Bundesbrief mit den Siegeln. Der städtische Platz ist mit Kopfsteinen gepflästert.

Ort oder ein reicher Patrizier, wandelte die Pfandschaft gelegentlich in festen Besitz um, indem er gegen eine einmalige Abfindungssumme das Pfandlösungsrecht aufkaufte.

Übel spielten die Berner und Freiburger dem letzten Grafen von Greyerz mit, indem sie dessen Hypotheken kurzfristig kündigten und aufgrund seiner Zahlungsunfähigkeit den Konkurs über ihn verhängten, was ihnen 1555 seine gesamten Ländereien einbrachte. Nach der bildhaften Sprache jener Zeit wurde so in Anspielung auf die Wappen «der Kranich von Greyerz vom Berner Bär im Kessel von Freiburg gekocht».

Eine weitere Form des Landerwerbs war der Erbfall, denn es konnte vorkommen, daß adlige Herren als Letzte ihres Geschlechtes ihren Besitz einem eidgenössischen Ort vermachten, freilich meist gegen ein gehöriges Entgelt. 1436, beim Tod des letzten Grafen von Toggenburg, der über weite Teile der Ostschweiz gebot, lag indessen trotz mündlichen Zusagen kein Testament vor, weshalb sich Schwyz und Zürich um Teile dieser Erbschaft einen jahrelangen Krieg lieferten, in den nach und nach die ganze Eidgenossenschaft gerissen wurde. So bildete sich innerhalb von gut zwei Jahrhunderten aus zahllosen Erwerbungen von Ländern, Herrschafts- und Hoheitsrechten durch Kauf, Pfandschaft oder Erbfall, unterstützt von diplomatischen Schachzügen und kriegerischen Gewaltstreichen, allmählich das Territorium der dreizehnörtigen Eidgenossenschaft und ihrer Zugewandten heran. Wie dieses locker zusammengewürfelte, auf engem Raum in Landschaft, Sprache, Kultur und Wirtschaft so buntscheckige Gebilde überhaupt zusammenhalten konnte, wird uns in den folgenden Abschnitten beschäftigen.

Natürliche und zufällige Landesgrenzen Das heutige Territorium der Schweiz wird über weite Strecken von Grenzen umsäumt, die wir als «natürlich» zu bezeichnen pflegen, um die Übereinstimmung von politischer Trennungslinie mit markanten Geländeformationen zu umschreiben: Im Norden bildet der Rhein einen langen Abschnitt der Landesgrenze, im Süden und Osten trennen hohe Gebirgskämme die Schweiz von Italien und Österreich. Zudem verläuft die Landesgrenze der Länge nach durch die großen Binnengewässer des Genfer- und Bodensees.
Im Westen, wo die Ajoie in die Burgundische Pforte vorspringt und wo bei Basel die Landesgrenze in wunderlichen Krümmungen in den Sundgau ausgreift, oder im Tessin, wo bei Mendrisio ein Zipfel Schweiz in die Lombardei hineinragt, fällt es bereits schwer, den politischen Grenzen natürliche Voraussetzungen zugrunde zu legen. Aber auch im Bereich vermeintlich «natürlicher» Grenzlinien sind immer wieder Abweichungen vom Verlauf trennender Geländeformationen festzustellen: am Rhein beispielsweise bei Basel und Schaffhausen, am Bodensee bei Konstanz, längs der Alpenkämme im Val Fenga, bei Livigno, im Valle di Lei oder bei Gondo.
Inwiefern die Landesgrenze der Schweiz in ihrem Verlauf tatsächlich auf natürliche, das heißt auf geländebedingte Gegebenheiten zurückzuführen ist, bleibt jedenfalls fraglich, zumal man den Verdacht nicht loswird, das Argument der «natürlichen Grenzen» sei seit seinem ersten Auftreten bei Grenzkonflikten zwischen europäischen Mächten in der frühen Neuzeit nie mehr als ein dürftiges Mäntelchen für schlecht verhüllte Eroberungsabsichten gewesen.
Militärische Erwägungen können bei der Bildung der schweizerischen Landesgrenzen kaum eine nennenswerte Rolle gespielt haben. Abgesehen davon, daß der Gedanke eines bewaffneten Grenzschutzes erst in der Neuzeit aufkam, als das Schweizer Territorium im wesentlichen bereits vollendet war, verläuft die Grenze an vielen Stellen – man denke an Basel, Schaffhausen, Genf, an das Bergell oder an das Mendrisiotto – verteidigungstechnisch so ungünstig wie nur möglich.
Die Schweiz bedeutet mit ihrem Territorium, das sich auf beiden Seiten des Alpenkammes ausdehnt, erst seit der Neuzeit einen europäischen Sonderfall. Bis 1860 lag Sardinien-Piemont, herausgewachsen aus Savoyen, auf beiden Seiten der Alpen, Österreich mit dem Südtirol und mit Triest sogar bis 1919. Die grenzbildende Kraft, die man der hohen Gebirgskette der Alpen zuschreiben möchte, ist erst in der Neuzeit richtig wirksam geworden, wohl im Zusammenhang mit dem Aufkommen des Fahrverkehrs auf Straße und Schiene. Diese Feststellung trifft übrigens auch für die inneren Grenzen der Schweiz zu, denn im Hoch- und Spätmittelalter bildeten sich wiederholt Herrschaften und Territorien beidseits hoher Gebirgsketten: Walliser Geschlechter besaßen Güter im Berner Oberland, die Leventina gehörte zu Uri, in Rä-

tien entstanden über die Alpenpässe hinweg die heute noch weiterlebenden Territorien der Bischöfe von Chur, der Freiherren von Sax-Misox und in deren Nachfolge der Drei Bünde. Am Rhein ereigneten sich im Hoch- und Spätmittelalter ähnliche Überschreitungen der natürlichen Grenzlinie. Die rechtsufrigen Gebiete von Basel, Schaffhausen und Stein am Rhein sind als Überbleibsel größerer Territorialgebilde auf beiden Seiten des Flusses zu verstehen, an deren Zustandekommen die Bischöfe von Basel, die Häuser Rheinfelden, Zähringen, Kyburg, Hachberg und Habsburg, schließlich die Eidgenossen beteiligt gewesen sind.

Nicht zu vergessen sind die Gebietsverluste. An der Südgrenze ließen sich im 15. Jahrhundert die diplomatisch unvorbereiteten Eroberungen im Eschental so wenig behaupten wie die im 16. Jahrhundert von den Bernern und Wallisern im Chablais besetzten Gebiete. Wenn das Prinzip der «natürlichen Grenzen» damals bestimmend gewesen wäre, hätten die Eidgenossen an diesen zweifelhaften Erwerbungen unbedingt festhalten müssen.

Stellt man indessen die Wirkung natürlicher Geländeformationen als grenzbildende Kraft für die mittelalterliche Geschichte in Frage, wird man nach anderen Voraussetzungen einschließlich der Rolle des «Zufalls» zu suchen haben. Über die Bedeutung des Zufalls für die Geschichte im Sinne einer vom Menschen unbeeinflußbaren Launenhaftigkeit des Schicksals mögen Berufene philosophieren. Auch wenn die Landesgrenze der Schweiz nur bedingt auf natürlichen Grundlagen entstand, ist sie dennoch keineswegs das Ergebnis von Zufälligkeiten. Zwischen 1300 und 1550 ist die Eidgenossenschaft in politische Strukturen hineingewachsen, in ein buntes Gewimmel von Herrschaften und Territorien, deren Entstehung und Entwicklung zwar kaum durch Vorstellungen von natürlichen Grenzen, aber durch die für das Hoch- und Spätmittelalter typischen Gesetzlichkeiten bestimmt war, das heißt durch Heirats- und Erbschaftsverbindungen, durch Siedlungspolitik und Bevölkerungswachstum, durch fürstliches Hausmachtdenken und städtisches Unabhängigkeitsstreben. Die Umrisse der hoch- und spätmittelalterlichen Stadt- und Feudalterritorien, die nach und nach zur Eidgenossenschaft gestoßen waren, bestimmten im Endergebnis die Umrisse der Schweizer Landesgrenzen.

Die unterentwickelte Staatsgewalt

Einen Staat im modernen Sinn des Wortes hat es im Mittelalter nicht gegeben. Viele Aufgaben, die heute vom Staat mit seinen Amtsstellen und Dienstleistungsbetrieben getragen werden, lagen im Mittelalter – soweit sie überhaupt einem Bedürfnis entsprachen – in den Händen der Familie, der Kirche oder der privaten Korporation. Regierung und Verwaltung benötigten deshalb für die Erledigung ihrer Geschäfte einen erstaunlich geringen Aufwand an Zeit, Geld und Personal. So trat der sehr schwach, man möchte fast sagen embryonal ausgebildete Staatsapparat nur wenig in Erscheinung. Die persönliche Freiheit beruhte im Mittelalter weniger auf verfassungsmäßig garantierten Rechten als vielmehr auf dem Fehlen obrigkeitlicher Machtmittel und staatlicher Allgegenwart.

Im Verlauf des Spätmittelalters begann sich im Zusammenhang mit der Herausbildung der territorialen Landeshoheit die staatliche Gewalt zu vertiefen und zu festigen. In der Eidgenossenschaft vollzog sich diese Entwicklung langsamer als in den Territorien der Landesfürsten, und in den Länderorten sowie im Wallis und in Graubünden mit noch mehr Verzögerung als in den eidgenössischen Städten. Auf die einzelnen Ämter, Behörden und Organe, denen die politische Führung der einzelnen Orte und der Gesamteidgenossenschaft anvertraut war, gehe ich hier nicht ein, sondern begnüge mich mit einigen grundsätzlichen Feststellungen.

Die Schweizerische Eidgenossenschaft gilt heute oft als «älteste Demokratie» der Welt. Freilich zu Unrecht, denn im Mittelalter war das Prinzip eines allgemeinen Wahl- oder Stimmrechts noch unbekannt. Die aristokratische Gesellschaftsordnung beherrschte in den Städte- und Länderorten den Wahlvorgang und schränkte den Wählenden durch eine ausgeprägte Korporations- und Klientelbildung in seiner Entscheidungsmöglichkeit ein. Die Würde der hohen Ämter teilten sich die Angehörigen verhältnismäßig weniger Familien, die dank ihrem Reichtum fähig waren, die Kosten und den Arbeitsausfall, den ihr Amt mit sich brachte, zu verkraften.

In den Untertanengebieten, die nach und nach in den Besitz der Eidgenossen gelangten, blieben die herrschenden Rechtsverhältnisse bestehen. Die Untertanen mußten nun den Eidgenossen den Huldigungs- oder Gehorsamseid schwören. Durch Volksbefragungen begann die Obrigkeit im 15. Jahrhundert, die Stimmung unter den Untertanen zu erkunden. Dadurch mögen manche Entscheidungen, die den Widerstand der Bevölkerung hätten wecken können, verhindert worden sein. In das Durcheinander von einzelnen Herrschaftsgebieten und Hoheitsrechten brachten die eidgenössischen Regierungen eine gewisse Ordnung und Vereinfachung, indem sie kleinere Herrschaftssprengel zusammenlegten und zu einer einzigen Verwaltungseinheit, meist «Amt» oder «Landvogtei» genannt, vereinigten. Derartige Maßnahmen zur Vereinfachung der Verwaltung waren in den «Gemeinen Herrschaften», das heißt in den Untertanengebieten, die einer Mehrheit von Orten gemeinsam gehörten, nur schwer zu verwirklichen.

Aus der Notwendigkeit heraus, die Verwaltung dieser Gemeinen Herrschaften durch die turnusmäßig wechselnden Vögte zu kontrollieren, verfestigte sich um 1415 die vorher nur von Fall zu Fall einberufene Tagsatzung zum wichtigsten Bundesorgan. Auch wenn die Kompetenzen beschränkt und der Geschäftsgang schleppend waren, entwickelte sich die Tagsatzung doch zum politischen Kristallisationspunkt des gesamteidgenössischen Zusammenhaltes.

Bis zum Ausgang des Mittelalters verstanden sich die Eidgenossen als Mitglied des Römisch-deutschen Reiches und damit als Untertanen des Kaisers. Die Trennung vom Reich begann mit dem Schwabenkrieg von 1499 und wurde vertraglich erst 1648 im Westfälischen Frieden vollzogen. Die Reichsunmittelbarkeit, vom Kaiser in seinen Freiheitsbriefen bestätigt, bedeutete für die Eidgenossen im Spätmittelalter die Rechtsgrundlage für den Ausbau ihres Territoriums und die Stärkung ihrer Staatsgewalt.

Nicht einfach ist die Frage zu beantworten, wie stark das breite Volk an den politischen Entscheiden der Obrigkeit Anteil genommen hat. Wichtige Entschlüsse, etwa Steuergesetze, Verträge mit dem Ausland oder Kriegserklärungen, wurden durch den von Musikanten begleiteten Ausrufer bekanntgegeben. Auf die gleiche Weise verkündete man Verordnungen und Verbote sowie die Strafandrohungen im Übertretungsfall. Interesse wird das Volk – in zustimmendem oder ablehnendem Sinne – nur gezeigt haben, wenn es seine eigenen Angelegenheiten direkt betroffen fühlte, beispielsweise in der außenpolitischen Frage des Reislaufens. Im allgemeinen aber dürfte die große Masse der Bevölkerung von den politischen Entscheidungen der Obrigkeit wenig berührt worden sein, so daß die aristokratische Führerschicht, solange sie nicht offen gegen den Willen des Volkes verstieß,

Der gesamteidgenössische Zusammenhalt wurde durch gegenseitige Bewirtung gefestigt. Im Laupenkrieg erhalten die Innerschweizer von den Bernern gastfreundlich reiche Verpflegung.

ihre Politik nach ihren eigenen Bedürfnissen und Interessen ausrichten durfte. Nicht hingenommen wurde dagegen eigenmächtiges, provokatives Verhalten der Obrigkeit zum Nachteil des Volkes. In solchen Fällen kam es regelmäßig zu Unruhen und Aufruhr, was die Regierung meist zum Einlenken bewog, vielleicht sogar ihren Sturz herbeiführen konnte.

Demokratische Elemente finden wir in der spätmittelalterlichen Eidgenossenschaft somit weniger in den staatlichen Institutionen als in der vom Volk geübten Praxis des gewaltsamen Widerstandes. Geschichtliche Größe zeigte die Eidgenossenschaft meist in den Zeiten des Ungehorsams und der Rebellion.

Anfänge eines schweizerischen Nationalbewußtseins

Die spätmittelalterliche Eidgenossenschaft bestand aus einzelnen Orten unterschiedlicher Größe und Rechtsstellung, aus Untertanenländern, Gemeinen Herrschaften und Zugewandten, die sich in buntem Durcheinander über die Landkarte verteilten. Institutionell hielten das ganze Gebilde die Bundesbriefe zusammen, aus denen sich allmählich in Ansätzen eine Art Bundesrecht entwickeln sollte, gemeinsames Organ war die Tagsatzung, deren oft nur mühsam zustande gekommenen Entschlüsse für die einzelnen Orte nicht einmal völlig verbindlich waren.

Trotzdem hielt die Eidgenossenschaft den Erschütterungen der inneren Krisen im 15. Jahrhundert stand und überlebte selbst die konfessionelle Spaltung des 16. Jahrhunderts. Sie bewies damit eine Festigkeit, die man ihr von der Bündnisstruktur her eigentlich kaum hätte zutrauen können. Dieser Zusammenhalt stützte sich auf verschiedenartige Voraussetzungen, zum Beispiel auf eine gewisse Kompromißbereitschaft bei drohenden Konflikten, ferner auf die Praxis, sich in Notsituationen gegenseitig über das vom Bundesrecht vorgeschriebene Minimum hinaus zu unterstützen – aus «liebe und früntschaft», wie es jeweils hieß –, auf die persönlichen Bekanntschaften und Verschwägerungen innerhalb der politischen Führungsschicht und nicht zuletzt auf das Gefühl einer gesamteidgenössischen Zusammengehörigkeit, das als Frühform eines Nationalbewußtseins gedeutet werden kann.

Dieses Zusammengehörigkeitsgefühl erwachte bereits im 14. Jahrhundert, es wurde getragen von der gemeinsamen Gegnerschaft gegen Österreich und von einem pauschalen Urteil des Auslandes. Seit der Mitte des 14. Jahrhunderts finden sich in ausländischen Quellen die Bezeichnungen «Schweiz» für das Territorium der Gesamteidgenossenschaft und der stets abschätzig gemeinte Begriff «Schweizer» für die Eidgenossen insgesamt. Mit diesen Wörtern verband das Ausland die Vorstellungen vom Viehhirten – im spöttischen Sinne –, was die Eidgenossen zur Raserei treiben konnte. Um die Mitte des 15. Jahrhunderts griff man in der Eidgenossenschaft den ironischen Begriff des «Kuhschweizers» auf, freilich mit einem drohenden Unterton. In offizieller Ausdrucksweise verwendete man bis um 1500 nur die Bezeichnungen «Eidgenossen» und «Eidgenossenschaft». Erst im Schwabenkrieg von 1499, als die Gegenpartei den Namen «Schweizer» zur Beschimpfung und Verhöhnung gebrauchte, fand er bei den Eidgenossen – wohl aus Trotz und aus grimmiger Genugtuung über die Erfolge der eigenen Waffen – größere Popularität.

Eine ähnliche Entwicklung erlebte die im Ausland verbreitete Identifizierung des Eidgenossen mit dem Bauern, vor allem mit dem rebellischen. In fremden, namentlich österreichischen Berichten über die Schlachtensiege der Schweizer wird immer wieder herausgestrichen, und zwar mit einem tadelnden Unterton, die Bauern hätten gegen die Ritter, die rechtmäßigen Herren, die Waffen erhoben. Obwohl in der Schweiz zahlreiche Stadtbürger und adlige Herren lebten, die keineswegs dem Bauernstand angehörten, und diese ausländischen Äußerungen die soziale Wirklichkeit in der Schweiz nicht richtig erfaßten, griffen die Eidgenossen, um sich von den Fürstenstaaten der Nachbarschaft abzugrenzen, das Bild auf und bezeichneten sich selbstbewußt als die «frommen, edlen Puren».

Abgrenzung nach außen, die jedes Zusammengehörigkeitsgefühl begleitet, zeigte sich bei den Eidgenossen des 15. Jahrhunderts auch in äußerlich sichtbaren Zeichen, im Tragen von Straußenfedern auf den Hüten, im Mitführen des «Schweizerdegens», einer kurzen, dolchartigen Griffwaffe, vielleicht auch in besonderen Kleider- und Haartrachten.

Gepflegt und immer wieder neu genährt wurde das Bewußtsein gesamteidgenössischer Zusammengehörigkeit auf den großen Festen, auf den Kirchweihen und Fastnachten, an denen die Leute jeglichen sozialen Standes von weither zusammenströmten.

Dem wachsenden, auf Waffenruhm gegründeten Selbstbewußtsein der Eidgenossen entsprach ein zunehmendes Bedürfnis nach Selbstdarstellung. Gesamteidgenössische Chronikwerke wurden zwar erst seit dem 16. Jahrhundert verfaßt. Den Anfang machte Petermann Etterlin mit seiner 1507 gedruckten «Kronica von der loblichen Eydtgnoschaft». Noch im 15. Jahrhundert ist ein seltsames Machwerk entstanden, der Bericht über das «Herkommen der Schwyzer und Oberhasler». Es handelt sich bei dieser Erzählung von der Einwanderung der Schwyzer aus Skandinavien um eine phantasievolle Gelehrtenerfindung, in der sich aber das Bedürfnis der selbstbewußten Eidgenossen spiegelt, sich analog den Fürsten einen glanzvollen Stammbaum zuzulegen, der bis in die mythische Vorzeit zurückreicht.

Das Bewußtsein der Zusammengehörigkeit fand auch im religiösen Leben seine Ausdrucksform. Einsiedeln wurde im Spätmittelalter zu einem der wichtigsten Wallfahrtsorte der Eidgenossenschaft. Vor allem aber entwickelten sich die Märtyrer der Thebäischen Legion – identifiziert mit den 10000 Rittern – zu den eigentlichen Nationalheiligen der Eidgenossen. Der Thebäerkult erlebte im 15. Jahrhundert einen deutlichen Aufschwung, faßbar in der Stiftung von Kirchen, Kapellen und Altären für St. Mauritius, den legendenhaften Anführer der Thebäer, und seine Gefährten. Zum Kreis der Thebäischen Legion – ihr Martyrium soll in St-Maurice stattgefunden haben – wurden auch andere Schweizer Heilige gezählt, Urs und Victor von Solothurn, Felix und Regula von Zürich und nicht zuletzt Verena von Zurzach, deren Verehrungsstätte als Wallfahrtsort, Marktflecken und Vergnügungsplatz zugleich einer der beliebtesten Treffpunkte der Schweizer war. So tritt uns die spätmittelalterliche Eidgenossenschaft mit ihrer Verehrung der Muttergottes von Einsiedeln, der heiligen Verena von Zurzach und der Thebäischen Märtyrer weniger als politische, sondern vor allem als sakrale Gemeinschaft entgegen.

Das Rathaus von Zürich wird besetzt und Hans Waldmann gefangengenommen. Diese Aktion leitete den Sturz des zu mächtig gewordenen Bürgermeisters ein. Das Bild zeigt anschaulich, wie Kriegsknechte das Rathaus umstellen und gewaltsam in das Gebäude eindringen.

Die mittelalterliche Gesellschaft

Standesdenken und soziale Gruppen

Standesdenken und Standesbewußtsein Für den mittelalterlichen Menschen galt die Gliederung der Gesellschaft in Stände als wesentlicher Teil der göttlichen Weltordnung und damit als unantastbar. Revolutionäre Ideen, die auf eine Aufhebung der Standesgrenzen hingezielt hätten, wären im Mittelalter schwerlich verstanden worden, und wenn es im 14. und 15. Jahrhundert Stimmen gab – etwa bei religiösen Extremisten oder bei aufrührerischen Bauern –, die eine Beseitigung des Adels forderten, entsprangen solche Äußerungen stets konservativem Denken, das in den Privilegien der Oberschicht die menschliche Verletzung einer ursprünglichen gottgewollten Ordnung erblickte. Aus dem fiktiven Auftrag, sie wiederherzustellen, leiteten die Empörer die Rechtfertigung für ihren Widerstand ab.

Als wichtigste Grundlage für die soziale Einstufung galt der Geburtsstand, was die Vorliebe des Mittelalters für Genealogie und bis in mythische Vorzeiten zurückkonstruierte Stammbäume erklärt. Von grundsätzlicher Bedeutung war zunächst das Kriterium der ehelichen Geburt; denn nur sie schuf die Rechtsbasis für die Fortführung des elterlichen Besitz- und Sozialstandes. Auf unehelichen Kindern lastete ein schwerer, letztlich religiös begründeter Makel, der sie der Rechtsansprüche auf Erbteil und gesellschaftliche Anerkennung beraubte. Der Vorwurf der unehelichen Geburt blieb bis in die Neuzeit hinein eine massive Beleidigung. Da indessen im Mittelalter das Zeugen illegitimer Nachkommen in allen sozialen Schichten sehr beliebt war, blieb für die Väter die materielle Versorgung der von «Kebsweibern» geborenen Bastardkinder oder «Kegel» ein Dauerproblem. Im bürgerlichen Milieu wurde den unehelich Geborenen der Eintritt in die Zunft verwehrt, was ihre beruflichen Möglichkeiten stark einschränkte. Uneheliche Bauernkinder werden als Knechte und Mägde Arbeit gefunden haben. Adlige Herren versorgten ihre illegitimen Nachkommen teils in Klöstern, teils in einträglichen Ämtern.

In der mittelalterlichen Standeshierarchie kreuzten sich in wunderlicher und zum Teil geradezu widersprüchlicher Weise verschiedenartige Kriterien für die soziale Einstufung. Sakrale Voraussetzungen – Profeß sowie Priesterweihe – galten für den geistlichen Stand. Ebenfalls sakrale Merkmale zeigte der im übrigen an genealogische, später auch ökonomische Voraussetzungen gebundene Ritterstand.

Wirtschaftliche Gegebenheiten entschieden zunächst über die Zugehörigkeit zu Arm oder Reich, bildeten aber gleichzeitig die Grundlage für die Rechtsstellung im persönlichen Freiheitsbereich, der die Abstufungen von der Leibeigenschaft über die Hörigkeit bis zur Vollfreiheit umfaßte. Eine eigene ständische Gliederung gab es innerhalb der Handwerkerschicht, die sowohl von den Berufsgruppen als auch vom Ausbildungsgrad abhing. Die Schicht der gesellschaftlichen Randgruppen war teils durch bestimmte Tabuvorstellungen, teils durch das Fehlen eines festen Wohnsitzes definiert, die Zugehörigkeit zum Adel dagegen durch Grundbesitz und die Ausübung herrschaftlicher Rechte.

In der gesellschaftlichen Gliederung des Mittelalters begegnen uns somit Unterscheidungsmerkmale, die nach der modernen Terminologie der soziologischen Wissenschaft die Zugehörigkeit teils zu Klassen, teils zu Schichten, Gruppen oder Ständen belegen würde. Wenn aber etwa Konrad von Ammenhausen in seiner Beschreibung der Stände, einem Reimwerk von 1337, nebeneinander Ritter, Bauer, Wirt und verschiedene Handwerker aufzählt, belegt dies einen sehr weiten Anwendungsbereich des Begriffes «Stand», den wir hier übernehmen müssen, um das soziale Denken und Bewußtsein des Mittelalters richtig nachvollziehen zu können. Beherrscht war das Standesdenken des Mittelalters von der Vorstellung spezifischer Rechte und Pflichten. Jeder Stand hatte seine Aufgaben, die er nicht nur im Dienst der Allgemeinheit, sondern auch im Auftrag der göttlichen Vorsehung zu erfüllen hatte. Demgemäß galt die Vernachlässigung der Standespflichten als frevelhaftes Tun, gleich wie die Mißachtung der Standesgrenzen. Aus den Vorstellungen über die Aufgaben der einzelnen Stände entwickelten sich noch im Hochmittelalter die Beziehungsnormen zwischen den Ständen, besonders zwischen Herren und Untertanen, die sich zu einem System des gegenseitigen, durch Eidschwur bekräftigten Treueverhältnisses festigten.

Wenn wir die feineren, im Laufe des Spätmittelalters immer differenzierteren Unterschiede innerhalb der einzelnen Schichten ausklammern, ergibt sich für das 13./14. Jahrhundert etwa folgender Grobraster der Sozialstruktur:

Klerus: hoher bis niedriger Klerus
Weltgeistliche, Mönche und Nonnen   10 Prozent
Weltliche Oberschicht: hoher und niedriger Adel,
städtisches und ländliches Patriziat,
herrschaftliche Beamte   10 Prozent
Mittelschicht: vor allem Bauern, Handwerker,
Kaufleute und Dienstboten   65 Prozent
Unterschicht: verschiedenartige Randgruppen,
«unehrliche» Berufe, ethnische und
religiöse Minderheiten   15 Prozent

Trotz der Standesschranken konnten sich die Lebensformen höherer Schichten zu gesellschaftlichen Leitbildern für die breite Bevölkerung entwickeln. Im Verlaufe des Spätmittelalters übernahmen Bürger und Bauern die ritterliche Gewohnheit, Wappen zu führen, und es entsprach dem auf kriegerischen und politischen Erfolgen beruhenden Selbstbewußtsein der Eidgenossen, sich als die «frommen, edlen Bauern» zu bezeichnen.

Bundschuh, Schwert und Falke – die Bedeutung der Statussymbole

In einer Gesellschaft mit ausgeprägtem Standesdenken bilden sich zwangsläufig äußere, sichtbare Kennzeichen der Statuszugehörigkeit. Im Mittelalter begegnen uns solche Standessymbole laufend, in der Architektur, im Hausrat, in den Verhaltensformen und vor allem in der Tracht, einschließlich des Schmuckes und der Bewaffnung. «Kleider machen Leute» – dieser Spruch trifft wohl für keine andere Epoche stärker zu als für das Mittelalter.

Daß die Oberschicht der Reichen und Vornehmen mit ihrem großen Bedürfnis, sich nach außen abzuschließen und auszuzeichnen, Statussymbole in einer besonderen Vielfalt hervorgebracht hat, wird kaum befremden. Adel und Patriziat trugen ihren besseren Stand öffentlich zur Schau: Man wohnte nicht in niedrigen Holzhäusern, sondern in hohen Steintürmen, kleidete sich in kostbare Stoffe, ritt auf Pferden mit wertvoller Ausrüstung, ließ sich stets von Dienern begleiten, oder man führte als soziale Rangabzeichen Schwert und Falken mit sich. Die vornehme Tracht des Spätmittelalters war schwerfällig und unpraktisch – sie sollte zeigen, daß es ihr Träger nicht nötig hatte, körperliche Arbeit zu verrichten. So entsprachen jedem Stand eigene sichtbare Symbole, die seine Angehörigen kennzeichneten. Der reiche Bürger kleidete sich in Pelz, Handwerker trugen ihre Berufstracht oder ihre Geräte bei sich, der Bauer war am kurzen Rock aus grobem Stoff, an der Sichel im Gürtel und am Bundschuh zu erkennen, die Hure am gelben Kleid. Den meisten Statussymbolen lag ursprünglich eine praktische Funktion zugrunde: Der Adel, der Wehrstand des Mittelalters, brauchte das Schwert, um seine kriegerischen Pflichten ausüben zu können, der Falke wurde auf der Jagd gebraucht, der Sporn beim Reiten. Gleichermaßen waren die Handwerker und Bauern auf ihre Geräte angewiesen und trugen eine Kleidung, die ihrer Tätigkeit entsprach. Das Schurzfell schützte den Schmied vor dem Funkenflug, der derbe Bundschuh den Fuß des Bauern auf dem steinigen Acker.

Spätestens im 12. Jahrhundert entwickelten die Statussymbole aber einen gesellschaftlichen Eigenwert, losgelöst aus dem ursprünglichen Funktionszusammenhang: Das Schwert wurde zum Bestandteil der ritterlichen Tracht und war auch an nichtkriegerische Anlässe mit-

Die Einteilung der Menschheit nach Ständen: Links oben steht der Klerus, dessen Aufgabe die Fürbitte ist, rechts oben der Adel, der das Volk zu schützen hat, unten das bäuerliche Volk, dem das Arbeiten obliegt. Die drei Stände sind an ihrer Tracht erkennbar. Über dieser gottgewollten Ordnung thront Christus. Nach einem Holzschnitt des ausgehenden 15. Jahrhunderts.

zubringen, den Falken führte man mit sich, auch wenn es nicht auf die Jagd ging, und der federgeschmückte Herrenhut, den der Landesherr bei öffentlichen Veranstaltungen trug, wurde zum Herrschaftszeichen, das wie eine Fahne oder ein Wappen einem Grußritual unterstellt war. So entwickelte sich das Statussymbol vom ursprünglichen Zeichen einer Standeszugehörigkeit zum Mittel, als Angehöriger eines bestimmten Standes betrachtet zu werden. Man baute nicht bloß Burgen oder trug ein Schwert, weil man Ritter war, sondern man wurde Ritter – oder hoffte es mindestens zu werden –, wenn man eine Burg baute und ein Schwert trug. Aus diesem Grunde war der Adel bestrebt, das Vorzeigen von Satussymbolen durch standesfremde Personen zu verhindern. Die Monopolisierung des Statussymbols wurde so zum Werkzeug der sozialen Abschließung. Es kennzeichnet die gesellschaftliche Entwicklung der Schweiz im Spätmittelalter, daß das Waffentragen und das Jagdrecht allen Bevölkerungsschichten offenstanden und deshalb die Attribute der Jagd oder das Tragen von Griffwaffen frei blieben von gesellschaftlichen Exklusivitätsansprüchen.

In Zeiten sozialer Spannungen konnten Statussymbole in den Brennpunkt der Auseinandersetzungen rücken. Nach der Schlacht von Dornach (1499) verweigerten die siegreichen Eidgenossen den gefallenen Adligen der Gegenseite das standesgemäße Begräbnis. Adlige Tracht wurde oft als Provokation empfunden. Im Berner Twingherrenstreit (1470) verboten die an die Macht gekommenen Handwerker den Patrizierfrauen das Tragen von Schnabelschuhen und langen Schleppen, und im Könizer Krieg (1513) schmückten sich die gewaltsam in Bern eingedrungenen Bauern mit den Zobelwämsern der städtischen Junker. Umgekehrt konnten Standesabzeichen unterer Volksschichten bei Unruhen als Aufstandsymbole gelten. Am bekanntesten ist der Bundschuh geworden, der sich im ausgehenden Mittelalter als Bannerzeichen aufständischer Bauern zum Symbol des Widerstandes gegen die feudale Obrigkeit entwickelte. Ähnliche Bedeutung erlangte gegen Ende des Mittelalters in der Schweiz der Morgenstern, eine mit Eisenspitzen beschlagene Holzkeule, die ursprünglich ein herrschaftliches Abzeichen ländlicher Gerichtsbarkeit gewesen zu sein scheint.

Das Glücksrad – Sinnbild des sozialen Auf- und Abstiegs

Das Standesbewußtsein der mittelalterlichen Gesellschaft weckte in einzelnen Schichten immer wieder den Willen, sich nach unten abzuschließen. Der Ritterstand setzte sich schon im 12. Jahrhundert gegen die bäuerlichen und städtischen Aufsteiger zur Wehr, die Stadtbürger kapselten sich gegen die Hintersassen, die Neuzuzüger, ab, die seßhafte Landbevölkerung gegen die Fahrenden ohne festen Wohnsitz. Die Überschreitung der Standesgrenzen, das Streben nach sozialem Aufstieg, wurde wiederholt als Verstoß gegen die göttliche Weltordnung gebrandmarkt, am eindrücklichsten im «Meier Helmbrecht», einer zeitkritischen Dichtung aus dem 13. Jahrhundert, in der die Sucht des aufstrebenden Bauerntums, die Ritterschaft zu erlangen, getadelt wird. Auf ironische Weise macht sich im späten 14. Jahrhundert der Thurgauer Dichter Heinrich Wittenwiler im «Ring», einem satirischen Epos, über die turnierenden Bauern lustig.

Hinter dem Bestreben der Stände, sich nach unten abzugrenzen, steckten nicht bloß ethisch-weltanschauliche Bedenken, sondern handfeste materielle Sorgen. Alle Stände waren mit bestimmten Rechten, Privilegien und Nutzungsanteilen ausgestattet, die sie begreiflicherwei-

Die mittelalterlichen Darstellungen von Adam und Eva zeigen die standes- und geschlechtsspezifischen Tätigkeiten: Eva spinnt und säugt das Kind, Adam bearbeitet mit der Hacke den Boden (Holzschnitt des 15. Jahrhunderts).

se mit möglichst wenig Neuen teilen wollten. Als Mittel der Abschließung bedienten sich die einzelnen Stände verschiedener Methoden. Sie setzten Heiratsschranken, verboten Unbefugten das Vorzeigen von Statuszeichen, sie erschwerten die Aufnahme ins Bürger- oder Landrecht, verweigerten Zuzügern den Anteil an öffentlichen Nutzungsrechten und was ähnliche Schikanen mehr waren.

Bemerkenswerterweise blieben die meisten Versuche der einzelnen Stände, sich durch künstliche Grenzen nach unten abzuschließen, letztlich wirkungslos. Den Rittertitel zu erwerben war im Spätmittelalter nur noch eine Geldfrage, deshalb mußte der alte Adel neue gesellschaftliche Schranken entwickeln und fand sie in den exklusiven Ritterorden und in der auf die Ahnenprobe abgestützten Turnierfähigkeit. Den Ansatz zum Unterlaufen der Einschränkungen im Verleihen des Bürgerrechts lieferte der Bedarf der Städte an Truppen im Kriegsfall: In einer Stadt wie Basel konnte sich ein Hintersasse durch die Teilnahme an einem Feldzug das Bürgerrecht erwerben.

Wirtschaftliche Schwierigkeiten, die eine standesgemäße Lebensführung unmöglich machten, ferner persönliche Schicksalsschläge, verursacht durch Kriegselend, durch ein hartes Gerichtsurteil oder durch Invalidität, mochten einen bald langsamen, bald jähen Sozialabstieg bewirken. Das Glücksrad, das Kirchenfenster mit den aufstrebenden und abstürzenden Figuren, ist nicht nur als Symbol für die Unbeständigkeit des irdischen Daseins, sondern auch als Abbild der mittelalterlichen Gesellschaft mit ihrer sozialen Wechselhaftigkeit zu verstehen. In der spätmittelalterlichen Eidgenossenschaft lagen Aufstiegsmöglichkeiten und Abstiegsgefahr besonders im Solddienst sehr nahe nebeneinander. Der Reisläufer hoffte, in der Fremde ein Vermögen zu ergattern oder einen persönlichen vielleicht sogar erblichen Titel zu erwerben, um als gemachter Mann nach Hause zurückzukehren. Er konnte aber auch völlig scheitern und als kranker, verkrüppelter Bettler in der Gosse enden.

Alles in allem zeigt sich, daß man die Standesunterschiede im Mittelalter zwar bewußt erlebt und hochgehalten hat, daß die Standesschranken jedoch keineswegs unübersteigbar geblieben sind. Ein sozialer Statuswechsel beruhte jedoch in der Regel auf individuellen Voraussetzungen und nicht, wie man vielleicht vermuten möchte, auf allgemeinen sozialen Umwälzungen. Die gesellschaftlichen Grundstrukturen sind das ganze Mittelalter hindurch erhalten geblieben, auch wenn sich durch das Aufkommen der Städte mit dem Bürgertum größere soziale Differenzierungen ergaben. Die Beseitigung der Feudalherrschaften in weiten Teilen der Eidgenossenschaft während des Spätmittelalters war ein politischer und herrschaftsrechtlicher, aber kein gesellschaftlicher Vorgang: Adelstitel, verbunden mit Wappen und Burgsitz, galten in der spätmittelalterlichen Eidgenossenschaft als so begehrenswert wie eh und je. Kein Zufall, daß bis um 1600 in der Innerschweiz bei der Errichtung von Patriziersitzen mittelalterliche Burgtürme zur Legitimierung des Adelstitels in den Neubau einbezogen wurden.

Auch beim Ausbruch sozialer Unruhen im 15. und frühen 16. Jahrhundert ging es nie um die Aufhebung der Standesschranken oder gar der ständischen Gliederung, sondern um die Wiederherstellung der – vielleicht vermeintlichen – alten Rechte des eigenen Standes, um den Widerstand gegen mißliebige Neuerungen und unpopuläre Beschlüsse der Obrigkeit, um die Beseitigung von Privilegien, die man als ungerecht empfand. In der spätmittelalterlichen Schweiz waren die Sozialkonflikte stets Herrschaftskonflikte –, Auseinandersetzungen mit der städtischen Obrigkeit. Der aufständische Bauer wollte

Die teils stürzenden, teils aufsteigenden Figuren am Glücksrad verkörpern die Unsicherheit des irdischen Daseins. Ausschnitt aus dem Glücksrad am Basler Münster.

das Patriziat nicht abschaffen, sondern selber dazugehören. Im Könizer Aufstand von 1513 zog sich ein Aufrührer den vornehmen Rock des Berner Venners über und rief aus: «Jetzt bin ich auch ein Junker und ein Herr zu Bern.»

Die Frauen Die weibliche Hälfte der mittelalterlichen Bevölkerung bildete keinen eigenen Stand. Der soziale Status einer Frau ergab sich aus ihrer Geburt, ihrer Verwandtschaft und – nach ihrer Verheiratung – aus der Stellung ihres Ehemannes. Krasse Standesunterschiede zwischen Mann und Frau machten eine eheliche Verbindung wegen all der güterrechtlichen und gesellschaftlichen Folgen unmöglich. Erst im Spätmittelalter kamen Heiraten zwischen Angehörigen städtisch-bürgerlicher und adlig-ritterlicher Familien vor, was allerdings nicht unangefochten blieb.
Wie die Stellung der Frauen tatsächlich gewesen ist, läßt sich heute nicht mehr mit völliger Sicherheit feststellen. Viele Äußerungen über die Frauen stammen von scholastischen Theologen, deren Frauenfeindlichkeit zwar ein bezeichnendes Licht auf die weltfremde Gelehrsamkeit und Verklemmtheit der Autoren wirft, aber wenig über die historische Wirklichkeit aussagt. Vor allem aber hält es schwer, die quellenmäßig faßbaren Befugnisse der Frauen im Rechts-, Berufs- und Gesellschaftsleben richtig, also aus mittelalterlicher Sicht und nicht nach heutigen Wertmaßstäben, zu beurteilen. Nicht jede Ungleichheit bedeutete zwangsläufig eine Diskriminierung, umgekehrt können manche Ungerechtigkeiten durch keinerlei Beschönigungen wegdiskutiert werden.
Weitgehend ausgeschlossen waren die Frauen von der Politik und auch von der Wissenschaft, dies vor allem deshalb, weil die Universitäten stark in den der Geistlichkeit vorbehaltenen Kathedralschulen verwurzelt waren. In den Frauenklöstern herrschte in der Regel ein tieferes Bildungsniveau als in den Männerklöstern. Die Verweigerung politischen Mitspracherechtes beruhte auf der Waffenlosigkeit der Frauen. Wehrhaftigkeit war Voraussetzung für die Ausübung politischer Rechte.
Stark eingeschränkt blieben die Kompetenzen der Frauen vor Gericht. Sie konnten Klage erheben, benötigten aber dazu in der Regel einen Vormund oder «Vogt». Nur in Ausnahmefällen durften sie selbständig Zeugnis ablegen. Auch dem Gebot eines männlichen Rechtsbeistandes lag die Waffenlosigkeit der Frauen zugrunde: Die Durchsetzung eines Richterspruchs war bis weit ins Spätmittelalter hinein Sache der siegreichen Klägerpartei und mußte nur zu oft – auch bei gewöhnlichen Besitzstreitigkeiten – gewaltsam erfolgen. Frauen und Töchter konnten bei Mord Klage erheben, die Vollstreckung der Blutrache lag aber vielerorts in der Schweiz nicht bei der Obrigkeit, sondern bei den männlichen Angehörigen des Opfers. Für einen gerichtlichen Zweikampf konnte sich eine Frau durch einen Verwandten oder einen Berufskämpfer vertreten lassen. 1288 verzichtete eine Bernerin auf dieses Recht und beendete den Kampf mit ihrem Prozeßgegner siegreich, wie der Chronist Justinger zu berichten weiß.
Auch beim Verbrechen der Vergewaltigung, das übrigens sehr unterschiedlich bestraft wurde – von der Geldbuße über das Auspeitschen bis zur Hinrichtung –, war die Frau auf einen männlichen Rechtsbeistand angewiesen. Dieser Umstand sowie die oft entwürdigende Form des Prozesses mögen viele Frauen abgehalten haben, Anzeige zu erstatten und Klage zu erheben. Obrigkeitliches Eingreifen zum Schutz von mißhandelten Ehefrauen ist unter anderem im Bernbiet seit dem 15. Jahrhundert bezeugt.

Die frühe Heirat, meist zwischen dem 13. und dem 16. Lebensjahr, ließ die Frau schnell in ihre familiären und gesellschaftlichen Aufgaben als Mutter und Betreuerin von Haus und Herd hineinwachsen. In bäuerlichen Betrieben bildete sich so schon im Frühmittelalter eine deutliche Arbeitsteilung heraus, die dem Mann Feld und Wald, der Frau Haus und Hof mit Einschluß des Gartens und der Kinderpflege zuwies. Im städtischen Gewerbe lagen die Dinge komplizierter. Wohl besorgte auch in der Stadt die Frau den Haushalt, daneben beteiligte sie sich aber auch zusammen mit den Kindern und den Dienstboten am Gewerbe des Mannes. Im 13. und 14. Jahrhundert konnten deshalb Frauen auch in Zünfte aufgenommen werden. Über die Gründe, die im Verlauf des 15. Jahrhunderts zum Ausschluß der Frauen aus den Zünften geführt haben, herrscht noch keine Klarheit. In verschiedenen Gewerben treffen wir Frauen als Spezialistinnen an, vor allem in der Töpferei und in der Herstellung und Verarbeitung von Textilien, ferner in der Bäckerei, der Bierbrauerei und im Verkaufen von Kleinwaren wie Geflügel, Eiern und Gemüse. Das selbständige Führen eines Gewerbebetriebes durch eine Frau, die «Meisterin», war in der Regel nur Witwen gestattet. An der handwerklichen Produktion waren die Frauen somit mehrheitlich in untergeordneter und dürftig bezahlter Stellung beteiligt, obwohl die Arbeitsleistung in manchen Branchen beträchtlich gewesen sein muß.

Sehr ungleich wurde der eheliche Seitensprung beurteilt.

Die im späten 14. Jahrhundert entstandene Darstellung eines Zweikampfes weist auf die Fragwürdigkeit der ständischen Ordnung hin: Der leichtbewaffnete Bauer siegt über den schwerfällig gewappneten Ritter (Illustration zu Boners Edelstein).

Auf der Frau lastete das kirchliche und gesellschaftliche Gebot der unbedingten Gattentreue, während der Mann sich in aller Offenheit mit Dienstmägden, Dirnen oder Freundinnen einlassen durfte. «Kegel», Bastardkinder, die im väterlichen Haushalt aufgezogen wurden, konnten in vornehmen und reichen Kreisen geradezu als Gradmesser der männlichen Potenz und der wirtschaftlichen Leistungsfähigkeit gelten. Wie viele un- oder außereheliche Kinder beispielsweise der Zürcher Bürgermeister Hans Waldmann hinterlassen hat, ist heute nur noch grob zu schätzen; es müssen mehr als ein Dutzend gewesen sein. Das strenge Gebot der ehelichen Treue wird die Frauen freilich kaum davon abgehalten haben, ihren eigenen Liebesabenteuern nachzugehen, und das beliebte Motiv der Schwankliteratur von der jungen, hübschen Frau und dem alten, eifersüchtigen Hahnrei beruhte gewiß auf den gesellschaftlichen Tatsachen des Spätmittelalters.

Im Alpenraum, wo Alpwirtschaft, Welschlandfahren und Saisonarbeit längere Abwesenheit der Männer von Haus und Hof bewirkten, hatte sich schon im Hochmittelalter ein größeres Mitspracherecht der Frauen herausgebildet, verbunden mit erweiterten Rechtskompetenzen. Wir begegnen verheirateten Frauen und ledigen Töchtern an politischen Versammlungen und an Schwurveranstaltungen. Beurkundete Rechtsgeschäfte konnten Frauen selbständig tätigen, wie viele Belege aus dem Wallis zeigen. Und schließlich erinnern wir uns, daß in der offiziellen Darstellung von der Gründung der Eidgenossenschaft eine Frau den Anstoß zum Widerstand und damit zur Entstehung des Schweizer Bundes gibt. Im Hinblick auf die starke Stilisierung der Befreiungsgeschichte durch die Chronisten des 15. Jahrhunderts bliebe die Rolle der Stauffacherin, die ihrem verzagten Mann Mut zum Handeln einflößt, völlig unverständlich, wenn sie nicht der tatsächlichen, durch hohe Wertschätzung gekennzeichneten Stellung der Frauen im spätmittelalterlichen Alpenraum entsprochen hätte.

Der Klerus

Pfaffen und Laien Zählt man im Spätmittelalter sämtliche Angehörigen des geistlichen Standes zusammen, die bischöflichen und äbtischen Kirchenfürsten, die Domherren, Erzpriester und Kapläne, die Weltgeistlichen, die Mönche und die Klosterfrauen, kommen wir in Bischofsstädten wie Basel, Chur und Sitten und in Klosterstädten wie Zürich oder St. Gallen auf einen klerikalen Anteil an der Gesamtbevölkerung von gut zehn Prozent. Auf dem Land, wo sich die geistliche Versorgung des Volkes auf die Tätigkeit der Dorfpriester beschränkte, oder in Städten wie Bern, denen ein geistliches Zentrum von überregionaler Bedeutung fehlte, wird der Prozentsatz tiefer gelegen haben. Freilich darf nicht übersehen werden, daß es im Spätmittelalter eine rechte Menge kleinerer Männer- und Frauenklöster gegeben hat, nicht nur in den Städten, sondern auch auf dem Lande, deren Bewohner gesamthaft die Zahl der Geistlichen deutlich angehoben haben müssen.

Obwohl somit die Pfaffheit zusammen mit den Klosterfrauen einen erheblichen Teil der Bevölkerung ausmachte, fielen die einzelnen Priester, Mönche und Nonnen in der Öffentlichkeit wenig auf. Dies hing mit der Tracht zusammen, denn die Kleidung der Geistlichkeit, die Röcke der Pfaffen, die Kutten der Mönche und die Hauben der Nonnen, unterschieden sich bis ins 14. Jahr-

Mönche vor dem Altar. Bruder
Eberhard von Sax widmet
kniend seine Lieder der Jungfrau
Maria, deren Statue zusammen
mit einer Kerze auf dem Altar
steht. Oben hängt eine Öllampe.
14. Jahrhundert.

hundert nur unwesentlich von der weltlichen Tracht. Erst im Spätmittelalter, als bei den Männern kurze Wämser in Mode kamen, begann sich das priesterliche Gewand deutlicher von der weltlichen Männertracht abzuheben, allerdings verabscheuten viele Kleriker den altertümlichen Priesterrock, und sie paßten sich trotz Verboten in ihrer Kleidung der herrschenden Mode an.
Das Verhältnis zwischen Klerus und Laien war durch die hierarchische Ordnung innerhalb der Geistlichkeit geprägt. Mit den Weltgeistlichen, welche die Seelsorge betreuten und die Sakramente spendeten, fühlte sich das Volk eng verbunden, ebenso mit denjenigen Mönchsorden, die für die Öffentlichkeit ein segensreiches Wirken mit Predigen sowie Armen- und Krankenpflege entfalteten. Die Domherren jedoch, das im Domkapitel zusammengefaßte geistliche Gefolge adliger Abkunft eines Bischofs, hatten in ihrer vornehmen Lebensweise kaum Kontakt mit dem Volk, zumal sie von den Gütern der bischöflichen Kathedralkirche zwar die fetten Pfründen einstrichen, die liturgischen Verpflichtungen aber durch Hilfsgeistliche, die kümmerlich besoldeten Kapläne, besorgen ließen. Vornehme Klöster und Kollegiatstifte, die hauptsächlich zur Versorgung adliger Familienmitglieder dienten, und Mönchsorden kontemplativ-eremitischer Richtung wie die Kartäuser unterhielten naturgemäß ebenfalls wenig Beziehungen zu den breiten Volksschichten, während die Zisterziensermönche mit ihren Interessen an Kolonisationsarbeit und Landwirtschaft in enger Verbindung mit den Bauern standen.
Kirchenfürsten, hohe Geistliche vornehmer Herkunft sowie adlige Stiftsherren und Klosterfrauen führten somit ihr eigenes, vom breiten Volk deutlich getrenntes Leben, während dem niederen Klerus, der ein Dasein in bescheidenen Verhältnissen fristete, die vielfältigen Aufgaben der religiös-kirchlichen Versorgung zufielen.

Das Ansehen der Geistlichkeit Die sozialen Abstufungen innerhalb des Klerus – vom mächtigen Kirchenfürsten bis hinunter zum bedürftigen Dorfpriester und Bettelmönch – bewirkten im Volk stark schwankende Urteile über die Geistlichkeit, zumal, wie oben angedeutet, zwischen den Laien und den einzelnen Gruppen von Klerikern unterschiedlich enge Beziehungen bestanden.

Grundsätzlich galt der Geistliche als Autoritätsperson, was sich allein schon in den ehrerbietigen Anreden und Titeln äußerte. Der Priester war zunächst der «Mann Gottes», der die Sakramente verwaltete, die liturgischen Rituale zelebrierte und damit dem Gläubigen zum ewigen Seelenheil verhalf. Mit geistlicher Hilfe wurden Gefahren gebannt – etwa durch Einsegnungen – und böse Geister ausgetrieben. Im Volksglauben pflegte der Priester mit Gott und den Heiligen einen sehr engen Kontakt, deshalb wurde seine Unterstützung bei der Bitte um göttliche Hilfe für unentbehrlich gehalten.

Besonderes Ansehen genoß der Geistliche überdies wegen seiner besseren Bildung, konnte er doch lesen und schreiben, und er sprach sogar Latein. Auf dem Lande wurde der Dorfgeistliche so zur allgemeinen Respektsperson, zuständig nicht bloß für kirchlich-religiöse Dinge, sondern auch für persönliche Anliegen und Schwierigkeiten aller Art, selbst wenn es sich nur darum handelte, einen Brief zu schreiben oder vorzulesen. Als Beichtvater der Gemeinde kannte der Dorfpriester seine Schäflein und bemühte sich oft mit Erfolg, Streitigkeiten zu schlichten, Dummheiten zu verhindern und in Notlagen helfend einzugreifen. In den Städten, wo sich die Allgemeinbildung des höheren Bürgertums seit dem 14. Jahrhundert zunehmend verbesserte, fiel dies Schulwissen des Geistlichen verständlicherweise weniger ins Gewicht. Hohes Ansehen genossen allenthalben die Einsiedler, die ein weltentrücktes, heiligmäßiges Dasein führten und womöglich im Ruf standen, Wunder zu wirken. Man holte bei ihnen Rat und Trost in allen Lebenslagen, und manchmal entwickelte sich die Zelle eines berühmten Einsiedlers noch zu dessen Lebzeiten zum überlaufenen Wallfahrtsort, wie das Beispiel des Niklaus von Flüe zeigt († 1487).

Vor den Klöstern empfanden die meisten Menschen eine heilige Scheu, umschlossen doch die Klostermauern einen geweihten Bezirk, den nicht jedermann betreten durfte, und was sich im Kloster abspielte, blieb den Blik-

Bischof Theodul mit Mithra, Schwert und Krummstab. Rechts ist der Teufel abgebildet, der nach der Legende dem Heiligen die Glocke hat tragen müssen. Darstellung auf einer bischöflichen Münzprägung aus Sitten von 1501.

ken der gewöhnlichen Leute entzogen. Geistlichen Damen und Herren von vornehmer Abkunft begegnete man mit der Ehrerbietung des breiten Volkes gegenüber dem Stand der Reichen und Mächtigen, auch wenn Zweifel an der frommen und gottgefälligen Lebensart all dieser hohen Personen bestanden.

So sehr man nämlich den Geistlichen als den Vertreter der Kirche, als den Mann Gottes und als Vorbild christlichen Lebenswandels zu respektieren gewillt war, so wenig erfüllte im Spätmittelalter der Klerus in seiner Gesamtheit die in ihn gesetzten Erwartungen. Nicht nur religiöse Berufung und Drang nach höherer Bildung gaben den Anstoß, in den klerikalen Stand zu treten. Es gab im Gegenteil viele Geistliche, nicht zuletzt Mönche und Nonnen, deren Begeisterung für das kirchliche Leben gering war und die sich lieber den Freuden des irdischen Daseins zuwandten. Spitzbuben, wie jener Basler Pfaffe, der im 14. Jahrhundert gestohlene Reliquien verkaufte und deswegen gehenkt wurde, zählten gewiß zu den Ausnahmen, aber Geistliche zweifelhaften Rufs, die von ihren Verwandten mit einträglichen Pfründen ausgestattet wurden und ohne kanonische Qualifikation ein priesterliches Amt bekleideten, das sie dann zum Ärger der Gläubigen doch vernachlässigten, waren an der Tagesordnung. In manchen Frauen- und Männerklöstern spielte sich im ausgehenden Mittelalter ein so tolldreistes Leben ab, daß nicht nur die kirchliche, sondern sogar die weltliche Obrigkeit wegen des Skandals einzugreifen gezwungen war. 1480 entbrannte deswegen in Basel eine wütende Prügelei zwischen den Basler Stadtknechten und den vornehmen Nonnen des Klosters Klingental. Gefräßigkeit und Geilheit von Mönchen und Klosterfrauen waren im Spätmittelalter sprichwörtlich und bildeten das variantenreiche Motiv zahlreicher Schwankerzählungen.

Für Kleriker, die bloß die niederen Weihen empfangen hatten, galt das kanonische Keuschheitsgebot nicht, wohl aber für den mit den höheren Weihen ausgestatteten, zum Spenden von Sakramenten berechtigten Priesterstand. Das hinderte freilich längst nicht jeden Geistlichen, sich eine «Pfaffendirne» als Haus- und Bettgenossin zuzulegen. Kleriker vornehmer Herkunft hielten sich Konkubinen ebenbürtigen Standes. Die sehr großzügige Handhabung des Zölibats wurde gesellschaftlich im allgemeinen geduldet, auch wenn das dem Ansehen des Priesterstandes nicht gerade förderlich gewesen sein dürfte. In Zeiten katastrophaler Not, wenn man sich auf den Zorn Gottes besann und nach dessen Ursachen fragte, jagte man die lästerlichen Pfaffendirnen aus dem Land, eine Maßnahme, die indessen nie lange wirkte; meist kehrten die vertriebenen Frauen bald zurück.

Daß reiche und mächtige Familien mitunter Sprößlinge in den geistlichen Stand abschoben, die körperlich und geistig minderbemittelt waren, wird man angesichts der Verantwortung, die auf einem weltlichen Grund- oder gar Landesherrn lastete, gewiß verstehen. Wenn dann aber ein trottelhafter Kleriker, der als Empfehlung nur einen vornehmen Stammbaum mitbrachte, in der Kirche Karriere machte und Abt oder Bischof wurde, konnte das verheerende Folgen haben. In solchen Fällen mußte ein bevollmächtigter Stellvertreter, ein Coadjutor, die Geschäfte führen; das konnte der Öffentlichkeit natürlich nicht verborgen bleiben und bot stets Anlaß zu mehr oder weniger schmeichelhaften Gerüchten.

Schlimmer als Trottelhaftigkeit waren Skrupellosigkeit und Lasterhaftigkeit. Daß die oft mit bedenklichen Mitteln betriebene Vermehrung des Kirchengutes, in der man einen Widerspruch zum Gebot der apostolischen Armut erblickte, böse Stimmungen weckte und manchen Kirchenfürsten und Klöstern oder deren Vorste-

Der Teufel führt einen Mönch oder Einsiedler weg. Die 1512 entstandene Zeichnung illustriert das tiefgesunkene Ansehen der Geistlichkeit am Ausgang des Mittelalters.

hern und Verwaltern den Ruf des Geizes und der Habgier eintrug, kann kaum befremden. Besonderen Anstoß erregte die unverhüllte Vermarktung des religiösen Lebens, besonders der Handel mit dem sogenannten Ablaß. Gegen Ende des Mittelalters, am Vorabend der Reformation, war das Ansehen des Klerus, der Wasser, Armut und Keuschheit predigte, selbst aber Wein trank sowie der Habgier und der Wollust frönte, auf einen absoluten Tiefpunkt gesunken. 1503 unternahm der Basler Bischof Christoph von Utenheim einen fruchtlosen Versuch, die übelsten Mißstände in seiner Diözese zu beheben. Die damals erlassenen Synodalstatuten schrieben unter anderem vor, die Hostien sollten erneuert werden, bevor sie verfaulten, für das Darreichen der Sakramente und für Begräbnisse dürfe kein Geld verlangt werden, die Kleriker sollten den Gottesdienst weder durch laute Gespräche stören noch durch Markteinkäufe schwänzen, sie hätten ferner waffenlose, geistliche Gewänder zu tragen, bei Begräbnissen Spiel und Trunkenheit zu meiden und bei Hochzeiten die Teilnahme an Tänzen. Auch sei ihnen verboten, Weinschenken zu betreiben und in ihrem Haushalt Frauen liederlichen Wandels zu beschäftigen, denn – so äußerte sich der Bischof in seiner Synodalansprache – wegen derartigen Verhaltens seien fast alle Laien den Geistlichen feindlich gesinnt und deshalb solle sich niemand wundern, wenn sie, von Tag zu Tag mehr erbittert, darnach trachteten, die Geistlichkeit zu verfolgen, wenn nicht gar zu vertilgen.

Geistliche fliehen aus der brennenden Stadt Bern. Mit gefalteten Händen, zum Teil kniend, beten sie um Hilfe. Damit erfüllen sie die Aufgabe ihres Standes. 15. Jahrhundert.

Die geistliche Laufbahn und die Rückkehr in die Welt

Der Entschluß, Geistlicher zu werden oder gar ins Kloster einzutreten, beruhte auf verschiedensten Voraussetzungen. Sehr oft waren es überhaupt nicht die Betroffenen, die den Entscheid fällten, sondern die Eltern und die übrige Verwandtschaft.
Religiöse Ergriffenheit, nicht selten ausgelöst durch einen Erlebnisschock, war häufige Ursache, sich von der Welt abzuwenden und in den geistlichen Stand zu treten. Hinter diesen jähen Entscheidungen steckte meist das Bedürfnis, all die Widerwärtigkeiten des irdischen

Daseins loszuwerden und sich ganz dem Dienst an Gott zu widmen. Solche «Aussteiger» wählten für sich in der Regel das Einsiedlerdasein, indem sie sich in eine Zelle zurückzogen wie Niklaus von Flüe oder sich zu einer eremitischen Gemeinschaft zusammenschlossen wie Herzog Amadeus VIII. von Savoyen, der sich 1434 mit seinen sechs Gefährten nach Ripaille begab und der Welt entsagte. Einsiedeleien, die von Klausnern einzeln oder in Gruppen bewohnt wurden, müssen in der spätmittelalterlichen Schweiz recht zahlreich gewesen sein, auch wenn wir nur sporadisch von ihnen Kunde erhalten.

Echte, das heißt religiöse Gründe, Kleriker zu werden, dürften angesichts der allgemein verbreiteten kirchlichen Gläubigkeit häufig den Ausschlag gegeben haben, entsprang ein solcher Entscheid nun einem persönlichen Erlebnis, einem tiefen religiösen Empfinden oder dem Bedürfnis, andern Menschen in Glaubens- und Gewissensnot beizustehen. Auch der Drang nach höherer Bildung, die im Hochmittelalter ausschließlich von der Kirche vermittelt wurde, konnte nur durch eine klerikale Laufbahn gestillt werden.

Häufiger als der eigene, freie Entscheid scheint der Beschluß von Eltern und Angehörigen gewesen zu sein, einzelne Sprößlinge dem geistlichen Stand anzuvertrauen. Über die Beweggründe für derartige Entscheidungen erfahren wir wenig. In Einzelfällen mögen Gelübde, zum Beispiel aus Dankbarkeit für die Errettung aus Krankheit oder Gefahr, erfüllt worden sein; häufiger ging es wohl darum, Erbteilungen zu vermeiden oder sakrale Verpflichtungen gegenüber den eigenen Vorfahren zu erfüllen. Wenn schon Pfründen gestiftet wurden, wollte man sie nach Möglichkeit auch mit eigenen Familienmitgliedern besetzen. Für schwächliche Nachkommen suchte man einen Platz im Kloster, wo sie, geschützt vor den Fährnissen der rauhen Welt, am ehesten eine Chance zum Überleben hatten: «Hat ein Edelmann ein Kind, das da schielet oder hinkt, kröpfig oder lahm ist, so gibt es eine Nonne oder einen guten Mönch.» Bisweilen sperrte man mißratene Kinder, besonders Töchter, ins Kloster, um gesellschaftliche Skandale zu vertuschen. Rudolf von Ramstein stieß 1451 seine zwei Töchter, die mit Bauernburschen durchgebrannt waren, in das strenge Kloster der Reuerinnen an der Steinen zu Basel. Manche Findel- und Waisenkinder, die in klösterlicher Obhut aufgewachsen waren, mögen im klerikalen Dasein hängengeblieben sein.

Viele Männer und Frauen traten erst in der zweiten Lebenshälfte in den geistlichen Stand ein, sei es aus Sorge um ihr Seelenheil oder aus Enttäuschung über die Welt und deren Falschheit, sei es aus dem Bedürfnis heraus, den Lebensabend im Schutz und in der Pflege einer kirchlichen Gemeinschaft zu verbringen. So übten Klöster oft die Funktion unserer heutigen Altersheime aus. Der Eintritt ins Kloster war deshalb meist mit Schenkungen verbunden, mit denen man – gewissermaßen als Kauf einer Pfründe – das Wohnrecht und das Noviziat erwarb. Der eigentliche Eintritt in den jeweiligen Orden, die Profeß, konnte erst nach Ablauf einer gewissen Probezeit erfolgen und scheint nicht immer vollzogen worden zu sein.

Wer den geistlichen Beruf aus religiöser Überzeugung versah oder wer sich mit dem Genuß seiner Pfründen und den Verpflichtungen des klerikalen Lebens abfinden konnte, hatte keinen Anlaß, den Stand zu wechseln. Da aber viele Menschen, vor allem junge und unreife, ungefragt und vielleicht gegen ihren Willen ins geistliche Leben gedrängt worden sind, muß es unter den Klerikern eine erhebliche Zahl von Unzufriedenen oder gar Verzweifelten gegeben haben. Jene eine Tochter des erwähnten Rudolf von Ramstein versuchte mehrmals, dem aufgezwungenen Kloster zu entfliehen; sie wurde jedesmal ergriffen und mit Gewalt zurückgebracht. Besser erging es der Brigitta Waltenheim, die vom Stiefvater ebenfalls ins Steinenkloster zu Basel gesteckt und gegen ihren Willen zur Profeß genötigt worden war, dann aber – als Fünfzehnjährige – aus dem Kloster floh und mit der Erlaubnis von Rom einen Bastard von Thierstein heiratete. Was für persönliche Motive hinter der Flucht aus dem Kloster und dem Austritt aus dem geistlichen Stand in jedem Einzelfall gesteckt haben mögen, läßt sich heute kaum mehr erkennen. Bei vornehmen Familien konnte es um die Fortführung des Geschlechtes mit legitimen Nachkommen gehen: Erzpriester Hans Thüring Münch von Münchenstein verließ 1419 den geistlichen Stand und ehelichte seine bisherige Konkubine, um den Fortbestand der Familie zu sichern. Entlaufene Mönche, die mit Parodien kirchlicher Riten auf Jahrmärkten die Leute unterhielten, gab es im Spätmittelalter in großer Zahl. Wie viele Kleriker den geistlichen Stand verlassen haben, um zu heiraten und eheliche Nachkommenschaft zu zeugen, entzieht sich unserer Schätzung.

Adel und Aristokratie

Adelsstand und Rittertum Die politische, kulturelle und wirtschaftliche Führung lag im Hochmittelalter bei der adligen Oberschicht. Deren Machtstellung wurde durch den Umstand verstärkt, daß die höheren Kirchenämter, besonders Bischofs- und Abtswürde, durch Angehörige adliger Familien besetzt waren und daß die umfangreichen Klostergüter der weltlichen Schutzherrschaft adliger Herren, sogenannter Kastvögte, unterstellt waren.

Die Zugehörigkeit zur adligen Oberschicht ergab sich aus der vornehmen Geburt, aus dem Umfang des Grundbesitzes, aus der Ausübung herrschaftlicher Rechte, vor allem der Gerichtshoheit, aus der Verschwägerung mit standesgleichen Sippen, aus der Wehrfähigkeit sowie aus einem aufwendigen, auf Repräsentationswirkung ausgerichteten Lebensstil. Kennzeichnend für den Adel war seine größere Mobilität, die in Verbindung mit weitläufigen Verschwägerungen und der Übernahme königlicher Ämter großräumige Wohnsitz- und Güterverschiebungen auslösen konnte. Das Haus Habsburg stammte ursprünglich aus dem Elsaß, das Haus Lenzburg aus dem Gasterland, das Haus Kyburg aus dem oberen Donauraum um Ulm. Im rätischen Alpenraum und im Tessin scheinen einzelne Familien vom senatorischen Amtsadel der spätrömischen Kaiserzeit abzustammen. Dies gilt zum Beispiel für die um 800 ausgestorbene Sippe der in Rätien begüterten Victoriden. In der übrigen Schweiz dürfte die im 10./11. Jahrhundert urkundlich und archäologisch faßbare älteste Adelsschicht der Edelfreien und Grafen auf frühmittelalterliche Großgrundbesitzer und auf karolingische Würdenträger zurückzuführen sein. Einen festen, auf gegenseitigem Treueschwur beruhenden Zusammenhalt schuf für die adlige Oberschicht das Lehnswesen, das den Lehnsherrn, der Güter und Rechte verlieh, mit den Belehnten, den Vasallen, die zu kriegerischen und sonstigen Dienstleistungen verpflichtet waren, eidlich verband.

Seit dem 10. Jahrhundert entwickelte der Adel zunehmend ein ausgeprägtes Standesbewußtsein, das seinen sichtbaren Ausdruck in verschiedenartigen Statussymbolen fand, in der Tracht, im repräsentativen Auftreten

Frau Barbara von Erlach, geborene von Praroman, mit ihren Töchtern. Rudolf von Erlach ließ sich am Anfang der von ihm in Auftrag gegebenen Chronik Diebold Schillings mit der ganzen Familie im Festkleid, begleitet von den Wappen, abbilden.

mit Pferden, Hunden und Gefolge, vor allem aber im Bau von Burgen, deren Standort sich immer mehr von den bäuerlichen Dorfsiedlungen entfernte.

Durch Kolonisationsarbeit, durch die Unterwerfung freier Bauern, durch Erwerb von Gütern und Rechten mittels Kauf, Erbschaft und Belehnung entstanden im Hochmittelalter größere und kleinere Herrschaftskomplexe, die gleichzeitig als Privatbesitz mit Nutzungsrechten, als Träger politisch-öffentlicher Machtentfaltung und als wirtschaftlich-kulturelle Lebensräume galten. Mittelpunkte dieser Herrschaften waren die Burgen, denen seit dem 12. Jahrhundert bisweilen kleine Städte angegliedert wurden.

Im Verlauf des 12. Jahrhunderts vergrößerte sich die adlige Oberschicht gewaltig durch den sozialen Aufstieg kleiner bewaffneter Gefolgsleute und herrschaftlicher Beamter in den Ritterstand. Nun bildete sich der niedere Adel heraus, dessen Angehörige teils als Ministerialen in Dienst- und Lehnsabhängigkeit von einem mächtigen Dynasten oder geistlichen Fürsten standen oder auf gerodetem Eigengut ein unabhängiges, aber bescheidenes Dasein fristeten. Im 13. Jahrhundert verschmolz dieser neue Ritteradel mit den kleineren edelfreien Herrengeschlechtern. Aus der überwiegenden Mehrheit von Familien, deren wirtschaftliche Grundlage sich auf die Abgaben weniger Untertanen und auf die Erträge der burgeigenen Güter stützte, hoben sich einzelne Geschlechter ab, die sich dank Belehnungen, landesherrlichen Ämtern und des Erwerbs großer Güterkomplexe durch Kauf oder Pfandschaft eine überdurchschnittliche Machtstellung aufbauen konnten. Zu diesen Aufsteigern zählten um 1300 in Rätien die Herren von Aspermont, in der Ostschweiz die Ramschwag, im Aareraum die Hallwil, im Basler Jura die Eptingen oder im Freiburgischen die Maggenberg.

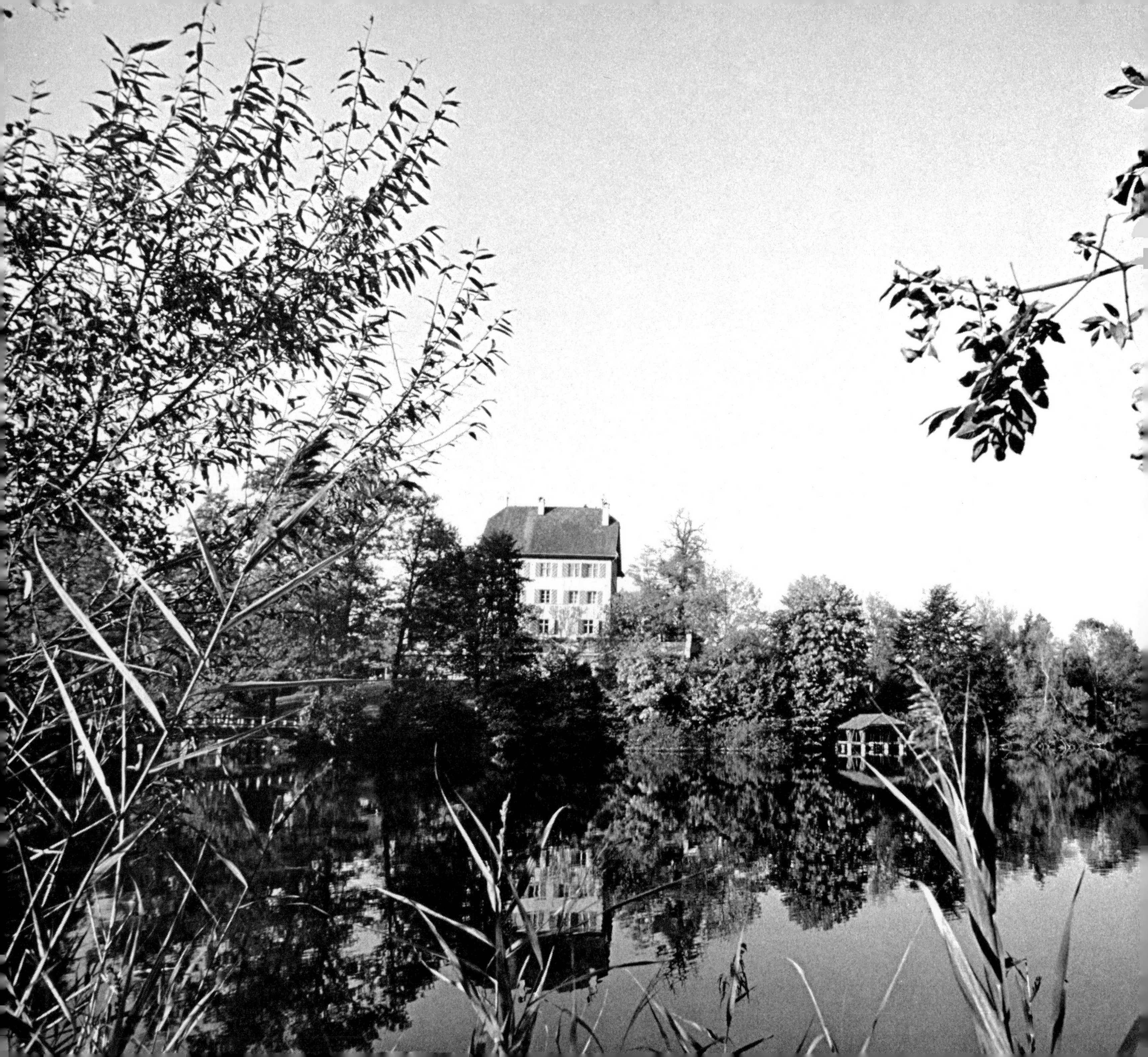

Schloß Mauensee im Luzernischen. Das auf einer Insel gelegene Schloß wurde um 1600 von der Luzerner Patrizierfamilie Schnyder an der Stelle einer mittelalterlichen Burgruine errichtet.

Das adlige Standesbewußtsein entwickelte seit dem 12. Jahrhundert exklusive Gesellschaftsformen, die durch das Bestreben, sich sozial abzuschließen, und durch bestimmte Verhaltensnormen geprägt waren, denen die an den Höfen geistlicher und weltlicher Fürsten konzentrierte Kultur des Rittertums entsprang. Ihre hauptsächlichen Erscheinungsformen in der Blütezeit des 13. und frühen 14. Jahrhunderts sind bekannt: Ritterschlag, Frauen- oder Minnedienst, festliche Kampfspiele – Turniere genannt –, Wappenwesen. Inwieweit die verfeinerten, zum Teil stark stilisierten Lebensformen der höfisch-ritterlichen Kultur vom einfachen Landadel übernommen worden sind, steht nicht eindeutig fest. Gewiß hat sich das Führen eines Familienwappens noch vor 1300 als unabdingbare Norm ritterlicher Lebenshaltung durchgesetzt.

Wie bereits erwähnt, bildeten sich im 13./14. Jahrhundert landesherrliche Territorien, die auf die kleinen selbständigen Adelsherrschaften einen starken Druck ausübten und im Verlauf des 14. bis frühen 16. Jahrhunderts die meisten von ihnen aufsaugten. Fälle wie derjenige der Herren von Rocourt in der Ajoie, die sich dem baslerisch-bischöflichen Landesherrn erfolgreich widersetzten und sich rühmten, nur von Gott und ihrem guten Schwert abhängig zu sein, bildeten auf die Dauer die große Ausnahme.

Gleichzeitig geriet der ländliche Kleinadel in eine vielschichtige Wirtschaftskrise; Hauptursache dafür waren die steigenden Standesauslagen bei stagnierenden oder sinkenden Einnahmen. Viele Burgen wurden im 14. und 15. Jahrhundert verlassen, und ihr Wirtschaftsraum verödete oder ging in größeren Güterkomplexen auf. Die Burgherren zogen weg, meist in Städte, wo sie in die bürgerliche Oberschicht hineinwuchsen. Die vom Adel im 13. Jahrhundert entwickelten Lebensformen, besonders die Heraldik, die repräsentative Wehrhaftigkeit, die soziale Isolation des Burglebens, verbunden mit vornehmen Titeln, blieben aber bis über den Ausgang des Mittelalters hinaus als gesellschaftliches Leitbild für die nachrückende Oberschicht der städtischen und ländlichen Aristokratie erhalten.

Die spätmittelalterliche Aristokratie Im 14. Jahrhundert bildete sich im Gebiet der Schweiz eine neue politische Führungsschicht heraus, die bis in nachmittelalterliche Zeit ihre Machtposition behauptete, auch wenn sich im einzelnen immer wieder durch Fall oder Aufstieg von Männern und Familien die personelle Zusammensetzung dieser Führungsschicht veränderte.
Grundlage der Macht war das in Darlehen, Land, Bergbau, Handel und gewerblichen Großbetrieben angelegte Kapital. Es machte beweglich und ermöglichte die Übernahme von öffentlichen Ämtern, die meist nur dürftig entschädigt wurden, oder von Gesandtschaftsreisen ins Ausland, für die nur wenig Spesengelder zur Verfügung standen. Daß in der Amtsführung oder auf diplomatischer Mission auch private Vorteile wahrgenommen wurden, war allgemein bekannt und blieb geduldet, solange sich die Vermengung von öffentlichen und privaten Interessen in einem erträglichen Rahmen hielt. Zudem entstand durch die wirtschaftliche Tätigkeit der Aristokratie, besonders durch die Lohnabhängigkeit der Untergebenen in den Gewerbebetrieben und die Schuldverpflichtungen beim Geldverleih, eine vielschichtige Klientel, was öffentliche und private Interessen undurchdringlich ineinander verfilzte. In der politischen Tätigkeit zeichneten sich die aristokratischen Machthaber durch auffallende Vielseitigkeit aus. Wir begegnen derselben Person innerhalb weniger Jahre bald als Ratsherrn, bald als Venner, Säckelmeister, Landammann, Schultheißen oder Bürgermeister, bald als Tagsatzungsgesandten, als militärischem Anführer, als Landvogt und als Gesandten im Ausland.

Die einzelnen Geschlechter waren von sehr unterschiedlicher Herkunft, auch wenn gewisse Familien, die in kurzer Zeit aus niedrigen Verhältnissen aufgestiegen waren, durch gekaufte Stammbäume und Wappen oder durch prunkvollen Lebensstil ihren bescheidenen Ursprung zu vertuschen trachteten. Viele führende Geschlechter entstammten dem hochmittelalterlichen Ministerialadel und waren im 13. und 14. Jahrhundert in die Stadt gezogen oder hatten sich in den Länderorten den neuen politischen Verhältnissen angepaßt und sich in den Dienst des Landes gestellt. Dazu könnten etwa die Wolfenschießen in Nidwalden, die Hunwil in Obwalden oder die von Moos in Uri gezählt werden. Häufiger sind alte Ministerialengeschlechter in den Städten anzutreffen, so die Bubenberg, Scharnachthal, Erlach, Mülinau, Hallwil oder Büttikon in Bern. Aufsteiger kamen in den Städten aus dem zünftigen Handwerker- und Kaufmannsstand, zum Teil auch aus der Gruppe lombardischer Geldverleiher, die um 1300 eingewandert war, auf dem Land aus der Schicht reicherer Bauern, die mit grundherrlichen Verwaltungsaufgaben betraut waren und nun durch die Übernahme abgewirtschafteter Güter vom Niedergang der Feudalherrschaften profitierten.

In Uri begegnen uns die Beroldingen im 13. Jahrhundert noch als Leibeigene der Freiherren von Attinghausen, dann als Gotteshausleute des Fraumünsters und im 14. Jahrhundert als freie Urner Landleute. Im 15. Jahrhundert erfolgte der politische und wirtschaftliche Aufstieg, der die Familie mit Gütern und Ämtern überhäufte. Andreas von Beroldingen, Landammann, Landvogt in Livinen und Anführer der Urner in verschiedenen Feldzügen, des Lesens und Schreibens unkundig, zählte in der zweiten Hälfte des 15. Jahrhunderts zu den bedeutendsten Gestalten in Uri. Die Diesbach, ursprünglich Goldschmiede in Bern, stiegen um 1400 in Handels- und Bergbaugeschäfte ein, gründeten zusammen mit der Familie Watt eine Handelsgesellschaft von internationalem Rang, erwarben Burgen und Feudalherrschaften und besetzten in Bern die obersten Ämter.

Im allgemeinen vollzog sich der Aufstieg einer Familie im Verlauf von zwei bis drei Generationen. Daß es ein Hans Waldmann innerhalb weniger Jahre vom Schneider und Gerber zum Ritter, Bürgermeister und Anführer der Zürcher in den Burgunderkriegen und zum österreichischen und mailändischen Pensionsbezüger bringen konnte, war eher die Ausnahme und in diesem Falle durch die Heirat mit einer reichen Witwe möglich geworden.

Auffallenderweise entwickelte die aristokratische Führungsschicht in der spätmittelalterlichen Eidgenossenschaft bei allem Erfolg in Wirtschaft und Politik kein eigenständiges Kulturleben. Man richtete sich noch immer nach den gesellschaftlichen Leitbildern des Rittertums und näherte sich gegen Ende des 15. Jahrhunderts der Gedankenwelt der humanistischen Gelehrsamkeit.

Die Jagd nach Titeln und Wappen Die «Ehrbarkeit», die politische Führungsschicht der spätmittelalterlichen Eidgenossenschaft, gründete ihre Machtstellung auf der wirtschaftlichen Basis von Handel, Geldverleih, gewerblichem Großbetrieb und Reislauf. Um dem alten ritterlichen Geburtsadel, dessen Lebensform auch im 15. Jahrhundert noch immer als Leitbild galt, gesellschaftlich gleichgestellt zu werden, ahmten die neuen Honoratioren ritterliche Gepflogenheiten nach und nahmen dafür sogar Verluste in Kauf. So umsichtig, skrupel- und rücksichtslos sie ihre Geschäfte betrieben, so verschwenderisch und leichtsinnig verhielten sich sich bei der Imitation adliger Lebensäußerungen. Man arrangierte in der Öffentlichkeit prunkvolle Auftritte mit Pferden, Falken, Hunden und aufgeputztem Gesinde, man richtete großzügig kirchliche Stiftungen ein und entwickelte eine Bauwut, die ganze Heerscharen von Steinmetzen, Maurern, Malern und Zimmerleuten beschäftigte. Ludwig von Diesbach ritt allein um des Ritterschlags willen 1496 mit König Maximilian nach Italien. Zu seinem Leidwesen führte die Reise aber nicht bis Rom, wo der gesellschaftlich besonders begehrte Ritterschlag auf der Tiberbrücke hätte erfolgen sollen, sondern nur bis Pavia, was Ludwig in seiner Selbstbiographie zu einer ärgerlichen Bemerkung über die vergeblichen Auslagen veranlaßte.

Im Ausland erworbene Rittertitel standen in besonders hohem Kurs. Neben dem Ritterschlag auf der Tiberbrücke in Rom erfreute sich Jerusalem großer Beliebtheit, wo man die Ritterschaft des Heiligen Grabes erwerben konnte. Hohes Ansehen genossen auch die spätmittelalterlichen Ritterorden, die von Königen und Fürsten gestiftet wurden. Bekannt in der Schweiz waren außer dem burgundischen Orden vom Goldenen Vlies savoyische und französische Orden.

Zum klangvollen Titel gehörte ein repräsentatives Wappen. Für teures Geld erkaufte Wappenbriefe, ausgestellt von ökonomisch bedrängten Herrschern, erweckten den Anschein uralten Adels, vor allem in Verbindung mit fingierten, bis in die mythische Vorzeit zurückreichenden Stammbäumen.

Sichtbare Legitimation des Anspruchs auf adligen Rang aber war der Besitz einer Burg mit Herrschaftsrechten.

Im 14. und 15. Jahrhundert waren heruntergewirtschaftete Güterkomplexe mit verwahrlosten Burgen billig zu haben, kauf- und pfandweise, vielleicht auch als Mitgift eines verschacherten Ritterfräuleins, dessen Eltern ganz froh waren, ihre Tochter wenigstens materiell gut versorgt zu wissen. Manche Honoratioren begnügten sich mit den an Burg und Herrschaft gebundenen Titeln und ließen den Besitz verkommen. Häufiger aber richtete man die zerfallende Burg wieder her und kurbelte den Gutsbetrieb wieder an. Ökonomisch brachte das Ganze meist nur Verluste, gesellschaftlich aber bedeutete der Burgbesitz zweifellos einen Aufstieg. Geradezu versessen auf den Erwerb von Burgen, gleichgültig in welchem Zustand, war die in der Schweiz begüterte und tätige Kaufmannsfamilie Mötteli aus Ravensburg. Innerhalb von drei Generationen brachten die Mötteli durch Kauf oder Pfandschaft die Burgen oder Burgruinen Roggwil, Alt-Regensburg, Forsteck, Tettikofen, Pfyn, Sulzberg, Neuburg, Rappenstein und Wellenberg an sich. Wenig stand ihnen der Luzerner Schultheiß Heinrich Hasfurter nach, der um 1460 innerhalb weniger Jahre die Burgen Baldegg, Wildenstein, Auenstein und Urgiz erwarb.

Den Rittertitel zu erlangen bedeutete nicht nur eine gesellschaftliche Rangerhöhung, sondern auch eine Erleichterung für die politische Karriere, denn in vielen eidgenössischen Städten war der Rittertitel bis um 1500 Voraussetzung für hohe Ämter, vor allem in Verbindung mit diplomatischen Missionen an Fürstenhöfen. Gesellschaftlich war der akademische Doktorgrad dem Rittertitel gleichgestellt. Dennoch blieben im 15. Jahrhundert Hochschulabsolventen aus eidgenössischen Honoratiorenfamilien eher selten. Die Bildungsreisen der Söhne aus vornehmem Haus führten weniger an Universitäten als an auswärtige Fürstenhöfe, berühmte Wallfahrtsorte und berüchtigte Stätten des Lasters.

Kleinod an der Kette des Hans Waldmann; der wappengeschmückte Anhänger an der reichverzierten Kette verdeutlicht dessen sozialen Aufstieg.

Im allgemeinen erwiesen sich die wirtschaftlichen Reserven der spätmittelalterlichen Oberschicht als stark genug, um den kostspieligen adligen Lebensstil zu verkraften. In Einzelfällen wurde aber die einträgliche Geschäftsführung dermaßen zugunsten defizitärer Standesvergnügungen vernachlässigt, daß der Familienruin nicht mehr aufzuhalten war. Mit gänzlichen Fehlschlägen endeten die Versuche der neuen Oberschicht, den Ausschluß von den exklusiven altadligen Turniergesellschaften durch eigene Kampfspiele zu kompensieren.

Beamte und Gelehrte Seit dem 13. Jahrhundert wuchs im Gebiet der heutigen Schweiz eine untere Führungsschicht heran, der – freilich sehr heterogen aufgebaute – Beamtenstand. Voraussetzung für diese Entwicklung bildete das Aufkommen des fürstlichen, dynastischen und städtischen Territorialstaates, für dessen Zusammenhalt das hochmittelalterliche System des auf dem Lehnswesen aufgebauten Personalverbandes nicht mehr ausreichte, zumal die Inhaber der längst erblich gewordenen Lehen sich schwer aus ihren Gütern und Rechten verdrängen ließen und selbst im Falle von Unfähigkeit oder Untreue nur gewaltsam entfernt werden konnten.

Demgegenüber stützte sich die landesherrliche Macht seit dem 13. Jahrhundert in zunehmendem Maß auf Beamte, die kontrollierbar und damit absetzbar waren. Während die Erbämter an den Fürstenhöfen, die sich in der Hand vornehmer Familien befanden, nur symbolische Bedeutung hatten, auch wenn sie mit gewissen Einkünften verbunden waren, vertraten nun die Vögte (advocati, baillis etc.) den Landesherrn innerhalb eines bestimmten Verwaltungsbezirkes in richterlicher, steuerlicher und militärischer Funktion. In ähnlicher Weise amtierten in den Städten Bürgermeister und Schultheiß. Während sich aber mit der politischen Emanzipation der Städte im Spätmittelalter Schultheiß und Bürgermeister zu wählbaren Oberhäuptern der Stadtgemeinde wandelten, ähnlich dem Landammann in den Ländern der Zentralschweiz, behielten die Vögte in den Territorialherrschaften ihren Beamtenstatus. Wenn es gelegentlich einzelnen Familien gelang, eine Vogtei mehrere Generationen lang zu besetzen, erwuchs daraus noch kein Rechtsanspruch auf Erblichkeit. Oft waren die Vögte verpflichtet, von ihrem Landesherrn eine Pfandschaft zu übernehmen, wobei dem hinterlegten Pfandbetrag die Funktion einer Garantiesumme für getreue Amtsführung zukam.

Im Verlauf des Spätmittelalters vermehrte sich die Zahl der Beamten. Die einzelnen Landvogteien wurden in Untervogteien eingeteilt, und das Verwaltungspersonal selbst wurde durch Amtsschreiber, Weibel und sonstige Chargen stetig erweitert. Für die Verwaltung grundherrlichen Gutes waren nach wie vor die schon im Hochmittelalter faßbaren Meier zuständig, die im Namen der Herrschaft die Steuern einzogen und den Vorsitz im niederen Dorfgericht innehatten. Über verhältnismäßig stark entwickelte Verwaltungsstrukturen verfügten im 14. Jahrhundert Savoyen und Habsburg-Österreich sowie Mailand und die Bischöfe von Chur, Basel und Konstanz. Mit dem territorialen Ausgreifen der Eidgenossenschaft im Spätmittelalter fielen diese landesherrlichen Verwaltungsstrukturen in eidgenössische Hand und wurden weitergeführt oder gar ausgebaut, wenn die Herrschafts- und Untertanenverhältnisse beibehalten wurden. Im fürstlichen und dynastischen Territorialstaat waren die höheren Ämter meist an den Ministerialadel vergeben. An deren Stelle rückten nun unter eidgenössischer Herrschaft die Vertreter des städtischen und ländlichen Patriziates, während die grundherrlichen Beamten nach wie vor dem Bauernstand entstammten. Im zentralen und rätischen Alpenraum, wo im Verlauf des Spätmittelalters die landesherrliche und grundherrliche Gewalt beseitigt und durch korporative Formen der Selbstverwaltung ersetzt wurde, vermochte sich die herrschaftliche Beamtenschicht nicht weiterzuentwickeln und entfiel in der Folgezeit als soziale Führungsgruppe.

Im Unterschied zu den Landes- und Grundherren, die sich dem Volke selten und nur bei besonderen Gelegenheiten zeigten, lebten die herrschaftlichen Beamten in verhältnismäßig engem Kontakt mit der Bevölkerung. Die Vögte freilich traten im Lauf des Spätmittelalters ebenfalls immer seltener in Erscheinung und überließen die an direkten Kontakt mit der Bevölkerung gebundenen Verpflichtungen zunehmend ihren Untergebenen, was ihnen allmählich den Ruf hochherrschaftlicher Unnahbarkeit eintrug, ein Eindruck, der durch ihre Wohn- und Amtssitze, die in mittelalterlichen Höhenburgen eingerichtet waren, noch verstärkt wurde. Im Bestreben, Macht und Besitz ihres Herrn zu mehren, wandten die Vögte mitunter skrupellose Mittel an, was ihnen den Haß der Bevölkerung eintrug. Demgegenüber lebten die Meier und die Untervögte in enger Verbundenheit mit der Dorfgemeinschaft und galten nicht nur in Amtsgeschäften, sondern auch in privaten Angelegenheiten – ähnlich wie die Dorfgeistlichen – als vertrauenswürdige Autoritätspersonen.

In diesen spätmittelalterlichen Beamtenstand wuchs allmählich eine neue Oberschicht hinein, deren Führungsanspruch sich von ihrer akademischen Bildung ableitete. Schon im Hochmittelalter hatten sich weltliche Landesherren mit gelehrten Klerikern umgeben, die als Berater und Schreiber amtierten. Mit dem Aufkommen der Universitäten waren es nun vorwiegend Juristen, die von Fürsten und Städten in Dienst genommen wurden. Auf deren Betreiben setzte sich immer mehr das an den Universitäten gelehrte Römische Recht durch. Seit dem 13. Jahrhundert änderte sich auch das Urkundenwesen durch die Ausbreitung der vom juristisch gebildeten und obrigkeitlich bevollmächtigten Notar ausgestellten Notariatsurkunde.

In der städtischen und landesherrlichen Verwaltung erlangten die Juristen gegen Ende des Mittelalters einen immer größeren Einfluß und verschmolzen auf diese Weise mit der politischen und sozialen Führungsschicht des Beamtenstandes, ähnlich den Theologen an den Bischofsresidenzen.

Gesellschaftlich wurde wie gesagt der Doktorgrad im ausgehenden Mittelalter dem Rittertitel gleichgestellt, aber längst nicht jeder Hochschulabsolvent brachte es bis zur Doktorwürde. Für die Ausübung eines akademischen Berufes konnte der Lizentiats- oder Magistergrad durchaus genügen. Während aber das Wort der Theologen und Juristen für die kirchliche und weltliche Obrigkeit ins Gewicht fiel, hatten die Absolventen der beiden anderen Fakultäten, der medizinischen und der philosophischen, mehr Mühe, sich in der Öffentlichkeit durchzusetzen. Bei der Philosophen- und Artistenfakultät, die mit dem Unterricht in den sieben freien Künsten (Grammatik, Rhetorik, Dialektik, Arithmetik, Geometrie, Musik, Astronomie) ohnehin nur propädeutische Fächer lehrte, mag das verständlich sein. Anders bei den Medizinern, deren Wissen bis in den Ausgang des Mittelalters vornehmlich auf theoretischen Schriften der Antike beruhte und in der ärztlichen Praxis meist so wenig Wirkung zeigte, daß es die Leute vorzogen, bei Unfall oder Krankheit die Hilfe akademisch ungebildeter, aber praktisch erfahrener Quacksalber, Bader, Kräuterfrauen und Scharfrichter in Anspruch zu nehmen.

Wenn somit das Aufkommen der Universitäten die Entstehung einer neuen Bildungsoberschicht bewirkte, erstreckte sich bis um 1500 die gesellschaftliche Anerkennung dieser geistigen Elite vor allem auf die Theologen und die Juristen, aber nur beschränkt auf die Mediziner und die Artisten.

Das breite Volk

Die Bauern An der landwirtschaftlichen Produktion waren praktisch alle Stände des Mittelalters beteiligt. Adlige Herren bewirtschafteten ihre Burggüter, Mönche und Klosterfrauen ihre Gärten, städtische Handwerker und Kaufleute ihre Obstgärten, Felder und Weinberge inner- und außerhalb der Stadtmauern. Dasselbe gilt von der Viehhaltung. Die Abgrenzung des mittelalterlichen Bauernstandes ergab sich somit weniger aus beruflichen als vielmehr aus sozialen, rechtlichen, politischen und kulturellen Merkmalen.

Im Unterschied zum Städter, zum Mönch und zum burgsässigen Ritter lebte der Bauer im Dorf oder seit dem 12./13. Jahrhundert im Weiler und Einzelhof. Im Verlauf des Hochmittelalters waren die Dinghofbetriebe weitgehend verschwunden, um den Familiengütern Platz zu machen, deren Wirtschaftsgrundlage das Haus mit dem Garten, die einzelnen Äcker und Weinberge sowie die Nutzungsrechte an der Allmend, das heißt am Weidgang und Holzschlag, bildeten.

Der Rechtsstatus des hoch- und spätmittelalterlichen Bauern war mit bestimmten Ausnahmen durch Unfreiheit, durch starke herrschaftliche Bindungen gekennzeichnet. Freie Bauern, die auf eigenen Gütern saßen, gab es außer im Alpenraum nur noch an vereinzelten Stellen, so im damaligen zürcherischen Freiamt. Umgekehrt nahm seit dem 12. Jahrhundert auch die Leibeigenschaft infolge der Möglichkeit des Loskaufes ab, obgleich es die Leibeigenschaft in geistlichen und welt-

Der Berner Chronist Diebold Schilling vor einem schrägen Schreibpult, das mit Schere, Stechzirkel, Brille, Winkelmaß, Tinten- und Streusandfaß sowie mit Federkielen ausgerüstet ist. Die Füße ruhen auf einem gegen Bodenkälte schützenden Schemel. Rechts im Bild Besucher aus dem Berner Patriziat.

lichen Herrschaften auch um 1500 noch gab. Deren Beseitigung durch Freikauf wurde im 15. Jahrhundert in der Schweiz durch die Obrigkeit stark gefördert. Aus der Unterwerfung und der Eingliederung freier Bauern in ein Herrschaftsgefüge und aus der Umwandlung der Leibeigenschaft in die «Halbfreiheit», die Hörigkeit, ergab sich der bäuerliche Untertanenstand des späteren Mittelalters, der den Bauern an die Scholle band, das heißt an das grundherrliche Land, was ihn zu Abgaben und Leistungen, generell zu «Gehorsam», verpflichtete, ihn dem Hofrecht, also dem gemeinsamen Recht der Dorfgenossen, unterwarf und ihn dem Schutz und Schirm sowie der Vogteigewalt des weltlichen oder geistlichen Grundherrn unterstellte.

In den einzelnen Dörfern gab es Bauernbetriebe unterschiedlicher Größe. Als Einheit für eine Familie galt die Hufe, die zwischen 10 und 16 Hektar Ackerland umfassen konnte, wegen der wechselnden Qualität des Bodens aber sehr ungleiche Erträge abwarf. Die soziale Stellung des Bauern beruhte nicht bloß auf der Größe seines Akkerlandes, sondern auch auf seiner Ausrüstung – Pflug, Hacke usw. – und seinem Viehbestand – Ochsengespann, Pferde, Esel – sowie auf der Ausübung bestimmter Funktionen innerhalb der Dorfgemeinschaft als Bannwart, als Gescheidmann, als Geschworener des Hofgerichts, als Müller oder Wirt. Der Stellvertreter des Grundherrn, der Vogt oder Meier, stand an der Spitze dieser «Dorfehrbarkeit» und bereits auf der Übergangsschwelle zum Stand des niederen Adels. Besondere Achtung genoß im Dorf auch der Halter des Ebers und des Zuchtstiers, deshalb war diese Aufgabe nicht selten dem Pfarrer anvertraut.

Mit dem Aufkommen der Städte, die trotz erheblicher landwirtschaftlicher Eigenproduktion auf die Zufuhr von Lebensmitteln angewiesen waren, bot sich den Bauern die Möglichkeit, über den eigenen und den grundherrlichen Bedarf hinaus Überschüsse an Getreide zu erzeugen, die in den Städten verkauft werden konnten. Standesstolz hinderte den ritterlichen Grundherrn daran, dieses Geschäft selbst in die Hand zu nehmen. So wurde der Bauer mit dem 13. Jahrhundert zum Geschäftspartner der Stadt, was ihm zwar Einnahmequellen erschloß, ihn aber gleichzeitig von der Marktlage, der Preisentwicklung und der Geldentwertung abhängig machte. Von den wirtschaftlichen Krisen des Spätmittelalters scheinen die Großbauern mit einer Anbaufläche von mehreren Hufen stärker getroffen worden zu sein als die Kleinbetriebe.

Im Raum der Schweiz bahnte sich seit dem 13. Jahrhundert für den Bauern eine vom übrigen Mitteleuropa verschiedene Entwicklung an, die seine ökonomische und rechtliche Stellung wesentlich verbessern sollte. Der Bauer profitierte von der Schwäche der kleinen Grundherrschaften und vom Scheitern landesherrlicher Territorialisierungsversuche. Die vielen Städte zwischen Alpen und Jura entwickelten einen starken Bedarf an Lebensmitteln, so daß sich die europäische Agrarkrise des späten 14. Jahrhunderts für den Bauern im schweizerischen Gebiet wenig auswirkte. Mit dem Übergang der Feudalherrschaften an eidgenössische Orte blieb der Untertanenstatus der Bauern zwar bestehen – sie mußten ihren Huldigungseid nun den neuen Machthabern leisten –, doch wurden sie zum Waffendienst beigezogen, und diese Wehrhaftigkeit, die sich auch günstig auf ihre rechtliche und politische Stellung auswirken mußte, stärkte ihr Selbstbewußtsein ungemein.

Noch ausgeprägter verlief die Entwicklung im Alpenraum, wo sich grund- und landesherrliche Gewalten stellenweise nur schwach hatten entfalten können und ein erheblicher Teil des Landes, vor allem des neu gerodeten, freies bäuerliches Eigentum bildete. Mit dem Umsteigen von der auf Ackerbau und Schafzucht fußenden Selbstversorgung und Milchproduktion auf Exportwirtschaft für Fleisch- und Milchprodukte im 14./15. Jahrhundert erfolgte die teils friedliche, teils gewaltsame Beseitigung der Feudalherrschaft und deren Ablösung durch die genossenschaftliche Selbstverwaltung.

Bäuerliche Lebensweise, abhängig von den vielfältigen Einflüssen der Umwelt, ist gewissermaßen von Natur aus konservativ. Neuerungen, selbst unbestrittene technische Verbesserungen, können sich meist nur langsam durchsetzen. Wohl hatte sich die bäuerliche Wirtschaftsform im Hoch- und Spätmittelalter in mehrfacher Beziehung gewandelt; die grundsätzlich am Hergebrachten hängende, rückwärts orientierte Lebensart war dem Bauern jedoch geblieben und sollte ihn seit dem 15. Jahrhundert kulturell der Stadt entfremden, die sich damals politisch, sozial und wirtschaftlich stürmisch entwickelte. Höhere Bildung, bessere Rechtsstellung, komfortablere Lebensweise, modischere Tracht und feinere Manieren ließen den Städter hochmütig auf den Bauern hinunterschauen, der auf dem Markt seine Waren feilhielt. Der graue, einfache Bauernrock wurde verächtlich als «Aschensack» bezeichnet, was dann zum Spottbegriff für den Bauern schlechthin wurde, über den sich der Städter vor allem an der Fastnacht gern lustig machte.

Umgekehrt galt die Eidgenossenschaft im Ausland als Bauernparadies, wo ungehobeltes Benehmen, rebellische Rüpelhaftigkeit und lästerliche Verachtung der göttlichen Ordnung herrschten. Wie bereits erwähnt, übernahmen die Eidgenossen, die den militärischen Erfolg auf ihrer Seite wußten und im Spott des Auslandes das Eingeständnis der kriegerischen Ohnmacht zu erkennen glaubten, das verächtliche Wort und bezeichneten sich selbst stolz als die «frommen, edlen Puren».

Die Handwerker Gewinnung und Verarbeitung von Rohstoffen waren im Hochmittelalter an die feudalen Herrschaftszentren gebunden, an Burgen, Dinghöfe und Klöster, und gehörten zu den Aufgaben der Unfreien. Vereinzelte schriftliche Nachrichten und neuerdings auch archäologische Befunde bezeugen die Anwesenheit von Handwerkern verschiedener Richtungen in frühen Adelsburgen und in Herrenhöfen. Auf der Frohburg sind beispielsweise die Überreste von Eisengewinnung und Metallverarbeitung, von Knochenschnitzerei, Holz- und Lederbearbeitung sowie von Textilherstellung festgestellt worden. Im Sinne des frühmittelalterlichen «Hauswerks» dürften solche Betriebe auf Burgen und Herrenhöfen vorwiegend zur Selbstversorgung und zur Belieferung der Herrschaftsleute gedient und in nur geringem Ausmaß zum Verkauf an Außenstehende produziert haben.

Mit der Bevölkerungszunahme im 12. und 13. Jahrhundert verlagerte sich das Handwerk in die im Aufschwung begriffenen Städte, nachdem schon seit dem Frühmittelalter gewerbliche Zentren mit vielseitiger Produktion in den ehemaligen Römerkastellen, besonders an den Bischofssitzen, bestanden hatten. Die Lage der Städte an Wasserläufen und an Verkehrswegen eignete sich ohnehin besser für die Ausübung gewisser Gewerbe als die auf abseitigen Anhöhen errichteten Burgen oder die dem Zugriff von Räubern oder Kriegern wehrlos geöffneten Dinghöfe. Die persönliche Unfreiheit der Handwerker, ihre Abhängigkeit vom Stadtherrn oder von der adligen Oberschicht der Stadt, blieb vorerst bestehen und baute sich erst im Verlauf des 13. und 14. Jahrhunderts ab, um allmählich durch den Status des freien Stadtbürgers ersetzt zu werden.

Mit der Konzentration des Handwerks in den Städten schrumpfte das Gewerbe auf dem Lande auf die Gewinnung von standortgebundenen Rohstoffen – Bergbau, Glas- oder Harzherstellung – und auf Betriebe zusammen, die in direktem Zusammenhang mit der bäuerlichen Wirtschaft und dem immer mehr aufkommenden Transitverkehr standen. Dazu zählten etwa die Wagner, Hufschmiede oder Sattler. Gleichzeitig weitete sich das Handwerk in den Städten stetig aus durch Steigerung der Produktion, durch Spezialisierung und durch die Bildung neuer Berufe. Zu den neuen Berufen gehörte zum Beispiel der der Papiermacher, deren Kunst sich im späten 14. Jahrhundert in den Schweizer Städten auszubreiten begann, oder der der Buchdrucker, die im späten 15. Jahrhundert eine immer größere Bedeutung erlangten. Spezialisierungen setzten sich vor allem in der Metall- und Textilverarbeitung durch. Wir finden in der Schmiedebranche im 15. Jahrhundert allein im Werkstoff Eisen etwa Grobschmiede, Messerschmiede, Schlosser, Nagel- und Hufschmiede, Sporer, Feilenhauer, Sarwürker und Plattner (Harnischmacher) sowie Schwertfeger. Dazu gesellten sich die vielen Berufe der Bunt- und Edelmetallverarbeitung. Im Textilgewerbe stößt

Bauer um 1500. Die Karikatur von Urs Graf hält wesentliche Merkmale fest: struppiges Haar, unrasiertes Kinn, Rebmesser im Gürtel, Bundschuhe an den Füßen. Die Scheide des Schweizerdegens ist schadhaft, die Beinlinge sind mit Stroh geschnürt: der Mann macht einen schäbigen Eindruck.

man auf Weber oder Tuchmacher, Schneider, Hutmacher, Taschner, Hosen- und Strumpfwirker sowie auf Seidensticker, also auf Fachkräfte, die sich teilweise erst noch auf ganz bestimmte Stoffarten wie Leinen, Wolle oder Seide spezialisiert hatten. Vielfältige Berufsgruppen gab es auch im Baugewerbe, wo Maurer, Zimmerleute, Ziegler, Dachdecker, Steinmetzen, Ofenbauer und Glaser bezeugt sind, oder in der Nahrungsmittelbranche, wo neben den Rebleuten, Fischern, Müllern und Metzgern, die das Rohmaterial lieferten, Köche und spezialisierte Bäcker für Brote, Pasteten oder Lebkuchen auftraten. Ähnliche Differenzierungen sind in der Leder-, Holz- und Töpfereibranche zu beobachten.

Da im Mittelalter die bildende Kunst stets einer Funktion diente, sei es zu Sakral-, Repräsentations- oder Schmuckzwecken, galten die Künstler, die Maler und Bildhauer, als Handwerker und standen mit den benachbarten Berufen des Goldschmieds, des Steinmetzen und des Schreiners in engem Kontakt.

Die einzelnen Berufsgruppen schlossen sich zwar seit dem 13. Jahrhundert zu bruderschaftlichen Interessengruppen, den Zünften, zusammen, doch blieb bis über das Ende des Mittelalters hinaus der familiäre Kleinbetrieb die übliche Wirtschaftseinheit. Nur in der Textil- und Leder- sowie in Ansätzen in der Metallbranche kam es im 15. Jahrhundert zur Bildung größerer Betriebe, die mehrere Produktionsstufen miteinander verbanden.

Innerhalb des einzelnen Handwerksbetriebes hatte sich schon im 13. Jahrhundert eine klare hierarchische Ordnung gebildet. An der Spitze stand der Meister, der eine kleine Zahl von Gesellen beschäftigte und die Lehrlinge in die Geheimnisse seines Gewerbes einweihte. Die Meister waren seßhaft und hatten Familie, während die Gesellen oft mehrere Jahre auf Wanderschaft gingen, um ihre Kenntnisse bis zur Meisterprüfung zu vervollkommnen. Lehrlinge wiederum entstammten mehrheitlich dem Wohnort des Meisters. Die beruflichen Untergebenen lebten im Haushalt des Meisters, zusammen mit dessen Familie und Gesinde. Im 13. und 14. Jahrhundert begegnen uns viele Frauen in handwerklichen Betrieben, vor allem in der Textil-, Leder- und Töpfereibranche, meist auf Gesellenstufe, gelegentlich auch als Meisterinnen in leitender Stellung. Seit etwa 1400 wurden die Frauen aus den Gewerbebetrieben aber immer mehr verdrängt, wobei allerdings Ehefrauen und Töchter eines Meisters im familieneigenen Geschäft noch immer zur Mitarbeit herangezogen worden sein dürften, freilich ohne geregelte Bezahlung.

Krämer und Kaufleute Der Verkauf handwerklicher Produkte erfolgte in der Regel direkt ab der Werkstatt, wo der Meister seine fertigen Waren feilhielt oder auf Bestellung arbeitete. Seit der Wende vom 14. zum 15. Jahrhundert enthielten deshalb die städtischen Handwerkerhäuser im Erdgeschoß große Fensteröffnungen mit vertikal abklappbaren Läden, auf denen die Ware ausgestellt und verkauft werden konnte, ohne daß der Kunde die Werkstatt betreten mußte.

Nun gab es aber eine riesige Menge von Waren, die nicht direkt beim Hersteller bezogen werden konnten, sei es weil sie von auswärts stammten, sei es weil ihre Herstellung verschiedene, voneinander unabhängige Arbeitsgänge erforderte. So bildete sich schon im 13. Jahrhundert in allen Städten eine starke Gruppe von Detailhändlern heran, die als Krämer alle möglichen Erzeugnisse anboten, Spezereien, Gemüse, Eier, Lederwaren, Glas- und Töpferwaren, Kämme, Paternoster (Gebetsschnüre), Knöpfe, Faden, Bänder, Nestel, Farbe, Parfüms, Importweine und -stoffe. Von den Krämern unterschieden sich die Grempler, die mit Gebrauchtwaren handelten, zum Teil auf Kommissionsbasis, ferner mit importierten Lebensmitteln wie Käse, Ziger und getrockneten Meerfischen sowie dem unentbehrlichen Kochsalz.

Mittelpunkt des städtischen Handels war der offene Markt, an bestimmten Wochen-, Monats- und Jahrestagen auf Straßen und Plätzen abgehalten. Je nach An-

Wandel spezielle Ordnungen erlassen und Vorkehrungen getroffen werden mußten. Aufsichtsbeamte kontrollierten die Qualität der Ware und die Einhaltung der Preise, inner- und außerhalb der Stadt verschärfte man die Wachen, besonderes Augenmerk galt den Herbergen und Freudenhäusern. Neben dem Wochen- oder Mo-

---

Hierarchie in einer herrschaftlichen Küche: Der Küchenmeister prüft die kochende Speise, die Magd knetet Teig (?). Im Vordergrund braten zwei Hühner an einem Spieß.

Ein Ritter, als Krämer verkleidet, sucht Annäherung an seine Herzensdame; ein Esel trägt die Waren, er selbst bietet eine Auswahl feil, vor allem Gürtel und Taschen.

ordnung des Stadtplanes dienten zur Abhaltung des Marktes breite Straßenzüge wie in Bern und anderen Zähringerstädten oder offene Plätze wie in Basel. Für das Feilbieten der Waren schlug man hölzerne Buden oder Bänke auf, woran heute noch die Begriffe «Fleischbank» sowie «Bank» im Sinne des Geldinstitutes, abgeleitet von der Bank des Geldwechslers, erinnern.

Auf dem Markt durften auch auswärtige Händler ihre Waren anbieten. Der Marktbetrieb stand unter dem besonderen Schutz des Stadtherrn, später der städtischen Obrigkeit, weshalb für die Sicherheit von Handel und

natsmarkt, der dem einheimischen Händler den Vorteil der Zollfreiheit gewährte, richteten verschiedene Städte im Verlauf des Spätmittelalters Messen oder Jahrmärkte ein, die mehrere Tage dauerten und auch die auswärtigen Händler von Zöllen befreite.

Wichtig für Märkte und Messen waren die Kaufhäuser, die den fremden Händlern als Stapel-, Pack- und Laderaum dienten. Transitwaren, die vorübergehend eingelagert werden mußten, waren im Kaufhaus zu deponieren, während Herbergen und private Häuser für derartige Zwecke gesperrt blieben.

Mit dem Aufschwung des Handels blühte zwangsläufig die Geldwirtschaft auf. Für den städtischen Markt mußten im Hinblick auf die vielen Währungen leistungsfähige Wechselmöglichkeiten geschaffen werden. Auf Märkten und Messen wurden deshalb Bänke zum Geldwechsel aufgestellt. Er scheint anfänglich von den Juden betrieben worden zu sein, die sich von alters her mit dem Wucher, das heißt mit dem Ausleihen von Darlehen gegen Zinsen, befaßten. Im 14. Jahrhundert erhielten die Juden Konkurrenz durch lombardische, später auch durch einheimische Geldleiher, nachdem das kanonische Zinsverbot für Christen nicht mehr beachtet wurde.

Der Handel mit Kapitalien entwickelte sich im Spätmittelalter zum großen Geschäft, in das sich jedermann hineinzudrängen versuchte, der über genügend Mittel verfügte, deshalb trachteten sich die professionellen Geldverleiher mit den Schranken des Zunftzwanges gegen die unbequeme Konkurrenz abzuschirmen.

Krämer, Grempler und Geldwechsler betrieben ihre Geschäfte in lokalem Rahmen und erwarben fremde Waren oder fremdes Geld zum Weiterverkauf am Ort ihres Wirkens von zugereisten Geschäftspartnern. Von dieser Gruppe hoben sich die Kaufleute ab, die über weiträumige Handelsbeziehungen verfügten und selbst lange Geschäftsreisen unternahmen. Basler Kaufleute sind seit dem 11. Jahrhundert längs der großen europäischen Handelsrouten bezeugt, in Köln und Koblenz, in Genua, in Marseille, ja sogar im fernen Akkon. Anfänglich erstreckte sich der Fernhandel der Kaufleute vor allem auf Tuche, die in Flandern, England und Italien in großen Mengen hergestellt wurden, ferner auf Pfeffer, Safran und andere Gewürze, auf Pelze und kostbares Glas aus Venedig. Seit dem 14. Jahrhundert entstanden an den großen Handelsstraßen und in den berühmten Messeorten feste Niederlassungen von Kaufleuten, und zudem begann eine rege Wohnsitzverschiebung. So siedelten sich in Schweizer Handelsstädten zu Beginn des 15. Jahrhunderts ganze Gruppen von Kaufleuten aus dem Niederrheinischen und aus Norditalien an.

Gleichzeitig dehnte sich die Tätigkeit des Kaufmanns beträchtlich aus. Das Warenangebot des Großhandels erweiterte sich immer mehr: es reichte von Schwertklingen über Straußenfedern bis zum Pökelfleisch. Vor allem bauten die großen Kaufmannshäuser eigene Transportorganisationen auf und versuchten, gestützt auf ihr Kapital, Großbetriebe zu errichten, deren Aufgaben Rohstoffgewinnung, mehrstufige Verarbeitung und Vertrieb umfaßten. So konnten in einer Hand Bergwerke, Eisenschmelzen und Schmieden vereinigt sein oder Schafherden, Webereien und Schneiderwerkstätten. Die weiträumigen Handelsbeziehungen, die große Zahl der

Lohnabhängigen und vielfältigen Geldgeschäfte brachten die Kaufleute des Spätmittelalters mit der Politik zusammen, in der sie als Angehörige der städtischen Aristokratie eine hervorragende Stellung einnahmen, nicht mehr zum sozialen Mittelbau, sondern zur Führungsschicht zählend.

Knechte und Mägde Männliche und weibliche Dienstboten zählen zu den am schwersten faßbaren Bevölkerungsgruppen des Mittelalters, einerseits wegen der unscharfen Begrenzung der Begriffe «Magd» und «Knecht», die keineswegs bloß häusliches Personal bezeichnen, andererseits wegen der starken Abhängigkeit vom Brotgeber.
Wegen der geringen Entlöhnung erscheinen die wenigsten Dienstboten in den städtischen Steuerlisten; dies und die patriarchalischen Bindungen an den Haushaltvorstand wiesen die Dienstboten der ländlichen und städtischen Unterschicht zu, die freilich voll in die Gesellschaft integriert war und kein tabubelastetes Randgruppendasein fristete. Knechte und Mägde gehörten zum Haus, zur Familie; man erwartete von ihnen Fleiß, Treue und Ehrlichkeit und brachte ihnen meist Fürsorge und Wohlwollen entgegen. Widersetzlichkeit, Ungeschicklichkeit oder Unredlichkeit wurden freilich mit Schelten, Hieben, Nahrungsentzug oder fristloser Kündigung bestraft. Der reguläre Kündigungs- und Lohntermin war an Martini, am 11. November. Weibliche Dienstboten waren der sexuellen Willkür ihres Brotherrn oder dessen Söhnen ausgeliefert. Kam es zu einer Schwangerschaft, konnte sie für die ledige Magd verheerende Folgen haben. Sie riskierte, von der eifersüchtigen Hausherrin davongejagt oder krank schikaniert zu werden, einer Abtreibung zum Opfer zu fallen oder der Unehrenhaftigkeit überführt zu werden. Wie viele seelische und körperliche Qualen verführte Dienstmägde haben ausstehen müssen, kann heute überhaupt nicht mehr abgeschätzt werden. Manche Selbstmorde «armer Frauen» mögen durch solche Schwangerschaften verursacht worden sein. Im günstigsten Fall konnte eine rechtzeitige Tarnheirat mit einem Knecht die Affäre geradebiegen. Unehelich geborene Dienstbotenkinder wurden im väterlichen Haus als «Kegel» aufgezogen oder als Findelkinder in Klöstern abgegeben.
Zur Hauptsache hatten die Knechte und Mägde die «niedrigen» Hausarbeiten zu verrichten, Holz zu spalten, Ofen und Herd zu heizen, in der Küche zu helfen, Wasser vom Brunnen zu holen, die Wäsche zu besorgen,

---

Obrigkeitlicher Standesläufer. Steinfigur im Hof des Basler Rathauses. Zum Stand der Dienerschaft gehörte auch das magistrale Hilfspersonal. Die «Läufer» hatten amtliche Botschaften zu überbringen und waren oft weitherum bekannt.

---

die Garderobe zu betreuen. Auf Bauernhöfen kamen landwirtschaftliche Arbeiten in Feld, Wald und Garten hinzu, in städtischen Handwerksbetrieben mußten sie bei der Produktion helfen und beim Austragen der Ware. Als ausgesprochen weibliche Dienstbotenarbeiten galten das Spinnen und Nähen. Eine Sonderrolle kam in besseren Häusern der Amme zu, welche die Kleinkinder betreute und anstelle der Mutter stillte. An Jahrmärkte, Messen oder Schützenfeste nahm man die Dienstboten oft mit, deshalb finden sich ihre Namen regelmäßig in den «Glückshafenrödeln», den Listen der Festlotterien.
Beim Essen saß das Gesinde je nach Größe und Ansehen des Haushalts am unteren Ende des gemeinsamen Tisches oder von der übrigen Familie isoliert in der Küche. Die Schlafkammern der Knechte und Mägde lagen

meist direkt unter dem Dach, wo man die sommerliche Hitze und die winterliche Kälte ganz besonders stark zu spüren bekam.

In vornehmen Häusern sowie auf den Adelsburgen dienten die Knechte und Mägde auch zur gesellschaftlichen Repräsentation. Außer Haus- und Küchenpersonal hielt man sich Gehilfen für die Jagd, für die Versorgung der Pferde, Hunde und Falken, vielleicht auch zur Bewachung der Burg. Bei nächtlichen Ausgängen trugen Diener Fackeln voran, und auf Reisen ließ man sich von handfesten, bewaffneten Knechten begleiten. Bei besonderen Anlässen steckte man das Gesinde in einheitliche, meist heraldisch geschmückte Kleidung im Sinne der nachmaligen Livree. Im späteren Mittelalter breitete sich die Gewohnheit aus, sich zu Unterhaltungs- und Repräsentationszwecken mit exotischen Dienern, Hofnarren sowie mißgebildeten Menschen wie Zwergen oder Krüppeln zu umgeben. Die Mißgebildeten kamen auf diese Weise wenigstens zu einem Dach über dem Kopf. Mohren besorgte man sich von den mediterranen Sklavenmärkten.

Die Mehrzahl der häuslichen Dienstboten stammte aus der näheren Umgebung des Arbeitsplatzes oder aus Heiraten zwischen Knechten und Mägden. Da es für das Gesinde wenig soziale Aufstiegsmöglichkeiten gab, dürften zwischen Knechten und Mägden sehr häufig Ehen geschlossen worden sein, deren Nachkommen wiederum dem Dienstbotenstand angehörten, der sich somit zur Hauptsache als Geburtsstand erweist.

Wie groß der Anteil des häuslichen Gesindes an der Gesamtbevölkerung gewesen ist, läßt sich nur schwer abschätzen. Wenn man die Handwerksgesellen ausklammert, die eine soziale Gruppe für sich bildeten, dürfte eine Zahl etwa zwischen 10 und 15 Prozent ungefähr richtig sein.

Randgruppen der Gesellschaft

Huren und Henker – die unentbehrlichen Verworfenen

Im Hinblick auf den im Vergleich zum 20. Jahrhundert tiefen Lebensstandard des Mittelalters fällt es schwer, soziale Gruppen nach dem Ausmaß materiellen Besitzes zu unterscheiden; vor allem bleibt die Frage offen, was im Mittelalter unter «Armut» zu verstehen war oder wie sich die Armut auf die soziale Schichtung ausgewirkt hat. Wenn man unter Armut ein Leben am Rande des materiellen Existenzminimums sehen will, entfällt der Begriff für die sichere Abgrenzung sozialer Randgruppen. Wohl hat es mit den Bettlern eine Außenseiterschar gegeben, die stets vom Hunger- und Erfrierungstod bedroht war. Daneben aber finden wir im Mittelalter eine ganze Reihe von Berufen, die für die Gesellschaft unentbehrlich waren und ihren Trägern ein ausreichendes, zum Teil sogar obrigkeitlich abgesichertes Einkommen brachten, die aber aus irgendwelchen Gründen als verrufen galten und ihre Angehörigen zu verfemtem Außenseiterdasein verurteilten. Die Liste dieser verachteten Berufe ist lang und bunt, auch nicht in allen Jahrhunderten identisch, so daß es schwerfällt, gemeinsame Eigenschaften oder Ursachen der sozialen Ablehnung zu erkennen.

Als verrufen galten der Henker und seine Gehilfen, der Abdecker, der Totengräber, die Lastträger und Kloakenreiniger, die Bader und Scherer, die Berufskämpfer, die Huren, Kuppelmütter und Zuhälter, die Schmiede, Töpfer, Ziegler, Kesselflicker und Müller, ferner die Sauschneider und ganz besonders alle Fahrenden wie Gaukler, Spielleute oder Bärenführer.

Im Verlauf des Mittelalters hat sich die Zahl dieser verrufenen Berufsgruppen deutlich verringert, da es noch vor dem 12. Jahrhundert den Handwerkern unter den Außenseitern gelang, sich in die Gesellschaft zu integrieren. Die archaische, wohl auf Feuer- oder Wassertabus zurückgehende Sonderstellung der Schmiede, Töpfer, Ziegler und Müller ist abgebaut worden und bis auf geringe Brauchtumsreste verschwunden, so daß diese Berufe seit dem 13. Jahrhundert zum ehrbaren Handwerk zählten, später auch die Bader und Scherer. Dagegen

Blinde Spielleute auf der Wanderschaft. Die beiden stützen sich auf einen Stecken, der Vordermann mit umgehängtem Schnappsack streckt tastend die Hand aus, der hintere Blinde hält sich an der Schulter des Gefährten fest. Auf dem Rücken trägt er die für fahrende Spielleute charakteristische Laute.

hat der Kesselflicker seine Außenseiterstellung behalten, vermutlich weil er als Fahrender ohne festen Wohnsitz galt. Der Beruf des Kämpfers ist mit dem allmählichen Verschwinden des gerichtlichen Zweikampfes aus dem Prozeßverfahren zwangsläufig ausgestorben. Die verfemte Stellung des Henkers hingegen hat sich erst im Lauf des Spätmittelalters entwickelt, als Verbrecher nicht mehr durch die geschädigte Partei oder die Inhaber der Gerichtsbarkeit hingerichtet wurden, sondern durch einen obrigkeitlich bezahlten Berufsmann, den Henker, auch Nach- oder Scharfrichter.

Außenseiterberufe waren durch ihre gewerbliche und gesellschaftliche, von altertümlichen Riten begleitete Isolierung gekennzeichnet. Sie war je nach Berufsart unterschiedlich stark ausgeprägt, am stärksten zweifellos beim Henker und Abdecker. Umgang mit Leuten verfemter Berufe wurde nach Möglichkeit gemieden oder auf das unerläßliche Minimum reduziert. Man machte um sie einen Bogen, verbot ihnen das Betreten öffentlicher Räume oder zwang sie, sich an separate Tische zu setzen. Äußerlich waren sie durch besondere Tracht oder Abzeichen gekennzeichnet. Der Henker mußte manchmal Haare und Bart ungekämmt und ungeschnitten tragen. In den Städten wurden die Außenseiter in bestimmten Quartieren oder Straßen angesiedelt. Ein Scharfrichtergäßlein in Chur erinnert noch heute daran, während sich in Basel nur noch Eingeweihte bewußt sind, daß auf dem Kohlenberg, wo jetzt brave Gymnasien stehen, einst der Henker, die Dirnen und die «Friheiten», die verachteten Lastträger und Kloakenreiniger, zusammen mit den Spielleuten gewohnt und als Zeichen ihrer Isolierung sogar ein eigenes Gericht unterhalten haben.

Alle beruflichen Außenseiter waren Gefangene ihres Gewerbes, und ihr Verruf pflanzte sich auch auf die Nachkommen fort. Der Sohn des Henkers konnte nur wieder Henker werden, die Tochter nur einen Henker heiraten. So entstanden ganze Dynastien von Scharfrichtern, Abdeckern und fahrenden Spielleuten. Besonders rigoros schlossen sich die Zünfte gegen die Fähigkeit verrufener Gewerbe ab. Arbeiten, die an ein verfemtes Gewerbe erinnerten, Gegenstände, die aus dem Besitz eines Außenseiters stammten, oder gar persönlicher Umgang mit

Die dreitausend Dirnen im burgundischen Lager vor Murten bieten nach der Schlacht mit obszön hochgeschürzten Röcken den siegreichen Eidgenossen ihre Dienste an und gehen in den Zelten unverzüglich ihrem Gewerbe nach.

verrufenen Personen, all das konnte den Ausschluß aus der Zunft nach sich ziehen, wobei aber gerade hier sehr differenzierte Unterschiede gemacht wurden: Dienstleistungen von Dirnen, Spielleuten, Lastträgern oder Kesselflickern nahm man oft und gern in Anspruch, aber unter keinen Umständen hätte man mit ihnen eine eheliche Verbindung eingehen können.

Die gesellschaftlichen, rechtlichen und beruflichen Schranken, denen die gewerblichen Außenseiter ausgeliefert waren, bewirkten ein näheres Zusammenrücken und bisweilen auch eine Fusionierung der verfemten Berufe. Der Henker betätigte sich nicht selten als Bordellwirt; der Abdecker, der nicht nur verendete Tiere verscharren mußte, sondern außerdem herrenlose Hunde einzufangen und totzuschlagen hatte, amtierte zugleich als Totengräber; Bader und Scherer beherrschten auch die Kunst des Sauschneidens. Die berufliche Isolierung

Jüdischer Grabstein aus Basel, heute im Garten des Frey-Grynäums am Heuberg aufgestellt. Der Stein stammt aus der Zeit der ersten Judengemeinde (vor 1349), als die Juden in Basel ihre verstorbenen Angehörigen noch bestatten durften.

wirkte sich für die Außenseiter insofern auch günstig aus, als die verschiedenen Tätigkeiten ja unentbehrlich waren und ihren Trägern damit ein Monopol sicherten, das im Fall der Dirnen, der Bader und Scherer, der Lastträger oder der Spielleute recht einträglich sein konnte.

Manche Außenseiterberufe waren mehr oder weniger mit Tabuvorstellungen belastet, hinter denen alte sakrale Überlieferungen stecken mochten. Deren Herkunft ist aber heute nicht mehr mit Sicherheit bestimmbar. Im Hinblick auf die verklemmte Frauenfeindlichkeit der mittelalterlichen Theologie, die den Unsinn von der Sündhaftigkeit sexueller Lust predigte, erscheint es beispielsweise zweifelhaft, ob das Außenseitertum der Dirnen ausschließlich mit einer frühgeschichtlichen Sakralprostitution erklärt werden darf, wenngleich nicht bestritten werden kann, daß sich um das mittelalterliche Dirnenwesen ein Brauchtum rankte, das deutliche Züge altertümlicher Religiosität zu verraten scheint.

Am stärksten von allen Außenseitern war neben dem Abdecker, der sein Gewerbe nachts ausüben mußte, der Henker mit rituellen Tabus belastet. Sein furchtbarer Beruf dürfte für die mittelalterlichen Menschen Grund genug gewesen sein, ihm mit grausem Schauder zu begegnen, auch ohne Kenntnis von ur- und frühzeitlichen Menschenopfern und Hinrichtungen durch Priesterhand. Der an der Schwelle vom Leben zum Tod wirkende Henker galt als Träger magischer Kräfte, deshalb konsultierten ihn die Leute gern bei Unfall, Krankheiten und anderen Problemen und kauften bei ihm Relikte von der Richtstätte, denen sie Zauberwirkung zuschrieben, wie zum Beispiel Späne vom Galgenholz, Stücke vom Galgenstrick, ferner Blut eines Enthaupteten, Fingerknochen eines gehenkten Diebes oder Alraune, also Wurzeln, die unter dem Galgen wuchsen.

Tabuvorstellungen, mochten sie nun alt oder neu sein, trugen jedenfalls dazu bei, das Außenseitertum bestimmter Berufsarten zu festigen und bis weit in nachmittelalterliche Zeit hinein zu bewahren.

Bettler und Invalide Arme Familien, deren Einkommen sich am unteren Rand des Existenzminimums bewegte, konnten durch Kriege, Krankheiten, Naturkatastrophen und sonstige Schicksalsschläge so hart getroffen werden, daß sie Haus und Hof verlassen und auf Bettelfahrt gehen mußten. Gesunde, das heißt arbeitsfähige Leute, hatten vielleicht am ehesten eine Chance, sich wieder eine Existenz aufzubauen; was aber sollte mit den verkrüppelten Kriegern, den Leprakranken, den Blinden und Lahmen oder mit den für ihr Gewerbe zu alt gewordenen Dirnen geschehen? Ihnen blieb keine andere Wahl, als auf die Barmherzigkeit der Mitmenschen zu hoffen und betteln zu gehen. Hart war vor allem das Los der Kranken und Invaliden, die ärztliche Pflege gebraucht hätten und statt dessen bei Regen, Schnee und Kälte ihre Hand nach milden Gaben ausstrecken mußten.

Gelindert wurde das Schicksal der Bettler durch die religiöse und gesellschaftliche Verpflichtung, Almosen zu geben, sei es in Form von direkten Spenden, sei es in Form von Stiftungen zugunsten der Armen. Im Lauf des Spätmittelalters entstanden auf diese Weise vor allem in den Städten und in den Klöstern längs der großen Verkehrsrouten für die Armen und Obdachlosen Spitäler, Verpflegungs- und Übernachtungsstätten, die man Elendenherbergen nannte.

Wer erfolgreich betteln wollte, mußte an das menschliche Mitleid appellieren. Bettler sammelten sich deshalb stets dort, wo sie mit einer erhöhten Spendenwilligkeit rechnen durften: vor den Kirchentüren, an Wallfahrtsorten, an Kirchweihen, an Fürstenhochzeiten, an Begräbnissen, an Jahrmärkten. Um Almosen zu ergattern, bemühten sie sich, die eigene Not möglichst drastisch zur Schau zu stellen. Sie zeigten ihre eiternden Wunden, schickten ihre ausgemergelten Kinder oder ihre schwangere Frau vor, und oft brauchte es nur noch einen kleinen Schritt zum offenkundigen Betrug. Man simulierte alle möglichen Krankheiten und Gebrechen, auch Schwangerschaft, man gab vor, ein mittelloser Jerusaleum- oder Santiagopilger zu sein, man täuschte Veitstanz und Epilepsie vor oder erzählte die unglaublichsten Lügenmärchen über das angeblich erlittene Schicksal.

Im Lauf des Spätmittelalters wurden die Bettler, die im übrigen sehr schwer abzugrenzen waren gegen Pilger und fahrende Schüler einerseits und gegen Diebe und Räuber andererseits, zeitweise zur Landplage. Vor allem in den Städten strömten an bestimmten Gelegenheiten, beim Königsbesuch, bei hohen kirchlichen Feiern oder bei Jahrmärkten und Volksfesten, ungeheure Mengen von Bettlern zusammen, die nicht nur in der Stadt die Straßen und Plätze verstopften, sondern bereits die Zufahrtswege blockierten. Soziale Einrichtungen zur Einschränkung des Bettels – etwa im Sinne einer Arbeitsbeschaffung oder einer Invalidenfürsorge – gab es nicht. Die obrigkeitlichen Maßnahmen mußten sich in Verbindung mit kirchlichen und privaten Anstrengungen darauf beschränken, durch Speisung und Obdach die größte Not zu lindern, im übrigen aber die Zahl der eigenen Bettler durch gewaltsame Vertreibung oder Fernhaltung zu senken. Hinter derart harten Maßnahmen steckte nicht selten die Angst vor der Einschleppung von Seuchen durch landfahrende Bettler. Im Spätmittelalter gewährte man in einer Stadt den fremden Bettlern oft nur eine einzige Mahlzeit und Übernachtung, dann mußten sie den Ort wieder verlassen. Bei Kriegsgefahr sperrte man fremde Bettler aus, um das Einschleichen von Spionen zu verhindern. Der Bettelvogt hatte darüber zu wachen, daß nur eigene, mit behördlichem Ausweis, dem «Bettelbrief», ausgestattete Bettler die Stadt bevölkerten.

Drastische Maßnahmen wie Auspeitschen oder Brandmarken sollten die Rückkehr vertriebener Bettler verhindern. Zur Legitimierung des Bettels diente ein Abzeichen, der sprichwörtlich gewordene «Bettelstab», den die Bettler mit sich zu führen hatten. Am ehesten geduldet waren die nicht erwerbsfähigen, in Gruppen zusammengeschlossenen Kranken und Invaliden. Blinde führten sich gegenseitig an der Hand, meist unter Leitung eines mehr oder weniger Sehenden. Fast bruderschaftlichen Charakter hatten die Vereinigungen von Epileptikern und Veitstänzern. Während sie aber obdachlos umherirrten, waren die Aussätzigen, die Leprakranken, am Rand der Städte in den Siechenhäusern untergebracht, von wo aus sie – mit Klappern die Aufmerksamkeit erregend – die für ihren Unterhalt erforderlichen Almosen sammelten, sofern das nicht der Siechenhausverwalter selbst besorgte, um den Leuten den Anblick seiner entstellten Schützlinge zu ersparen.

Juden, Zigeuner und Morisken Über die Herkunft der in den Schweizer Städten seit dem 13. Jahrhundert faßbaren Juden ist nichts Sicheres bekannt. Die Anwesenheit von Juden an den Bischofssitzen seit dem Ausgang der Antike kann nicht völlig ausgeschlossen werden, gewiß aber dürfte mit dem Aufkommen des Fernhandels und der Geldwirtschaft um 1200 eine Zuwanderung eingesetzt haben, betrieben die Juden doch den für Christen wegen des kanonischen Zinsverbotes unstatthaften Wucher, also das Verleihen von Zinsdarlehen. Bereits 1223 mußte der Basler Bischof, um den Bau der Rheinbrücke zu finanzieren, den Kirchenschatz an die Juden versetzen. Außer Geldgeschäften widmeten sich die Juden das ganze Mittelalter hindurch der Heilkunst, von der sie wesentlich mehr verstanden zu haben scheinen als die christlichen Ärzte und Quacksalber.

Unter dem Schutz des Königs, seit dem 13. Jahrhundert auch des Landesherrn, bildeten die Juden in den größeren Städten gut organisierte Gemeinden mit Schulen, Versammlungsräumen und Begräbnisplätzen. Wenn sie in eigenen, gettoartigen Quartieren lebten wie in Genf oder Basel, hatte das nichts Diskriminierendes an sich,

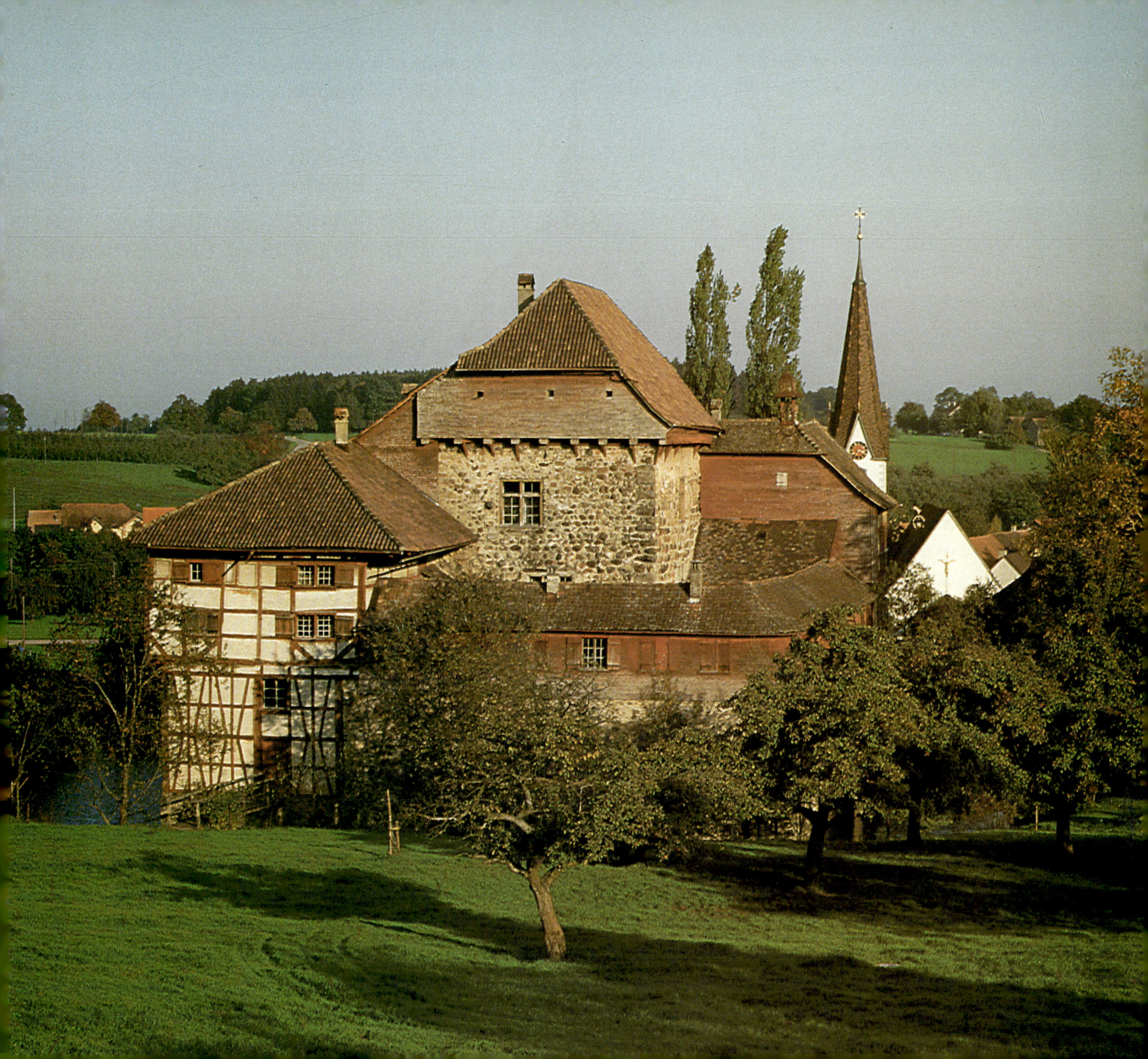

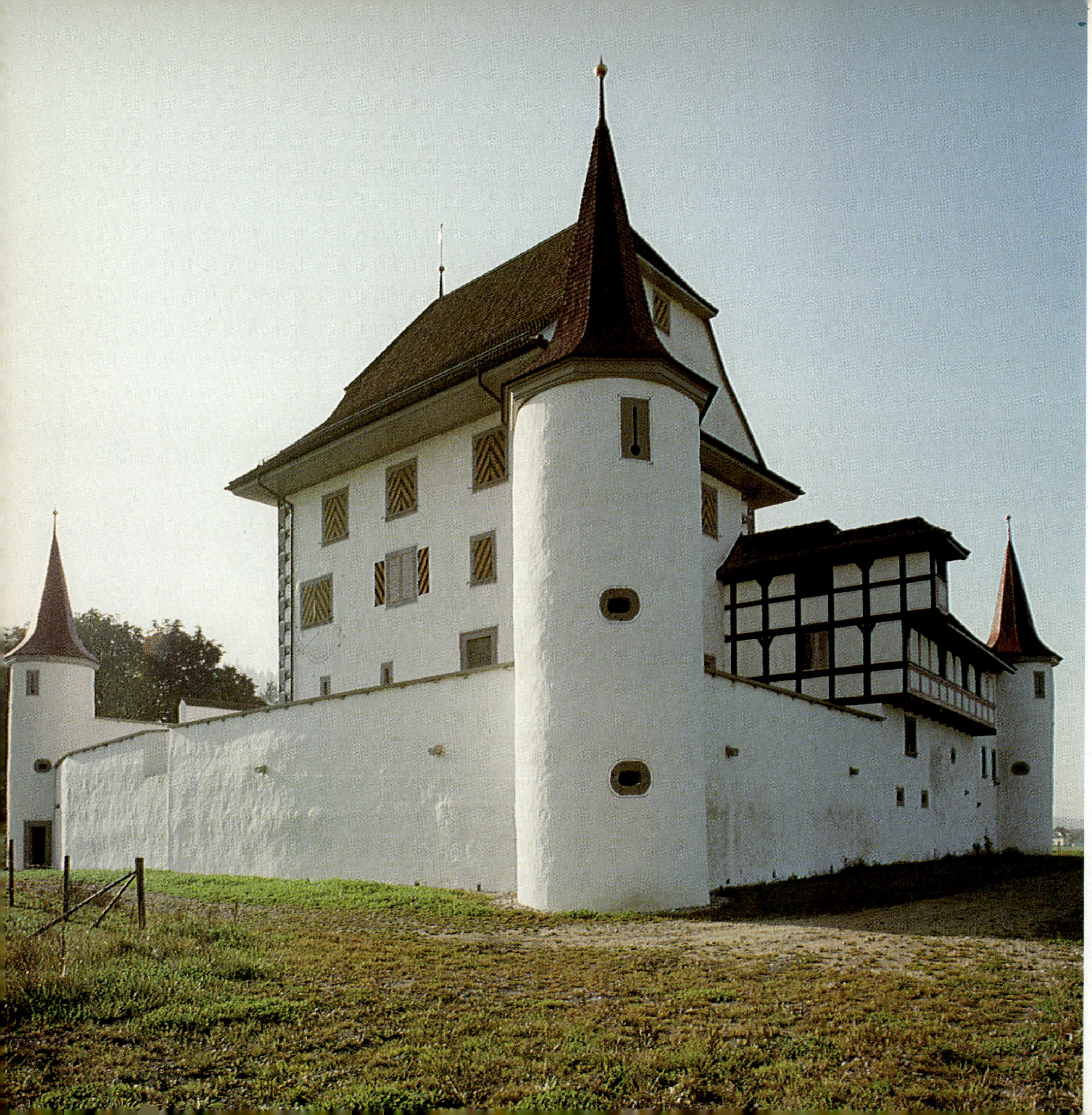

<< Weiherburg Hagenwil TG. Erbaut um 1200, wohl an der Stelle einer älteren Vorläuferanlage. Lehen der Abtei St. Gallen, Sitz klösterlicher Dienstleute.

< Schloß Wyher bei Ettiswil LU. Um 1510 von der Luzerner Patrizierfamilie Feer unter Verwendung eines hochmittelalterlichen Baues als herrschaftlicher Landsitz errichtet.

> Ritter Neidhart wird von Bauern mit häßlich karikierten Gesichtszügen belästigt. Helme und Schwerter sind die Zeichen der von den Bauern verletzten Standesnormen.

< Ausschnitt aus dem Wappenbuch von Konrad Schnitt (16. Jahrhundert). Wappensammlungen belegen das Interesse der spätmittelalterlichen Oberschicht an rechtsverbindlichen, heraldischen Statussymbolen.

> Graf Friedrich VII. von Toggenburg auf dem Sterbelager, 1436. Die Szene zeigt die Bedeutung der Geistlichkeit für die Sicherung des Seelenheils: Der Sterbende hält die Hände gefaltet. Im Vordergrund Mönche mit Bibel, Reliquienkreuz, Kerze und Weihrauchfaß. Der Sterbende wird zudem mit Weihwasser besprengt.

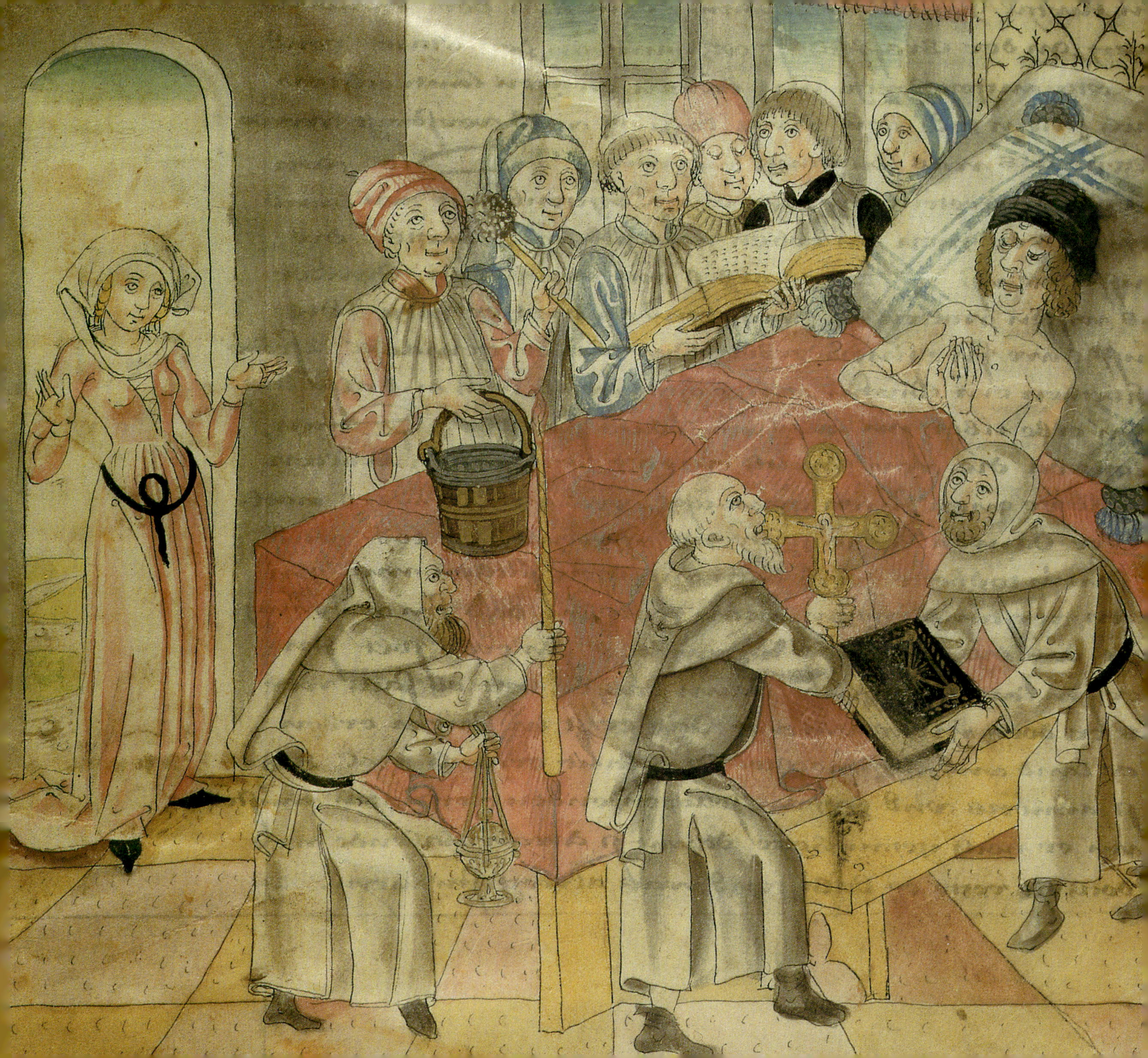

◁ Ritterliche Standesattribute: Falke, Schwert, Wappen mit Helmzier.

▷ Ritterschlag vor der Schlacht von Murten, 1476. Gegenüber der entwerteten Erwerbung des gewöhnlichen Rittertitels genoß der Ritterschlag im Zusammenhang mit einem kriegerischen Ereignis im ausgehenden Mittelalter höchstes gesellschaftliches Ansehen.

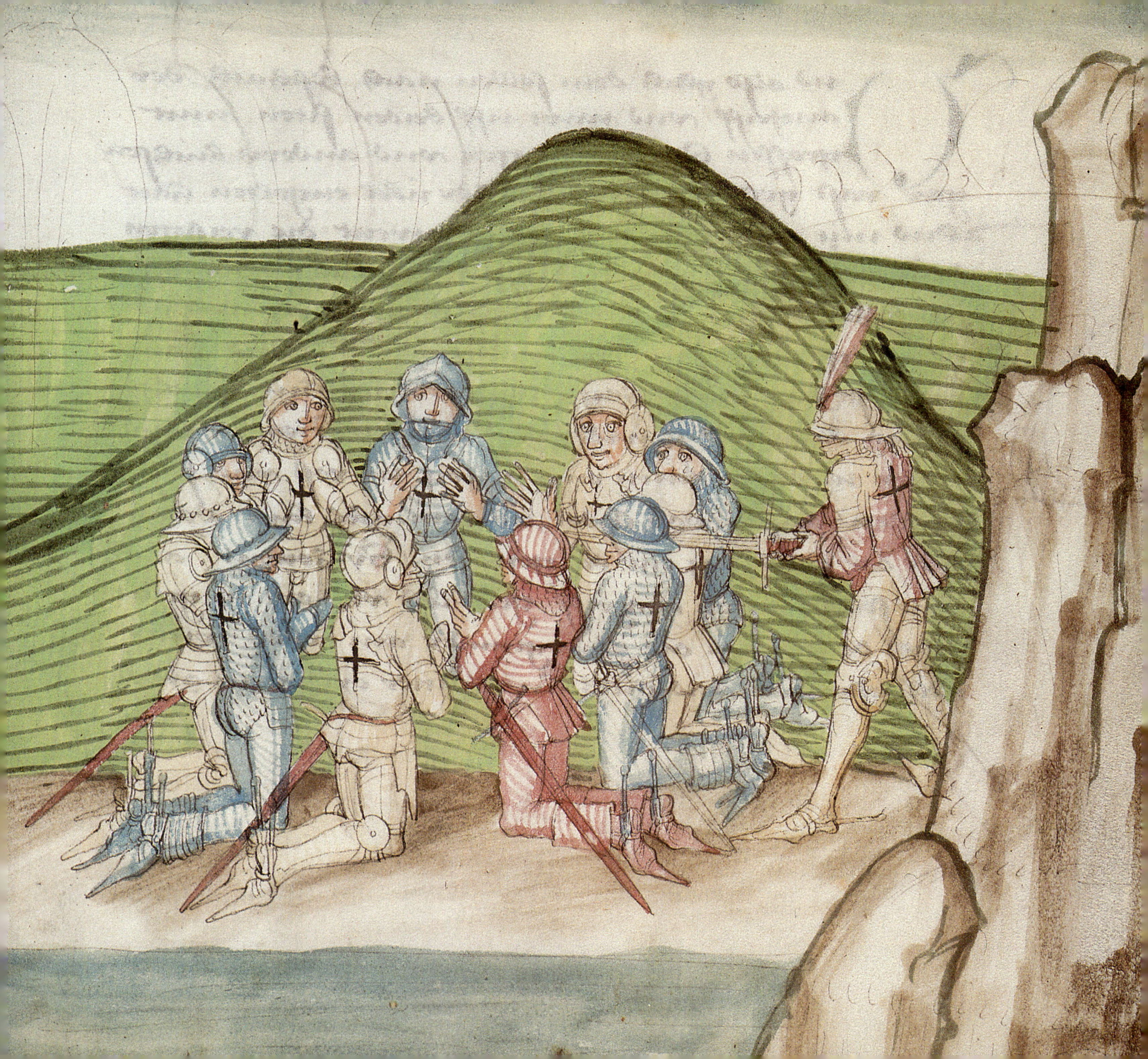

Ritter Hesso von Rinach nimmt sich einer Schar kranker und verkrüppelter Bettler an.

sondern entsprach der allgemeinen Tendenz der mittelalterlichen Stadt zur Bildung von geschlossenen Quartieren für Berufs- und Standesgruppen und kam erst noch den Geboten der Sabbatheiligung entgegen.

Alchimistische Kenntnisse trugen den Juden den Ruf ein, Zauberkünste zu beherrschen; vielleicht hat der spätere haltlose Vorwurf, Ritualmorde zu begehen, hier seinen Ursprung.

Die Juden bildeten innerhalb der Stadtbevölkerung eine Randgruppe, auf deren Dienste jedoch nicht verzichtet werden konnte. Ihr Außenseitertum wurzelte freilich im religiösen und nicht im rassischen Denken. Einem Juden, der sich taufen ließ – was allerdings selten vorkam –, stand der Weg zur gesellschaftlichen Integration – etwa als Stadtarzt – offen.

Die ersten Judengemeinden der Schweiz fielen den blutigen Pogromen von 1348/49 zum Opfer, die als Schockreaktion auf die Schrecken der Pest allenthalben in Europa wüteten und die Ermordung ungezählter Menschen durch den Flammentod zur Folge hatten. Die Überlebenden kehrten nach einiger Zeit in die Städte zurück und bildeten neue Gemeinden, stets bloß geduldet und nun vom Wohlwollen der städtischen Obrigkeit abhängig, die dem Kaiser die Schutzherrschaft über die Juden abgekauft hatte. Zu den religiösen und kulturellen Anfeindungen gesellten sich nun auch wirtschaftliche. Notare und Kaufleute achteten das kanonische Zinsverbot nicht länger, sie stiegen mit Erfolg ins Wuchergeschäft ein und wurden dadurch zu Konkurrenten der Juden. Zudem war ein großer Teil der Stadtbürger bei den Juden verschuldet, und all das führte um 1400 zu einer neuen Welle von Verfolgungen. In Basel wurde die zweite Judengemeinde bereits 1397 vertrieben, in den übrigen Städten der Schweiz im Verlauf des 15. Jahrhunderts. Mit diesen neuerlichen Verfolgungen konnte sich die städtische frühkapitalistische Oberschicht der eigenen Schulden und der lästigen Konkurrenz entledigen.

Die Juden fanden in der Folgezeit Aufnahme in den österreichischen Landstädten und in grundherrlichen Dörfern nahe den Städten. Einen Begräbnisplatz erhielten sie im Bistum Basel, doch war der Transport toter Juden mit hohen Straßenzöllen belastet. Gegen Ende des Mittelalters bildeten sich Judengemeinden im aargauischen Surbtal, unter Duldung der eidgenössischen Obrigkeit. In den größeren Städten aber sind nach Vertreibung der zweiten Gemeinden nur noch vereinzelte Juden, meist Ärzte, nachweisbar.

Während die Juden ihre Außenseiterstellung innerhalb der spätmittelalterlichen Gesellschaft zwar nie abzulegen vermochten, ihre Unentbehrlichkeit als Wucherer, Pfandleiher und Ärzte ihnen aber trotz aller Gefährdung durch Pogrome einen festen Platz im Sozial- und Wirtschaftsgefüge sicherte, standen die Zigeuner völlig außerhalb der gültigen Rechts- und Gesellschaftsordnung. Als echte Nomaden ohne jegliche Bindung an Grund und Boden oder unbeweglichen Besitz gelangten sie zu Beginn des 15. Jahrhunderts auf ihren Wanderungen aus dem Orient nach Westen in kleinen Gruppen von je einigen Dutzend Menschen auch in die Schweiz. Hier erregten sie mit ihrer dunklen Hautfarbe und ihrer Vorliebe für Silberschmuck sofort Aufsehen. Ihr christlicher Glaube – sie erscheinen in den Quellen als die «getauften Heiden» – bewahrte sie anfänglich vor Verfolgung, obwohl die freibeuterische Lebensweise ihnen den Vorwurf des Stehlens eintrug. Erst gegen Ende des 15. Jahrhunderts wurden sie lästig und gerieten in den Verdacht, Spione der Türken zu sein, vor deren Ansturm Europa damals zitterte. Jetzt wurden Zigeunergruppen, die sich in der Schweiz aufhielten, aufgegriffen und gewaltsam vertrieben. Ihr Nomadentum und ihre Isolierung machte sie zu Freiwild, mit dem Obrigkeit und Bevölkerung nach Willkür verfahren zu dürfen glaubten. Zu größeren Verfolgungen scheint es allerdings erst in nachmittelalterlicher Zeit gekommen zu sein.

Einer dritten ethnisch-religiösen Sonderschicht sind die Moriskos zuzurechnen, Reste der sarazenischen Bevölkerung Spaniens, die nach der christlichen Reconquista aus ihrer Heimat vertrieben worden waren. In der Schweiz tauchten sie im ausgehenden 15. Jahrhundert zusammen mit den Gauklern und Spielleuten auf, denen sie sich angeschlossen hatten, um auf Jahrmärkten ihre Kunststücke zu zeigen, besonders die nach ihnen benannten Grotesk- und Verrenkungstänze. Ohne je eine Rolle als selbständige Gruppe gespielt zu haben, sind sie im mitteleuropäischen Raum bereits um 1500 in der namenlosen Schar des fahrenden Volks aufgegangen.

Diebe, Räuber und Banditen Die bisher erwähnten Randgruppen bildeten mit Ausnahme der Bettler und Zigeuner trotz schlechtem Ruf und verachteter Stellung unentbehrliche Glieder der Gesellschaft, auf deren Dienstleistungen – wie Hinrichtung und Folter, Geldwechsel, Prostitution, Reinigung der Kloaken, Beseitigung der verendeten Tiere, Musik und Unterhaltung an Festen, Schleppen von Lasten – nicht verzichtet werden konnte. Die stetige Gefährdung des Lebens durch Pogrome, Vertreibungen, Verfolgung, Verweigerung des Aufenthaltes und mangelhaften Rechtsschutz führte jedoch des öfteren vom Elend in die Kriminalität. Gleiche Auswirkungen hatten Kriege und Naturkatastrophen, die ganze Landstriche verwüsteten und die Menschen um Haus und Hof brachten. Auch die Härte der Justiz mit ihren Hinrichtungen, Verbannungen und Vermögenskonfiskationen beraubte manche Familien des Vaters, der Mutter oder des Besitzes, so daß nur noch das Betteln oder das Verbrechen ein Überleben zu ermöglichen schien. Wie oft krankhafte Geltungssucht, verletzter Stolz oder übersteigerter Rachedurst eine kriminelle Laufbahn begründet haben mögen, kann heute kaum mehr ermittelt werden.

Erstes Auftreten der als «getaufte Heiden» bezeichneten Zigeuner in der Schweiz (1419); sie kamen in kleinen Gruppen aus dem Orient. Darstellung aus dem späten 15. Jahrhundert.

Im Hinblick auf die anders gelagerten und zum Teil unklaren Rechtsnormen des Mittelalters bleibt es für uns schwierig, das eigentliche Verbrechertum gegen seine Nachbargebiete abzugrenzen, gegen das Fehdewesen, den Bettel, die Landstreicherei. Zudem darf nicht außer acht gelassen werden, daß sich die Kriminalität – nicht anders als heute – mancherlei Tarnungen bediente. Pilger, Bettler, Gaukler, Handwerksburschen, Dirnen, Wirte, Müller oder Reisläufer konnten verkappte Banditen sein.

Das Berufsverbrechertum konzentrierte sich im wesentlichen auf zwei Tätigkeitsbereiche, auf den Diebstahl und auf den Raub. Da die Wohnhäuser selten völlig verlassen waren und auf Hilferufe stets mit nachbarlichem Beistand gerechnet werden konnte und da auch in den wenigsten Häusern Wertsachen offen herumlagen, blieben Einbruch- und Einschleichdiebstähle eher selten, am häufigsten mag das Stehlen von Kleinvieh oder von Lebensmitteln aus Keller und Speicher vorgekommen sein. Professionelle Diebe betrieben ihr Gewerbe vor allem auf der Straße, wenn großes Gedränge herrschte, auf dem Markt oder an Volksfesten. Die mittelalterliche Sitte, Geld und Wertsachen in Taschen oder Beuteln mit sich zu führen, die am Gürtel hingen, dürfte die Tätigkeit der Taschendiebe oder «Beutelschneider» wesentlich erleichtert haben. Den Diebesberuf scheinen auch Frauen und Kinder mit Erfolg ausgeübt zu haben.

Konzentrierte sich somit der professionelle Diebstahl vor allem auf Anlässe mit größeren Menschenansammlungen, auf städtische Märkte, auf Kirchweihen und auf festliche Veranstaltungen, spielte sich der Raub, also der gewaltsame Überfall, mehrheitlich in abgelegenen, schwer kontrollierbaren Gegenden ab. Die Räuber, meist in Banden zusammengeschlossen, hausten in Höhlen, in Waldhütten, in verlassenen Burgen und Klöstern oder in sonstigen Schlupfwinkeln. Inhaber einsam gelegener Höfe, Tavernen und Mühlen machten mit ihnen oft gemeinsame Sache, freiwillig oder gezwungen. Eine berüchtigte Räuberhöhle war im 14. Jahrhundert die Mühle an der Brücke in Augst. Personenkontrollen waren unmöglich; dadurch wurde die düstere Tätigkeit der Banditen gewaltig erleichtert. Reisende aus der Fremde konnte man spurlos verschwinden lassen, wie das Beispiel eines Wirtes in Griesheim am Rhein zeigt, der jahrelang mit Hilfe seiner Frau reiche Gäste nächtlicherweile totschlug und beraubte. Aus diesem Grund war es für die Räuber am sichersten, die Überfallenen zu ermorden, so daß ihre Tat gar nicht erst ruchbar werden konnte. Die Begriffe «Mörder» und «Räuber» sind deshalb im Spätmittelalter oft synonym gebraucht worden.

Um den Dieben beizukommen, mußte man sie in flagranti oder wenigstens im Besitz des gestohlenen Gutes erwischen, was freilich ohne eidlich bekräftigte Zeugenaussagen kaum zur Verurteilung reichte. Den Räubern war schwer beizukommen, da ihnen die territoriale Zersplitterung der Gerichtshoheit ein stetiges Ausweichen auf sicheren Boden ermöglichte. Überregionale Polizeiaktionen, durchgeführt als riesige Treibjagden, kamen selten zustande. 1381 machten den Weg von Basel auf den Bözberg über hundert Räuber unsicher. Deren Ergreifung und Hinrichtung verminderte freilich die Banditengefahr nur vorübergehend.

Für die Verbindung von Räubertum und sozialer Rebellion, wie sie in der Gestalt des englischen Volkshelden Robin Hood verkörpert ist und in der frühen Neuzeit in Balladen gefeiert wird, gibt es in der mittelalterlichen Schweiz keine Belege. Erst im 18. Jahrhundert kam es unter dem unpopulären Regierungssystem des Absolutismus vereinzelt zur romantischen Verherrlichung von Gaunern und Banditen.

Der Scharfrichter auf der Stätte seines Wirkens.

Das Alltagsleben

Das Tagewerk

Tagesablauf und Zeitmessung Künstliche Beleuchtungsmittel, Kerzen, Talglampen, Kienspäne und Fakkeln, standen im Mittelalter – wie bereits erwähnt – nur beschränkt zur Verfügung und blieben von geringer Leistung. Der Tagesablauf richtete sich deshalb weitestgehend nach dem Sonnenstand, und Verrichtungen, die helles Licht erforderten, führte man im Freien, unter einem gedeckten Vorplatz oder in der Nähe des Fensters aus. Bezeichnenderweise setzte die Verschiebung des Tagesablaufs bis in die Dunkelheit nach Sonnenuntergang zuerst bei den höheren Schichten ein, die seit dem Spätmittelalter in den Räumlichkeiten ihrer Burgen und Herrenhäuser über bessere Beleuchtungsmöglichkeiten verfügten. Die Anpassung des Tagesablaufs an den Lauf der Sonne bewirkte naturgemäß eine jahreszeitliche Umstellung: In den langen Winternächten blieb man länger im Bett als in den Sommermonaten.

Gegliedert wurde der Tageslauf durch die Mahlzeiten und die kirchlichen Verrichtungen. Nach dem Aufstehen bei Sonnenaufgang führte der erste Gang in die Kirche, sofern es in erreichbarer Nähe eine gab, dann folgte die erste Mahlzeit. Die zweite nahm man am späten Nachmittag ein, um nach dem Ave-Maria-Läuten, das dem Sonnenuntergang folgte, bei Einbruch der Dunkelheit ins Bett zu gehen. Die ursprüngliche Beschränkung auf zwei Tagesmahlzeiten wurde im Lauf des Spätmittelalters aufgegeben: Die erste Mahlzeit verschob sich auf die Mittagsstunde (Imbiß), was die Einführung eines Frühstücks erforderlich machte (Früeimbiß), und die zweite Mahlzeit hielt man als «Abendimbiß» erst nach Sonnenuntergang ab, weshalb vor allem bei körperlich schwer arbeitenden Schichten eine Zwischenverpflegung um die Vesperzeit («Vesperbrot») eingeschaltet werden mußte.

Für die Zeitmessung hielt man sich an die Beobachtung des Sonnenstandes sowie an die akustischen Signale der Kirchenglocken. In der Nacht gaben die Horn- und Rufzeichen der patrouillierenden oder auf Türmen stationierten Wächter die Zeit an. Das bereits erwähnte Ave-Maria-Läuten markierte nicht nur das Ende des Tagewerks, sondern auch den Beginn des neuen Kalendertages, denn im Mittelalter galt der Sonnenuntergang und nicht die – im Grunde abstrakte – Mitternacht als Datumsgrenze. Deshalb wird noch heute der zum 25. Dezember zählende «Heilige Abend» am 24. Dezember gefeiert.

Im Lauf des Mittelalters wurden immer mehr künstliche Zeitmeßgeräte entwickelt, die allerdings – von der Sanduhr abgesehen – noch alle an feste Standorte gebunden waren. Taschenuhren und tragbare Sonnenuhren mit

Kompaß kamen erst im 16. Jahrhundert auf. Schwierigkeiten bei der künstlichen Zeitmessung bereitete das von den Römern übernommene, vom jahreszeitlich bedingten Wandel der Sonnenscheindauer abhängige System der ungleichen Stunden. Erst als eine Tageseinheit aus 24 Stunden aufkam, wurde es möglich, die Zeit mit mechanischen Räderuhren zu messen. Versehen mit einem Schlagwerk, das die Stunden anzeigte, entstanden so

---

Feiertagschristus, Fresko in der Kirche von St. Peter in Mistail (Ende des 14. Jahrhunderts). Christus ist umgeben von zahlreichen Arbeitsgeräten, durch deren Benützung an Feiertagen dem Herrn Qualen bereitet werden. Zu erkennen sind unter anderem Pflug, Sichel, Sense, Axt, Säge, Egge, Hammer.

---

nach den Prototypen des 13. Jahrhunderts die ersten brauchbaren Räderuhren im 14. Jahrhundert. Sie galten als kostbare Kunstwerke und wurden deshalb von Fürsten und Städten als Renommierobjekte an Rathäusern, Stadttürmen, Kirchen und Burgen angebracht. In den Schweizer Städten setzte sich der Gebrauch von Schlaguhren im letzten Drittel des 14. Jahrhunderts durch. Heinrich Halder, ein Basler Uhrenschmied, verfertigte um 1370 für seine Vaterstadt eine Uhr am Münster, 1385 eine andere für Luzern. Um die Mitte des 15. Jahrhunderts gab es in Basel bereits vier öffentliche Uhren. Um die gleiche Zeit breitete sich in höheren, auf Standesrepräsentation bedachten Kreisen die Verwendung von Stubenuhren aus. Die kostbaren Räderuhren vermochten aber die althergebrachte, bewährte Sonnenuhr nicht gänzlich zu verdrängen. Vor allem auf dem Land las man noch weit bis über das Ende des Mittelalters hinaus die Zeit von der Sonnenuhr an der Kirche ab.
Den Jahreslauf, festgehalten im Kalender, bestimmten im Mittelalter neben den Jahreszeiten die kirchlichen

Spielsteine des 11./12. Jahrhunderts, gefunden auf der Burg Salbüel bei Willisau. Das Bild zeigt links einen flachen Stein zum Mühle- oder Tricktrackspiel, rechts zwei Bauern vom Schach. Die Figuren sind aus Hirschhorn geschnitzt. In der Mitte liegt das Bruchstück eines Fingerringes.

Festtage, während dem Monatszyklus eine eher untergeordnete Bedeutung zukam. Wichtige Termine, nach denen sich der Jahreslauf richtete, waren die Oster-, Pfingst- und Weihnachtstage. Zur Bezeichnung der Tage dienten vor allem die auf den Fest- oder Heiligenkalender bezogenen Wochentage, seltener die Monatstage. Je nach Gegend, Sozial- oder Berufsstand hatten die Heiligentage unterschiedliches Gewicht. Allgemein wichtig war der 11. November, der Tag des St. Martin, an dem die Dienstboten und Handwerksgesellen ausbezahlt wurden oder ihre Stellung wechselten und die herrschaftlichen Abgaben entrichtet werden mußten. Wichtige Heiligentage waren die Grundlage für die Wetterregeln, leitete man doch aus den Witterungsverhältnissen zu bestimmten Zeiten die Vorhersagen für das Wetter der kommenden Monate ab. Gedruckte Kalender mit den Monatseinteilungen, den Wochentagen und den Heiligenterminen kamen im 15. Jahrhundert auf. Die naturnahe Einteilung des Tages wirkte sich auch auf das Verhältnis zwischen Arbeit und Freizeit aus.

Arbeit, Freizeit und Vergnügen Eine klar umschriebene, auf Wochenstunden begrenzte Arbeitszeit war im Mittelalter unbekannt. Man arbeitete, so lange man konnte, so lange es hell war, so lange der Meister es verlangte oder so lange noch Arbeit zu verrichten war. Trotzdem darf man sich das mittelalterliche Arbeitsleben nicht als ausbeuterische Schinderei oder als Dauerstreß vorstellen, bewirkte doch die Länge des Werktages einen eher geruhsamen Arbeitsrhythmus. Gewiß mag es Zeiten gegeben haben, etwa in der bäuerlichen Getreide- und Heuernte oder kurz vor der Ablieferung handwerklicher Großaufträge, in denen härteste Arbeit in kürzester Zeit verrichtet werden mußte. Solchen Druckperioden folgten aber stets lange Phasen geringerer Belastung, so daß die gesamthaft erträgliche Arbeitsintensität, verbunden mit qualitätsbezogener, handwerklicher Gründlichkeit, gar kein nennenswertes Bedürfnis nach einer Arbeitszeitverkürzung aufkommen ließ. Auch Ferien waren unbekannt.

Da der ganze Tag zwischen Sonnenauf- und -untergang

mit Arbeit ausgefüllt war, blieb nach Abzug des Zeitaufwandes für das Essen und für die kirchlichen Verrichtungen wenig Spielraum für Mußestunden. Freilich hielt sich auch das Angebot an alltäglichen Zerstreuungen in engen Grenzen. Man kannte verschiedene Brettspiele, etwa Schach und Tricktrack, ferner Domino und vor allem das Würfeln. Die Spielfiguren bestanden aus geschnitzten Knochen, aus Elfenbein oder Narwalzähnen, gelegentlich aus Edelmetall. Spielkarten, in Europa seit dem 14. Jahrhundert bekannt, blieben anfänglich dem Adel vorbehalten, breiteten sich aber im ausgehenden Mittelalter nach der Erfindung des Buchdrucks rasch in allen Volksschichten aus. Um 1500 scheinen die Basler Druckereien einen großen Teil der Eidgenossenschaft mit Spielkarten versorgt zu haben. Kirchliche und obrigkeitliche Bestrebungen, Würfel- und Kartenspiele um Geld einzuschränken, weil das Glücksspiel stets von Fluchen, Raufen und Teufelsbeschwörung begleitet war, blieben wirkungslos.

Harmlosere Unterhaltung brachte das Gespräch, das Erzählen von Geschichten, das Rätselraten. Das Lesen blieb auf die gebildeten Kreise des spätmittelalterlichen Stadtbürgertums beschränkt. Bevorzugt wurden religiöse Erbauungsschriften, Heiligenlegenden, aber auch weltliche Erzählungen wie Fabeln oder Schwänke von oft sehr deftigem Inhalt. Fremde Gäste, die sich auf der Durchreise befanden, konnten mit ihren Erzählungen aus der weiten Welt ebenfalls für Zerstreuung sorgen. Zur beliebten Unterhaltung im Alltag gehörte die Musik, vor allem das Spielen auf der Knochenflöte und auf der Maultrommel, unterstützt vom Taktschlagen mit Haushaltgeräten. Abendliche Mußezeit konnte auch mit Zechen im Wirtshaus verbracht werden.

In die Freizeit fiel ferner die Körperpflege, die allerdings je nach Stand unterschiedlich intensiv betrieben wurde. Gesamthaft wäre es gewiß falsch, dem mittelalterlichen Menschen Unreinlichkeit vorwerfen zu wollen. Das Baden in großen Holzbottichen war allgemein üblich, ebenso die Pflege der Haar- und Barttracht, wie die vielen bei Ausgrabungen gefundenen Kämme und Rasiermesser zeigen. Das gegenseitige Ablesen der Läuse und Flöhe wird sicher einen erheblichen Teil der Freizeit beansprucht haben. In besseren Kreisen benützte man duftende Essenzen, und die Frauen halfen der Natur mit Schminke und künstlichen Haarteilen nach. Zur Körperpflege gehörte ferner, vor allem in adligen und bürgerlichen Kreisen, der regelmäßige Besuch von Dampf- und Schwitzbädern, meist verbunden mit einem Blutentzug durch Aderlaß oder Schröpfen, denn man glaubte, den Körper durch derartige, meist an astrologische Termine gebundene Praktiken von schädlichen Stoffen befreien zu können.

Verliefen die abendlichen Mußestunden auf dem Land

Badeszene nach Urs Graf. Frühes 16. Jahrhundert. Der Badende sitzt in einem Zuber, davor steht ein Kübel zum Nachgießen von warmem Wasser. Eine Dienerin bringt einen erfrischenden Trunk. Prüderie war im Mittelalter noch unbekannt.

Schlafkammer um 1500, nach Urs Graf. Im Hintergrund ein Himmelbett mit hohen Beinen. Davor stillt eine Frau (Amme?) einen Säugling. Eine metallene Wärmpfanne für glühende Kohlen ergänzt das Inventar. Vorn rechts löffeln zwei Kinder Brei.

eher eintönig, und zwar sowohl auf den Burgen des Adels als auch in den bäuerlichen Höfen und Dörfern, boten die größeren Städte mehr Zerstreuung und Kurzweil. Auf offenen Plätzen, in Basel etwa auf dem Petersplatz, mitunter auch auf Friedhöfen, wurden sportliche Übungen abgehalten, vornehmlich Laufen, Weitsprung, Steinstoßen und Ringen. Schießplätze für die Armbrust, seit dem 15. Jahrhundert auch für die Hakenbüchse, gab es am Rand jeder bedeutenderen Stadt. Für abendliche Kurzweil standen die Trinkstuben der Zünfte und Bruderschaften offen, ferner die zahlreichen Hurenhäuser, in denen man keineswegs bloß schnelle Liebesabenteuer suchte, sondern vor allem geselliges Beisammensein pflegte, bei dem neben erotischen Erlebnissen Musik, Tanz, Essen und Trinken sowie Gemütlichkeit nicht fehlen durften. Als Stätten der gesellschaftlichen Begegnung durften im Mittelalter die Hurenhäuser deshalb ohne verlogene Heimlichtuerei offen besucht werden.

Als Werktage galten die Wochentage von Montag bis Samstag. Hohe Festtage sowie die Sonntage bildeten durchwegs geheiligte Feiertage, an denen nicht gearbeitet werden durfte; freilich waren am Sonntag auch etliche Zerstreuungen, besonders Tanzen und Glücksspiele, untersagt. An das Gebot der Sonntagsruhe erinnerte in der Kirche die Freskodarstellung des Feiertagschristus, der den Gekreuzigten als Schmerzensmann mit direkten Verbindungen zwischen gepeinigtem Körperteil und verbotener Tätigkeit zeigte.

Ferien im modernen Sinn des Wortes kannte man nicht. In der heißen Jahreszeit zog sich die bürgerliche Oberschicht des Spätmittelalters aus der staubigen Stadt auf die ländlichen Herrensitze zurück, betrieb aber von dort aus weiterhin ihre Geschäfte. Wer es sich leisten konnte, begab sich von Zeit zu Zeit in eine Badekur, um im heißen Quellwasser Gicht, Arthrose und andere Krankhei-

Beim nächtlichen Aufsuchen des Abtrittes erleidet ein Pfaffe einen Unfall. Das Bild zeigt links eine Blocktreppe, rechts den Abortkasten mit zwei Sitzlöchern. An der Wand hängt ein Holzgestell mit Heu zum Putzen des Hinterns. Außer Heu wurden dafür auch frische Kohlblätter verwendet.

ten vorbeugend oder therapeutisch zu behandeln. Verbunden wurde das Baden meist mit Schröpfen und Aderlaß. Heilbäder sind in der Schweiz seit dem Hochmittelalter bezeugt. Ihre erste große Blütezeit erlebten sie im 15. Jahrhundert, als die Badekur zum gesellschaftlichen Ereignis des höheren Stadtbürgertums wurde und nicht mehr bloß der Gesundheitspflege, sondern auch der ungezwungenen, ja frivolen Unterhaltung bei Wein, Weib und Gesang sowie üppigen Tafelfreuden diente.

Das Wohnen Im Zeitalter des dürftig eingerichteten, engen und dunklen Einraumhauses hochmittelalterlicher Prägung bot der Wohnbau, abgesehen vom elementarsten Schutz gegen Nässe und Kälte, keine besonderen Annehmlichkeiten. Das tägliche Leben spielte sich deshalb zu einem großen Teil im Freien oder in hallenartigen Gemeinschaftsräumen ab. Mit der Entwicklung des Hausbaues im Verlauf des späteren Mittelalters entstanden jedoch Räume, die zum Verweilen einluden, besonders die Küche und die Stube. Wohnlichkeit, Gemütlichkeit und Bequemlichkeit kennzeichneten das Haus und dessen Inneneinrichtung im ausgehenden 15. Jahrhundert.

Die Annehmlichkeiten des spätmittelalterlichen Wohnkomforts hingen freilich von zahlreichen Verrichtungen ab, die tagtäglich neu erbracht werden mußten. Vom nächsten Brunnen war das Wasser für den Tagesbedarf herbeizuschleppen. Brennholz mußte geholt werden, damit das Feuer in Herd und Ofen wieder angefacht werden konnte. Von Zeit zu Zeit reinigte man die Böden im Haus und auf dem Vorplatz. Wohl täglich wurden die Nachttöpfe und die Fäkalienkästen geleert, auch Mist und Unrat, die sich um das Haus herum ansammelten, schaffte man regelmäßig fort. Die Haustiere waren zu versorgen, Bett-, Tisch- und Handtücher sowie Windeln und Hemden mußten gewaschen und zum Trocknen aufgehängt werden. Die Vorräte im Keller und im Dachraum waren zu kontrollieren, ob sie nicht faulten und ob sich keine ungebetenen Mäuse oder Ratten an ihnen gütlich taten. Auch die Besorgung des Gartens mit seinen Gemüsen, Kräutern und Blumen gehörte zu den täglichen Verrichtungen, gleich wie die laufenden Ausbesserungen am Haus, richteten doch Wind und Wetter sowie Gebrauchsabnützung und offenes Feuer immer wieder kleinere Schäden an.

Die Mehrzahl all dieser Arbeiten stand unter Aufsicht der Hausfrau, die in besseren Häusern das für solche Aufgaben angestellte Dienstpersonal, Knechte und Mägde, überwachte. Den spätmittelalterlichen Wohnkomfort erzeugte somit keine hochentwickelte, zeitsparende, aber energieaufwendige Haushalttechnologie wie heutzutage, sondern eine tagtäglich zu wiederholende, vornehmlich von der Hausfrau und den Dienstboten erbrachte Arbeitsleistung, die besonders in strengen Wintern ein Höchstmaß an körperlicher Anstrengung abverlangen konnte.

Der Hausrat An beweglichen Einrichtungsgegenständen – vom Möbelstück über das Kochgeschirr bis zum Eßbesteck – ist wenig im Original erhalten geblieben, zumal ein großer Teil der beweglichen Habe aus dem im Boden leicht vergänglichen Holz bestand und wir bei archäologischen Funden fast nur noch auf die Metallteile stoßen. Dieser Umstand mag dazu beigetragen haben, daß die Wissenschafter die Rolle der Keramik bei der Deutung von Grabungsbefunden oft überschätzen: Geschirr aus gebranntem Ton ist im Boden unbegrenzt haltbar, es kommt deshalb bei den meisten Grabungen – zwar in tausend Stücke zerschlagen – in großen Mengen zum Vorschein und erhält daher in den Forschungsberichten ein Gewicht, das seinem einstigen Stellenwert in der Gesamtheit des mittelalterlichen Hausrats nicht entspricht. Bilddarstellungen von häuslichen Szenen, oft mit biblischen Stoffen verbunden, run-

Kochtöpfe aus dem 13. Jahrhundert, gefunden auf der Burg Scheidegg BL. Bis um 1300 kannte man zwischen Alpen und Rhein nur den rohen, unglasierten Kochtopf, der auf der bodenebenen Herdstelle entweder direkt ins Feuer oder auf einen Eisenrost gestellt wurde.

Aus Grashalmen geflochtener Besen zum Wischen des Bodens und des Mobiliars. Nach diesem mittelalterlichen Flechtverfahren werden heute noch in Uri Besen für den Privatgebrauch hergestellt.

den unsere Kenntnisse vom mittelalterlichen Hausrat zusammen mit den allerdings erst im Spätmittelalter einsetzenden Inventarlisten ab. Diese Listen waren amtlich-obrigkeitliche oder private Aufzeichnungen mit detaillierten, manchmal sogar getrennt nach den einzelnen Räumen aufgeführten Verzeichnissen der Haushaltgegenstände. Zu den wichtigsten, allgemein gebrauchten Möbelstücken zählten Tische, Bänke und Stühle, letztere mit und ohne Lehne. Zum Versorgen von Gegenständen, auch zum Schutz vor Staub, Ruß und Ungeziefer, verwendete man vor allem die Truhe, meist als «Kiste» bezeichnet, seltener den hohen Schrank. Im Spätmittelalter kam das mehrteilige Büfett auf, das sich neben dem Kachelofen bald zum repräsentativen Schmuckstück der adligen und bürgerlichen, später auch der bäuerlichen Wohnstube entwickelte. Wertvollere Gefäße, besonders Pokale oder Kannen, bewahrte man in der Kredenz, einem offenen Schrank, auf, bis zum ausgehenden Mittelalter das Büfett deren Funktion übernahm. In einfacheren Kreisen begnügte man sich damit, einen großen Teil der Habe über Stangen oder Haken aus Holz an die Wände zu hängen.

Wertsachen wie Schmuck oder wichtige Schriftstücke verwahrte man in kleinen, kunstvoll verzierten Kästchen; Eisentruhen mit komplizierten Schlössern dienten als Geldtresore.

Betten, mit Kissen, Tüchern und Decken ausgestattet und zum Schutz des Schlafenden vor Ungeziefer oft mit einem «Himmel» versehen, einem von der kopfseitigen Lehne aus vorgebauten Dach mit Vorhängen, blieben bis ins Spätmittelalter hinein den besseren Kreisen vorbehalten, während sich die einfachen Leute mit bodenebenen Liegestätten aus Reisig und Stroh über einem Holzrost zufriedengaben und sich bei kühler Witterung unter dem schweren Laubsack – oft die ganze Familie zusammen – verkrochen. Kleinkinder lagen in der Wiege, die allerdings wegen der Ratten und des Ungeziefers nicht unbeaufsichtigt bleiben durfte.

Auf die Kücheneinrichtung sowie auf die Ausstattung des Eßtisches komme ich noch zurück. In seiner Gesamtheit erweckt der mittelalterliche Hausrat einerseits einen kärglichen, anderseits einen sehr soliden und währschaften Eindruck. Abgesehen von den Trinkgläsern und den Kochtöpfen aus Keramik, die eine kurze Lebensdauer hatten, verwendete man Gegenstände aus massivem, strapazier- und reparaturfähigem Material, das manche Generation zu überdauern vermochte. Die Möbel waren aus Brettern von mehreren Zentimetern Dicke zusammengefügt, Truhen und Kästen bestanden zuweilen sogar aus einem einzigen Stück, herausgearbeitet aus einem ausgehöhlten Baumstamm. Ähnlich solide, manchmal fast grobschlächtig, gestaltete man die Schmiede- und Schlosserarbeiten sowie die getriebenen

Stollentruhe aus Les Haudères VS von 1449. Das Datum ist unten links und rechts zu entziffern.

oder gegossenen Buntmetallgegenstände. Selbst Zierstücke bieten sich bei aller Feinheit der kunsthandwerklichen Gewandtheit und Stilsicherheit in einer materialgerechten Derbheit an, die in späteren Jahrhunderten als vermeintlicher Ausdruck rohen Barbarentums verkannt worden ist.

Das Bild vom Hausrat einer hochmittelalterlichen Durchschnittsfamilie ist karg – Dinge, die die Räume verschönerten und einen gehobenen Standard der Wohnkultur verraten könnten, gab es kaum. Es fehlten Möbel für speziellere Zwecke, Bücher, Wandschmuck, Ziergegenstände, all jene Dinge, die das Auge erfreuen oder den Eindruck von Bequemlichkeit erwecken. Für den religiösen Alltagsbedarf mögen einzelne Kultobjekte, etwa Kruzifixe oder Heiligenbilder, an bevorzugtem Platz aufgestellt worden sein.

Im Hochmittelalter waren die Wohnungen aller sozialen Schichten somit einfach ausgestattet, auch die der Adeligen in ihren Burgen. Seit dem 13. Jahrhundert kam aber unter dem Einfluß des städtischen Handwerks und des europäischen Fernhandels ein immer größeres Angebot an Gegenständen für eine verfeinerte Wohnkultur auf den Markt, die als Repräsentationsobjekte zu Symbolen vornehmen Lebensstils und damit eines gehobenen Sozialstandes wurden. Dazu zählten: Ziermöbel, Wirkteppiche, kostbare Gläser, Trink- und Eßgerät aus edlen Metallen, Butzenscheiben und Glasmalereien an den Fenstern, im 15. Jahrhundert auch Uhren, gedruckte Bücher und exotische Schauobjekte wie Straußeneier und «Greifenklauen» (eigentlich Büffelhörner).

Die breiten Volksschichten waren bestrebt, im Rahmen ihrer ökonomischen Möglichkeiten den auf repräsentative Wirkung ausgerichteten Wohnstil der adlig-ritterlichen und städtisch-bürgerlichen Oberschichten nachzuahmen, allenfalls mit Gegenständen aus billigerem Ma-

Zweiteiliger Kasten (um 1500). Dekorative Eisenbeschläge und geschnitzte Gurten unterstreichen zusammen mit dem Zinnenkranz den repräsentativen Charakter des Stückes.

terial. Das führte zwischen 1300 und 1500 zu einer tiefgreifenden Veränderung der Lebensweise, zu einer qualitativen und quantitativen Hebung des Wohnkomforts – auf einem Fundplatz des 15. Jahrhunderts kommt zum Beispiel unvergleichlich mehr Keramik zum Vorschein als in einer Siedlung des 11. oder 12. Jahrhunderts –, was schließlich die Herausbildung jener behäbigen Wohnkultur der Zeit nach 1500 ermöglichte, deren Zeugen uns in den Museen von heute den Inbegriff bürgerlicher und bäuerlicher Gemütlichkeit zu verkörpern scheinen. Diese Entwicklung des Wohnstils ging naturgemäß von den Städten mit ihren Gewerben und ihren Handelsbeziehungen aus und strahlte auf die Burgen, später auch auf die Dörfer aus. Unberührt blieben die Temporärsiedlungen auf den Alpen, in denen sich die hochmittelalterliche Einfachheit der Wohnausstattung bis ins 20. Jahrhundert hinein zu erhalten vermochte.

Kleidung, Nahrung und Verständigung

Sprache, Worte und Gebärden Die heutigen vier Landessprachen der Schweiz sind bereits im Frühmittelalter entstanden, doch haben sich die Sprachgrenzen im Lauf der Zeit wiederholt verschoben. Freilich darf man sich für das Hoch- und Spätmittelalter unter einer Sprachgrenze keine feste Linie vorstellen, definiert durch den Geltungsbereich einer Amtssprache, sondern eher eine Zone des Neben- und Durcheinanders verschiedener Sprachen und Dialekte. So ist bis ins 14. Jahrhundert hinein der rätoromanische und italienische Sprachraum durch infiltrierende Walser mit deutschen Sprachinseln durchsetzt worden. Gleichzeitig hat sich auch die Nordgrenze des Rätoromanischen wegen der vielen deutschsprachigen Zuwanderer nach Süden verschoben, so daß heute beispielsweise im Glarner- und Sarganserland nur noch Flur- und Ortsnamen – Walensee! – an das bis um 1000 hier gesprochene Rätoromanische erinnern. Sprachgrenzen können auch deshalb schwer gezogen werden, weil im Mittelalter nicht bloß räumliche, sondern auch soziale Unterschiede bestanden: In Graubünden setzte sich schon im 13. Jahrhundert das Deutsche als Umgangs- und Urkundensprache des Adels durch, während die bäuerliche Bevölkerung am Rätoromanischen festhielt. Die regierende Stadt Freiburg war im Spätmittelalter deutschsprachig, aber in vielen Dörfern des freiburgischen Territoriums wurden französische Dialekte gesprochen. Umgekehrt sah es im 14. Jahrhundert im deutschsprachigen Basel aus, dessen Bischöfe damals aus dem Burgundischen stammten und mit ihrem engsten Hofstaat nur das Französische beherrschten.

Die politischen und militärischen Erfolge der spätmittelalterlichen Eidgenossenschaft bewirkten allgemein eine Zurückdrängung des Französischen. Die regierenden Orte waren durchwegs deutschsprachig. Das Welsche – darunter verstand man sowohl das Französische als auch das Italienische und Rätoromanische – blieb auf einzelne Zugewandte Orte sowie auf periphere Untertanengebiete beschränkt. Die damalige Dominanz des Deutschen zeigt sich noch heute an den vielen, mittlerweile freilich rasch in Vergessenheit geratenden deutschen Ortsnamenformen in der französischen und italienischen Schweiz (z. B. Pfauen/Faoug – Stäffis/Estavayer – Pfaid/Faido – Eriels/Airolo).

Die Volkssprache war gewiß in zahlreiche Dialekte mit

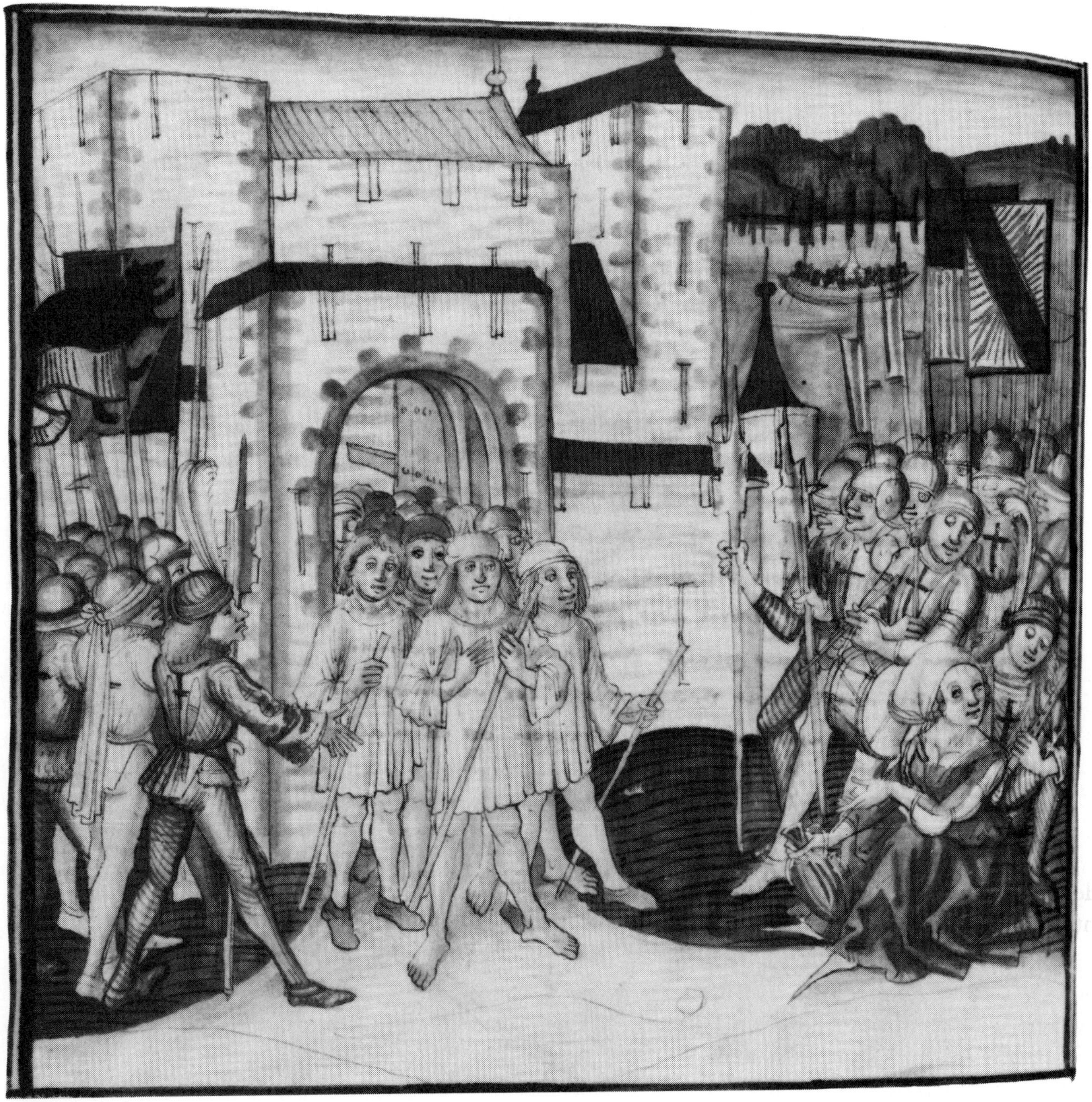

lokalen Besonderheiten aufgeteilt. Eine einheitliche Schriftsprache fehlte noch, abgesehen vom Lateinischen, das die Kirche pflegte und dessen sich auch die Gelehrten bedienten. Diplomatische Korrespondenzen und Verträge über die Sprachgrenzen hinweg wurden ebenfalls lateinisch abgefaßt. Ansätze für eine Hochsprache boten im Spätmittelalter die Schreibstuben der regierenden Orte mit ihren amtlichen Bekanntmachungen, die dem Volk verlesen wurden.

Übergabe einer Burg: Zum sichtbaren Zeichen der totalen Unterwerfung treten die Besiegten den Belagerern barfuß im Büßergewand entgegen, 15. Jahrhundert.

Die Vorliebe des Mittelalters für Symbole bewirkte eine starke Formelhaftigkeit der Umgangssprache. Überdies hatte das gesprochene Wort eine starke Rechtskraft, denn die wenigsten Leute konnten schreiben und lesen. Flüche, Schimpfworte und Versprechen, Eidschwüre besonders vor Zeugen, galten als absolut rechtsverbindlich und dem geschriebenen Wort haftete geradezu magische Kraft an.

Besondere Bedeutung kam den Gruß- und Anredeformeln zu, kennzeichneten sie doch die soziale Stellung sowie die Gesinnung der Beteiligten. Den sakralen Charakter des Grußes deutete die in mancherlei Formeln gebräuchliche Anrufung Gottes oder der Heiligen, bei feindseliger oder beleidigender Absicht auch des Teufels oder des Henkers an. Standespersonen beiderlei Geschlechts redeten sich per «Ihr» und per «Herr» oder «Frau» an, oft in Verbindung mit dem Taufnamen oder mit einem Titel (z. B. Ritter, Graf, Vogt). In den breiten Schichten des Bauern- und Bürgertums verwendete man durchwegs das «Du», zusammen mit den Tauf- oder Familiennamen, bisweilen mit einem Spitznamen. Unter Eheleuten und nächsten Verwandten wurde auch von der Oberschicht das vertrauliche «Du» gebraucht, lediglich Kinder hatten ihre Eltern mit dem ehrerbietigen «Ihr» anzureden. Bei Gesprächen zwischen Personen ungleichen Standes wurde die höhere mit «Ihr», die tiefere mit «Du» angesprochen.

Zur Formelhaftigkeit des Wortes gesellte sich die Symbolik der Gebärde, besonders der Handbewegungen und des Gesichtsausdrucks. Im Mittelalter empfand man keine Hemmungen, seine Gemütsbewegung deutlich zu zeigen. Küssen, Lachen und Tanzen als spontaner Ausdruck der Freude, Weinen als Ausdruck der Rührung und des Schmerzes hielt man keineswegs für unschicklich, im Gegenteil. 1349 veranstalteten die Berner im Lager vor Laubegg nach abgewendeter Pestgefahr einen Freudentanz. Diese ursprünglich natürlichen Äußerungen einer bestimmten Gemütsbewegung hatten sich bereits im Hochmittelalter zu rituellen Verhaltensnormen bei Begrüßung, Abschied und sonstigen Anlässen verfestigt: Weinen gehörte zum Brauchtum bei Willkommen, Abschied und Begräbnis. Rituelles Weinen bildete seit dem 15. Jahrhundert einen wichtigen Bestandteil des Begrüßungszeremoniells bei eidgenössischen Festen. Das Küssen als Teil des Grußrituals deutete eine besondere Vertraulichkeit und Freundschaft an, während das demonstrative Unterlassen des Kusses als Kampfansage verstanden werden konnte.

Hand- und Körpergebärden mit oder ohne Begleitworte dienten zur Übermittlung vielseitiger Aussagen: Noch heute bekannt sind unter anderem als Spottgebärden die lange Nase, das Herausstrecken der Zunge, als Drohgebärden der Drohfinger, die erhobene Faust, als Bittgebärde die gefalteten Hände, der Handschlag als Zeichen des Vertragsabschlusses. Was heute nur noch abgeschwächt in andeutender Redeweise vorkommt, wurde im Mittelalter in unbefangener Offenheit vorgeführt: Rülpsen, Spucken und Furzen als beleidigende Herausforderung, Vorzeigen des bloßen Hinterns, verbunden mit der Aufforderung, am Arsche zu lecken, als Spott- und Abwehrgebärde, Kacken und Pissen als Ausdruck tiefster Verachtung. Manche dieser Gesten des Spotts und der Drohung gehen wahrscheinlich auf rituelle Gebärden des sogenannten Apotropiezaubers zurück und sind an Häusern, Burgen und Stadtbefestigungen als sichtbare Zeichen verächtlicher Abwehrhaltung angebracht worden, meist in plastischer Form. Infolge der gewichtigen Rechtsverbindlichkeit drohender oder spottender Worte und Gebärden mußten aus Gründen der Friedenswahrung viele Gesten und Ausdrücke, die als Zeichen der Feindseligkeit ausgelegt worden wären, durch obrigkeitliche Bekanntmachung verboten werden. Der vor die Füße oder ins Gesicht geworfene Fehdehandschuh, der die Kampfansage bedeutete, ist als geflügeltes Wort noch heute bekannt.

Kleider und Schmuck Kleidung bedeutet seit Urzeiten für den Menschen mehr als bloßen Schutz vor Kälte und Nässe. Zusammen mit dem Schmuck dient sie als vielfältiges Ausdrucksmittel, als sichtbares Zeichen für einen Gemütszustand, für eine soziale oder berufliche Zuordnung, für ein politisches oder religiöses Bekenntnis sowie für Altersklassen, Ehestand und Rechtsstellung. Geschlechtsspezifisch differenzierte Kleidung wirkt durch gezieltes Verhüllen oder Entblößen als erotisches Signal, unterstützt durch Schmuck, Schminke und Parfums. Besondere Bedeutung kommt der Haartracht und der Kopfbedeckung zu.
Im Mittelalter spiegelte sich in der Tracht vor allem die ständische Gliederung; auf die daraus resultierende sta-

Konsole mit der Darstellung eines kackenden Mannes. Das Vorzeigen des bloßen Hinterns, heute noch im geflügelten Wort «leck mich am Arsch» geläufig, diente im Mittelalter als Gebärde der Verachtung und des Abwehrzaubers. Rathaus Basel.

tussymbolische Bedeutung der Kleider habe ich bereits hingewiesen.

Für die Herstellung der Kleider standen in allen Jahrhunderten des Mittelalters verschiedene Textilien sowie Leder und Pelze zur Verfügung. Zu den gewöhnlichen Tuchen zählten Wolle und Leinen, während Seide als große Kostbarkeit galt. Leder gebrauchte man außer für Gürtel und Schuhe auch für kriegerische Schutztracht sowie im Spätmittelalter für Handschuhe und Wämser in der Männermode. Aus Pelzen wurden kaum ganze Kleidungsstücke angefertigt, sondern meist nur Besatzstücke an Kragen, Saum, Ärmel und Hutkrempe und vor allem wärmende Mantel- und Rockfutter.

Aus der Sicht der heutigen Modeentwicklung mag überraschen, daß im Mittelalter die Frauentracht geringeren Veränderungen unterworfen war als die Männertracht. Das ergab sich vor allem aus der kaum variablen Rocklänge der Frauen, welche die Beine züchtig – oder aufreizend – stets zu verbergen hatten, so daß nennenswerte Variationen nur im Dekolleté und in der Gestaltung von Kragen und Ärmeln möglich waren. Bei den Männern hingegen ist der Rock immer kürzer geworden und im 15. Jahrhundert durch das höchstens hüftlange Wams ersetzt worden, das die Beine vollständig unbedeckt ließ. Im Lauf des Mittelalters scheint die Männer- und Frauentracht immer bunter geworden zu sein. Graue, unscheinbare Tuchfarben galten als bäurisch und ärmlich. Besonders im Spätmittelalter waren stark kontrastierende Farben sehr beliebt. Auf eidgenössischem Gebiet lehnten sie sich oft an die heraldischen Farben (Tinkturen) der einzelnen Orte an.

Im Hochmittelalter trug der Mann einen langärmeligen, bis zu den Knien reichenden Leibrock, der in der Taille durch einen Gürtel zusammengerafft war, unter dem Rock ein Hemd und eine bis an die Knöchel reichende, enganliegende, zum Teil mit Riemen umschnürte Hose. Der ärmellose Mantel, getragen in der kalten Jahreszeit oder als Ritualmantel bei besonderen Anlässen, wurde bis ins 10. Jahrhundert nach spätantikem Vorbild über der rechten Schulter zusammengeheftet, seit der Jahrtausendwende jedoch über der Brust.

Sitzender Herrscher in zeremonieller Tracht. Die Krone und das Messer verkörpern die Herrschergewalt, ebenso der Sessel mit dem Kissen und dem Fußschemel. Der Herrscher trägt einen reich verzierten Leibrock und darüber einen Mantel mit der Schließe über der Brustmitte. 12. Jahrhundert.

Der Werdegang des Brotes, dargestellt an den Arbeitsvorgängen des Säens, Mahlens und Backens, verkörpert allegorisch einen Teil der sieben freien Künste (Grammatik, Rhetorik, Logik). Holzschnitt von 1494.

Koch- und Eßszene, 14. Jahrhundert. Rechts im Bild wird am offenen Feuer gekocht. An der Wand hängt ein Gestell mit Platten. Ein Diener schleppt Geflügel herbei. Der Eßtisch steht unmittelbar neben dem Herdfeuer.

Um 1200 wurde die Männerhose durch ein zweiteiliges Gebilde ersetzt, durch die Bruoch, eine Art Unterhose aus Leinen, und durch die Beinlinge, lange Strümpfe, die an der Bruoch oder an einem Hüftgürtel angenestelt wurden. Um die Beinlinge der Körperform besser anzupassen, wurden sie meist gestrickt und nicht mehr wie die Hose zusammengenäht.

Seit dem 13. Jahrhundert befand sich die Männertracht bis über das Ende des Mittelalters hinaus in einer stetigen Entwicklung, die von einer starken Differenzierung nach Standes- und Berufsgruppen begleitet war. Durch Verkürzung des Rocks und enganliegend geschnittene, zum Teil gepolsterte Wämser wurden die Körperformen immer stärker betont, während die Arme unter weiten Puffärmeln verschwanden. An die Stelle des vom Wams verdrängten Leibrocks traten im 15. Jahrhundert knielange Mäntel mit oder ohne Ärmel.

Gegen Ende des Mittelalters war das Wams so kurz geworden, daß es die Bruoch nicht mehr bedeckte, deshalb zog man eine kurze, enganliegende Überhose an oder vereinigte Bruoch und Beinlinge miteinander zu einer Art Strumpfhose. In beiden Fällen mußte wegen der engen Anpassung an die Körperformen für die männlichen Geschlechtsteile eine vorstehende Aussparung, Schamkapsel oder Hosenlatz genannt, angebracht werden. Diese Mode wurde in der Schweiz besonders durch die

Reisläufer verbreitet, stieß aber bei der weltlichen und geistlichen Obrigkeit auf Ablehnung, ohne daß ihre Verbote viel gefruchtet hätten.

Eine vergleichbare Entwicklung erlebte die Frauentracht. Im Hochmittelalter trugen die Frauen über dem Hemd einen knöchellangen Rock mit Gürtel, im Winter einen weiten Mantel. Seit dem 13. Jahrhundert erhielt der untere Teil des Rocks immer mehr Weite und wurde immer faltenreicher, während sich der Oberteil miederartig eng an den Körper anschmiegte, den mehr oder weniger entblößten Busen betonend. Die unterschiedliche Gestaltung der beiden Teile führte im Spätmittelalter gelegentlich zur Trennung in zwei einzelne Kleidungsstücke. Als besonders vornehm galt seit dem 14. Jahrhundert der überlange Rock, der als Schleppe am Boden nachschleifte und beim Gehen entweder von Hand gerafft oder von Dienerinnen getragen werden mußte. Ein Bruoch wurde von den Frauen nicht benützt, wohl aber übernahmen sie die Beinlinge, die sie über dem Knie mit Strumpf- oder Hosenbändern befestigten.

Große Bedeutung hatte während des ganzen Mittelalters für Männer und Frauen die Kopfbedeckung, deren Entwicklung naturgemäß eng mit dem Wandel der Haartracht zusammenhing. Die Frauen trugen im Hochmittelalter um den Kopf ein schleierartiges Tuch, das verschieden drapiert werden konnte. Im 13. Jahrhundert kam bei verheirateten Frauen das «Gebände» auf, eine Art Haube, die mit einem Kinnband festgemacht werden mußte; die jungen, ledigen Frauen trugen bei offenen Haaren einen Stirnreif oder einen Blumenkranz als Zeichen, daß sie noch nicht «unter der Haube» waren. Seit dem 14. Jahrhundert nahm die weibliche Kopfbedeckung immer phantastischere Formen an. Neben kompliziert geschlungenen Schleiern und Kopftüchern finden sich bizarr geformte Hauben und seit etwa 1500 auch kecke, breitkrempige Hüte.

Die Männer gingen im Hochmittelalter meist barhäuptig oder schützten sich vor der Kälte mit einer enganliegenden Kappe und einer am Mantel befestigten Kapuze. Im 13. Jahrhundert kamen rundkrempige Filz- und Strohhüte auf, im 14. Jahrhundert Kapuzen mit schulterdeckenden Kragen. Spitzhüte mit Federn sind seit dem frühen 14. Jahrhundert bezeugt. Federbarette wurden in der Schweiz im 15. Jahrhundert sehr beliebt, während sich breitkrempige Filzhüte um die Wende vom 15. zum 16. Jahrhundert zu verbreiten begannen. Im Zusammenhang mit einer vorübergehenden Türkenmode trug man in der Schweiz in der 2. Hälfte des 15. Jahrhunderts orientalisch anmutende Turbane.

Im Hochmittelalter kannten Männer und Frauen jeglichen Standes als Fußbekleidung Sandale und Bundschuh. Im Hochgebirge schützte man die Füße mit den eisenbeschlagenen, oben mit Riemen bespannten Holzschuhen. Seit dem 14. Jahrhundert war der derbe Bundschuh nur noch in bäuerlichen Kreisen üblich. Adlige und Städter trugen feine Lederschuhe mit Ristriemen. Die Schuhspitzen wurden im Verlaufe des 14. Jahrhunderts zu immer höheren, aufwärts gebogenen Schnäbeln ausgezogen. Diese Schnabelschuhe des Spätmittelalters eigneten sich wenig für kotigen Boden, deshalb wurden sie oft mit hölzernen Untersätzen, den «Trippen», verbunden.

Nachdem die Schnabelschuhe im 15. Jahrhundert lange genug von der Obrigkeit vergeblich verboten worden waren, verschwanden sie um 1500 und machten praktischeren Schuhen mit breitem Zuschnitt Platz, die man «Kuhmäuler» nannte. Kniehohe Stulpenstiefel kamen im ausgehenden 15. Jahrhundert auf. Handschuhe aus Leder oder feinem Stoff galten als vornehme Kleidungsstücke. Ursprünglich dem Adel und der Geistlichkeit vorbehalten, fanden sie bei den eidgenössischen Kriegern großen Anklang. Allgemein üblich waren seit dem 14. Jahrhundert bei Männern und Frauen Taschen und Beutel aus Leder, die am Gürtel getragen und mit Mitführen von Geld und allerhand Kleinigkeiten benutzt wurden.

Der Schmuck bestand aus Gold, Silber, Perlen und Edelsteinen, manchmal auch aus billigerem Material, und war oft Bestandteil der Tracht. Dies gilt etwa für die Mantelschließe, die «Fürspang», ferner für Applikationen an Gürtel, Hut oder Gewandsaum. Ohrringe, im Frühmittelalter sehr beliebt, wurden seit der Jahrtausendwende nicht mehr getragen, dagegen waren Fingerringe weit verbreitet. Nicht selten wurden sie über den Handschuhen getragen. Edelsteine galten nicht nur als Schmuckstücke, sondern auch als zauberkräftige Amulette, ähnlich gewissen Anhängern, die man am Hals trug. Edelstein- und perlenbesetzte Gold- und Silberfäden wurden im Hochmittelalter von Männern und Frauen ins Haar eingeflochten, seit dem 14. Jahrhundert nur noch von Frauen. Damals kamen auch breite Schulterketten mit gewichtigen Anhängern auf. Kostbarer Schmuck diente oft weniger zum Tragen und Vorzeigen als vielmehr zur Vermögensbildung – er war wertbeständig und leicht zu transportieren oder zu verstecken.

Kirchliche und obrigkeitliche Mandate gegen Kleider- und Schmuckmode setzten im 14. Jahrhundert ein und blieben so wirkungslos wie die Arzneien der Ärzte gegen die Pest. Im Mittelpunkt der Verbote standen Schmuck und Luxusausstattung, angeprangert als Verletzungen der Standesgrenzen. Ausgesprochene Modeerscheinungen, wie sie im 15. Jahrhundert häufig auftraten, wurden ebenfalls bekämpft, vor allem die als obszön empfundenen Dekolletés der Frauen und Hosenlätze der Männer. Wiederholt verbot man die Schnabelschuhe, die langen Schleppen, die kurzen Wämser, den Gold-, Perlen- und Edelsteinschmuck. Mit derartigen Verboten gab sich die Obrigkeit der Illusion hin, unnötige Geldausgaben zu verhindern, Zucht und Ordnung zu bewahren und die göttliche Weltordnung, zu der man auch die ständische Gliederung zählte, vor der Auflösung zu retten.

Die tägliche Nahrung Für die Zubereitung der Speisen stand im Mittelalter eine reichhaltige Küchenausrüstung bereit, auf den Adelsburgen, in den Klöstern und den besseren Bürgerhäusern der Städte war freilich das Arsenal an Kochgerät wesentlich umfangreicher als in den Häusern der ärmeren Schichten. Gekocht wurde vornehmlich in bauchigen Töpfen, die bis um 1300 aus einem groben, unglasierten Ton bestanden. Im Verlauf des 14. Jahrhunderts setzte sich nördlich der Alpen die glasierte Ware durch, gleichzeitig kamen neue Gefäßformen auf, vor allem Töpfe und Häfen mit Henkeln und drei Füßen. Gefäßdeckel waren seit dem 13. Jahrhundert in Gebrauch. In der Schweiz blieb die Verwendung der spätmittelalterlichen, bunt glasierten Keramik italienischer Herkunft, der Majolica, auf die südlichen Alpentäler beschränkt. Nur in besseren Häu-

Bauchige Kochtöpfe des 12. bis 15. Jahrhunderts. Im Vordergrund steht eine Talglampe, im Hintergrund rechts ein Aquamanile (Wassergefäß zum Reinigen der Hände bei Tisch) in Tiergestalt.

sern gab es Töpfe aus Eisen, Messing oder Bronze sowie getriebene Kupferkessel. Die Kupferkessel wurden an der Häli, einer Kette mit Hakenstange, über das offene Feuer gehängt. Seltener belegt sind eiserne Roste.
Zur weiteren Küchenausrüstung gehörten Hack- und Wiegemesser, Bratspieße, Schöpf- und Rührkellen, Fleischgabeln, Schmalz- und Einmachhäfen, Holzgefäße, geflochtene Körbe, Flaschen, Kannen sowie Gewürzdosen aus Holz, Keramik oder Metall, ferner steinerne oder bronzene Mörser und Stößel sowie Siebgefäße aus Ton oder Kupfer.
Das Alltagsessen war im allgemeinen einfach. Es bestand aus Brot und Getreidemus, vor allem aus Hafer- und Hirsebrei; im Alpenraum, wo das Getreide seit dem 14. Jahrhundert rar war und der Brotteig mit Birnenmus gestreckt werden mußte, herrschten Milch und Milchprodukte vor, besonders der Ziger, ein quarkähnlicher Weichkäse. Ergänzt wurde diese Grundnahrung durch Rüben und Gemüse aus dem Garten, durch Obst, auch durch wildwachsende Beeren, Pilze und Nüsse. Südlich der Alpen sowie am Vierwaldstättersee zählte auch die Kastanie zu den Hauptnahrungsmitteln. Fleischgenuß blieb in den breiteren Bevölkerungsschichten außerhalb der Alpen auf Sonntage und besondere Gelegenheiten beschränkt, auch die Eier scheint man hauptsächlich für festliche Anlässe aufgespart zu haben. In besseren Kreisen, vor allem beim Adel und beim städtischen Patriziat, war der Fleischverbrauch allerdings hoch; auch die Hirtenbevölkerung des Alpenraumes scheint viel Fleisch verzehrt zu haben, wobei nicht nur Haustiere geschlachtet, sondern auch Wild, vor allem Gemsen und Murmeltiere, gejagt wurden. Über die Alltagsnahrung informieren uns außer schriftlichen Aufzeichnungen in zunehmendem Maße auch archäologische Überreste, Tierknochen, verbrannte Getreidekörner sowie Küchenabfälle und unverdaut ausgeschiedene Überbleibsel in Latrinen und Fäkaliengruben.

Gewürze gab es im eigenen Garten, die begehrteren und wertvolleren wie Pfeffer und Safran mußten aus fernen Ländern importiert werden. Auch das Salz, dessen Verkauf hohe Erträge abwarf, stammte aus der Fremde, vorwiegend aus Burgund und aus Tirol, in geringeren Mengen aus Italien. Die Ausbeutung der Salinen von Bex und Aigle durch die Berner begann erst im 16. Jahrhundert. Im Unterschied zu den vielerlei Gewürzen stand zum Süßen während des ganzen Mittelalters vorwiegend der Bienenhonig, mitunter auch eingekochter Birnensaft, zur Verfügung.

Die Möglichkeiten, Lebensmittel zu konservieren, hielten sich in engen Grenzen. Fleisch konnte man räuchern, pökeln und bei günstigem Klima lufttrocknen. Baumfrüchte wie Äpfel und Birnen wurden in Schnitze geteilt und gedörrt. Wichtige Nahrungsmittel, vor allen Dingen das Getreide, suchte man durch geeignete Lagerung in Speichern vor Nässe, Fäulnis, Mäusen und Ratten zu schützen.

Als Alltagsgetränke galten Wasser und Wein, in den Alpen auch Milch von Schafen, Ziegen und Rindern. Wegen des hohen Weinverbrauchs war der Rebbau weit verbreitet, doch trank man auch vergorene Säfte anderer Früchte wie Apfel- und Birnenmost oder Wein von Heidelbeeren. Beliebt war der mit Nelken, Zimt, Ingwer und anderen Zusätzen angerührte Gewürzwein. Bier war – ähnlich wie Met – lange ein ausgesprochenes Festtagsgetränk und setzte sich erst im ausgehenden Mittelalter im Alltagskonsum durch. Das Destillieren von Branntwein, ursprünglich im Orient entwickelt, war in der Schweiz seit dem 13. Jahrhundert bekannt. Schnaps galt anfänglich als Heiltrank, wandelte sich aber noch vor dem Ende des Mittelalters zum Genußmittel.

Während seit dem 14. Jahrhundert aus dem Alpenraum Schlachtvieh und Käse exportiert wurden, vor allem nach Oberitalien, war man in der Schweiz im Spätmittelalter auf die Einfuhr von Wein und Getreide angewiesen. Zur Hauptsache wurden diese Grundnahrungsmittel aus dem Elsaß, aus der Freigrafschaft Burgund sowie aus Italien bezogen, woher auch der im späten 15. Jahrhundert nördlich der Alpen auftauchende Reis stammte. Eingesalzene Heringe, die in großen Fässern geliefert wurden, kamen aus Norddeutschland in die Schweiz.
Alles in allem gestaltete sich die mittelalterliche Ernährung besonders der breiten Volksschichten eher eintönig

---

Stangenglas, um 1500. Im Verlauf des Spätmittelalters verdrängten die in immer größeren Mengen hergestellten Gläser die älteren, anspruchslosen Trinkgefäße aus Holz.

---

und einseitig. Wir dürfen aber nicht übersehen, daß man der täglichen Nahrung im Hinblick auf die vielen Hungersnöte große Ehrfurcht und Dankbarkeit entgegenbrachte und daß für Abwechslung durch die üppigen Festtagsschmäuse sowie durch die jahreszeitlich bedingten Änderungen im alltäglichen Speisezettel hinreichend gesorgt war.

Tischsitten Das Essen und Trinken bei Tisch erfolgte im Mittelalter nach festen, rituellen Regeln, die sich freilich von Ort zu Ort, von Stand zu Stand und von Anlaß zu Anlaß gewaltig unterscheiden konnten. An der Tafel des adligen Burgherrn aß man anders als in der Bauernhütte, am Festschmaus ging es anders zu als beim alltäglichen Mittagsmahl, und im Welschland herrschten andere Tischsitten als auf der Alp. Was als richtig galt und was als verkehrt, lernte man von Kinds-

Marktstand während des Konzils von Konstanz mit Fastenspeisen. Feilgeboten werden verschiedene Sorten von Fischen, Frösche, Schnecken und Salate (?). Die Fässer am rechten Bildrand könnten eingesalzene Heringe enthalten.

beinen an. Gehobene Tischmanieren wurden durch Lehrgedichte, sogenannte «Tischzuchten», verbreitet, die zur besseren Verdeutlichung auf deftige Weise manchmal ironisch das Gegenteil des Verlangten empfahlen. Im 12. Jahrhundert entstanden die ersten Tischzuchten in den Klöstern, wenig später wurden sie vom höfischen Adel übernommen, und im Spätmittelalter verfaßte man sie für das gehobene Bürgertum der Städte. Tischzuchten regelten das rituelle Verhalten, besonders das Gebet vor und nach dem Essen sowie das Händewaschen oder das Verteilen der Speisen; sie verboten unanständiges Betragen, Rülpsen und unbescheidenes gieriges Zugreifen, Belästigungen des Tischnachbarn. Am Tischtuch durfte man beispielsweise den Mund abwischen, dagegen galt das Hineinschneuzen als unfein, ebenso die Verwendung des Tischmessers als Zahnstocher. Die Verachtung, mit der Ritter und Städter auf das Landvolk hinuntersahen, gründete sich nicht zuletzt auf das ungehobelte, schmatzende Tischverhalten des Bauern.

Die Tischmanieren wurden wesentlich durch das Eß- und Trinkgeschirr, durch das Besteck und die sonstige Tafelausstattung bestimmt. Als Eßgeräte benützte man Messer und Löffel, die Löffel meist aus Holz, seltener aus Bronze oder Edelmetall. Die Eßgabel war im Mittelalter noch unbekannt, doch kam im 14. Jahrhundert der Pfriem auf, eine Art Ahle zum Aufspießen von Brot- oder Fleischbrocken. Meist aß man aber mit Hilfe der Finger, deshalb mußte man sie wiederholt mit Wasser waschen und am Tischtuch oder an einer Serviette abtrocknen. In gehobenen Kreisen standen dafür künstlerisch verzierte Wassergefäße auf der Tafel bereit.

Im Hochmittelalter löffelte man allgemein aus ein und derselben Schüssel, individuelle Teller oder Näpfe kannte man nur in höchster Gesellschaft; und auch dort wohl nur bei besonders festlichen Anlässen. Häufig gebrauchte man hölzerne Unterlagebrettchen zum Zerlegen des Fleisches.

Im Laufe des Spätmittelalters setzte sich das Essen aus getrennten Tellern auch beim Stadtbürgertum durch, während die Bauern bis ins 20. Jahrhundert hinein gemeinsame Schüsseln benutzten. Teller, Näpfe und Platten bestanden meist aus Holz, seltener aus Zinn oder Messing, Schüsseln aus Keramik oder aus Metall. Getränke kamen in Holzkübeln, Zinnkannen und seit dem 14. Jahrhundert immer häufiger in Glasflaschen auf den Tisch. Als Trinkgeschirr dienten allgemein gedrechselte und aus Dauben gefügte Holzgefäße, ferner Zinnbecher und im Spätmittelalter immer mehr die verschieden geformten Trinkgläser. Pokale aus Gold und Silber, kostbar gefaßte Trinkhörner oder Gefäße aus den Schalen exotischer Meerestiere, darunter sogenannte Nautilusbecher, waren die Renommierobjekte der vornehmen Tafel im Spätmittelalter. Im Alpenraum verwendete man in weiten Kreisen Eß- und Trinkgeschirr aus dem landeseigenen Speckstein.

Trotz der Tischzuchten waren im Mittelalter die Eß- und Trinksitten nach unseren Begriffen derb bis unappetitlich, vor allem weil man mit den Händen aß, weil man schmatzte und rülpste – das war nur in höchsten Kreisen verpönt – und weil man abgenagte Tierknochen und Fischgräten hemmungslos wegwarf – die Hunde und Katzen taten sich daran gütlich. Das irdene und hölzerne Eßgeschirr reinigte man nur oberflächlich, dadurch wurde es mit der Zeit speckig und ranzig. Während an gewöhnlichen Tagen im allgemeinen eher mäßig gegessen und getrunken wurde, bei Lebensmittelknappheit sogar sparsam, artete an vielen Festanlässen das Essen und Trinken in eine maßlose Völlerei aus – ich komme noch darauf zurück.

Die Arbeitswelt

Münzen, Maße und Gewichte

Menschliches Werken ist an verbindliche Maße gebunden, ohne die es weder Gemeinschaft noch gegenseitige Verständigung gäbe. Herausgewachsen aus dem Erfahrungsbereich des Lebens mit all seinen Bedürfnissen und Verrichtungen hatten sich schon in frühgeschichtlicher Zeit verschiedenartige Maßeinheiten herausgebildet, die im Mittelalter weiterentwickelt, ergänzt und je nach Bedarf verfeinert worden sind. Als Grundlage für die Festsetzung von Maßen und Gewichten dienten dem Menschen der eigene Körper sowie die Gegebenheiten seiner Umwelt und seines Arbeitsbereichs. Deshalb entwickelten sich für verschiedenartige Materialien, zum Beispiel für Getreide, Wein, Obst, Sand oder Torf, verschiedenartige, dem praktischen Gebrauch entsprechende Maßkategorien: Den Wein maß man nach Saum, das heißt nach einer Saumlast (ca. 170 l), Holz oder Heu nach dem Klafter, einem Körpermaß, das der Reichweite der ausgebreiteten Arme entsprach (ca. 5 cbm), das Obst nach der Hutte, dem Inhalt eines Tragkorbes (ca. 60 l), Grobmaterial wie Sand, Steine oder Torf nach der Benne (Stoßkarette, ca. 50 l) oder dem Fuder (Inhalt eines Karrens, ca. 500 l). Wie den Wein maß man auch andere Produkte nach der Verpackungs- oder Transporteinheit, das Salz nach der Scheibe (ca. 75 kg), die Butter nach dem Napf (ca. 3 kg), Fische nach der Rub (ca. 23 kg).

Andere Maße beruhten auf Arbeits- oder Marschleistungen. Die Meile, schon von den Römern verwendet, bestand aus tausend Schritten (milia passuum, ca. 1,5 km), die Stunde als Längenmaß aus einer Wegstrecke, die man in dieser Zeit zurücklegte (ca. 5 km), die Juchart

Luzerner Elle aus gegossener Bronze, zwischen den Halbfiguren 44,5 cm lang. Die Inschrift datiert das Stück in das Jahr 1373. Der genaue Verwendungszweck ist unbekannt, möglicherweise diente die Elle als amtliches Grund- und Kontrollmaß.

umfaßte eine Ackerfläche, die innerhalb eines Morgens gepflügt (ca. 35 a), der Tagwan eine Wiese, die während eines Tages gemäht werden konnte (ca. 35–40 a), während das intensivere Arbeit beanspruchende Rebgelände nach dem Mannwerk (ca. 4 a) gemessen wurde. Bei der Weidefläche ging man vom Ertrag aus. Ein Stoß (ca. 50 a) entsprach der für die Sömmerung einer Milchkuh erforderlichen Alpweide. Im Hinblick auf die Qualitätsunterschiede des Weidelandes dürfte eine solche Bewertung wesentlich praktikabler als ein Flächenmaß gewesen sein. Die kleine Gewichtseinheit des Lotes entsprach einem bestimmten Quantum Blei, wie es zum Löten erforderlich war (ca. 15 g).

Die meisten Längenmaße waren vom menschlichen Körper abgeleitet. Fuß und Schuh (der Schuh wurde vor allem im Baugewerbe verwendet) betrugen ca. 30 cm, das Klafter umspannte ca. 1,7 m, die Elle (vorwiegend beim Tuchmessen gebraucht) entsprach der Unterarmlänge (ca. 60 cm), der Schritt maß ca. 75 cm oder als Doppelschritt 150 cm. Das Zoll (ca. 3 cm) hat um 1500 die ältere, etwas ungenaue Maßeinheit der Daumen- oder Fingerbreite abgelöst.

Gängigste Gewichtseinheit war das von den Römern übernommene Pfund, das ursprünglich 327 Gramm wog. Erst im Spätmittelalter erfolgte eine Erhöhung auf ca. 500 Gramm. Der Zentner, die Maßeinheit für größere Gewichte (100 Pfund), setzte sich in der Schweiz im 14. Jahrhundert durch.

Auffallenderweise wurde das Getreide zusammen mit anderen Landwirtschaftsprodukten wie Hülsenfrüchten, Nüssen oder Honig nicht nach Gewicht, sondern nach Inhalt gemessen. Seit dem Hochmittelalter bediente man sich verschiedener Hohlmaße, vor allem des Viertels (ca. 20 l) und des Mütts (ca. 80 l). Das Mütt entsprach dem Inhalt eines Sackes, für das Ausmessen der kleineren Einheiten verwendete man zylindrische Gefäße, die mit einem Brett abgestrichen wurden.

Allgemein waren die Meßgeräte und -methoden ungenau, was zwangsläufig zu Differenzen und zu betrügerischen Machenschaften führte. Für die Ermittlung des Gewichtes standen Balkenwaagen unterschiedlicher Größe und Konstruktion zur Verfügung. Als Gewichtssteine verwendete man markierte Metall- und Steinelemente. Für die Längenmaße gebrauchte man gekerbte Holz- oder Metallstäbe, woran heute noch die Elle des Schneiders erinnert, ferner die Richtschnur und für kleine Einheiten den Stechzirkel. Als Hohl- und Getreidemaße dienten die bereits erwähnten Gefäße von zylindrischer Form. Geteilt oder vervielfacht wurden die Maßeinheiten in der Regel nach dem einfachen Rechenprinzip des Halbierens und des Verdoppelns oder aber in der Zwölferreihe (Duodezimalsystem): Eine Elle umfaßte 12 Zoll oder 2 Fuß, ein Mütt oder Scheffel bildete den vierten Teil eines Malters und setzte sich aus vier Vierteln zusammen, eine Hube bestand aus 4 Schupposen oder 12 Jucharten. Je nach Produkt, Handwerk oder beim Land nach Bewirtschaftungsart konnte die Größe der einzelnen Maße differieren. Eine Ackerjuchart war kleiner als eine Waldjuchart, ein Eisenpfund leichter als ein Fleischpfund. Vor allem aber variierten die einzelnen Maße von Gegend zu Gegend, von Stadt zu Stadt. Wegen ihrer Rechtsverbindlichkeit unterstanden Maße und Gewichte schon im Hochmittelalter der Aufsicht durch die Inhaber der Gerichtshoheit. Spätestens im 13./14. Jahrhundert zählte ihre Kontrolle zu den Befugnissen des Landesherrn, dadurch ergab sich in der Schweiz eine starke regionale Zersplitterung, zumal das Festhalten an eigenen Maßen als Ausdruck territorialer Autonomie galt. Mit dem Übergang der feudalen Herrschaftsgebiete in eidgenössische Hand blieben die herkömmlichen Maßeinheiten mit allen ihren vertrackten Abweichungen und regionalen Besonderheiten zur Hauptsache bestehen. Allein im Bernbiet, wo man beim Getreide statt des sonst üblichen Viertels das Mäß kannte, unterschied man etwa das Burgdorfer, Erlacher, Thuner oder Zweisimmener Mäß, wobei sich die Differenzen zwischen 13,01 und 22,54 Litern bewegen konnten.

Ähnlich verwirrend sah es mit dem Münzsystem aus, obwohl dessen hochmittelalterliche Grundlage auf einfachen Voraussetzungen beruhte. Seit karolingischer Zeit prägte man in Silber den Pfennig oder Denar, von dem 12 Stück dem Schrotgewicht eines Schillings und 240 Stück dem eines Pfunds entsprachen. Schilling und Pfund, seit dem 11. Jahrhundert auch die Mark (ca. 230 g), waren im Hochmittelalter somit keine geprägten Münzen, sondern Recheneinheiten, die auf bestimmten Gewichtsnormen in Silber beruhten. Goldprägungen setzten erst im Spätmittelalter ein. Den Wert einer Münze machte der Feingehalt (Korn) aus, der tatsächliche Anteil des Edelmetalls im Schrötling, dem ungeprägten Metallstück, das im Gesamtgewicht (Schrot) dem Nominalwert entsprach. Aus der Wertdifferenz zwischen dem Feingehalt und dem durch billigeres Material ergänzten Gesamtgewicht ergab sich der Gewinn des Münzherrn, den man Schlagschatz nannte.

Die hochmittelalterlichen Pfennige waren anfänglich zweiseitig geprägt, bis um 1200 der Schrötling so dünn wurde, daß nur noch eine einseitige, auf der Rückseite durchschlagende Prägung möglich war. Dadurch entstanden die für das spätere Mittelalter typischen Pfennigprägungen der Brakteaten.

Im Verlaufe des Mittelalters verlor der Pfennig immer mehr an Wert, teils wegen des allgemeinen Kaufkraftschwundes, teils wegen des sinkenden Feingehaltes, wollten doch die Münzherren mit Schinderlingen, schlechtem Geld, den Schlagschatz erhöhen.

Die Zunahme des Geldbedarfs und die stark variierenden Preise verlangten seit dem 13. Jahrhundert nach Münzen mit höherem Nennwert. So begann man Münzen zu prägen, deren Wert ein Mehrfaches des Pfennigs betrug, für Kleinstzahlungen prägte man den Obolus oder Hälbling im Wert eines halben Pfennigs. Mit dem Groschen, der im Wert etwa dem Silbergewicht des Schillings entsprach, und dem Plappart, dem halben Groschen, setzten sich im Spätmittelalter höhere Münzsorten durch. Es fehlte nie an Versuchen, die stetige Münzverschlechterung durch überregionale Verträge, die Münzkonventionen, in denen man den Feingehalt festsetzte, zu verhindern. Bleibende Erfolge waren diesen

Maßnahmen nicht beschieden, obwohl immer wieder für kurze Zeit gutes Geld mit hohem Silbergehalt auf dem Markt erschien.

Zur Vereinfachung des Zahlungsverkehrs bei höheren Geldsummen begannen Florenz und Venedig im 13. Jahrhundert Goldmünzen im Wert von einem Pfund Silber zu prägen. Im deutschsprachigen Raume als «Gulden» bezeichnet, eroberte die florentinische Goldmünze rasch den Geldmarkt und wurde im 14. Jahrhundert auch von deutschen Fürsten und Städten nachgeprägt. Der rheinische Gulden wurde so zur wichtigsten Goldmünze des Spätmittelalters in der Schweiz. Im Verlauf des 15. Jahrhunderts stieg der Bedarf an Gulden immer mehr, so daß in Europa die Goldvorräte schließlich nicht mehr ausreichten und versucht wurde, den Gulden in Silber zu prägen; das ergab eine große, neue Münze, den Silbergulden, aus dem sich im 16. Jahrhundert der Taler entwickelte.

Schon vor der Jahrtausendwende bestanden in der Schweiz königliche Münzstätten in St-Maurice, Basel, Zürich und Orbe. Seit dem 11. Jahrhundert eigneten sich die großen Landesherren das Münzrecht an, die Äbte von St. Gallen, die Bischöfe von Chur, Lausanne und Genf, die Herzöge von Schwaben. Im Spätmittelalter entstanden auf Schweizer Boden immer mehr Münzstätten, die freilich Prägungen von unterschiedlicher Qualität und Menge lieferten. Zunehmend rissen die großen Städte die Führung an sich, besonders Basel, Bern und Zürich. Daneben kursierte aber auch viel ausländisches Geld in der Schweiz, vor allem aus Italien, Frankreich und aus süddeutschen Territorien. Einzelne Orte der Eidgenossenschaft erlangten das Münzrecht merkwürdig spät, Luzern, Uri und Freiburg erst im 15. Jahrhundert. Zu einer Vereinheitlichung des Geldsystems ist es in der Schweiz erst 1848 gekommen.

Das Arbeitsgerät Auf die Geräte der bäuerlichen Arbeit, wie Pflug, Hacke, Sichel und Sense, habe ich bereits hingewiesen. Ergänzt wurde das Werkgeschirr für die Bodenbearbeitung durch Dreschgeräte, Dreschflegel und Getreidewannen, ferner durch Mörser und Stampfen. Weil sich die landwirtschaftliche Tätigkeit auf alle Bevölkerungsschichten verteilte, gehören Reste bäuerlicher Werkzeuge zu den häufigsten Bodenfunden und kommen in allen Siedlungstypen des Mittelalters zum Vorschein, außer in Dörfern auch in Städten, Burgen und Klöstern. Handwerksgerät dagegen, das

---

Blick in eine spätmittelalterliche Münzwerkstätte. Hinten links wird das Silber geschmolzen, im Vordergrund in mehreren Arbeitsgängen geprägt. Rechts stehen die Münzherren.

---

nur von Spezialisten benützt werden konnte und nicht wie simple Hämmer oder Schaufeln zum allgemeinen Hausrat zählte, tritt bei Grabungen wesentlich seltener auf. Zudem bestand ein großer Teil der handwerklichen Ausrüstung aus Holz und anderen leicht vergänglichen Materialien, deshalb haben sich Originalstücke nur in Ausnahmefällen erhalten können, und unsere Kenntnisse müssen sich zu einem wesentlichen Teil auf die nicht immer zuverlässigen Abbildungen stützen.

Für die verschiedenen Arbeitsvorgänge verwendete man einfache, in langer Erfahrung bewährte Geräte, die meist von Hand zu bedienen waren. Technische Hilfsmittel, die mittels mechanischer Einrichtungen die menschliche Muskelkraft verstärkten oder die außermenschliche Kraft von Wasser, Wind und Tieren gewerblichen Zwecken nutzbar machten, standen um die Jahrtausendwende erst in bescheidenem Maß zur Verfügung, sind aber im Verlauf des Spätmittelalters dank zahlreicher Erfindungen immer wichtiger geworden.

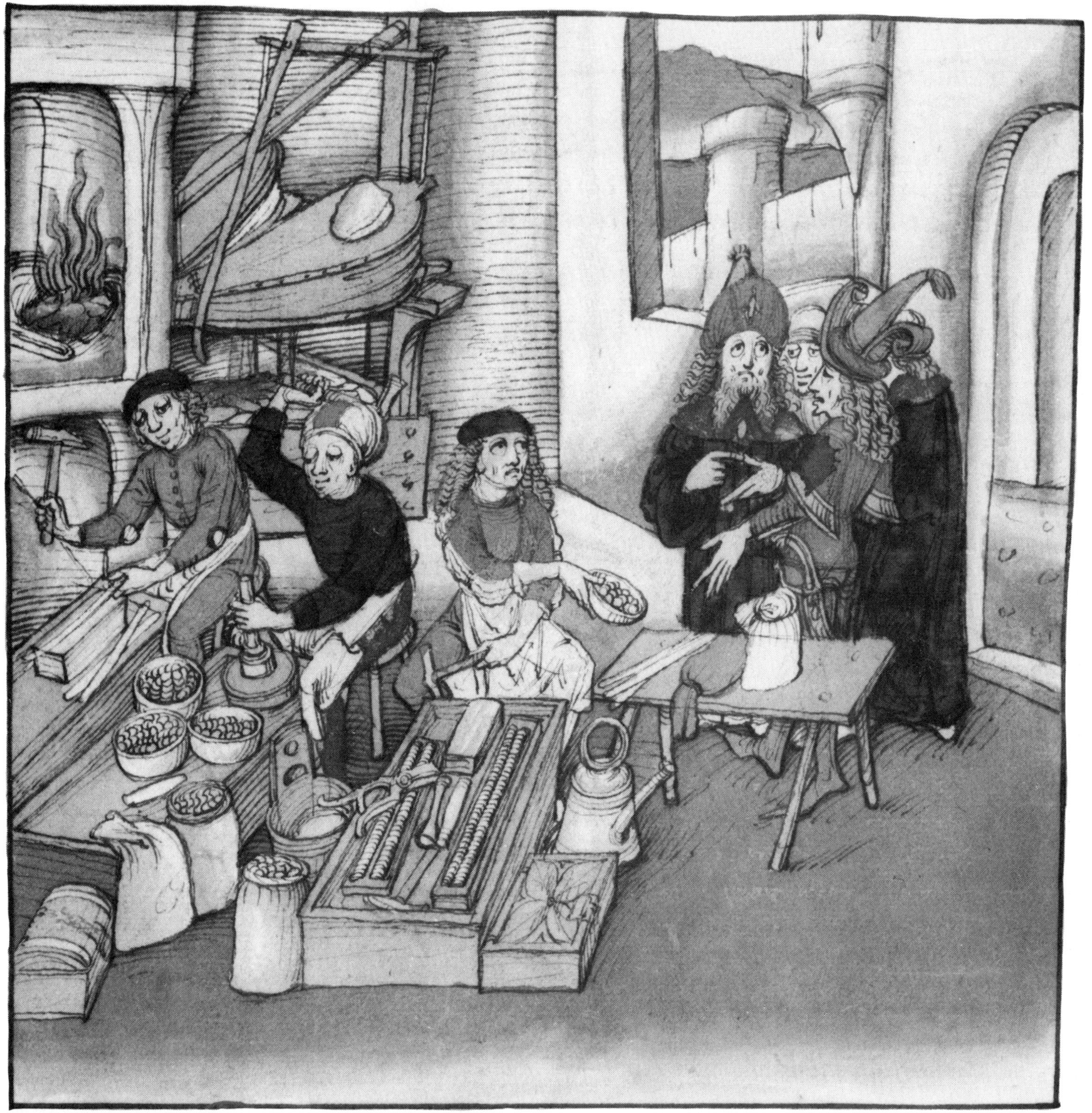

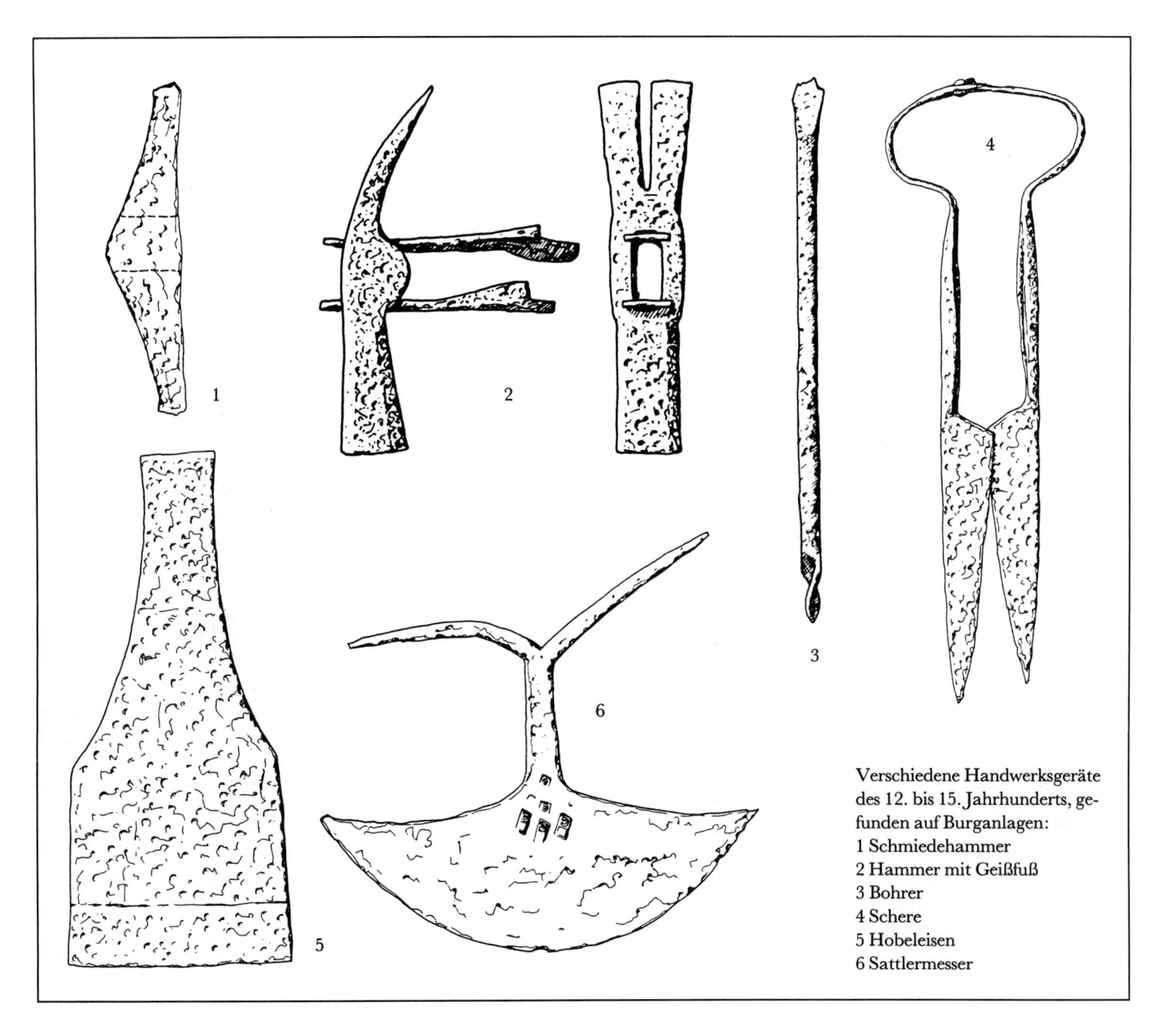

Verschiedene Handwerksgeräte des 12. bis 15. Jahrhunderts, gefunden auf Burganlagen:
1 Schmiedehammer
2 Hammer mit Geißfuß
3 Bohrer
4 Schere
5 Hobeleisen
6 Sattlermesser

Wegen der Enge und der mangelhaften Beleuchtung der Häuser hat man im Hochmittelalter verschiedene Gewerbe im Freien oder allenfalls unter einem Vordach ausgeübt, deshalb mußte man die Ausrüstung leicht aufstellen, zusammenpacken und wegbringen können. Wegen der geringen Transportkapazitäten war es bis ins Spätmittelalter üblich, außergewöhnlich schwere Gegenstände wie Glocken oder außergewöhnlich große Mengen wie Backsteine nicht in festen Werkstätten herzustellen, sondern am Ort ihrer Verwendung. Das Aufkommen der Fensterverglasung im 14. Jahrhundert erleichterte dem städtischen Handwerk das Einrichten von Arbeitsräumen in den Erdgeschossen der Wohnhäuser.

Die handwerkliche Ausrüstung blieb somit während des ganzen Mittelalters einfach und wenig differenziert, verlangte aber in der Handhabung eine hohe, nur durch Begabung und langjährige Übung erreichbare Geschicklichkeit. Der Schmied kam zur Hauptsache mit Hammer, Zange, Amboß und Feile aus, der Zimmermann mit Axt, Säge, Hobel, Bohrer, Hammer und Stechbeutel, der Maurer mit Hammer, Kelle und Pflastereimer. Wer zum Bearbeiten eines Werkstückes aus Holz oder Metall beide Hände brauchte, mußte besonders gewandt sein: der Schraubstock war noch nicht bekannt, und man konnte das Werkstück nicht fixieren. Man behalf sich deshalb je nach Material mit Klammern, Riemen, Keilen, winkelförmigen «Anlagen», sowie mit Knien, Füßen und Zähnen.

Zum Mischen und Tragen etwa von Wasser, Sand, Kalk, Pflaster, Farbe, Pech oder Erde verwendete man Kübel aus Dauben in unterschiedlichen Größen, unter Umständen auch geflochtene Körbe, Hutten und Reffs. Schweres Material konnte mit der hölzernen Einradkette oder mit ein- bis zweiachsigen Karren verschoben werden. Zum Heben von Lasten waren Zugseile, die über Rollen oder Flaschenzüge liefen und mit Haspeln oder Trеträdern bewegt wurden, schon im Hochmittelalter bekannt. Belege für den Kran setzen im 13. Jahrhundert ein.

Bereits im Hochmittelalter hatten sich für bestimmte, an besonderes Material gebundene Gewerbe ganz spezifische Geräte entwickelt. Der Gerber benötigte den Fellschaber, der Schuster das Ledermesser und den Schuhleisten, der Bäcker die Backofenschaufel, der Münzer den Prägestock und Prägestempel. Mit der zunehmenden Differenzierung des Handwerks setzten sich immer mehr Spezialgeräte durch, der Küferhammer, das Drahtzugeisen, das Punziereisen. Erfindungen und Neuerungen aus der Fremde, vor allem aus dem Orient, lösten ältere, weniger leistungsfähige Geräte ab. Das Spinnrad trat im Spätmittelalter an die Stelle der freihändig bewegten Spindel, die Hebezange ersetzte um 1200 die Wolfsklaue beim Hochziehen von schweren Quadersteinen. Im 13. Jahrhundert kam die Zimmermannsaxt mit abgewinkeltem Stiel auf. Andere Ausrüstungsgegenstände änderten sich nicht wesentlich. Flachshechel, Blasebalg, Holzschaufel mit eisenbeschlagenem Rand, Schmiedehammer mit Geißfuß, Säge mit hölzernem Spannrahmen sind für das ganze Mittelalter in ungefähr gleichbleibender Form belegt. Schreibgerät zählte im Mittelalter ebenfalls zum Handwerkszeug. Berufsmäßige Schreiber arbeiteten am Steh- oder Sitzpult und waren mit der Gänsekielfeder, dem Tinten- und Streufaß sowie dem Lineal ausgestattet. Stechzirkel, Pinsel zum Ausmalen der Initialen, Schere und – seit dem 14. Jahrhundert bekannt – eine Brille vervollständigten die Ausrüstung.

Mechanische Einrichtungen, die mit Zahnradübersetzungen, Schraubengewinden, Hebeln, Haspeln und Nockenwellen arbeiteten, waren – wie schon erwähnt –

vor dem 13. Jahrhundert noch selten und blieben vorwiegend auf Mühlen, Hebekranen, Drehbänke und einfachste Konstruktionen wie Kurbelantriebe für Schleifsteine beschränkt. Auffallenderweise scheinen die in karolingischer Zeit gebräuchlichen Mörtelmischwerke nach dem 10. Jahrhundert nicht mehr verwendet worden zu sein. Im Spätmittelalter kamen mit der zunehmenden Nutzung der Wasser- und Windeskraft immer mehr mechanische Errungenschaften auf, Stampfen – zum Beispiel für die Papierherstellung –, Hammerwerke, Pressen für den Buchdruck. Eine geradezu revolutionäre Entwicklung erlebte der Webstuhl. Im 11. Jahrhundert war noch der senkrecht gestellte Webrahmen mit einfacher, durch Stein- oder Keramikgewichte gestraffter Kette gebräuchlich, wobei das Schiffchen mit der Hand durchgezogen werden mußte. Als im 12. Jahrhundert der Webstuhl mit waagrechter Kette und Pedalen aufkam, wurde der Webvorgang enorm beschleunigt, das verhalf dem Textilgewerbe zu einem ungeahnten Aufschwung. Verbesserungen am Webstuhl sind bis ins ausgehende Mittelalter vorgenommen worden. Mit den mechanischen Errungenschaften im Textil- und Metallgewerbe sind im Spätmittelalter die technischen Voraussetzungen für das spätere Industriezeitalter geschaffen worden.

Gemeinsames Werken Die Abhängigkeit des Menschen von seiner Umwelt und die begrenzten Möglichkeiten der technischen Hilfsmittel förderten die Bereitschaft zu gegenseitiger Unterstützung und gemeinsamen Unternehmungen. Gesang und Instrumentalmusik begleiteten die bäuerliche und die handwerkliche Arbeit, indem sie den Rhythmus diktierten oder Bewegungsfreude stimulierten. Im bäuerlichen Bereich bildete die Grundherrschaft lange den organisatorischen Rahmen für kollektives Arbeiten. Unter der Leitung des Grundherrn oder seines Stellvertreters erfüllten die Untertanen ihre jährlichen Frondienstverpflichtungen, die allerdings nicht – wie bisweilen angenommen wird – launenhafte Wünsche des Herrn zu erfüllen hatten, sondern Arbeiten von öffentlichem Interesse betrafen, Spanndienste für den Kirchen- und Burgenbau, Unterhalt von Straßen und Brücken, Erschließung von neuem Kulturland. Genossenschaftliches Gemeinwerk hatte seine Wurzeln im Herrschaftsverband des Hochmittelalters. Nach der Beseitigung der Feudalherrschaft wurden diese Gemeinschaftsarbeiten weitergeführt, zum Teil auch ausgedehnt, in den Alpen etwa auf den Unterhalt der Weiden und Stafel. Vielerorts wird dieses Gemeinschaftswerk noch heute unter der alten Bezeichnung «Frondienste» verrichtet.
Die hochmittelalterlichen Handwerker, ursprünglich in Dinghöfen oder auf Burgen angesiedelt, arbeiteten bei Verrichtungen, in denen der einzelne mit seiner Kraft und seinen zwei Händen nichts ausgerichtet hätte, gemeinsam; Zusammenarbeit war ebenfalls üblich bei Produktionsprozessen, in denen von der Rohstoffsuche über den Antransport bis zur mehrstufigen Verarbeitung verschiedene Arbeitsgänge zu bewältigen waren. Im habsburgischen Fricktal scheinen derartige Produktionsgemeinschaften in größerem Rahmen bestanden zu haben, indem die Erzvorkommen im Raum von Herznach an Ort ausgebeutet und verhüttet wurden, das Roheisen nach Laufenburg, später auch nach Rheinfelden transportiert und dort verarbeitet wurde.
In den abgelegenen Waldglashütten des südlichen Schwarzwaldes gab es ähnliche Gewerbgruppen, die arbeitsteilig das Rohmaterial und als Brennstoff die Holzkohle gewannen, mit eigener Landwirtschaft die

Ernährung sicherstellten, Glasfabrikate erzeugten und den Transport in die Städte besorgten, wo das Hohlglas im Detailhandel verkauft und das Flachglas von den Glasern übernommen und zu Butzenscheibenfenstern zusammengesetzt wurde. Analoge Versuche, auch im Textilbereich Produktionsketten vom Flachsanbau oder von der Schafzucht bis zur Herstellung von Wolltuch und Leinwand zu errichten, waren von unterschiedlichem Erfolg begleitet, weil sich die in der Schweiz erzeugten Faserrohstoffe oft als zu minderwertig oder zu geringfügig erwiesen. Wenigstens zeitweise erlangte die Freiburger Wollproduktion im 15. Jahrhundert eine überregionale Bedeutung, und in der Leinwandherstellung gewann St. Gallen dank dem schon im 13. Jahrhundert einsetzenden Flachsanbau im Spätmittelalter internationalen Rang, während in Zürich die Seidenweberei im 14. Jahrhundert eine kurze Blütezeit erlebte. Freie, wandernde Handwerkergruppen gab es im hochmittelalterlichen Baugewerbe. Sie wurden seßhaft an den riesigen Bauplätzen der Kathedralen, wo sich die «Bauhüt-

Abdruck eines Gerberbottichs, gefunden im Gerbergäßlein Basel. Deutlich sind die im Negativ erhaltenen Daubenfugen und die Weidenruten zu erkennen, die den Bottich umspannten. Wie viele andere Gewerbe war auch die Gerberei, die auf fließendes Wasser angewiesen war und zudem üble Gerüche und Abwässer erzeugte, in den Städten an bestimmten Straßen oder Quartieren angesiedelt.

ten» über Generationen hinweg zu festen Handwerkerorganisationen entwickelten.

In den Städten übernahm im 13. Jahrhundert die Zunft die Trägerschaft für gemeinsames Werken. Erste schriftliche Nachrichten über Zünfte setzen in Basel mit der Errichtung der Kürschnerzunft 1226 und der Bauleutenzunft 1248 ein. In anderen Städten finden sich erst im 14. oder gar 15. Jahrhundert Zeugnisse über Zunftvereinigungen. Auf den bruderschaftlichen, politischen und militärischen Charakter der Zünfte gehe ich hier nicht ein, auch nicht auf ihre Rolle als Träger handwerklichen Widerstandes gegen die aristokratische Obrigkeit und die beispielsweise für Bern und Genf aus dem 14. Jahrhundert überlieferten Versuche, die Bildung von Zünften wegen der Gefahr von Aufruhr zu verbieten.

Die Zunft als Ganzes trat zwar nur in Ausnahmefällen als Arbeitsgemeinschaft auf, etwa wenn die Zimmerleute einen Galgen errichten mußten. Produktionseinheit war im städtischen Handwerk, wie schon erwähnt, der Familienbetrieb mit Meister, Geselle und Lehrlingen sowie der Frau und den Kindern des Meisters. In diesen Familienunternehmen herrschte eine branchenspezifische, hierarchisch aufgebaute Arbeitsverteilung. In der Schmiede gab beispielsweise der Meister den Takt an, die Gesellen folgten mit den schweren Hämmern, der Lehrling bediente den Blasebalg, die Frau führte die Buchhaltung, die Kinder schleppten die Holzkohle heran, die Magd brachte Wasser und schaffte die Abfälle weg. Die Zunft vereinigte alle Angehörigen eines bestimmten Handwerks, es herrschte für dessen Ausübung der Zunftzwang, und die Zunft ging rücksichtslos gegen «Pfuscher» vor, das heißt, gegen nicht zünftige Konkurrenten. Oft gehörten ein und derselben Zunft mehrere, miteinander verwandte Berufe an, so waren etwa der 1248 in Basel gegründeten Bauleutenzunft die Maurer, Gipser, Zimmerleute, Faßbinder und Wagner angeschlossen. Allerdings konnten Berufe der gleichen Produktionskette auch verschiedenen Zünften zugeteilt sein, beispielsweise die Gerber und Schuhmacher oder die Weber und Schneider. Das bedingte im ausgehenden Mittelalter bei der Entstehung von Großbetrieben, die verschiedene Produktions- und Vertriebsstufen zu vereinigen trachteten, eine Mehrzünftigkeit der jeweiligen Firmeninhaber.

Schiffsbau am Zürichsee. Die einzelnen Holzelemente werden von Hand angefertigt und zusammengesetzt.

In den Städten waren die einzelnen Gewerbe, wie mehrmals angedeutet, quartier- oder straßenweise angesiedelt, das dürfte die gegenseitige Preis- und Qualitätskontrolle erleichtert haben. Die Zünfte waren bestrebt, Probleme des Gewerbes hinsichtlich Rohmaterial, Verkauf und Personal möglichst in eigener Kompetenz zu regeln, was im 15. Jahrhundert wiederholt zu Auseinandersetzungen mit der städtischen Obrigkeit führte, da sie immer wieder mit Verordnungen in das zünftische Wirtschaftsleben eingriff. Trat die Zunft somit gegen außen als Gemeinschaft auf, bei der Verteidigung ihrer Autonomie und ihrer Monopole, hielt sie im Innern die gemeinsamen Interessen, die Verpflichtung zu gegenseitiger Hilfe zusammen, etwa wenn die Rohstoffe knapp oder die Kunden zahlungsunwillig waren. Trinkstuben, in denen die Leute nicht nur zechten, spielten und bisweilen auch stritten, sondern in denen sie auch wirtschaftliche und politische Gespräche führten, Geschäfte abschlossen und Heiraten von Söhnen und Töchtern zum Vorteil des Betriebes vereinbarten, waren die Mittelpunkte des zünftischen Gesellschaftslebens.

Qualitätskontrollen erstreckten sich je nach Art der Ware auf Größe, Gewicht, Material und Verarbeitung. Für bestimmte Normen waren am Rathaus, an der Stadtkirche oder an anderer gut sichtbarer Stelle die gültigen Maße und Größen, etwa für Elle, Dachziegel oder Brotlaib, eingehauen. Verstöße gegen Qualitäts- und Preisbestimmungen sowie gegen unlauteren Wettbewerb konnten von der Zunft mit Bußen, Boykott und Schließung des Betriebs geahndet werden. Krasse Fälle spielten sich in den üblichen Formen der brauchtümlichen Volksjustiz ab.

So förderte das korporative Zunftwesen im Spätmittelalter den wirtschaftlichen Aufschwung und das gewerbliche Selbstbewußtsein des städtischen Handwerks.

Löhne, Preise und Arbeitskonflikte Der Vergleich zwischen Löhnen oder Preisen im Mittelalter und in der heutigen Zeit gehört zu den heikelsten Unterfangen der Geschichtswissenschaft, und zwar wegen der völlig anders gelagerten Bedürfnisse, Wertmaßstäbe und Kaufangebote. Allein schon Quervergleiche von Löhnen oder Preisen für gleiche Arbeit oder für gleiche Produkte in verschiedenen Städten und Gegenden oder von Kostenentwicklungen innerhalb einiger Jahrzehnte bereiten für das Spätmittelalter Schwierigkeiten, da wegen des Wirrwarrs in den Geldsystemen mit all den Auf- und Abwertungen sowie ihrer regionalen Zerrissenheit die tatsächliche Kaufkraft der angegebenen Beträge kaum abzuschätzen ist.

Hinsichtlich der Löhne kommt noch hinzu, daß die Handwerksgesellen im Haushalt des Meisters lebten und mithin für die Dauer ihres Arbeitsverhältnisses verköstigt und beherbergt wurden. Normen für diese Naturalleistungen etwa hinsichtlich Ausstattung der Kammer oder Zusammenstellung des Essens bestanden nicht. Einen Anteil ihres Lohns hatten die Gesellen in die Zunft oder die Gesellenverbandskasse zu entrichten, doch scheinen diese Beträge je nach Handwerk und Stadt unterschiedlich hoch gewesen zu sein. Solange Frauen als «Gesellinnen» in zünftigen Gewerben arbeiten durften, was allerdings um 1400 fast ganz aufhörte, bezogen sie durchwegs einen niedrigeren Lohn als ihre männlichen Kollegen, selbst in den Jahren des Schwarzen Todes, als Arbeitskräfte allgemein sehr gesucht waren. Unbezahlte Arbeit leisteten Ehefrauen und Kinder des Handwerksmeisters. Im ausgehenden Mittelalter lag der Monatssold eines Schweizer Reisläufers mit ca. 10 lb deutlich über dem Monatslohn eines Handwerksgesellen, der etwa 5 lb betrug, während ein Mütt Getreide (ca. 80 l) zwischen 2 und 3 lb kostete. Doch bleiben diese und ähnliche Zahlen beschränkt aussagekräftig, da der Handwerksgeselle, wie erwähnt, zum Barlohn Kost und Obdach erhielt, der Reisläufer aber für seinen Unterhalt selbst aufkommen mußte, jedoch die Möglichkeit hatte, sich durch Plündern schadlos zu halten. Beim Einkommen des Handwerksgesellen ist ferner zu berücksichtigen, daß er zwischen Aufkündigung einer Stelle und einem Neuantritt längere Zeit auf die Walz ging und dabei nichts verdiente. Die Löhne wurden oft erst bei Auf-

---

Altarbild mit Szene aus der Legende des heiligen Eligius: Während der Heilige einen abgenommenen Pferdefuß beschlägt, kneift er einer Hexe, die den Vorgang stören will, mit der Zange in die Nase. Eligius galt als Patron der Schmiede, die ihn bruderschaftlich verehrten und ihm Altäre stifteten.

---

lösung des Anstellungsverhältnisses oder nach Ablauf eines Jahres ausgezahlt. Martini (11. November) war ein wichtiger Kündigungs- und Auszahltermin.

Ob ein Lohn als angemessen empfunden wird, hängt letztlich von den Erwartungen und Bedürfnissen des Arbeitnehmers ab. Die mittelalterlichen Handwerksgesellen lebten gewiß sehr bescheiden. Ihre persönliche Habe hatte in einem kleinen Bündel Platz, das sie auf der Wanderschaft zusammen mit ihrem Hauptwerkzeug, der Zimmermannsaxt, der Maurerkelle oder dem Nähbesteck sowie einem wehrhaften Messer bei sich trugen. Kleider, wenn auch nicht die neuesten, sind den Gesellen oft bei Arbeitsantritt oder beim Abschied vom Meister geschenkt worden.

Obwohl es im 14. und 15. Jahrhundert wiederholt zu Auseinandersetzungen zwischen Meistern und Gesellen kam, die sich bis zu großräumigen Streikwellen ausweiten konnten, scheinen bei diesen Arbeitskonflikten Lohnforderungen keine wesentliche Rolle gespielt zu haben.

Dagegen ging es oft um die Beschneidung alter Gesellenrechte, besonders um die Aufhebung von freien Tagen, den «blauen Montagen», um die Bildung von Gesellenverbänden, um schlechte Kost und um persönliche Differenzen, hinter denen wohl nicht selten irgendwelche Liebesaffären steckten. Mißstimmung zwischen Meistern und Gesellen brachten im ausgehenden Mittelalter auch die Bestrebungen der Zünfte, den Zugang zur Meisterschaft mit allen möglichen Schikanen zu erschweren und damit die minimale Gesellenzeit immer mehr zu verlängern, weil sie neue Konkurrenz ausschalten wollten; das machte es den Gesellen auf Jahre hinaus unmöglich, einen eigenen Betrieb und Hausstand zu gründen. Die starke Mobilität der Gesellen sowie ihr bruderschaftlicher Zusammenhalt hatten zur Folge, daß sich auch relativ unbedeutende Arbeitskonflikte rasch über eine ganze Stadt oder eine ganze Gegend ausbreiten konnten und von seiten der Gesellen mit unerhörter Zähigkeit ausgetragen wurden. Ein Streik der Schmiedegesellen in Baden von 1475 beschäftigte sogar die Eidgenössische Tagsatzung, und 1495 traten die Bäckergesellen in Colmar in den Ausstand, weil man ihnen an der Fronleichnamsprozession den althergebrachten Platz nicht mehr einräumen wollte. Dieser Streik dehnte sich über das ganze Elsaß und den Breisgau bis Basel aus und mußte schließlich – zum Schaden der Colmarer Bäckerzunft – schiedsgerichtlich beigelegt werden. Überhaupt zeigt sich, daß Arbeitskonflikte zwischen Gesellen und Meistern oder Zünften schwer zu schlichten gewesen sind, deshalb mußte meist der städtische Rat eingreifen, um einen Kompromiß auszuhandeln.

Offensichtlich nicht in der Lage, sich selbständig gegen die Willkür von Meister und Gesellen zu wehren, waren die Lehrlinge, die allen möglichen, zum Teil brauchtümlich gefestigten Schikanen und groben Späßen ausgesetzt waren und massenhaft Prügel als Teil des täglichen Brotes einstecken mußten. Obrigkeitliche Schutzbestimmungen richteten sich bloß gegen eigentliche Mißhandlungen. Schläge blieben statthaft, soweit sie keine blutenden Wunden erzeugten.

Preiskonflikte entstanden nicht innerhalb der einzelnen Gewerbezweige, sondern zwischen Zünften und Obrigkeit, besonders im Bereich der Lebensmittelversorgung. Um Teuerungen auszugleichen, setzte der Rat Höchstpreise für Grundnahrungsmittel fest, vor allem für Brot, Wein, Fische und Fleisch, und bedrohte zuwiderhandelnde Meister mit saftigen Bußen; ebenfalls bestraft wurde das Verkleinern der Brotlaibe. Zudem verlangte der Rat von den betreffenden Zünften ein ausreichendes Angebot, und das konnte bei Lebensmittelknappheit das Nahrungsmittelgewerbe in ernste Schwierigkeiten bringen. Protestaktionen, die oft bis zum Streik ganzer Zünfte führten, endeten allerdings meist mit dem Sieg der Obrigkeit, die mit den Druckmitteln von Verhaftungen, Bußen und vor allem von Aufträgen an Klöster und auswärtige Lebensmittelhersteller am längeren Hebelarm saßen.

Leben und Sterben

Von der Wiege bis zur Bahre — Die Geburt, für Mutter und Kind stets mit großen Gefahren verbunden, stand unter der Aufsicht der Hebamme. Ärzte, deren theoretisches Schulwissen ohnehin kaum etwas genützt hätte, wurden nicht zugezogen. Nur bei schwierigen Fällen, die einen Kaiserschnitt notwendig erscheinen ließen, holte man den Chirurgus, dessen Eingriff mit dem Messer zur Rettung des Kindes jedoch erst nach dem Tod der Mutter erfolgte.

Das neugeborene Kind wurde auf sein Geschlecht und seinen Zustand hin untersucht und dem Vater zur Anerkennung vorgezeigt. Säuglinge wickelte man bis an den Hals in Windeln und Bänder ein, so daß sie kaum Bewegungsfreiheit hatten. In die Wiege gelegt, benötigte das Kleinkind eine dauernde Aufsicht zum Schutz vor Ratten und Ungeziefer. Da die Muttermilch als besonders gesund und kräftigend galt, waren die Mütter bestrebt, die Kleinkinder möglichst lange zu stillen, in besseren Kreisen mit Hilfe einer Amme. Stillzeiten von mehr als einem Jahr waren nicht selten.

Kleinkinder ließ man auf allen vieren herumkriechen, mitunter an einem Seil angebunden oder innerhalb eines käfigartigen Verschlags, damit sie nicht in eine gefährliche Lage gerieten. In einem hölzernen Laufgestell mit Rädern lernten die Kleinen die ersten Schritte.

Gekleidet waren die Kinder in hemdartige Röcke von unterschiedlich dickem Stoff. Bessere Kleidung, welche die Erwachsenentracht imitierte, trugen sie nur an wichtigen Anlässen, ebenso Schuhe, denn üblicherweise gingen Kinder barfuß. Aus Angst vor Krankheiten – ich erinnere an die hohe Sterblichkeit in den ersten zehn Lebensjahren – behängte man die Kinder mit vielen Amuletten und Talismanen.

Bis etwa ins 7. Lebensjahr standen die Kinder unter der Obhut der Mutter und der übrigen Frauen im Haushalt, um die Knaben kümmerte sich anschließend immer mehr der Vater, während die Mädchen bis zum Eintritt ins Erwachsenenalter den Müttern anvertraut blieben.

Spiele und Spielsachen gab es in großer Zahl. Neben vielseitigen Bewegungsspielen mit und ohne Gerät (zum Beispiel Hüpf- und Fangspiele, Steckenpferde, Windrädchen, Kreisel) kannte man viele Spiele, in denen sich die nach Ständen getrennte Welt der Erwachsenen spiegelte: Belegt sind Spiele mit Puppen, Tieren aus Holz oder Ton, ferner Handwerksgeräte und turnierende Ritterfiguren. Besonders beliebt muß das Marmelspiel gewesen sein.

Über das Spielen wuchs das Kind in die Lebensformen der Erwachsenen hinein. Die Erziehungsmethoden waren allgemein hart, wenn auch keineswegs lieblos. Rute und Stecken galten nicht nur als Züchtigungsmittel, sondern auch als Lernhilfen. Der Gedanke, daß unter Schmerzen Gelerntes länger im Gedächtnis hafte, führte

Mütter mit kleinen Kindern, Mitte des 12. Jahrhunderts. Die Frau links stillt einen Säugling, die Frau rechts hält ihr Kind auf dem Schoß. Der Säugling ist von Kopf bis Fuß eng eingewickelt.

zum Ritual, beim Grenzsteinsetzen den zuschauenden Kindern Schläge zu verabfolgen. Kinder hatten sich gegenüber den Erwachsenen stets ehrerbietig zu verhalten, besonders beim Grüßen und beim Essen, das sie stehend einnehmen mußten.

Höhere Schulbildung blieb bis ins 14. Jahrhundert den Klerikern vorbehalten. Im Spätmittelalter kamen in den Städten öffentliche Schulen auf, teils als Privatunternehmen, teils als obrigkeitliche Dienstleistungsbetriebe. Da nicht bloß höhere Schulkenntnisse wie Latein, sondern auch elementare Rechen-, Schreib- und Lesekünste bis in den Ausgang des Mittelalters kaum als allgemeines Bildungsgut galten, sondern eher als standes- und berufsbezogenes Spezialwissen, blieb ein großer Teil der Bevölkerung in allen sozialen Schichten analphabetisch. Für eine gründlichere Bildung sorgten im Hochmittelalter Kloster-, Stifts- und Pfarreischulen, deren Zöglinge mehrheitlich für die geistliche Laufbahn bestimmt waren. Lateinschulen, die humanistische Bildung unter Laien verbreiteten, entstanden in den großen Städten im 15. Jahrhundert, zum Teil in den Fußstapfen älterer kirchlicher Lehranstalten.

Etwa mit dem 10. Lebensjahr begann die berufsorientierte Erziehung. Die landwirtschaftlichen Verrichtungen erlernten die Bauernkinder auf dem elterlichen Hof. Auswärtige Bildungs- und Erziehungsjahre setzten sich beim Adel und bei Stadtbürgern seit dem Hochmittelalter durch, je nach Stand, Vermögen und Ausbildungszeit an einem Fürstenhof, einer Universität, einer Klosterschule, bei einem Handelspartner oder einem fremden Handwerksmeister. Am Ende der beruflichen Ausbildung stand die rituelle Verleihung eines Titels, eines Grades oder eines Fähigkeitszeugnisses. Mit der Würde eines Priesters, Ritters, Doktors, Magisters der Meisters trat man in die Welt der Erwachsenen ein.

Junge Adlige wurden durch Umhängen des Schwertes, seit dem 13. Jahrhundert durch den Ritterschlag in die Gemeinschaft der erwachsenen Krieger aufgenommen. Viele dieser Initiationsriten waren symbolische Tötungen und Wiedererweckungen.

Die Eheschließung, meist von den Eltern oder Angehörigen vereinbart, erfolgte bei den Mädchen um das 15. Altersjahr herum, bei den Burschen meist erst nach dem 20. Geburtstag. Wirtschaftliche, politische und gesellschaftliche Erwägungen gaben bei der Wahl des Partners den Ausschlag, was nicht bedeutete, daß es zwischen den Eheleuten keine Zuneigung gegeben hätte. Mehrmalige Verheiratung kam bei Männern und Frauen häufig vor, denn der frühe Tod des einen Partners, bei den Frauen infolge der Wochenbettsterblichkeit, bei den Männern wegen des höheren Heiratsalters, verlangte wegen der wirtschaftlichen, rechtlichen und gesellschaftlichen Bedeutung der Ehe nur zu oft das Eingehen einer neuen Bindung.

Im Eheleben kannte man in allen Schichten eine standes- und berufsspezifische Arbeits- und Aufgabenteilung zwischen Mann und Frau.

Zwischen dem 40. und dem 50. Lebensjahr fing – falls man dieses überhaupt erreichte – das Alter mit all seinen Gebresten und Beschwerden an. Groß- und Urgroßeltern lebten in Gemeinschaft mit ihren Nachkommen, sofern sie welche hatten. Das «Stöckli», der vom Hauptgebäude getrennte Wohnbau der Großeltern, scheint im Bernbiet im Verlauf des 15. Jahrhunderts aufgekommen zu sein. Alte Leute ohne Verwandtschaft, die sich um sie hätte kümmern können, waren auf die Hilfe von kirchlichen, später auch städtischen Spitälern angewiesen.

Mit dem Beginn des Alters bereitete man sich früh auf den Tod vor, indem man die liturgischen Pflichten regelte, besonders die Stiftung der Totenmessen, und indem man die Utensilien für das Begräbnis, Bahrtuch, Sarg, Leichentuch oder Totenhemd, besorgte und stets in Sichtweite bereithielt.

Sterbende pflegte man zu Hause bis zum letzten Atemzug. Das Sterben konnte unter Umständen lange dauern. Außer den Angehörigen, die für das körperliche und seelische Wohlbefinden zu sorgen hatten, standen den Sterbenden die Geistlichen mit kirchlichem Zuspruch und den Sterbesakramenten zur Seite. Dank diesen Gewohnheiten erlebte man den Tod als Teil des Lebens, das Sterben war das Ende eines gottgewollten, geschlossenen Kreislaufes, der die Vorbereitung für das ewige Leben in einem besseren Jenseits bildete.

Die Gefährdung des Daseins Auf die Bedrohung des mittelalterlichen Menschen durch Naturkatastrophen wie Brände, Erdbeben, Felsstürze oder Überschwemmungen habe ich bereits hingewiesen, ebenso auf das Gefühl der Hilflosigkeit gegenüber solchen Schrecknissen, dem man nur mit der Flucht in den fatalistischen Glauben an den Schutz durch die göttliche Allmacht zu begegnen vermochte. Mit gleicher Ohnmacht sah man weitere Gefahren auf sich zukommen. Kriege – und es gab im Mittelalter viele – bedeuteten nicht einmal das schlimmste Unheil, denn die zahlenmäßige Stärke der Truppen sowie die leistungsschwachen Waffen hielten – gemessen an den Kriegen späterer Jahrhunderte – die Verluste an Menschenleben in der Regel in verhältnismäßig engen Grenzen. Der nicht unmittelbar am Krieg beteiligten Bevölkerung, den waffenlosen Untertanen, den Frauen, Kindern und Greisen, stand die Möglichkeit offen, sich in den Wäldern oder gar in vorbereiteten Fluchtplätzen zu verstecken oder in nahe Städte zu flüchten, bis das Ärgste vorbei war. Wesentlich schrecklicher als die unmittelbaren Wirkungen der Waffen waren die Folgen des Krieges: Verwüstungen, Mißernte, Hunger und Seuchen. Die Zerstörung weiter Landstriche durch langdauernden Kleinkrieg mit Raub, Plünderung und Brandstiftung brachte vorübergehend die Landwirtschaft zum Erliegen, was unweigerlich Hungersnöte nach sich zog, da der Ausfall ganzer Ernten durch Import nur ungenügend gedeckt werden konnte und das Ausweichen auf Ersatznahrung, im schlimmsten Fall auf Mäuse, Ratten und Baumrinde, die Unterernährung nicht verhindern konnte.

Die alle paar Jahre auftretenden Hungersnöte waren, auch wenn sie nicht kriegerische, sondern natürliche Ursachen wie Dürre oder Überschwemmung hatten, stets von Teuerungen begleitet und trafen deshalb vor allem die sozial schwachen Schichten. Reiche Städte legten oft größere Vorräte an und versuchten, den Getreidewucher zu unterbinden. Hunger und Unterernährung erhöhten die Anfälligkeit für Krankheiten, was vor allem die Kinder bis etwa zum zehnten Lebensjahr getroffen zu haben scheint.

Während man in der Wundbehandlung einige Kenntnisse besaß, besonders im Einrichten verrenkter der gebrochener Gliedmaßen, und beim Ausbleiben von Sepsis und Embolie auch Schwerverletzte durchaus Überlebenschancen hatten, standen die Ärzte den Infektionskrankheiten wehrlos gegenüber. Gestützt auf sehr unklare, mehr magisch als medizinisch begründete Vorstellungen über den Vorgang der Ansteckung versuchte man sich durch vielfältige Formen der Isolation zu schützen. Das Verstoßen der Leprakranken aus der Gemeinschaft der Lebenden habe ich schon erwähnt. Daß bestimmte Formen des Kultes, zu denen man bei

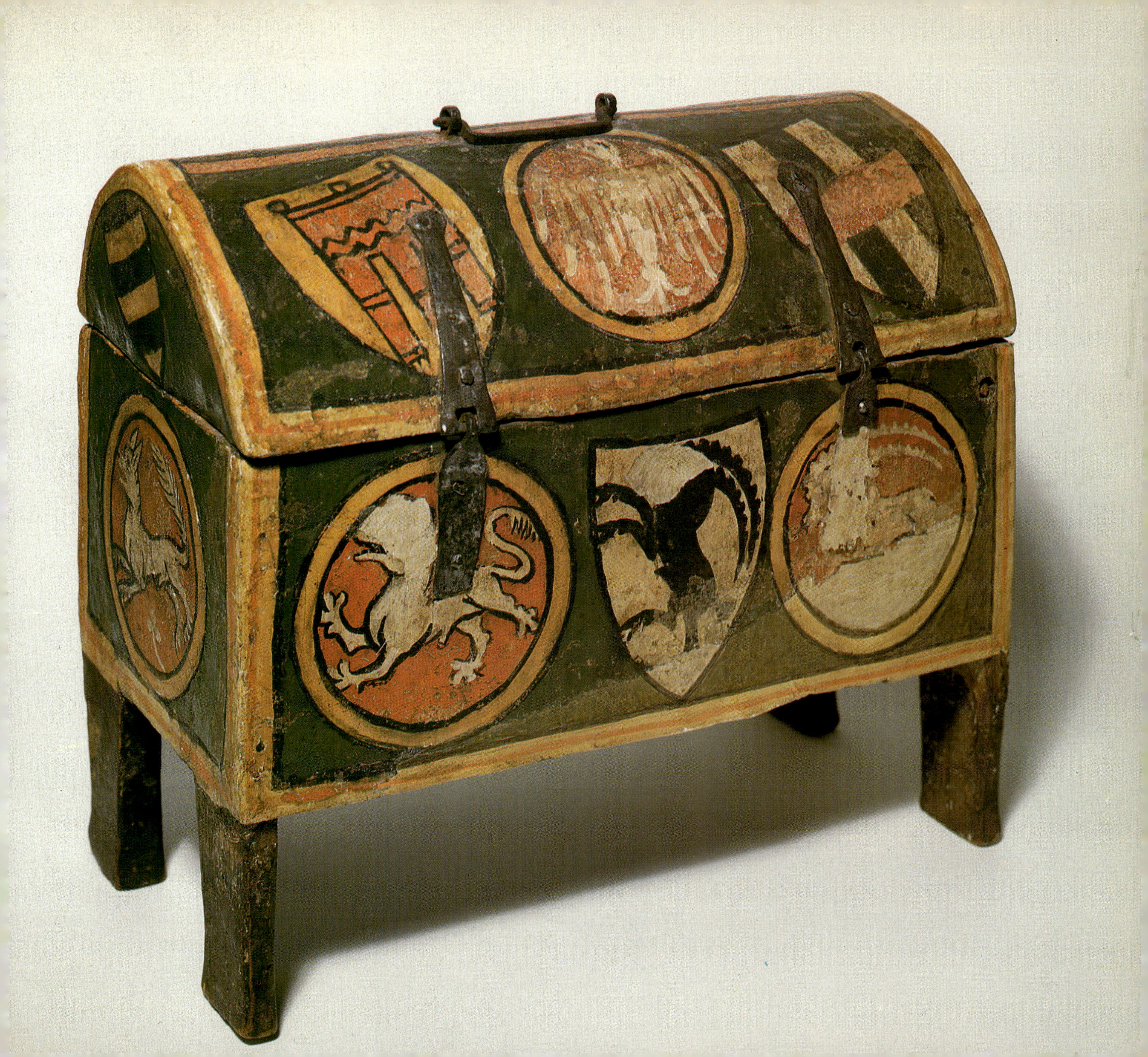

<< Wappenkästchen von Scheid GR (14. Jahrhundert). Bemalte, geschnitzte oder mit Beschlägen verzierte Kästchen, die zum Aufbewahren von Schmuck oder Dokumenten dienten, gehörten zu den repräsentativen Prunkstücken eines vornehmen Haushaltes.

< Mordszene in einer bäuerlichen Schlafkammer im Luzernischen um 1500. Das obere Bild zeigt die Erwürgung des Opfers, das untere die Entdeckung der Tat. Bemerkenswert die Ausstattung des Raumes: hölzerne Fensterläden, an der Wand ein Kreuzigungsbild. Das Mobiliar besteht aus einem hochbeinigen Bett, einer schlichten Stollentruhe und einem hölzernen Nachttopf.

> Herzog Karl der Kühne wird bestattet, 1477. Der Sarg wird in den Steinsarkophag gesenkt, im Vordergrund die abgehobene Deckplatte mit der plastischen Darstellung des Toten. Geistliche begleiten das Geschehen mit Gebeten und Gesängen. Am Fußende des Grabes ein Weihwasserkessel, rechts ein Altar mit brennenden Kerzen.

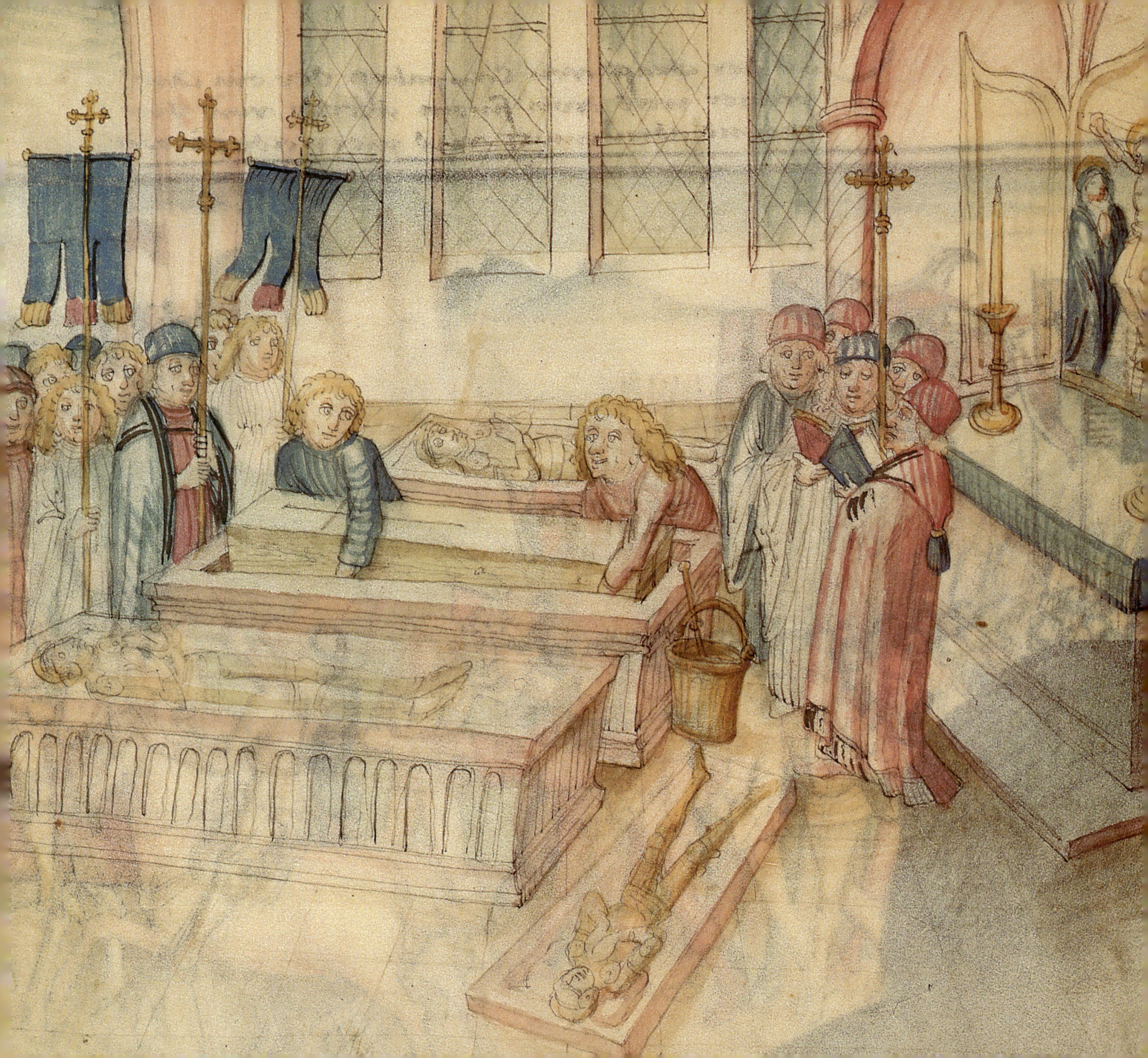

Turnierunfall:
Das gebrochene Bein des
Verunglückten wird
vom Arzt eingeschient.
Ein Gehilfe umklammert
den Patienten, der vor
Schmerz um sich schlägt,
während ein weiterer
Gehilfe mit der Schnaps-
flasche herbeieilt.

Krankheiten Zuflucht suchte, wie etwa das Küssen von Reliquien und Heiligenstatuen, die Ansteckungsgefahr eher erhöhten als verringerten, brauche ich nicht näher zu begründen. Gewisse Infektionskrankheiten, die endemisch auftraten, wie Lepra oder Tuberkulose, bildeten eine stetige Gefahr, doch blieb die Ansteckungsquote ungefähr konstant und machte wenige Prozent der Gesamtbevölkerung aus.

Verheerend wirkten sich dagegen manche Seuchen aus, vor allem in den Städten, wo viele Menschen auf engem Raum unter mißlichen hygienischen Bedingungen zusammenlebten. Während aber die schon im Hochmittelalter bekannten epidemisch auftretenden Krankheiten wie Pocken oder Cholera die Bevölkerung nur unwesentlich dezimierten, forderte die Pest, seit 1348 in Europa als der «Schwarze Tod» bekannt und bis ins 17. Jahrhundert weit verbreitet, ungeheure Opfer. Freilich vermochten hohe Geburtenüberschüsse die Lücken bald zu schließen, aber der jähe und schmerzhafte Verlauf der Krankheit und die hohe Sterblichkeitsquote verbreiteten nicht bloß Angst und Schrecken, was unkontrollierte Buß-, Schuld- und Strafreaktionen auslöste – ich denke an die Geißlerzüge und die Judenmorde –, sondern weckten auch ein ganz neues Todesbewußtsein. Unter dem Eindruck der Pest kamen im 14. Jahrhundert allegorische Todesdarstellungen auf, vor allem die Totentanzzyklen, auf denen der Tod als drohendes, allmächtiges Gerippe mit der vernichtenden Sense erscheint. Lehrbücher über die Kunst des Sterbens, die «ars moriendi», kamen im ausgehenden Mittelalter auf den Markt.

Dem jähen Seuchen- und Kriegertod stand der friedliche Alterstod gegenüber, dem allerdings meist schwere Gebresten vorausgingen; wahrscheinlich hat man ihn deshalb als Erlösung empfunden. Untersuchungen an mittelalterlichen Skeletten zeigen bei alten Leuten regelmäßig krankhafte Veränderungen aller Art, vor allem schwere Arthrosen, welche die letzten Lebensjahre der Betroffenen zur Qual hatten werden lassen.

Den Frauen bürdeten Schwierigkeiten beim Gebären zusätzliche Gefahren auf. Viele Opfer dürfte das Kindbettfieber gefordert haben. Sehr hoch, wenn auch heute nur noch schwer in Zahlen zu schätzen, war die Säuglingssterblichkeit. Von drei Neugeborenen wird vielleicht eines überlebt haben. Bei Kindern bis zu etwa zehn Jahren sowie bei Erwachsenen über dreißig Jahren war die Sterblichkeitsquote ebenfalls hoch. Allgemein scheinen die harten Lebensbedingungen des Mittelalters im Vergleich zu heute einen wesentlich schnelleren Alterungsprozeß bewirkt zu haben.

Krankenpflege und soziale Fürsorge Schwere Invalidität und unheilbare, langsam verlaufende Krankheiten wie die Lepra führten zum Ausschluß aus der Gesellschaft, zur Isolierung in einer vom Bettel abhängigen Randgruppe.

Wie aber verhielt man sich im Mittelalter bei leichteren Unfällen oder bei Krankheiten mit Hoffnung auf Genesung? Gute Ratschläge, um gesund zu bleiben, wurden schon im Mittelalter herumgeboten. Sie empfahlen Maßhalten in allen Dingen, Zufriedenheit, Gottesfurcht, Vermeiden von Trunksucht, Völlerei, Ärger und Aufregung und sonstige Allgemeinplätze. Gewiß liefen die Leute nicht wegen jeder Kleinigkeit zum Arzt. Der mittelalterliche Mensch hatte von Kindsbeinen an gelernt, Schmerzen zu ertragen, deshalb machte man von leichteren Krankheiten oder Unfällen nicht viel Aufhebens. Zudem waren von alters her zahlreiche Hausmittel aus Kräutern und Wurzeln gegen alle möglichen Gebresten bekannt. Im hauseigenen Garten hielt man viele dieser heilkräftigen Pflanzen.

Wenn man nicht mehr weiter wußte, wenn Fieber, Ausschlag und Schmerzen überhandnahmen oder wenn ein Unfall allzu gräßlich aussah, konsultierte man keineswegs unbedingt den Arzt, sondern wandte sich an Leute, zu denen man mehr Vertrauen hatte. An weise Frauen, an «Humpeler» und «Wildwurzler», die dank ihrer reichen Erfahrung manche Tränklein und Salben herstellen konnten, oder an den Henker, der von den Folterungen her große Kenntnisse im Behandeln von Knochen- und Gelenkverletzungen hatte und als Herr der Richtstätte auch über magische Kräfte verfügte. Seit dem Frühmittelalter galten Juden als gute und erfolgreiche Ärzte und genossen deshalb landesherrlichen und obrigkeitlichen Schutz. Auch gab es viele Frauen, die in der ärztlichen Kunst bewandert waren und bis ins ausgehende Mittelalter mit Erfolg praktizierten, wohl nicht zuletzt in gynäkologischen Leiden, mit denen sich die betroffenen Frauen eher an ihresgleichen als an Männer gewandt haben dürften, zumal die Kenntnisse der akademisch geschulten Ärzte auf bedenklicher Stufe standen und sich weitgehend im Nachplappern der verstaubten Lehren des römischen Arztes Galen erschöpften. Nicht einmal in Basel, wo seit der Gründung der Universität 1460 eine ordentliche Professur für Medizin bestand, vermochte die ärztliche Wissenschaft zu überzeugen, obwohl sich der Rat bemühte, das Gesundheitswesen der Stadt mit Hilfe der medizinischen Fakultät zu verbessern. Die obrigkeitlichen Maßnahmen gegen heilkundige Leute ohne akademischen Abschluß dienten anscheinend eher der Sicherung eines Behandlungsmonopols für Medizindoktoren als dem Wohlergehen der Basler Bevölkerung.

Bis zum Ende des Mittelalters gingen medizinische Kenntnisse und magische Praktiken unmerklich ineinander über. Die an sich fragwürdige, von den Ärzten jedoch sehr empfohlene Behandlungsmethode des Schröpfens und Aderlassens war von unzähligen Zauberritualen begleitet, die vor allem mit dem Einfluß der Gestirne rechneten.

Der beruflichen Arroganz der theoretisch geschulten Ärzte widersprach es, Hand an die Patienten zu legen oder sie gar chirurgisch zu behandeln. Für derartige Aufgaben standen Spezialisten zur Verfügung, die teils nach ärztlichen Anweisungen operierten, teils ihre Kunst als freien, keinem Zunftzwang unterworfenen Beruf auf Jahrmärkten, in Badstuben oder auf der Stör ausübten. Wir erfahren von Zahnbrechern, Steinschneidern, Hoden- und Bruchschneidern und Starstechern. Für die chirurgischen Eingriffe verwendete man Rasiermesser, Ahlen, spitze Haken, Sägen und Brenneisen. Die Zähne zerrte man mit einem im Kariesloch verankerten Haken aus dem Kiefer. Aseptische Hygiene war noch unbekannt. Als Betäubungsmittel verabreichte man bei Operationen und Unfällen Branntwein, der deshalb als Heilmittel galt und in Apotheken feilgehalten wurde. Solche Apotheken entstanden in den Städten seit dem 14. Jahrhundert mit obrigkeitlicher Hilfe; sie vertrieben vor allem Heil- und Zaubermittel, die nicht in heimischen Gärten und Wäldern wuchsen oder für deren Herstellung ein besonderes Verfahren erforderlich war.

Im 15. Jahrhundert kümmerte sich die städtische Obrigkeit immer mehr um die Pflege der Kranken. Man richtete neben den bisherigen klösterlichen Spitälern städtische Krankenhäuser ein, in denen die Pflege den Wartfrauen anvertraut war, ferner traf man seuchenpolizeiliche Vorbeugemaßnahmen, damit eine Epidemie gar nicht erst in die Stadt gelangen konnte. Bedürftige Patienten wurden verpflegt, mit Kleidern ausgestattet und auf städtische Kosten ärztlich versorgt. Die amtlich bestallten Ärzte hatten den ausdrücklichen Auftrag, zah-

Städtische Schulstube um 1500. Gemälde von Ambrosius Holbein, Aushängeschild eines Basler Schulmeisters. Eine Schrifttafel über dem Bild pries Schreibkurse für Erwachsene und Kinder beiderlei Geschlechts an.

Graf Friedrich VII. von Toggenburg auf dem Sterbelager. Unter dem Bett liegt der Sarg bereit, rechts steht eine Frau, die bereits die Totenklage anhebt, neben dem Bett spenden Pfaffen den geistlichen Beistand.

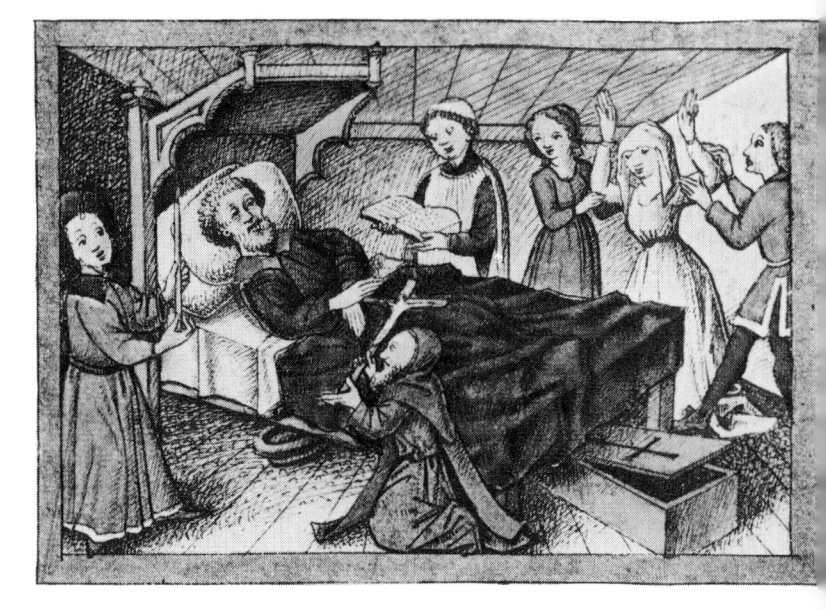

lungsunfähige Kranke auch ohne Honorar zu behandeln. Vor allem half man den Chronischkranken, wobei sich in der Unterstützung oft die völlige Ratlosigkeit der Ärzte spiegelte: Ein Berner Epileptiker bekam eine Bittwallfahrt nach Ruffach bezahlt; tobsüchtige Geisteskranke sperrte man ins «Toubhüsli» oder legte sie in Ketten und verbot ihnen zu heiraten. Almosenartige Unterstützung erhielten Patienten mit Kröpfen, mit der Grindskrankheit, mit Pocken, Krebs und der seit etwa 1500 immer häufiger auftretenden Syphilis. Obrigkeitliche Beiträge wurden ferner für Badekuren und chirurgische Eingriffe ausgerichtet. Prothesen mußte man sich auf eigene Kosten beschaffen. Neben dem einfachen Holzbein tauchten um 1500 kunstvoll geschmiedete Handprothesen auf, während künstliche Zähne – schon in der Antike bekannt – erst wieder in nachmittelalterlicher Zeit hergestellt wurden.

Gab es also für Kranke und Gebrechliche viele Möglich-

Beispiel für den jähen Tod: Ein Mann wird von Wölfen zerrissen, 16. Jahrhundert.

keiten, ein wenig unterstützt zu werden, fehlten soziale Fürsorgemaßnahmen bei Arbeitslosigkeit fast ganz. Die Gemeinschaftskassen von Gesellenverbänden konnten einem in Not geratenen Angehörigen vorübergehend unter die Arme greifen, aber wer beispielsweise der handwerklichen Unehre verfallen war und als verrufen galt, hatte kaum Aussichten auf Unterstützung oder auf eine neue Stellung.

Zudem begleitete den Arbeitslosen der Ruf der Arbeitsscheu. Wenn er nicht betteln oder stehlen wollte, mußte er versuchen, sich als Reisläufer anwerben zu lassen oder sich irgendwo im Ausland, wo man ihn nicht kannte, eine neue Lebensgrundlage aufzubauen.

Der gute und der schlechte Tod

Der feste Glaube an die Unsterblichkeit der Seele und damit an ein Weiterleben nach dem Tod bildete eine wesentliche Grundlage der mittelalterlichen Weltanschauung und bestimmte in hohem Maß menschliches Denken und Handeln. Die mit diesem Unsterblichkeitsglauben verbundenen Jenseitsvorstellungen orientierten sich weitgehend, wenn auch nicht ausschließlich am biblischen, theologisch begründeten Weltbild von Himmel, Hölle und Fegefeuer, auch wenn im Volk noch viele, mit der offiziellen Kirchenlehre schwerlich in Einklang zu bringende Auffassungen über das Wirken und Wesen der Toten lebendig waren. Der Jenseitsglaube beherrschte den Menschen des Mittelalters so stark, daß es nicht übertrieben erscheint, im Verlust dieses Jenseitsdenkens die Hauptschranke zu sehen, die unsere moderne Zeit von der Welt des Mittelalters trennt.

Der Unsterblichkeitsglaube machte den Tod nicht zum Ende aller Dinge, zum irreversiblen Betriebsunfall, wie wir ihn heute oft sehen, sondern zu einer Übergangspha-

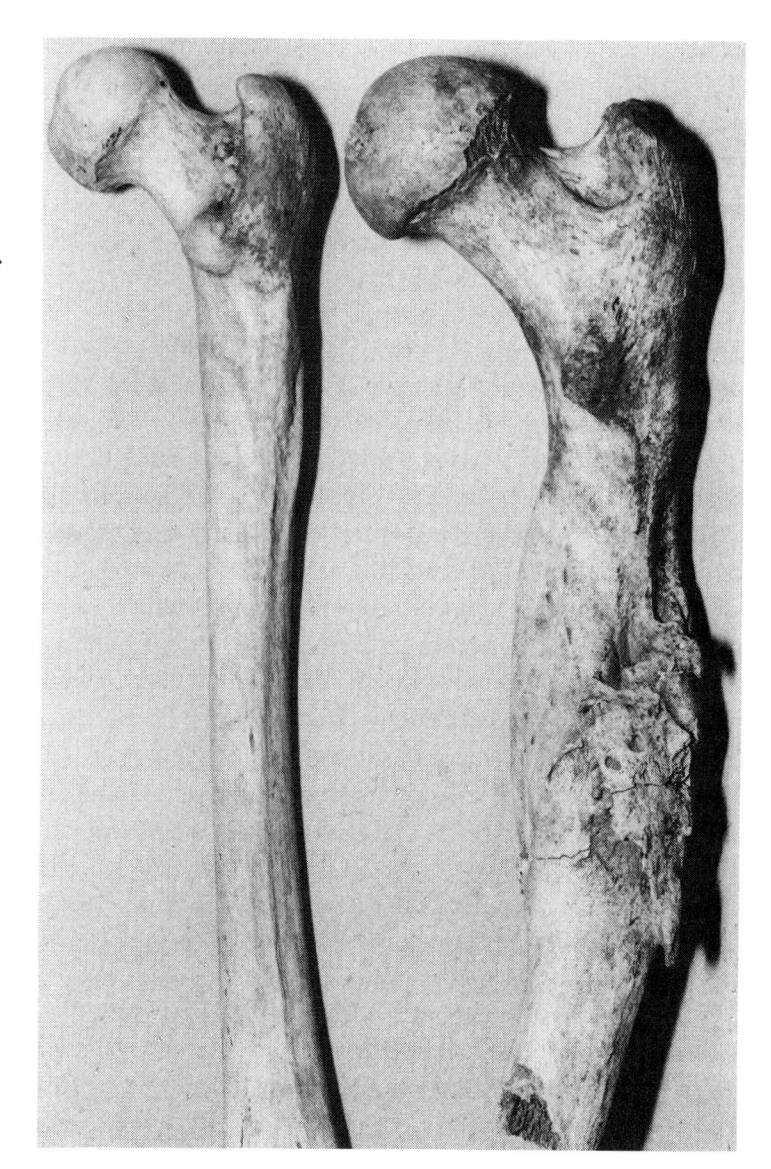

Folgen eines schlecht behandelten Oberschenkelbruches: Neben einem gesunden Knochen (links) ein gebrochener Oberschenkel mit überlappend verwachsenen Bruchrändern und Wucherungen, die auf eine eitrig-entzündete Fistel und auf jahrelanges Siechtum schließen lassen.

se, zum Tor vom irdischen zum jenseitigen Dasein. Die Art und die Begleitumstände des Todes konnten entscheidend auf die Verhältnisse im jenseitigen Leben einwirken, deshalb war es zu Lebzeiten unerläßlich, einen «guten Tod» anzustreben und den «schlechten Tod», dem Hölle und Verdammnis folgen mußten, zu vermeiden. Von Vorsorgemaßnahmen im Hinblick auf die «ewige Seligkeit» wird später die Rede sein.

Dringend notwendig für einen guten Tod war die Erfüllung der kirchlich-liturgischen Riten, besonders die Verabreichung der Sterbesakramente, die selbst einem zum Tod verurteilten Verbrecher nicht verweigert wurden. Für die Beurteilung der Todesart entwickelte das Mittelalter eigene Wertvorstellungen, die wir Menschen des 20. Jahrhunderts vielleicht schwer verstehen können, die aber im gedanklichen Gesamtzusammenhang der mittelalterlichen Lebenserfahrung und Weltanschauung durchaus folgerichtig wirken. Als guter Tod galt das Sterben im frühen Kindesalter, denn dem «unschuldigen Kinde» war das Himmelreich gewiß. Hohe Wertschätzung hatte auch der Tod im Dienst einer guten Sache, in der Aufopferung für die Familie, die Allgemeinheit, für den christlichen Glauben. In diesen Fällen rückte der Verstorbene gar in die Nähe der heiligmäßig verehrten Märtyrer. Beim Rittertum und beim spätmittelalterlichen Berufskriegertum vornehmlich des Alpenraums genoß der Tod in der Schlacht höchste Anerkennung. Im ritterlichen Denken galt der heroische Untergang als begehrenswerte Erfüllung des irdischen Daseins. Dem Gebot der ehrenhaften Todesverachtung im Kampf entsprachen zahlreiche Kriegsbräuche.

Das hohe Ansehen des frühen, besonders des heroischen, opferfreudigen Todes beruhte nicht bloß auf den mittelalterlichen Jenseitsvorstellungen, sondern auch auf der Lebenserfahrung des «bösen Alters». Wie die anthropologischen Untersuchungen mittelalterlicher Begräbnisplätze gezeigt haben, muß es mehr alte Leute gegeben haben, als man heute vielleicht annehmen möchte, aber die meisten Skelette alter Menschen zeigen deutliche Spuren chronischer Krankheiten. Das Alter war sehr oft von jahrelangem Siechtum begleitet. Längst nicht jede Krankheit führte sofort zum Tod, sondern zu schmerzhafter Verkrüppelung und beschwerlicher Invalidität: Die Kribbelkrankheit, Antoniusfeuer genannt, entstand durch die Mutterkornvergiftung und bewirkte schwerste

Dauerschäden. Mit zunehmendem Alter wurden die Menschen von Gicht geplagt und von Arthrosen, die meist von schlecht verheilten Verletzungen oder – bei Bauern – von körperlicher Schwerstarbeit herrührten. In vielen Gegenden des Alpenraumes grassierte die Schilddrüsenerkrankung des Kropfes. Auch die Karies, gegen die man kein anderes Mittel kannte, als die kranken Zähne auszureißen, war im Mittelalter weit verbreitet und bewirkte in höherem Alter völlige Zahnlosigkeit. Geschlechtskrankheiten, Tuberkulose oder Augenerkrankungen, die zur Blindheit führten, trugen ebenfalls zur beschwerlichen Last des Alters bei.

Als ausgesprochen schimpflich galten, außer dem Selbstmord, gewisse Hinrichtungsarten, besonders das Henken. Somit konnte – gemäß der mittelalterlichen Auffassung über die Bedeutung der Todesart – ein zum Galgen oder Rad verurteilter Verbrecher zur Enthauptung begnadigt werden.

Daß zum guten Tod auch ein würdiges, standesgemäßes Begräbnis gehörte, versteht sich von selbst.

Statue des heiligen Martin, der seinen Mantel teilt, um die Hälfte einem Bettler – dem verkleideten Christus – zu schenken. Martin verkörperte in dieser Darstellung die Tugend der «clementia», der Barmherzigkeit, die das Almosenspenden zur gesellschaftlichen Verpflichtung erhob.

Lahme werden zu einer neu entdeckten Heilquelle gebracht, 16. Jahrhundert.

Das Begräbnis Auf dem mittelalterlichen Unsterblichkeitsglauben beruhte die Fülle rituell verfestigter Totenbräuche, die im Verlauf der Zeit zwar einem gewissen Wandel unterlagen, stets aber dem gleichen Hauptziel dienten: der Seele des Toten die ewige Ruhe oder den Weg in das bessere Leben zu sichern. Obwohl die Jenseitsvorstellungen stark von Wunschbildern des sozialen Ausgleichs und der gesellschaftlich verkehrten Welt geprägt waren, spiegelten sich in den Bestattungssitten und den Grabmälern ganz deutlich die irdischen Standesunterschiede: Reichere und vornehmere Leute erhielten ein aufwendiges Leichenbegängnis, einen bevorzugten Begräbnisplatz und einen prunkvollen Grabstein, die Armen mußten sich mit einem bescheidenen Ritual und einem schlichten Mal begnügen, mittellose Leute ohne Angehörige wurden irgendwie verscharrt, wenn sich kein Mitleidiger fand, der sich ihrer Seele erbarmte. Die spätmittelalterlichen Bruderschaften unterhielten deshalb eine Gemeinschaftskasse, um armen Mitgliedern ein würdiges Begräbnis zu ermöglichen.

Nach der Feststellung des Todes begannen Totenwache und Totenklage, die durch Angehörige oder durch bezahltes Personal, die Klageweiber, vorgenommen wurde. Der Tote wurde im Haus oder in einer Kapelle zur Schau gestellt, was im Fall eines gewaltsamen Todes mit dem Rechtsbrauch der Bahrprobe verbunden werden konnte, die auf der Vorstellung beruhte, die Wunden würden wieder bluten, wenn der Mörder vorbeigehe. Einem anderen seltsamen Brauch, bezeugt im Freiburgischen, den aufgebahrten Toten dem Schabernack von Maskenfiguren auszusetzen, dürfte der uralte Glaube zugrunde gelegen haben, daß der Verstorbene von den Ahnengeistern abgeholt werde.

Für die Aufbahrung wurde der Leichnam gewaschen und mit dem Totenhemd bekleidet, manchmal auch kosmetisch behandelt. Könige und Fürsten, die in der Fremde gestorben waren, wurden einbalsamiert oder mit Honig überzogen, ausgeweidet oder gar ausgekocht, damit man ihren Körper in die Herrschergruft oder ins Familiengrab transportieren konnte. Gebeine und Eingeweide hoher Standespersonen sind oft getrennt bestattet worden.

Das liturgische Ritual in der Kirche, die Totenmesse, war umrahmt vom eigentlichen Leichenzug, dem Transport zum Begräbnisplatz. Je bedeutender der Verstorbene war, desto länger und aufwendiger war dieses Totengeleite ausstaffiert. Schwarz galt als Trauerfarbe. Im Leichenzug trug man verhüllende Kleider, seit dem 14. Jahrhundert Mäntel mit Kapuzen. Die Frauen verbargen ihr Gesicht oft hinter einem Schleier, die Männer ließen als Zeichen der Trauer den Bart wachsen oder hängten sich einen künstlichen Bart um.

Im Mittelalter wurde die Leiche getragen, auf einer Bahre oder in einem Sarg. Der mittelalterliche Ausdruck «Totenbaum» erinnert an die altertümlichen Särge aus ausgehöhlten Baumstämmen. Bei hochgelegenen Begräbnisplätzen, wie sie beispielsweise in Rätien bestanden, muß das Totengeleit eine mühsame Schlepperei gewesen sein.

Die Erdbestattung – nur sie kam im Mittelalter in Betracht – mußte in geweihter Erde vorgenommen werden. Ausnahmen bildeten Heiden, Ketzer oder Selbstmörder, die außerhalb des geweihten Friedhofareals beerdigt wurden. Juden hatten ihre eigenen Begräbnisplätze. Personen von Rang konnten sich im Innern der Kirche bestatten lassen, oft in einer eigenen Familiengruft, das gewöhnliche Volk mußte mit einem Grab im Freien, im ummauerten oder umzäunten Friedhof, vorliebnehmen. Ungetauft gestorbene Neugeborene bestat-

Hochmittelalterliches Gräberfeld auf dem Castel Grande von Bellinzona. In dem zwischen dem 9. und dem 13. Jahrhundert benützten Friedhof wurden die Toten in Steinkisten beigesetzt. Die Deckplatten sind auf dem Bild bereits entfernt.

tete man unter der Traufe des Kirchendaches. Der Tote wurde meist ohne Sarg, bloß in ein Tuch gehüllt, ins Grab gelegt und ruhte in der Regel auf dem Rücken, die Arme seitlich neben dem Körper ausgestreckt. Die Verschränkung der Arme und Hände über Brust oder Schoß kam zögernd im 12. und 13. Jahrhundert auf. Wenn das Grab nicht tief lag, wurde die Leiche mit ungelöschtem Kalk bedeckt, um die Verwesung zu beschleunigen und um üblen Geruch zu vermeiden. Särge, in der Regel aus Holz, ganz selten aus Metall, waren den Standespersonen vorbehalten. Um die Jahrtausendwende war die frühmittelalterliche Sitte, den Toten mit diesseitigen Beigaben auszustatten, schon längst den kirchlichen Verboten zum Opfer gefallen. Mitgegeben wurden noch Sakralgeräte wie Paternoster oder Pilgerzeichen, vor allem die Wallfahrtsmuscheln von Santiago de Compostela.

Im allgemeinen wurde für das Grab eine rechteckige Grube ausgehoben, die man nach der Beisetzung wieder zuschüttete. Vorwiegend im Alpenraum war es bis ins Spätmittelalter hinein üblich, die Toten in Steinkisten zu legen – in längliche, roh aus Steinen gefügte, mit Platten abgedeckte Grabeinfassungen. Bei Neubestattungen wurden die Gebeine älterer Skelette am Fuß- oder Kopfende des Grabes zusammengeschoben oder in Beinhäusern aufgestapelt. Einfache Gräber wurden mit Holzkreuzen geschmückt. Kreuze aus Schmiedeeisen sind seit dem Ausgang des Mittelalters bezeugt. Im Innern der Kirchen markierte man die Gräber mit gravierten Steinplatten, die in den Fußboden oder in die Wand eingelassen waren.

Vornehme Familien besaßen in Kirchen oder gar in eigenen Grabkapellen ausgemauerte, mit schweren Platten verschlossene Grüfte. In Anlehnung an die spätantiken Sarkophage übernahmen im 12. Jahrhundert die Herrscher, später die Adligen allgemein, die Sitte, die Toten oberirdisch in Steinsarkophagen, seit dem 14. Jahrhundert auch in Tischgräbern zu bestatten, oder man errichtete über dem Grab einen kubischen Aufbau, die Tumba.

War es im frühen Hochmittelalter noch üblich, am Grab des verstorbenen Adligen die Waffen zu deponieren, begnügte man sich später mit Attrappen, Funeralwaffen genannt, oder man integrierte die Waffen zusammen mit den immer üppiger ausgestalteten Elementen der Heraldik in den plastischen Grabschmuck, der im 12. Jahrhundert aufkam und im Spätmittelalter seine Blütezeit mit der Errichtung von figuren- und wappengeschmückten, architektonisch ausgestalteten Prunkgräbern erlebte.

Totenfahne des Grafen von Toggenburg aus dem Kloster Rüti. Aus der Sitte, die Waffen eines adligen Verstorbenen über dem Grab aufzuhängen, entwickelte sich im Spätmittelalter die Gewohnheit, das vornehme Grab mit Funeralwaffen, das heißt mit heraldischen Attrappen, zu verzieren.

Das Zeitalter des Glaubens

Die Organisation der Kirche

Die Allgegenwart der Kirche Das Mittelalter wird nicht zu Unrecht als Zeitalter des Glaubens bezeichnet. Das Denken und Handeln war allgemein stark von religiösen Vorstellungen durchdrungen, sakrales Brauchtum und kultische Veranstaltungen beherrschten den Alltag und begleiteten den Menschen von der Geburt bis zum Tod. Die immense Verantwortung für die geistliche Versorgung des Volkes lastete im westlichen Europa auf der katholischen Kirche, von der sich im 9. Jahrhundert die Ostkirche getrennt hatte und die über einen gewaltigen, auf spätrömischen Verwaltungsstrukturen fußenden, hierarchisch aufgebauten Personalapparat, den Klerus, verfügte. Weltlicher Besitz vielfältiger Herkunft, im Hoch- und Spätmittelalter ständig durch fromme Stiftungen vermehrt, bildete die Grundlage für den Unterhalt der Geistlichkeit, verschaffte der Kirche aber gleichzeitig eine enorme Machtstellung, die sie immer wieder in politische Händel verstrickte und zum Gegenstand reformerischer Kritik machte.

Mit ihrem länderumspannenden, eine starke Schreibtätigkeit entfaltenden Dienstleistungs- und Administrationsapparat entsprach die mittelalterliche Kirche zwar nicht dem modernen Beamtenstaat, stand ihm aber wesentlich näher als die weltlichen Mächte mit ihren Personenverbänden und dürftig entwickelten Verwaltungseinrichtungen.

Während die weltliche Obrigkeit wenig in Erscheinung trat, bewirkte die zahlreiche, im täglichen Kult eingesetzte Pfaffheit eine stetige Präsenz der Kirche und ihrer Institutionen. Die Allgegenwart der Kirche war nicht nur an der Häufigkeit sakraler Handlungen, an den vielen Klerikern in der Öffentlichkeit, am umfangreichen, mit Abgaben belasteten Kirchengut oder akustisch am laufenden Geläute irgendwelcher Glocken zu spüren, sondern auch an der beherrschenden Stellung der Kultgebäude, den Kirchen und Kapellen, in Standort, Zahl und Bauweise.

Im Frühmittelalter hatte es noch wenig Pfarrkirchen gegeben, das hatte für die Gläubigen lange Wege zum Gottesdienst und beschwerliche Transporte für die Beerdigungen nach sich gezogen. Zwischen dem 9. und dem 13. Jahrhundert sind die Einzugsgebiete der frühmittelalterlichen Mutterkirchen aufgeteilt worden. Es entstanden kleinere Pfarrsprengel mit Filialkirchen, das erleichterte den täglichen Kult wesentlich. Je nach Bevölkerungsentwicklung und Rodungstätigkeit erfolgte dieser Prozeß der «Filiation» in unterschiedlicher Dichte und zeitlich gestaffelt. In den rätischen Haupttälern und in der Umgebung spätrömisch-altchristlicher Siedlungszentren, etwa im Raume Genfersee – Aventicum, Vindonissa – Zürich – Winterthur, Augst – Basel oder in der Bodenseegegend, dürfte das Netz der Filialkirchen schon vor der Jahrtausendwende recht dicht gewesen sein, im Sinne der Ausstattung jedes bedeutenderen Dorfes mit einer Kirche, während in Gegenden, die erst im Hochmittelalter kolonisiert oder enger besiedelt worden sind, die Errichtung von Filialkirchen vor allem in die Zeit des 11. bis 13. Jahrhunderts fiel.

Kleinere Kirchen auf dem Land bestanden vor der Jahrtausendwende oft aus Holz, und ihr Äußeres hob sich nur unwesentlich von dem der bescheidenen Wohn- und Wirtschaftsbauten der Dörfer ab. Vor allem fehlte ihnen noch der markante, die ganze Siedlung überragende Glockenturm. Seit der Jahrtausendwende erhielt die Sakralarchitektur immer mehr Repräsentationscharakter. Steinbau, Gebäudegröße, architektonische und künstlerische Gestaltung sowie beherrschender Standort verkündeten nicht nur den Ruhm Gottes und seiner Heiligen oder die geistige Macht der Kirche, sondern auch den Reichtum und die Frömmigkeit ihrer weltlichen Stifter und Erbauer.

Die Errichtung einer Kirche war stets ein Gemeinschaftswerk. Bis etwa ins 12. Jahrhundert hinein galten die Kirchen als Privatbesitz des Adels, als «Eigenkir-

Reichenau, Kirche St. Georg in Oberzell. Die weitläufige Klostersiedlung auf der Insel Reichenau im Bodensee bildete den Mittelpunkt eines bedeutenden Güterkomplexes, der in der Schweiz bis nach Graubünden und in den Aargau zerstreut war. Dank dem politischen und wirtschaftlichen Niedergang des Klosters im 15. Jahrhundert ist viel hochmittelalterliche Bausubstanz erhalten geblieben.

chen», über deren weltliches Gut die Inhaberfamilien nach Belieben verfügten. Mit den Reformbewegungen des Hochmittelalters schrumpften diese Eigenkirchenrechte in den Klöstern auf die Kastvogtei, die weltliche Schutzaufsicht, und in den Parochialkirchen auf den «Kirchensatz» zusammen, auf das Recht, den Pfarrer einzusetzen, und auf die Pflicht, für den Unterhalt der Kirche aufzukommen. Was nicht von bezahlten, spezialisierten Handwerkern geleistet werden mußte, wurde von den Untertanen vollbracht, etwa die Transporte von Baumaterial. In den Städten übernahmen seit dem 13. Jahrhundert Gemeinde, Korporationen und reiche Familien den Unterhalt der Kirchen. Mit Arbeitsleistungen, Stiftungen und Sondersteuern ermöglichten somit die gläubigen Laien den Bau, die Pflege und die Ausstattung der Gotteshäuser.

Um- und Neubauten hatten vielerlei Ursachen. Neben äußeren Gründen wie Baufälligkeit oder Zerstörungen durch Brand und Krieg konnten liturgische Neuerungen, größere Platzbedürfnisse für Lebende und Tote oder der Wandel von Baustil und Zeitgeschmack einen Um- oder Neubau veranlassen. Das Aufkommen großer Flügelaltäre im Spätmittelalter zwang beispielsweise des öfteren zum Abreißen romanischer Apsiden und zur Errichtung geräumigerer und höherer Choranbauten in gotischen Formen.

In der Kirchenbautätigkeit spiegelte sich freilich auch die wirtschaftliche Lage einer Gemeinde oder Region. Daß in Graubünden und im Tessin noch heute so viele Kirchen und Kapellen aus romanischer Zeit erhalten sind, hängt gewiß mit der Armut dieser Täler in späteren Jahrhunderten zusammen, welche die Möglichkeit von Neu- oder Umbauten stark eingeschränkt haben dürfte.

Da nicht bloß die sakralen Handlungen das Volk mit seinen Kirchen verbanden, sondern auch die Anstrengungen zu ihrem Bau und Unterhalt, entwickelte sich eine starke, geradezu intime Vertrautheit mit dem eigenen Gotteshaus; sie äußerte sich in einer Funktionsvielfalt, die weit über den sakralen, gottesdienstlichen Gebrauch hinausging. Unter der Kirchentür konnte man Recht sprechen, Geschäfte abschließen, Urkunden ausstellen. Friedhöfe, seltener auch die Kirchenräume selbst, waren Stätten des Vergnügens, des Tanzens, der sportlichen Wettkämpfe. Die Heiligkeit des Ortes strahlte eine Schutzwirkung aus, nicht nur bei Krankheit und Seuchen, sondern auch bei Kriegsgefahr, so daß sich wehrlose Leute, besonders Frauen, Kinder und Greise, mit ihrer beweglichen Habe in die Kirchen flüchteten. Viele Gotteshäuser sind deshalb im Spätmittelalter zusammen mit den umgebenden Friedhöfen zu wehrhaften Anlagen ausgebaut worden.

Im Verlauf des Spätmittelalters wurden immer mehr Gotteshäuser errichtet; darin zeigte sich die Allgegenwart der Kirche augenfällig. Bestehende Kirchen wurden vergrößert, zudem entstanden immer mehr Kapellen, vor allem im Zusammenhang mit dem Aufkommen von Bruderschaften; auch kleinere Klöster und Eremitenbehausungen wurden bis ins späte 15. Jahrhundert hinein gegründet. Erst die Reformation brachte eine Trennung dieser Entwicklung: In altgläubigen Regionen wurde unter dem Einfluß der katholischen Reformbewegung das Netz von Kirchen und Kapellen stetig engmaschiger – in der Bauwut des Barockzeitalters erlebte diese Entwicklung ihren Höhepunkt. In den reformierten Gegenden wurden die Klöster aufgehoben oder zum Aussterben verurteilt und die nicht benötigten Kirchen abgebrochen oder für profane Zwecke weiterverwendet, etwa als städtische Lagerhallen für Salz, Munition und Getreide.

Die Ausstattung von Kirchen und Kapellen   Im Unterschied zu den einfach eingerichteten Wohnbauten aller Stände im Hochmittelalter enthielten die Innenräume der Kirchen und Kapellen in Verbindung mit der für den Kult unerläßlichen Ausrüstung reichlich Schmuck und Zierat, in dessen Vielfalt und Kostbarkeit sich die Wertschätzung des sakralen Lebens, die Macht und der Reichtum der Kirche sowie die Frömmigkeit und Opferbereitschaft der Stifter spiegelten.

Den wichtigsten Ausrüstungsgegenstand im Kircheninnern bildete der Altar, ein nach dem Vorbild des Abendmahltisches gestalteter Mauerblock. Auf der Altarplatte (mensa) hatte ein Tuch zu liegen, darüber ein zweites, das geweiht sein mußte (Korporale), um als Unterlage für die Hostie zu dienen. Die Reliquien waren ursprünglich in einem verschlossenen Hohlraum des Altars, im «sepulcrum», verwahrt, seit dem Hochmittelalter zunehmend in sichtbaren Behältern, Reliquiaren, die in Aufbauten über der Altarmensa eingelassen waren. Im Spätmittelalter stellte man auf den Altarsockel hochragende, bisweilen mehrflügelige Schreine mit geschnitzten und gemalten Darstellungen der biblischen Geschichte oder von Heiligenlegenden.

Seit dem Frühmittelalter enthielten Kirchen mit größeren Innenräumen mehrere Altäre, außer dem Hauptaltar vor allem an den Seitenwänden, in den Seitenapsiden oder in Annexkapellen verschiedene Nebenaltäre, die nicht selten ausgesprochen volkstümlichen Heiligen geweiht waren und eine direktere und intensivere Verehrung genossen als der Hauptaltar des Kirchenpatrons.

Dieser Hauptaltar stand im hinteren, meist östlichen Teil der Kirche, im Chor, den nur die Geistlichen betreten durften und der vom Versammlungsraum der Laien durch eine Abschrankung getrennt war. Im Chor befanden sich nahe dem Altar die verschiedenen Sitzgelegenheiten für den Klerus, während das Volk bis ins Spätmittelalter hinein während des Gottesdienstes stehen oder auf dem Boden knien mußte, sofern man keine Schemel oder Stühle von zu Hause mitbrachte. Nur hochgestellte Personen, besonders die Inhaber des Kirchensatzes, die für den Unterhalt des Gotteshauses aufzukommen hatten, verfügten über eigenes, fest eingerichtetes Gestühl. Sitz- oder Kniebänke für das Volk kamen erst im ausgehenden Mittelalter auf.

Zur Ausstattung der Kirche gehörte auch die Kanzel, von der aus die seit dem 12. Jahrhundert immer wichtiger werdenden Predigten gehalten wurden, ferner die Orgel, die seit karolingischer Zeit verwendet wurde und deren älteste Originalstücke in der Schweiz noch aus dem 14. Jahrhundert stammen. Zur Kulteinrichtung zählten ferner die noch offenen und beweglichen Beichtstühle, der Osterleuchter (Kerzenständer für die besonders große Osterkerze), das heilige Grab, eine Nachbildung des Christusgrabes für die Osterliturgie, außerdem die Weihwasserbecken und die in einem Turm oder einem Dachaufsatz hängenden Kirchenglocken sowie die Holzklappern, die an den Kartagen betätigt wurden, wenn die Glocken schwiegen.

Bis ins Hochmittelalter hinein erfolgte die Taufe durch Untertauchen des ganzen Körpers in einem Wasserbassin, das in einem eigenen, der Kirche vorgelagerten Gebäude (Baptisterium) untergebracht war. Als der Taufritus auf bloßes Besprengen mit Wasser reduziert wurde, war nur noch ein Wasserbecken nötig, oft aus Stein, seltener aus Metall oder Holz; es stand meist im Westteil des Kirchenraumes oder in einer separaten Taufkapelle.

Für die vielfältigen Kulthandlungen war ein umfangreiches liturgisches Gerät erforderlich, die Gefäße für das

Spätgotischer Nothelferaltar von zirka 1480/90 in der Pfarrkirche von Ernen. Die Nothelfer bildeten eine im Spätmittelalter stark verehrte Heiligengruppe, die vor den landläufigen Gefahren der Zeit – unter anderem Seuchen, Hunger, Krieg – schützte.

Meßopfer, die Monstranzen zum Vorzeigen der Hostie, Altarkreuze, ferner Tücher, Priestergewänder und liturgische Bücher sowie Requisiten für Prozessionen und Totengeleite. Was von diesem Material nicht gerade im Einsatz war, blieb größtenteils in der Sakristei verwahrt, einem an die Kirche angrenzenden Bau, in der der Priester auch die liturgischen Gewänder anlegte. Meßgerät war nicht selten im Sakramentshäuschen untergebracht, einer verzierten, verschließbaren Wandnische im Chor. In einer weiteren, meist rechts vom Altar angebrachten Wandnische mit Becken und Ablauf, der Piscina, erfolgte das liturgische Händewaschen des Priesters.

Malerei und Plastik, an den Innen- und Außenwänden der Kirchen angebracht, dienten nicht bloß als repräsentativer Schmuck, sondern vor allem der Unterweisung der überwiegend analphabetischen Gläubigen. Dargestellt wurden die Heiligen, erkennbar an ihren Attributen, mit ihren Martyrien, ferner die zentralen Szenen des Alten und Neuen Testamentes, vor allem die Lebens- und Leidensgeschichte Jesu, die heilige Jungfrau Maria und das Jüngste Gericht, daneben aber auch Monatsbilder und heraldische Darstellungen, meist in Verbindung mit Stifterfamilien und deren Gräbern. Vor allem die Bilderfolge der Heilsgeschichte erfüllten die Aufgabe der «Biblia pauperum», der «Armenbibel», für das des Lesens unkundige Volk. Weit verbreitet war die überlebensgroße Abbildung des heiligen Christophorus an der Außenwand, schützte doch sein täglicher Anblick vor jähem Tod. Durch die regelmäßige Betrachtung der Heiligenfiguren bildeten sich im Volk vertraute und feste Vorstellungen über das Aussehen der Heiligen.

Ein wesentlicher Teil der Kirchenausstattung gehörte zum Totenkult. Grabmäler, Totenschilde, Funeralwaffen und Totenfahnen zierten die Wände, eigentliche Grabkapellen mit Familiengrüften grenzten seitlich an das Kirchenschiff an. Die im Frühmittelalter als Märtyrergrab gestaltete Krypta, ein unterirdisches Gelaß unter dem Altar, entwickelte sich seit der Karolingerzeit zum geräumigeren Kultraum, der vor allem als Grablege für hochgestellte Persönlichkeiten und adlige Geschlechter diente.

Kriegerische Trophäen, besonders erbeutete Fahnen, hängte man gern in den Kirchen auf. Voll von solchen

Rauchfaß aus der Kapelle der Hospizruine von Medel am Lukmanier, um 1200. Dem Verbrennen von Räucherwerk, meist einer Mischung getrockneter Harze und pflanzlicher Duftblätter, kam im mittelalterlichen Kult eine große Bedeutung zu. Guter Weihrauch galt als Kostbarkeit, mußte er doch aus dem fernen Orient importiert werden.

Weihestücken muß bis zu ihrem Brand 1633 die Hofkirche von Luzern gewesen sein.

Künstliches Licht spendeten im Kircheninnern nur die für Kultzwecke angezündeten Kerzen und Öllampen aus Glas. Bis zum Aufkommen von Glasfenstern im 13./14. Jahrhundert mußten die Kirchenfenster klein sein, um den Aufenthalt erträglich zu gestalten, denn die meisten Kirchen waren bis weit in die Neuzeit hinein ungeheizt. Hypokaustheizungen, die von unterirdischen Räumen aus durch Bodenlöcher Warmluft in die Kirchen strömen ließen, sind in der Schweiz selten belegt. Kohlebecken, die bisweilen aufgestellt wurden, dienten zum Wärmen der Hände, konnten den Raum aber nicht heizen. Beim Gottesdienst im Winter wird mancher Gläubige seine Sünden durch Schlottern und Zähneklappern schon im Diesseits abgebüßt haben.

Fromme Stiftungen Um ihre vielfältigen sakralen, sozialen und kulturellen Verpflichtungen erfüllen und um ihr geistliches Personal ernähren zu können, bedurfte die Kirche bedeutender Mittel. Sie entstammten dem Kirchengut, dem weltlichen Besitz in der Hand kirchlicher Institutionen. Im Grundstock reichte dieses Kirchengut bis ins Frühmittelalter zurück, überwiegend aber stammte es aus Schenkungen und Erwerbungen im Hoch- und Spätmittelalter. Die Verwalter des Kirchengutes bemühten sich, den geistlichen Besitz durch Kauf oder Tausch zu mehren, zur Hauptsache aber rührte der Reichtum der Kirche von frommen Stiftungen her. Freilich handelte es sich bei all diesen Übertragungen weltlichen Gutes an die Kirche selten um gänzlich uneigennützige Vergabungen. Im Hochmittelalter übertrug der Adel umstrittenes Eigengut gern der Kirche und empfing es als Lehen zurück, so wurde der Besitz dem Zugriff Dritter entzogen. Oder jemand stiftete ein Kloster, stattete es großzügig mit Land und Rechten aus und sicherte sich die weltliche Schirmpflicht, die Kastvogtei; dadurch behielt man die Verfügungsgewalt über das Kirchengut und dessen Erträge in der Hand. Von derartigen, politisch begründeten Übertragungen weltlicher Besitztümer und Herrschaftsrechte an geistliche Institutionen soll hier aber nicht die Rede sein, sondern von den zahlreichen Stiftungen, deren Erträge tatsächlich der Kirche zufielen.

Ein spendefreudiger Christ konnte die Kirche auf vielerlei Arten beschenken. Beliebt war das Stiften von Kultgerät, von Glocken, Altären, Sakralgewändern, Reliquienbehältern oder Meßkelchen, ferner von Wachs für die Kerzen oder von Lampen und Öl für das Ewige Licht. Reichere Stiftungen umfaßten gleich ganze Kirchen, Klöster und Kapellen. Auf beweglichem und unbeweglichem Gut erinnerten Wappen und Inschriften an die Familie des Stifters, an Kirchenportalen und auf Altarbildern brachte man die meist kniend dargestellten Figuren der Stifter an. Schenkungen von Kultgeräten und Sakralbauten blieben somit zweckgebunden. Ähnliches galt auch für Häuser, Grundstücke und verzinsbare Kapitalien, die der Kirche vermacht wurden. Die Erträge aus diesen Zuwendungen, im wesentlichen Geld- und Naturalzinsen, waren bestimmten Zwecken vorbehalten, die im Stiftungsbrief genau umschrieben wurden, etwa dem Unterhalt eines Ewigen Lichts, der Verköstigung oder Beherbergung von Armen, den laufenden Reparaturen an einer Kirche, der Pflege des Friedhofs und ähnlichem. Stets hatte der Stifter die ewige Seligkeit im Auge, seine eigene und die seiner Vor- und Nachfahren. Schenkungen an die Kirche waren regelmäßig mit der Bedingung verbunden, auf unbegrenzte Zeit jährlich Seelenmessen zu lesen, die Jahrzeiten. Im Lauf der Jahrhunderte entwickelten sich diese Jahrzeiten zu einer ungeheuren Belastung für die kirchlichen Institutionen. Aus den Erträgen der Jahrzeitstiftungen wurden die Priester sowie die Kosten für das liturgische Verbrauchsmaterial bezahlt. Die Jahrzeitbücher, das waren Verzeichnisse der in den einzelnen Kirchen jeden Tag zu lesenden Seelenmessen, bilden heute, soweit sie erhalten sind, erstrangige Quellen für die Familiengeschichte des Hoch- und Spätmittelalters. Die Nachkommen eines Stifters wachten eifrig darüber, daß in den Kirchen die Jahrzeiten auch tatsächlich gelesen wurden, andernfalls mußten die Geistlichen mit heftigen Reaktionen rechnen. In Basel kam es nach der Einführung der Reformation zum politischen Bruch zwischen der Stadt und dem alteingesessenen Adel, weil die reformierte Obrigkeit die Jahrzeitstiftungen aufhob und in eine Art Sammelfonds für soziale Zwecke umwandelte.

Klösterliches Leben Neben den Bischofssitzen bildeten seit dem Frühmittelalter die Klöster die Mittelpunkte der kirchlichen Machtstellung und des religiösen Lebens. Ihre ursprüngliche, vor allem von Mönchen irisch-angelsächsischer Herkunft wahrgenommene Aufgabe der christlichen Mission spielte mit dem Sieg des katholischen Glaubens für die Klöster in der Schweiz seit dem Ausgang der Merowingerzeit keine Rolle mehr. Die großen Mönchsniederlassungen der Benediktiner wurden im Hochmittelalter zu wichtigen Stützpfeilern königlicher und dynastischer Macht, erlangten aber seit dem 11. Jahrhundert mit der cluniazensischen Kirchenreform eine immer größere Selbständigkeit.

Kirchliche Erneuerungsbewegungen lösten stets Gründungen weiterer Klöster aus, während sich die alten den Regeln eines Reformordens unterwarfen. Im 12. Jahrhundert entstanden auf neu gerodetem Land die Niederlassungen der Zisterzienser, in der Schweiz neben anderen vor allem Lützel, Hauterive, St. Urban, Frienisberg und Wettingen. Frauenklöster zisterziensischer Richtung waren unter anderen Olsberg, Bellerive, Fraubrunnen und Ebersecken. Ähnliche Ziele wie die Zisterzienser verfolgten die in Bellelay, Churwalden und Rüti ansässigen Chorherren des Prämonstratenserordens. Im 13. Jahrhundert breiteten sich die Bettelorden aus, die innerhalb weniger Jahrzehnte in allen größeren Städten ihre Männer- und Frauenklöster errichteten. Um dieselbe Zeit gründeten auch die geistlichen Ritterorden der Johanniter und des Deutschen Ordens ihre Niederlassungen. Weniger zahlreich waren die Klöster des einer strengen Schweigepflicht unterworfenen Kartäuserordens. Obwohl bereits im 11. Jahrhundert als Orden konstituiert, setzten sich die eremitisch lebenden Kartäuser mit Ausnahme des 1146 gestifteten Klosters Oujon in der Schweiz verhältnismäßig spät fest. Valsainte entstand 1295, Thorberg 1397, Kleinbasel 1401 und Ittingen erst 1461. Ebenfalls eremitische Lebensformen pflegten die in Basel, Freiburg, Zürich und Genf niedergelassenen Augustiner.

Die Zahl der Klosterinsassen wird meist überschätzt. Neben den Novizen und den Mönchen oder Nonnen mit abgelegter Profeß, insgesamt pro Kloster etwa zwischen 10 und 40, in Einzelfällen auch mehr oder weniger, zählten zur klösterlichen Lebensgemeinschaft noch die in der Zahl schwer faßbaren Laienbrüder, die Konversen, die vor allem Verwaltungs- und Handwerksarbeit verrichteten, ferner die freien Insassen, vorwiegend ältere Menschen, und in den Frauenklöstern die Kapläne und Beichtväter, für deren Amt einzig die zur Priesterweihe zugelassenen Männer in Frage kamen.

Das Klosterleben spielte sich nach den Regeln des betreffenden Ordens ab und war geprägt vom Gelübde der persönlichen Armut, des Gehorsams gegenüber den Oberen und der christlichen Demut. Im Mittelpunkt der Verpflichtungen standen der gemeinsame Dienst am Altar, das liturgische Singen und Musizieren im Chor, das rituelle Beten und Fasten. Religiöse Verinnerlichung konnte sich bis zur mystischen Verzückung steigern, vor allem in den Frauenklöstern. Die Einteilung des Tages hatte sich nach den Erfordernissen des Kultes zu richten. Schlafen, Essen und Arbeit lösten die liturgischen Verrichtungen ab, die schon bald nach Mitternacht begannen. In Klöstern, deren Ordensregel die gemeinsame Mahlzeit vorsah, wurde das Essen von Gebeten und Vorlesungen begleitet. Die vielfältigen Aufgaben der Klöster brachten es mit sich, daß die Klausur, die Abschließung nach außen, nur teilweise aufrechterhalten werden konnte. Verpflichtungen in der Seelsorge und in der Krankenpflege zwangen den Mönch zum Verlassen des Klosters; die Bettelorden mußten zudem ihre Angehörigen zum Almosenheischen auf die Straße schicken.

Starken Einschränkungen war die Körperpflege unterworfen. Für das Baden, Waschen, Rasieren, Bartstutzen und Haareschneiden waren je nach Orden Tages-, Wochen- oder sogar Monatsintervalle vorgeschrieben. Daß bezüglich der Kleidung, besonders der vorgeschriebenen Ordenstracht, ähnlich verbindliche Regeln bestanden, versteht sich von selbst.

In verschiedenen Orden nahm die Pflege von Kranken und Armen einen erheblichen Teil des Tagewerks in Anspruch, eine Aufgabe, die im Spätmittelalter in zunehmendem Maß von der städtischen Obrigkeit wahrgenommen wurde.

Innerhalb der Klostergemeinschaften gab es eine ganze Reihe von individuellen Ämtern, von deren getreuer Er-

Meßkelch aus dem frühen 13. Jahrhundert im Basler Münsterschatz, gestiftet von Ritter Gottfried von Eptingen.

füllung das Funktionieren des Gesamtbetriebs abhing. Pförtner, Küchen-, Keller-, Werk- und Schulmeister, Bibliothekar und Schaffner (Verwalter) hatten ihre Aufgabenbereiche, daneben wirkten Mönche und Nonnen in mancherlei Gewerben, von der Metallbearbeitung über die Holz- und Lederverarbeitung bis zum Weben und Sticken. Das Abschreiben, Illustrieren und Binden von Büchern gehörte zu den bekanntesten Klosterarbeiten. Lange Zeit gelangen den einzelnen Orden bahnbrechende Neuerungen auf zahlreichen Gebieten. Metall-

Kreuzgang des Klosters St. Georgen in Stein am Rhein, errichtet im 15. Jahrhundert, dahinter die romanische Klosterkirche.

Im Kreuzgang spielte sich ein großer Teil des gemeinsamen Klosterlebens ab. Er diente auch häufig als Begräbnisplatz.

guß, hauptsächlich für Glocken, Nutzung der Wasserkraft durch den Bau von Kanälen und Mühlen, Stampfen und Hammerschmieden, Herstellung von Baukeramik und Fensterglas, Entwicklung mechanischer Zeitmeßgeräte – all das haben die Klöster im Hochmittelalter entscheidend gefördert. Die Zisterzienser leisteten Pionierarbeit in der Landwirtschaft. Das Kloster St. Urban betrieb in der zweiten Hälfte des 13. Jahrhunderts eine bedeutende Backsteinmanufaktur. Die innovative Tätigkeit der Mönchsklöster drängte die gewerbliche Rolle der Frauenklöster etwas in den Hintergrund. Deren Hauptbeschäftigung erstreckte sich auf die Herstellung und Verarbeitung von Textilien, besonders zu liturgischem Gebrauch, ferner übernahmen sie die undankbare Aufgabe, für Kirchen, Kapellen und Mönchsklöster die liturgischen Gewänder und Tücher zu waschen. Mit dem Aufkommen der Städte und deren expansivem Gewerbe stieß die handwerkliche Tätigkeit der Klöster wiederholt auf den Widerstand der Zünfte.

Über die tatsächlichen Verhältnisse des Klosterlebens erfahren wir verhältnismäßig wenig. Der allgemein niedrige Lebensstandard des Hochmittelalters machte das Kloster zum vergleichsweise angenehmen Aufenthaltsort. Erst im Spätmittelalter, als sich in den Städten und Burgen eine gehobene Wohnkultur zu entwickeln begann, bekam die spartanisch eingerichtete Mönchszelle ihren asketischen Charakter. Wenn es in manchen Klöstern außer der Küche nur einen einzigen heizbaren Raum gab, der zum Essen und Arbeiten diente, entsprach das den üblichen Wohnverhältnissen des Hochmittelalters. In den Regeln und Ordnungen spiegelten sich Normen, deren Einhaltung keineswegs selbstverständlich war. Spektakuläre Skandalfälle, wie sie gelegentlich überliefert sind, etwa im Fall des Basler Predigermönchs Johann, der gleich mit ansehnlichem Vermögen sowie einer Dienstmagd ins Kloster einzog, dürfen gewiß nicht verallgemeinert werden.

Menschliche Schwächen machten auch vor den Klostermauern nicht halt. Wichtige Bücher mußten angekettet werden, damit sie nicht verschwanden, Klosterfrauen baten um die Versetzung in ein anderes Kloster, weil sie das Gekeife und Gezänke ihrer Mitschwestern nicht mehr ertrugen. Politische Parteiungen konnten einen Konvent in zwei Lager spalten. So kennzeichneten sich 1499 während des Schwabenkrieges die Nonnen in der neutralen Stadt Basel mit Kreuzen in verschiedenen Farben als Anhängerinnen der einen oder anderen Partei. Im Lauf des Spätmittelalters lockerten sich die Sitten und Gebräuche in den Klöstern allmählich, was Menschen von echter religiöser Ergriffenheit veranlaßte, sich den Kartäusern mit ihren strengen Regeln zuzuwenden. Besonderen Anlaß zur Kritik bildeten die Verstöße gegen die Kleidervorschriften und gegen das Gebot der Armut, ferner die Vernachlässigung der liturgischen Pflichten und die kulinarischen Exzesse. Wirksame Maßnahmen gegen die Verwilderung des Klosterlebens traten erst im 16. Jahrhundert, im Zeitalter der katholischen Reform, in Kraft.

Religiöse Bräuche

Der Kult als Teil des Lebens Für den Menschen des Mittelalters gingen sakrale und weltliche Lebensformen fließend ineinander über. Kultstätten dienten für weltliche Verrichtungen, und sakrale Handlungen begleiteten das profane Alltagsleben von früh bis spät. Die weitgehende Durchdringung des Lebens mit kultischen Elementen führte zwangsläufig zur formelhaften Erstarrung im Ritual.

Ziel des Kultes war seltener die religiöse Erbauung, die sich in heftiger Ergriffenheit bis zur mystischen Verzückung steigern konnte, sondern die göttliche Hilfe, die man in Not, Gefahr, Schmerz und Krankheit in Anspruch nahm und die auch zur ewigen Seligkeit verhelfen mußte. Das Verhältnis des Menschen zu Gott war mithin von der gleichen Erwartung geprägt, die der Untertan seinem Herrn entgegenbrachte: Gehorsam und Unterwerfung, sichtbar zur Schau gestellt, waren die Voraussetzung für das Gewähren von Schutz und Schirm. Um des göttlichen Schutzes teilhaftig zu werden, mußte man Gott und die Heiligen gnädig stimmen, und dazu waren die vielfältigen Formen des Kultes geschaffen. Den Alltag begleiteten die Gebete bei bestimmten Tätigkeiten oder Tageszeiten; Schutz gegen böse

Mächte bot das Kreuzschlagen, der tägliche Kirchgang bezeugte die Unterwerfung unter die Herrschaft Gottes und die Autorität der Kirche.

Einem großen Teil der liturgischen Verrichtungen vermochte das Volk inhaltlich nicht zu folgen, war die Ritualsprache doch Latein, und zudem blieb die Rolle der Gläubigen bei wesentlichen sakralen Handlungen auf das Zuschauen und Zuhören beschränkt. Sinn des Kults war es, göttliche Gnadenbeweise zu erlangen, Unverständlichkeit und passive Beteiligung galten daher nicht als Mangel, sondern vor allen Dingen beim Meßopfer als Ausdruck der Ehrfurcht und heiligen Scheu vor der geheimnisvollen, letztlich nur dem geweihten Priester zugänglichen Allmacht Gottes. Wie formalistisch gewisse kirchliche Bräuche zum Teil gehandhabt worden sind, zeigen die Fastenvorschriften. Sie verboten an den Freitagen und in der Fastenzeit (40 Tage vor Ostern) den Genuß von Fleisch und Fett. Fische waren jedoch zulässig, deshalb erklärte man auch Wassersäugetiere wie Biber und Fischotter zur Fastenspeise. Zudem überfraß man sich in der Fastnachtszeit dermaßen mit fetten Speisen – daher der Name «schmutziger Donnerstag» –, daß man ganz froh war, einige Zeit mit Magerkost auskommen zu müssen. Zudem konnte man sich mit «Butterbriefen», päpstlichen Erlaubnissen zum Fleisch- und Fettgenuß, für teures Geld von den Fastengeboten loskaufen.

Eine starke Ritualisierung erfaßte auch das Beten, für das formelhafte Sprüche zur Verfügung standen, das Vaterunser, das Ave-Maria oder das Ehre sei dem Vater, deren Wirkung durch Wiederholung noch gesteigert werden konnte. Paternoster, an Schnüren aufgereihte Ringe, später auch die Rosenkränze, erleichterten das Aufsagen ganzer Gebetszyklen. Ob der Betende in jedem Fall wirklich gewußt hat, was er eigentlich murmel-

Ein Liebhaber, verkleidet als Santiago-Pilger, sucht Annäherung an seine geliebte Dame, die sich auf dem Kirchgang befindet. Die Szene veranschaulicht, wie sich im Mittelalter religiöse und weltliche Lebensäußerungen mischten.

te, bleibt unsicher, gleichzeitig aber auch belanglos, denn wesentlich für die erhoffte Wirkung des Gebetes war die formal korrekte Verrichtung, die kein inhaltliches Verständnis voraussetzte.

Kult bedeutete im Mittelalter also nicht in erster Linie religiöse Erbauung, sondern Erfüllung der vorgeschriebenen Rituale. Im Kirchenrecht, das sich seit der Spätantike in formaler Anlehnung an das römische Recht herausgebildet und um 1200 seine kodifizierte Fassung erhalten hatte, waren die rechtsverbindlichen Normen des sakralen Lebens niedergelegt. Wer göttliche Gnade und Hilfe begehrte, mußte sich den Geboten und Lehren der Kirche unterwerfen, andernfalls machte er sich der Häresie schuldig. Christliche Lehren und kirchliche Aufrufe, etwa zum Kreuzzug, zur Buße oder zum Almosenspenden, wurden über die in der Volkssprache gehaltene Predigt verbreitet, die rhetorisch mit dem beliebten Mittel des Gleichnisses aus dem volkstümlichen Erzählgut arbeitete.

Zu den wichtigsten Verpflichtungen des Gläubigen gehörte es, sich von den Sünden zu befreien; das wurde durch Taufe, Beichte und Buße erreicht. Gewiß galt in der Frage der Sündenvergebung die innere Reue, die Stimme des Gewissens, als entscheidende Voraussetzung, der Tatbeweis blieb jedoch unerläßlich, sei es in Form einer Bußübung, eines Almosens oder einer Bußwallfahrt. Gerade im Bereich der Sündenvergebung entwickelte sich im Verlauf des Spätmittelalters ein Formalismus, der wegen seiner Oberflächlichkeit und seiner Geschäftstüchtigkeit wiederholt kritisiert wurde. Mit dem Ablaß, der käuflichen Befreiung vom Fegefeuer, betrieb die Kirche einen schwungvollen Handel, ebenso mit den erwähnten «Butterbriefen».

Die Bereitschaft zur Buße mußte augenfällig bekundet werden, sei es durch ein Gelübde, durch das Tragen eines Büßerhemdes, sei es durch Fasten, Askese und Kasteiung. In Zeiten schrecklicher Not erhöhte sich das Bedürfnis, Buße zu tun, was sich zu Reaktionen von fanatischer Maßlosigkeit steigern konnte. So bildeten sich im 14. Jahrhundert unter dem Eindruck der Pest die Büßergruppen der Geißler, die in der Hoffnung auf Vergebung ihrer Sünden unter Absingen von Bußliedern, sich gegenseitig bis aufs Blut geißelnd, durch die Lande zogen und damit der Ausbreitung der Seuche Vorschub leisteten.

Im ausgehenden Mittelalter war die Ritualisierung des Kultes am stärksten ausgeprägt, sie wurde aber auch überwunden durch den Aufschwung der Volksfrömmigkeit, wo es nicht mehr um Einhaltung äußerer Zeremonialformen, sondern um innere Ergriffenheit und religiöses Bewußtsein ging. In den Bruderschaften hat diese Frömmigkeitsbewegung ihr Bedürfnis nach dem gemeinsamen Sakralerlebnis zu befriedigen verstanden.

Jakobsmuschel, gefunden auf der Burg Alt-Kienberg SO. Die beiden künstlich gebohrten Löcher beweisen, daß die Muschel als Abzeichen der Santiago-Wallfahrt an Hut oder Mantel getragen worden ist.

Prozessionen und Wallfahrten   Unter den volkstümlichen Formen des Kultes nahmen im Mittelalter Prozessionen und Wallfahrten wegen ihres hohen Erlebniswertes den ersten Rang ein. Herausgewachsen aus antiken Kultumzügen, feierlichen Leichenbegängnissen, mimischen Darstellungen der Lebensgeschichte Jesu sowie pomphaften Überführungen von Märtyrerleibern, bestand schon im Frühmittelalter ein vielseitiges Prozessionswesen, das im Hoch- und Spätmittelalter vertieft und erweitert wurde und sich in der Barockzeit zu höchster Blüte entfaltete.

Mit der Prozession wurde nicht nur der Gottesdienst aus der Kirche ins Freie verlegt, auch die Heiligen, verkörpert durch ihre Reliquien, durch ihre Statuen oder durch verkleidete Gläubige, wurden unter das Volk gebracht. Oft lagen der Prozession bestimmte Berichte mehr oder weniger legendenhaften Charakters zugrunde, die den Weg des Umzugs genau vorschrieben. Reliquientranslationen oder Martyrien wurden auf solche Weise rituell wiederholt. Wichtige Prozessionstage waren die Festtermine der betreffenden Heiligen.

Prozessionen waren außergewöhnlich populär. An ihnen nahm teil, wer sich der Verehrung eines bestimmten Heiligen verschrieben hatte; das machte viele Prozessionen zu intimen Veranstaltungen von Bruderschaften, Zünften, Klosterleuten und anderen religiösen Gemeinschaften. Sie bahnten sich dann mit Reliquien, Statuen, brennenden Kerzen und sonstigem Kultgerät unter Absingen der vorgeschriebenen Lieder und musikalischem Getöse rücksichtslos ihren Weg durch das Getümmel der mittelalterlichen Gassen und Marktplätze.

Es gab freilich zahlreiche Prozessionen, an denen ganze Stadt- und Dorfgemeinden oder gar Landschaften teilnahmen, die Umzüge zu Ehren der Stadt-, Dorf- oder Landespatrone. Überstrahlt wurden all diese Veranstaltungen jedoch schon im Hochmittelalter von der Fronleichnamsprozession am zweiten Donnerstag nach Pfingsten. Sie gestaltete sich allenthalben als gigantisches, von der ganzen Bevölkerung getragenes Volksfest, das nach dem Ende des feierlichen Umzuges in fröhliche Ausgelassenheit umschlug. Großer Beliebtheit erfreute sich auch die Palmsonntagsprozession, an der die Figur Jesu auf dem Esel, in Holz nachgebildet, auf einem Karren mitgezogen wurde. Von mitgeführten Statuen und verkleideten Gestalten war es nur noch ein kleiner Schritt zur szenischen Darstellung biblischer Ereignisse, besonders der Geburt Christi an Weihnachten oder der Passionsgeschichte an Ostern.

Neben den Erinnerungsprozessionen, die regelmäßig an bestimmten Tagen im Jahr abgehalten wurden, gab es die Bitt- und Bußprozessionen, die nach Bedarf in Zeiten von Not und Gefahr veranstaltet wurden, etwa bei Dürre, Seuchen oder Kriegselend.

Religiöses Erleben von unerhörter Intensität brachte die Wallfahrt, der Besuch eines Gnadenortes, an dem sich Wunder ereignet hatten, deren Wiederholung als selbstverständlich galt. In allen Landesgegenden gab es kleinere Wallfahrtsorte mit regionalem Einzugsbereich. Bei Casaccia stand das Heiligtum des St. Gaudenzius, im Leimental die Kapelle von Mariastein. Oft verdankten kleine Wallfahrtsstätten ihr Entstehen einem Gelübde oder einer wundersamen Errettung.

Viele Wallfahrtsorte in der Schweiz waren von überregionaler Bedeutung, so die Eremitenhöhle des St. Beat am Thunersee oder die rätischen Heiligtümer von St. Lucius in Chur und von St. Placidus zu Disentis, vor allem aber die Kirche Unserer Lieben Frau in Einsiedeln, ferner die Verenakirche in Zurzach und das Thebäerheiligtum in St-Maurice. Seit dem ausgehenden 15. Jahrhundert zählte auch die Zelle des Niklaus von

Palmesel aus Steinen SZ, beginnendes 13. Jahrhundert. Am Palmsonntag ist der Einzug des Herrn in Jerusalem an vielen Orten durch eine Prozession mimisch gefeiert worden.

Flüe zu den beliebtesten Wallfahrtsstätten der Schweiz. An die meisten Wallfahrtsorte knüpften sich von Mirakelgeschichten her bestimmte Erwartungen, besonders hinsichtlich wunderbarer Heilungen. Blinde pilgerten auf den Odilienberg, Epileptiker zu St.Valentin nach Ruffach, Aussätzige und Frauen mit Unterleibsbeschwerden zu St.Verena in Zurzach. In Disentis suchten Kranke Heilung, indem sie aus dem Schädel des St. Placidus tranken. Behausungen von Einsiedlern, die schon zu Lebzeiten in den Ruf der Heiligkeit gerieten, wurden zu Wallfahrtszentren, bevor der vielbesuchte Eremit das Zeitliche gesegnet hatte. Bei seinem Tod mußte die Leiche sofort in Sicherheit gebracht werden, damit sie von den wundergläubigen Besuchern, die private Reliquien zu ergattern hofften, nicht in kleine und kleinste Stücke gerissen wurde.

Wallfahrtsorte brachten Pilger her und förderten damit den wirtschaftlichen Aufschwung. An gewissen kirchlichen Feiertagen müssen sich in Einsiedeln Tausende von Gläubigen versammelt haben, die alle verpflegt sein wollten und Pilgerzeichen oder sonstige Andenken zu kaufen begehrten. Große Wallfahrtsstätten waren deshalb stets mit Tavernen, Herbergen, Gewerbebetrieben, vielleicht sogar mit Messen und Märkten wie in Zurzach ausgestattet. Die Förderung oder Propagierung einer Wallfahrt verfolgte neben religiösen auch wirtschaftliche Ziele. Umgekehrt konnte eine Wallfahrt, des weltlichen Schutzes beraubt, auch in Vergessenheit geraten, wie das im 15. Jahrhundert mit dem nur noch spärlich besuchten Michaelsheiligtum von Einigen geschah.

Die kleineren Wallfahrten galten vor allem der Fürbitte um Hilfe gegen alle möglichen Leiden und die großen im eigenen Land der Verehrung der Landespatrone; die Fernwallfahrten dienten zur Hauptsache der Buße und Absolution. Bedeutende, von der Schweiz aus viel besuchte Wallfahrtsstätten in der Fremde waren Rom – wegen der päpstlichen Absolution –, Jerusalem und Santiago de Compostela. Jakobspilger erkannte man an den Muscheln, die sie am Gewand oder auf dem Hut trugen. Oft hat man die Zeit einer von der weltlichen Obrigkeit ausgesprochenen Verbannung durch eine Fernwallfahrt überbrückt.

Ähnlich den Prozessionen, die von bruderschaftlichen Gruppen bestritten wurden, schlossen sich auch die Pil-

Geißlerzug des 14. Jahrhunderts, nach einer Darstellung des späten 15. Jahrhunderts. Die Geißler schlossen sich zu fahrenden Gruppen zusammen, um sich gegenseitig mit Ruten zu schlagen. Sie verkörperten die extremste und fanatischste Form des mittelalterlichen Bruderschaftsgedankens.

ger auf ihren Wallfahrten zusammen, um gemeinsam zu betteln, zu singen und zu beten. Bei Fernwallfahrten trat das religiöse Erleben freilich oft hinter dem Reiseabenteuer zurück, und nicht immer genossen Pilger den besten Ruf, konnten sie doch in großen Wallfahrtsjahren mit ihrer Vielzahl und ihren Almosenforderungen zur Landplage werden, abgesehen von der Seuchengefahr, die sie durch die Lande trugen.

Wie oft ein mittelalterlicher Mensch eine Wallfahrt unternommen hat und wie lange er auf Pilgerfahrt gewesen ist, läßt sich heute schwer abschätzen. Wir dürfen vermuten, daß im Spätmittelalter jeder Erwachsene in der Schweiz lokale Wallfahrtsorte mehrmals besucht hat und wenigstens einmal im Leben in Zurzach oder Einsiedeln gewesen ist, während Rom, Jerusalem oder Santiago nur von einem kleinen Teil der Bevölkerung bereist worden sind.

Bruderschaften Das Bedürfnis nach religiösem Leben und Erleben, nach aktiver Verehrung Gottes und der Heiligen, dem die rege Beteiligung an Wallfahrten und Prozessionen entsprang, ließ im Spätmittelalter Vereinigungen entstehen, deren Zweck der gemeinsame Kult im gemeinsamen Leben bildete. Viele Bruderschaften setzten sich aus Laien zusammen, die im Alltag ihren ständischen und beruflichen Aufgaben nachkamen, sich aber bei bestimmten Gelegenheiten versammelten, um ihre selbstgewählten religiösen Pflichten zu erfüllen. Andere Vereinigungen standen dem klösterlichen Leben näher. Ihre Mitglieder hatten sich – freilich ohne Gelübde auf Lebenszeit – von ihren Familien getrennt, um in einer Wohn-, Bet- und Arbeitsgemeinschaft fromme Werke zu verrichten.

Alle Bruderschaften verfügten über eine gemeinsame, durch Stiftungen, Almosen und Mitgliederbeiträge gespeiste Kasse, aus der die Kosten für Kult und soziale Fürsorge bestritten wurden. Oft besaßen sie Häuser, Liegenschaften und zinstragende Güter, herrührend von frommen Schenkungen. Den religiösen Zweck der Bruderschaft, den gemeinschaftlichen Toten- und Heiligenkult, finden wir auch bei anderen Vereinigungen, bei Zünften, Schützengesellschaften, Ritterorden und Turniergesellschaften, so daß es kaum übertrieben ist, für das Spätmittelalter anzunehmen, der größte Teil der Bevölkerung habe mindestens einer bruderschaftlichen Organisation angehört.

In den Quellen sind all diese vielfältigen Vereinigungen schwer zu fassen und noch schwerer zu beurteilen, da der bruderschaftliche Alltag wenig Spuren hinterlassen hat und sich viele Nachrichten auf Außergewöhnliches beziehen, das eben nicht Norm gewesen ist. Immerhin wird deutlich, daß die Bruderschaften oft Lebens- und Kultformen entwickelt haben, die sie mit der Kirche, der Obrigkeit und der öffentlichen Meinung in Konflikt brachten. Der oft geäußerte Drang, sich an die Öffentlichkeit zu wenden, zu predigen, zur Buße aufzurufen und dabei halbverdaute theologische Weisheiten zu verkünden, setzte manche Bruderschaft dem Verdacht der Ketzerei und der kirchlichen Unterdrückung aus.

Zum gemeinsamen Kult gehörten das Totenritual und die Verehrung bestimmter Heiliger. Im Gebiet der Schweiz sind vor allem Marienbruderschaften nachweisbar, ferner Bruderschaften des St. Jakob und des Pest- und Schützenheiligen St. Sebastian. Die Vereinigungen besaßen eigene Versammlungsräume oder Kapellen, bisweilen bloß einen Altar in der Kirche. Der Heiligenkult spielte sich zur Hauptsache vor dem Altar ab, verbunden mit Prozessionen.

Bruderschaften waren in der Regel nach Ständen gegliedert. Wir begegnen ausgesprochen vornehmen und damit reich ausgestatteten Vereinigungen, daneben auch Bruderschaften aus dem Handwerker- und Bauernstand. Im 15. Jahrhundert begannen sogar die Fahrenden, sich nach städtischem Vorbild bruderschaftlich zu organisieren. Eine solche Bruderschaft der Spielleute und Gaukler hatte in der Kirche von Uznach ihr sakrales Zentrum. Am stärksten war das Bruderschaftswesen sicher in den Städten ausgebildet. Hier entstanden auch die zu gemeinsamem Leben vereinigten Männer- und Frauengruppen. Unter den Frauengruppen erlangten die Beginen besondere Bedeutung; sie entfalteten mit ihren als Buße gedachten niedersten und ekelhaftesten Arbeiten eine segensreiche Tätigkeit, die besonders den Ärmsten der Armen zugute kam. Sie pflegten Aussätzige, schafften Mist und Unrat weg und begleiteten zum Tod Verurteilte auf ihrem letzten Gang. Bei Begräbnissen konnten sie als Klageweiber gemietet werden. Ihre büßerische Duldsamkeit lieferte sie mancherlei Willkür aus. Trotz ihrer selbstlosen Werke blieben sie nicht verschont von Anfeindungen. Sie kamen mit den Bettelordnungen in Konflikt, galten bald als Lesbierinnen, bald als Dirnen und erregten bei den Zünften Anstoß wegen ihrer Handarbeiten. Im allgemeinen hielt aber die Obrigkeit, eingedenk der großen Opferbereitschaft, ihre schützende Hand über die Beginen.

In der Bruderschaft fand der spätmittelalterliche Mensch die religiöse Erfüllung, die ihm die kirchliche Liturgie mit ihrer unpersönlichen Ritualisierung kaum zu vermitteln vermochte.

Der Totenkult Die ewige Seligkeit war nicht bloß durch gute Werke und gottgefälliges Verhalten im irdischen Dasein zu erringen, sie bedurfte auch einer dauernden Sicherung durch liturgische Rituale, für deren Durchführung die Angehörigen zu sorgen hatten. Wo kein Verwandtenkreis vorhanden war oder wo zuwenig Mittel zur Finanzierung der umständlichen Zeremonie zur Verfügung standen, trugen die bruderschaftlichen Korporationen mit ihren Gemeinschaftskassen die Verantwortung für die Verrichtungen des Totenkultes.

Auf die Begräbnisbräuche habe ich bereits hingewiesen. Mit deren Abschluß, dem Setzen des Grabmals, begann die dauernde Verpflichtung der Angehörigen, das Grab zu unterhalten und über die rituellen Handlungen zum Seelenheil des Verstorbenen zu wachen. Im Zentrum dieses Kultes stand die jährlich zu wiederholende Totenmesse, Jahrzeit oder Anniversar genannt. Auf der Kanzel angekündigt, wurden Vigilie und Seelenmesse zelebriert. Am Grab, das mit einem schwarzen Tuch bedeckt und mit brennenden Kerzen umstellt wurde, fanden anschließend unter priesterlicher Leitung Gesänge, Gebete und Segnungen statt. Verbunden war dieses liturgische Ritual mit Gaben für die Geistlichen, für die Armen und Kranken; alle Unkosten wurden aus den Erträgen der für diese Jahrzeitfeiern eingerichteten Stiftungen bestritten.

Außer Familien- und Bruderschaftsanniversarien gab es auch gemeinsame Jahrzeiten für größere Institutionen und Gemeinschaften, die an den bedeutenden, speziell dem Totenkult vorbehaltenen Feiertagen begangen wurden, am Mauritientag (22. September) oder am Allerseelentag (2. November). Besondere Bedeutung kam in der Eidgenossenschaft den Schlachtjahrzeiten zu. Sie

---

Grabplatte des Freiherrn Ulrich von Regensberg, um 1280.

waren den Kriegsgefallenen gewidmet, deren Namen in besonderen Listen festgehalten wurden. Solche obrigkeitlich-öffentlichen Totenfeiern fanden am Tag der jeweiligen Schlacht statt; sie sind bezeugt unter anderem für die Schlachten von Sempach, Arbedo, Murten, Grandson und für die italienischen Feldzüge.

Je bedeutender und reicher ein Verstorbener war, desto aufwendiger gestalteten sich die Jahrzeiten. Für eine einzige Person konnten auch mehrere Anniversarien in verschiedenen Kirchen gefeiert werden. Da die mittelalterlichen Jahrzeitstiftungen nicht befristet waren, sondern als ewige Einrichtungen galten, entwickelten sich die täglichen Anniversarverpflichtungen in den einzelnen Kirchen und Klöstern gegen Ende des Mittelalters zu einem Nonstopritual, das einen stets größeren Bedarf an Geistlichen und einen wachsenden Verbrauch an Weihwasser, Kerzenwachs, Öl und Weihrauch zur Folge hatte. In größeren Städten wie Basel, Bern oder Zürich mit ihren vielen Kirchen beherrschte im Spätmittelalter der Totenkult das sakrale Leben und erinnerte mit dem nicht abbrechenden Glockenläuten die Lebenden stets an die Verpflichtungen gegenüber der Welt der verstorbenen Vorfahren.

Glaube und Aberglaube

Zauber und Wunder Unter den Begriff des Aberglaubens fallen heute Glaubensvorstellungen, die in unseren naturwissenschaftlichen Lehren keinen Platz finden oder ihnen gar zu widersprechen scheinen.

Im Mittelalter galt dagegen als Aberglaube jeder falsche Glaube im Unterschied zum richtigen Glauben, den die alleinseligmachende Kirche verkündete. Mit dem Wandel des Dogmas und der Duldung gewisser Riten und Bräuche nichtchristlicher Herkunft hat sich im Verlauf des Mittelalters die Grenze zwischen Glaube und Aberglaube allmählich verschoben, ohne je scharf gezogen zu werden, so daß alle möglichen sakralen Praktiken von der Kirche stillschweigend toleriert oder liturgisch akzeptiert worden sind.

Je mehr Erscheinungen der Mensch wissenschaftlich erklären zu können meint, desto seltener werden Wunder, also Ereignisse, in denen man das Wirken göttlicher oder wenigstens übersinnlicher Kräfte zu erkennen glaubt. Demgemäß war das Mittelalter voller Wunder, und die Wundergläubigkeit des Volkes schlug immer wieder in Wundersucht um, in eine gierige Bereitschaft, Zeuge göttlichen Eingreifens zu werden. Außergewöhnliche Erscheinungen, von Kometen über Vogelschwärme und Mißgeburten bis zu unerklärlichen Alltagsvorkommnissen, hielt man bereitwillig für Wunder mit Bedeutung für die Zukunft. Wie viele Halluzinationen und hysterische Wahnvorstellungen als Wunder herumgeboten worden sind, ist ebenso schwer zu beantworten wie die Frage nach den betrügerischen Scheinwundern, die zur Befriedigung der Wundersucht weiter Volkskreise von übereifrigen Geistlichen inszeniert worden sind. Wunderbare Heilungen an bestimmten Wallfahrtsorten können heute, aufgrund moderner Erfahrungen mit psychosomatischen Vorgängen, freilich sicher nicht mehr in Bausch und Bogen bestritten werden.

Wunder brauchen sich nicht einfach aus göttlicher Laune heraus zu ereignen. Sie können auch herbeigezaubert werden. Das Mittelalter kannte eine Fülle von Zauberpraktiken, die je nach der angerufenen Macht der Weißen oder Schwarzen Magie zugeordnet wurden. Die Schwarze Magie rechnete mit der Hilfe des Teufels und seiner höllischen Dämonen, galt also als Hexerei und unterlag entsprechenden Strafbestimmungen. Die Weiße Magie spielte sich unter Anrufung Gottes und der Heiligen ab und sollte vor allem Hilfe, Schutz, Trost und Fruchtbarkeit bringen, während die Schwarze Magie den Schadenzauber betrieb.

Die meisten mittelalterlichen Zauberpraktiken beruhten auf animistischen Vorstellungen, die allen Dingen bestimmte, durch Berührung oder sonstige Kontakte übertragbare Kräfte zuschrieben (Sympathiezauber). Neben dem Weihwasser, den Reliquien und den magischen Zeichen wie Drudenfuß und Kreuz sind vor allem die Amulette zu nennen, die es im Mittelalter in ungeheurer Zahl und Vielfalt gegeben hat. Allen Edelsteinen, die man am Hals oder am Finger trug, schrieb man bestimmte Wirkungen zu, ferner den Heiligenbildern, den Wallfahrtszeichen, den Körperteilen von Tieren, manchen Wurzeln sowie allen möglichen Partikeln von der Richtstätte. Amulette brauchten nicht bloß auf dem Körper getragen zu werden. Man konnte sie auch Tieren anhängen und an Häusern und Gegenständen befestigen. So schützten Sonnenrad und Drudenfuß Kochtöpfe vor dem Zerspringen an offenem Feuer. Magische Schutzwirkung übten ferner Kirchenglocken, Wegkreuze, Bildstöcke und geweihte Stätten aus.

Zauberkräfte wohnten nicht allein in den sichtbaren Gegenständen, sondern auch in der Gebärde, im gesprochenen oder geschriebenen Wort und im beschwörenden Ritual. Der Zaubersegen, ein Spruch mit der Anrufung Gottes oder gewisser Heiliger, mußte zusammen mit bestimmten Gebeten und Zeremonien aufgesagt werden, um zu seiner vollen Wirkung zu gelangen. Magische Gebärden bezweckten meistens einen Abwehrzauber und

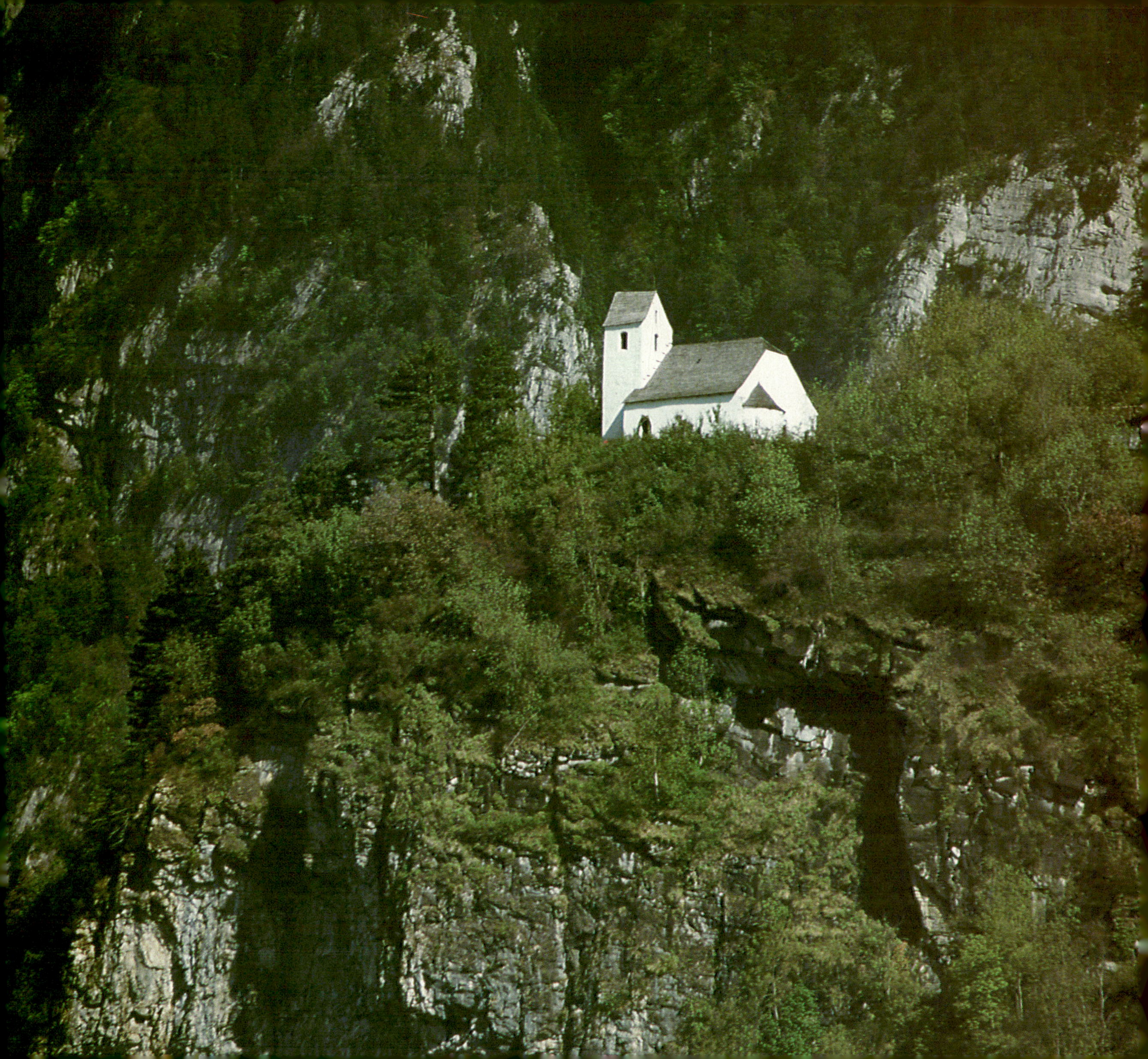

< St.-Georgs-Kapelle ob Berschis SG. Romanischer Bau, errichtet an der Stelle eines älteren Heiligtums inmitten eines frühmittelalterlichen Refugiums.

∨ Ruine der Wallfahrtskapelle San Gaudenzio bei Casaccia GR. Das an der Gabelung der Septimer- und Malojaroute gelegene Heiligtum mußte zu Beginn des 16. Jahrhunderts wegen der Gefährdung durch Rüfinen verlegt werden.

> Ländliche Prozession um 1500. Der Zug bewegt sich durch das Dorf auf die Kirche zu. Mitgetragen werden Fahnen und Kreuze.

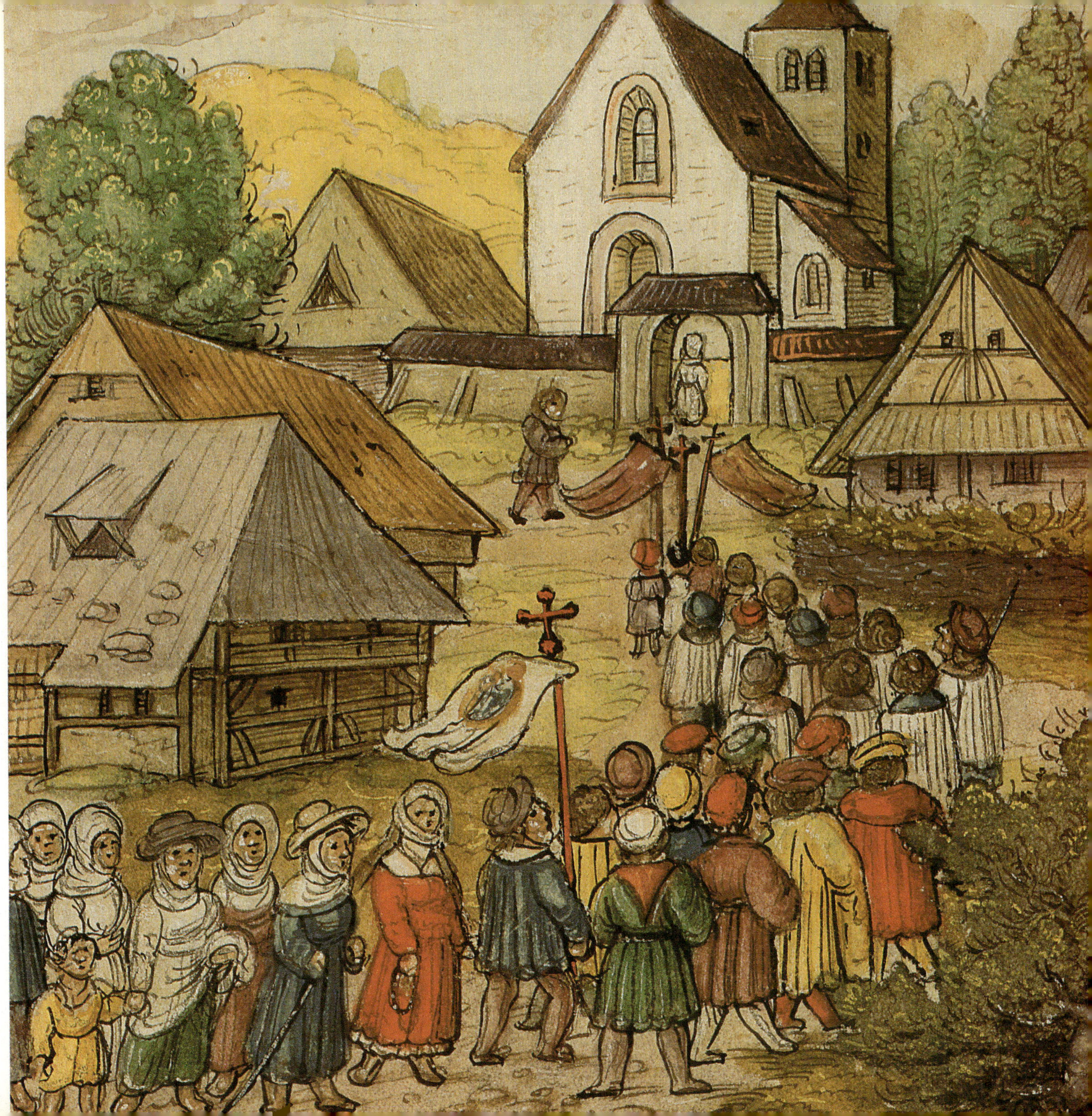

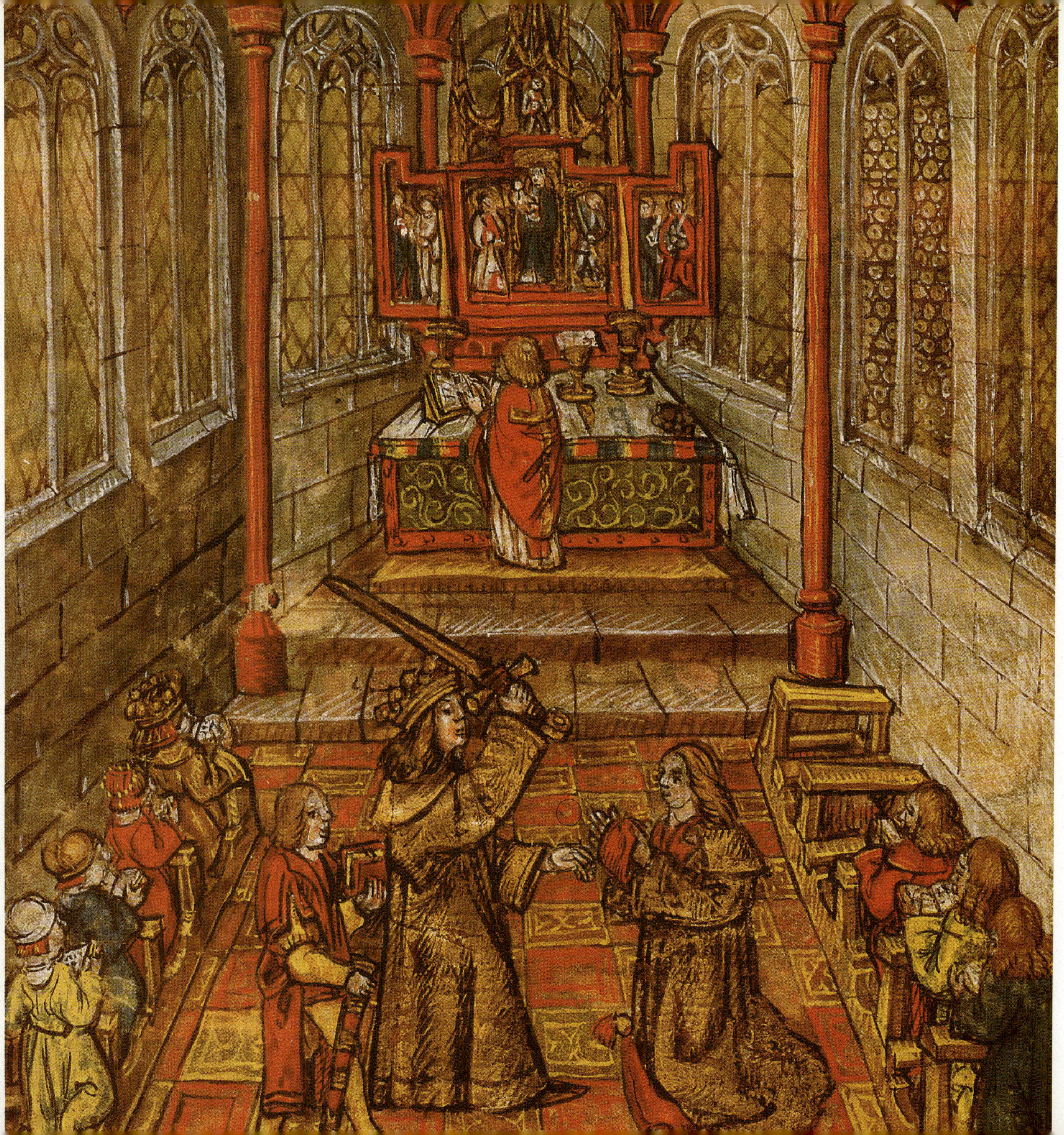

< Inneres einer Kirche um 1500. Im Hintergrund der Altar mit aufklappbarem Schrein. Auf der Altarplatte verschiedene Kultgeräte. Im Vordergrund die im Spätmittelalter aufkommenden Holzbänke zum Knien. Die Szene in der Bildmitte zeigt einen Ritterschlag.

> Enthauptung der heiligen Katharina. Der Scherge holt zum zweiten Schlag aus, der Kopf der Heiligen ist teilweise bereits abgetrennt, aus der Wunde schlagen rotweiße Blutflammen (Glasgemälde in Königsfelden, um 1330).

Der heilige Christophorus mit dem Jesuskind auf der Schulter (Glasgemälde in Königsfelden, um 1330).

Ausschnitt aus dem Freskenzyklus der Kirche St. Georg in Rhäzüns: Rechts Teilstück der Schutzmantelmadonna, vor ihr kniet die Stifterfamilie der Freiherren von Rhäzüns, darüber deren Wappen. Waltensburger Meister, um 1340/50.

Kirche St. Georg in Rhäzüns. Ausschnitt aus den Wandmalereien an der Südwand des Schiffes: Oben Gefangennahme Jesu und Verhör vor Pilatus oder Herodes, darunter Jüngstes Gericht mit Höllenrachen und Auferstehung. Ein Beispiel für die biblische Unterweisung des Volkes durch Bilderfolgen. Rhäzünser Meister, zweite Hälfte des 14. Jahrhunderts.

wurden deshalb oft als feindselige Handlung aufgefaßt. Im italienischen Sprachraum gilt die gereckte Faust mit ausgestrecktem Klein- und Zeigefinger, die alte Abwehrgebärde gegen den «bösen Blick», noch heute als übelste Beschimpfung, während nördlich der Alpen «lange Nase» und Zungeherausstrecken zu harmlosem Kinderspott geworden sind.

Zauberkraft vermittelt Macht über andere Menschen, über die Elemente, über die Zukunft. Im Mittelalter zauberte man Liebe herbei oder weg, schützte man sich mit Magie gegen Krankheit, Kriegsverletzung, Viehseuchen, Wetterschaden und Brandausbruch. Ferner setzte man Zaubermittel im Kampf gegen böse Nachbarn, wilde Tiere und kriegerische Angreifer ein. Ob man sich zu diesen und ähnlichen Zwecken eines Amuletts, eines Zauberregens, einer zauberkundigen Frau, eines weihwassersprengenden Pfaffen, einer wundertätigen Reliquie oder der geheimen Beschwörung irgendeiner unsichtbaren Macht bedient hat, bleibt mentalitätsgeschichtlich unwesentlich. Der Beherrschung der Zukunft galt ein großer Teil der damaligen Magie: Die Fruchtbarkeit zu sichern, das Kriegsglück zu erzwingen, künftigem Unheil zu begegnen oder nahende Seuchen abzuwenden, all das waren Aufgaben der Magie. Im späteren Mittelalter gewann mit dem zunehmenden Glauben an den Einfluß der Gestirne die Astrologie eine immer größere Bedeutung in der Zauberpraxis. In der Welt des Wunders und des Zaubers berührten sich Liturgie der Kirche und Frömmigkeit des Volkes. Der mittelalterliche Mensch glaubte, was er zu sehen meinte, und sah, was er zu glauben wünschte. In unerklärlichen Naturerscheinungen sah er das Walten der göttlichen Allmacht. Dank der Fähigkeit, an Wunder zu glauben, war der Mensch auch in der Lage, Hoffnung zu schöpfen, um noch so verzweifelte Situationen verkraften zu können.

Heilige und ihre Reliquien Im Unterschied zum kirchlichen Dogma, das die Heiligkeit von der Approbation des Apostolischen Stuhles abhängig macht, die Wirkung der Heiligen im wesentlichen auf die Kraft ihrer Fürbitte beschränkt und für theologisch Ungeschulte schwer nachvollziehbare Unterschiede zwischen «heilig» (sanctus) und «selig» (beatus) macht, kannte das Mittelalter einen direkten Heiligenkult, der sich unmittelbar an das Bild oder an die Reliquien wandte und davon eine wundertätige Heilskraft erwartete. Die Personifizierung des Heiligen ging so weit, daß unter Umständen eine Heiligengestalt, verehrt in einer bestimmten Kirche, als individuelle Persönlichkeit gelten konnte, die von den identischen, andernorts angebeteten Figuren klar unterschieden wurde: Die heilige Mutter Gottes von Einsiedeln war für den Gläubigen eine andere Figur als Maria, die Schutzpatronin der Stadt Basel. Auf dieser lokalen Individualisierung bekannter, weitverbreiteter Heiligengestalten beruhte nicht zuletzt das Wallfahrtswesen.

Die Vielfalt der Heiligenverehrung fußte auf den unterschiedlichen, spezialisierten Wirkungsbereichen der einzelnen Heiligen, so daß jeder Ort, jedes Tal, jede Berufs- und Sozialgruppe über eigene Heilige, die Patrone, verfügten und bei Krankheit, Not und Gefahr stets die Hilfe der für den jeweiligen Einzelfall zuständigen Heiligen gesucht werden mußte; das konnte unter Umständen geradezu Konkurrenzkonflikte auslösen: Bei Augenleiden hatte man sich an die heilige Odilia und nicht an die heilige Verena zu wenden, die ihrerseits bei Schwangerschaftsproblemen und Liebeskummer angerufen werden mußte.

Die Hilfe der Heiligen erfolgte aufgrund der wundertätigen Kraft ihrer Bilder und Reliquien. Berührung und Küssen des Bildes, auch das Tragen eines Amuletts mit dem Bild oder den Attributen eines Heiligen, ferner das Verzehren von Bildpartikeln oder papierenen Heiligenbildern brachten die erhoffte Wirkung. Als besonders wundertätig galt auch das Wasser von Quellen aus der Nähe einer Kultstätte (zum Beispiel Verena von Zurzach, Fromund von Bonfol). Um erhört zu werden, mußten die Gläubigen den Heiligen durch Gebete, Opfer und Ehrerbietung gnädig stimmen. Sie schmückten sein Bild und brachten ihm Votivgaben dar, deren Form oft in Beziehung zum Wunsch stand, zum Beispiel bei wächsernen oder tönernen Nachbildungen kranker Körperteile. Vor dem Altar stifteten sie Kerzen, sie veranstalteten Prozessionen und unternahmen, wenn nötig, beschwerliche Wallfahrten. Mädchen, die gern einen Liebsten gefunden hätten, gelobten der heiligen Verena von Zurzach ihren Brautschmuck, und da in Zurzach an St. Verenas Grab auch heute noch Brautbuketts abgelegt werden, scheint die populäre Heilige ihr Wohlwollen gegenüber heiratslustigen Mädchen bis jetzt nicht eingebüßt zu haben.

Großen Anteil nahm das Volk an den Lebensgeschichten der Heiligen, wie sie auf Fresken und Altarbildern erzählt wurden. Besonderes Interesse scheinen die vielseitigen Qualen der Märtyrer gefunden zu haben, die oft bis in letzte realistische Details des Häutens, Röstens, Ausdärmens und Enthauptens abgebildet wurden. Mit dem Grundmotiv der verfolgten, gepeinigten, aber letztlich erlösten Unschuld entsprachen die Darstellungen des Heiligenmartyriums für das Mittelalter im Unterhaltungswert den blutrünstigen Schauergeschichten der modernen Trivialliteratur und Filmindustrie unserer Tage.

Die Urtümlichkeit des mittelalterlichen Glaubens an die wundertätige Kraft der Heiligen ergibt sich aus dem Fund von vier römischen Altären im Silsersee, die dem Silvanus, dem Gott der Wälder und der Wildnis, dem Mercurius, dem Gott des Handels und Verkehrs, der Diana, der Jagdgöttin, und den di pastores, den Hirtengöttern, geweiht waren und damit wichtigste Lebens- und Wirtschaftsbereiche des Alpenraums abdeckten, die nach der Christianisierung in die Zuständigkeitsbereiche bestimmter Heiliger fielen, vor allem des St. Ägidius, St. Eustachius, St. Nikolaus, St. Christophorus, St. Wendelin und St. Antonius.

Grundsätzlich standen die großen Heiligen des christlichen Abendlandes mit ihren speziellen Wirkungsbereichen auch in der Schweiz an der Spitze der Beliebtheit und Verehrung, etwa die heilige Jungfrau Maria sowie Maria Magdalena, die Apostel, die 14 Nothelfer, ferner St. Nikolaus und vor allem auch der fränkische Nationalheilige St. Martin. Daneben gab es eine ansehnliche Zahl von Heiligen, deren Kult auf den Bereich eines Stadt- oder Landespatrons beschränkt blieb, innerhalb des betreffenden Raums aber eine zentrale, geradezu gemeinschaftsbildende Bedeutung erhielt. In Zürich wurden die Stadtheiligen Felix, Regula und Exuperantius verehrt, in Solothurn St. Urs und St. Victor, in Glarus St. Fridolin, in Rätien St. Lucius, im Jura St. Germanus, in Basel neben der heiligen Jungfrau Maria, der Münster- und Bistumspatronin, die heilige Ursula mit den 11 000 Jungfrauen und der heilige Kaiser Heinrich.

Während auf dem Land die Bauern vor allem die Patronatsheiligen ihrer Dorfkirche verehrten, deren Namen dann auch gern den Kindern bei der Taufe gegeben wurden, schlossen sich in den Städten die Gewerbetreibenden im Kult ihrer Handwerkspatrone zusammen, wobei der jeweilige Wirkungsbereich eines Heiligen oft in einem seltsam direkten Zusammenhang mit dem Martyrium und den Attributen gesehen wurde: Der heilige Erasmus, dem die Gedärme aus dem Leib gewunden worden sind, galt wegen seines Marterinstruments, das einer Ankerwinde ähnelte, als Schutzpatron der Schiffsleute, und in der Leonhardkirche zu Basel verehrten die Gerber den heiligen Bartholomäus, dem die Haut abgezogen worden war. Die vergeblich gerädete Katharina beschützte die Wagner und Spinnerinnen, und der von Bogenschützen umgebrachte Sebastian war als «Schützenbaschi» der Patron zahlreicher bruderschaftlich organisierter Schützengesellschaften.

Die Lage der Schweiz an wichtigen Alpenpässen und Pilgerstraßen brachte es mit sich, daß die vielen Schutzpatrone der Reisenden, der Kaufleute, Säumer, Pilger und Bettler, besondere Beliebtheit erlangten, so etwa St. Martin, St. Christophorus, St. Nikolaus, St. Lazarus und St. Blasius.

Verschiedene Heilige sind als historische Persönlichkeiten faßbar, besonders die Stifter und ersten Insassen bedeutender Klöster, Sigismund für St-Maurice, Sigisbert

Wunderzeichen künden Unglücksfälle und Katastrophen an: Die Darstellung zeigt Mißgeburten, Kometen und Blutregen, um 1500.

und Placidus für Disentis, Fintan für Rheinau, Gallus, Othmar und Notker für St. Gallen, Germanus für Moutier-Grandval. Gegen Ende des Mittelalters wurden all diese historischen Heiligen an Beliebtheit übertroffen von Niklaus von Flüe, der sich 1467 aus dem weltlichen Leben in eremitische Einsamkeit zurückzog, schon bei Lebzeiten durch sein Wunderfasten in den Ruf der Heiligkeit geriet und nach seinem Tod 1487 als Heiliger verehrt wurde, obwohl er erst 1669 selig- und sogar erst 1947 heiliggesprochen wurde.

Besondere Bedeutung erlangten seit dem 13. Jahrhundert die Märtyrer der nach der Legende in Agaunum (St-Maurice) hingerichteten Thebäischen Legion. Im Verlauf des 14./15. Jahrhunderts wurden diese unter der Führung von St. Mauritius stehenden Märtyrer mit den 10 000 Rittern identifiziert. Ihr Zeichen, das weiße Kreuz, diente den Schweizer Kriegern seit etwa 1400 als Amulett in der Schlacht, und das Jahresfest, der 22. Juni, galt als besonderer Glückstag. Kein Zufall, daß unter anderem die Schlachten von Laupen und Murten am 10 000-Ritter-Tag geschlagen wurden. Durch die Zuweisung lokaler Heiliger in den Thebäerkreis, etwa der Solothurner Ursus und Victor, der Zürcher Felix und Regula und vor allem der populären Verena von Zurzach, wurden die Märtyrer der Thebäischen Legion im 15. Jahrhundert zu Schweizer Nationalheiligen, und ihr Kult erlebte durch die Stiftung von Altären und Nebenpatrozinien einen raschen Aufschwung. Zusammenhalt und nationales Bewußtsein der Eidgenossenschaft sind im ausgehenden Mittelalter wesentlich von der sakralen Gemeinschaft des Thebäerkultes getragen worden.

Im Mittelpunkt der Heiligenverehrung standen neben den Bildern die Reliquien, die körperlichen Überreste wie Gebeine, Blut, Haare, Zähne und Weichteile, ferner ihre Kleider, Gebrauchsgegenstände und Grabbeigaben. Als Träger der Wunderkraft genossen die Reliquien höchstes Ansehen, vor dem der materielle Wert ihrer Fassungen, bedeutendster Goldschmiedearbeiten des Mittelalters, hoffnungslos verblaßte. Fürsten und Städte waren bemüht, möglichst viele Reliquien zu ergattern, durch Kauf, Tausch, vielleicht sogar durch frechen Raub. Die Translation, die Überführung von Reliquien an einen neuen Ort, gestaltete sich stets als feierliches, ja pompöses Fest. Da die Wunderwirkung einer Reliquie nicht von ihrer Größe abhing und der Bedarf an «Heiltum» immer mehr zunahm, entwickelte sich seit dem Frühmittelalter eine stetige Vervielfältigung der Reliquien durch Zerkleinerung der Überreste. Die großen Städte und Klöster der Schweiz legten ganze Sammlungen von Reliquien an. Gewisse Heiltümer wurden nicht bloß in der Kirche aufgehoben und an bestimmten Feiertagen dem Volk gezeigt, sondern in Zeiten von Not und Gefahr prozessionsartig herumgetragen. Das Bedürfnis nach Reliquien war so groß, daß man es mit der Echtheit, das heißt der kirchlichen Beglaubigung, nicht immer sehr genau nahm. Das Heilige Land scheint eine unerschöpfliche Fundgrube dubioser Reliquien gewesen zu sein, die gläubige Pilger geschäftstüchtigen Halunken abkauften. Ein nicht näher bekannter Graf von Froburg hatte um 1200 von einer Pilgerfahrt ins Heilige Land ein ganzes Sammelsurium skurriler Pseudoreliquien mit nach Hause gebracht und im Altar des gräflichen Hausklosters Schönthal verwahrt. Ein spätmittelalterliches Verzeichnis nennt unter anderem ein Stück von der Wiege Jesu zu Bethlehem, Erde vom Grab des heiligen Lazarus, einen Palmzweig vom Einzug des Herrn nach Jerusalem, einen Stein, auf dem Jesus beim Gespräch mit Johannes dem Täufer gestanden hat, ein Stück vom Stab Aarons.

So groß die Verehrung der eigenen Reliquien war, so

Fußreliquiar der Unschuldigen Kindlein aus dem Basler Münsterschatz, 1450. Knochenreliquien von Heiligen wurden oft in Fassungen verwahrt, die dem Körperteil der betreffenden Gebeine entsprachen (Kopf, Hand, Fuß).

rücksichtslos verfuhr man mit denen des Feindes. Als die Schwyzer im Marchenstreit das Kloster Einsiedeln erstürmten, drangen sie in die Kirche ein, brachen die Reliquienbehälter auf und trieben mit den Gebeinen der Heiligen pietätlosen Schabernack. Vermutlich sollte durch eine derartige Entweihung der Reliquien die dem Gegner zugute kommende Wunderkraft zerstört werden. Beim Sieg der Reformation waren die Altgläubigen bemüht, die Reliquien in Sicherheit zu bringen, bevor sie von den reformierten Eiferern zerstört werden konnten. So sind beispielsweise die Schädelreliquien der Zürcher Stadtheiligen Felix und Regula heimlich nach Andermatt entführt worden, nachdem sie einige Zeit auf einem Dachboden versteckt gehalten worden waren.

Das Wuettisheer und die dankbaren Toten

Unabhängig von der offiziellen Lehre der Kirche bestanden im Mittelalter vielseitige, zum Teil schwer miteinander in Einklang zu bringende Vorstellungen über das Jenseits oder über den Aufenthaltsort der unsterblichen Seelen. In Sage und Brauch spiegelten sich in Resten Überlieferungen aus verschiedenen, teilweise höchst archaischen Kulturstufen. So haben sich etwa im Lötschental Spuren der urtümlichen Anschauung erhalten, nach der die Totengeister im Rauchfang der Wohnbauten zu Hause seien. In anderen Gegenden siedelte man das Totenvolk an Kreuzwegen, in Ruinen, in abgelegenen Schluchten, auf Gletschern und Berggipfeln an, wobei diese unwirtlichen, verrufenen Orte nicht selten als Aufenthaltsplätze vorwiegend jener Seelen galten, die das irdische Dasein vorzeitig, also durch einen jähen oder gewaltsamen Tod verlassen hatten oder irgendwelche Sünden abbüßen mußten wie Pontius Pilatus auf dem nach ihm benannten Berg.

Wo auch immer man die Seelen der Abgeschiedenen vermutete, unbestritten war die Möglichkeit ihrer Rückkehr ins Diesseits und ihres Eingreifens in die Welt der Lebenden. Ob ihr Auftreten helfend oder strafend ausfiel, hing vom Verhalten der Menschen ab, vor allem vom Erfüllen der vielfältigen Verpflichtungen gegenüber den Toten, besonders den eigenen Vorfahren. Weit verbreitet war die in vorchristliche Zeit zurückreichende, offenbar auf dem germanischen Einherjermythus beruhende Vorstellung vom Wuettisheer, auch wilde Jagd genannt, das nächtlicherweise unter furchtbarem Getöse, geführt von einer wilden Gestalt, durch die Lüfte rast. Es ist überzeugend nachgewiesen worden, daß der noch im ausgehenden Mittelalter lebendige Glaube an das Totenheer sich nicht nur in sagenhaften Erzählungen, sondern auch in brauchtümlichen Maskenumzügen geäußert hat. Die Maskenfigur des Harlekins stellte ursprünglich den Anführer des Totenheeres dar. Zu einer eigenen Schar vereinigt waren die verstorbenen Kinder, vor allem die ungetauften, an deren Spitze eine dämonische Frauengestalt, die Frau Saelde, stand.

Bevorzugte Termine für den Auftritt des Totenheeres waren die Fastnachts- oder Karnevalstage sowie die Zwölf Nächte, das heißt die Zeit zwischen Weihnachten und Dreikönigstag. Unzählige Bräuche mit heischenden, spendenden oder rügenden Masken gehen auf die mimische Darstellung rächender und belohnender Totengeister zurück. Neben der in Brauch und Sage lebenden Vorstellung vom Wuettisheer und der unberechenbaren, jedenfalls unheimlichen Tätigkeit der Totengeister gab es auch die in Legendenform verbreitete Anschauung von den hilfreichen Toten, die aus Dankbarkeit über die ihnen erwiesene Achtung und Pflichterfüllung, bei Not und Gefahr um Hilfe gerufen, den Lebenden tatkräftig zur Seite stehen. Bekannt ist das auf kirchlichen Fresken dargestellte Motiv der dankbaren Toten: Ein Krieger, meist in ritterlicher Rüstung, bittet in einem Friedhof kniend um Hilfe gegen seine Feinde, die ihm außerhalb des Gottesackers in Überzahl auflauern. Auf das Gebet des Bedrängten öffnen sich die Gräber, und die Toten, bewaffnet mit Sargdeckeln und Friedhofsutensilien, formieren sich zum geschlossenen Angriff auf die Verfolger des Bittstellers, ihn aus der tödlichen Gefahr errettend. Diese Legende steht im krassen Gegensatz zu jener Gruppe allegorischer Darstellungen, die den Tod als allmächtigen und allgegenwärtigen Triumphator über das Leben zeigen, vor allem in den Motiven des Totentanzes sowie der Erzählung von den drei Lebenden und den drei Toten.

Wie fest der Glaube an das hilfreiche Eingreifen der Toten im Volk verankert war, zeigt jene Begebenheit in Glarus, als beim Bekanntwerden der Ewigen Richtung von 1474, des nicht überall gut aufgenommenen Friedens zwischen Eidgenossen und Österreich, eine alte Frau auf den Friedhof zum Beinhaus eilte und die Toten um Hilfe gegen den Landesfeind aufrief, mit dem sich die Lebenden verräterischerweise verbündet hätten.

In den Motivkreis der hilfreichen Vorfahren gehört gewiß auch die Vorstellung von den entrückten, schlafen-

---

Die Legende von den dankbaren Toten, Fresko aus dem frühen 16. Jahrhundert in der ehemaligen Kapelle der Marienbruderschaft von Muttenz. Im Mittelteil betet der Ritter um Hilfe gegen seine Verfolger, die den Friedhof umzingeln. Überall tauchen Tote auf, bewaffnet mit Bogen, Spießen und Friedhofsgeräten, um die Feinde zu vertreiben.

---

den Helden, die bei drohender Gefahr aufwachen, um das Land zu retten. Noch im Schweizer Bauernkrieg von 1653 sang das aufrührerische Landvolk das Lied vom schlafenden Tellen, der aufwacht, um die neuen Landvögte zu vertreiben.

Ketzer, Hexen und Zauberer Gemessen an den großen Ketzerfeldzügen des Hochmittelalters in Frankreich, hat die Verfolgung von Häretikern in der Schweiz keine großen Ausmaße angenommen. Anhänger des Petrus Waldes, die Waldenser, die eine von der katholischen Lehre deutlich abweichende Auffassung über die wahre Ausübung der christlichen Religion vertraten und deren Anführer als Wanderprediger Anhänger zu gewinnen trachteten, könnten schon im 13. Jahrhundert, vertrieben aus dem Bistum Lyon, in die savoyische Westschweiz gelangt sein. Im Zusammenschluß mit der ebenfalls häretischen Bewegung der lombardischen

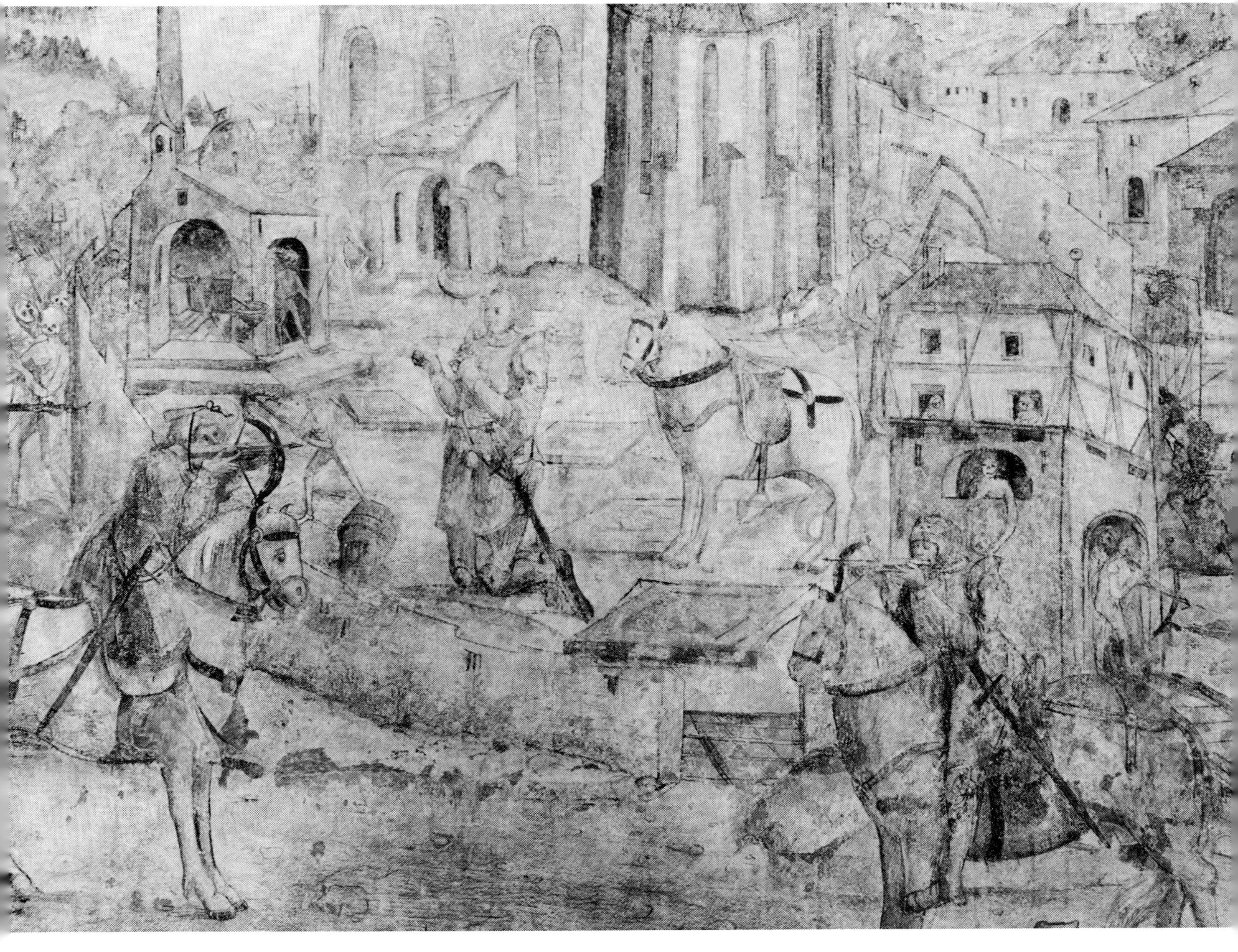

Humiliaten breiteten sich Waldensergruppen um 1300 bis in den Aareraum aus. Bereits 1277 sollen nach dem Berner Chronisten Justinger Ketzer in Schwarzenburg verbrannt worden sein. Weitere Verfolgungen, bestehend aus Kirchenbußen, Vermögenskonfiskation, Abschwörung, Ausweisung und Hinrichtung, sind für das 14. und 15. Jahrhundert bezeugt, vorwiegend in der savoyischen Waadt, im Wallis, in Freiburg und im Bernbiet. Obwohl die Waldenser offenbar trotz schwerer Strafandrohungen immer wieder Anhänger zu finden vermochten, ist die Bewegung in der Schweiz doch stets auf kleine Gruppen beschränkt geblieben. Das verschaffte dem Ketzertum den Ruf einer verbotenen Geheimlehre und rückte es in die Nähe des Hexenwesens, obwohl dieses auf völlig anderen Voraussetzungen beruhte. Scholastische Theologen, denen jede Abweichung vom kirchlichen Dogma als Ketzerei galt, interpretierten die Häresie als Abfall von der Kirche mit dem Ziel, durch Zauberei das Reich des Teufels aufzurichten. Damit geriet die Hexerei in den Zuständigkeitsbereich der für die Ketzerbekämpfung eingesetzten Inquisitionsgerichte. Bezeichnend für diese seltsame Vermischung von Häresie und Hexentum wurde im 15. Jahrhundert der gegen die Waldenser erhobene Vorwurf, mit dem Teufel zu paktieren. Wie sehr im ausgehenden Mittelalter theologisch-scholastische Spitzfindigkeit, Wundersucht und Zauberwahn, Hexenglaube, Teufelsangst und Haß auf Ketzer ineinander übergingen, zeigte der Jetzerhandel in Bern von 1507/09. Es ging bei diesem Skandal um ein Scheinwunder, das jahrelang im Dominikanerkloster den Bernern vorgegaukelt wurde und nach dessen Aufdeckung den vier Klostervorstehern der Prozeß wegen Ketzerei und Hexerei gemacht wurde; sie wurden verurteilt und verbrannt.

Dem Hexenglauben des Spätmittelalters lag die alte

Ein Unwetter, durch eine weise Frau herbeigezaubert, zwingt die Berner, die Belagerung von Olten aufzuheben.

Vorstellung zugrunde, daß es Leute, vor allem Frauen, mit der Fähigkeit zur Zauberei gebe. Diese Menschen waren geehrt und gefürchtet, bisweilen auch verhaßt. Ihre Dienste blieben jedoch unentbehrlich, denn man wandte sich um Rat und Unterstützung an die «weisen Frauen» bei Krankheiten, Liebeskummer und sonstigen Problemen, denen man nur mit Magie beizukommen glaubte. Noch 1383 soll nach dem Chronisten Justinger im kriegsbedrängten Olten eine Frau – von Graf Berchtold von Neu-Kyburg, dem Stadtherrn, um Hilfe gebeten – die Feinde durch einen Regenzauber zur Aufhebung der Belagerung gezwungen haben.

Bis um 1400 war Zauberei nur dann strafbar, wenn die eingesetzten Mittel im Sinn eines Schadenzaubers als

Gefahr für andere Leute angesehen wurden. Die für Sachbeschädigung, Körperverletzung und Totschlag zuständigen weltlichen Gerichte verhängten demgemäß Strafen nach dem vermeintlich angerichteten Schaden. 1399 und 1407 wurden Hexen, die sich in Basel des Liebes- und Schadenzaubers, zum Teil gegen die eigenen Ehemänner, schuldig gemacht hatten, für längere Zeit aus der Stadt verbannt.

Unter dem Einfluß scholastischer Theologen setzte sich im Spätmittelalter die Auffassung durch, nach der die Fähigkeit zu zaubern eine Gabe des Teufels sei, Hexen und Zauberer mit ihm einen Pakt abgeschlossen hätten, der die Verbreitung des Bösen zum Ziel habe. Die Ausrottung der Hexerei wurde nun zur Aufgabe der Kirche, die sich zwar der weltlichen Obrigkeit für Verfolgung und Urteilsvollstreckung bediente, aber geistliche Gerichte zur Ermittlung der Schuld einsetzte. In der Schweiz lag die Verfolgung von Hexen und Zauberern jedoch bis zum Ausgang des Mittelalters mehrheitlich in der Hand der weltlichen Obrigkeit; deshalb standen im Zentrum der Anklage meist Vergehen, die den volkstümlichen Vorstellungen von Zauberei entsprachen, also Schadenzauber (maleficium) gegen Menschen, Tiere, Pflanzen und Häuser durch Gift, Unwetter, Lawinen, Blitzschlag und Rüfiniedergänge, während die absurden, frauenfeindlichen Gelehrtentheorien der Scholastiker von der Buhlschaft der Hexe mit dem Teufel eine geringe Rolle spielten. Demgemäß hat auch der 1487 von den beiden Dominikanern verfaßte, in Basel gedruckte «Hexenhammer» (malleus maleficarum), eine Art Handbuch des Verhör- und Prozeßverfahrens gegen Hexen, auf die schweizerische Gerichtspraxis keinen großen Einfluß ausgeübt.

Inwiefern dem Hexenglauben in der spätmittelalterlichen Schweiz außer den allgemein verbreiteten Zauber-

Dieser Holzschnitt aus dem späten 15. Jahrhundert zeigt eine Hexe, mit dem durch Fratze, Schwanz und Klauen gekennzeichneten Teufel buhlend.

vorstellungen auch brauchtümliche Riten mit nächtlichem Tanzen von Frauen um einen Ziegenbock zugrunde lagen, müßte noch untersucht werden. Aus der Zeit um 1500 liegen jedenfalls archivalische Hinweise auf derartige, wohl sehr altertümliche Bräuche vor.

Den häufigsten Anlaß für einen Hexen- und Zauberprozeß bildete im Spätmittelalter die Denunziation, die meist von einem angeblich Geschädigten ausging. Auffallenderweise häuften sich die Anklagen in Krisen- und Notzeiten und richteten sich meist gegen Menschen, die innerhalb der dörflichen oder städtischen Gesellschaft eine Außenseiterstellung innehatten und kaum über Möglichkeiten verfügten, sich zu wehren.

Erbrachte nach der Verhaftung der denunzierten Person die Zeugenbefragung einen Schuldverdacht, mußte ein Geständnis erpreßt werden. Daß auch fadenscheinige Anzeigen vorkamen, zeigt der Fall von 1494 aus Zürich, bei dem die Zeugenaussagen ergaben, daß es sich bei dem angeblichen Wolf, auf dem die Angeklagte geritten sei, in Wirklichkeit um einen Esel gehandelt hatte.

Um die angeklagte Person zu einem Geständnis zu zwingen, ohne das keine Verurteilung möglich war, wandte man das Mittel der Folter an, durch das der Widerstand des Teufels, der das Geständnis zu verhindern trachtete, gebrochen werden sollte. In Wirklichkeit wurde mit den Gliedmaßen des Opfers dessen Widerstands- und Lebenswille zerstört, so daß die meisten Angeklagten über kurz oder lang die ihnen zur Last gelegten Taten gestanden. Wer durchhielt, wurde freigesprochen, war aber wohl bleibend an Leib und Seele geschädigt und hatte nicht einmal Anspruch auf eine Abfindung. Charakteristisch für das Schuldgeständnis einer Hexe ist die Aussage der 1459 hingerichteten Katharina zu Steinbergen aus dem Urserental, die unter anderem bekannte, sich in Tiere verwandelt, Liebeszauber betrieben, Nachbarn und deren Vieh krank gemacht, Rüfinen und Lawinen ausgelöst, sich mit anderen Hexen getroffen und ihre eigene Tochter mit Hilfe des Teufels in der Zauberei unterwiesen zu haben.

Die übliche Strafe für Hexen und Zauberer war die Verbrennung. Sie erfolgte in verschiedenen Formen, etwa nach vorangegangener Marter mit glühenden Zangen oder nach vorheriger Hinrichtung mit Schwert, Galgen oder Rad. Besonders sorgfältig mußte die Asche beseitigt werden, damit sie kein weiteres Unheil anrichtete.

Bis zum Jahre 1500 sind in der Schweiz gemäß den allerdings nicht lückenlosen Schriftquellen insgesamt rund siebzig Menschen, vorwiegend Frauen jeglichen Alters, wegen Hexerei hingerichtet worden. Nicht mitgerechnet sind dabei die 1428 im Wallis umgebrachten 200 Menschen, bei denen es sich aber kaum um Hexen, sondern eher um Anhänger der Waldenserbewegung gehandelt haben dürfte. Wie anderswo in Europa fiel die Zeit der großen und blutigen Hexenverfolgungen auch in der Schweiz erst ins 16. und 17. Jahrhundert, damals sind alles in allem im Gebiet der Eidgenossenschaft von rund 9000 der Hexerei angeklagten Personen etwa 5500 hingerichtet worden.

Jagd- oder Signalhorn aus Elfenbein, «Olifant» genannt, 11. Jahrhundert. Als Weihgabe wurde das Horn dem Kloster St. Gallen vermacht und dann zum Reliquienbehälter umgearbeitet.

Das Fest

Mittelalterliche Festfreude

Das Fest als Ausnahmezustand Der mittelalterliche Alltag, geprägt von gesellschaftlichen und sakralen Normen, von der natürlichen Umwelt und der Einfachheit des Lebensstandards, verlief in gleichförmigen, fast eintönigen und jedenfalls abwechslungsarmen Bahnen. Um so stärker hob sich das Fest mit all seiner verschwenderischen Pracht, seiner tumultähnlichen Ausgelassenheit und seiner ungezwungenen Sinnesfreude vom täglichen Einerlei ab. Feste waren im Mittelalter total. Niemand konnte sich ihnen entziehen, denn sie versetzten Dörfer, Städte und Länder in den Ausnahmezustand und brachten die Verrichtungen des Alltags zum Erliegen. Leider sind die Quellen über das mittelalterliche Festwesen lückenhaft und einseitig. Chroniken berichten überwiegend von außergewöhnlichen Vorfällen, während die amtlichen Akten des Spätmittelalters zur Hauptsache Verbote und Einschränkungen betreffen. Manche Festbräuche, an deren hohem Alter grundsätzlich kein Zweifel besteht, sind erst in nachmittelalterlicher Zeit bezeugt.

Ein rechtes Fest erforderte langwierige Vorbereitungen. Die Gäste von nah und fern waren einzuladen, man mußte die Stadt oder das Dorf schmücken, vielleicht Tribünen bauen, Vorräte an Lebensmitteln und Getränken anlegen, Sicherheitsvorkehrungen gegen Brandausbruch und bewaffnete Tumulte treffen, Unterkünfte bereitmachen. All diese Vorbereitungen kündigten das kommende Fest an und nährten eine wachsende Vorfreude, die sich dann am Fest selbst in maßloser Ausgelassenheit entlud und sich nicht selten – oft unter Einwirkung von Alkohol – in lustvolle Raserei steigerte.

Während des Festes funktionierte nichts mehr normal. Die gültigen Gesetze waren außer Kraft, zahllose Bräuche, vom Maskentreiben über nächtliches Lärmen, Fakkelumzüge, Tänze und Kampfspiele bis zur rituellen Völlerei, beherrschten die Szene. Der Verlauf des Festes war unberechenbar. Fröhliche Ausgelassenheit konnte jederzeit in einen zerstörerischen Tumult umschlagen, Weinseligkeit in Blutvergießen enden oder festliche Stimmung einen Kriegszug auslösen. Auf das Fest folgte zwangsläufig der Katzenjammer. Zwei Tage nach einer Kirchweih in Altdorf war der Schwyzer Landammann, als Gast geladen, wegen Trunkenheit noch nicht ansprechbar. Als während einer Kirchweih in Liestal im Dorf Gelterkinden Feuer ausbrach, war niemand da, um zu löschen, da die gesamte Dorfbevölkerung am Fest weilte.

Nicht nur die überbordende Stimmung und die Lockerung der gesetzlichen und gesellschaftlichen Normen lähmten das Alltagsleben, sondern auch die Sitte der gegenseitigen Besuche, die längere Abwesenheiten der politischen Führung und weiter Bevölkerungsteile nach sich ziehen konnte.

Das Fest bedeutete ferner den Ausnahmezustand für die Stimmung und Gemütsverfassung der Teilnehmer: man durfte die Sorgen des Alltags, die Mühsal des vergangenen Jahres oder die düstere Aussicht auf die Zukunft für kurze Zeit völlig vergessen. Ärmere Leute sparten sich wochenlang Essen vom Munde ab, damit sie am kommenden Fest einen Schmaus von verschwenderischem Ausmaß genießen konnten.

Die überschäumende Ausgelassenheit, die während des Festes die Normen des Alltagslebens auszulöschen pflegte, läßt sich bei allen großen Festkategorien des Hoch- und Spätmittelalters nachweisen, bei den Festen im bäuerlichen Jahresrhythmus, bei den Kirchweihen, den städtischen und ländlichen Fastnachten, den Schützenfesten und den ritterlichen Turnieren.

Festanlässe und Termine Feststimmung, getragen von einer Gemeinschaft Gleichgesinnter, kann grundsätzlich jederzeit aufkommen; spontane Äußerungen der Freude, der Erleichterung oder der Ergriffenheit sind gerade im Mittelalter, als die Menschen aus ihren Gefühlen kein Hehl zu machen brauchten, immer wieder gezeigt worden. Ich erinnere an jenen bereits erwähnten Freudentanz der Berner Krieger nach der Überwindung der Pestgefahr. Solche Ausbrüche der Begeisterung waren aber noch keine Feste, auch wenn sie sich im Rahmen brauchtümlicher Verhaltensnormen abspielten. Ein Fest mußte gründlich vorbereitet, der Termin früh festgelegt und bekanntgegeben werden, damit sich alle Beteiligten auf die angekündigte Veranstaltung einrichten konnten.

Den äußeren Anlaß, ein Fest zu feiern, boten im individuell-familiären Lebensbereich die Hauptstationen des menschlichen Daseins: Geburt und Taufe, Eintritt ins Erwachsenenalter, Verlobung und Hochzeit, Begräbnis. Im öffentlich-staatlichen Bereich ergab sich die Gelegenheit zum Festen aus Sieges- und Erinnerungsfeiern, aus dem Krönungsritual der Herrscher, den Lehenhöfen, den Schwörtagen und Musterungen, aus Abschluß und

Freudentanz der Berner Truppen nach überstandener Pestgefahr, 1350. Beim Reigentanz wurden ausgelassene Lieder gesungen und üppige Schmausereien abgehalten.

Verkündung von Verträgen sowie aus dem Besuch hochgestellter Persönlichkeiten. Private und öffentliche Ereignisse dieser Art konnten irgendwann eintreten, doch war man nach Möglichkeit bestrebt, die Veranstaltungen auf einen der bekannten Festtermine im Jahreslauf zu legen: Die Feier des Eintrittes Basels in den Bund der Eidgenossenschaft 1501 wurde auf den Heinrichstag (13. Juli) angesetzt, das Fest des Basler Stadtpatrons. Hochzeiten fanden häufig Pfingsten statt; Lehenhöfe, an denen der Vasallen- und Ministerialadel zusammenströmte, um beim Landesherrn die Lehen zu erneuern und um Kampfspiele abzuhalten, wurden nicht selten auf die Fastnachtstage angekündigt.

Feste im Jahreslauf hat es in großer Zahl gegeben. Viele, obgleich erst in nachmittelalterlicher Zeit bezeugt, dürften, wenn nicht im Veranstaltungsprogramm so doch im Termin in frühgeschichtliche Zeiten zurückreichen. Dazu gehören etwa die Feiern des bäuerlichen Arbeitsjahres, die Fruchtbarkeits- und Erntefeste, ferner die Feiern der Jahreszeiten, besonders die Winter- und Sommersonnenwenden. Seit dem Frühmittelalter sind vorchristliche Festtermine von kirchlichen Feiern überlagert worden. Das Fest Christi Geburt wurde seit dem

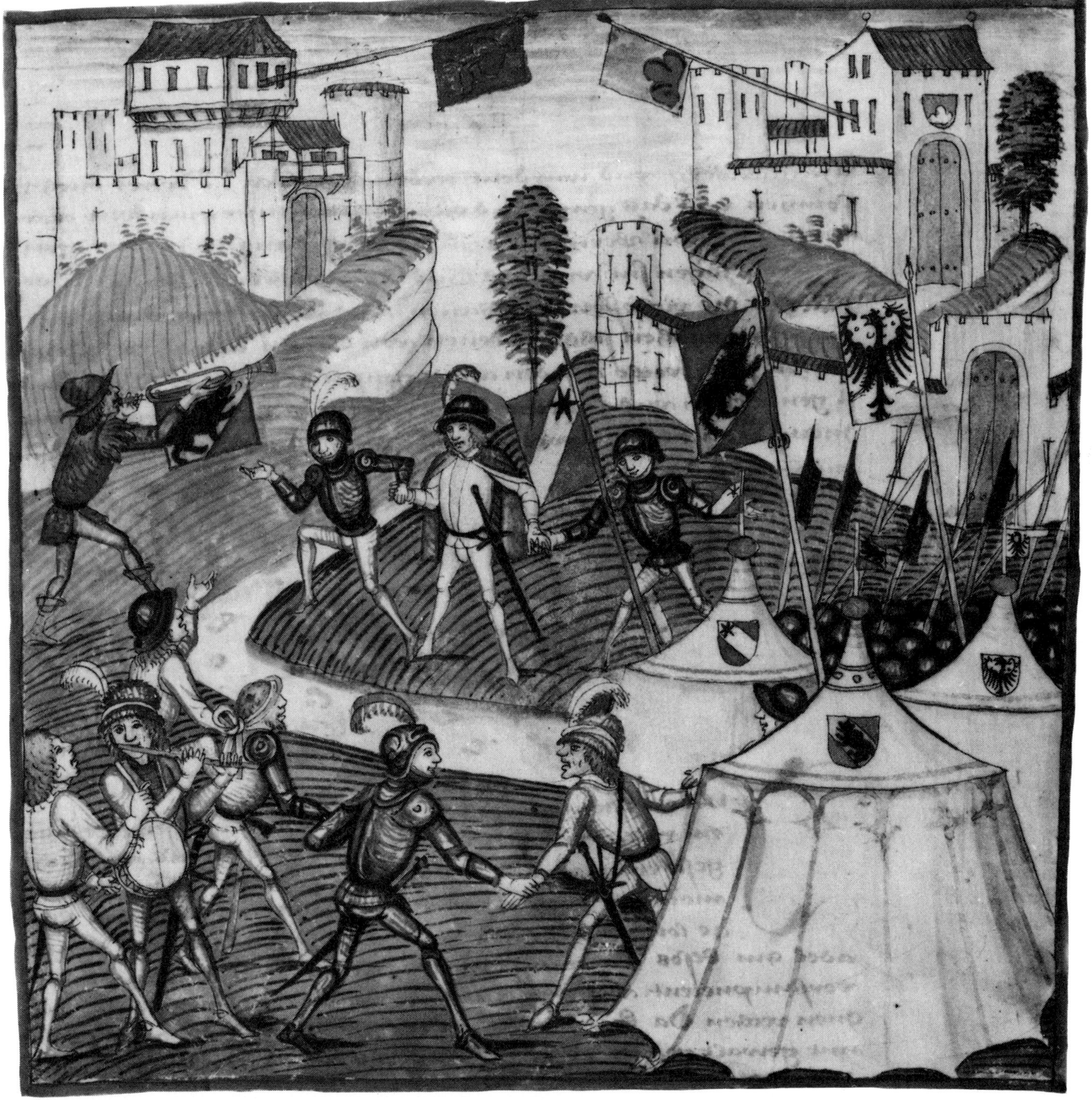

4. Jahrhundert zu Beginn der Zwölf Nächte gefeiert, der Tag Johannes' des Täufers am alten Termin der Sommersonnenwende (24. Juni). Kaum von den christlich-kirchlichen Veranstaltungen berührt wurde dagegen die Fastnachtszeit mit all ihrem vielseitigen Festbrauchtum, das durch viele Jahrhunderte Gegenstand kirchlicher und obrigkeitlicher Anfeindungen blieb.

Gesamthaft beherrschten den mittelalterlichen Festkalender die Namenstage der Heiligen und die großen kirchlichen Feiertage. Als allgemeine, in allen Gegenden und Ländern begangene Feste galten die Zwölf Nächte mit Weihnachten, Neujahr und Dreikönigstag, die Fastnachtszeit, die terminlich etwas schwanken konnte, die Ostertage und vor allem Pfingsten. Daneben gab es eine Fülle von Festen, deren Termine sich nach den Namenstagen der Dorf-, Stadt- und Landespatrone richteten, so die in ländlichen Gebieten verbreiteten Kirchweihen oder «Chilbinen». In den Städten begingen die Handwerker je nach Branche festlich die Namenstage ihrer Schutzheiligen, auf dem Land feierten die Bauern die wichtigen Ereignisse im Jahreslauf, darunter Aussaat, Ernte, Weinlese, Alpabfahrt. Nicht alle Festveranstaltungen waren somit von gleichem Gewicht und Geltungsbereich.

Die Fastnachtszeit stürzte weiterum alle Länder, Städte und Dörfer ins große Chaos des Maskentreibens, Pfingsten fanden allenthalben neben den kirchlich-liturgischen Feiern Hochzeiten, höfisch-ritterliche Kampfspiele und bäuerliche Frühlingsriten statt, während naturgemäß die Feiern zu Ehren eines Dorf- oder Zunftheiligen auf einen kleineren Personenkreis beschränkt blieben. Charakteristisch für die Feste der Fürsten und des Adels, die Turniere, Hochzeiten, Hoftage und Krönungsfeierlichkeiten, war, daß viele Teilnehmer von weit her kamen.

Die Ritualisierung der Feste Jedes Fest bedeutete – wie gesagt – einen Ausnahmezustand, der die Sitten und Normen des Alltags völlig durchbrach. Das heißt aber nicht, festliche Veranstaltungen hätten überhaupt keine Ordnung und keine Regeln gekannt. Das Fest entwickelte vielmehr eine Eigengesetzlichkeit mit oft sonderbar anmutenden, mitunter differenzierten, aber auf jeden Fall verbindlichen Verhaltensnormen. Die gemeinschaftsbildende Kraft des Festes zwang die Teilnehmer zur strikten Beachtung der Festgebräuche, andernfalls zählten sie nicht mehr zu den Angehörigen der Festgemeinde. Das Fest unterlag mit seinen Normen somit der eigengesetzlichen Dynamik der Spielregel, die für jedes Spiel den Ausschluß von Störenfried, Spielverderber und Falschspieler vorsieht. Die Verbindung zwischen dem mittelalterlichen Festwesen und den Regeln des Spielens beruhte auf dem starken Anteil, ja auf der zentralen Stellung von Wettkämpfen,

Großes Schützenfest in St. Gallen, 1583. Im Vordergrund liegt der Schießplatz mit dem Scheibenstand. Rechts werden die Waffen geladen, dahinter nimmt der Pritschmeister eine Exekution vor. Im Hintergrund wird ein Wettlauf ausgetragen, daneben ein Steinstoßwettbewerb. Ferner wird getanzt und getafelt.

Fechtszene mit Schwertern und kleinen Rundschilden, Tartschen genannt. Die Damen schauen von der Tribüne aus zu.

überhaupt von Sportveranstaltungen, aber auch von sonstigen Bewegungs-, Glücks- und Denkspielen aller Art im Festbetrieb. Gegenseitige Kontrollen mit mündlicher Schelte oder handgreiflicher Gewalt, unter Umständen auch besondere Aufseher, Kampfrichter oder Ordnungshüter mit Prügelkompetenz, gewährleisteten die Einhaltung der Festregeln. Wer in einer Aufmachung erschien, die nicht den Normen der Veranstaltung entsprach, oder sonstwie die Spielregeln oder Festbräuche verletzte, wurde verhöhnt, mit Wasser begossen, mit faulem Obst oder mit Schneebällen beworfen, mit Fäusten und Schlagstöcken traktiert, seiner Kleider beraubt oder mit Schimpf und Schande davongejagt.

Die meisten Normen hatten sich wohl aus praktischen Bedürfnissen heraus entwickelt, andere beruhten auf archaischen, schon im Spätmittelalter nicht mehr verstandenen Brauchtumsresten, wieder andere gingen auf äußere Einflüsse zurück, namentlich auf kirchliche und obrigkeitliche Gebote, die vor allem im Spätmittelalter das Festwesen immer mehr einschränkten und auf vielfältige Weise reglementierten.

Die einzelnen, mehrheitlich ungeschriebenen Regeln erstreckten sich auf ganz unterschiedliche Bereiche des Festbetriebes: auf die Kleidung und Aufmachung, auf die Gruß- und Anredeformeln, auf den zeitlichen Ablauf, auf die Zulassung der Teilnehmer, auf die Speisen und Getränke, auf die Wettkämpfe und sonstigen Spiele, auf die akustischen Requisiten, vor allem auch auf die Verhaltensformen. Was war zulässig und üblich, was gehörte sich nicht und war verpönt? Die Einhaltung der Normen bedeutete im wesentlichen die Beachtung bestimmter Grenzen. Konkret ausgedrückt: Als fastnächtliche Rügestrafen waren Prügel und Dachabdecken statthaft, Totschlag und Brandstiftung aber nicht.

Aus der Fülle der einzelnen brauchtümlichen Festbestimmungen bildete sich im Verlauf des Mittelalters ein vielseitiges, mitunter auch recht schwerfälliges Ritual heraus, dem sich die einzelnen Veranstaltungen zu unterwerfen hatten. Von Fest zu Fest, von Ort zu Ort

Aufritt am Turnier. Am Tag vor dem Turnei wird ein festlicher Umzug veranstaltet, der «Aufritt». Im Gefolge des einzelnen Ritters befinden sich Diener, Handwerker und Knappen. Die verehrte Dame reicht dem Turnierritter einen Blumenkranz.

wechselten die Normen. Die Regeln der Fastnachtszeit sahen anders aus als die Pfingstbräuche; Weihnachten wurde südlich der Alpen anders gefeiert als am Rhein. Manche Normen, die sich zu Riten verfestigt hatten, neigten zur sinnentleerten Erstarrung, was hinterher Anlaß zur Erfindung erklärender Geschichten bot. So hat man beispielsweise die Masken- und Lärmbräuche der Fastnachtszeit in Unkenntnis des wirklichen Ursprungs in der Darstellung von Totengeistern nachträglich mit der «Austreibung des Winters» in Verbindung gebracht. So bot sich uns das spätmittelalterliche Festwesen in seiner Gesamtheit als eine lebendige, nicht folkloristisch versteinerte, sondern erneuerungs- und entwicklungsfähige Verkörperung überschäumender Volkskraft und Sinneslust dar.

Formen des Festes

Vielfalt und Maßlosigkeit Alle mittelalterlichen Feste waren von bunter Vielseitigkeit geprägt. Kirchlich-religiöse Riten, üppige Freß- und Saufgelage, blutige Kampfspiele, erotische Ausschweifungen und ausgelassene Umzüge lösten einander in dichter Folge ab, ohne sich gegenseitig zu beeinträchtigen. Gewiß bildeten sich für alle Feste bestimmte Hauptveranstaltungen heraus, die den jeweiligen Anlaß kennzeichneten. An den ritterlichen Turnieren standen die Kampf- und Reiterspiele im Mittelpunkt, an den städtischen Schützenfesten die Schießwettbewerbe, an den Osterfeiertagen die liturgischen Kulthandlungen. Stets aber gab es eine ganze Reihe von nebenher laufenden Bräuchen und Riten, die erst in ihrer Gesamtheit das Fest als Ganzes ausmachten. Zur Kirchweih gehörte das Tanzen, zum Schützenfest die Lotterie, zur Pfingstfeier die Hochzeit. Verkleidete traten an den meisten Festen auf, aber nicht immer dieselben. Schon im Spätmittelalter scheinen sich für bestimmte Termine ganz spezifische Maskenfiguren entwickelt zu haben. So gehörten bereits vor 1500 die Wildleute zu den herbstlichen Kirchweihen des Alpenraumes, während an den ritterlichen Turnieren einerseits Narren, andererseits Figuren aus der Artussage auftauchten. Die Vielseitigkeit des Festbrauchtums dürfte die Wandlungs- und Entwicklungsfähigkeit gefördert haben, indem gewisse Festelemente, aus der Mode geraten oder nicht mehr verstanden, verschwanden und durch andere, vorher bloß schwach ausgebildete Bräuche verdrängt wurden. Im 13. Jahrhundert ersetzte im ritterlichen Kampfspiel der spektakuläre, wenn auch blutigere Turnei den als langweilig empfundenen Buhurt, im ausgehenden Mittelalter trat in den Städten neben die als bäurisch empfundenen Maskenbräuche zur Fastnachtszeit das Fastnachtsspiel, das heißt die dramatische Aufführung antiker, mythologischer oder volkstümlich-schwankhafter Stoffe. Kirchliche und obrigkeitliche Verbote oder Empfehlungen standen im Spätmittelalter häufig hinter den Veränderungen im Festbrauchtum.

Das Fest entwickelte schon im Hochmittelalter, ausgeprägter noch im 14. und 15. Jahrhundert, einen unübersehbaren Hang zur Unmäßigkeit, zur überbordenden Skurrilität, was letztlich wohl auch Ausdruck des im Fest verwirklichten Ausnahmezustandes war. Gewiß gehörten Ereignisse wie das Fasanenfest des Herzogs von Burgund in Lille von 1454, bei dem das 28köpfige Tafelorchester in einer riesigen Pastete saß, oder das Fastnachtsturnier des Landvogtes Peter von Hagenbach in Breisach, bei dem die ganze ritterliche Gesellschaft nächtlicherweise, mit Lebkuchenschilden und Steckenpferdchen ausgerüstet, die Bürgerschaft aus dem Schlaf grölte und mit Ruß schwärzte, zu den Sonderfällen. Sie zeigten aber, in welche barbarische Abnormitäten man sich versteigern mußte, um wirklich etwas Ausgefallenes und Unerhörtes zu bieten. Städtische und ländliche Feste blieben jedenfalls bescheidener als die fürstlichen Hoffeste mit ihren aufwendigen Kulissen, ihren exotischen oder mythologischen Gestalten und ihrer abgeschmackten Prunkentfaltung, nicht nur wegen der beschränkteren Mittel, sondern wohl auch aus einer gewissen spießigen Phantasielosigkeit und Nüchternheit heraus. Trotzdem trugen auch bäuerliche und bürgerliche Veranstaltungen sowie die Feste des ritterlichen Kleinadels deutliche Züge der Maßlosigkeit. Wenn man schon im Alltag sparen mußte, so wollte man doch wenigstens am Fest Verschwendung treiben können, im Essen und Trinken, im Vergnügen, im Spiel.

Auch wenn manches Turnier, manche Kirchweih und manches Schützenfest in Wirklichkeit bloß durchschnittlich abgelaufen war, rühmten die Chronisten nachher doch die Einmaligkeit des Anlasses, um das gesetzte Ziel der Maßlosigkeit wenigstens in der Fiktion zu erfüllen. Der Adel entfaltete in seinen Turnieren einen immer größeren Prunk, die Städte entwickelten für ihre Schützenfeste eine ständig wachsende Freigebigkeit, und in den ländlichen Kirchweihen steigerten sich die Freß- und Saufexzesse bis an die Grenze des Kollapses. Was beispielsweise der Basler Delegation 1517 auf ihrer Reise an die Kirchweih in Altdorf an Essen und Trinken aufgedrängt worden ist, Wein, Käse, Brot, Butter, Fleisch, Kuchen, Fisch – und alles im Rahmen des unausweichlichen Gastfreundschaftsrituals –, lief auf eine härteste Zerreißprobe der Verdauungsorgane hinaus.

So beurteilte man bis ins frühe 16. Jahrhundert Erfolg und Gelingen eines Festes nach dem Ausmaß des Unerhörten, des Skurrilen und des Außerordentlichen, nach der Höhe der Unkosten und der Dauer der Katerstimmung, nach der Zahl der Beteiligten und dem Wert der Kampfpreise, nach den Mengen der vertilgten Getränke und Nahrungsmittel oder bei den ritterlichen Turnieren nach der Zahl der zersplitterten Lanzen, der verbeulten Helme und der zerschmetterten Gliedmaßen.

Essen und Trinken So vielgestaltig die mittelalterlichen Feste auch sein mochten, Essen und Trinken gehörten in jedem Falle dazu; bald stand das Festbankett im Mittelpunkt des Anlasses wie bei den Weihnachtsfeiern oder bei den eidgenössischen Besuchsfesten, bald zählte die Bewirtung zu den unerläßlichen Randbedingungen der Veranstaltung wie bei den Hochzeiten, den Turnieren oder den Schützenfesten.

Nirgends erweist sich die Ausnahmesituation des Festes gegenüber dem Alltag deutlicher als beim Essen und Trinken. Herrschten während der Woche und meist auch an den Sonntagen Einfachheit und Mäßigkeit in den Speisegewohnheiten, aß und trank man an den Festen Besonderes, Üppiges, Ausgefallenes. Traditionelle Speisen und Getränke für bestimmte Feste, wie sie uns in der Neuzeit in großer Auswahl begegnen, hat es schon im Mittelalter gegeben. Bier und Met galten bis ins ausgehende 15. Jahrhundert als ausgesprochene Festtagsgetränke, vor allem für Hochzeiten. An Feiertagen trank man auch nicht den meist sauren und schwachen Wein aus der jeweiligen Umgebung, sondern den besseren Importwein aus dem Elsaß oder aus Italien. Besonders beliebt war der Malvasier, ein schwerer, süßer Wein; seit dem 15. Jahrhundert kam auch der Veltliner auf.

Gedeckte Festtafel für den Besuch König Sigismunds in Bern 1414 im Speisesaal des Predigerklosters. Das Bild hält die Anordnung von Tellern, Schüsseln, Broten und Trinkgeschirr fest. Man beachte, daß bloß ein einziges Messer bereitliegt.

Von großer Vielfalt dürfte das Festtagsgebäck gewesen sein. Manches Süßgebäck, das heute ganzjährig hergestellt wird, war ursprünglich für bestimmte Gelegenheiten bestimmt, so die Lebkuchen oder in Basel die Lekkerli. Einzelne Backwaren erhielten eine besondere, mitunter obszöne Form, was uns heute beim Anblick eines «Schwöblis» wohl kaum mehr bewußt ist. Vor allem in der Fastnachtszeit stellte man die «Küechli» her. In schwimmendem Fett gebacken, wurden sie in ungeheuren Mengen vertilgt. Im allgemeinen bestand das Festtagsgebäck nicht aus dem gewöhnlichen Brotteig, sondern aus besonders feinen Zusammensetzungen, in denen Milch, Butter und Eier wichtige Bestandteile bildeten, wie denn überhaupt die Eier lange vor dem Festbeginn sorgfältig gesammelt wurden, um am Festschmaus auf mannigfache Weise verzehrt zu werden. Über den Ursprung des Ostereies, das nicht nur gegessen wird, sondern im Mittelpunkt zahlreicher Bräuche steht, herrscht Unklarheit. Als Gegenstand der Fruchtbarkeitsmagie ist das Ei schon im Mittelalter bezeugt.

Fettreiche Kost beherrschte die fastnächtlichen Eßgewohnheiten. Der Hirsmontag erinnert an den Hirsebrei, der einst an diesem Fastnachtstag verzehrt worden ist.

Fleisch, in weiten Bevölkerungsschichten außerhalb des Alpenraumes im Alltag wenig gegessen, war eine ausgesprochene Festtagsspeise. Da zu bestimmten Zeiten im Jahr geschlachtet wurde, fielen einzelne Feste auf die «Metzgete». Das Fleisch der geschlachteten Tiere galt dann als traditionelle Speise des betreffenden Festtages. An den Herbstkirchweihen des Alpenraumes aß man Schafffleisch, da auf den Winter hin alle Schafe, die man nicht zur weiteren Aufzucht benötigte, wegen des knappen Futters geschlachtet wurden. Gänse mußten auf Martini ihr Leben lassen. Das Osterlamm reicht in alttestamentliche Zeit zurück.

Hauptmerkmal des festlichen Essens und Trinkens war die bis zur Völlerei gesteigerte Unmäßigkeit. Im Gegensatz zum kargen Alltag mußten an den Festen Speisen und Getränke aufgetragen werden, bis sich die Tische bogen. Zudem galt das von allerhand Ritualen umrahmte Zugreifen als unausweichliches Gebot, dem man sich ohne Verletzung der Gastfreundschaftssitten nicht entziehen konnte. Besonders das Zutrinken, also das Anstoßen mit anschließender Pflicht zum Leeren des Gefäßes, konnte geradezu wettkampfmäßige Formen annehmen und in einem sinnlosen Besäufnis enden. An spätmittelalterlichen Hoffesten war es üblich, einen gebratenen, mit Würsten, Geflügel und sonstigem Fleisch gefüllten Ochsen aufzufahren und ihn von der adligen Festgesellschaft auf tumultartige Weise in Stücke reißen und verschlingen zu lassen. Überhaupt zeigte sich beim adligen Festschmaus ein Hang zum Skurrilen und Ausgefallenen. Pasteten, in denen lebende Menschen versteckt waren, habe ich schon erwähnt. Im 15. Jahrhundert kamen mehr und mehr auch exotische Speisen, besonders Feigen und Pomeranzen, auf die vornehme Festtagstafel. Die breiten Bevölkerungsschichten hielten sich mehr an einfachere, landeseigene Gerichte, tischten sie aber in ungeheuren Mengen auf: Käse, Würste, Brot, Gebäck, Eier, Fisch und immer wieder Fleisch, geräuchert, gesotten, gebraten. Ohne Fressen und Saufen wäre kein mittelalterliches Fest durchführbar gewesen.

Spiele und Wettkämpfe Glücks-, Denk- und Bewegungsspiele nahmen im mittelalterlichen Festwesen einen breiten Raum ein. Bei ritterlichen Turnieren oder städtischen Schützenfesten standen die Wettkämpfe im Mittelpunkt der Veranstaltungen, die auch nach ihnen benannt waren. So hieß in Basel der 8. September, der Geburtstag Marias, der Stadtpatronin, «Frauentag zum Turnei», weil an diesem Fest die Basler Ritter zu Ehren der Heiligen Jungfrau ein Kampfspiel veranstalteten. An anderen Festterminen fristeten die Wettkämpfe gegenüber sonstigen Bräuchen und Lustbarkeiten eher ein Randdasein, waren aber immerhin vorhanden. So war es üblich, daß zur Fastnachtszeit, wenn überall die Masken-, Lärm- und Feuerumzüge dominierten, die «jungen Knaben» untereinander Schieß-, Ring- und Laufwettbewerbe austrugen.

Im Hochmittelalter spielten die Kampf- und Reiterspiele des Adels eine große Rolle, die Turniere. Eingebaut in ein aufwendiges und vielseitiges Festprogramm, bestanden die ritterlichen Spiele zur Hauptsache aus Zwei- und Massenkämpfen. Geschicklichkeitsübungen, bei denen mit der Lanze vom galoppierenden Pferd aus ein

Großer Bronzekessel aus Luzern, wohl aus der Mitte des 15. Jahrhunderts. Mit seinem Durchmesser von 49 Zentimeter und seinem Gewicht von 32,8 Kilogramm diente er bei besonderen Gelegenheiten zum Kochen von großen Mengen Brei.

schwieriges Ziel getroffen werden mußte, was besonders in Südeuropa verbreitet war, sind für den schweizerischen Raum nicht belegt. Ritter aus dem Basler und Konstanzer Raum nahmen bereits 1184 am berühmten Pfingstturnier Barbarossas in Mainz teil, danach sind ebenfalls Basel und Konstanz, gefolgt von Zürich und Schaffhausen, am häufigsten als Austragungsorte von ritterlichen Festen bezeugt. Gelegentlich fanden Turniere auch in den habsburgischen Landstädten, in Baden, Zofingen und bis zum Übergang an die Eidgenossenschaft in Luzern statt. Ritter aus dem schweizerischen Raum dürften zwischen dem 12. und dem 16. Jahrhundert in großer Zahl zu auswärtigen Turnieren gezogen sein.

Der ritterliche Zweikampf, die Tjost, wurde zu Pferd ausgetragen; dabei ging es darum, sich gegenseitig durch einen Volltreffer auf Schild oder Helm aus dem Sattel zu stechen. Abarten der Tjost waren Kämpfe zu Fuß, mit Schwertern, Keulen, Streitäxten, Kriegsflegeln und sonstigen Hiebwaffen. Der Massenkampf, Turnei genannt, fand in einem rechteckigen Pferch statt. Die Ritter, in zwei Haufen geteilt, galoppierten auf ein Signal hin mit eingelegter Lanze gegeneinander los. Nach dem ersten Zusammenprall begann eine wilde, oft stundenlange Schlägerei aller gegen alle. Dabei wurden in Form von fürchterlichen Prügeln ritterliche Ehrenstrafen ausgeteilt, und wenn es gelang, das Pferd des wehrlos gehauenen Gegners an den Rand des Kampfplatzes zu zerren, hatte man vom Besiegten Roß und Rüstung gewonnen.

Seit dem 13. Jahrhundert entwickelten sich in Tjost und Turnei verschiedene Spielarten; zudem scheinen sich die Kampfspiele durch den Ausbau der Regeln immer mehr ritualisiert zu haben, so daß ihre ursprüngliche Gefährlichkeit im Lauf der Zeit etwas gemildert wurde.

Unklarheit herrscht einstweilen in der Frage, inwieweit die ritterlichen Kampfspiele von Bauern und Städtern übernommen oder nachgeahmt worden sind. Vereinzelte Versuche reicher Stadtbürger aus Basel und Zürich, Turniere auf eigene Faust abzuhalten, blieben ohne Erfolg, was vom Adel mit Spott und Hohn quittiert wurde, dagegen scheinen die zur Fastnachtszeit von Bauern und Bürgern aufgeführten Turnierparodien im Spätmittelalter einigen Anklang gefunden zu haben. Anstelle der ritterlichen Rüstung führten die Turnierenden eine groteske Aufmachung mit sich, zusammengesetzt aus Strohzöpfen (als Schlagwaffen), aus Speckschwarten, Hurenröcken, Lebkuchen und Kücheneimern, während zum Reiten Steckenpferdchen, Esel oder Ziegenböcke benützt wurden. Ein besonderes Kampfspiel lebte bis in die Neuzeit hinein in Freiburg und in der Waadt als bäuerlicher Frühlingsbrauch weiter: Der Kampf um die Minneburg. Ritter erstürmten eine Befestigung, die von Damen verteidigt wurde, indem sie die Angreifer mit Rosen bewarfen. Nach der unvermeidlichen Eroberung der Burg kam es zu einem zügellosen Liebesfest.

Andere Kampfspiele, wie sie im Spätmittelalter für die bäuerliche und städtische Bevölkerung bezeugt sind, dürften sich kaum aus dem ritterlichen Turnier entwickelt haben. Das Hornussen, entstanden im inner- und voralpinen Raum, war ursprünglich ein Kampfspiel, bei dem der Gegner mit dem Geschoß getroffen werden sollte. Die Schindel zum Abfangen des «Hornuß» wird wahrscheinlich auf einen Schutzschild zurückgeführt werden müssen.

Der Kampf um die Hutfeder, ein derbes Raufspiel, das immer wieder Anlaß zu Schlägereien bot, kam erst im ausgehenden Mittelalter auf, als das Tragen von Federn Mode und die politische Gesinnung durch bestimmte Federn ausgedrückt wurde, Straußenfedern kennzeichneten zum Beispiel eidgenössische, Pfauenfedern österreichische Sympathisanten. Erst seit dem 16. Jahrhundert sind die hochritualisierten Scheinkämpfe der Schwerttänze belegt, wie sie von den Zünften zur Fastnachtszeit veranstaltet wurden.

Das Kleiderringen, aus dem sich in nachmittelalterlicher Zeit das Schwingen entwickelte, gehörte in eine uralte und weit verbreitete Gruppe von Bewegungsspielen, zusammen mit dem Wettlauf, dem Steinstoßen oder Steinwerfen und dem Weitsprung aus dem Stand. Im Alpenraum waren diese Spiele besonders beliebt und fehlten an keiner Kirchweih. Auch in den Städten wurden sie veranstaltet, aber in der Bedeutung bei weitem überragt von den Schießwettbewerben. Schießwettkämpfe des Hochmittelalters, ausgetragen mit dem Langbogen, sind für den Schweizer Raum nicht belegt. Nach dem Aufkommen der Armbrust im 13. Jahrhundert scheint sich aber sehr bald ein organisiertes Schützenwesen herausgebildet zu haben. Spuren von Schützenkorporationen reichen jedenfalls bis ins frühe 14. Jahrhundert zurück.

Im 15. Jahrhundert gab es in allen größeren Städten der Eidgenossenschaft Schützengesellschaften und fest eingerichtete Schießplätze. Neben die Armbrust trat im 15. Jahrhundert die Hakenbüchse. Mit beiden Waffen wurde auf eine Distanz von 120 Schritt geschossen. Tierfiguren, vor allem Vögel, dienten ursprünglich als Ziele, seit dem 15. Jahrhundert zunehmend die in konzentrische Kreise eingeteilten und mit Figuren bemalten Scheiben. Bis über das Ende des Mittelalters hinaus vermochte die unberechenbare Büchse die sehr genau schießende Armbrust nicht zu verdrängen. Einem Bündner passierte noch 1532 das Mißgeschick, seine Büchse zu überladen – beim Abgeben des Schusses schlug er sich die Zähne aus.

An den städtischen Festen des Spätmittelalters standen die Schießwettbewerbe im Vordergrund, wurden aber stets von weiteren Wettkämpfen begleitet, von Wettlauf, Steinstoßen und Ringen. Sehr beliebt waren auch Geschicklichkeitsspiele wie das Kegeln und Plattenschießen. Gewisse Spiele, die vorwiegend in obrigkeitlichen Verboten bezeugt sind, lassen sich schwer rekonstruieren, besonders die offenbar in Varianten geübten Spiele des Kugelwerfens oder Kugelschlagens. An den großen Schützenfesten zählte die Lotterie des «Glückshafens» zu den begehrtesten Attraktionen.

In der Vielseitigkeit der Wettkampfarten spiegelten sich die ständisch differenzierten Ideale: Der Ritter erwarb im Turnier Ehre und Ruhm für seinen Heldenmut und seine Gewandtheit, der Städter bewies Geschicklichkeit und Nervenstärke im Schießwettbewerb, während der Bauer des Alpenraums beim Ringen und Steinstoßen vor allem mit seiner Kraft protzen konnte.

Tanz, Musik und Liebe Mittelalterliche Feste waren stets von gewaltigem Getöse erfüllt. Lachen, Kreischen, Johlen und Grölen mischten sich mit dem Dröhnen der ritterlichen Kampfspiele, dem Krachen der Hakenbüchsen, dem Ächzen der Verletzten und dem Lärm der Umzüge mit all ihren knallenden, rasselnden, scheppernden und bimmelnden Instrumenten. Musik, die das Fest begleitete, mußte in erster Linie laut sein, um all die Nebengeräusche zu übertönen, denen die Teilnehmer wehrlos ausgeliefert waren. Musik erdröhnte an den Turnieren, an den Schützenfesten, an den Kirchweihen und selbstverständlich auch an den fastnächtlichen Umzügen. Bankette, Eß- und Trinkgelage spielten sich unter lautstarker Musik ab, dazwischen erklangen Signale, ähnlich wie bei den Kampfspielen. Begrüßungs- und Abschiedszeremonien waren ohne Musik ebenfalls undenkbar.

An Instrumenten stand ein ganzes Arsenal von lautstarken Geräten zur Verfügung. Genannt werden unter anderem Posaunen, Fanfaren, Zinken, Schalmeien, Flöten, Dudelsackpfeifen, Zimbeln und Schellen, Hörner, Trommeln und Pauken. Für die Tanzmusik verwendete man überdies verschiedene Saiteninstrumente zum Streichen, Zupfen und Anschlagen, so die Fiedel, das Hackbrett oder die Drehleier. Auf die Zuhörer muß das ganze Getöse in höchstem Maß ekstatisch und dämonisch gewirkt haben, wurde doch der Klang des Harsthorns mit dem Lärm des Wuettisheers verglichen.

Unerläßlich war die Musik natürlich beim Tanzen, das an den meisten Festen überaus beliebt war, besonders an den Fastnachtstagen, zu Pfingsten und anderen Frühlingsfesten sowie an den Kirchweihen und selbstverständlich an den Turnierveranstaltungen des Adels. Im

Ringkämpfer aus der Zeit um 1200. Relief auf dem Chorgestühl der Kathedrale von Lausanne.

Hochmittelalter kannte man nur den Reihentanz, bei dem die Tanzenden beiderlei Geschlechts, sich an den Händen haltend, lange Ketten bildeten, mit denen man verschlungene Figuren beschrieb. Die schwerfällige Tracht des Adels – Ritter tanzten bisweilen sogar im Harnisch – ließ keine schnellen und leichtfüßigen Schritte zu, deshalb zeichnete sich der vornehme Tanz eher durch gravitätische oder sogar schwerfällige Formen aus; Bauern und Handwerker pflegten mit wilden, heftigen, von der Pfaffheit als sündig, von den Rittern als plump empfundenen Bewegungen zu tanzen. Im 14. Jahrhundert kam, ausgehend von den ritterlichen Hoffesten, beim Adel der Paartanz auf. Er bot wesentlich mehr Möglichkeiten zu erotischen Annäherungen als der alte Reihentanz, der übrigens in Handwerkerkreisen bis über das Ende des Mittelalters hinaus manchmal nur von Männern ausgeführt wurde. Im ausgehenden 15. Jahrhundert scheint der Paartanz, zum Teil in vergröberten Formen und mit derben bis obszönen Handgriffen, auch von der bäuerlichen und städtischen Bevölkerung übernommen worden zu sein. Daß der erotische Paartanz der strengen Geistlichkeit sauer hat aufstoßen müssen, liegt auf der Hand. Bekanntschaften zwischen Männern und Frauen zu schließen, Ehen anzubahnen oder ganz einfach Liebesabenteuer einzufädeln, all das gehörte zu den Hauptaufgaben des mittelalterlichen Festes. Turniere waren eigentliche Heiratsmärkte des Adels, die bäuerlichen Kirchweihen standen in engem Zusammenhang mit dem Kiltgang, dem nächtlichen Besuch der verliebten Burschen bei ihren Angebeteten. Daß Pfingsttage und die übrigen Frühlingsfeste beliebte Hochzeitstermine gewesen sind, habe ich bereits angedeutet. Erste Bekanntschaften und Annäherungsversuche ließen sich außer beim Essen und Trinken nirgends leichter bewerkstelligen als beim Tanzen. Da mögen, unbemerkt von Eltern und Aufpassern, ungezählte Stelldicheins vereinbart worden sein, und zwar keineswegs bloß unter unverheirateten Verliebten. Feste, nicht zuletzt die ritterlichen Turniere, waren stets auch Schauplätze spektakulärer Ehebruchskandale, und vor allem blühte die freie Liebe mit den «fahrenden Töchtern» oder den «gemeinen Mätzen». Sie strömten an den großen Festen – übrigens auch an den Konzilien von Konstanz und Basel – von nah und fern zusammen, um ihre Dienste anzubieten. Reich an ortsansässigen Dirnen waren deshalb die großen Wallfahrts- und Messeorte wie Zurzach. Auswärtige Besucher, die per Gruppe an ein Fest reisten, nahmen gleich noch die eine oder andere Hure mit; bei offiziellen Besuchen, an denen sich auch Regierungs- und Standespersonen beteiligten, trugen die begleitenden Dirnen Kleider in den Wappenfarben des betreffenden Ortes.

Erotik weckt stets Rivalitäten. Auf Festen mit Tanzveranstaltungen konnten deshalb jederzeit Raufhändel ausbrechen, um so mehr als die korporativ organisierten, unverheirateten Burschen des Ortes über die tanzwilligen Mädchen und Frauen eifersüchtig wachten und Auswärtige nur gegen Entrichtung einer Gebühr mit einheimischen Töchtern tanzen ließen, was immer wieder zu wüsten Schlägereien führte, die oft Ausgangspunkt langjähriger, sich zur Tradition verfestigender Nachbarschaftskonflikte sein konnten.

Maske, Lärm und Feuer Um die Mitte des 15. Jahrhunderts sind in Basel Ofenkacheln hergestellt worden, die in kräftigem Relief zottig vermummte Gestalten mit fratzenhaften Masken und verschiedenen Musik- und Lärminstrumenten zeigen. Dieses Kachelmotiv bedeutet einen frühen, seltenen Bildbeleg für fastnächtlich vermummte Gestalten im Schweizer Raum. Ich habe bereits gesagt, vieles vom Festbrauchtum sei in der Überlieferung erst im 16. oder 17. Jahrhundert faßbar und eine sichere Aussage über das tatsächliche Alter nicht möglich; das gilt für das Maskenwesen mit seinen Umzügen und für die Lärm- und Feuerbräuche in besonderem Maß. Gelegentliche Erwähnungen aus dem 13. oder 14. Jahrhundert weisen allerdings darauf hin, daß die seit dem Ende des Mittelalters immer häufiger bezeugten Masken-, Lärm- und Feuerbräuche im Kern wesentlich älter sein müssen und ihre Anfänge in graue Vorzeit zurückreichen dürften, wobei freilich die Wandlungsfähigkeit eines Brauches nicht übersehen werden darf. Sowohl in der Sinngebung als auch in der äußeren Form waren die am Ausgang des Mittelalters belegten Bräuche das Ergebnis einer langen Entwicklung.

Maskenfiguren traten im Mittelalter in vielerlei Gestalt auf; die Verkleidung erfaßte oft nur einzelne Körperteile, und die Figuren mußten nicht in jedem Fall verhüllte Gesichter haben oder gar total vermummt sein. Dies trifft vor allem auf die vielen Tiermasken zu, die meist bloß durch einen über Kopf, Hals und allenfalls Schulter geworfenen Pelz oder durch bestimmte Hörner auf der Kopfbedeckung angedeutet wurden. So sind Rindermasken – man denke an den Uristier –, Pferde- und Eselsmasken, ferner Hirsch-, Wolfs-, Hunds- und Bärenmasken, schließlich auch Geißenmasken bezeugt. In die Nähe der oft auch bei kriegerischen Anlässen in Erscheinung tretenden Tiermasken gehören die heraldischen Helmzierden des Adels mit ihren Adler-, Löwen-, Bären- und sonstigen Tierfiguren. Bei den im Spätmittelalter erwähnten Teufelsmasken dürfte es sich wohl um Tiervermummungen, vor allem um Ziegenmasken mit langen Hörnern, gehandelt haben.

Ritter beim Reigentanz, begleitet von zwei Damen. Ein Fiedler spielt zum Tanz auf, der Ritter trägt als fastnächtliches Festkleid den Harnisch mit dem gesichtsverhüllenden Topfhelm.

Eine weitere Maskengruppe bildeten die dämonischen Gestalten mit Holzlarven und Vermummungen aus Fell, Moos, Flechten, Rinde, Tannenreisig und Hobelspänen. Die Wildmann- und Wildfraumasken sind wohl dieser Gruppe zuzuweisen. Ganz spezielle Maskenfiguren stellten mythisch-sagenhafte Vorfahren dar. In Luzern ging Bruder Fritschi um, der altersblöde Ahnherr der Luzerner; an anderen Orten traten die Vorfahren als bärtige, geharnischte Krieger auf, und offenbar ist auch die Gestalt des Schützen Tell dieser Maskengruppe der mythischen Ahnenfiguren zuzuordnen.

An gewissen kirchlichen Feiertagen zogen die Masken von Heiligen umher, so am Epiphaniastag (6. Januar) die Heiligen Drei Könige. Am 6. Dezember begegnete man der Gestalt des heiligen Bischofs Nikolaus sowie wilden Scharen von dämonischen Masken. Die schriftlichen Zeugnisse des Spätmittelalters lassen nicht immer eine genaue Identifizierung der Maskenfigur zu: Wenn im 15. Jahrhundert die Basler Obrigkeit verbot, in «Meygerswyse» umzugehen, war damit wohl eine parodistische Nachahmung der Sundgauer Bauerntracht gemeint, etwa im Sinne des heutigen «Waggis». Wie aber die mehrfach bezeugten «Butzen» und «Bööggen» ausgesehen haben, bleibt ein Geheimnis.

Über den Ursprung der einzelnen Maskenbräuche herrschte schon im Spätmittelalter Unklarheit. An die Herkunft des Maskentreibens zur Zeit der Zwölf Nächte und der Fastnacht aus den Darstellungsriten der Ahnengeister und des Totenheeres erinnerten zwar noch um 1500 allerhand Brauchtumsreste, doch war man sich deren Bedeutung nicht mehr bewußt. Wozu auch! Das Maskentreiben wurde unmittelbar erlebt, als echte Ekstase, in völliger Identifikation mit der dargestellten Figur. Heischen, Rügen und Spenden, die traditionellen Funktionen der Ahnengeister, wurden in ungezählten, oft sehr derben bis handgreiflichen Formen ausgeübt. Mit Zuschauern, vor allem mit Frauen und Mädchen, trieb man allerhand groben Schabernack, vom Schwärzen mit Ruß bis zum Werfen in Brunnen und Bäche. Dazu kam der Lärm, vor allem nachts. Treicheln, Rätschen, Hörner und sonstige Instrumente erfüllten die Luft mit entsetzlichen Tönen. Die umgehenden Maskenscharen scheinen sich je nach Anlaß sehr unterschiedlich verhalten zu haben. Von geordneten, fast feierlichen Umzügen sind über ritualisierte Tänze oder mimische Darstellungen bis zur tobsüchtigen Raserei alle Spielarten denkbar.

Aufs engste mit dem Maskentreiben und Lärmen waren die Feuerbräuche verbunden. Mehrheitlich nachts abgehalten, umfaßten sie einerseits Umzüge mit Lichtern, vor allem Fackeln, dann aber auch das Abbrennen großer Holzstöße, wobei alle möglichen Dinge miteingeäschert werden konnten. Ferner schlug man glühende Holzscheiben durch die Luft, und zwar am Ende der Fastnachtszeit, wie denn überhaupt die meisten Feuer-, Lärm- und Maskenbräuche auf ganz bestimmte Gelegenheiten im Jahr fixiert blieben. Ein großes Feuer wurde beispielsweise am 24. Juni, am Johannistag, dem alten Termin der Sommersonnenwende, abgebrannt. Manche Maskengestalten verhielten sich sehr ambivalent. Rindermasken traten sowohl bei fastnächtlichen Umzügen als auch bei kriegerischen Ereignissen auf, besonders bei Aufständen, denn gewaltsame Volksjustiz spielte sich oft in der Form der Maskenrüge ab. Der Stier von Uri, der 1515 in der mörderischen Schlacht von Marignano die Eidgenossen mit dem Klang seines Harsthornes um sich geschart hatte, zog sechs Jahre später zusammen mit der Urner Delegation nach Basel, um sich hemmungslos allen fastnächtlichen Ausschweifungen hinzugeben.

Fastnächtlich verkleidete Gestalten, Relief auf einer Basler Ofenkachel aus der Mitte des 15. Jahrhunderts. Zwei Figuren scheinen Holzmasken zu tragen, die Gestalt rechts hat eine Tierhaube (Esel?) übergestülpt. Der Mann in der Mitte ist in ein zottiges Fell gehüllt. Es handelt sich um eine der frühesten Bilddarstellungen fastnächtlichen Treibens aus dem Basler Raum.

Turnierszene auf einem Basler Kalenderblatt des späten 15. Jahrhunderts. Die Turnierenden werden von Herolden begleitet, die als Narren oder als Esel verkleidet sind.

Das Festpersonal Damit sich ein Fest in den traditionellen Formen abspielen konnte, damit das herkömmliche Programm nicht durcheinandergeriet und damit bei den Spielen und Wettkämpfen die üblichen Regeln eingehalten wurden, brauchte es eine Anzahl von Leuten, die den Festverlauf zu überwachen hatten, die ordnend oder strafend eingreifen und Störenfriede oder Spielverderber wegschicken mußten. Beim mittelalterlichen Turnier überwachten adlige Aufseher, die Grieswärter, an den ritterlichen Festen den Gang der Kampfspiele. Wichtigste Hilfskraft aber war der Herold, der nicht nur die Einladungen zu verbreiten, sondern auch die Teilnahmeberechtigung zu überprüfen, die Aufrufe zur Besammlung und zum Kampfbeginn zu erlassen, den Ruhm der Turnierhelden zu verkünden und als Zeremonienmeister das Festprogramm zu leiten hatte. Für all diese Aufgaben mußte der Herold in der Wappenkunde beschlagen sein, die deshalb nach ihm als «Heraldik» bezeichnet wurde.

Ursprünglich scheint der Herold als Pferde- oder Eselsmaske aufgetreten zu sein. Bis weit ins 15. Jahrhundert hinein wird er mit einer eng anliegenden, um das Kinn geschlossenen Kappe abgebildet, an der zwei mächtige Eselsohren befestigt sind. Gegen Ende des Mittelalters sind diese Eselsohren durch schellenbehangene Stoffhörner ersetzt worden, wodurch die bekannte Narrenkappe entstand. Die Herolde, die ihre Verrichtungen mit allerlei Kapriolen und skurrilen Gebärden vollführten, waren somit Vorläufer der späteren Narren, die an fürstlichen Hof- und an städtischen Schützenfesten herumtollten und die Leute mit grotesken Späßen unterhielten.

Unter diesen Narren kam an den Schützenfesten dem Pritschmeister oder Röllelimann eine besondere Bedeutung zu. Er übte die Funktion des ritterlichen Herolds aus, hielt Lobreden auf die Gastgeber, speziell auf deren Großzügigkeit, auf das Fest und auf die guten Schützen. Diese Lobreden, begleitet von heftigen, mitunter auch obszönen Gebärden, wurden als «Pritschmeisterverse» aus dem Stegreif gedichtet. Zudem amtierte der als Narr verkleidete Pritschmeister auch als Ordnungshüter. Er schritt gegen Störenfriede, Betrunkene, manchmal auch gegen miserable Schützen ein, indem er ihnen unter dem Aufsagen rügender Verse eine Tracht Prügel verabreichte, und zwar mit der Holzpritsche, dem Zeichen seiner Würde. Bei großen Schützenfesten verfügte der Pritschmeister über viele Gehilfen, ebenfalls in Narrentracht. Dazu zählten beim Scheibenschießen die «Zeiger», die gute Treffer mit Überschlägen und bizarren Gebärden ankündigen mußten.

Unerläßlich an den Festen waren die Musikanten, meist fahrende Spielleute, die für den betreffenden Anlaß in Dienst genommen wurden. Sie begleiteten die ritterlichen Kampfspiele mit ihrem Getöse, marschierten an Umzügen und an den Besuchsfesten (s. S. 286) mit, gaben beim Wettkampf und bei Banketten akustische Signale und spielten zum Tanz auf.

Auf weiteres Hilfspersonal, ohne dessen Wirken und Beistand kein Fest hätte abgehalten werden können, auf die privaten Diener, die Köche, die Hufschmiede, Sattler, Sporer, Harnisch- und Büchsenmacher sowie auf die Wundärzte, gehe ich nicht ein – ihre Aufgaben müssen nicht erklärt werden. Hingewiesen sei noch auf die repräsentativen Begleitpersonen, die als Trabanten der Prominenz folgten. Meist in heraldische Gewänder gekleidet und seit dem ausgehenden 15. Jahrhundert mit Prunkwaffen ausgerüstet, fanden sich im Gefolge hoher Herren Leibwächter, Riesen, Zwerge, Mohren, zudem exotische Tiere wie Löwen, Giraffen und Kamele. Die eidgenössischen Honoratioren blieben bei ihren Besuchsfesten bescheidener: In ihrer Gesellschaft befanden sich außer Musikanten die Weibel und Standesläufer, oft auch der Scharfrichter, eine Hure und heraldische Masken wie der Uristier.

Ständische Feste

Fest und Gemeinschaft Feste sind stets Kollektivveranstaltungen. Der einzelne kann allenfalls für sich feiern, das Fest jedoch muß von einer Gemeinschaft getragen werden, die sich zwangsläufig von den Außenstehenden abhebt. Festteilnehmer unterwerfen sich den spezifischen, eigengesetzlichen Regeln des Anlasses und unterscheiden sich so von den Fremden, die nicht dazu gehören. Die Zuschauer befinden sich gewissermaßen in der Grenzzone zwischen Teilnehmern und Außenstehenden. Sie machen zwar am Treiben nicht mit, ignorieren es aber auch nicht, sondern bekunden mit ihrem Zuschauen, das meist von Beifalls- oder Mißfallensäußerungen begleitet ist, ihre Verbundenheit mit dem Geschehen. An Kirchweihen, Schützen- und Fastnachtsfesten waren aktive Teilnehmer und Zuschauer aus Neugier kaum auseinanderzuhalten. Bei den Turnieren waren die Grenzen schärfer gezogen. Auf den Tribünen saßen nur geladene Gäste adliger Herkunft. Zuschauer aus dem breiten Volk mußten mit schlechteren Plätzen vorliebnehmen, und bei Veranstaltungen in geschlossenen Räumen wurden Unbefugte mit Stöcken weggeprügelt.

Mit der Unterwerfung unter die Regeln des Festes oder

der Spiele zählte man zum Kreis der Teilnehmer, sofern man die gesellschaftlichen oder sonstigen Voraussetzungen erfüllte, aber gleichzeitig nahm man alle Risiken in Kauf, die an solche Bedingungen geknüpft waren: Der turnierende Ritter lief Gefahr, einen Unfall zu erleiden oder einer Ehrenstrafe zu verfallen, der Schütze mußte befürchten, vom Pritschmeister verprügelt zu werden. An der Fastnacht drohte Frauen und Mädchen, von maskierten Gestalten ins kalte Wasser geworfen oder mit Ruß beschmiert zu werden.

Nun war aber im Mittelalter die Festgemeinde keine ad hoc entstandene Horde, die sich nach dem Ende der Veranstaltung wieder aufgelöst hätte. Jedes Fest hatte seine ganz bestimmte Trägerschaft, eine Zunft, eine Stadt- oder Dorfgemeinde, eine Bruderschaft, eine soziale Gruppe, eine Altersklasse oder einen politischen Verband. Im Fest vereinigte sich die jeweilige Gemeinschaft zur Selbstdarstellung, zur Pflege des Zusammengehörigkeitsgefühls und des korporativen Selbstbewußtseins. Wer nicht mitmachte oder sich nicht wenigstens förmlich abmeldete, riskierte den Ausschluß und damit den im Mittelalter als gravierend empfundenen Verlust des Schutzes durch die Gemeinschaft. Unentschuldigtes Fernbleiben vom Turnier konnte die gesellschaftliche Aberkennung der Ritterwürde nach sich ziehen; deshalb zogen viele Adlige Jahr für Jahr an die Turniere, obwohl sie genau wußten, daß sie dort wegen ihrer unstandesgemäßen Heirat oder wegen eines dummen Skandals fürchterliche Prügel beziehen würden.

Zusammengehörigkeitsgefühl und Gemeinschaftssinn wurden an den Festen bewußt gefördert und rituell gefestigt. Von den Kanzeln erzählte man die Geschichten einer gemeinsamen Abstammung, die Begrüßungs- und Abschiedszeremonien waren erfüllt von tränenreicher, sichtbar zur Schau gestellter Überschwenglichkeit der Freundschaftsgefühle. Um die Mitte des 15. Jahrhunderts begannen die verbündeten Städte mit gegenseitigen Festbesuchen zu Schiff, wobei man einen riesigen Kessel Hirsebrei mitführte, der beim Eintreffen als Beweis der engen Verbundenheit von Ort zu Ort noch warm sein mußte. 1456 kam eine Zürcher Abordnung auf diese Weise bis nach Straßburg. Der gemeinschaftsbildenden Kraft des Festes mit all seinen Einrichtungen und Regeln, seinen Wettkämpfen, Spielen, Schmausereien, Umzügen und Lustbarkeiten war es zuzuschreiben, daß jede Festgemeinde sich nach außen zu isolieren

---

Kartenspiel an einem adligen Fest. Das Spiel wird in einem Zelt ausgetragen. Auf dem Tisch stehen Erfrischungen bereit. Wirkteppich aus dem frühen 15. Jahrhundert.

---

trachtete. Soziale Abschließung nach unten wie beim Adel oder nach oben wie bei bäuerlichen Kirchweihen, geschlechtliche Trennung der Anlässe nach Männern und nach Frauen (was im Mittelalter freilich selten vorkam), Abgrenzungen nach Altersstufen, Berufsgruppen oder Wohnorten, all das schränkte den Gültigkeitsbereich des Festes zeitlich und personell ein, erlaubte den Ausschluß von Mißliebigen und Spielverderbern und ermöglichte es den Teilnehmern, ein starkes, vielleicht geradezu exklusives Zusammengehörigkeitsgefühl zu entwickeln.

Gegenseitige Besuche an Kirchweihen, Schützenfesten und Fastnachten haben in der spätmittelalterlichen Eidgenossenschaft zusammen mit dem gemeinsamen Thebäerkult im breiten Volk mehr für ein gesamtschweizerisches Nationalbewußtsein getan als das Pergament der Bundesbriefe. Die spätmittelalterliche Eidgenossenschaft war weniger eine Vertrags- als vielmehr eine Schwur-, Sakral-, Freß- und Saufgemeinschaft.

287

Das ritterliche Fest Das Turnierwesen des mittelalterlichen Adels ist aus verschiedenartigen, teilweise höchst altertümlichen Traditionen herausgewachsen. So scheinen beispielsweise im Turnei ursprünglich die mythischen Kämpfe des Totenheeres mimisch dargestellt worden zu sein. Im Verlauf des 13. und 14. Jahrhunderts sind all diese alten Überlieferungen von neuen Formen und Bedeutungsinhalten überlagert worden. Das Turnier entwickelte sich immer mehr zum Fest der ritterlichen und fürstlichen Repräsentation, der Selbstdarstellung des Adels und seiner Ideale dienend. Die Entwicklung des Kriegs- und Waffenwesens hatte die ritterliche Kampfweise überholt. Zudem hatte der Rittertitel, weil er käuflich war, seinen ethischen Wert und seinen Exklusivitätsanspruch verloren. In dieser Situation flüchtete sich der alte Adel – wirtschaftlich und politisch bedrängt, militärisch im Abseits und gesellschaftlich von Parvenüs unterwandert – in die Scheinwelt der Turniere, wo er im festlichen Spiel seine Heldenideale, seinen Standesdünkel und seine elitären Erinnerungen hätscheln konnte.

Das Turnier, seit jeher als Fest der Oberschicht mit erheblichen Auslagen verbunden, gestaltete sich nun im Spätmittelalter zu einer aufwendigen, prunkvollen Großveranstaltung. Seit der Mitte des 14. Jahrhunderts löste sich die Turnierausrüstung von der Kriegsbewaffnung, was jeden Teilnehmer zur Anschaffung von mehreren Harnischen für jede Art Kampfspiel nötigte. Dazu kamen die Kosten für die Festgewänder, für die heraldische Ausstattung, für das Reitzeug, für die Diener, für Pferde und Unterkunft, ganz zu schweigen von den hohen Einsätzen, die man als Kampfpreise stiften mußte. Der Verzicht auf die Teilnahme an Turnieren, bedingt durch ökonomische Schwierigkeiten, bedeutete die Preisgabe adliger Lebensführung. Die gesellschaftliche Hauptfunktion des spätmittelalterlichen Turniers war nämlich die elitäre Abschließung des Adels nach unten. Die «Turnierfähigkeit», die Zulassungsberechtigung nicht nur zu den Kampfspielen, sondern zum Fest mit all seinen Tanz-, Bankett- und Umzugsveranstaltungen, wurde zum Kriterium der Zugehörigkeit zur Schicht des alten Geburtsadels, denn abhängig gemacht wurde diese Turnierfähigkeit vom Nachweis der ritterlichen Abstammung, der «Ahnenprobe», die das Vorlegen eines immer weiter zurückreichenden Stammbaumes mit rein adligen Eltern, Großeltern, Urahnen und Vorfahren bis in die 5. oder 6. Generation verlangte.

Turnierfähigkeit bedeutete auch Turnierpflicht, also Zwang zur Teilnahme, wenn man die gesellschaftliche Anerkennung nicht verlieren wollte. Die ritterlichen Ehrenstrafen, denen die Teilnehmer ausgesetzt waren, ahndeten vor allem Verstöße gegen die Standesehre, besonders Mißheiraten adliger Herren mit Töchtern aus bürgerlichem Haus. In der «Helmschau» am Tag vor dem Turnei wurden die Helme und Wappen der Übeltäter auf Veranlassung der adligen Damenwelt zu Boden geworfen und mit Füßen getreten, was für den Besitzer am folgenden Tag im Turnei furchtbare Prügel bedeutete.

Der immense Aufwand trieb den turnierfreudigen, aber wirtschaftlich bedrängten Adel immer mehr in die Abhängigkeit großzügiger Fürsten, die mit ihrer Freigebigkeit prunkvolle Turniere ermöglichten. Im schweizerischen Raum war es vor allem das Haus Habsburg, das im 14. Jahrhundert durch seine höfischen Feste, zumal in Basel, den Adel um sich scharte. Am großen Lehenhof von 1361 in Zofingen verband Herzog Rudolf Kampfspiele und Festbetrieb mit landesherrlicher Politik. Im 15. Jahrhundert bildeten sich in vielen Ländern Turniergesellschaften, die nicht bloß die alten Kampfspieltraditionen pflegen und den Aufwand einschränken wollten,

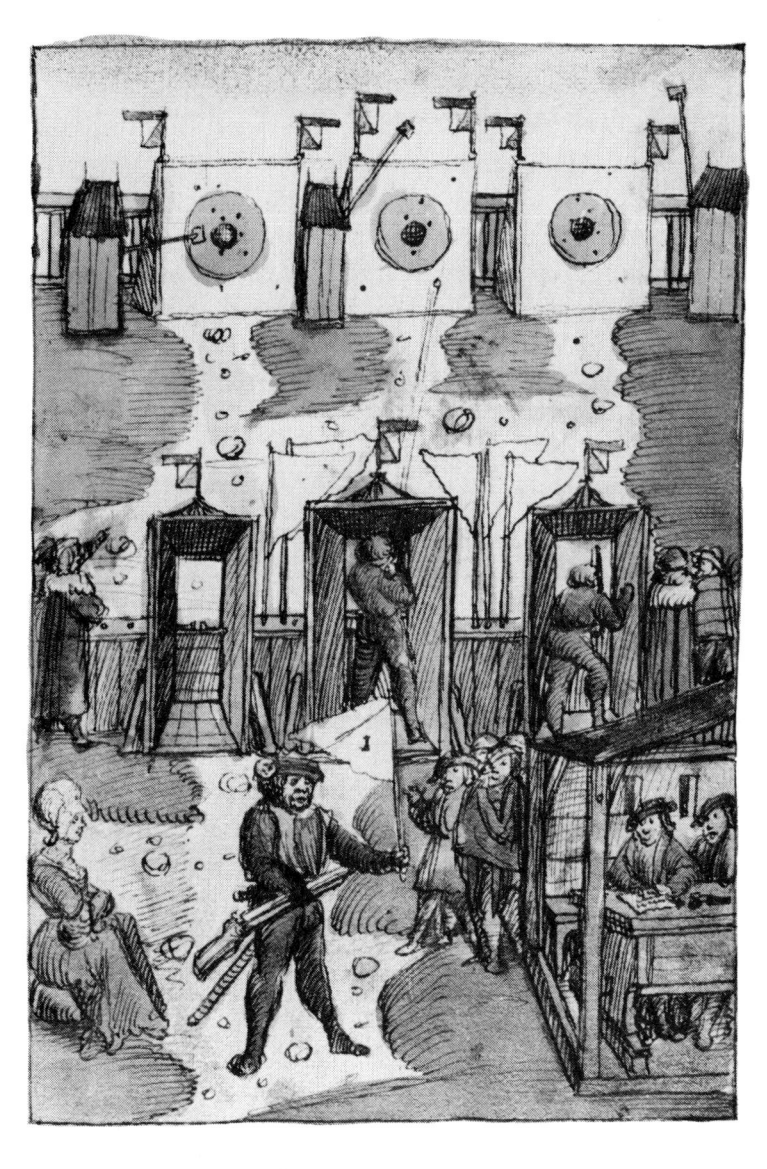

Großes Freischießen von Zürich, 1504. Stand der Büchsenschützen. Nach der Chronik von Gerold Edlibach.

sondern sie strebten auch die Unabhängigkeit der turnierenden Ritter von der fürstlichen Gunst an. Die meisten adligen Herren aus dem schweizerischen Gebiet gehörten den Gesellschaften «zum Falken und Fisch» oder «zum Wilhelm- und Georgenschild» an. Von solchen freien Rittervereinigungen getragene Turniere fanden wiederholt in Schaffhausen statt.

Ihre höchste Vollendung erhielt die Technik der adligen Kampfspiele durch die wandernden Profis, die kreuz und quer durch Europa reisten, von Hof zu Hof, um «Aventüren» und «Ritterschaft» zu suchen. Es waren Virtuosen des Zweikampfes nach den ritterlichen Regeln, die ihre Vorbilder in den Gestalten der Artusromane sahen. Gelegentlich berührten solche Spezialisten auch die Schweiz, fanden dabei aber stets ihren Meister. Ein Herr von Strättligen demoralisierte seinen hochberühmten und gefürchteten Gegner, indem er vor dem Kampf demonstrativ einschlief, was den andern zur Aufgabe bewog. Besonders berühmt wurde die Fusstjost von Basel aus dem Jahr 1428, in welcher der Spanier Juan de Merlo mit Heinrich von Ramstein kämpfte. Die Bedingungen sahen vor, daß jeder einen Lanzenwurf, 50 Hiebe mit der Streitaxt, 40 Hiebe mit dem Schwert und 30 Hiebe mit dem Degen (wohl einer Art Zweihänder) zugut haben sollte. Der Kampf, vom Adel aus nah und fern besucht, endete unentschieden und festigte Basels Ruf als ehrwürdige Turnierstadt.

Schützenfeste in den Städten Ritterliche Turniere sind zwar – soweit ersichtlich – in den Städten ausgetragen, aber nie von den Städten veranstaltet oder gar finanziert worden, im Gegenteil. Seit dem späten 14. Jahrhundert entwickelte sich im Bürgertum und in dessen Obrigkeit eine zunehmende Abneigung gegen ritterliche Veranstaltungen innerhalb der eigenen Stadtmauern, denn man war nie sicher, welche unangenehmen Überraschungen den Kampfspielen des Adels entspringen würden. Allerdings haben die Städter – trotz ihres nicht unbegründeten Mißtrauens – vom Glanz der ritterlichen Feste fasziniert, in ihre eigenen Veranstaltungen zahlreiche Elemente des Turnierwesens aufgenommen, so das Hilfspersonal, die Umzüge, den heraldischen Schmuck, das Instrumentarium der Tänze und der Bankette.

Herausgewachsen sind die städtischen Feste im 14. Jahrhundert aus den brauchtümlichen Veranstaltungen des Jahreslaufs, besonders aus der Fastnacht und aus den Feiern zu Ehren des jeweiligen Stadtpatrons, dann aber auch aus den Schießwettbewerben der Zünfte und der Sebastiansbruderschaften. Daß der Jahrestag des Schützenheiligen St. Sebastian auf den 20. Januar, in den Anfang der Fastnachtszeit, fiel, mag die Verbindung von karnevalistischem Brauchtum und Schießwettkämpfen besonders gefördert haben. Bis um 1400 dürften die städtischen Veranstaltungen analog den Turnieren von unstaatlichen Gruppen getragen worden sein, und wenn wir bereits für die 2. Hälfte des 14. Jahrhunderts von gegenseitigen Schützenbesuchen zwischen befreundeten Städten hören, wird es sich noch um private Unternehmungen aus den Kreisen der korporativ organisierten Schützen gehandelt haben. Im 15. Jahrhundert erhielten derartige Veranstaltungen aber einen immer offizielleren Charakter. Die Obrigkeit, die das Schützenwesen auf mancherlei Art förderte, machte die Schießwettbewerbe der Fastnachts- oder Kirchweihzeit zur Staatsaffäre, bei der Finanzierung, Planung, Durchführung und vor allem die Einladung fremder Gäste Sache der politischen Führung, des Bürgermeisters oder Schultheißen sowie der Räte wurde.

So entwickelten sich die Schützenfeste im ausgehenden Mittelalter zu Anlässen der städtisch-bürgerlichen Repräsentation. Durch Großzügigkeit beim Bewirten der Gäste und beim Stiften von Preisen demonstrierte die Stadt ihre wirtschaftliche Macht, durch ihr Großaufgebot an Armbrust- und Büchsenschützen, durch militärische Paraden und Vorführung der Artillerie ihre kriegerische Stärke und durch die Ausgelassenheit des Festes bei Eß- und Trinkgelagen, Tanzveranstaltungen oder erotischen Ausschweifungen ihre unbändige Vitalität und Lebenslust.

Obwohl die sportlichen Leistungen der Schützen und der anderen Wettkämpfer freigebig mit Preisen belohnt wurden, hatten für das amtliche Denken, das sich in den schriftlichen Aufzeichnungen niederschlug, der finanzielle Aufwand sowie der rituelle Ablauf des Festes mehr Bedeutung, mußte man doch Unterlagen zusammenstellen, die als Richtlinien bei künftigen Veranstaltungen verwendet werden konnten. Als beispielsweise 1517 eine offizielle Basler Delegation an ein Schützenfest in die Innerschweiz reiste, hielt man pedantisch sämtliche Verpflegung fest, die unterwegs gespendet wurde, nicht ohne Seitenhieb auf das österreichische Laufenburg, in dem man auf dem Heimweg bloß einen kümmerlichen Fisch vorgesetzt bekam. Für das große Freischießen von Zürich 1504, dem wohl größten Schützenfest der spätmittelalterlichen Eidgenossenschaft, notierte der Chronist, wieviel Trank und Speise die Obrigkeit jedem Gast täglich stiftete.

Hatte um 1500 der städtisch-obrigkeitliche Ehrgeiz vor allem in der Entfaltung repräsentativer Freigebigkeit und in der Demonstration nachbarlicher «liebe und früntschaft» bestanden, verlagerte sich im Reformationszeitalter das Interesse der politischen Führung immer mehr auf die Wahrung von Ruhe und Ordnung, von

«Zucht und Sitte». Frauen, die man als Risikofaktoren für sündhaftes Tun betrachtete, wurden nach Möglichkeit zu Hause eingesperrt, jedenfalls untersagte man das Tanzen und die weiblichen Wettläufe. Mit der Disziplinierung der städtischen Schützenfeste im 16. Jahrhundert haben diese Veranstaltungen viel von ihrer Lebendigkeit und Attraktivität eingebüßt und sind dann um 1600 allmählich eingegangen.

Die ländliche Chilbi Abgesehen von den großen Kirchweihen der Innerschweizer Länderorte, die sich in den Dimensionen, im Programm und vor allem im offiziellen Charakter, getragen von der Obrigkeit, an die städtischen Schützenfeste anlehnten, spielten sich die Veranstaltungen in den Dörfern und Kleinstädten in einem verhältnismäßig bescheidenen Rahmen ab. Das Festprogramm konnte sich freilich recht vielseitig gestalten. Es umfaßte je nach Ort und Jahreszeit Masken- und Feuerbräuche, Wettkämpfe sowie die obligaten Tänze und Schmausereien. Das Einzugsgebiet blieb aber auf einen regionalen Bereich beschränkt, etwa auf einen oder mehrere Amtsbezirke, wenn nicht gar nur auf eine Gemeinde oder einen Pfarrsprengel. Gegenseitige Besuche kamen immerhin vor. Bezeugt sind sie beispielsweise innerhalb der Talschaften im Berner Oberland, im Bündnerland oder der bernischen Ämter im Aareraum und Emmental.

Der Kirchweihcharakter spiegelte sich in einem stärkeren Hervortreten sakraler Veranstaltungen in Form von Prozessionen und Gottesdiensten. Szenen aus dem Leben und Martyrium der Heiligen mögen in Umzügen und mimischen Darstellungen gezeigt worden sein. In der Stretlinger Chronik wird berichtet, wie am Kirchweihtag des Michaelsheiligtums zu Einigen neben sakralen Handlungen gesungen, gesprungen, geschossen, gekegelt, gegessen und getrunken worden ist.

Inwieweit an den ländlichen Festen des Spätmittelalters das in der Eidgenossenschaft zweifellos vorhandene bäuerliche Selbstbewußtsein repräsentativ zur Schau gestellt worden ist, läßt sich nicht mehr klar erkennen. Immerhin zeigen die zahlreichen Unruhen und Revolten, die an Kirchweih- und Fastnachtsveranstaltungen anfingen sowie die regelmäßigen Verbote der Obrigkeit, die Kirchweihen in kriegerischer Aufmachung zu besuchen, daß der Geist der bäuerlichen Widersetzlichkeit und der Rebellion gegen die politische und soziale Oberschicht der regierenden Städte an den ländlichen Festen stets umgegangen ist.

Die Trägerschaft der kleinen Feste auf dem Land lag bei den korporativ organisierten, unverheirateten Burschen, bei den «Knabenschaften», in den Landstädtchen auch bei den Schützenvereinigungen. Anfänglich mögen die adligen Grundherren durch das Stiften von Preisen die Veranstaltungen gefördert haben. Unter eidgenössischer Herrschaft breitete sich auf obrigkeitlicher Seite Zurückhaltung aus. Nicht ohne Bedenken und mit allerhand Mahnungen stellte man den ländlichen Schützen Pulver und Blei sowie bescheidene Preise zur Verfügung. Erst um 1500 kam es vor, daß bei Kirchweihen auf dem Land die städtische Obrigkeit in feierlichem Aufzug aufmarschierte, um die Verbundenheit zwischen Stadt und Untertanen zu bezeugen. Im allgemeinen wird man in den Städten und Rathäusern nach jeder Fastnachts- und Chilbizeit aufgeatmet haben, wenn aus den ländlichen Untertanengebieten keine Meldungen von größeren Schlägereien, Unglücksfällen oder Unruhen eingetroffen waren und die Chronisten notieren konnten, daß die Kirchweih «in Zucht und Ehre», das heißt ohne Tumult oder Unsittlichkeit, verlaufen sei.

Fest und Obrigkeit

Besuchsfeste Der gemeinschaftsfördernden Wirkung des Festes entsprach die Sitte gegenseitiger Besuche. Schon im hochmittelalterlichen Turnierwesen ausgebildet, als ganze Gruppen von Rittern durch die Lande zogen, um an auswärtigen Fürstenhöfen Kampfspiele zu bestreiten, entwickelte sich das Besuchsfest in der spätmittelalterlichen Eidgenossenschaft zum festen Brauch. Im 14. Jahrhundert noch vorwiegend von privaten Korporationen geübt, etwa von Schützengesellschaften verschiedener Städte, wurde der Besuch im 15. Jahrhundert zum obrigkeitlichen Unternehmen. Zur Fastnachts- und Kirchweihzeit gingen Bürgermeister, Schultheißen, Landammänner, Bannerherren, Landvögte und Ratsherren, eingeladen von befreundeten Städten und Ländern, auf lange, zuweilen mehrwöchige Besuchsfahrten. Die reisenden Gruppen, teils zu Fuß, teils zu Pferd, waren höchst wunderlich zusammengesetzt. Neben den politischen Honoratioren marschierten deren persönliche Diener mit, ferner Abgeordnete der Zünfte, dann die «jungen Knaben», auch Musikanten und bewaffnete Begleiter, Narren und andere Maskierte, der Henker mit seinen Gehilfen, die Weibel in der Amtstracht und schließlich die unentbehrlichen Huren. Der Zug durch das Land gestaltete sich als strapaziöse Freß- und Sauftour, denn an jedem Ort, den man durchquerte, fand eine rituelle Begrüßungs- und Imbißzeremonie statt.
Manche Besuche mußten auf dem Landweg erfolgen, wobei mitunter hohe Gebirgspässe zu überwinden waren; nicht selten bediente man sich aber der bequemeren Wasserstraßen, vor allem wenn die Reise flußabwärts in Richtung Basel und Elsaß führte.
Die Besuchsfeste waren in ein schwerfälliges, langfristig anlaufendes Ritual gekleidet – oft mit parodistischen Zügen. Die Gestalt des Bruders Fritschi von Luzern, des «ältesten Bürgers», wurde im Spätmittelalter wiederholt von befreundeten Orten aus der Stadt entführt, worauf die Luzerner den Vermißten aufspüren und in Form eines parodistischen Feldzuges zurückerobern mußten. 1508 kam Fritschi auf diese Weise nach Basel, was den Austausch von scherzhaften Noten zur Folge hatte. Die Luzerner mußten nach Basel ziehen, um ihren Fritschi in einem verheerenden Trinkgelage, bei dem die Fässer mit Geschützen verglichen wurden, wieder auszulösen.
Bei aller Umständlichkeit des – wenn auch parodierten – Begrüßungs- und Abschiedsrituals blieb doch noch weiter Spielraum für spontanes Improvisieren. Da meist mehrere Besucherscharen unterwegs waren, kam es stets zu unerwarteten Begegnungen und laufenden Zusatzeinladungen. Als 1517 die Basler in Altdorf weilten, wurden sie von den Schwyzern noch nach Schwyz gebeten, wo dann allerdings deren Landammann am offiziellen Empfang nicht teilnehmen konnte, weil er vom Vortag her noch völlig betrunken war.
Weniger ritualisiert und wesentlich tumultuarischer waren die gegenseitigen Besuche der Talschaften im Alpenraum, wie sie etwa für das Berner Oberland, das Entlebuch, Graubünden, Glarus und die Inneren Orte bezeugt sind. Inwieweit die Zeremonien an den Besuchsfesten vom Ritual des mittelalterlichen Königsempfangs beeinflußt worden sind, bliebe noch zu untersuchen.

Die Repräsentation der Herrschenden Wiederholt habe ich auf den Repräsentationscharakter des mittelalterlichen Festes hingewiesen. Im Turnier pflegten die Ritter vor ihresgleichen kriegerische Gewandtheit und edle Gesinnung, an den Hoffesten de-

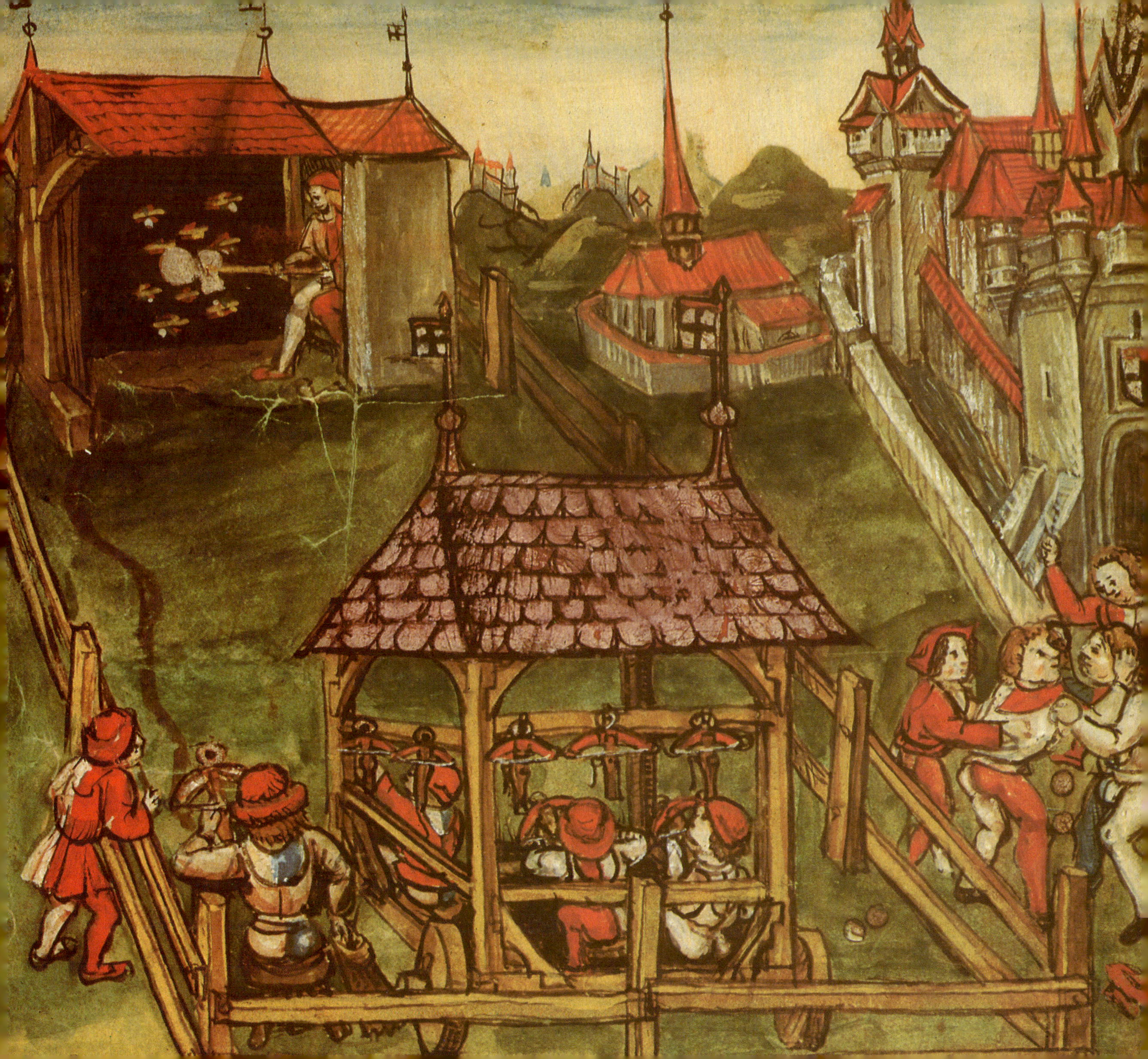

« Armbrustschießen um 1500. Im Vordergrund der gedeckte Schützenstand mit aufgehängten Armbrüsten. Neben dem Scheibenstand ein Schutzhäuschen für die Zeiger. Das Schießareal ist von einem Zaun umgeben. Rechts sieht man eine Schlägerei.

< König Sigismund reitet in Basel ein. Das Pferd trägt reiches Zaumzeug. Der Bürgermeister, begleitet von Bewaffneten und Musikanten, überreicht kniend die Stadtschlüssel.

Wettkämpfe in Einsiedeln. Im Vordergrund Weitsprung aus dem Stand, dahinter der Wettlauf, das Steinstoßen und das Kleiderringen. Das Schießen ist am linken Bildrand durch ein Schützenhaus und eine Zielscheibe angedeutet.

Ritterlicher Zweikampf zu Fuß. Der Sieger spaltet mit einem zweihändig geführten Schwerthieb Helm und Haupt des Gegners. Im Hintergrund zuschauende Damen.

Zwei Ritter beim Tricktrack, einem im Hoch- und Spätmittelalter beliebten Brettspiel.

Turneiszene:
In der Massenschlägerei hauen die siegreichen Ritter auf die Unterlegenen, die ihre Helme verloren haben, mit Schwertern ein. Die zuschauenden Damen bezeugen mit Handbewegungen ihre Anteilnahme.

< Tjostierszene:
Walter von Klingen,
der siegreiche Ritter, hat
mit dem Spieß einen
Volltreffer auf den Helm
des Gegners gelandet.
Durch die Wucht
des Aufpralls ist der
Schaft zerbrochen.

>> Ländliche Tanz-
veranstaltung um 1500:
Die Musikanten, ausge-
rüstet mit Tranksame,
spielen auf hölzernem
Podest. Die Tanzenden
bilden Paare. Die
Männer sind bewaffnet.

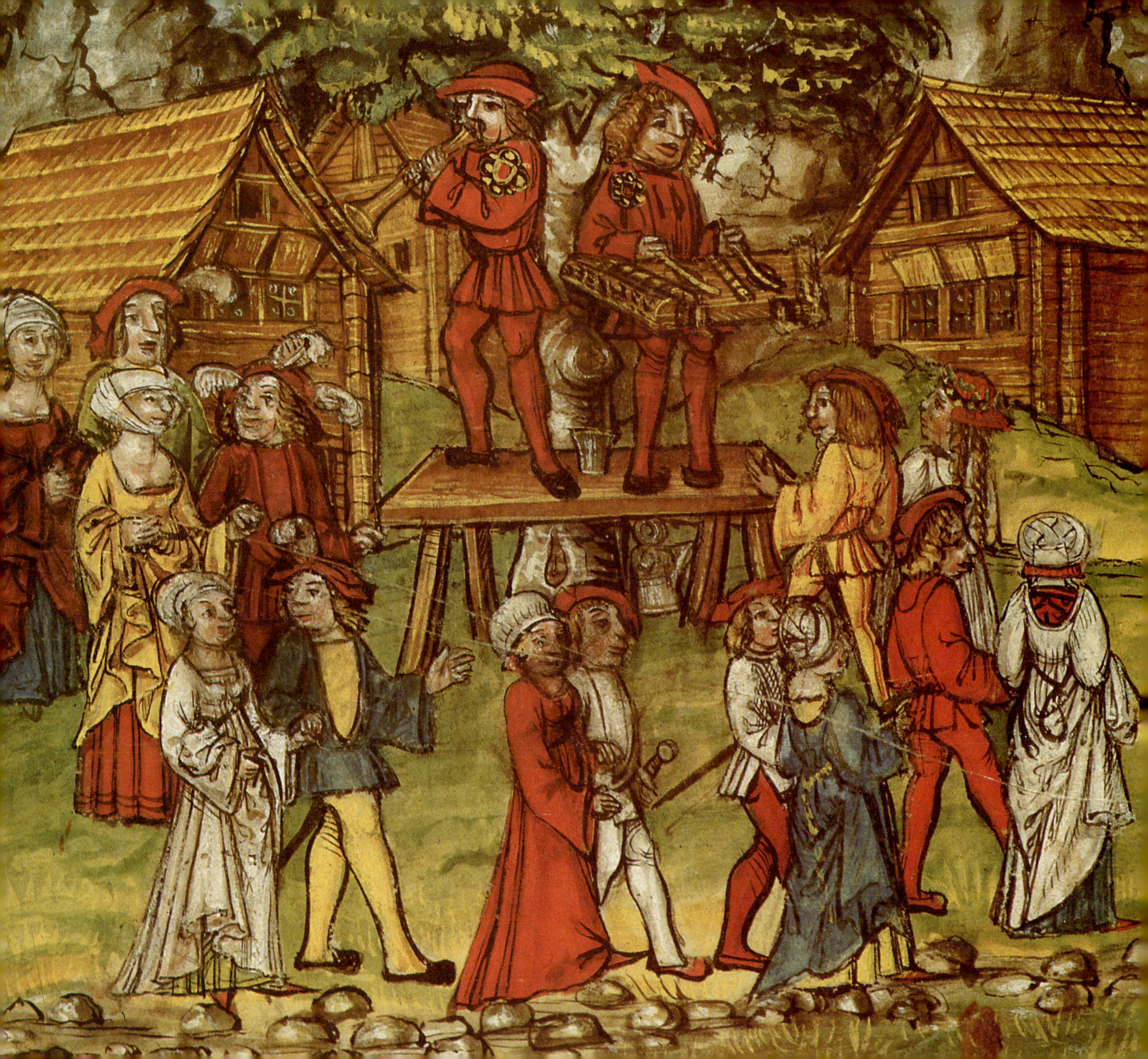

monstrierten Prunk und rituelle Verschwendung die Macht und den Reichtum eines Fürstenhauses.
Repräsentationsbedürfnisse besonderer Art erfüllte der Königsempfang in den Städten. Der reisende Monarch, der mit Würdenträgern und Gefolge das Reich verkörperte, mußte die Herrschertugenden zur Schau stellen, also Gerechtigkeit und Frömmigkeit, Macht und Gnade, während die Stadt ihre Treue, ihre politische und militärische Zuverlässigkeit sowie ihre Gastfreundschaft beweisen wollte. Aus antiken und frühgermanischen Traditionen hatte sich so schon im Hochmittelalter ein umfangreiches Begrüßungsritual entwickelt, das von einer merkwürdigen Ambivalenz geprägt war, von steifem Zeremoniell auf der einen und frivoler Ausgelassenheit auf der anderen Seite. Die Beschreibungen der Königsbesuche in den Schweizer Städten, belegt für das 13. bis 15. Jahrhundert, stimmen in den Grundzügen auffallend überein. Wichtig war der Begrüßungszug der Stadthonoratioren mit Gefolge, der dem nahenden König vor die Mauern entgegenkam. Unter Glockengeläute, seit dem 15. Jahrhundert auch mit Salutschüssen, wurde der Herrscher begrüßt und in die Stadt geleitet. Man brachte ihm als Zeichen der Unterwerfung die Stadtschlüssel und reichte ihm Gaben des Landes dar, ferner die wichtigsten Reliquien. Unter Psalmengesängen, geschützt von einem Baldachin, zog der König in die Stadt ein. Hier harrten seiner liturgisch-kirchliche sowie politische Verpflichtungen, etwa die Bestätigung der Privilegien. Gefürchtet vom Rat war der Augenblick des Gnadenerlasses, denn im Gefolge des Königs befand sich stets eine ganze Horde von Gesindel und Verbannten, denen man die Stadt verboten hatte und die nun hofften, dank einer Amnestie in die Stadt zurückkehren zu können. Um nicht auf einen Schlag die ganze Verbrecherschar, deren man sich mühsam entledigt hatte, wieder aufnehmen zu müssen, zogen es viele Städte vor, den König durch eine erhebliche Geldzahlung zum Verzicht auf seinen Gnadenerlaß zu bewegen.

Nach dem offiziellen feierlich-ernsten Teil des Empfangs begann die Bewirtung des Königs und seines Anhangs, die meist in zügellose Völlerei ausartete und in den Bordellen der Stadt endete.

Das städtische Festwesen ist durch das Ritual des Königsempfangs zweifellos beeinflußt worden, doch fehlen einstweilen – wie bereits erwähnt – schlüssige Untersuchungen über die genauen Zusammenhänge.

Große Feste dienten der politischen Führerschicht einer Stadt zur Demonstration von Macht, Reichtum und legitimer Herrschaft. Den Vertretern der Obrigkeit konnten an den Schützenfesten Gnaden- und Bittgesuche überreicht werden. Die Freigebigkeit bei der Bewirtung fremder Gäste und beim Stiften von Wettkampfpreisen habe ich schon mehrmals hervorgehoben. Sie war um so wichtiger, als die Festteilnehmer, besonders die geladenen Gäste, zwischen den einzelnen Veranstaltungen zu vergleichen pflegten, und keine Stadt wollte es riskieren, als schäbig oder lumpig zu gelten, zumal die politische Bedeutung eines großen Schützenfestes nie unterschätzt werden durfte. Unzufriedene Stimmung im Volk konnte durch ein schönes, von der Obrigkeit gestiftetes Fest beschwichtigt werden. Zudem waren immer auch ausländische Beobachter an den Veranstaltungen, Gesandte und Söldnerwerber, denen man keinen schlechten Eindruck von der politischen Stimmung im Volk vermitteln wollte, denen man aber auch keine Gelegenheit geben durfte, hinter dem Rücken der Obrigkeit die Gunst des Volkes zu gewinnen. In Zeiten politischer und sozialer Spannungen mußte die politische Führung versuchen, durch geschickt arrangierte Feste ihre Glaubwürdigkeit und Autorität zu stärken.

Besammlung der jungen Krieger an der Fastnacht von Zug zum Unternehmen des «Saubannerzuges». Die Schar ist bezeichnenderweise nicht mit Stangenwaffen ausgerüstet, sondern mit großen Schwertern, den Waffen der Elitekämpfer.

Das Fest als Unruheherd Erregte Hochstimmung, typisch für mittelalterliche Feste, konnte jederzeit in Aggression umschlagen. Wie schon angedeutet, herrschte am Fest der Ausnahmezustand, Ordnungen und Gesetze waren außer Kraft, und das vom Maskenwesen abgeleitete Recht des Rügens und Heischens öffnete der Gewalttätigkeit Tür und Tor. Schon im 13. Jahrhundert entwickelten sich aus ritterlichen Kampfspielen blutige Fehden. Das Turnier von 1376, in die Geschichte als «Böse Fastnacht» eingegangen, verwandelte die Stadt Basel in ein Schlachtfeld. Unfälle bei Kampfspielen, Schlägereien um Weiber, Fluchen und Glücksspiel gehörten zu den alltäglichen Vorkommnissen am Fest und wurden deshalb nur in Ausnahmefällen aufgezeichnet, ebenso die gewaltsamen Heische- und Rügeaktionen zur Fastnachtszeit wie nächtliche Prügel, Dachabdecken und Heimsuchung.

In Zeiten politischer und sozialer Spannungen konnte sich indessen die im Brauchtum verwurzelte, stets unberechenbare Gewalttätigkeit zur chaotischen Großaktion ausweiten. Die meisten unstaatlichen Feldzüge der spätmittelalterlichen Eidgenossenschaft – ich erinnere an den Saubannerzug 1477 und an den Überfall von Innerschweizer Knechten auf die Stadt Konstanz 1495 – haben zur Fastnachts-, Zwölften- oder Kirchweihzeit begonnen. Umgekehrt hatten die Freß-, Sauf- und Sexstrapazen an Festtagen zur Folge, daß militärische Besatzungen von festen Plätzen, betrunken und übermüdet, feindlichen Handstreichen wehrlos ausgeliefert waren. «Mordnächte» fielen oft auf solche Festtermine, und manche Burg oder Stadt ist den Eidgenossen in den Fastnachts- oder Neujahrstagen verlorengegangen.

Besonders gefährlich waren die Festtermine, wenn es im Volk gegen die Obrigkeit gärte. An Fastnacht und Kirchweih rotteten sich Bürger und Bauern bewaffnet zusammen, und im Rahmen brauchtümlicher Volksjustiz konnte der wildeste Aufruhr entfesselt werden. Im Zeitalter des deutschen Bauernkrieges von 1524/25 kam es in der Schweiz verschiedentlich zu fastnächtlichen Überfällen auf Frauenklöster, wobei die aufrührerischen Bauern an den verschüchterten Nonnen übelste Späße verübten. Der große Aufstand 1513, der in einem Überfall bäuerlicher Untertanen auf die Stadt Bern gipfelte und die Verwüstung privater Häuser und Weinkeller sowie die Hinrichtung mißliebiger Politiker zur Folge hatte, begann an der Kirchweih in Köniz. Fest und Gewalttätigkeit waren im Mittelalter nicht zu trennen.

Freischießen von Zürich, 1504. Ziehung der Schützenlotterie im «Glückshafen» unter musikalischer Begleitung. Diese Lotterie war noch beliebter als der Schießwettbewerb.

Förderung und Unterdrückung Wenn die politische Führung das Festwesen ihren eigenen Interessen dienstbar machen konnte, blieb eine großzügige und wirksame Förderung nicht aus: Fürstliche Landesherren organisierten Turniere und banden so den Adel an sich, die Städte führten Schützenfeste durch und mehrten dadurch ihr Ansehen und ihre politischen Beziehungen. Die Mittel zur obrigkeitlichen Förderung von Festen waren das Stiften von Preisen, die finanzielle Verantwortung für Großveranstaltungen, das Überlassen von Plätzen und Räumlichkeiten und die Gestaltung des Programms. Bei den Städten erfreute sich das Schießwesen besonderer Gunst der Obrigkeit, wohl aus militärischen Erwägungen, deshalb bekamen die Schützen feste Übungsanlagen und reichlich Munition zugesprochen.

Alles in allem zeigten diese Förderungsmaßnahmen freilich deutlich dirigistische und monopolistische Züge. Während die Landesfürsten bestrebt waren, die ritterlichen Kampfspiele in höfische Prunkfeste umzugestalten, machte sich in der Eidgenossenschaft die Obrigkeit daran, städtisches und ländliches Festbrauchtum in offizielle Anlässe zu verwandeln. Was genehm war, wurde gefördert, was bedenklich erschien oder den Interessen der politischen Führung zuwiderlief, wurde verboten – mit unterschiedlichem Erfolg. Schon um 1200 waren die kirchlichen und königlichen Turnierverbote ungehört verhallt, und im Spätmittelalter wiederholten sich in den obrigkeitlichen Mandaten die Einschränkungen festlichen, vornehmlich fastnächtlichen Brauchtums so lange und so regelmäßig, daß man Mühe hat, an eine nennenswerte Wirkung dieser Verbote zu glauben.

Bräuche erotischen Inhalts, meist in Verbindung mit dem Tanzen, wurden unter Hinweis auf die Sündhaftigkeit bekämpft, wobei hinter den Verordnungen der weltlichen Obrigkeit der Einfluß der Kirche stecken mochte. Die Unterdrückung der Wettkämpfe, die von Frauen und Mädchen ausgetragen wurden, besonders der Wettläufe, begann schon vor dem Reformationszeitalter. Den Verboten ländlicher Fastnachtsverkleidungen in Städten dürfte die Sorge, als bäurisch zu gelten, zugrunde gelegen haben. Die allermeisten Eingriffe in das Festbrauchtum aber galten der Wahrung des Friedens und der Durchsetzung der allgemeingültigen Rechtsnormen. Die obrigkeitlichen Mandate strebten ganz deutlich die Beseitigung oder wenigstens die Einschränkung des fastnächtlichen Sonderrechtes mit all seinen Möglichkeiten der Volksjustiz an. Die Sicherung des Land- und Stadtfriedens, ein wichtiges Mittel zur Stärkung der Staatsgewalt, mußte zwangsläufig zur Unterdrückung zahlreichen Festbrauchtums führen. Die Quellen stellen immer wieder das Verkleiden, das Heischen, das Heimsuchen, das Waffentragen an der Kirchweih, das Zutrinken, das Fluchen und Schwören und überhaupt alles, was hätte Streit und Aufruhr verursachen können, unter Strafe. Jahr für Jahr verbot man den Leuten, «durch die Hüser zu laufen», um Speise, Trank und Gaben zu bringen oder Spiele mit gewalttätigem Inhalt abzuhalten. Einschränkungen im Schießen waren meist gegen die Nachtruhestörung durch sinnloses Abfeuern von Hakenbüchsen gerichtet, wie denn überhaupt der nächtliche Unfug – Belästigen von Passanten, Scheiben einwerfen, Dachabdecken und Mist vor den Haustüren auftürmen – der Obrigkeit stets Sorge bereitet hat.

Im 16. Jahrhundert, als die stärker gewordene Staatsgewalt ihre seit Jahrzehnten ergebnislos wiederholten Verbote endlich durchzusetzen verstand, ist ein wesentliches und lebendiges Stück Mittelalter verlorengegangen, auch wenn einzelne Brauchtumsreste bis in unsere Zeit hinein erhalten geblieben sind.

Recht und Gewalt

Normen, Sitte, Brauch und Recht

Spuren mittelalterlichen Rechtslebens — Im Mittelalter vollzog sich das Recht in sinnfälligen, allgemeinverständlichen Formen. Gebunden an bestimmte Örtlichkeiten, Gegenstände, rituelle Handlungen und Gebärden sowie an formelhafte Worte, hat das mittelalterliche Rechtsleben insgesamt mehr Spuren hinterlassen, als man auf Anhieb vielleicht vermuten möchte.

Über rechtliche Vorgänge informiert uns eine breite schriftliche Überlieferung. Besiegelte Urkunden, im Mittelalter «Briefe» genannt, enthalten Texte rechtsverbindlichen Charakters, vor allem Verträge. Gerichtsurteile sind in den Städten seit dem späten 14. Jahrhundert in Buchform aufgezeichnet worden, ebenso die obrigkeitlichen Beschlüsse mit Rechtscharakter, die dem Volk durch Ausrufen bekanntgemacht wurden. Auf die Rechts- und Gesetzessammlungen des Hoch- und Spätmittelalters komme ich noch zurück.

Örtlichkeiten, an denen Recht gesprochen, Recht gesetzt oder aufgezeichnet und rechtsgültige Beschlüsse gefaßt worden sind und die somit als «Rechtsorte» anzusprechen sind, hat es in großer Zahl gegeben. Rathäuser, Gerichtsstuben in Landvogteischlössern, Zunftstuben und Kirchenportale mit gedecktem Vorplatz könnten hier genannt werden, allerdings haben diese Gebäude nur zum kleinsten Teil mittelalterliche Substanz bewahrt und sind zwischen dem 16. und dem 18. Jahrhundert größtenteils durch Neubauten ersetzt worden. Ähnliches gilt für die Gefängnisse, die in festen Türmen untergebracht waren, und zwar meist erst nachträglich, sowie für die Folterkammern. In den bernischen Landvogteischlössern sind beispielsweise zwischen dem 16. und dem 18. Jahrhundert die Gefängniszellen, hölzerne Verschläge aus massivem Bohlenwerk, in den einstigen Wohnräumen der mittelalterlichen Burgtürme untergebracht worden. Auch die Landsgemeindeplätze beruhen in ihrer heutigen Form auf neuzeitlichen Umbauten, obwohl eine Abschrankung von Anfang an den Versammlungsplatz umgeben haben dürfte. Denn Rechtsorte waren stets Stätten von sakraler Weihe, die nicht jedermann betreten durfte und an denen ein besonderes, rituell vorgezeichnetes Verhalten geboten war.

Von den ehemals zahlreichen Richtstätten sind in der Schweiz nur noch sechs erhalten. Die Steinpfeiler des Galgens, die einst das Querholz getragen hatten, sind im ausgehenden Mittelalter anstelle des reinen Holzgerüstes gesetzt worden, das den ursprünglichen Galgenbaum abgelöst hatte. Viele Flurnamen erinnern an verschwundene Richtstätten. Am Platz mit dem Flurnamen «Giüstizia» im Puschlav sind noch Reste des einstigen Galgensockels zu erkennen. An manchen Orten, besonders in Kleinstädten, ist noch der alte Pranger zu sehen oder das Halseisen, oft eingelassen in die Wand des Rathauses oder an einer Schandsäule auf dem Hauptplatz befestigt. Ein enger Gitterkäfig steht noch im Wallis. Die meisten Pranger stammen aus dem 16. oder 17. Jahrhundert, sind aber damals anstelle eines älteren wohl schadhaften Halseisens angebracht worden.

An die Gerichtsplätze im Freien erinnern noch einzelne Linden, unter denen getagt worden ist. Die Gerichtslinde spielte im mittelalterlichen Rechtsleben eine bedeutende Rolle, sie ist in Schrift- und Bildquellen häufig bezeugt. Vereinzelt haben sich Steindenkmäler erhalten, die zum Gedächtnis an einen wichtigen Rechtsakt – meist an einen spektakulären Strafvollzug – aufgestellt worden sind. In Colmar gibt es sich eine «Wüstungstafel» aus dem 14. Jahrhundert, die von einem rituellen Hausabbruch als Strafe für einen Aufstand berichtet.

Bewegliche Rechtsaltertümer gibt es in großer Zahl, doch stammen nur wenige aus dem Mittelalter, und viele Objekte – hauptsächlich Hinrichtungs- und Foltergeräte – sind Fälschungen. Dies gilt zum Beispiel für die berühmte «Eiserne Jungfrau» auf der Kyburg. Einzelne Richtschwerter scheinen noch dem späten 15. Jahrhundert anzugehören, ebenso das eine oder andere Brandeisen. In Sitten wird noch ein spätmittelalterliches Richtbeil aufbewahrt.

Für Rechtsvorgänge bieten auch die Bildquellen wichtige Informationen, neben den Darstellungen von Heiligenmartyrien, die alle möglichen Hinrichtungsarten zeigen, vor allem die Abbildungen in den schweizerischen Bilderchroniken und auf den Wappenscheiben des ausgehenden Mittelalters, ganz zu schweigen von den illustrierten Rechtssammlungen. Auch im volkstümlichen Erzählgut, etwa in gewissen Sagenmotiven, haben sich viele Rechtsanschauungen aus dem Mittelalter niedergeschlagen, so in bezug auf die Heiligkeit des Eides. Selbst in traditionellen Kinderspielen leben mittelalterliche Rechtsbräuche weiter: Daß beim Fangspiel, «Jäglis» oder «Fangis» genannt, gewisse Plätze oder Materialien vor dem Gefangenwerden schützen, als «botte» gelten, geht zweifellos auf das mittelalterliche Asylrecht zurück, das dem verfolgten Verbrecher an bestimmten Orten, vorwiegend in Kirchen, Schutz gewährt hat.

Ritual und Eid Das mittelalterliche Recht drückte sich in bildhafter Symbolik aus, in sinnfälliger Deutlichkeit, in rituellen Worten, Gesten und Handlungen. Die Rechtmäßigkeit eines Vorganges, etwa eines Vertragsabschlusses oder einer Urteilsverkündung, hing somit nicht bloß von der Rechtskonformität des Inhaltes, sondern auch von der Korrektheit der äußeren Form ab. Einhaltung des Rituals schuf Rechtsverbindlichkeit: Ein Handel wurde gültig, wenn er rechtshändig mit Handschlag besiegelt wurde, ein neugeborenes Kind galt als legitim, wenn es der Vater vom Boden oder von der Wiege aufhob. Anfassen bildete das sichtbare Zeichen der Besitzergreifung, bei der Haustür, beim Vieh, bei der Braut. Beim Verkauf von Grundstücken setzte sich der Käufer auf den Boden, um die Aneignung sinnfällig zu machen.

Besonders ausgeprägter Ritualisierung begegnen wir beim mittelalterlichen Gericht. Es konnte nicht irgendwo tagen, sondern nur an traditionellen, eigens hergerichteten Orten. Die Richter waren durch ihre Tracht, etwa durch Kopfbedeckung und Mantel, durch Abzeichen, zum Beispiel Stab oder Szepter, oder durch besondere Sessel gekennzeichnet. Beim altertümlich anmutenden Kohlenberggericht in Basel hatten die Richter die Füße in einen Zuber mit kaltem Wasser zu halten. Genau geregelt war auch die Einberufung des Gerichts etwa mittels einer Glocke oder mittels Verkündung durch den Gerichtsboten an vorgeschriebenen Plätzen und Zeiten. Symbole der Gerichtshoheit, beispielsweise ein Szepter oder ein Zeremonialschwert, wurden während der Gerichtsverhandlung zur Schau gestellt. Sitzordnung sowie die Abfolge von Hinsetzen, Stehen oder gar Niederknien waren ebenfalls vorgeschrieben. In ländlichen Gerichten, bei denen die Richter zum Teil von auswärts kamen, enthielten die Ordnungen des Spätmittelalters genaue Vorschriften über Unterkunft und Verpflegung von Mensch und Reittier.

Die Verbindlichkeit des Rechtsrituals ermöglichte das gerichtliche Vorgehen nicht nur gegen Menschen, son-

Huldigungseid der Haslitaler an die Berner. Die Hände sind in der typischen Schwurstellung gehalten.

dern auch gegen Tiere. Ein erster Tierprozeß gegen Aale und Blutsauger ist in Lausanne bereits für das 13. Jahrhundert bezeugt. Im Spätmittelalter verhängte man Körperstrafen vor allem über Schädlinge wie Mäuse und Engerlinge. 1474 mußte der Basler Scharfrichter einen Hahn hinrichten, weil dieser ein Ei gelegt hatte, aus dem der entsetzliche Basilisk hätte ausschlüpfen können.

Die große Bedeutung des Rituals für das mittelalterliche Rechtsdenken spiegelt sich nirgends sinnfälliger als beim Eidschwur. Er bedeutete ein Selbstverfluchung für den Fall des Eidbruchs und zwang damit den Schwörenden bei der Strafe Gottes zum Einhalten der eidlich eingegangenen Verpflichtung. Um als rechtskräftig zu gelten, mußte der Eid gemäß vorgeschriebenem Ritual abgelegt werden. Die Eidesformel mit der Anrufung Gottes und der Heiligen war auszusprechen, die Schwurhand mit den drei ausgestreckten Fingern hochzuhalten, Sakrament, Bibel oder Reliquie waren zu berühren. Im Rechtsleben wurde der Eid auf vielfältige Weise angewendet. Parteien wurden vor Gericht unter Eid genommen. Standen sich zwei eidliche Aussagen gegenüber, mußte bis zum Aufkommen des Inquisitionsprozesses das Gottesurteil entscheiden. Auch Zeugenaussagen, Kundschaften genannt, wurden eidlich bekräftigt. Handelte es sich bei all diesen Schwüren vor Gericht um sogenannte assertorische Eide, welche die Wahrheit einer Aussage bekräftigen sollten, konnte man im Rechtsleben auch den promissorischen Eid, der dem Schwörenden ein Versprechen abnahm, zum Beispiel einen Sühnevertrag einzuhalten, obrigkeitliche Gebote zu befolgen oder sich im Fall der Urfehde für eine erlittene Strafe nicht zu rächen.

Meineid und Eidbruch galten als schwere Vergehen, die mit harten Strafen geahndet wurden, gelegentlich mit Abhacken der Schwurhand, meist mit langer Verbannung, wenn nicht sogar mit dem Tod.

Wem es bei einer Eidesleistung mit der Wahrhaftigkeit nicht ernst war, versuchte deshalb, durch unauffällige Verletzung des Rituals, zum Beispiel durch das Aufheben der falschen Finger, dem Eid die Rechtsverbindlichkeit zu nehmen oder durch Wortklauberei den Inhalt des Schwurs ins Gegenteil zu verdrehen. Unter dem Mantel formaler Korrektheit verübte Ungerechtigkeiten kamen nicht nur im Rechtsleben des Mittelalters vor, sondern zählen noch heute zu den größten Erfolgen juristischer Spitzfindigkeit.

Volksjustiz Verfehlungen gegen Brauch und Herkommen, Verstöße gegen das allgemeine Rechtsempfinden, politische Entscheide gegen die öffentliche Meinung sowie sittenwidriges Verhalten, all das konnte den Zorn und den Widerstand einzelner Gruppen oder gar größerer Bevölkerungsteile wecken und damit Aktionen der Volksjustiz auslösen. Sie waren an traditionelle Formen des Brauchtums gebunden und fußten in der Regel auf dem Rügerecht der zur Zeit der Fastnacht und der Zwölf Nächte umgehenden Masken.

Träger der Volksjustiz waren unstaatliche Gruppen, vor allem Sippenverbände und Knabenschaften, oft auch lose Vereinigungen von Raufbolden und Reisläufern, mitunter aber ganze Talschaften sowie Dorf- oder Stadtgemeinden. Manche Vergehen, die der Volksjustiz verfielen, waren harmlos und wurden demgemäß auf eher scherzhafte als gewaltsame Weise bestraft, obwohl das in solchen Fällen geübte Bloßstellen vor der Öffentlichkeit für die Betroffenen recht unangenehm gewesen sein kann. Nächtlicher Lärm, später als «Katzenmusik» oder «Charivari» bezeichnet, diente zur Bestrafung von Geizhälsen, Pantoffelhelden, Sonderlingen, Hagestolzen, streitsüchtigen Eheleuten und ledigen Müttern. Oft wurde über die Bestraften in parodistischer Weise Gericht gehalten und ihr Sündenregister vorgelesen. Vor dem Haus der Betroffenen errichtete man Schandpfähle oder -bäume und streute Häcksel und Sägemehl. Das schon im 15. Jahrhundert erwähnte Werfen von Mädchen in Brunnen oder Bäche könnte auf einen alten Reinigungsritus zurückgehen. Von weiteren, ursprünglich wohl sehr viel handgreiflicheren Strafen konnte man sich loskaufen. In der Schamser Fehde von 1450 führte das aufrührerische Landvolk den gefangenen Freiherrn Heinrich von Rhäzüns nach Valendas, wo ein improvisiert zusammengesetztes Gericht das Todesurteil aussprach. Um die Schärfe des Richtschwertes zu demonstrieren, blies der Henker ein Haar gegen die Schneide, das durchschnitten zu Boden fiel. Nun ließ der verurteilte Freiherr ungeheure Mengen Speise und Trank herbeischaffen, es kam zu einem riesigen Gelage, zur selbstverständlichen Begnadigung, grölend und lachend ließ man den Rhäzünser hochleben, und das Ganze endete in einem fröhlichen Verbrüderungsfest.

Das Beispiel der Schamser Fehde zeigt, daß sich in Zeiten politischer und sozialer Spannungen Aktionen der Volksjustiz gegen die Obrigkeit wenden und sich mit Widerstandsbewegungen verbinden konnten. In diesen Zusammenhang gehören die Mazzenaufstände im Wallis, bei denen die Aufrührer, oft in Rindermasken, als Aufstandssymbol einen Holzpfahl mit dämonischen Zügen vor sich her trugen und der Obrigkeit unter Drohungen präsentierten. Gemeinschaftszeichen, meist improvisierte Banner mit skurrilen Bildern, sind häufig von Gruppen, die aufrührerische Volksjustiz pflegten, mitgetragen worden.

Häufiges Mittel der Volksjustiz war das gewaltsame Eindringen in Häuser, dabei verzehrte man die Vorräte, verwüstete die Einrichtung und deckte das Dach ab. Derartige Heimsuchungen, herausgewachsen aus harmlosen Heischebräuchen, mußte die Obrigkeit immer wieder verbieten, da dieses «durch die Hüser laufen» den Landfrieden gefährdete.

Am stärksten hielten sich die Gewohnheiten der Volksjustiz bei der Blutrache, bei der die Sippe eines Getöteten auf eigene Faust Vergeltung übte. Selbst wenn die Bluttat vor Gericht eingeklagt wurde und die Richter auf schuldig erkannten – weibliche Angehörige mußten in Schwyz zu diesem Zweck dem Gericht die blutigen Kleider des Ermordeten vorweisen –, blieb die Vollstreckung des Urteils, von der auch die Übernahme des Erbes abhängig war, Aufgabe der Sippe oder der Freunde.

Die obrigkeitlichen Rechtsinstitutionen, besonders die Gerichte, waren demnach bis zum Ausgang des Mittelalters nicht in der Lage, die brauchtümliche Volksjustiz auszuschalten, denn sie erstreckte sich in erster Linie auf Lebensbereiche, die von der offiziellen Justiz nur unvollständig abgedeckt waren, sowie auf politische Fehlentscheide, auf Verbrechen der Regierenden und gerichtliche Rechtsverweigerung, also auf die Hüter der obrigkeitlichen Rechtspflege selbst, gegen deren Versagen man sich nur mit den Mitteln der Selbsthilfe und Volksjustiz zur Wehr setzen konnte.

Gewohnheitsrecht und geschriebenes Recht Mit der Auflösung des Weströmischen Reiches im 5. Jahrhundert ist im Gebiet der heutigen Schweiz das römische Recht weitgehend in Vergessenheit geraten, obwohl in den Rechtssatzungen des Frühmittelalters, wie sie in der Westschweiz für die Burgunder, in der Südschweiz für die Langobarden und in Rätien für die rätoromanische Mischbevölkerung aufgezeichnet worden sind, sowie im Kirchenrecht viele Elemente römischen Rechtsdenkens erhalten geblieben sind. Auch im alemannischen Raum ist mit dem Pactus Alamannorum, der einen differenzierten Wundbußenkatalog enthält, und mit der Lex Alamannorum, die für Kirche, Herzog und Volk galt, das herkömmliche Recht schon im Frühmittelalter aufgeschrieben worden. Alemannisches Recht scheint die schweizerische Rechtsentwicklung in der Behandlung von Straftaten sowie in familien-, erb- und sachenrechtlichen Fragen noch im 17. Jahrhundert wesentlich geprägt zu haben.

Bis ins Spätmittelalter hinein galt im allgemeinen das Gewohnheitsrecht. Die Gerichte entschieden nach dem, was gemäß «Brauch und Herkommen» für richtig gehalten wurde. Rechtsaufzeichnungen des Hoch- und Spätmittelalters hielten schriftlich fest, was bereits Rechtsgültigkeit hatte, und dienten damit kommenden Generationen zur Orientierung. Nach der Fülle der in der Schweiz aufbewahrten Handschriften des um 1275 entstandenen Schwabenspiegels muß diese Sammlung alter Rechtssatzungen ein beliebtes Hilfsmittel der Rechtspflege gewesen sein. Sein Einfluß erstreckte sich auf die eidgenössischen Territorien des Spätmittelalters sowie auf die Rechtsprechung des Welschlandes, sind doch in der Waadt französische Übersetzungen angefertigt worden.

Die Rechtspflege nach «harkommen und gewonheit» mußte sich außer auf schriftliche Aufzeichnungen auch auf die Zeugenaussagen alter Leute stützen, die sich an frühere Entscheide oder Zustände zu erinnern vermochten. Bis zum Ausgang des Mittelalters wurden bei unsicherer Rechtslage «Kundschaften» eingeholt, eidlich beglaubigte Zeugenaussagen über frühere Rechtsverhältnisse. Den Gerichten blieb für ihre Urteile freilich stets ein großer Ermessensspielraum, so daß die Richter oft nach eigenem Gutdünken, nach ihrer Überzeugung vom Rechten und Billigen, zu entscheiden hatten.

Seit der Mitte des 13. Jahrhunderts drang allmählich römisches Rechtsdenken in das schweizerische Gewohnheitsrecht ein. Kleriker und Laien, die in Bologna Jurisprudenz studiert hatten und nachher in ihrer Heimat als herrschaftliche oder städtische Beamte wirkten, trugen wesentlich zur Ausbreitung des römischen Rechts bei.

Der Henker von Bern – er trägt ein galgenförmiges Abzeichen – wird in Freiburg erschlagen. Die ebenso brutal wie wirkungsvoll vorgehenden Täter sind mit ihren Kröpfen als Walliser Söldner und mit ihren Pfauenfedern als österreichische Parteigänger gekennzeichnet. Der Mord erfolgte aus Rache für die Hinrichtung der Besatzung von Greifensee im alten Zürichkrieg.

Bis zum Ausgang des Mittelalters darf aber die Bedeutung des römischen Rechts für die Rechtspflege in der Eidgenossenschaft nicht überschätzt werden. Kirchliche Gerichte, die zu den wichtigsten Trägern römischen Rechtsdenkens zählten, sind im 14. und 15. Jahrhundert von den eidgenössischen Orten durch den Pfaffenbrief von 1370 und andere Erlasse in ihrem Kompetenzbereich stark eingeschränkt worden. Der Nachweis von römisch-rechtlich beeinflußten Formulierungen in rechtsverbindlichen Texten sagt noch wenig über die Rezeption römischen Rechtsdenkens aus. Doch sind die Einflüsse seit dem 14. Jahrhundert unverkennbar. Sie zeigen sich in der Ausbreitung des Notariats, in den Änderungen des Prozeßverfahrens und in privatrechtlichen Bestimmungen wie zum Beispiel dem Erb- und Güterrecht.

Im Lauf des Spätmittelalters nahm die schriftliche Fixierung des Rechts deutlich zu. Weltliche und geistliche Grundherren ließen in den «Urbaren» die Verpflichtungen der Untertanen, besonders die Naturalabgaben, aufzeichnen, ferner die Bußenkataloge für Schlägereien und Körperverletzungen. In den «Weistümern» oder «Offnungen» hielt man die Gerichtsordnung fest, die Zusammensetzung des Gerichts, die Verteilung der Bußengelder, den äußeren Ablauf der Verhandlungen.

Eine wesentlich umfassendere und umfangreichere Schreibtätigkeit entwickelte die städtische Rechtspflege. Sie ließ es nicht mehr bei der bloßen Aufzeichnung des geltenden Rechts bewenden, sondern setzte durch Ratsbeschlüsse und exemplarische, eigens protokollierte Gerichtsurteile neues Recht. Es beseitigte das alte Gewohnheitsrecht freilich nicht, sondern füllte dessen weite Lücken aus. In Buchform wurden all diese städtischen Rechtsbestimmungen – sie umfaßten das Straf- und Privatrecht – festgehalten und der Bevölkerung durch Ausruf, seltener durch Anschlag verkündet. Ländliche Untertanengebiete gerieten ebenfalls unter die Walze der städtisch-obrigkeitlichen Rechtsnormen. Manchmal fiel es dem Rat nicht leicht, neue und unpopuläre Bestimmungen durchzusetzen, weshalb er vor allem bei Verboten den Kunstgriff anwandte, angeblich «neue Unsitten» zu bekämpfen und fiktiv alte Zustände zu verteidigen. Das mochte bei neuen Modetorheiten zutreffen, bei den Fasnachtsverboten verhielt es sich aber gerade umgekehrt. Hier entsprach der untersagte Brauch dem alten Herkommen und das Verbot der Neuerung. Man wird sich jedenfalls davor hüten müssen, die Wirksamkeit einer obrigkeitlichen Bestimmung für selbstverständlich zu halten, vor allem wenn ein und dasselbe Verbot jahrzehntelang stets wiederholt worden ist.

Das Rechtsdenken

Das Gottesurteil Die Vorstellung, irdisches Recht beruhe auf göttlicher Weisheit und Allmacht, ist uralt und weit verbreitet. Für die Erforschung des göttlichen Willens haben sich im Lauf der Zeit vielerlei Rituale herausgebildet, die jedoch zum kleinsten Teil eine objektive, unparteiische Haltung einnehmen, sondern in der Regel durch magische Praktiken den Ausgang der Entscheidung zu beeinflussen suchen. Das Mittelalter kannte verschiedene Formen des Gottesurteils, und zwar handelte es sich – soweit ersichtlich – um die Weiterführung älterer Rechtsinstitutionen wohl germanischer Herkunft. Verschiedentlich belegt sind Wasser- und Feuerproben, denen die Auffassung zugrunde lag, im Verhalten der Elemente erweise sich auf göttliches Geheiß Schuld oder Unschuld. Auch die Bahrprobe, bei der man erwartete, daß die Wunden eines Ermordeten zu bluten begännen, wenn der Mörder vor die Bahre trete, war eine mögliche Form des Gottesurteils. Am häufigsten kam zweifellos der Zweikampf vor, für dessen Durchführung genaue Bestimmungen bestanden. Der Kampfplatz mußte abgegrenzt sein, Waffen und Ausrüstung waren festzulegen, ebenso die Folgen für Sieger und Besiegte. Der Kampf selbst spielte sich als strenges Ritual ab, dessen Regeln unbedingt einzuhalten waren. Betrug – zu dem auch die Verwendung versteckter Amulette gehörte – hätte in der Schwere des Vergehens einem Meineid entsprochen. Parteien, die nicht in der Lage waren, selbst zu kämpfen, vornehmlich Frauen und Kinder, konnten sich eines Stellvertreters bedienen. Solche Stellvertreter standen in den «Kämpfern», den gesellschaftlich verachteten berufsmäßigen Zweikämpfern, zur Verfügung. Für das Jahr 1288 wird ein Zweikampf in Bern überliefert, bei dem die Frau auf das Recht der Stellvertretung verzichtete und ihren Gegner eigenhändig mit der Streitaxt, der traditionellen Waffe für rituelle Kämpfe, ins Jenseits beförderte.

Ein berühmter Zweikampf fand 1397 in Bourg-en-Bresse zwischen Gerhard von Estavayer und Otto von Grandson statt, bei dem es um den Vorwurf ging, Grandson habe durch Gift und Zauberei den Tod des Herzogs von Burgund verursacht. Dieses Beispiel zeigt deutlich, wann man vom Mittel des Zweikampfes Gebrauch gemacht hat: wenn beim Vorwurf schwerer Vergehen die Rechtslage undurchsichtig war und sich nicht durch Zeugen aufklären ließ, wenn unter Eid Aussage gegen Aussage stand oder wenn die Justiz, allzusehr mit Parteiinteressen verflochten, das Recht verweigerte.

Im mittelalterlichen Kriegswesen war die Sitte des Zweikampfes ebenfalls bekannt. Auch hier ging es um ein Gottesurteil, indem das Duell stellvertretend für die Schlacht ausgetragen und im Ergebnis der Wille Gottes gesehen wurde.

In der Schweiz hat sich die Rechtsinstitution des Zweikampfes anscheinend sehr lange gehalten. Noch um 1590 trugen in den französischen Hugenottenkriegen katholische und reformierte Söldner, in den feindlichen Lagern stehend, Zweikämpfe aus. Die Beliebtheit des Zweikampfes wird nicht zuletzt auf den Umstand zurückzuführen sein, daß die gewaltsame Austragung des Konfliktes dem Sieger ein Höchstmaß an persönlicher Genugtuung verschaffte. Konnte es für beleidigten Stolz oder für grimmigen Rachedurst einen besseren Balsam geben als den Anblick des zerschmetterten, im Staub liegenden Gegners?

Fehde, Rache und Sühne Erlittenes Unrecht zu rächen war im Mittelalter nicht nur Recht, sondern auch Pflicht. Die Wiedergutmachung bestand entweder in einer Schädigung des Gegners an Leib und Gut, die ungefähr dem Ausmaß des angerichteten Unrechtes entsprach, oder in einer angemessenen Sühneleistung. Seit dem Frühmittelalter versuchten Königtum und Kirche, später Landesfürsten und Städte, um den Frieden zu wahren, die Ausübung der persönlichen Rache einzuschränken und durch das Gerichtsverfahren zu ersetzen. Trotzdem blieb die Fehde, wenn auch in begrenztem Umfang, als Rechtsmittel zur Selbsthilfe und zur direkten Rache bis zum Ausgang des Mittelalters erhalten. Je lückenhafter und ohnmächtiger das Gerichtswesen war, desto stärker behauptete sich die Fehde. Im Gebiet der Eidgenossenschaft, besonders im

Gerichtlicher Zweikampf zwischen einem Mann und einer Frau 1288 in Bern. Über den Anlaß ist nichts bekannt. Kleidung und Bewaffnung entsprechen dem 15. Jahrhundert.

Alpenraum, war das Waffentragen allgemein üblich und keineswegs, wie in vielen anderen Teilen Europas, auf die adlige Oberschicht beschränkt. Das Recht, zur Verteidigung von Leben, Ehre und Besitz von der Waffe Gebrauch zu machen, war allgemein gültig und kein adliges Standesprivileg. Somit begegnet uns im schweizerischen Raum neben der Adelsfehde, dem Privatkrieg der ritterlichen Oberschicht, auch die gewaltsame Selbsthilfe bäuerlicher und städtisch-bürgerlicher Familien, hauptsächlich bei der Blutrache, bei Ehrverletzungen und beim Eintreiben von Schulden. Gerichte rief man an, um sich die Rechtmäßigkeit der Forderungen bestätigen zu lassen, bevor man losschlug.

Das Fehdewesen, geringschätzig als «Faustrecht» bezeichnet, gilt heute als Verkörperung der auf körperlicher und kriegerischer Gewalt abgestützten Rechtswillkür. So einfach lagen die Dinge jedoch nicht. Die Verflechtung der Gerichtshoheit mit der politischen Führung äußerte sich nur zu oft in Befangenheit des Gerichts, ja sogar in Rechtsverweigerung, weshalb einem Geschädigten oder Gekränkten kein anderer Weg übrigblieb, um zu seinem Recht zu kommen, als zur Selbsthilfe zu greifen. War er selbst zu arm oder zu unbedeutend, um einen Privatkrieg führen zu können, trat das mittelalterliche Korporationsbewußtsein in Kraft, als Helfer erschienen unter anderem die Sippengenossen, die Freunde und Bekannten, die Zunftbrüder. Nach der Beschreibung des Schweizerhassers Felix Hemmerli (um 1450) soll die Eidgenossenschaft aus einer Blutrachefehde heraus entstanden sein: Der Chronist berichtet von einem Burgvogt in Schwanau, der von zwei Schwyzer Brüdern erschlagen worden sei, weil er deren Schwester geschändet hätte. Um sich gegen Angriffe der Herrschaft zu schützen, «verschworen sich mit jenen beiden zwei andere Schwyzer, ihre Verwandten, gegen ihren Herrn. Hierauf mit diesen zehn andere und mit diesen zwanzig, und nach und nach kündeten alle Bewohner des Tales ihrem Herrn den Gehorsam völlig auf...» Dieses Beispiel zeigt deutlich, daß in der Eidgenossenschaft Fehde und Rache eng mit dem Widerstandsrecht verbunden gewesen sind.

Wie sehr selbst mächtige und reiche Städte durch Fehde und Rache unter Druck gesetzt werden konnten, bekamen Basel und Bern in der Jerlingfehde um 1470 zu spüren: 1472 ist Hans Jerling, ein Knecht aus dem Saanenland, von den Basler Stadtknechten wegen Schmähung der weltlichen und geistlichen Obrigkeit totgeschlagen worden. Das Opfer dieses Justizmordes gehörte einer stolzen und weitverzweigten Sippe an, die nun der Stadt Basel den Krieg erklärte. Mit Hilfe einer kleinen, aus bewährten Söldnern und Raufbolden bestehenden Privatarmee legten die Jerlinge den Basler Handel lahm und zwangen die Rheinstadt, obwohl sich Bern für sie verwandte, zu einer demütigenden Sühneleistung.

So rauh eine Fehde auch verlaufen mochte – sie wurde in den üblichen Formen des mittelalterlichen Kleinkriegs mit Brand, Raub, erpresserischer Gefangennahme, Verwüstung und Totschlag ausgetragen –, so sehr war sie aber auch an bestimmte Regeln gebunden, um als rechtmäßig zu gelten. So bedurfte es beispielsweise einer rituellen Kriegserklärung, die man «Absage» nannte. Sie konnte schriftlich oder mündlich überbracht werden. Der vor die Füße oder ins Gesicht geworfene «Fehdehandschuh» war vor allem bei der Adelsfehde gebräuchlich. Andere Regeln betrafen die Kriegshandlungen und die Beilegung, die als Sühnevertrag bekräftigt und beschworen wurde.

Mit den Landfriedensbündnissen der Fürsten, Landesherren und Städte ist das Fehdewesen seit dem 14. Jahrhundert eingeschränkt worden, freilich ohne ganz zu verschwinden. Fehdehandlungen wurden von den Städten innerhalb ihrer Mauern nicht geduldet, und Stadtbürger, die einen Privatkrieg führen wollten, mußten dies außerhalb der Stadt tun und für die Dauer der Fehde ihr Bürgerrecht ruhen lassen. Damit sollte ein Übergreifen der Kampfhandlungen auf das Weichbild der Stadt verhindert werden. Im Alpenraum, wo die obrigkeitliche Autorität weniger stark ausgebildet war als in den Städten, hat sich die gewaltsame Selbsthilfe als Rechtsinstitution bis weit in die Neuzeit hinein erhalten.

Rechtsordnung und Rechtsempfinden Die auf Gewohnheit und Herkommen beruhende Rechtsordnung des Mittelalters entsprach in den großen Zügen dem Rechtsempfinden des Volkes. Die Gerichtsurteile entsprangen dem richterlichen Billigkeitsdenken, dem ein weiter Ermessensspielraum zu Gebote stand. Im Strafrecht herrschte das Prinzip der Vergeltung, der Genugtuung und der Entschädigung, was sich mit der Volksmeinung gewiß gedeckt haben dürfte. Die plastische Sinnfälligkeit des hochmittelalterlichen Rechts mit all den rituellen Worten, Gebärden und Handlungen machte den Rechtsvorgang allgemein verständlich und förderte die Durchdringung des Volkslebens mit den Gewohnheiten der gültigen Rechtsnormen. Im Verlauf des Spätmittelalters öffnete sich allerdings eine Kluft zwischen der Rechtsordnung und dem Rechtsempfinden des Volkes, als die Obrigkeit durch neue Gesetze und Verordnungen unpopuläre und unverständliche Eingriffe in das Leben des einzelnen oder der Gemeinschaft brachte und als sich mit dem Aufkommen des akademisch gebildeten Juristenstandes das bis dahin unbekannte und ungewohnte römische Recht auszubreiten begann. Inhaltlich brachte es eine Fülle verschiedenartiger, zum Teil einschneidender Neuerungen. Es führte das Notariat ein, veränderte das Prozeßverfahren und erfaßte das Privatrecht, indem es das Erb- und Testamentsrecht, das eheliche Güterrecht, das Adoptions- und Vormundschaftsrecht sowie das Sachenrecht um neue Begriffe und Bestimmungen bereicherte. Der Einfluß des römischen Rechts und des gelehrten Juristenstandes auf das Rechtsleben der spätmittelalterlichen Eidgenossenschaft hielt sich allerdings in Grenzen, zumal in den meisten Gerichten Laienrichter saßen, die weiterhin nach dem Billigkeitsprinzip und nach Brauch und Gewohnheit urteilten. Der aufstrebende Juristen-

Hinrichtungs- und Verstümmelungsarten: Abgebildet sind das Stäupen (Auspeitschen), Enthaupten, Handabhacken, Blenden, Ausdärmen, Rädern, Abschneiden der Zunge, Verbrennen, Henken und Ertränken. Holzschnitt von 1508.

stand blieb bis zum Ausgang des Mittelalters in der Schweiz zu schwach, als daß er aus der Rechtspflege eine monopolistische Geheimlehre für Universitätsabsolventen hätte machen können. Immerhin hat die juristische Fachsprache mit all ihren weitschweifigen, nach allen Seiten abgesicherten Verklausulierungen die Urkundensprache wesentlich beeinflußt und damit der anschaulichen Gebärdensprache des hochmittelalterlichen Rechtsrituals den dürren Sprachformalismus blutleerer Gelehrsamkeit zur Seite gestellt.

Die unterschiedlichen Strafmethoden machen es uns schwer, zwischen dem heutigen und dem mittelalterlichen Strafrecht schlüssige Vergleiche zu ziehen, zumal moderne Vorstellungen über den Sinn einer Strafe etwa als Erziehungs- oder Resozialisierungsmittel nicht weiter als bis ins 18. Jahrhundert zurückverfolgt werden können. Auch wenn uns das mittelalterliche Recht insgesamt mit seinen harten Körperstrafen recht grausam anmutet, zeichnen sich in der Rechts- und Urteilspraxis doch erhebliche Differenzierungen ab, besonders im unterschiedlichen Gewicht einzelner Straftaten. Heimtückischer Mord, Inzest, Notzucht, gewaltsamer Raub sowie Verrat und Spionage galten auch im Mittelalter als sehr schwere Verbrechen. Eher leicht beurteilte man dagegen den offenen Totschlag oder die Körperverletzung, den Personalarrest eines Schuldners, die Sachbeschädigung, die Korruption und die Kuppelei. Schwer dagegen wogen Gotteslästerung einschließlich des Meineides, Schadenzauber und Hexerei, Verleumdung und Ehrverletzung, Homosexualität und Sodomie. Der Wahrheitsbeweis bei übler Nachrede befreite von Strafe und konnte unter Umständen dem Kläger ein Verfahren anhängen. Diebstahl, bei dem die Deliktsumme mehr als fünf Schilling betrug, galt als todeswürdiges Verbrechen, während das Stibitzen von Lebensmitteln und Gebrauchsgegenständen bescheidenen Wertes milder beurteilt wurde. Der Betrug, im heutigen Wirtschaftsleben eines der häufigsten Vergehen, spielte im Mittelalter eine geringe Rolle. Falschmünzer wurden lebendigen Leibes im Öl gesotten, wie ein Beispiel des 14. Jahrhunderts aus Schaffhausen belegt. Eine deutliche Kluft zwischen den gesetzten Rechtsnormen und dem Empfinden des Volkes bestand im Bereich der Sittlichkeitsdelikte. Kirche und weltliche Obrigkeit belegten Konkubinat, Ehebruch, Bigamie und Unzucht mit strengen Strafandrohungen, ohne dem fröhlichen, oft zügellosen Treiben des Volkes wirksam Einhalt gebieten zu können.

Bei der Strafzumessung berücksichtigte man die Vorsätzlichkeit, die Heimtücke, in milderndem Sinne die Unabsichtlichkeit, seit dem 15. Jahrhundert die Fahrlässigkeit. Strafbar waren auch versuchte Taten, Vorbereitungen, Erklärung der bösen Absicht, etwa als Drohung, ferner die Mittäterschaft. Die Strafmündigkeit lag im Hochmittelalter bei 12 bis 14 Jahren, rückte aber bis um 1500 bis gegen 16 Jahre hinauf. Jugendlichkeit konnte sich strafmildernd auswirken, vor allem beim Diebstahl. Geisteskranke waren nicht strafmündig, doch hafteten ihre Familien für ihre Verwahrung. Öffentlich umherirrende «Narren» und «toube Lütte» wurden entweder in einen Käfig gesperrt oder aus der Stadt geprügelt. Selbstmörder, die sich in geistiger Umnachtung umgebracht hatten, durften kirchlich bestattet werden. Die anderen verscharrte man außerhalb des Friedhofs oder schickte sie in Fässern flußabwärts.

Obwohl der Vergeltungsgedanke, der das mittelalterliche Strafrecht beherrschte, dem allgemeinen Volksempfinden entsprach, kam es doch immer wieder zu Äußerungen des Mitleids und des Erbarmens, vor allem bei jugendlichen und weiblichen Delinquenten. Ein Scharfrichter, der wegen Trunkenheit oder Unachtsamkeit seine Arbeit schlecht verrichtete und damit die Qualen des Opfers verlängerte, riskierte, von den aufgebrachten Zuschauern totgeprügelt zu werden.

Ungleiches Recht für alle Ein einheitliches Recht hat es im Mittelalter nicht gegeben, und die Forderung danach wäre weiterum auf Unverständnis und Ablehnung gestoßen. Die Ungleichheit des Rechts beruhte zunächst auf der großen Zahl der Gerichte, in der sich die politische und herrschaftliche Zersplitterung des Landes spiegelte. Gerichtshoheit galt als Zeichen von Unabhängigkeit und autonomer Herrschaft, deshalb wurden lokale oder regionale Sonderrechte besonders liebevoll gepflegt und zur Schau gestellt. Mit Worten, Gebärden und Symbolen machte man Fremde auf das gültige Recht mit all seinen Spezialitäten aufmerksam, am deutlichsten mit dem Aufstellen von Galgen und Rad an weithin sichtbarer Stelle.

Rechtsungleichheit entstand auch durch die Vereinigung von Gerichtshoheit, politischer Macht und wirtschaftlichen Interessen in der Hand ein und derselben Person, Sippe oder Behörde. Um sich in Rechtsstreitigkeiten behaupten zu können, mußten kleine Leute mächtige Herren um Schutz anrufen, deren Intervention dann ein Urteil nicht nach Recht und Billigkeit, sondern nach politischen Erwägungen veranlassen konnte. Klientelbildung – oft verbunden mit Pfandguthaben, Geldschulden, Verwandtschaften und Verschwägerungen sowie Geschäftsbeziehungen und sonstigen gegenseitigen Abhängigkeiten – verbanden sich so im Laufe des Hoch- und Spätmittelalters zu einem dichten Filz von persönlichen Bindungen, die das Rechtsleben und die politischen Entscheidungen gleichermaßen beeinflußten.

Daß hochgestellte und mächtige Personen vor Gericht bessere Erfolgsaussichten hatten als arme Leute, die auf sich allein gestellt waren, versteht sich von selbst und ist auch keine typisch mittelalterliche Erscheinung. Angehörige der Oberschicht konnten sich bei Strafsachen, weil sie mobiler waren, eher der Verfolgung entziehen als der kleine Mann, und bei güterrechtlichen Streitigkeiten saß der Reiche, der ein Verfahren verschleppen konnte, indem er alle möglichen Gerichte anrief und gegeneinander ausspielte, ebenfalls am längeren Hebelarm. Zudem packte man Standespersonen vor Gericht

Ein Bote zu Pferd überbringt eine schriftliche «Absage» (Kriegserklärung), die auf eine Stange geheftet ist.

weniger hart an. In Strafprozessen blieb ihnen bis auf vereinzelte Ausnahmefälle die Folter erspart, und das Urteil fiel in der Regel viel milder aus als bei Delinquenten aus dem breiten Volk, zum Teil wegen Befangenheit der Richter, zum Teil wegen politischer Rücksichtnahme auf die Verwandtschaft des Täters, die man nicht zu Racheakten provozieren wollte. Daß Reiche und Mächtige von der Möglichkeit Gebrauch machten, durch Bestechung politische Entscheidungen und Gerichtsurteile zu ihren Gunsten herbeizuführen, liegt auf der Hand. Bei Totschlag und Körperverletzung galt eine Standesperson mehr als der einfache Mann. Wiedergutmachungssummen oder Körperstrafen fielen entsprechend höher aus. Umgekehrt machte man mit Leuten aus der Unterschicht nicht viel Federlesens. Bei Auswärtigen ersparte man sich bisweilen ein aufwendiges Gerichtsverfahren und ließ die Betreffenden kurzerhand von den Stadtknechten umbringen; wegen derartiger Justizmorde geriet dieser Berufsstand zeitweise in einen üblen Ruf. Fremde waren rechtlich überhaupt viel schlechter geschützt als Einheimische oder gar Inhaber des Bürger- und Landrechts. Auch soziale Randgruppen befanden sich in einer ungünstigen Rechtsstellung. Sie waren zwar den Gesetzen des Land- oder Stadtfriedens unterworfen, ohne in dessen vollem Schirm zu stehen. Im Verlauf des 15. Jahrhunderts ist diese Rechtsungleichheit allerdings weitgehend abgeschafft worden.
Bei schweren Körperstrafen gab es geschlechtsspezifische Unterschiede. Männer wurden gehängt oder gerädert, Frauen für dieselben Vergehen ertränkt oder lebendig begraben.
Um die von verschiedener Gerichtszugehörigkeit herrührende Rechtsungleichheit abzubauen, hat man sich bereits im 13. Jahrhundert zwischen benachbarten Städten, Ländern und Herrschaften wenigstens im Fall schwerer Verbrechen vertraglich gegenseitige Hilfe zugesichert. Schon im Bundesbrief von 1291 vereinbarten Uri, Schwyz und Nidwalden ein gemeinsames Vorgehen gegen Mord, Brandstiftung, Raub und ungerechtfertigte Pfändung. Trotz derartigen, früh beginnenden Ansätzen zu gegenseitiger Rechtshilfe ist es aber in der mittelalterlichen Eidgenossenschaft nie zur Bildung eines Bundesgerichts gekommen. Selbst die Constitutio criminalis Carolina, die peinliche Halsgerichtsordnung Karls V. von 1532, hat in der Schweiz, obgleich sie damals noch formell zum Römischen Reich Deutscher Nation gehörte, keine Gesetzeskraft erlangt, sondern ist bloß zugezogen worden, wenn in einzelnen Orten wie Basel, Schaffhausen, St. Gallen oder im Wallis das eigene Strafrecht eine Frage nicht entschied.

Rechtsmittel und Rechtsgrundlagen

Gerichte und Prozesse Im Früh- und Hochmittelalter sind die Gerichtsprozesse von den Parteien getragen worden, die als Kläger oder als Beklagte auftraten und ihre Argumente vorlegten. Als Beweismittel galten der Parteieneid, der Zeugeneid und der Augenschein. Wenn sich die eidlichen Aussagen widersprachen, mußte ein Gottesurteil zum Beispiel in Form eines Zweikampfes entscheiden. Bei güterrechtlichen Auseinandersetzungen konnten auch Urkunden als Beweismaterial vorgelegt werden, daher entfalteten die Klöster zwischen dem 10. und 13. Jahrhundert eine fast fieberhafte Schreibtätigkeit, um ihren Besitz, für den sie keine oder nur ungenügende schriftliche Beweise hatten, durch gefälschte Urkunden rechtlich abzusichern. Aufgrund des vorgelegten Beweismaterials oder des Gottesurteils fällte das Gericht seinen Spruch, wobei die Vollstreckung in der Regel der siegreichen Partei vorbehalten blieb.

Unter dem Einfluß römischen Rechtsdenkens ist seit dem 12./13. Jahrhundert der Prozeßverlauf wesentlich verändert worden, hauptsächlich im Strafrecht. Ferner kam das Schiedsgerichtsverfahren auf, erstmals 1158 im Wallis bezeugt, das die gütliche Einigung bei undurchsichtiger Rechtslage herbeizuführen versuchte. Schiedsgerichte leiteten ihre Entscheidungsbefugnis vom Einverständnis beider Parteien ab. In der Eidgenossenschaft war seit dem Eintritt Zürichs 1351 das Schiedsverfahren im Bundesrecht verankert und geregelt. Es kam im Verlauf des Spätmittelalters sehr häufig zum Zug, und zwar meist mit Erfolg.

Mit dem Ausbau des Strafrechts, das die Verfolgung, Anklage und Bestrafung des Täters nicht mehr der geschädigten Partei überließ, sondern zur Aufgabe der obrigkeitlichen Organe machte, entwickelte sich das «Inquisitionsverfahren» (nicht zu verwechseln mit dem geistlichen Inquisitionsgericht), die amtliche Untersuchung der Schuldfrage.

Die bisherigen Beweismittel, besonders Zeugenaussage und Augenschein (wozu auch die Besichtigung etwa des Mordopfers zählte), blieben weiterhin in Kraft, doch kamen nun bei «Malefizverbrechen», also schweren, jedenfalls todeswürdigen Vergehen, noch weitere Verfahrenselemente hinzu. Die Delinquenten wurden bis zur Verhandlung bei schmaler Kost gefangengehalten. Auch bei erdrückenden Schuldbeweisen, etwa von Zeugenaussagen, bedurfte es zur Verurteilung eines Geständnisses. Wurde das Geständnis nicht freiwillig abgelegt, drohte man seit dem 14. Jahrhundert mit Folter, beispielsweise durch Vorzeigen der Tortureinrichtungen. Blieb der Delinquent noch immer standhaft oder «verstockt», schritt man zur Folter, die je nach Ort und Gegend verschieden gehandhabt wurde und sich über mehrere Grade erstrecken konnte. Daumenschrauben, Streck- und Preßinstrumente wie Aufzug, spanische Stiefel und die berüchtigte «Wanne» gehörten zum üblichen Arsenal. Wenn nicht einmal die Folter ein Geständnis zu erzwingen vermochte, wurde die Freilassung gegen Urfehde verfügt. Meist aber hatte die Tortur Erfolg, so daß der Angeklagte verurteilt werden konnte. Die Folter war demnach keine Strafe, sondern ein Zwangsmittel zur Erpressung eines Geständnisses.

Andere Vergehen, die nicht zwangsläufig mit einem Todesurteil endeten, unterlagen dem «akkusatorischen Verfahren», so die als «Frevel» bezeichneten Totschlags- und Verwundungsdelikte. Die Klage ging von der geschädigten Partei oder vom Ratsboten aus, der die Obrigkeit vertrat. Geständnisse waren stets freiwillig, die Folter wurde nicht angewendet, dafür ein umständliches Beweisverfahren. Im Verlauf des 15. Jahrhunderts kam die Gewohnheit auf, zur Unterstützung des Beklagten einen Fürsprecher zu bestellen. Er gehörte zunächst dem Gericht an, scheint aber gegen 1500 frei gewählt worden zu sein, wobei immer häufiger akademisch geschulte Juristen zugezogen wurden.

Nichterscheinen vor Gericht führte zwangsläufig zur Verurteilung oder zur Ächtung. Die Ächtung konnte allerdings wieder aufgehoben werden, wenn sich der Beklagte nachträglich doch noch dem Gericht stellte. Bei zivilrechtlichen Fragen haben die unterliegenden oder mit schwächeren Argumenten gerüsteten Parteien oft versucht, das Verfahren durch Appellation und durch Anrufung fremder Gerichte zu verschleppen, wogegen sich die eidgenössischen Orte wehrten, indem sie wiederholt ihre Gerichtsautonomie vom Kaiser bestätigen ließen und damit den Einfluß auswärtiger Gerichte ausschalteten.

Sühne und Strafe Die Anfänge der Strafe für Rechtsbruch verlieren sich im Dunkel der Vorzeit. Auch wenn die Diskussion unter den Rechtshistorikern über den ursprünglichen Sinn und Vollzug der Strafe längst nicht abgeschlossen ist und mangels sicherer Zeugnisse letztlich in der Sackgasse spekulativer, mehr oder weniger plausibler Theorien enden muß, bleibt doch unbestritten, daß Rechtsprechung und Urteilsvollstreckung stark von sakralen Riten durchdrungen gewesen sein dürften, galt es doch, die durch ein Verbrechen gestörte göttliche Weltordnung durch eine Sühneleistung wiederherzustellen. Daneben herrschte die Vorstellung vom Rechtsanspruch eines Geschädigten oder dessen Angehörigen auf materiellen Ersatz für erlittenes Unrecht. Bis weit ins Hochmittelalter hinein gab es deshalb keine öffentlich-rechtliche Strafjustiz, bei der ein Vertreter von Staat oder Gemeinschaft die Anklage übernommen hätte, sondern nur den Sühneprozeß, bei dem die geschädigte Partei Klage zu erheben, die zugesprochene Wiedergutmachungssumme einzutreiben oder die bestätigte Rachepflicht zu erfüllen hatte. Der Beklagte hatte vor Gericht zu erscheinen, um seine Unschuld darzulegen und eidlich zu bekräftigen. Wer der Vorladung mehrmals nicht folgte oder sich dem Spruch des Gerichts nicht unterwerfen wollte, verfiel durch Ächtung der Fried- oder Rechtlosigkeit.

Im Lauf des Hochmittelalters bildete sich – nicht zuletzt im Hinblick auf die Wahrung des durch private Racheaktionen gefährdeten Landfriedens – ein neues Prozeßverfahren heraus, getragen vom Königtum, von der Kirche und seit dem 13. Jahrhundert zunehmend von den Städten und den fürstlichen Landesherren. An die Stelle der Rache und des Sühnegeldes für die geschädigte Partei trat die öffentliche Strafe, an die Stelle des von den Parteien getragenen Sühneverfahrens der auf obrigkeitlicher Untersuchung fußende «Inquisitionsprozeß». Im schweizerischen Raum ist diese Ablösung freilich sehr zögernd erfolgt, und bis zum Ausgang des Mittelalters war die Rechtspraxis erfüllt von Elementen des privaten Rache- und Satisfaktionsgedankens. Als 1374 in Basel ein Dieb begnadigt werden mußte, weil beim Henken eine Panne passiert war, ist der Scharfrichter vom erbosten Geschädigten erschlagen worden. Gehörnte Ehemänner, die ihre Frau auf frischer Tat ertappten, durften den Ehebrecher straflos umbringen.

Mit dem allmählichen Heranwachsen eines öffentlichen Strafrechts wuchs die Zahl der Gerichte, gleichzeitig teilten sich die Straftaten je nach Schwere in verschiedene Zuständigkeitsbereiche auf. Auch die Strafen selbst unterlagen einer zunehmenden Differenzierung, wobei sich aber altertümlich anmutende Strafarten und Vollstreckungsformen als besonders zählebig erwiesen.

Zudem wurde das Strafwesen mit neuer Sinngebung erfüllt. Neben die alte Bedeutung der Friedenswahrung, des sakralen Rituals und der Wiedergutmachung trat bei der Körperstrafe der Gedanke der Abschreckung, vielleicht sogar der volkstümlichen Unterhaltung; die Bußen dienten der Bereicherung der Staatskasse und des Gerichtspersonals, und mit Hilfe der Verbannung hoffte man, lästige Leute loszuwerden. Mit der Strafe wurde das elementare Bedürfnis des mittelalterlichen Menschen nach Vergeltung erfüllt; von der Idee, eine Strafe solle erzieherisch oder «resozialisierend» wirken, war man noch um 1500 weit entfernt.

Peinliche Befragung um 1500: Der Angeklagte wird an den auf den Rücken gefesselten Händen hochgezogen. Am Boden stehen Gewichte bereit, die an die Füße angehängt werden können. Der Gerichtsbeamte führt die Befragung durch.

Bis zum Ausgang des Mittelalters konnte eine erlittene Strafe als persönliche Kränkung oder Schädigung aufgefaßt werden, deshalb mußte sich die strafende Obrigkeit vor Racheaktionen schützen. Dazu bediente sie sich der Urfehde, eines Eidschwurs, den jeder Verurteilte zu leisten hatte, bevor er auf freien Fuß gesetzt wurde. In der Urfehde hatte der Delinquent zu schwören, sich für die verhängte Strafe nicht zu rächen. Verletzung der Urfehde galt demnach als Eidbruch und konnte entsprechend hart geahndet werden. Eine zusätzliche Belastung bildeten die Kosten für die Urkunde, in welcher der Urfehdeeid mit Siegel festgehalten wurde und die der Delinquent gewissermaßen als Zusatzbuße zu bezahlen hatte. Urfehde mußten auch Verbannte schwören, bevor sie in die Fremde geschickt wurden. Die Möglichkeit, allfällige Rechtsansprüche vor Gericht geltend zu machen, wurde durch den Urfehdeeid freilich nicht ausgeschaltet. Hochgestellte Personen, vor allem fehdelustige Adlige, fühlten sich durch die Urfehde nicht selten gedemütigt und weigerten sich im nachhinein, die Gültigkeit des angeblich unter Zwang geleisteten Eides anzuerkennen. Im allgemeinen aber scheint dank der konsequenten Anwendung der Urfehdepflicht in den eidgenössischen Städten die eskalierende Fortführung strafbarer Handlungen verhindert worden zu sein.

Henken, Bußen und Verbannung Mit der Herausbildung eines öffentlichen Strafrechts entwickelte sich seit dem Hochmittelalter ein vielfältiges System von Strafen, das je nach Schwere der Tat von der harmlosen Geldbuße bis zur grausamsten Hinrichtung reichte.

Körperstrafen sind in der Öffentlichkeit als feierliches und kompliziertes Ritual vollstreckt worden, besonders die Todesurteile. Nach dem richterlichen Entscheid ergriff der Henker Besitz vom Delinquenten, indem er ihn an sich fesselte. Als Zeichen, daß der Angeklagte sein Leben verwirkt hatte, wurde über ihm ein Stab gebrochen, woran heute noch eine sprichwörtliche Redensart erinnert. Beim Gang auf die Richtstätte war der Verurteilte mit dem Armsünderhemd bekleidet, ihm zur Seite schritten der Scharfrichter und seine Gehilfen, Priester und Beginen, unter Umständen Bewaffnete mit Musikbegleitung, während die Armsünderglocke bimmelte. Auf dem Richtplatz tummelten sich viele Schaulustige jeglichen Alters in gespannter Erwartung, mitunter wurden Speisen und Getränke verteilt. Bevor der Scharf- oder Nachrichter sein grausames Werk beginnen konnte, wurde das Urteil noch einmal laut verkündet.

Häufigste Hinrichtungsarten waren das Henken und das Enthaupten. Enthaupten galt als vornehmer und ehrenhafter und war mit einem christlichen Begräbnis verbunden, während beim Henken die Leiche in der Regel am Galgen baumelte, bis sie von Wind und Wetter zersetzt und von den Raben zerhackt und aufgezehrt war. Ähnlich erging es den zum Vierteilen Verurteilten – sie wurden entweder von Pferden in Stücke gerissen oder vom Henker in vier Teile zerhauen, die dann auf den Galgen genagelt wurden. Noch umständlicher ging es beim Rädern zu, von dem zwei Arten überliefert sind. Beim Tanzrad wurde der Delinquent, auf dem Rad festgebunden, von einem Henkersknecht mittels einer Kurbel im Kreise herumgedreht, bis er den Geist aufgab. Häufiger war das Radebrechen, bei dem der Henker dem am Boden angepflockten Verbrecher mit dem Rad alle Knochen zerschlug, so daß er anschließend auf das Rad geflochten werden konnte. Seltenere Todesarten waren das Ertränken, das Schinden, das lebendig Einmauern oder Begraben, das Verbrennen, das Ausdärmen, das Pfählen. Je nach Ort und Gegend scheinen gewisse Hinrichtungsmethoden bevorzugt worden zu sein. Bern besaß beispielsweise einen riesigen Kessel, um Verbrecher darin totzusieden. 1423 wurde dieser Kessel von der Nachbarstadt Freiburg ausgeliehen, die darin zwei verurteilte Trompeter kochen wollte.

An die Todesstrafen schlossen die Verstümmelungen an, die nicht selten wegen Infektionen, Wundschock oder Embolien ebenfalls tödlich verliefen. Abhacken der Finger oder Hände, ein- oder beidäugige Blendung, Kastration, Abschneiden der Ohren zählten zu den häufigsten Verstümmelungsstrafen.

Manche Hinrichtungsarten gingen möglicherweise auf Reinigungsrituale zurück, so das Verbrennen und Ertränken, während dem Henken und Rädern wahrscheinlich alte Menschenopferprozeduren zugrunde lagen. Häufig war bei der Körperstrafe die «Spiegelstrafe», bei der sich in der Hinrichtungs- oder Verstümmelungsart das Delikt spiegelte: Der Notzüchter wurde gepfählt oder kastriert, dem Hausfriedensbrecher hackte man den Fuß, dem Meineidigen Hand oder Schwurfinger ab, und dem Verleumder durchbohrte man die Zunge mit einem Nagel. Kumulierende Körperstrafen, bei denen der Verurteilte vor der Hinrichtung etwa noch mit glühenden Zangen gezwickt wurde oder die Hand verlor, kamen erst ganz am Ende des Mittelalters auf.

Ausgesprochen entehrenden Charakter hatten die öffentlichen Prügelstrafen, ausgeführt mit dem Stock, das Abschneiden der Haare oder Abbrennen des Bartes und vor allem das Ausgestelltwerden am Pranger. Der Pranger bestand meist aus dem Halseisen, mit dem man auf vielbegangenem Platz an der Schandsäule angekettet wurde, dem Spott und Unglimpf der Vorübergehenden ausgeliefert. Anstelle des Halseisens gab es auch den engen Käfig, der manchmal zur Belustigung der Passanten und zur Plage des Delinquenten gedreht oder gekippt werden konnte. Im ausgehenden 15. Jahrhundert kam die Gewohnheit auf, Verbrechern auf die Stirn oder – als mildere Variante – auf die Schulter das Brandeisen, meist das Wappenzeichen des Ortes, aufzudrücken.

Eine der häufigsten Strafen des Spätmittelalters war die Verbannung. Sie wurde nach Raum und Zeit ausgesprochen. Je nach Schwere des Vergehens mußte man ein paar Monate oder Jahre, vielleicht sogar lebenslänglich «leisten», das heißt in der Verbannung leben. Für die Gültigkeitsdauer der Strafe war es dem Delinquenten unter Androhung der Friedlosigkeit verboten, ein bestimmtes Gebiet zu betreten, ein Tal, ein Land, eine Stadt. In letzterem Fall galt meist das Weichbild als Grenze, der durch Steine markierte städtische Rechtsbezirk, der in der Regel mit dem Nahversorgungsraum knapp außerhalb der Stadtmauern zusammenfiel. Ausnahmsweise konnte man in der Eidgenossenschaft dazu verurteilt werden, jenseits der Alpen zu «leisten». Längere Verbannungen wurden nicht selten mit einer Fernwallfahrt verbunden.

Aus der früh- und hochmittelalterlichen Wiedergutmachungszahlung für Körperverletzung und Totschlag erwuchs seit dem 13. Jahrhundert die Geldbuße für Raufhändel, Ungehorsam gegen obrigkeitliche Gebote, Ehrverletzungen oder Sachbeschädigungen. Bei gewissen Vergehen, hauptsächlich bei Verstößen gegen Kleiderordnungen, konnte die Buße von den Stadtknechten ohne Gerichtsverfahren erhoben werden. Die Höhe des Bußengeldes hing vom Delikt ab und schwankte zwischen einigen Pfennigen und mehreren Pfund Silber. Wer nicht zahlen konnte oder wollte, wurde eingesperrt, bis er den schuldigen Betrag entrichtet hatte. Im übrigen bildete der Freiheitsentzug im Mittelalter keine Strafe für sich. Im Gefängnis, meist einem schauerlichen Loch, verwahrte man die gefangenen Delinquenten bis zu ihrer Verurteilung oder Hinrichtung. Vereinzelt haben im öffentlichen Strafrecht auch Elemente der brauchtümlichen Volksjustiz Eingang gefunden, vor allem für die rituelle Wüstung, die Zerstörung eines Gebäudes wegen einer darin verübten Freveltat.

Die Härte und Grausamkeit der mittelalterlichen Körperstrafen wurden durch die Rechtsinstitution der Begnadigung nur unwesentlich gemildert. Bei vielen Vergehen, von todeswürdigen Verbrechen bis zu Bußendelikten, blieb in den Rechtssatzungen der spätmittelalterlichen Städte die Strafmilderung mit der Formel «ane gnade» ausgeschlossen. Freilich darf die Häufigkeit der Exekution schwerer Körperstrafen nicht überschätzt werden. In größeren Städten sind pro Jahr im Durchschnitt etwa drei bis fünf Menschen hingerichtet worden, auf dem Land gewiß noch weniger. Geldstrafen hat man zweifellos in großen Mengen verhängt, um so mehr als Kläger und Gerichtspersonal einen erheblichen Anteil in die eigenen Taschen stecken durften. Die Zahl der jährlichen Verbannungen schwankte stark. Im 15. Jahrhundert scheinen in Städten von der Größe Basels oder Zürichs pro Jahr fünf bis zwanzig Menschen für kürzere oder längere Zeit ausgewiesen worden zu sein.

Die Durchsetzung des Rechts Rechtssatzungen, mögen sie noch so weise und gerecht sein, werden nie aus sich selbst heraus wirksam. Ihre Durchsetzung ist stets von den Machtmitteln der Rechtsinstanz abhängig, was aber zwangsläufig zur Folge hat, daß sich die Rechtsnormen den Interessen der Machthaber unterwerfen, vor allem wenn Richteramt und politische Führung in der Hand einer einzigen Person oder Behörde vereinigt sind wie im Mittelalter, als man von einer Gewaltentrennung noch nichts wußte. Es ist eine ebenso banale wie verzweifelte Feststellung des Historikers, daß zu allen Zeiten das gültige Recht immer das Recht des Stärkeren gewesen ist und eine wie auch immer definierte «absolute Gerechtigkeit» nie geherrscht hat. Was sich im Lauf der Zeiten ändert, sind die Machtmittel, die den Stärkeren über den Schwächeren erheben. Das vielgeschmähte «Faustrecht» des Mittelalters, das den körperlich oder kriegerisch Überlegenen bevorzugt, ist nicht ungerechter als eine Rechtsordnung, die dem Reichen mehr Prozeßchancen einräumt als dem Armen oder die der Erhaltung der politischen oder sozialen Strukturen dient. Die Frage nach der Durchsetzbarkeit des Rechts im Mittelalter dreht sich somit nicht um das Problem, ob die gültigen Rechtsnormen «gerecht» im Sinne strenger Unparteilichkeit gewesen seien – das waren sie im Mittelalter so wenig wie in jeder anderen Epoche der Weltgeschichte –, sondern ob das Recht in allen seinen Erscheinungsformen der Gerichtsurteile, der Schiedssprüche, der Gesetze, der Ratsbeschlüsse und der herkömmlichen Gewohnheiten tatsächlich angewandt worden ist und wie man ihm zum Erfolg verholfen hat.

Für die Einhaltung der Rechtsnormen im Alltag gemäß «Brauch und Herkommen» bedurfte es keiner obrigkeitlichen Überwachung. Hier genügte die nachbarschaftliche Sozialkontrolle mit ihren vielfältigen Möglichkeiten regulativen Eingreifens, von der freundnachbarlichen

Rüge und Mißfallensäußerung über den Steinwurf aus dem Hinterhalt bis zu den massiven Gewalttätigkeiten der brauchtümlichen Volksjustiz.

Schwieriger war es, obrigkeitliche Verbote und Bestimmungen durchzusetzen, die unpopulär waren und vom Volk nach Möglichkeit mißachtet wurden. Polizeikräfte standen nur in geringem Maß zur Verfügung. In den größeren Schweizer Städten gab es ein paar Ratsknechte und Wachtmeister, die außer sonstigen Aufgaben – wie Botengängen, Hüten der Gefangenen, Bewachung der Ratsversammlungen und Unterstützung des Henkers bei Folter und Hinrichtung – auch über die Einhaltung der Kleider- und Sittenmandate und der sonstigen Verordnungen zu wachen hatten. Auch Verhaftungen nahmen sie auf obrigkeitlichen Befehl vor – und standen deshalb beim Volk in schlechtem Ruf. Man bezeichnete sie verächtlich als «des Henkers Jagdhünd», und in Basel warf man ihnen vor, nachts heimlich Mißliebige von der Brücke in den Rhein zu werfen.

Auf dem Land waren die Polizeikräfte noch schwächer dotiert als in den Städten, was es der Obrigkeit sehr schwermachte, ihre Verbote und Weisungen durchzusetzen. Stärkstes Druckmittel war der Untertaneneid, den verletzt zu haben man im Fall der Mißachtung obrig-

Bestrafung für meineidigen Verrat: Zwei Verbrecher werden in einem Kessel gesotten, ein weiterer wird gerädert. Besonders deutlich ist das grausame Brechen der Gliedmaßen vor dem Flechten aufs Rad dargestellt. Auch bei dieser schlimmen Todesart fehlt der geistliche Zuspruch nicht.

Seltene Darstellung einer besonders scheußlichen Hinrichtungsart (um 1500): Der Verurteilte wird ausgedärmt und zerhauen. Der Henker, das blutige Messer zwischen den Zähnen, wühlt mit bloßen Händen in den Eingeweiden, unter dem Tisch liegen die Geräte – Axt, Hacke und Schaufel – zum Zerhauen und Verscharren des Hingerichteten bereit.

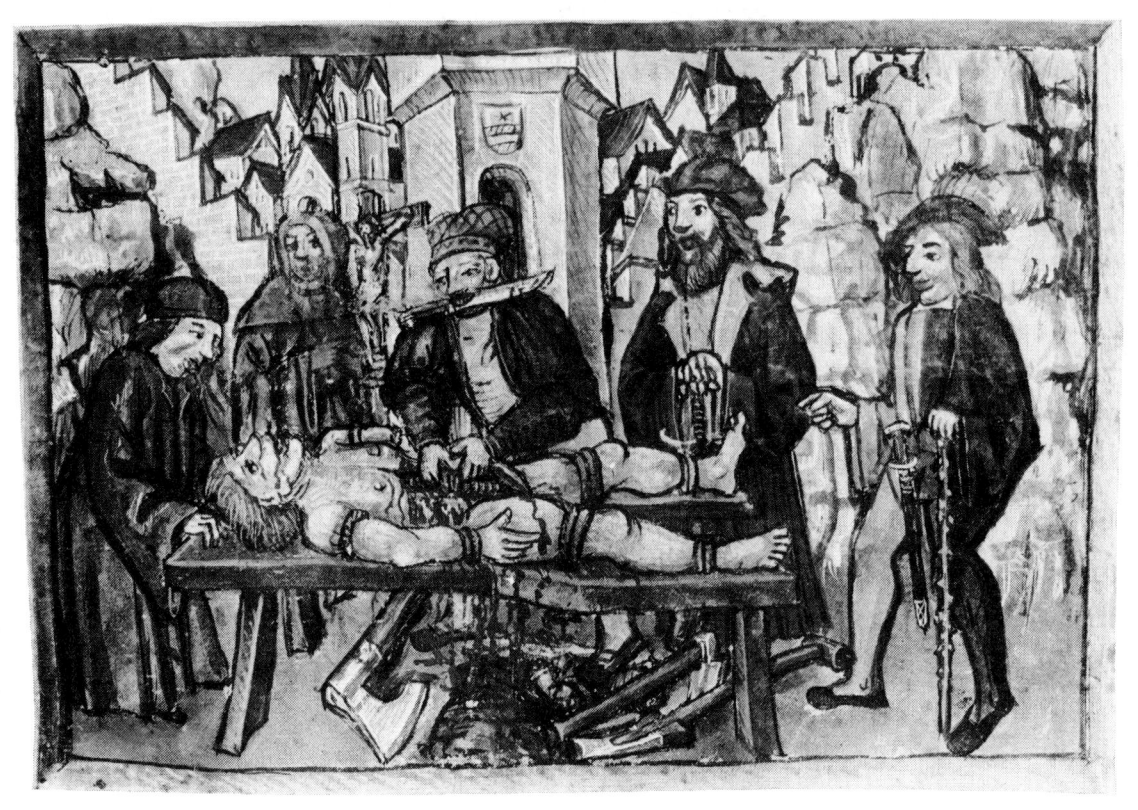

keitlicher Bestimmungen geltend machen konnte. Raffinierte Verbrechen waren schwer aufzuklären, und überführte Verbrecher waren noch schwerer einzufangen, da sie sich der Verhaftung durch rechtzeitige Flucht leicht entziehen konnten. Der flüchtige Täter blieb freilich zu einem unsteten Leben verurteilt, sofern es ihm nicht gelang, eine Asylstätte zu erreichen, die ihn vor weiterer Verfolgung schützte. Noch wirksamer als das Asylrecht unterstützten den Verbrecher die komplizierten Gerichtsverhältnisse mit ihren eng begrenzten Zuständigkeitsbereichen und ihrem geringen Personal.

Die häufige Anwendung der Verbannungsstrafe beruhte nicht zuletzt auf der Einsicht, daß man Delinquenten, die von der Schwere ihres Vergehens her noch nicht den Tod verdient hatten, die man aber für einige Zeit aus der Stadt oder aus dem Land entfernen wollte, durch Wegweisen in die Fremde am einfachsten loswerden konnte. So blieb es letztlich gleichgültig, ob man freiwillig flüchtete, bis Gras über die Sache gewachsen war, oder ob man aufgrund eines Gerichtsurteils in die Verbannung geschickt wurde.

Weil es so schwierig war, Täter vor Gericht zu bringen, Gerichtsurteile zu vollstrecken und sich gegen Rechtsverweigerung wegen Befangenheit des Gerichts zu wehren, blieb die Fehde, die gewaltsame Selbsthilfe, bis ins ausgehende Mittelalter für die Durchsetzung des Rechts unentbehrlich. Wenn bei einem Rechtsstreit um Geldschulden der Schuldner nicht zahlen wollte, konnte der Gläubiger lange von einem Gericht zum andern laufen und sich seine Rechtsansprüche bestätigen lassen. Zu seinem Geld kam er erst, wenn er eine kleine Privatarmee anwarb und mit deren Hilfe den Besitz des Schuldners gewaltsam pfändete.

Zur Ahndung todeswürdiger Verbrechen, die sich vor kein ordentliches Gericht bringen ließen, hatten sich im 13. Jahrhundert in Westfalen die Femgerichte gebildet. Organisiert als Geheimbund, weitete sich die Feme im Spätmittelalter bis in die Eidgenossenschaft aus und begann, um 1400 die Tätigkeit der lokalen Gerichte zu unterlaufen. Unter den Freischöffen oder Femgenossen, die als Richter und Urteilsvollstrecker dieser unheimlichen Organisation amtierten, begegnen uns prominente Persönlichkeiten, zum Teil aus höchstem Adel. Um den Einfluß der Feme auf das eidgenössische Rechtsleben auszuschalten, beschloß man 1438 auf der Tagsatzung, das Anrufen der Feme bei der hohen Strafe von 100 Gulden zu verbieten. Trotzdem dauerte es noch Jahrzehnte, bis die Femgerichte ihre Tätigkeit in der Schweiz einstellten. Noch 1461 schlossen die Städte und Fürsten am Oberrhein gegen die Feme ein Bündnis, das 1488 erneuert werden mußte.

In der Langlebigkeit von Fehde und Femgericht spiegelten sich die vielfältigen Schwierigkeiten des Mittelalters, das gültige Recht in die Wirklichkeit umzusetzen.

Recht und Staat

Kirchenrecht und geistliche Gerichte   Kirchliches Dogma und kirchliche Hierarchie bildeten ein umfassendes Rechtssystem. Es hatte sich seit dem Ausgang der Antike unter Anlehnung an Begriffe und Verfahren des römischen Rechts aus einer Fülle einzelner Bestimmungen entwickelt, die seit dem Frühmittelalter gesammelt und um 1200 in dem großen Werk des Corpus iuris canonici vereinigt wurden. Naturgemäß erstreckte sich das Kirchenrecht auf religiöse Fragen, zu denen neben Belangen des Dogmas – etwa in bezug auf die Häresie – auch das Ehe-, Begräbnis- oder Erbrecht zählten. Als die Kirche seit der Karolingerzeit zunehmend mit weltlichem Besitz ausgestattet wurde und weltliche Herrschaft ausübte, dehnte sich die geistliche Gerichtsbarkeit auch auf Kirchengut sowie auf Laien aus, die als Vasallen oder Eigenleute der Kirche angehörten. Im Zusammenhang mit der hochmittelalterlichen Friedensbewegung, der «Treuga Dei», die eine Einschränkung des adligen Fehdewesens bezweckte und das Kirchengut im weitesten Sinn dem weltlichen Zugriff des fehdelustigen Adels zu entziehen trachtete, entwickelte sich auf kirchlichem Boden eine selbständige Gerichtsbarkeit.

Im 12./13. Jahrhundert erfreuten sich die geistlichen Gerichte einer bedeutenden Autorität; ihre Urteile, geprägt von juristischem Sachverstand, wurden anerkannt, und um sie durchzusetzen, stand ihnen das damals noch wirksame Druckmittel des Kirchenbannes und der Exkommunikation zur Verfügung. Geistliche Gerichte wurden deshalb nicht selten auch in nichtkirchlichen Streitfragen angerufen, vor allem bei Schiedsgerichtsverfahren. In güter- und herrschaftsrechtlichen Konflikten von politischer Tragweite begegnen uns bis zum Ausgang des Mittelalters häufig die Bischöfe von Basel, Konstanz, Sitten und Genf als Vorsitzende eines Schiedsgerichtes. Von geistlichen Gerichten sind ferner bis ins Spätmittelalter hinein regelmäßig Rechtsgeschäfte beurkundet worden.

Auf weltlichem Kirchenbesitz übten Laienbeamte die Gerichtsbarkeit aus, der Vogt, der Meier oder der Viztum, denen auch Verwaltung, Schutz und Schirm des Kirchengutes oblag. Die geistlichen Gerichte waren nach Diözesen gegliedert und unterstanden dem jeweiligen Bischof. Das Sendgericht unter dem Vorsitz des Archidiakons hatte über religiöse Vergehen von Geistlichen und Laien zu urteilen, etwa über Feiertagsschändung, Ehebruch, Wucher (im Sinne der Verletzung des kanonischen Zinsverbotes), über Meineid oder über Entweihung der Kirchen, ferner über Straftaten des Klerus, besonders bei Raufhändeln und sonstigen Verletzungen der Friedensgebote. Im Spätmittelalter erlangte das bischöfliche Hofgericht unter dem Vorsitz des Offizials eine immer größere Bedeutung. Der Offizial entschied über Zivilsachen innerhalb des Klerus, über Streitigkeiten um kirchlichen Grundbesitz, später auch über Kompetenzbereiche des Archidiakons, den er im Rang überflügelt hatte, also über Ehesachen, Meineid und Testa-

Siegel des Freiherrn Werner von Attinghausen, um 1300. Mit dem Besiegeln wurde eine Urkunde rechtskräftig. Die Befugnis, ein eigenes Siegel zu führen, stand nur Personen zu, die ein Rechtsgeschäft selbständig vornehmen durften. Neben Personensiegeln kamen seit dem 13. Jahrhundert immer häufiger Siegel von politischen Organisationen (Stadt- und Landessiegel) in Gebrauch.

mente. Er stellte notariell Urkunden aus und fertigte von alten Dokumenten rechtsgültige Abschriften an. Der Geltungsbereich des Hofgerichts unter dem Vorsitz des Offizials erstreckte sich über die ganze Diözese. Um geistliche Gerichtsurteile durchzusetzen, konnte sich die Kirche außer auf die eigenen Zwangsmittel des Bannes und der Exkommunikation auch auf den Arm der weltlichen Obrigkeit stützen.

Das dem Dominikanerorden anvertraute kirchliche Sondergericht der Inquisition, eingesetzt zur Bekämpfung von Häresie und Hexerei, hat in der Schweiz keine nennenswerte Rolle gespielt, wie denn der Einfluß der geistlichen Gerichte im Spätmittelalter überhaupt stark eingeschränkt worden ist. Im Pfaffenbrief von 1370 unterstellten die eidgenössischen Orte die eigene Geistlichkeit der weltlichen Gerichtsbarkeit mit Ausnahme religiöser Fragen. Treibende Kraft in dieser Entwicklung waren die Städte; sie dehnten seit dem 14. Jahrhundert den Zuständigkeitsbereich ihrer eigenen Rechtsordnung immer mehr auf Gebiete aus, die vorher den geistlichen Gerichten unterstellt gewesen waren, also auf sakrale Vergehen wie Meineid, auf Sittlichkeitsvergehen oder auf Fragen des Ehe- und Erbrechts. Eine derartige Aushöhlung der geistlichen Gerichtsbarkeit verlief nicht ohne Zusammenstöße, die allerdings meist zugunsten der städtischen Obrigkeit ausgingen. Ein besonderes Ärgernis war das Asylrecht der Kirchen, das aus der Immunität von Kirchenbesitz, aus der christlichen Idee der «misericordia», des tätigen Mitleids gegenüber Bedrängten, und aus alten Vorstellungen von der Unantastbarkeit sakraler Stätten herausgewachsen war. Auf Asylplätzen konnten Verfolgte mit ihren Gegnern über eine Sühne verhandeln oder mit Hilfe der Geistlichkeit die Flucht vorbereiten. Im Lauf des 15. Jahrhunderts ist es der städtischen Obrigkeit gelungen, das Asylrecht wesentlich einzuschränken, durch die Verminderung der asylberechtigten Kirchen und Klöster, durch Bewachung der Zu- und Ausgänge und durch Begrenzung des Schutzanspruchs auf wenige Vergehen. Bei Streitfällen um die Gewährung des Asylrechts ging es weniger um das Schicksal des Verfolgten oder um die Wahrung des Rechts, sondern mehr um die Aufrechterhaltung von Privilegien auf kirchlicher und um die Erweiterung politischer Macht auf städtischer Seite.

Hohe und niedere Gerichtsbarkeit Im früh- und hochmittelalterlichen Gerichtswesen bildete sich zwischen dem 12. und dem 14. Jahrhundert eine Trennung der Zuständigkeitsbereiche in die hohe und niedere Gerichtsbarkeit heraus. Abgesehen von Sondergerichten, die vor allem standesbezogene Sachen zu behandeln hatten, wie die Adels- und Lehnsgerichte, die Zunftgerichte oder die Gerichte der gesellschaftlichen Randgruppen, von denen das Kohlenberggericht zu Basel besonders berühmt geworden war, ordnete sich die gesamte Fülle der spätmittelalterlichen Rechtskompetenz in diese beiden Kategorien ein. Grundsätzlich unterstanden der Hochgerichtsbarkeit die «causae maiores», Verbrechen gegen Leib, Leben, Eigentum und Ehre. Auch Streitigkeiten um Grund und Boden konnten dem Hochgericht vorgelegt werden. Fer-

---

Ratsstube von Melligen AG aus dem Jahre 1467 (heute im Schweizerischen Landesmuseum). Die Wappenscheiben pflegten sich im ausgehenden Mittelalter befreundete Orte und Städte gegenseitig zu schenken. Die in den Fenstern angebrachten Stücke entstammen allerdings Museumsbeständen und gehören nicht zur originalen Ausstattung dieser Stube.

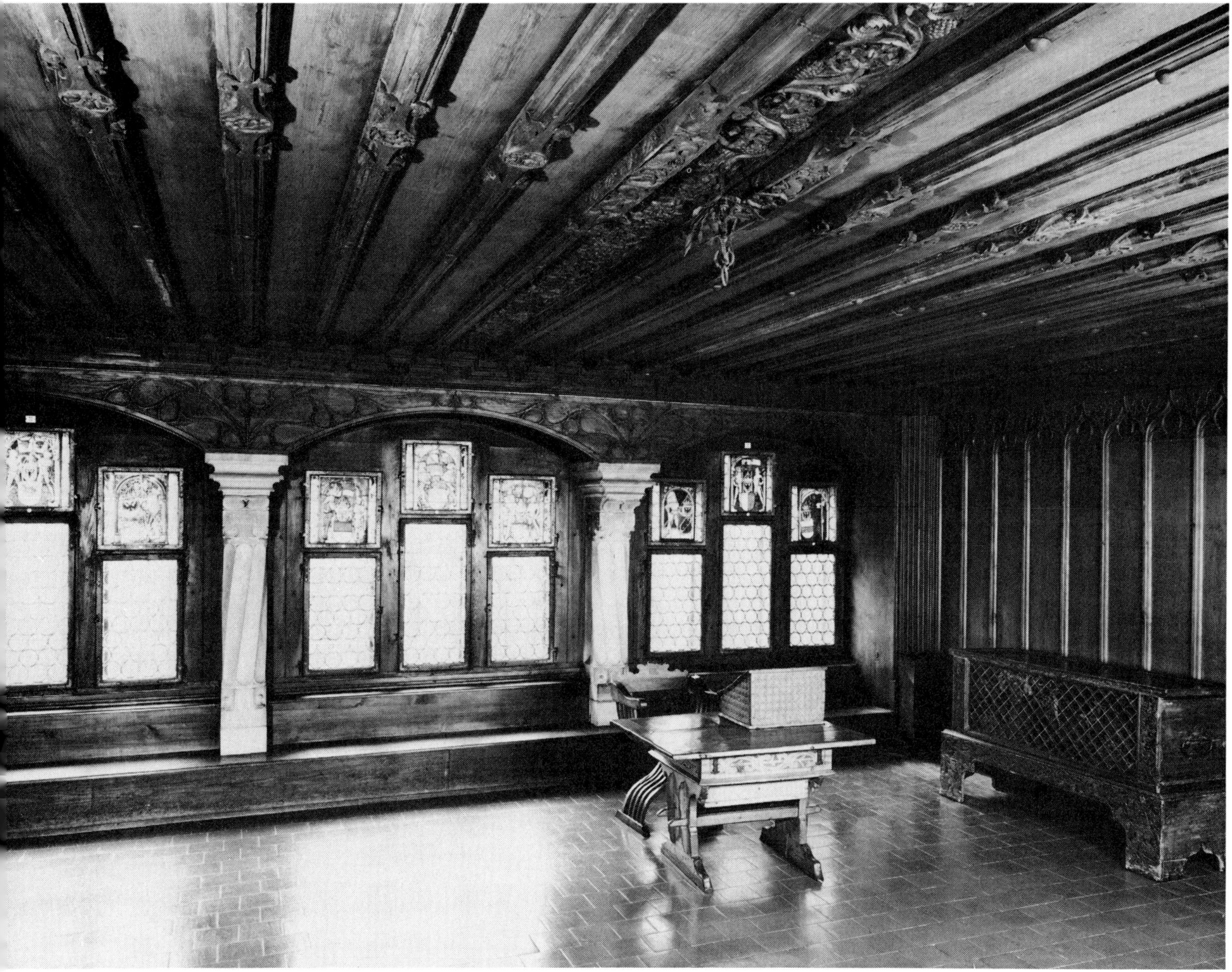

ner war es für die urkundliche Bestätigung bedeutender Güterübertragungen zuständig. Der Inhaber des Hochgerichts war Blutrichter, er urteilte über Leib und Leben. Ursprünglich stand dieses Recht dem König zu, der es durch Bannleihe an Beamte, Vögte oder Grafen delegieren konnte. Seit dem 13. Jahrhundert lag die hohe Gerichtsbarkeit bei der Landesherrschaft, doch scheint es in den Rodungsgebieten der Schweiz viele Kleinherrschaften gegeben zu haben, die das Recht einer eigenen Hochgerichtsbarkeit beanspruchten.

Die niedere Gerichtsbarkeit umfaßte die «causae minores», besonders güterrechtliche Fragen zu Eigentum und Erbe, Raufhändel, Beschimpfungen und sonstige kleinere Vergehen, die mit Bußen abgegolten werden konnten, ferner Streit über Abgaben und Dienstleistungen sowie Verstöße gegen die Flur- und Waldordnungen.

Inhaber der niederen Gerichtsbarkeit waren in der Regel die Grundherren, für sie bildeten die Bußen eine willkommene Einnahmequelle. Freilich saßen sie nicht immer selber zu Gericht, sondern überließen diese Aufgabe den Meiern, ihren Beamten in den Dinghöfen.

Die Grenzen zwischen der hohen und der niederen Gerichtsbarkeit waren nicht immer genau zu ziehen. Im Verlauf des Spätmittelalters haben einzelne Grundherren mit unterschiedlichem Erfolg versucht, für ihre Dorfherrschaft die hohe Gerichtsbarkeit zu erlangen, etwa durch kaiserliches Privileg wie im Fall des Hans Bernhard von Eptingen für Pratteln. Und manchmal dürfte beim Fehlen einer starken Landesherrschaft die Blutgerichtsbarkeit vom Grundherrn ganz einfach usurpiert worden sein. Die Undurchsichtigkeit der Grenzen zwischen Hoch- und Niedergericht führte im 15. Jahrhundert verschiedentlich zu Konflikten, von denen der Twingherrenstreit in Bern von 1470/71 wohl der bekannteste ist (mehr darüber im folgenden Kapitel).

Während auf dem Land das in Hoch- und Niedergericht geteilte Gerichtswesen bei aller Zersplitterung der Gerichtssprengel und Unklarheit der Kompetenzgrenzen einigermaßen übersichtlich blieb, entwickelte sich in den Städten, nachdem sie ihre Unabhängigkeit erlangt hatten, ein kompliziertes System von Sondergerichten mit speziellen Zuständigkeitsbereichen. Zudem erstreckte sich die städtische Gerichtsbarkeit nicht unbedingt auf das ganze Stadtgebiet, da die Klöster und Kirchen eigene Rechtsbezirke bildeten, in Basel auch die 1460 gegründete Universität. (Das Disziplinarrecht des Rektors ist der letzte Rest der ursprünglichen Universitätsgerichtsbarkeit.) Städte, die aus mehreren Siedlungsteilen zusammengewachsen waren, konnten in verschiedene Gerichtsbezirke zerfallen, die zunächst gar nicht in einer Hand vereinigt zu sein brauchten.

Die große Zahl der städtischen Gerichte ergab sich einerseits aus den wachsenden Aufgaben der Obrigkeit, andererseits aus der Überlastung der bestehenden Gerichtsorgane. Die Trennung der Kompetenzen nach Causae minores und maiores galt auch für das städtische Gerichtswesen, indem ursprünglich der Vogt die hochgerichtlichen, der Schultheiß die niedergerichtlichen Fälle zu behandeln hatte und die späteren Gerichte durch Kompetenzabspaltungen vom Vogt- und Schultheißengericht gebildet wurden. So gab es zum Beispiel das Strafgericht der «Unzüchter», das sich mit leichteren Vergehen wie Messerzücken, Fausthieben, Beschimpfungen, Flüchen, lästerlichem Schwören und Gartenfrevel befaßte. Sondergerichte entschieden über Baufragen, Streit um Kanäle und Abwässer, über Allmendnutzung und Flurfrevel. An der Vielzahl dieser Gerichte zeigt sich, daß im Spätmittelalter die Städte über viel differenziertere Rechtsordnungen verfügt haben als die Landgebiete.

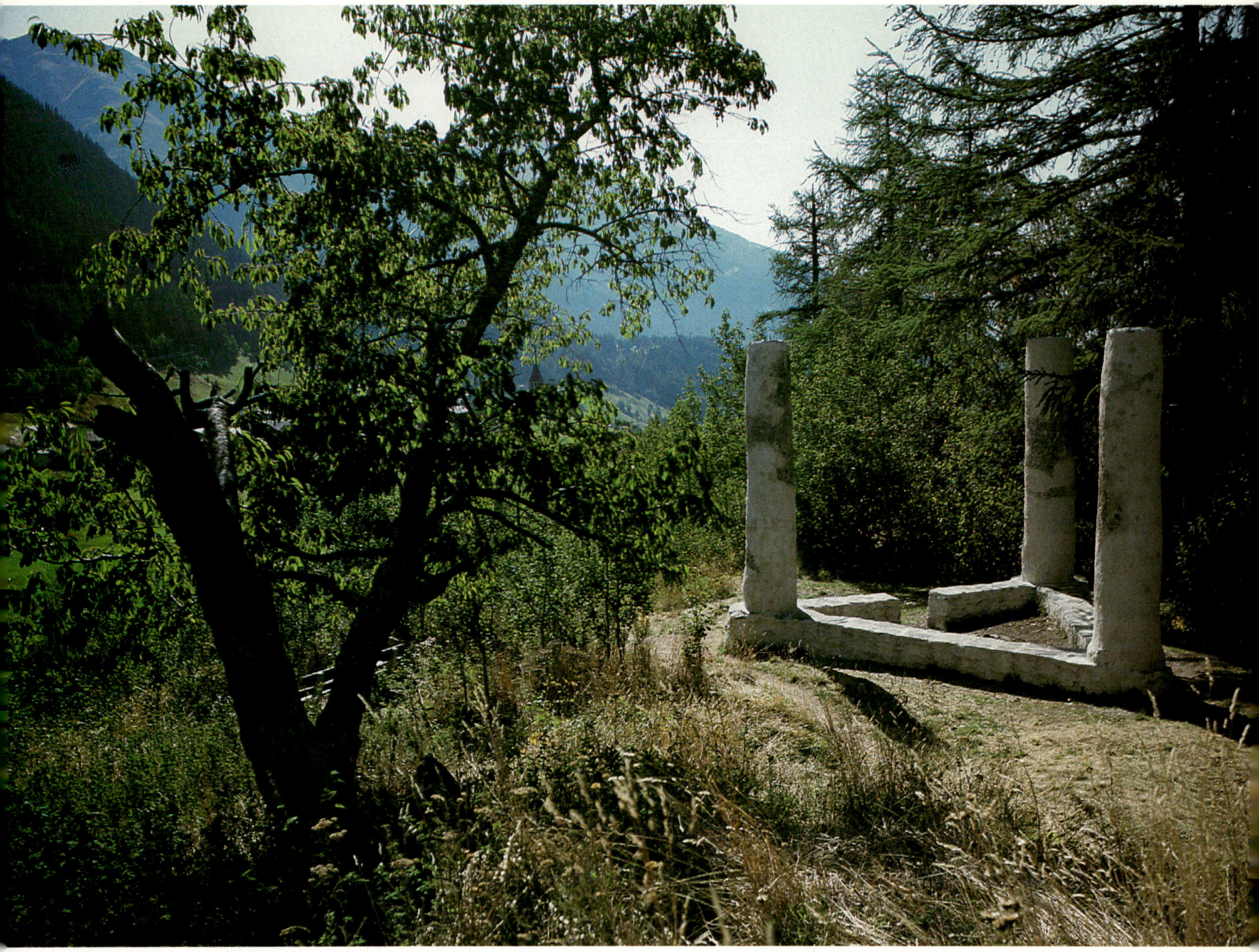

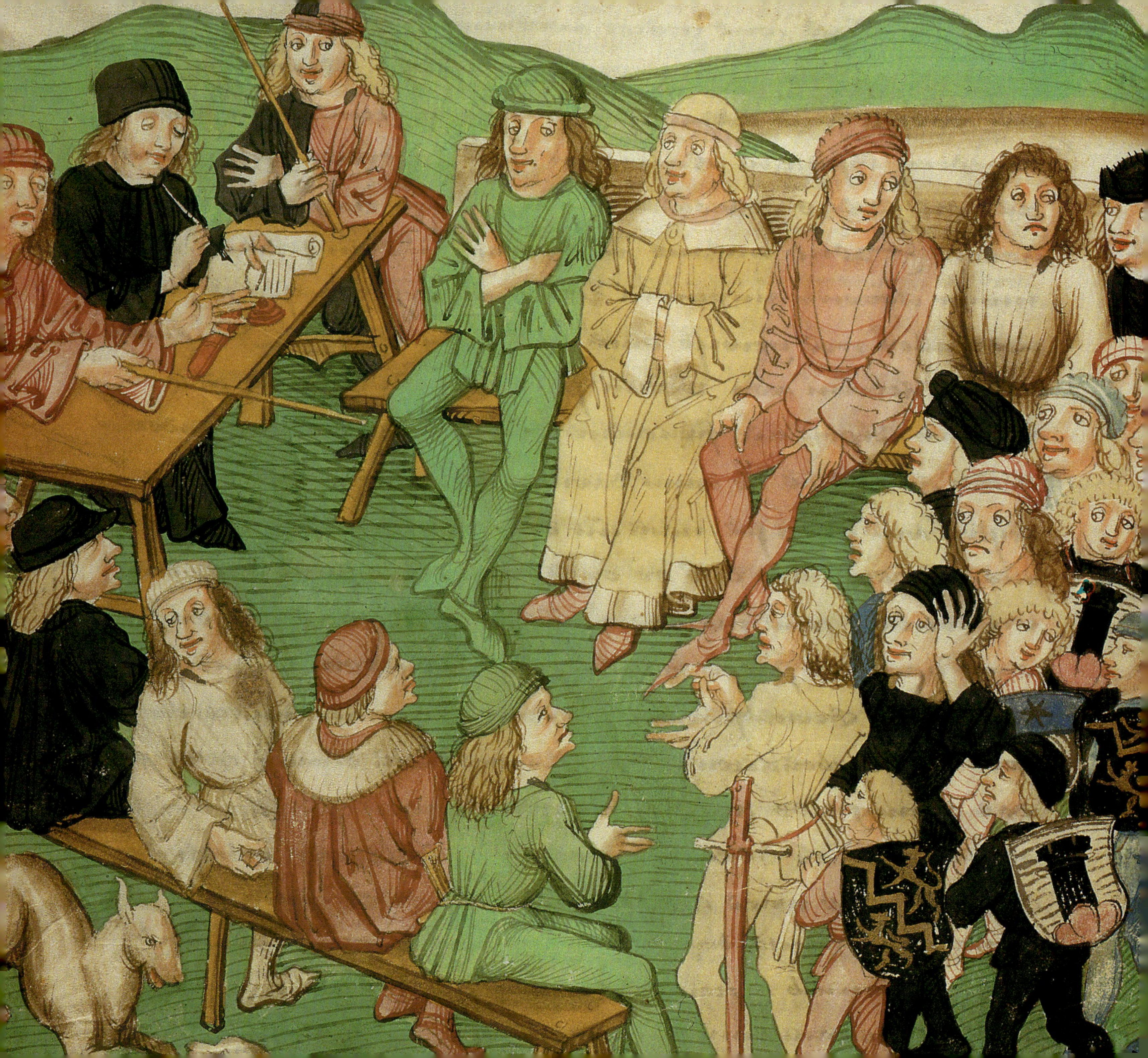

<< Galgen von Ernen VS, Dreipfeilerkonstruktion. In dem von einem Mäuerchen eingefaßten Dreieck zwischen den Pfeilern sind die Gebeine der Gehenkten verscharrt worden. Der Galgen ist im 18. Jahrhundert an der Stelle eines älteren errichtet worden.

< Gerichtsverhandlung in Bern im 15. Jahrhundert. Links die Vorsitzenden mit Stäben als Zeichen ihrer Würde, dazwischen der Schreiber. Auf den Bänken die Urteilssprecher, rechts die Angeklagten.

> Ländliche Gerichtsszene in Schüpfheim. Unter einer Linde stehen Tische und Bänke. Außer den Akten und Protokollbüchern sind auch Getränke und Speisen bereitgestellt.

Verfahren nach einem Mord im Luzernischen um 1500: Oben die Bahrprobe. Der Verdächtige wird nackt, an ein Seil gefesselt, vor den im geöffneten Sarg liegenden Leichnam geführt. Unten die Hinrichtung des Täters durch Rädern. Dem am Boden festgebundenen Verurteilten werden die Gliedmaßen mit dem Rad zerschmettert. Vertreter der Obrigkeit wohnen dem Ritual bei. Ein Priester spendet mit dem Kruzifix geistlichen Trost.

Gerichtshoheit und Staatsgewalt Die obrigkeitliche Rechtsprechung, wie sie sich seit dem 12. Jahrhundert herauszubilden begann, sollte die gewaltsame Selbsthilfe, die Fehde, ausschalten oder mindestens einschränken und so den Frieden sichern. Mit der Übernahme der Gerichtshoheit durch die Träger der Friedensbewegung – Fürsten, Städte und Landesherren – war aber die Friedenswahrung noch nicht garantiert, da die Autorität der Gerichte weniger von der Weisheit und Billigkeit des Urteils als vom Durchsetzungsvermögen abhing. Solange die Vollstreckung eines Urteils – etwa bei Totschlag – oder die gewaltsame Pfändung nicht der öffentlichen Gewalt, sondern der geschädigten Partei überlassen blieb, ließ sich die Fehde nicht beseitigen und der Friede nicht aufrechterhalten. Erweiterung der obrigkeitlichen Gerichtskompetenz und Ausbau der staatlichen Machtmittel mußten notwendigerweise miteinander einhergehen, wenn das letztlich politische Ziel der spätmittelalterlichen Landes- und Stadtherrschaft, einen dauerhaften, allgemeinen Frieden herbeizuführen, erreicht werden sollte.

Am Ausgang des Mittelalters war in der Eidgenossenschaft die Entwicklung des Staates zur Ordnungsmacht noch längst nicht abgeschlossen. In den Städten hatte sich die friedensichernde Gewalt zweifellos stärker ausgebildet als in den Länderorten, ganz zu schweigen von den zugewandten Orten des Wallis und der drei rätischen Bünde. Wesentlich wirkte sich aus, daß die weltliche Obrigkeit beim Aufstocken ihrer Gerichtsgewalt nicht mehr bloß die Friedenswahrung im Auge hatte, sondern auch auf Bereiche der kirchlichen Rechtsprechung sowie der Sittenzucht und des Zivilrechts übergriff, so daß nun der Bürger in vielerlei Lebensbereichen unter die Kontrolle des Staates geriet.

Über den Ausbau der Gerichtshoheit vollzog sich die Ausbildung der Staatsgewalt. Dabei ging es nicht allein darum, die Gerichtsautorität durch Erweiterung der richterlichen Kompetenzen und Vergrößerung des Polizeiapparates zu stärken – im Lauf des 15. Jahrhunderts ist in den Städten die Zahl der Ratsknechte verdoppelt bis verdreifacht worden –, sondern es ging zunächst um den Erwerb der Gerichtsrechte, jedenfalls der hohen, wenn möglich auch der niederen Gerichtsbarkeit. Die Territorialpolitik der eidgenössischen Städte war wesentlich durch dieses Bemühen um Gerichtsrechte geprägt, und da zeigte sich, daß wegen der Entstehung vieler Adelsherrschaften mit eigenen Gerichtskompetenzen im Verlauf des 10. bis 14. Jahrhunderts die Bildung größerer, territorial geschlossener Landesherrschaften gar nicht auf Anhieb möglich war, sondern über den mühsamen Weg des schrittweisen Aufkaufes von ungezählten Kleinherrschaften verwirklicht werden mußte. Was die Städte Zürich, Bern, Luzern, Freiburg, Solothurn, Basel oder St. Gallen im Lauf des 14. bis 16. Jahrhunderts an Landgrafschaften, zu denen die Hochgerichtsbarkeit gehörte, durch Kauf, Pfandschaft, seltener auch durch Eroberung an sich brachten, war eine Sammlung löcheriger Gebilde, durchsetzt von allen möglichen Immunitätsbezirken und autonomen Herrschaften. Um eine staatliche Territorialhoheit von geographischer Geschlossenheit zu errichten, mußten all diese Sonderrechte erst erworben werden, damit man sie nachher, wenn sie lästig oder überflüssig schienen, abschaffen konnte.

Nicht immer verlief der Ausbau der städtischen Territorialgewalt und Gerichtshoheit ohne Konflikt. Der Thurgau, 1460 als buntscheckiges Herrschaftsbündel Gemeine Herrschaft geworden, geriet erst 1499 mit der Abtretung des bis dahin österreichischen Landgerichts unter die vollständige Hoheit der Eidgenossen. In Berner Twingherrenstreit von 1470/71 ging es um die Ansprüche Berns auf die Gerichtshoheit in den vier Landgerichten Seftigen, Sternenberg, Konolfingen und Zollikofen, die von Berner Adligen, den Twingherren, privatherrschaftlich ausgeübt wurde. Der Konflikt endete mit dem Kompromiß, daß Bern die hohe, die Twingherren die niedere Gerichtsbarkeit erhalten sollten.

Wesentlich für die Souveränität der eidgenössischen Orte war ihre Gerichtsautonomie, das heißt die Unabhängigkeit von auswärtigen Gerichten. Bis 1499 unterstand die Eidgenossenschaft dem römisch-deutschen Kaiser als dem obersten Gerichtsherrn des Reiches, doch war den einzelnen Orten im Verlauf des 14. und 15. Jahrhunderts der Blutbann verliehen worden, der ihnen das Recht gab, den Vogt, der über das Blut richtete, selber zu bestimmen. Zudem erwarben die Orte im 15. Jahrhundert das Privilegium de non evocando, das jeden Eidgenossen gegen eine Vorladung an das kaiserliche Gericht schützte. Allerdings scheint die Möglichkeit, im Fall der Rechtsverweigerung an den Kaiser oder sein Hofgericht zu appellieren, weiter bestanden zu haben. Erst 1499 wurde anläßlich der Beilegung des Schwabenkrieges die Schweiz von der Gerichtshoheit des Kaisers und des neuen, 1495 eingesetzten Reichskammergerichtes befreit. Der Erwerb der Souveränität durch die Eidgenossen ging demnach mit der Aufhebung der kaiserlichen Gerichtshoheit einher, was 1648 bei der formalen Trennung der Schweiz vom Reich ausdrücklich bestätigt worden ist.

Landesschwert des Standes Obwalden aus dem frühen 16. Jahrhundert. Siegel, Schwert und Harsthorn verkörperten die politische und richterliche Gewalt und wurden bei öffentlichen Anlässen auf rituelle Weise zur Schau gestellt.

Krieg und Frieden

Der gewalttätige Lebensstil

Rauf- und Fehdelust Das Mittelalter war eine Epoche der Gewalttätigkeit. Von alltäglichen Handgreiflichkeiten und Messerstechereien über Viehraub und Massenschlägereien bis zu privaten Feldzügen gegen Nachbarländer oder gegen die eigene Obrigkeit ereigneten sich laufend Raufereien aller Art. Angesichts der Fülle und Vielfalt gewaltsamer Aktionen bleibt es müßig, im Einzelfall nach der Rechtmäßigkeit oder auch nur nach der tieferen Ursache zu fragen. Man prügelte und raufte sich, ohne sich lange über die Berechtigung oder Begründung aufzuhalten. Im späteren Mittelalter, als die städtischen Obrigkeiten gegen die dauernden Ausschreitungen mit Geldbußen und Verbannungen vorzugehen begannen, füllten sich die Protokollbücher der Gerichte mit Verurteilungen wegen Schlägereien, Messerzücken und Körperverletzungen.

Rücksichtsloser Mutwille, vor allem unter jugendlichen Raufbolden, von denen einer den anderen zu übertrumpfen versuchte, war zweifellos eine Hauptquelle der alltäglichen Schlägereien. Abends machten in den Städten Gruppen von Bezechten Gassen und Tavernen unsicher, verprügelten Passanten, die ihnen nicht paßten, schmissen Scheiben ein, verwüsteten Bordelle und Tavernen und trugen untereinander, um sich selbst zu bestätigen oder um irgendeiner aufgelesenen Dirne zu imponieren, blutige Raufhändel aus. Was beispielsweise in Zürich um 1450/60 der junge Hans Waldmann, der spätere Bürgermeister, mit seinen Kumpanen an nächtlichen Streichen und Gewalttaten verübt hat, geht auf keine Kuhhaut.

Eng verbunden war die Rauflust mit dem Hang, sich gegenseitig zu beschimpfen und zu beleidigen, und mit der Bereitschaft, auf Schmähworte äußerst empfindlich zu reagieren und gleich mit der Waffe zu antworten. Was in der papierenen Juristensprache unter den Begriff der «Verbalinjurie» fällt, stellt sich in den wörtlich protokollierten Aussagen vor Gericht als eine reichhaltige Sammlung deftigster und anschaulichster Schimpfwörter heraus, deren Gebrauch offenbar sehr beliebt war. Meist ergoß sich über den Angegriffenen gleich ein ganzer Schwall über Worte, die dann in den Gerichtsakten unter dem Sammelbegriff der «schalkhaftigen» und «bösen Worte» erscheinen. Beliebt waren Beschimpfungen, die uneheliche Abkunft, miesen Charakter und verbrecherisches Verhalten vorwarfen wie Bankart, Bösewicht, Hure, Dieb, Verräter und Meineidiger. Auf Beschimpfungen – häufig folgte ihnen zum Schluß noch eine heftige Verwünschung – antwortete der Attackierte mit der Faust, dem Messer oder dem Schwert. In Zeiten politischer oder sozialer Spannungen konnten bereits wenige Schmähworte verheerende Folgen haben. Als 1458 auf dem Schützenfest in Konstanz ein Einheimischer eine Schweizer Münze als «Kuhplappart» verächtlich machte, zogen 4000 Mann aus der Eidgenossenschaft durch den Thurgau vor Konstanz, um diese Beschimpfung zu rächen. Empfindlichkeit, «Kitzligkeit» gegenüber ehrverletzenden Worten und Gebärden, war eine der Hauptursachen großer und kleiner Raufhändel.

Neigung zur Gewalttätigkeit entwickelte keineswegs bloß der «grobe» Bauern- oder Handwerkerstand, sondern auch der Adel, ja selbst der Klerus. Schlägereien unter Domherren sind wiederholt bezeugt. Unverbesserliche Raufbolde begegnen uns sogar unter Künstlern, Dichtern und Gelehrten. Trotz seinem geistlichen Stand war der Luzerner Chronist Diebold Schilling ein Leben lang an Schlägereien beteiligt. Ein Basler Ritter ohrfeigte zu Beginn des 14. Jahrhunderts öffentlich und ungestraft den Bischof, seinen Lehnsherrn. 1332 fielen an einem ritterlichen Fest in Straßburg beim Bankett böse Worte zwischen zwei Adelsparteien, die mit Faustschlägen beantwortet wurden, dann mit Dolchstichen und Schwerthieben, und als sich noch das bewaffnete Gefolge, Innerschweizer Söldner mit Halbarten – so nannte man zu jener Zeit die Hellebarden –, in das Getümmel einmischten, entwickelte sich eine Saal- und Straßenschlacht, die als «Straßburger Geschelle» in die Geschichte eingegangen ist.

Die dauernde Bereitschaft, Meinungsverschiedenheiten, Beschimpfungen und Feindseligkeiten mit bewaffneter Hand auszufechten, ist durch die allgemein verbreitete Sitte des Waffentragens erheblich gefördert worden. Besonders von den am Gürtel baumelnden Griffwaffen wie Dolchen und Schwertern, seit dem 15. Jahrhundert auch den Schweizerdegen, machte man gern und oft Gebrauch. Anthropologische Befunde aus dem Hoch- und Spätmittelalter, die an männlichen Skeletten des öfteren

Ritterliches Verhalten in der Schlacht: Graf Werner von Homberg, der Anführer der Schar rechts, sprengt voraus und sucht den Zweikampf mit dem gegnerischen Hauptmann.

mehr oder weniger gut verheilte Spuren von Hiebverletzungen zeigen, legen beredtes Zeugnis von der Wildheit der Epoche ab.

Alle Erscheinungen der gewaltsamen Selbsthilfe, des Privatkrieges, der Adelsfehde, des Reislaufens oder der Volksaufstände, sind vor dem Hintergrund dieser permanenten Bereitschaft zur Gewalttätigkeit zu sehen und zu beurteilen.

Recken und Raubritter Als Träger des Kriegswesens begegnet uns im Hochmittelalter der Adel, während die übrigen Volksschichten – mindestens in den schriftlichen Quellen – deutlich zurücktreten. Immerhin zeigen vereinzelte Nachrichten, daß bis um 1200 auch Bauern an Kriegen teilgenommen haben, ganz zu schweigen vom Alpenraum, wo die Gesamtheit der Bevölkerung seit Urzeiten waffengewohnt und kriegslustig gewesen ist. Die Wehrhaftigkeit des städtischen Bürgertums scheint sich erst seit dem 13. Jahrhundert herausgebildet zu haben.

Der hochmittelalterliche Adel betrieb seinen Krieg bald als Sport, bald als Geschäft, bald als Gesellschaftsspiel. Von der Teilnahme an Feldzügen, für die man keine Lust verspürte, obwohl man wegen des Lehnseides hätte mitmachen sollen, drückte man sich, so gut es ging. Da schon im 11. Jahrhundert die jährliche Kriegsdienstverpflichtung im Lehnsaufgebot höchstens dreißig Tage ausmachte, wäre ein größeres Unternehmen, etwa ein Italienfeldzug, allein mit lehnsabhängigen Vasallen gar nicht möglich gewesen, deshalb mußte der Anreiz für die Teilnahme an einer Kriegsfahrt durch Soldzahlungen erhöht werden.

Eigene, private Interessen gewaltsam durchzusetzen war der Adel allerdings schnell bereit. Meist ging es um strittige Ansprüche auf Güter und Herrschaftsrechte, etwa bei Erbteilungen oder bei Rodungsland. Häufig richteten sich die Angriffe des Adels auf Klostergut, da mit der Übertragung von Familienbesitz an die Kirche längst nicht immer alle Angehörigen einverstanden waren, so daß aus Sorge um die Erhaltung des Vermögens immer wieder einzelne Herren Schenkungen an Klöster anfochten und mit bewaffneter Hand rückgängig zu machen trachteten. Zwischen dem 11. und dem 13. Jahrhundert sind deshalb viele Klöster in der Schweiz von rabiaten Adligen überfallen, geplündert und verwüstet worden. Familienfehden konnten sich über Generationen hinziehen, bis schließlich niemand mehr genau wußte, worum es eigentlich ging. Der um die Mitte des 13. Jahrhunderts in Basel ausgebrochene Parteienkonflikt der Ritterschaft, der die Stadt zeitweise in ein Schlachtfeld verwandelte, dauerte bis weit ins 14. Jahrhundert hinein. Hartnäckige Adelsfehden sind auch für Rätien, für das Wallis und das Waadtland bezeugt, vor allem aber für das Tessin, wo die Feste Bellinzona innerhalb eines Jahrhunderts gut zwanzigmal angegriffen, belagert, eingenommen und teilweise zerstört worden ist.

Neben Güterkonflikten konnten Ehrbeleidigungen, Rachegelüste – etwa wegen einer Turnierniederlage –, kriegerischer Ehrgeiz oder törichter Hang zur Selbstbestätigung eine Fehde auslösen. Vorangegangene Ehrverletzungen – Schmähworte, Bespucken des Wappens, Ohrfeigen – bildeten oft nur die rituellen Voraussetzungen, um einen Gegner zu zwingen, den Fehdehandschuh aufzunehmen.

Adelsfehden spielten sich vorwiegend in Form des zerstörerischen Kleinkrieges mit gegenseitigen Verwüstungen und Raubzügen ab. Bei direkten Zusammenstößen, besonders in der Schlacht, hielt man sich an die schwerfälligen Regeln des ritterlichen Zweikampfrituals. Beim

Kampf um feste Plätze begnügte man sich meist mit handstreichartigen Überfällen, während systematische Belagerungen, wie sie im Hochmittelalter etwa für Tarasp, Bellinzona und die Kyburg bezeugt sind, eher selten vorkamen. Kriegszerstörte Burgen sind im Spätmittelalter oft Ruinen geblieben, weil ihre Besitzer, wirtschaftlich und politisch von den Siegern bedrängt, den Wiederaufbau nicht hätten verkraften können.

Die Fehde, in der der hochmittelalterliche Adlige seine Vorstellungen von Reckenhaftigkeit und Heldentum verwirklichte, verlor seit dem 13. Jahrhundert mit dem Erstarken der Landfriedensbewegung immer mehr Rechtsboden und rutschte am Ende des Mittelalters in die Illegalität, ja Kriminalität ab. Im Kampf gegen die aufstrebenden Städte setzte der fehdelustige Adel die Erhebung neuer Straßenzölle ein, bei deren Nichtbezahlung er Waren und Menschen mit Arrest belegte. Dies trug ihm aus städtischer Sicht den Vorwurf des Raubrittertums ein und rückte ihn in die Nähe des Straßenräubers. Die Städte antworteten auf die Adelsfehde mit dem Burgenbruch, für den ihnen seit dem ausgehenden 14. Jahrhundert das neuartige Kampfmittel der Artillerie zur Verfügung stand. Zürich, Bern, Luzern, Freiburg, Solothurn, Basel und St. Gallen haben im 14. und 15. Jahrhundert über hundert Burgen zerstört und damit dem fehdelustigen Adel die wirtschaftliche und militärische Grundlage für die selbständige Kriegführung entzogen. Der adlige Burgherr, der im 15. Jahrhundert einen Privatkrieg gegen eine Stadt eröffnete, um sein Recht zu verteidigen, und dabei gegen eine Übermacht Gut, Ehre und Leben aufs Spiel setzte, war gewiß kein Schurke, für den ihn die landläufige Vorstellung vom «Raubritter» hält. Viel eher rückte ihn die Aussichtslosigkeit des vom ritterlichen Ehrenkodex gebotenen Unterfangens in die Sphäre einer heroischen Tragik.

Unstaatlichkeit des Kriegertums König und weltliche oder geistliche Landesherren, die Träger der staatlichen Gewalt im Hochmittelalter, verfügten im Kriegsfall nicht über eine feste Militärorganisation. Da mit dem Lehnsaufgebot keine größeren Unternehmungen ausgetragen werden konnten, mußte sich ein Kriegsherr auf freie Söldner stützen, die meist dem rauflustigen Kleinadel aus der Umgebung des jeweiligen Kriegsschauplatzes, bei besonders weiträumigen Konflikten auch aus fernen Ländern stammten. Für den hochmittelalterlichen Adel galt der Krieg nicht nur als Standesprivileg, sondern auch als Privatsache. Fehdelustige Ritter verfolgten bei ihren Auseinandersetzungen persönliche Ziele, die vom Streben nach Macht, Reichtum und Ehre diktiert wurden. Zusammenschlüsse zu größeren Verbänden ergaben sich aus dem Sippenzusammenhalt, aus Verschwägerungen, Freundschaften, Gelübden und gemeinsamen Interessen. Gemeinsame Interessen traten im Verlauf des Spätmittelalters immer deutlicher in Erscheinung, als die Adelsgesellschaften zu Trägern des Widerstandes gegen die Städte und die Landesfürsten wurden und so in die Nähe der frühen bäuerlichen Bundschuhvereinigungen rückten. Manche Adelsgesellschaften bildeten feste, langlebige Organisationen mit Anführern, Bannern, Abzeichen und eigenen Veranstaltungen. Dazu gehörten die Psitticher und Sterner von Basel, die Schildner zum Schneggen in Zürich, die Turniergesellschaften zum Falken und Fisch sowie zum Wilhelms- und Georgenschild. Andere Vereinigungen entstanden aus Augenblickssituationen heraus, oft vor dem Hintergrund politischer Spannungen, traten für kurze Zeit mit spektakulären Taten ins Rampenlicht der Geschichte und lösten sich rasch wieder auf wie jene verzweifelte und verwegene Rotte kleiner Dynasten, die 1308 König Albrecht bei Windisch ermordete.

Die Oberwalliser, erkennbar an ihren Kröpfen, schließen sich zum Widerstand gegen die Herren von Raron zusammen und gründen die unstaatliche Kriegergemeinschaft der Gesellschaft zum Hund.

Sippenverbände treten uns auch in der spätmittelalterlichen Eidgenossenschaft als Träger privater Kriegshandlungen entgegen, besonders im Zusammenhang mit Blutracheaktionen. Allgemeines Waffenrecht und stetige Bereitschaft einzelner und ganzer Gruppen zur Gewalttätigkeit entsprachen einer kriegerischen Gesinnung, die im breiten Volk verwurzelt war und Eigengesetzlichkeiten außerhalb staatlicher Normen und Bedürfnisse zu entwickeln vermochte.

Die Masse der waffenfähigen Mannschaft bestand aus jungen, meist unverheirateten Burschen im Alter von 14 bis 20, allenfalls 25 Jahren. Organisiert in festen, nach Ort, Tal oder Landschaft gegliederten Vereinigungen, in den «Knabenschaften», waren diese Jugendlichen die eigentlichen Träger des alteidgenössischen Kriegertums. Traditionelle Kriegsbräuche, die das Verhalten der jungen Raufbolde wesentlich prägten, vererbten sich außer über die Generationen vom Vater auf den Sohn vornehmlich innerhalb dieser bündischen Gemeinschaften. Kriegerische Unternehmungen erwuchsen aus ihren eigenen Wertvorstellungen und Verhaltensnormen heraus: Viehraub, Sachbeschädigung und Terror übte man in der näheren und weiteren Nachbarschaft, während man das eigene Gebiet gegen analoge Aktionen von außen zu schützen hatte. Fastnachtszeit, Neujahrszeit und Kirchweihen waren beliebte Termine, um derartige Fehden auszutragen. Nachbarschaftliche Raufereien waren so häufig, daß in einzelnen Alpentälern sogar der Glaube herrschte, nach einer Fastnacht ohne Verletzte gebe es kein fruchtbares Jahr. Je nach Situation konnten sich verschiedene Gruppen zu größeren Verbänden zusammenschließen, um einen ganzen Feldzug vom Zaun zu brechen. Der berühmte Zug vom «törichten Leben», auch als «Saubannerzug» bekannt, bei dem eine wilde Schar Innerschweizer in den Fastnachtstagen 1477 in die Waadt zog, um von Savoyen eine riesige Brandschatzungssumme zu erpressen, war keinesfalls, wie bisweilen beschönigend behaupet wird, ein Ausnahmefall von entartetem Übermut, sondern ein in den Dimensionen freilich ungewöhnliches Beispiel für das Normalverhalten der eidgenössischen Krieger, denn Raub- und Verwüstungszüge privater Gruppen gehörten zum spätmittelalterlichen Alltag. Wenn wir nach den Hintergründen solcher Unternehmungen fragen, stoßen wir auf eine ganze Reihe von oft irrationalen Motiven. Verletzter Stolz, Geltungssucht, Selbstbestätigung und traditionelle Feindschaften mischten sich mit Beutegier, Zerstörungswut und blinden Haßausbrüchen.

Als Gemeinschaftszeichen führte man gern ein improvisiertes Feldzeichen mit, meist ein Banner mit provokativen Bildern. An Mitläufern fehlte es selten, so daß eine Schar lawinenartig anschwellen und mit Urgewalt über Stadt und Land hereinbrechen konnte.

Eigengesetzlichkeit und Eigendynamik des alteidgenössischen Kriegertums wurden somit durch private Interessen und Emotionen sowie durch brauchtümliche Taditionen bestimmt.

Der Friede als Ausnahmezustand Die Bereitschaft des mittelalterlichen Menschen zum Dreinschlagen, das weitgehende Versagen der Justiz und das Fehlen obrigkeitlicher Machtmittel machten eine dauerhafte und allgemeingültige Friedensordnung, die dem einzelnen oder der Gemeinschaft Sicherheit an Leib und Leben, an Gut und Ehre hätte garantieren können, unmöglich. Ein vertraglich vereinbarter Friede bedeutete meist bloß einen befristeten Waffenstillstand, ohne daß die Ursachen des Konfliktes bereinigt worden wären.

Friedliches Dasein unter einzelnen Menschen, unter Gruppen, Völkern oder gar Staaten beruht auf einer allgemein anerkannten Rechtsordnung, für deren Durchsetzung eine übergeordnete, mit Machtmitteln ausgestattete Instanz erforderlich ist. Wenn eine solche Instanz fehlt, kann allenfalls ein Gleichgewicht der Kräfte das Risiko, im Kampf den kürzeren zu ziehen, gleichmäßig verteilen und damit den Ausbruch von Feindseligkeiten verhindern oder hinauszögern und das Austragen des Konfliktes auf eine andere Ebene verlagern. Wenn aber wie im Mittelalter der Krieg gar nicht unerwünscht ist, wenn er als ehrenhaft gilt und sogar Ruhm und Reichtum einbringen kann, verkörpert der Friede keinen absoluten Wert, weder ethisch noch politisch oder rechtlich. Friede war nicht der Normalzustand, dessen Gültigkeit zeitlich, räumlich und personell unbegrenzt gewesen wäre, sondern stets eine Ausnahmeregelung von limitiertem Wirkungsbereich. Ein Stadtfriede galt für ein bestimmtes Stadtgebiet, ein Landfriede für die Vertagsparteien einschließlich der Untertanen, ein Burgfriede für das Areal innerhalb einer Burganlage.

Ein wesentliches Merkmal des mittelalterlichen Friedens bestand darin, daß er nicht einfach da war als Folge einer staatlichen Rechtsordnung oder einer politischen Doktrin, die den Krieg grundsätzlich abgelehnt oder ihn als äußerstes Mittel betrachtet hätte, sondern daß der Friede stets vereinbart werden mußte, somit einer vertraglichen Regelung bedurfte, bei der sich zwangsläufig die Frage nach dem räumlichen, zeitlichen und personellen Geltungsbereich stellte. Auch wenn die einzelnen Gewaltaktionen, Raufereien, Raubzüge und Fehden, meist nicht lange dauerten, schuf die alltägliche Bereitschaft zu Kampf und Krieg doch einen Zustand der dauernden Unsicherheit.

Die Friedensordnungen entwickelten im Lauf des Mittelalters die Tendenz, die Grenzen ihrer Gültigkeit immer mehr auszudehnen, und trotzdem kam es bis weit ins 15. Jahrhundert hinein wiederholt zu Konflikten, weil sich einzelne Personen an Friedensabmachungen nicht gebunden fühlten. Als 1411 Basel und Katharina von Burgund nach vorangegangenem Krieg einen Friedens- und Bündnisvertrag miteinander schlossen, fühlten sich ein paar Grundherren von dieser Abmachung nicht betroffen und führten die Fehde auf eigene Faust weiter. Desgleichen glaubten in der Jerlingfehde von 1472 Anton Kabisser und seine Spießgesellen, die von der Jerlingsippe zum Kampf gegen Basel angeworben worden waren, der zwischen den Parteien vereinbarte Sühnevertrag gelte für sie nicht, und verharrten im Kriegszustand mit der Rheinstadt. Überhaupt zeigte sich im Spätmittelalter, daß obrigkeitliche Friedensverträge von Privatpersonen, besonders auch von Reisläufern, glatt ignoriert wurden. Schon im Hochmittelalter hielten sich die Schwyzer nicht an die getroffenen Vereinbarungen über den Grenzverlauf gegen Einsiedeln, und im 15. Jahrhundert spielte sich, allen politischen Verträgen zwischen Eidgenossen und Mailand zum Trotz, in der Leventina und im Eschental ein permanenter Kleinkrieg zwischen den Grenznachbarn ab.

Bei Friedensordnungen ging es stets um die Frage, welches Verhalten als Friedensbruch zu betrachten sei. Im Lauf des Spätmittelalters scheinen die Bestimmungen vor allem in den Städten strenger geworden zu sein, aber noch um 1500 galt längst nicht jede Gewalttat als Verletzung des Friedens, sondern allenfalls als «Unzucht», also als verhältnismäßig harmloses, mit Geldbuße oder kurzer Verbannung abzuleistendes Vergehen. Ein obrigkeitlicher Friede, der von der breiten Bevölkerung nicht gewünscht wurde, ist entweder nie in Kraft getreten oder nach kurzer Zeit gebrochen worden.

Der Kampf um den Frieden

Die Sorge um den Landfrieden Im Hochmittelalter hatten weder die kirchliche Bewegung des Gottesfriedens, die «Treuga Dei», noch die kaiserlich-staufischen Bemühungen um einen Reichsfrieden das Fehdewesen nennenswert einschränken können. Im Verlauf des 13. Jahrhunderts übernahmen die territorialen Gewalten der weltlichen und geistlichen Landesherren, später auch der Städte, die Aufgabe, den Frieden zu sichern, oder genauer, den Privatkrieg zu unterdrücken. Die landesherrliche Friedenspolitik war keineswegs pazifistisch, sondern monopolistisch, denn an die Herrschaft über ein Territorium war die Gerichtsbarkeit gebunden, die sich mit dem Rechtsprinzip der Selbsthilfe, der Fehde, auf die Dauer nicht vereinbaren ließ; deshalb wurde das alleinige Recht, Krieg zu führen, vom Inhaber der landesherrlichen Gewalt beansprucht. Bezeichnenderweise enthalten die schweizerischen Bundesbriefe von 1291 und 1315 ausführliche Landfriedensbestimmungen, aus denen hervorgeht, daß sich die drei Länder Uri, Schwyz und Unterwalden um 1300 stark genug fühlten, unter Führung der lokalen Oberschicht den Frieden selbständig zu wahren, ohne sich dem habsburgischen Territorialfürstentum unterwerfen zu müssen. Die starke Zersplitterung der landesherrlichen Gewalt zwischen Alpen und Rhein in verhältnismäßig kleine Territorien erschwerte die Durchsetzung des Landfriedens ungemein, da Friedensbrecher leicht über eine Grenze entweichen konnten oder unter Berufung auf ihre Unabhängigkeit die Gültigkeit des Friedens bestritten. Deshalb waren die fürstlichen und städtischen Landesherren bestrebt, kleine Adelsherrschaften in ihre Territorien zu integrieren und damit ihren Friedensordnungen zu unterstellen.

Gleichzeitig schlossen benachbarte Städte und Fürsten miteinander Bündnisse ab, um sich in der Friedenswahrung gegenseitig beizustehen. Auch die ältesten Bundesbriefe der Eidgenossen sind als Landfriedensbündnisse zu verstehen, denn darin sichern sich die drei Länder gegenseitige Hilfe gegen Friedensbrecher zu.

Umfangreiche Landfriedensbündnisse sind während des 14. Jahrhunderts zustande gekommen, anfänglich noch mit regionalem, allmählich mit überregionalem Geltungsbereich. Schon 1303 verbanden sich die Häuser Österreich, Habsburg-Laufenburg und Neu-Kyburg mit den Städten Basel, Bern, Solothurn und Straßburg zu einem Landfriedensvertrag; ein großes Landfriedensbündnis von 1327 umfaßte etliche rheinische Städte von Basel bis Worms, ferner die Städte am Bodensee sowie Zürich und Bern, die Länder Uri, Schwyz und Unterwalden und die Grafen von Neu-Kyburg.

Diese Landfriedensverträge waren unstabile Gebilde, und darin sollten sich die alteidgenössischen Bünde von ihnen unterscheiden. Die meisten waren befristet, und bei Erneuerungen scherte dann oft das eine oder andere Glied aus. Andere Bündnisse liefen ohne Verlängerung aus und machten neuen, andersartig zusammengesetzten Verträgen Platz. Viele Landfriedensbündnisse sind wegen der politischen Gegensätze innerhalb ihrer Mitglieder gar nie richtig zum Tragen gekommen. Der große Landfriede von 1381 am Oberrhein, der die Reichsstädte im Elsaß sowie den Bischof von Straßburg vereinigte, bildete als Bündnissystem die nördliche Fortsetzung der mittlerweile auf sechs Orte angewachsenen Eidgenossenschaft, entwickelte aber nicht annähernd die Lebenskraft des schweizerischen Bündnissystems.

Wenn sich die Landfriedensverträge gemäß urkundlichem Wortlaut gegen Raub, Totschlag und Brandstiftung richteten, waren damit auch die kriminellen Ent-

Zürcher Schützenfähnlein, im Kappeler Krieg von den Schwyzern erbeutet. Aufgenäht sind Armbrust und Hakenbüchse.

gleisungen des bandenmäßigen, vor allem an Handelswegen lauernden Berufsverbrechertums gemeint, zur Hauptsache aber die Adelsfehden. Gemeinsam gingen die Bündnispartner gegen rauflustige Herren vor, die ihr Recht auf eigene Faust suchten und sich zeitweise gegen die Landfriedensverträge in eigenen Gesellschaften zusammenschlossen. Die gegenseitige Hilfe der Städte bestand im Entsenden von Hilfstruppen, auch von Belagerungsgerät und Geschütz samt Bedienung, oft auch im Vermitteln und Schlichten. 1333 kam es zur Belagerung der Feste Schwanau bei Straßburg, an der sich Kontingente von Österreich, Basel, Bern, Straßburg, Breisach und Neuenburg beteiligten, welche die Feste schließlich einnehmen und zerstören konnten. Bekannt ist auch der Safrankrieg von 1374, in dem die verbündeten Grafen von Nidau und von Kyburg zusammen mit der Stadt Basel die Burg Neu-Falkenstein zerstörten, weil deren Inhaber, Freiherr Henmann von Bechburg, wegen berechtigter Schuldforderungen einen Kaufmannszug mit Safransäcken beschlagnahmt hatte, was als Friedensbruch ausgelegt wurde. (Die Sieger behielten übrigens den wertvollen Safran als Umtriebsentschädigung zurück, so daß die geschädigten Kaufleute letztlich leer ausgingen.)

Mit dem fehdelustigen Adel vermochten die aufstrebenden landesherrlichen Gewalten im Verlauf des 14. und 15. Jahrhunderts fertig zu werden. In der Eidgenossenschaft stützten sich die Städte als Hüter des Landfriedens militärisch jedoch auf ein Kriegertum, das seinen eigenen Gesetzen und Launen folgte und damit den öffentlichen Frieden, den man mit der Unterdrückung der Adelsfehde zu verwirklichen gehofft hatte, wieder in Frage stellte. Gegen das unstaatliche Kriegertum des breiten Volkes hatte die auf Recht und Ordnung bedachte Obrigkeit jedoch keine ebenbürtigen Machtmittel einzusetzen, deshalb ist die Wahrung des Landfriedens im Gebiet der Eidgenossenschaft bis über das Ende des Mittelalters hinaus ein unerreichbares Ziel magistraler Politik geblieben.

Waffenverbote Hochmittelalterliche Versuche, das Waffentragen einzuschränken, sollten nicht in erster Linie den Frieden wahren helfen, als vielmehr Standesunterschiede betonen und den Wildfrevel in herrschaftlichen Bannwäldern verhindern. So hätten nach einem kaiserlichen Erlaß aus dem späten 12. Jahrhundert nur Ritter das Schwert, das Abzeichen adligen Ranges, tragen dürfen, während reisende Kaufleute – denen man das Recht, sich gegen Wegelagerer zu wehren, nicht gut verweigern konnte – das Schwert im Gepäck hätten verstauen müssen. Derartige Bestimmungen waren schwer zu kontrollieren und damit auch kaum durchzusetzen. Wer über Land reiste, wird mit Sicherheit irgendeine Waffe, wenigstens ein großes Messer oder einen derben Knüttel, mit sich geführt haben. Hirten, die vom Welschlandfahren nach Hause reisten, pflegten bis weit in die Neuzeit hinein unterwegs den Erlös für das verkaufte Vieh nachts unter den Kopf zu legen und mit gezücktem Messer in der Faust zu schlafen.

Begrenzte Waffenverbote bezogen sich auf bestimmte Friedensbezirke sakraler oder rechtlicher Natur und erstreckten sich nicht unbedingt auf alle Waffenarten, sondern vor allem auf ausgesprochene Kriegswaffen wie Spieße, Streitäxte oder Hellebarden. Zu solchen Friedensbezirken zählten manche Kirchen und Klöster, ferner Gerichts- und Versammlungsplätze sowie das Innere von Burgen. Ursprünglich mögen den Waffenverboten an solchen Orten Sonderrechte, in Einzelfällen religiöse Tabus, zugrunde gelegen haben. Im Spätmittelalter diente das Waffenverbot aber vornehmlich der Friedenswahrung, galt es doch zu verhindern, daß sich eine Gerichtssitzung oder eine Landsgemeinde in eine blutige Schlägerei verwandelte oder daß sich Bewaffnete unvermutet einer Burg bemächtigen konnten. Bekannt ist die Schilderung in der Chronik des Weißen Buches, wie an einem Neujahrstag die Obwaldner Bauern die Burg von Sarnen einnehmen, indem sie sich unter dem Vorwand, Geschenke abzuliefern, Einlaß verschaffen und dank heimlich mitgeführten Waffen die schwache Besatzung überwältigen.

Waffenverbote zur Einschränkung von Raufhändeln und privaten Gewalttätigkeiten gingen von den Städten aus, die innerhalb ihrer Mauern unbedingt Frieden halten mußten, wenn das ganze Gemeinwesen nicht im Chaos versinken sollte. Ein generelles Verbot, Waffen zu tragen, ist allerdings nie erlassen worden. Einerseits mußte man auf den Stolz und die Vorrechte des Adels Rücksicht nehmen, und zudem galt die Waffe als Abzeichen des freien und wehrfähigen Mannes, deshalb hatte die Obrigkeit mit ihren einschränkenden Bestimmungen stets eine schwierige Gratwanderung zwischen den Bedürfnissen der Friedenssicherung und den Gefühlen und Rechten der Bevölkerung zu vollbringen. Im wesentlichen bezogen sich die Verbote auf mißbräuchliches und gemeingefährliches Waffentragen. In erster Linie galt die obrigkeitliche Sorge den «langen Messern», den Dolchen, von denen man bei Streitigkeiten gern Gebrauch machte. Man schränkte die Länge der Klingen ein oder schrieb die Klingenform vor, indem man die für Messerstechereien besonders geeigneten scharfen Spitzen untersagte. Auch die Tragart wurde reglementiert, indem man ein ordentliches Futteral verlangte und das Tragen «im Katzbalg», das heißt mit offener, in einem Katzenfell steckender Klinge – was das Ziehen erleichterte –, bei Strafe verbot. Selbstverständlich wurde auch das Messerzücken, sei es als Drohung oder als Vorbereitung eines Angriffs, untersagt.

Persönliche Griffwaffen, die als Bestandteil der Männertracht galten, konnten also nicht rundweg verboten werden, dagegen unterdrückte man das unbefugte Tragen von Stangen- und Schußwaffen. In Zeiten gesteigerter Spannungen, an der Fastnacht oder bei Kirchweihen sowie bei drohenden Unruhen, wurden die Waffenverbote kurzfristig verschärft. Auf dem Land, vor allem im Alpenraum, war das Waffentragen schwerer zu kontrollieren als in der Stadt und unterlag auch weniger strengen

Bestimmungen. Obrigkeitliche Waffenverbote in den Länderorten dienten vor allem der Beschwichtigung der Städte, wurden aber kaum konsequent gehandhabt. Im Bündnerland trug man mit obrigkeitlicher Duldung Messer, Dolch, Schwert, Spieß, Hellebarde oder Armbrust mit sich – die Armbrust wohl auch für den Fall, daß einem ein Hirsch begegnete. In einsamen Alphütten steckten bis in die Neuzeit hinein an der Innenseite des Türpfostens Dolche, die man bei unliebsamem Besuch gleich bei der Hand hatte.

Die zahllosen Berichte von blutigen Raufhändeln aller Art, von persönlichen Auseinandersetzungen bis zu tumultuarischen Fastnachten und Kirchweihen, belegen mit aller Deutlichkeit, daß die Waffenverbote der Obrigkeit keineswegs aus der Luft gegriffen waren und daß sie bis zum Ausgang des Mittelalters die Neigung zur Gewalttätigkeit nur unwesentlich dämpfen konnten.

Maßnahmen gegen unstaatliche Feldzüge Selbständige Aktionen kriegslustiger Raufbolde bereiteten der städtischen Obrigkeit schon im 14. Jahrhundert stetige Sorge. Nicht genug damit, daß sich bei staatlichen Feldzügen immer wieder größere und kleinere Gruppen vom Heer trennten, um auf eigene Faust zu plündern, Rache zu nehmen und private Fehden auszutragen. Es kam immer häufiger vor, daß sich trotz Friedensverträgen und Bündnissen Scharen von Bewaffneten zusammenrotteten, um irgendwelche Gewalttaten zu begehen; die politische Führung geriet dadurch unter Umständen in peinlichste Verlegenheit, zumal die Plötzlichkeit, mit der solche privaten Feldzüge beschlossen und durchgeführt wurden, der überraschten Obrigkeit kaum Gelegenheit gab, vorsorgliche Maßnahmen zu treffen.

Schon bald nach der Mitte des 14. Jahrhunderts hatten die unstaatlichen Kriegszüge ein derartiges Ausmaß angenommen, daß die Regierungen der einzelnen Orte dagegen gemeinsame Schritte unternehmen mußten. Im Pfaffenbrief von 1370 findet sich erstmals auf gemeineidgenössischer Ebene ein Verbot privater Feldzüge, das 1393 im Sempacherbrief erneuert wurde. Trotzdem beschäftigten im 15. Jahrhundert mehrmals selbständige Waffengänge die Tagsatzung und die Behörden der einzelnen Orte. In die Kriegsordnungen der eidgenössischen Städte wurden Strafbestimmungen gegen unerlaubtes Weglaufen und gegen eigenmächtige Aktionen aufgenommen. Man drohte mit Bußen, Heimschicken, mit Verbannung, ja mit dem Scharfrichter. Alles umsonst! Die privaten Kriegszüge gingen fröhlich weiter und nötigten die Regierungen und die Tagsatzung zu hastigen Entschlüssen, sei es zur bewaffneten Hilfeleistung, zur politischen Anerkennung des kriegerischen Erfolges oder – besonders bei Niederlagen – zur diplomatischen Entschuldigung. Als 1425 500 Schwyzer, die ohne Wissen der Obrigkeit ausgezogen waren, in Domodossola eingeschlossen wurden, setzten die eidgenössischen Orte, von Schwyz gemahnt, ihre Kontingente in Marsch, um die kecke Schar zu retten. Selbst der Berner Magistrat, der solche Unternehmen aufs schärfste verurteilte, schickte ein Aufgebot zu Hilfe. Umgekehrt überraschte im Jahre 1500 eine aus der Lombardei heimkehrende Söldnerschar die Tagsatzung mit der Mitteilung, Bellinzona, um das die Eidgenossen seit bald hundert Jahren vergeblich gerungen hatten, habe sich ihren Hauptleuten unterworfen. Die Innerschweizer Regierungen ließen sich nicht zweimal bitten und übernahmen die Herrschaft in der umstrittenen Festung.

Schwierigkeiten, der unstaatlichen Feldzüge Herr zu werden, ergaben sich einerseits aus dem Verhalten der

Szene aus dem alten Zürichkrieg: Sturmangriff der Tschachtl. Schwyzer auf Zollikon, 1445. In der Mitte erkennt man die Landesbanner von Schwyz und Luzern, links daneben ein Fähnlein mit dem Thebäerkreuz. Das gleiche Zeichen tragen die eidgenössischen Krieger auf den Wämsern und Hosen.

Länderorte, hauptsächlich der Schwyzer, die allen Einschränkungen ablehnend gegenüberstanden, andererseits aus den verwandtschaftlichen Beziehungen zwischen den Anführern der Freischaren und der politischen Oberschicht. Zuweilen sah es der Magistrat gar nicht ungern, wenn private Kriegerscharen für umstrittene oder heikle Vorhaben die Kastanien auf eigene Faust aus dem Feuer holten. Solothurn hat dieses Doppelspiel im 15. Jahrhundert virtuos beherrscht: Eine unstaatliche Kriegergruppe versuchte, sich einer Burg zu bemächtigen. Hatte sie Erfolg, deckte die Obrigkeit das Unternehmen, schlug die Sache fehl, wußte man im Rathaus der Aarestadt von nichts. Jahrelang vergiftete eine 1466 von Solothurn angezettelte, aber durch Verrat vereitelte Mordnacht in Basel die Beziehungen zwischen den beiden Städten.

Mit der Bildung städtischer Territorien, deren Bewohner als Untertanen galten, ergaben sich bei unstaatlichen Kriegszügen neue Verwicklungen, indem nun die eigene Obrigkeit ins Schußfeld geraten konnte. In der 2. Hälfte des 15. Jahrhunderts mehrte sich der Widerstand des Landvolks gegen die Herrschaft der Städte, und zwar besonders in der Nachbarschaft der Länderorte, so im Berner Oberland oder im Entlebuch. Luzern und Bern warfen den Unterwaldnern vor, ihre Untertanen aufzuwiegeln, was sicher nicht aus der Luft gegriffen war. Revolten auf dem Land und Unternehmungen wie der Saubannerzug von 1477, der das Bernbiet und die Waadt dem Terror einer unstaatlichen Kriegerhorde aus der Innerschweiz preisgab, veranlaßte die Stadtregierungen zum Schulterschluß gegen das wilde Treiben. Im Vertrag von St. Urban 1477 verbündeten sie sich zu gegenseitigem Schutz, und im Stanser Verkommnis von 1481, das einen Kompromiß zwischen Städte- und Länderorten erstrebte, wurden nicht nur private Feldzüge, sondern auch rebellische Zusammenrottungen und das Aufwiegeln von Untertanen verboten. Diese Abmachung fruchtete freilich wenig, denn in der Folgezeit ereigneten sich unstaatliche Kriegszüge und private Gewaltaktionen mit unkontrolliertem und unerlaubtem Entlaufen in den Solddienst so häufig, daß um 1500, bei Beginn der Mailänder Feldzüge, obrigkeitliche Resignation um sich griff. Ein Luzerner Hauptmann beklagte sich: «Man kann die Unsern nit behan – sy loufent alzit us.» Erst im Verlauf des 16. und 17. Jahrhunderts, als sich die Staatsmacht der einzelnen Orte entscheidend gestärkt hatte, gelang es der eidgenössischen Obrigkeit, das unstaatliche Kriegertum zu bändigen und die privaten Feldzüge zu beseitigen.

Obrigkeitliche Friedens- und Kriegspolitik In den Adelsfehden des Hochmittelalters, die vom 10. bis zum 13. Jahrhundert im Raum zwischen Alpen und Rhein für dauernde Unsicherheit gesorgt haben, zeichnen sich politische Linien und Ziele nur in schwacher Ausprägung ab. Größere Dynasten wie die Herzöge von Zähringen oder die Grafen von Savoyen versuchten, ihre Herrschaft mit Waffengewalt zu erweitern und zu festigen, kleinere Herren verstrickten sich in Auseinandersetzungen um Erbansprüche, Landbesitz und Herrschaftsrechte und drangsalierten sich mit gegenseitigen Raub- und Verwüstungszügen. Mit Politik hatte das alles wenig zu tun. Selbst bei Kriegen, die sich in den Rahmen größerer Konflikte einfügten, etwa beim Investiturstreit oder bei den Kämpfen zwischen Kaiser und Papst im Zeitalter der Staufer, scheinen die kriegführenden Herren ihre Partei aufgrund bereits bestehender Lokal- oder Regionalzwiste gewählt zu haben.

Politisches Denken in der Kriegführung setzte erst mit dem Aufkommen der Territorialherrschaften ein, als sich Konflikte nicht mehr bloß um Familiengut drehten, sondern auch um Wirtschaftsfragen, um Handel, um Rohstoffgewinnung und gewerbliche Produktion, ferner um die Bildung und Festigung größerer Herrschaftsgefüge und bereits auch um soziale Strukturen.

Im Unterschied zum unstaatlichen Kriegertum, das gemäß seinem heroischen Ehrenkodex die gewaltsame Auseinandersetzung als Selbstzweck betrieb, um Ruhm und Beute zu gewinnen, war der Krieg für die politische Führung ein Zwangsmittel zum Durchsetzen ihrer Ziele. Obwohl der mittelalterliche Krieg bei aller Grausamkeit mit seiner dürftig entwickelten Waffentechnologie, seiner begrenzten Reichweite und seinen ritualisierten Spielregeln längst keine so existenzielle Bedrohung bedeutete wie der totale Krieg unserer Tage und die damalige Obrigkeit deshalb rascher zu den Waffen rief als eine heutige Regierung, scheint man doch im allgemeinen die gewaltsame Austragung eines Konfliktes nach Möglichkeit vermieden zu haben.

Die eidgenössischen Orte verfügten über ein vielseitiges Instrumentarium, um Zwiste friedlich beizulegen. Verhandlungen, oft mit Hilfe befreundeter oder neutraler Städte, Länder und Fürsten geführt, verzögerten den Ausbruch von Feindseligkeiten und ebneten den Weg für einen Kompromiß. Beim Schiedsgerichtsverfahren unterwarfen sich die Parteien dem neutralen Urteil eines ad hoc bestellten Gremiums. Innereidgenössische Streitigkeiten sind nicht selten durch einen Schiedsspruch geschlichtet worden. Die Bundesbriefe sahen vor, daß Orte, die am Konflikt nicht beteiligt waren, gegen eine Partei, die sich dem Urteil des Schiedsgerichtes nicht fügen wollte, vorzugehen hatten. Diese Bestimmung sollte beim Streit um das Erbe des letzten Grafen von Toggenburg, der vom Schiedsgericht für Schwyz und gegen Zürich entschieden worden war, die übrigen Orte der Eidgenossenschaft ins Schwyzer Lager führen und so den Alten Zürichkrieg auslösen. In der Regel hatten die Schiedsgerichtsverfahren allerdings Erfolg und vermochten manchen Konflikt – bisweilen mit knapper Not – friedlich beizulegen.

Beim obrigkeitlichen Krieg stellte sich stets die Frage nach der gegenseitigen Hilfe innerhalb der einzelnen Orte sowie nach den finanziellen Folgen. Die Bundesbriefe von 1291 und 1315 sehen noch eine allgemeine und uneingeschränkte Hilfspflicht vor. Sie ist in den späteren Abmachungen allerdings deutlich präzisiert und verklausuliert worden. Man behielt sich anderweitige Verträge vor, regelte die Kostenfragen und grenzte den Hilfskreis geographisch ein. Durch diese Maßnahme solte vermieden werden, daß sich die Eidgenossen in entlegene Kriege verwickelten oder zu Handlangern einseitiger Expansionspolitik einzelner Bündnispartner machten. So endete etwa im Zürcher Bundesbrief von 1351 der Hilfskreis südlich des Gotthards bereits beim Monte Piottino; das gab den übrigen Orten die Möglichkeit, sich von den Interessen Uris an der Leventina zu distanzieren.

Viele Kriege, welche die Eidgenossen im 14. und 15. Jahrhundert führten, wären von der Obrigkeit wohl gern vermieden worden, doch waren es meist die unstaatlichen Kriegerverbände, die durch eigenmächtiges und ungestümes Vorgehen – oft unter dem Einfluß kriegstreiberischer Machthaber – den bewaffneten Konflikt auslösten und damit jede Hoffnung auf eine friedliche Lösung vereitelten. Kam es zu Verhandlungen und zum Abschluß eines Friedensvertrages, hatten die Regierungen Mühe, ihre kampflustigen und beutegierigen Leute zum Heimmarsch zu bewegen. Verwegene Einzelaktionen kleiner Gruppen, die sich an obrigkeitliche Verträge nicht gebunden fühlten, waren nicht selten. Vor allem mußte der Magistrat Provokationen verhindern, welche die Gemüter erneut in Kriegsstimmung hätten versetzen können. Auf den Abschluß von Friedensverträgen folgten regelmäßig Verbote, Trutz- und Schmachlieder zu singen sowie Spottworte und Hohngebärden zu gebrauchen.

Wenn die Kriegerscharen ihre Ehre noch nicht genügend verteidigt hatten, wenn sie glaubten, zu wenig Beute gemacht und zu wenig Terror verbreitet zu haben, und wenn sie ihren Rachedurst noch nicht gestillt hatten, blieb jeder politisch noch so ausgeklügelte Friedensvertrag brüchig und lief Gefahr, von einer Woge privater Gewalttätigkeit hinweggeschwemmt zu werden.

Die Kriegsbereitschaft

Burgen, Letzinen und Stadtbefestigungen   Der Kampf um feste Plätze hat im schweizerischen Raum während des Hoch- und Spätmittelalters selten eine kriegsentscheidende Rolle gespielt. Fluchtplätze für die Bevölkerung sind seit dem Frühmittelalter angelegt worden und scheinen im Alpenraum, vor allem im Wallis und in Graubünden, bis gegen 1500 in Gebrauch gewesen zu sein. Als Refugien für die bäuerlichen Untertanen dienten auch größere Adelsburgen sowie Friedhöfe und Kirchen, die von den Grundherren mit wehrhaften Mauern umgeben worden waren. Im Spätmittelalter flüchtete sich die kriegsbedrohte Landbevölkerung des Unterlandes, wenn keine befestigten Waldverstecke zur Verfügung standen wie im Schwarzwald, mit Vorteil in die großen, gut verteidigten Städte.

Die meisten Adelsburgen der Schweiz waren Gründungen lokaler Grundherren und kleiner Dynasten. Von ihrer Bauweise und ihrer Ausstattung her – mit Mannschaft, Waffen und Verpflegung – bildeten sie schon vor dem Aufkommen der Feuerwaffen für einen entschlossenen Angreifer keine ernsthaften Hindernisse. Landesherrliche Versuche, die im Aufbau begriffenen Territorien militärisch mit festen Plätzen abzusichern, stützten sich, wie an den Herzögen von Zähringen oder den Grafen von Kyburg, von Habsburg und von Frohburg ersichtlich ist, mehrheitlich auf die Gründung von Städten. Bedeutendste landesherrliche Burgenbauer in der Schweiz waren gewiß die Grafen von Savoyen, die im Wallis und in der Waadt eine eindrückliche Burgenbautätigkeit entfalteten. Um die Befestigung des südlichen Alpenausganges bei Bellinzona kümmerte sich gegen 1240 kein Geringerer als Kaiser Friedrich II. selbst, wie aus seinen Briefen hervorgeht. Burgengründungen kleinerer Landesherren, etwa der Bischöfe von Basel, Chur und Sitten, des Abtes von St. Gallen oder der Grafen von Greyerz und von Neuenburg, sind militärisch nicht zum Tragen gekommen.

Die geographische Ausweitung der Eidgenossenschaft im 14. Jahrhundert beschleunigte die militärische Abwertung der festen Plätze auf ihrem Hoheitsgebiet. Den landesherrlichen Festungen, die im ausgehenden Mittelalter knapp außerhalb der Grenzen als aufwendige Machtsymbole und zum Teil als wirkungsvolle Sperranlagen entstanden sind – Bellinzona, Domodossola, Mesocco, Hohentwiel und Landskron –, hatten die Eidgenossen nichts Gleichwertiges entgegenzusetzen. Teils scheute man die enormen Kosten, die durch den Bau und den Unterhalt derartiger Großanlagen entstanden wären, teils schätzte man den Wert von Festungen in eigener Hand gering ein, da es ohnehin kaum möglich gewesen wäre, im Kriegsfall genügend Truppen für den als langweilig empfundenen Garnisons- oder «Zusatz»-Dienst zusammenzubringen. Demgemäß muten die fortifikatorischen Verstärkungen, die von den eidgenössischen Orten im 15. und 16. Jahrhundert bei drohender Kriegsgefahr auf ihren Landvogteischlössern angebracht worden sind, als recht kümmerlich an. Auch der Ausbau der Feste Dorneck im frühen 16. Jahrhundert durch Solothurn hält den Vergleich mit den zeitgenössischen Anlagen des Auslandes nicht aus. Entsprechend ungenügend waren die obrigkeitlichen Schlösser mit Mannschaft und Waffen ausgerüstet. Bedeutende Festungen, die im Zuge der territorialen Expansion an die Eidgenossen oder deren Verbündete fielen, wurden fortifikatorisch nicht mehr verstärkt wie Bellinzona oder teilweise wie Locarno und vollständig wie Mesocco und Lugano geschleift.

Ebenfalls der Stagnation verfielen die Wehranlagen der in eidgenössischen Besitz geratenen Landstädte, nicht zuletzt weil man fürchtete, deren Bewohner, die mit der Obrigkeit nicht immer auf gutem Fuß standen, könnten sich hinter dem Schutz starker Festungswerke zu Rebellion hinreißen lassen. Was an Stadtmauern, Türmen und Toren nicht verfiel oder abgetragen wurde, blieb auf dem fortifikatorischen Stand des 14. Jahrhunderts stehen und erlebte durch Umbauten, Mauerdurchbrüche, Entfernung der Zinnen und Zuschüttung der Gräben eine stetige Entfestigung.

Die regierenden Städte hielten seit dem 15. Jahrhundert nicht einmal ihre eigenen Befestigungsanlagen auf der Höhe der Zeit. Der Munot von Schaffhausen und die Neubefestigung Solothurns aus dem frühen 16. Jahrhundert sind Ausnahmen, welche die Regel bestätigen. Die Bautätigkeit an den Stadtbefestigungen hatte im 15. Jahrhundert eher repräsentativen als fortifikatorischen Charakter und wirkte, wie die Neubauten von Bern, Basel, Luzern, Freiburg und Zug aus dem frühen 16. Jahrhundert zeigen, waffen- und kriegstechnologisch völlig antiquiert. Bollwerke, die den artilleristischen Möglichkeiten und Bedürfnissen des ausgehenden Mittelalters entsprochen hätten, sind in sehr geringer Zahl gebaut worden und nur von reichen Städten wie Zürich, Bern, Basel und Schaffhausen. Projekte, die von auswärtigen Festungsarchitekten angefordert wurden und großzügige Lösungen vorsahen, sind von den Regierungen angesichts der finanziellen Folgen schleunigst im Archiv versteckt worden.

Im Alpenraum hat der schon in frühgeschichtlicher Zeit bekannte Befestigungstyp der Talsperre, meist Letzi genannt, bis über den Ausgang des Mittelalters hinaus seine Bedeutung behalten. Talsperren, von geringer Mannschaft bewacht, waren zwar nicht in der Lage, eine Invasionsarmee aufzuhalten, wie die Beispiele von Glarus und Appenzell zeigen, boten aber im Kleinkrieg guten Schutz gegen Raubzüge, besonders gegen das Wegtreiben von Viehherden. Im Hochmittelalter oft in Verbindung mit Burgen als Herrschaftszentren errichtet – ich erinnere an Fracstein, Castelmur und Wimmis –, bildeten die Letzinen seit dem 14. Jahrhundert Werke des Landes oder der Talschaft. Besonders eigentümliche Anlagen haben die Ob- und Nidwaldner an den Ufern des Vierwaldstättersees errichtet, um sich gegen Angriffe zu Schiff von der österreichischen Seeseite her zu schützen. In Friedenszeiten oft vernachlässigt, wurden Letzinen bei Kriegsgefahr ausgebessert und mit einer Wache versehen. Im Bündnerland blieben gemauerte Talsperren bis ins 17. Jahrhundert hinein in Funktion und wur-

Hellebarden aus der Zeit um 1450–1480. Bis zum Aufkommen des Langspießes im ausgehenden 15. Jahrhundert bildete die Hellebarde die überall gefürchtete Hauptwaffe der eidgenössischen Fußtruppen.

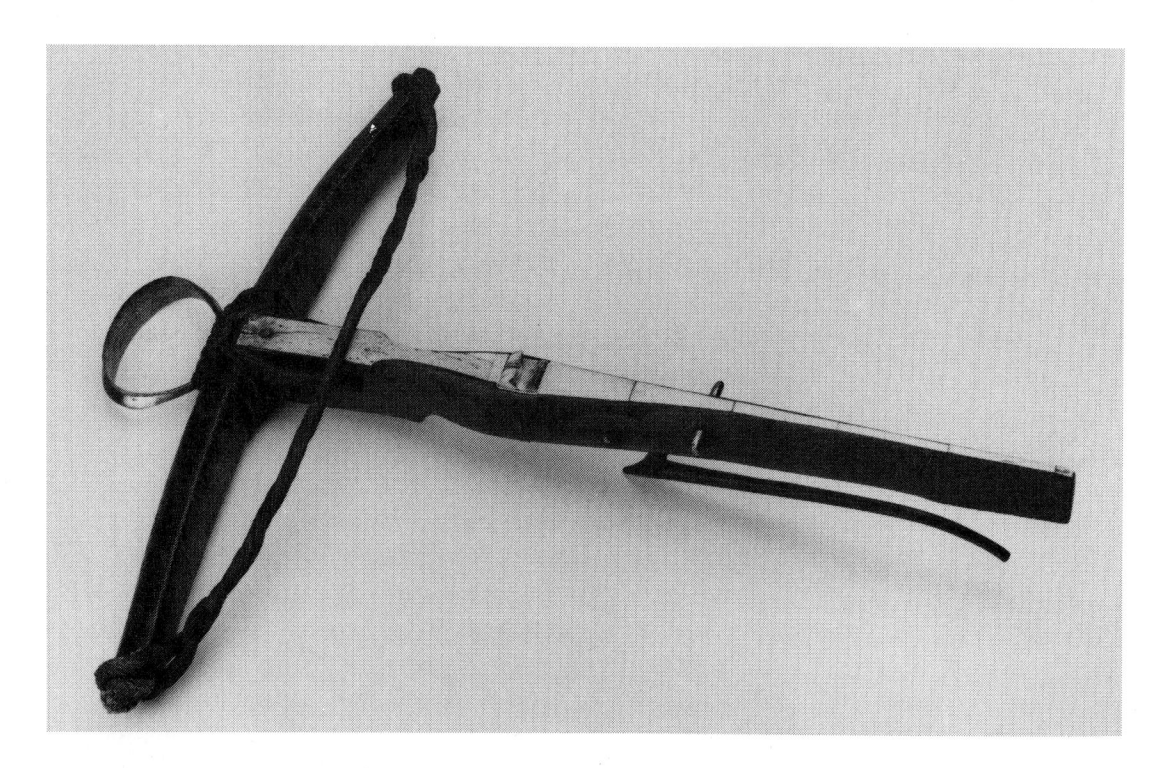

Armbrust aus der 2. Hälfte des 15. Jahrhunderts. Deutlich sind die einzelnen Teile erkennbar: Abzugbügel, Nocken zum Einhängen des Spanners, Nuß zum Einrasten der Sehne, verleimter Hornbogen und Steigbügel zum Festhalten mit dem Fuß während des Spannens. Der Steigbügel und andere Teile sind rekonstruiert.

den in den Wirren des dreißigjährigen Krieges den Erfordernissen der verbesserten Waffentechnik angepaßt. Beim Ausbruch größerer Konflikte verlegte man die Zugänge zum eigenen Land mit Wachen. Diese «Zusätzer» hielten Brücken, Pässe und Engnisse besetzt. Improvisierte Geländeverstärkungen aus Palisadenwerk erleichterten ihre Aufgabe. Die Zusätze waren zu schwach, um einen größeren Angriff abzuwehren, verhinderten aber überraschende Einfälle. Feuer- und Rauchzeichen als Alarmmittel scheinen erst im späten 15. Jahrhundert aufgekommen zu sein. Der Zusatzdienst war wegen seiner zermürbenden Warterei wenig beliebt und litt oft darunter, daß sich die Leute betranken oder unerlaubterweise wegstahlen.

Waffen und Zeughäuser Die kriegerische Ausrüstung war im Mittelalter Sache des einzelnen. Daß es trotzdem zu einer Standardisierung kam, etwa mit Stoßlanze, Schwert, Schild und Harnisch für den Ritter oder mit der Hellebarde für den alpinen Fußkämpfer, beruhte nicht auf obrigkeitlichen Anordnungen, sondern auf kollektiven Gewohnheiten und brauchtümlichen Verhaltensweisen.

Im Lauf des Spätmittelalters nahm in der Eidgenossenschaft die Obrigkeit zumal der Städte immer stärkeren Einfluß auf Bewaffnung und Ausrüstung. Mit den Belagerungsmaschinen und den Pulvergeschützen kamen Waffen auf, deren Anschaffung, Lagerung, Transport und Einsatz nur ein größeres, finanzstarkes Gemeinwesen zu bewältigen vermochte und deren Bedienung hochbezahlten Spezialisten, Werk- und Büchsenmeistern, anvertraut werden mußte. Zusammen mit der Artillerie besorgten sich die Städte auch sonstiges Kriegsmaterial, vor allem Zelte, Schanzgerät und Transportmittel für Verpflegung und Munition.

Die Obrigkeit kümmerte sich seit dem Ausgang des 14. Jahrhunderts auch mehr und mehr um die Bewaffnung des einzelnen, indem sie ihm bestimmte Waffen, vor allem die Hellebarde und später den Langspieß, vorschrieb. Ferner ordnete der Magistrat die Ausrüstung mit Schutzwaffen an, vornehmlich mit Helmen und Brustpanzern. Besondere Sorge galt den persönlichen Fernwaffen, der Armbrust und seit dem 15. Jahrhundert der Hakenbüchse, mit denen ein erheblicher Teil des städtischen Kriegsvolkes ausgestattet werden sollte. Zur Vervollständigung der privaten Ausrüstung, wohl auch als Ersatz für verlorenes oder defektes Material, kaufte die Obrigkeit große Mengen Waffen, anfänglich in süddeutschen Städten, seit dem späten 15. Jahrhundert zunehmend bei eigenen Handwerkern. In den städtischen Rechnungen finden sich die Ausgaben, für Hellebarden, Spieße, Brustpanzer, Hakenbüchsen und Armbrüste und vor allem für Munition. In Zeiten erhöhter Kriegsgefahr legte man beträchtliche Vorräte an Armbrustbolzen – mehrere zehntausend Stück – sowie an Pulver und Blei an. Zudem ließ man riesige Mengen von Fußangeln schmieden, um das Gelände vor den Stadtmauern zu «verseuchen». Zum Bekämpfen hölzerner Belagerungseinrichtungen und zum Beschießen feindlicher Burgen und Städte verwendete man Brandpfeile, von denen ebenfalls große Mengen angeschafft wurden.

Bis ins frühe 15. Jahrhundert hinein scheint man das städtische Kriegsmaterial im Rathaus und in den Rüstkammern von Wehrtürmen eingelagert zu haben. Mit dem Aufkommen der bürgerlichen Repräsentationsarchitektur im Spätmittelalter errichteten die Städte eigene Waffenmagazine, die Zeughäuser, in denen das obrigkeitliche Waffenarsenal gespeichert wurde. Bei diesen Zeughäusern handelte es sich um aufwendige Prunkbauten, in denen sich das bürgerliche Selbstbewußtsein spiegelte. Fremde Gäste, besonders Gesandte, führte man gern durch das Zeughaus, um ihnen die Macht und den Reichtum der Stadt anhand der Geschütze und der aufgestapelten Waffen vor Augen zu führen.

Trotz all diesen obrigkeitlichen Maßnahmen, von der Beschaffung großer Geschütze über den Kauf von Waffen und Munition und den Bau von Zeughäusern bis zu den Verordnungen über die Kriegsausrüstung der Wehrpflichtigen, herrschte in den amtlichen Waffenbeständen ein wunderliches Durcheinander, und die persönliche Ausstattung genügte den magistralen Anordnungen in den seltensten Fällen. In den Zeughäusern lagerten außer zeitgemäßem Kriegsgerät auch Beutewaffen aus früheren Kriegen, ferner veraltetes Material und unbrauchbare Munition sowie unsägliches Gerümpel aller Art. Ausgeliehene Waffen kamen nicht zurück, so daß beispielsweise die Zürcher Ratsherren beschließen mußten, Fehlbare, die Büchsen und Armbrüste nicht innerhalb von acht Tagen zurückbrachten, als Diebe zu behandeln. Von Zeit zu Zeit hat man versucht, durch Inventare und durch eine Buchführung über Leihwaffen Ordnung in die städtischen Arsenale zu bringen, doch blieben diese Anläufe ohne dauernde Wirkung. Um alle Lücken in der persönlichen Bewaffnung zu füllen, hätten die Zeughausbestände ohnehin nicht ausgereicht. Man mußte sich daher vor Feldzügen bei Freunden, Bekannten und Verwandten das Fehlende borgen. Viel gravierender wirkte sich aber aus, daß die Mehrzahl der Krieger von den obrigkeitlichen Vorschriften über die Bewaffnung überhaupt nichts wissen wollte und es vorzog, statt mit Brustpanzer, Helm, Armbrust oder Hakenbüchse ins Feld zu ziehen, sich auf eine ganz leichte Bewaffnung zu verlassen. Harnische und Büchsen hat man oft lieber verkauft als herumgeschleppt. Am Schluß einer Aufzählung obrigkeitlicher Bestimmungen zum Kriegswesen hat der Schreiber resigniert notiert: «Gott weiß, wie sie gehalten wurdent.»

Musterungen, Reisrödel und Ausbildung Während des 15. Jahrhunderts begannen die eidgenössischen Städte und ihre Verbündeten, die waffenfähige Mannschaft und deren persönliche Ausrüstung regelmäßig zu kontrollieren. Auf dem Land nach Gerichtsbezirken und Gemeinden geordnet, in den Städten nach Zünften, hatten die Wehrpflichtigen an einem festgesetzten Tag anzutreten und Beamten ihre Ausrüstung vorzuweisen. Manchmal wurden auch Inspektionen von Haus zu Haus durchgeführt, um zu ermitteln, ob die pro Haus oder Haushalt vorgeschriebenen Waffen, vor allem die Harnische, vorhanden waren. Verzeichnisse, Harnischrödel genannt, sollten die Kontrolle erleichtern. Wurden Mängel oder Lücken in den Beständen festgestellt, bekamen die Schuldigen unter Androhung schwerer Bußen den Auftrag, die beanstandete Ausrüstung umgehend in Ordnung zu bringen. Zudem legte der Magistrat Mannschaftslisten an, wiederum nach Zünften und ländlichen Verwaltungsbezirken geordnet, um den Überblick über die Waffenfähigen zu behalten. In diesen Reisrödeln wurden mitunter auch allgemeine Weisungen und Verbote zum Verhalten im Feld aufgeschrieben. In manchen Rödeln finden sich nur die Namen der Anführer und die Zahl der ihnen unterstellten Leute, eventuell mit Angabe der Waffe. Andere umfangreiche Listen enthalten Namen, bei denen häufig angegeben ist, welche Hauptwaffe – Hellebarde, Spieß, Büchse, Schlachtschwert – der Betreffende mitzunehmen hatte.

Auf den ersten Blick erwecken diese bürokratischen Aufzeichnungen den Eindruck einer wohlorganisierten Militäradministration. Bei genauerem Zusehen erkennt man aber, daß es mit der Ordnung nicht weit her war. Die Harnisch- und Reisrödel wurden sehr unregelmäßig auf-

Innerschweizer Heereszug: Mit den Bannern marschieren Spielleute und Elitekrieger im Harnisch, bewaffnet mit riesigen Schwertern. Der eine bläst in ein Harsthorn. Die Straußenfedern galten als eidgenössisches Abzeichen.

genommen und nachgetragen, so daß sie kaum je dem tatsächlichen Stand entsprachen. Bei den Hauskontrollen wird man sich gegenseitig mit verstecktem Ausleihen von Waffen ausgeholfen haben, um das Fehlen einzelner Gegenstände zu verheimlichen. Zudem kam es des öfteren vor, daß einer seine Waffen, die er an der Musterung vorzeigte, im Kriegsfall zu Hause ließ und sich auf bequemere und seiner Mentalität besser entsprechende Weise ausrüstete. Ein völliges Durcheinander herrschte zeitweise in den Reisrödeln, in denen junge Wehrpflichtige fehlten, dafür aber Namen von Verstorbenen oder Weggezogenen standen. Man gewinnt den Eindruck, beim Abfassen eines neuen Rödels sei man oft zu bequem gewesen, den Mannschaftsbestand zu kontrollieren, und habe sich mit der Abschrift der alten Liste begnügt. In einzelnen Länderarten begann man überhaupt erst in nachmittelalterlicher Zeit mit dem systematischen Aufzeichnen von Waffen- und Mannschaftsrödeln.

In den Städten und Dörfern verband sich die Harnischschau oder Musterung schon im 15. Jahrhundert mit Kirchweih- und Fastnachtstreiben, so daß bisweilen die obrigkeitliche Kontrolltätigkeit im Festrummel unterging. Das Chaos in den Reis- und Harnischrödeln hatte freilich keine nennenswerten Auswirkungen auf die Schlagkraft der Truppen. Kam es zum Krieg, rückten stets mehr Leute aus als vorgesehen, da die Aussicht auf Beute und Ruhm ungleich stärker lockte als die tägliche Arbeit. Man konnte es sich deshalb leisten, ungenügend bewaffnete Leute – übrigens auch notorisch ungehorsame – wieder nach Hause zu schicken, was als ehrenrührige Strafe empfunden worden sein dürfte. Die aus obrigkeitlicher Sicht mangelhafte, von den Harnischrödeln abweichende Ausrüstung entsprach der Mentalität der Krieger und brachte deren Stärke, die Beweglichkeit im Angriff und die Gewandtheit im Nahkampf, erst voll zum Tragen.

Eine systematische, von der Obrigkeit gelenkte und organisierte Gefechtsausbildung hat es in der spätmittelalterlichen Eidgenossenschaft nicht gegeben. Das Armbrust- und Büchsenschießen, dem aber keine kriegsentscheidende Bedeutung zukam, wurde spielerisch auf den städtischen Schießplätzen, an den Schützenfesten und auf der Jagd geübt. Den Gebrauch der Nahkampfwaffen erlernte man teils ebenfalls auf der Jagd, besonders den schwierigen Umgang mit dem Langspieß, teils bei den täglichen, von Kindsbeinen an betriebenen Raufereien und Raubzügen der Knabenschaften. Mit der Hellebarde und der Streitaxt konnte jeder dreinschlagen, der im Wald ans Baumfällen und zu Hause ans Holzspalten gewöhnt war. Auch bekannte Formationen und taktische Bewegungen, mit denen die Eidgenossen ihre großen Erfolge errangen, beruhten kaum auf Anordnungen der Führung und schon gar nicht auf einexerziertem Drill, sondern auf Gewohnheitsverhalten, kollektiver Instinktsicherheit und natürlichen Bewegungsabläufen. Die berühmte Keilformation, in der sich die Eidgenossen auf den Gegner stürzten, entstand zwangsläufig durch den plötzlichen Aufbruch aus einem dichten Haufen – wie heute jeder Massenstart zu einem Volkslauf zeigt – und brauchte keineswegs eigens befohlen zu werden. Die wiederholt angewandte Umgehung des Gegners durch unwegsames Gelände entsprach einem schon im Kindesalter erlernten Vorgehen beim Viehtreiben auf den Bergen und bei der Gebirgsjagd. Hier brauchte der Anführer höchstens noch das Stichwort zu geben, dann wußte jeder, was er zu tun hatte. Treffend wird zu Beginn des 16. Jahrhunderts das Verhalten der Krieger im Kollektiv mit einer Schafherde verglichen, bei der instinktmäßig ein Tier dem anderen nachzulaufen pflegt.

Anführer und Mannschaft Im hochmittelalterlichen Ritterheer, das nach den Regeln eines traditionellen Standesrituals kämpfte, galt der Anführer zusammen mit dem Feldzeichen als repräsentatives Symbol für die ganze Schar. Sein Sieg im Zweikampf nahm den Ausgang der Schlacht vorweg; im Streit, wo er im dichtesten Getümmel kämpfte und durch heroisches Draufgängertum seine Gefährten mitriß und mit Gesang und Rufen anfeuerte, stand er im Mittelpunkt des Geschehens, und mit seinem Tod oder seiner Gefangennahme war der Kampf verloren. Gern verglich man den ritterlichen Anführer mit wilden, kampfstarken Tieren, mit dem Löwen, dem Adler, dem Bären oder dem Wildschwein.

Ähnliche Züge sind auch beim Hauptmann des alteidgenössischen Heeres zu erkennen, wohl nicht zuletzt auch deshalb, weil sich unter den Anführern schweizerischer Truppen viele Angehörige adliger Geschlechter befanden – die Bubenberg, Scharnachthal, Erlach, Hallwil, Thierstein, Winkelried oder Marmels –, die den anderen Hauptleuten nichtadliger Abkunft in Aufmachung und Verhalten als Leitbild dienten. Anführer eidgenössischer Kontingente hoben sich gern durch ihre Ausrüstung von der Masse der Kriegsknechte ab, vor allem die von der Obrigkeit bestellten Hauptleute. Sie waren beritten, trugen einen vornehmen Vollharnisch und hielten sich in der Nähe des von bewährten, mit Schlachtschwertern für den Nahkampf bewaffneten Elitekriegern bewachten Banners auf. In ihrer Umgebung standen oder marschierten auch die Spielleute mit den Pauken, Dudelsäcken und den entsetzlich tönenden Harsthörnern. (Trommeln und Pfeifen kamen erst im späten 15. Jahrhundert auf.)

Bei staatlichen Auszügen wurden die Hauptleute von der Obrigkeit bestellt und mit den politischen Kriegszielen vertraut gemacht. Nicht selten waren die militärischen Anführer identisch mit Magistratspersonen oder doch eng mit der politischen Oberschicht verbunden, etwa durch verwandtschaftliche Bande. Viele Hauptleute verdankten ihre Ernennung dem Ruf ihrer Tapferkeit, ihrer Loyalität und ihrer Autorität. Daß auffallend viele Wirte, Gerber und Metzger sowohl unter obrigkeitlichen als auch unter freien Führern nachweisbar sind, hängt wohl mit den spezifischen Anforderungen dieser Berufe sowie mit deren Beziehungen zu den alpinen Viehzüchtern zusammen.

Gemäß einer Beschreibung des Zürcher Chronisten J. Simler aus dem 16. Jahrhundert spielte sich das militärische Aufgebot so ab, daß die von der Obrigkeit ernannten Hauptleute ihre persönlichen Freunde gerufen haben, diese wiederum ihren Anhang, und so fort, bis das erforderliche Kontingent beisammen gewesen ist. Auf diese Weise bestand das ganze Aufgebot eines Ortes aus Leuten, die sich kannten und durch Freundschaft oder Bande des Blutes verbunden waren, während die Obrigkeit nur gerade in der Gestalt des von ihr bestellten Hauptmannes repräsentiert war.

Wie sollte eine solche Führung auf einem Feldzug den Willen der politischen Behörde durchsetzen, wenn dieser nicht mit den Launen und Wünschen der Krieger übereinstimmte? Das Mittel des Eides, mit dem man die Truppen zum Gehorsam anhalten wollte, blieb von geringer Wirkung, auch Strafandrohungen fruchteten wenig. Es war gewiß leichter, einen Sack Flöhe oder ein Rudel Wölfe zu hüten, als eine eidgenössische Kriegerschar zusammenzuhalten. Eigenmächtige Aktionen, Ausschweifungen, Besserwissen und mangelnde Identifikation mit der politischen Führung nagten an der Autorität des Hauptmanns. Er befragte daher vor entscheidenden Aktionen die Truppe um ihre Meinung und hü-

Kriegsrat einer Reisläuferschar im frühen 16. Jahrhundert. Die Leute besammeln sich im Kreis, sie bilden ein «redlin». Im Mittelpunkt steht ein alter, erfahrener Krieger mit einem ungeheuren Federbusch auf dem Hut. Vorn rechts ist ein Krieger zu erkennen, der als Trophäe besonderer Art einen Frauenrock über seiner Kriegsausrüstung trägt.

tete sich, Anordnungen zu treffen, die der allgemeinen Stimmung widersprachen. Er riskierte sonst, abgesetzt oder totgeschlagen und durch willfährige, populäre Anführer ersetzt zu werden, wodurch ein obrigkeitlicher Feldzug den Charakter und Verlauf eines unstaatlichen Unternehmens erhalten hätte. Bei solchen Unternehmen wurden die Hauptleute naturgemäß aus der Mitte des Volkes gewählt.

Angesichts der altschweizerischen Kriegermentalität traten bei Beratungen über weiteres Vorgehen oft die Hauptleute für Zurückhaltung und die Kriegsknechte für Angriff und Losstürmen ein. Wenn die Anführer vor der Schlacht einen Kampfplan aushecken, wurde er durch verfrühtes Losschlagen einer Abteilung wiederholt gefährdet, weil im Ehrenkodex des Kriegers das Warten als Feigheit hätte ausgelegt werden können. Kühne Umgehungsmanöver, wie sie etwa für den Schwabenkrieg bezeugt sind, wären an solcher Ungeduld beinahe gescheitert. Größte Mühe bereitete den Anführern der kriegerische Hochmut ihrer Leute. In selbstmörderischer Kampfeswut stürzte man sich auf zahlenmäßig weit überlegene Gegner. «Viel Feind, viel Ehr» oder «je dichter das Gras, desto leichter das Mähen». In St. Jakob an der Birs muß die knapp 1500 Mann starke Truppe, die im Kampf gegen eine sechsfache Übermacht immerhin über 4000 Feinde erschlug, nachdem sie die Hauptleute gezwungen hatte, sie in die Schlacht zu führen, geradezu nach einem heroischen Untergang gelechzt haben. Im «Verlorenen Haufen» mitzukämpfen, in der Vorhut, die unter hohen Verlusten die Schlacht zu eröffnen hatte, bevor der Gewalthaufen eingriff, war trotz oder wegen der Todesgefahr eine Ehre. 1513, als 6000 Schweizer in Novara eingeschlossen waren, das Belagerungsheer aber beim Herannahen einer Entsatztruppe von 4000 Mann zurückgewichen war, kam es zunächst zwischen Belagerten und den in Gewaltmärschen herbeigeeilten Rettern zu einem tumultartigen Freudenfest, das als Sauf- und Liebesorgie die ganze Nacht währte, und am frühen Morgen beschlossen die in Hochstimmung versetzten Eidgenossen, sich unverzüglich auf die Gegner zu stürzen, ohne auf die bereits gemeldeten Verstärkungen zu warten. Denn den Ruhm, die verhaßten Landsknechte massakriert zu haben, wollte man mit möglichst wenigen teilen. In Anbetracht einer solchen triebhaften, instinktsicheren Kampfeswut ist es müßig, nach Plänen oder Weisungen der Hauptleute zu fragen. Die Anführer wurden von den Wogen der allgemeinen Begeisterung ganz einfach mitgeschwemmt, denn vom Hauptmann erwartete das Kriegsvolk in der Schlacht keine taktische Führung aus dem Hintergrund. Als Oberschläger hatte er sich in vorderste Front zu werfen und mit seinem Beispiel die Leute vorwärts zu treiben. Hoch war deshalb bei blutigen Schlachten die Verlustquote der Anführer. Namen wie Stüssi (St. Jakob an der Sihl), Stanga (Giornico), Fontana (Calven), Wolleb (Frastenz), Winkelried (Bicocca) stehen stellvertretend für viele weitere.

Hauptleute, die staatliche Feldzüge leiteten, begegnen uns auch als Anführer selbständiger Unternehmungen. Erni Winkelried, der in Marignano kämpfte und bei Bicocca fiel, trug zwischendurch einen Privatkrieg gegen den König von Frankreich aus, und Heini Wolleb, der populäre Söldnerführer und Hauptmann im Schwabenkrieg, war als Urschner auch in eine Blutrachefehde mit Leuten aus dem Goms und in sonstige private Händel verwickelt.

In der Gestalt des Hauptmanns vereinigten sich somit die drei Hauptelemente des altschweizerischen Kriegertums: der persönliche Heroismus, die unstaatliche Fehdelust und die obrigkeitliche Kriegspolitik.

Ritterliches und eidgenössisches Kriegertum

Bewaffnung und Kriegermentalität Wie aus Abbildungen und archäologischen Funden hervorgeht, hat der adlige Reiterkrieger des 11. Jahrhunderts mit Schwert und Spieß, auch «Stoßlanze» genannt, gekämpft. Die übrigen Trutzwaffen frühmittelalterlicher Herkunft sind entweder in Vergessenheit geraten wie die «Franziska», die Wurfaxt, und die Glefe oder auf rituellen Sport- und Zweikampfgebrauch beschränkt worden wie der Wurfspeer und die Streitaxt. Pfeil und Bogen dürften außer zur Jagd und zum friedlichen Wettschießen auch zum Kampf um feste Plätze gedient haben.

Vor feindlicher Einwirkung schützte sich der adlige Krieger mit Schild, Helm und Rüstung. Die «Schutzkleidung» wurde im Laufe der Jahrhunderte immer schwerfälliger und schränkte um 1300 die Bewegungs- und Sehfähigkeit so sehr ein, daß sie im offenen Kampf nur hinderlich gewesen wäre und bloß noch bei rituellen, nach bestimmten Spielregeln ausgetragenen Auseinandersetzungen getragen werden konnte, beim Turnier, beim Zweikampf und in der hochritualisierten Reiterschlacht, während für den Kleinkrieg eine leichtere Schutzausrüstung benützt wurde. Das Aufkommen der Heraldik um die Wende vom 12. zum 13. Jahrhundert, die mit ihrer überdimensionierten Helmzier und ihren wappengeschmückten Überkleidern und Pferdedecken die kriegerische Aufmachung des Ritters in eine farbenprächtige Maskerade verwandelte, hatte zur Entwicklung der adligen Kriegsrüstung zur Zeremonialtracht wesentlich beigetragen.

Von völlig anderen Voraussetzungen war die Bewaffnung des alpinen Fußkämpfers geprägt. Jagd und Krieg im Gebirge, im unwegsamen Gelände, erforderten ein Höchstmaß an Beweglichkeit. Alpenvölker sind bereits von den Römern als leicht bewaffnete Söldner mit Erfolg eingesetzt worden, und diese Tradition hat sich bis zum Ausgang des Mittelalters behauptet. Der alpine Krieger war unter Verzicht auf hinderliche Schutzbewaffnung mit Schwert und Spieß ausgerüstet.

Um 1300 wurde in der Innerschweiz aus dem bäuerlichen Mehrzweckgerät des Gertels die Hellebarde, damals noch Halbarte genannt, entwickelt, eine langstielige Hieb- und Stichwaffe, die sich im 14. und 15. Jahrhundert im Kampf gegen die schwer gepanzerten Ritter als äußerst wirksam erwies und bei ihrem ersten Einsatz in der Schlacht am Morgarten von 1315 geradezu schockartiges Entsetzen auslöste. In der zweiten Hälfte des 15. Jahrhunderts gesellte sich zur Hellebarde der Langspieß, ursprünglich eine Jagdwaffe im Gebirge und seit dem Schwabenkrieg von 1499 die Hauptwaffe des eidgenössischen Kriegers. Die persönliche Ausrüstung wurde mit verschiedenen Griffwaffen ergänzt, die beim Handgemenge zum Einsatz kamen: Schwert, Dolch und Schweizerdegen. Eher Ritual- und Repräsentationscharakter hatte das um 1500 aufkommende Zweihand- oder Schlachtschwert.

Mit der politischen Emanzipation der Städte entwickelte auch die Bürgerschaft mit obrigkeitlicher Hilfe ein selbständiges Wehrwesen. Es stützte sich vor allem auf Fernwaffen, auf Bogen und Pfeil, seit dem 13. Jahrhundert auf die Armbrust und mit der Einführung der Feuerwaffen in der zweiten Hälfte des 14. Jahrhunderts auf Hakenbüchsen und Pulvergeschütze. Die politische Annäherung der Städte an die Eidgenossenschaft führte zur Übernahme alpiner Bewaffnung und Kampfweise durch städtische Kontingente, nicht zuletzt unter dem Einfluß von Innerschweizer Söldnern, die von Bern, Zürich, St. Gallen oder Basel seit dem 14. Jahrhundert bei Kriegsgefahr in Dienst genommen wurden.

In der Bewaffnung spiegelten sich Kampfweisen und Kriegermentalität. Der schwer gepanzerte Ritter, für den der Krieg ein Standesprivileg bedeutete, strebte im Kampf nach Ruhm und Ehre und hielt sich an feste Spielregeln, die von Achtung vor dem Gegner geprägt waren. In der Schlacht löste sich das Geschehen in vornehme Zweikämpfe auf, die durch Pausen unterbrochen werden konnten. Ehrenhaftes Verhalten war wichtiger als Erfolg, ein heroischer Untergang zählte mehr als ein unfair errungener Sieg.

Der alpine Fußkämpfer kannte ähnliche Ehrbegriffe, er bezeichnete sich deshalb nicht ungern als ritterlich und edel. Auch seine Kampfweise war ritualisiert und keineswegs von reinem Erfolgsdenken geleitet, wie die aus sturem Festhalten an eigenen Traditionen entspringenden Niederlagen des 16. Jahrhunderts zeigten. Des alpinen Kriegers Hauptmerkmal war die todesverachtende Kampfekstase, mit der er sich in die Schlacht stürzte und alles zusammenschlug, was sich ihm in den Weg stellte. Als besonders wirkungsvoll erwies sich die Sitte, zur Eröffnung des Kampfes unter ohrenbetäubendem Lärm mit einem Hagel von «hämpfligen», das heißt faustgroßen Steinen die feindliche Schlachtordnung durcheinanderzubringen. Gab es zu wenig Steine, schmiß man mit anderen festen Gegenständen, mit Flaschen, Holzscheiten und Gepäckstücken. Lähmendes Entsetzen löste der Klang der Harsthörner aus. Seine ungezügelte Wildheit vor dem Feind, seine Beweglichkeit und Flinkheit, die ihn zur Umgehung gegnerischer Stellungen befähigte, und die Wirksamkeit seiner Angriffswaffen, all das machte ihn für den in altertümlichem Ehrenkodex verhafteten Ritter zu einem unbesiegbaren Gegner.

Kriegsbräuche Das Verhalten des einzelnen und des Verbandes im Krieg wird nie ausschließlich von rational nachvollziehbarem Zweck- und Erfolgsdenken bestimmt. Neben psychischen Ausnahmezuständen wie Angst, Schock, Haß, Wut und Ekstase wirken sich stets auch religiöse und abergläubische Vorstellungen, Ehrgefühl, Fairneßdenken, Pflichtbewußtsein und Pflichtvergessenheit sowie doktrinäre Vorurteile auf den Gang der Ereignisse aus. Jeder Krieg ist an «Spielregeln» gebunden, deren Verletzungen militärische Vorteile bringen kann, gleichzeitig aber den Urheber ins Unrecht setzt und ihn des Anspruchs beraubt, einen «gerechten Krieg» zu führen: Obwohl man im Mittelalter zahlreiche Gifte kannte, die leicht greifbar gewesen wären, sind nie vergiftete Waffen verwendet worden.

Kriegerische Verhaltensnormen beruhen teils auf körperlichen und seelischen Verfassungen wie Erschöpfung, Niedergeschlagenheit, Hochmut oder Angriffswut, teils auf irrationalen Vorstellungen verschiedensten Ursprungs; sie können sich zu Sitte und Brauch verfestigen, um schließlich im sinnentleerten Ritual zu erstarren. Von traditionsverhaftetem, oft geradezu antiquiertem Denken und Handeln wird das Kriegswesen bis zum heutigen Tag immer wieder geprägt und damit bald der Lächerlichkeit preisgegeben, bald in ebenso verheerende wie vermeidbare Katastrophen geführt. Der im Mittelalter weitverbreitete Brauch des Siegers, drei Tage auf dem Schlachtfeld zu verweilen, mitten unter den verwesenden Leichen, ist bereits für die Kelten im 4. Jahrhundert vor Christus bezeugt. Ursprünglich hatte die Behauptung des Schlachtfeldes als Zeichen des Sieges gegolten – ungeachtet der Verluste –, zudem dürfte die Sieger infolge Erschöpfung und Erleichterung nach höchster Anspannung eine Lähmung befallen haben, die sie für weitere Aktionen untauglich machte. Zum festen

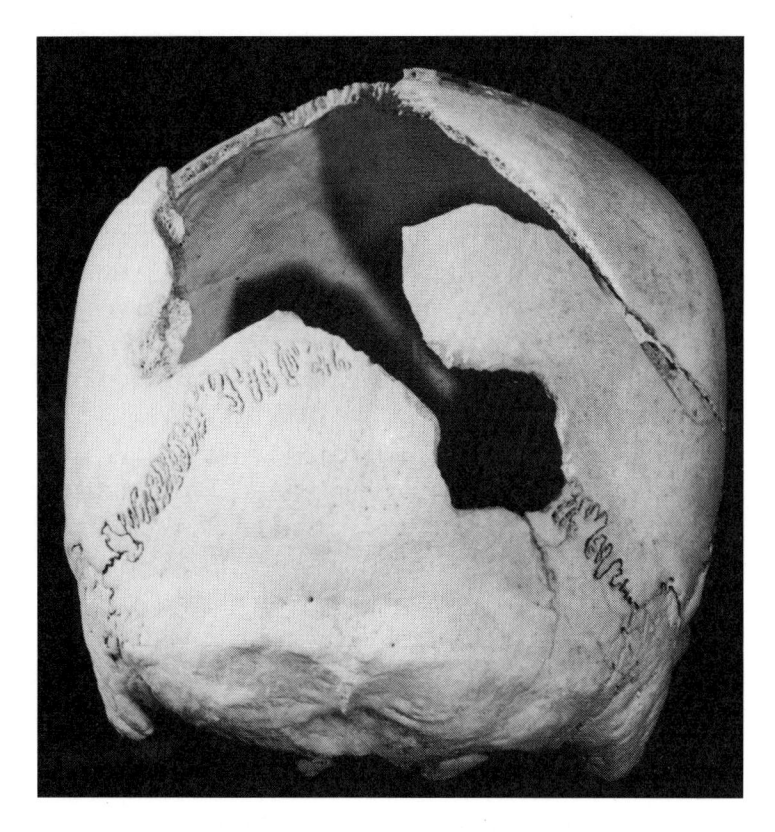

Schädel aus dem Massengrab der Schlacht von Dornach, 1499. Die Hiebverletzungen belegen, daß auf die Schwerverletzten mehrmals mit blinder Wut eingeschlagen worden ist.

Brauch geworden, konnte sich das dreitägige Verweilen auf dem Schlachtfeld – das übrigens keineswegs zur Pflege von Verwundeten oder Bestattung von Gefallenen diente – für die Sieger höchst nachteilig auswirken, weil man die Chance, dem angeschlagenen Gegner den Rest zu geben, sinnlos preisgab.

Spezifisch ritterliche Kriegsbräuche entsprangen dem Ehrenkodex des vornehmen Reiterkriegers und waren durch eine sehr weit entwickelte Ritualisierung gekennzeichnet, so daß es zeitweise den Anschein machte, ein Schlacht unterscheide sich von einem festlichen Turnier nur durch das Fehlen von zuschauenden Damen. Besonders hervorzuheben sind die von Wortgeplänkeln umrahmten Zweikämpfe, die Gefechtspausen, die zum Essen und Trinken sowie zum Versorgen der Verwundeten genutzt wurden, ferner die heroischen Gelübde, durch die sich der Ritter zu einer kriegerischen Tat verpflichtete. Bevor er sie erfüllte, erlegte er sich Entbehrungen und Kasteiungen von oft grotesken Formen auf. Sich nicht mehr zu waschen, zu kämmen und zu rasieren, bevor man seine Heldentat vollbracht hatte, zählte zu den häufigsten Leistungen eines Gelübdes.

Eine eigentümliche Rolle spielte in der Schlacht das Feldzeichen, in der Regel ein Banner. Es verkörperte die Gemeinschaft der Krieger, sein Erhalt oder Verlust symbolisierte Sieg oder Niederlage. Feindliche Fahnen galten deshalb als begehrte Kriegsbeute, und im Angesicht der Niederlage waren die Bannerträger bis zum letzten Atemzug bemüht, die Fahne hochzuhalten oder durch Verstecken dem feindlichen Zugriff zu entziehen. Die Bündner sprengten erbeutete Geschütze an Ort und Stelle, führten aber die feindlichen Fahnen im Triumphzug nach Hause.

Ein großer Teil der Kriegsbräuche beruhte auf dem geradezu berauschten Ausnahmezustand des Kriegers vor dem Kampf. Schon die Ritter des Hochmittelalters steigerten sich vor der Schlacht durch Lieder und Geschrei in eine wütende Kampfstimmung hinein. Die Eidgenossen gingen noch weiter. Um in ihre berühmte und gefürchtete Tobsucht zu verfallen, tranken sie Unmengen von Wein, vollführten sie mit ekstatischer Musik aus Dudelsäcken, Pauken und Harsthörnern einen Höllenlärm, und unmittelbar vor dem Angriff erschütterten sie die Luft und die Gemüter der Feinde durch Jauchzen, Johlen und Brüllen mit einem Getöse, das ans Wuettisheer erinnerte und den Gegner schon vor dem Zusammenstoß ins Wanken brachte. Ekstatische Kampfeswut machte vor nichts halt. Auf verletzte Gegner wurde, wie Schädelfunde aus Massengräbern beweisen, blindwütig mit schweren Hiebwaffen immer wieder eingeschlagen, und an Gefangenen und Gefallenen verübte man die unglaublichsten Grausamkeiten. Das Abhacken von Füßen und Händen ist schon im 13. Jahrhundert belegt. Nach der Schlacht bei Crevola von 1487 hieben die Eschentaler den getöteten Schweizern Köpfe und Finger ab. Mit dem Schmer stellten die Mailänder Apotheker Potenz- und Schönheitssalben her. Ähnlich verhielten sich auch die Eidgenossen im Siegesrausch. Selbst rituelle Menschenfresserei, etwa Verspeisen des Herzens oder Trinken des Blutes, ist bezeugt. Besonders übel spielte man prominenten Gefallenen mit. Nach der Schlacht von St. Jakob an der Sihl 1443 hängte man nach eidlichen Zeugenaussagen die Leiche des Zürcher Bürgermeisters Stüssi auf, schnitt Herz und Eingeweide heraus, salbte mit dem Fett die Schuhe und steckte dem Toten in Hintern und Nase Pfauenfedern zur Verhöhnung des österreichischen Parteiabzeichens. Bei der Verwüstung des Klosters Rüti zerrten die Eidgenossen den Sarg des Grafen von Toggenburg aus seiner Gruft, brachen ihn auf und schlugen dem Leichnam mit einem Stein den Schädel ein. Nicht alle Scheußlichkeiten beging man in tobsüchtiger Raserei. Die Ermordung von Kindern und schwangeren Frauen sollte verhindern, daß eine kommende Generation Rache nehmen könnte. Eng mit der Kampfekstase waren magisch-religiöse Kriegsbräuche verbunden. Durch Gebete und Anrufung der eigenen Heiligen, etwa der Landespatrone, versuchte man, das Kriegsglück zu erzwingen. Amulette und Zaubersprüche schützten vor Verletzungen. Mit dem rituellen Schlachtgebet – kniend mit erhobenen Armen – rief man Gott, die Jungfrau Maria, die Landespatrone, die Nothelfer und die anderen Heiligen um Unterstützung an und führte auch in den Eckquartieren der Fahnen oder als Bannerzeichen ihre Bilder oder Attribute in den Kampf, den St. Fridolin von Glarus, den Schlüssel von St. Peter in Stans und ähnliches.

Mit dem Thebäerkreuz am Wams fühlten sich die eidgenössischen Krieger sicher vor dem Feind. Sorgfältig achtete man auch auf gute und schlechte Vorzeichen und wählte Glückstage, um eine Schlacht zu schlagen. Für die Eidgenossen galt der Zehntausendrittertag (22. Juni) als besonders glückbringend, auf ihn fielen unter anderem die Schlachten von Laupen und Murten, während die von Kardinal Schiner provozierte Schlacht von Marignano einen Unglückstag traf und deshalb die Eidgenossen am Erfolg von vornherein zweifeln ließ. Glück- oder unglückverheißende Visionen vor und nach einer Schlacht sind häufig bezeugt, ebenso der Glaube an das Eingreifen der Heiligen. Der Basler Bürgermeister Peter Rot schrieb nach der Schlacht von Murten nach Hause: «... Die heiligen Zehntausend Ritter haben für uns gefochten, dann die Sach nit menschlich gewesen ist...» Über das Schlachtenglück entschied nicht bloß der Termin, sondern auch der Ort. Alte Schlachtfelder, an denen schon die Vorfahren gesiegt hatten oder an denen man sich für eine frühere Niederlage rächen konnte, galten als glückbringend. Bei Ulrichen erinnert noch heute ein Gedenkstein an zwei erfolgreiche Schlachten der Walliser gegen den Herzog von Zähringen und gegen die Berner. Sagen von heroischen Kämpfen, die um Schlachtfelder kreisen, brauchen nicht nachträglich entstanden zu sein, sondern könnten schon vorher dem Ort angehaftet und damit die Wahl des Kampfplatzes mitbestimmt haben. Kirchen und Heilige des Gegners gal-

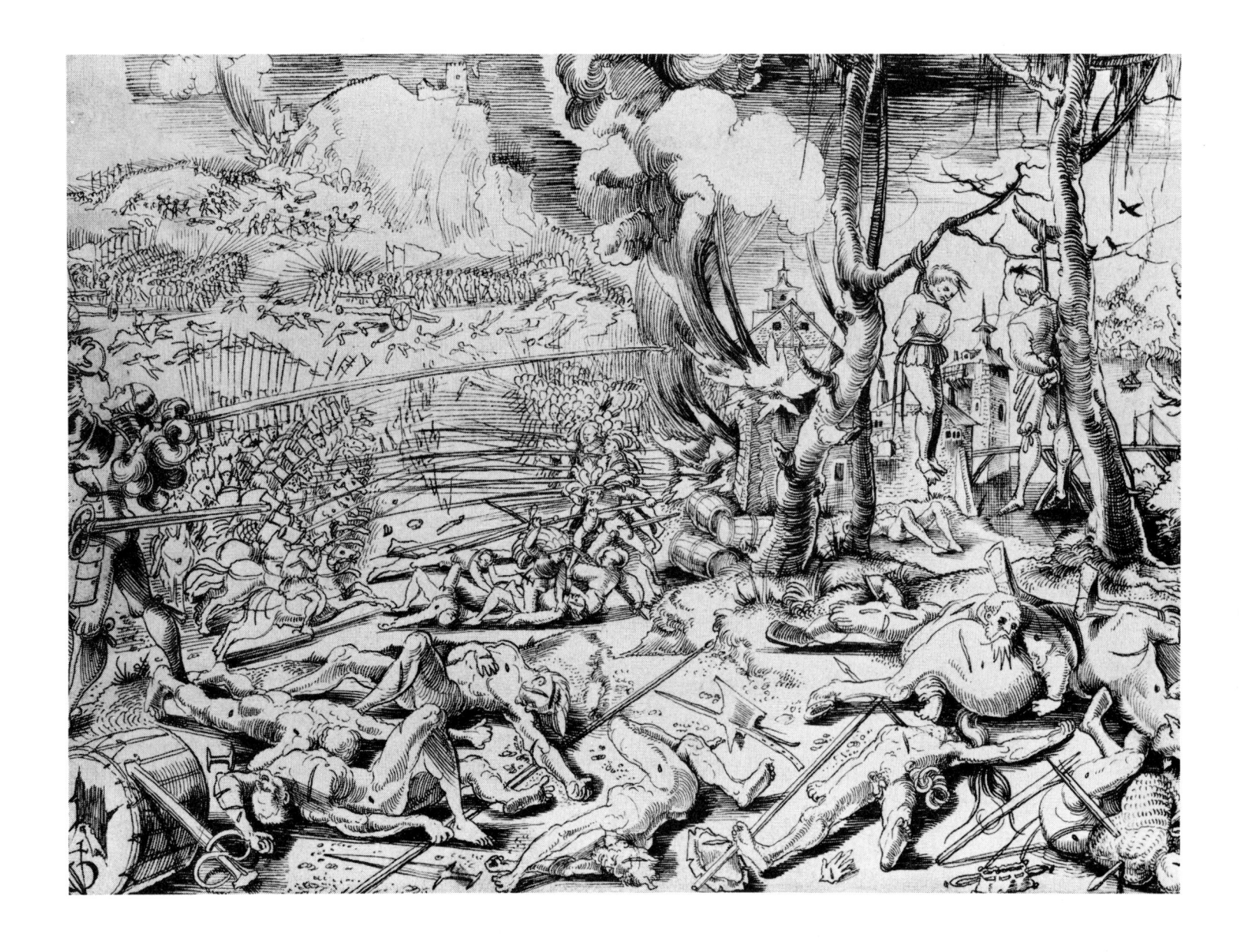

Schlachtfeld um 1500, nach Urs Graf. Im Vordergrund liegen ausgeplünderte und verstümmelte Leichen mit ihrem zerbrochenen Kriegsgerät. An den Ästen baumeln Gehenkte. Inmitten all dieser Schrecknisse löscht ein mit dem Langspieß bewaffneter Kriegsknecht ungerührt seinen Durst. Das Hauptgeschehen der Schlacht spielt sich im Hintergrund ab.

ten als feindlich. Ihre Entweihung und Schändung gehörten zu den üblichen Kampfhandlungen und sollten den Gegner der Hilfe durch göttliche Mächte berauben. Die Eidgenossen pflegten die Kirchen und Altäre nicht nur durch Völlerei und Hurerei zu entweihen. Sie fraßen auch die Hostien auf, betranken sich mit dem Meßwein, raubten oder zerstörten die Reliquien und verspotteten die Heiligenfiguren.

Besonders altertümlich mutet der Kriegsbrauch der «Devotio» an, des Opfertodes, bei dem man sich und die Gegner dem Untergang weihte. Belegt schon im alten Rom, findet sich die kriegerische Devotio im hochmittelalterlichen Rittertum sowie bei den alpinen Kriegern des Spätmittelalters. Auch wenn das klassische Beispiel des alteidgenössischen Opfertodes, die Tat Winkelrieds in der Schlacht von Sempach 1386, quellenmäßig schwer nachweisbar ist, bleibt die rituelle Selbstaufopferung als alteidgenössischer Kriegsbrauch unbestritten. Vor der Schlacht von Marignano warf der Zuger Hauptmann Werner Steiner vom Pferd herab über die Köpfe der Vorhut drei Schollen Erde und rief: «Das soll unser Kilchhof sin, fromme, liebe Eidgenossen!»

In ihrer Gesamtheit bestimmten die Kriegsbräuche des Mittelalters das Geschehen im Kleinkrieg, vor allem aber vor, während und nach der Schlacht. In den meisten Fällen setzten sich traditionelle Verhaltensweisen und Rituale gegenüber den Geboten der militärischen Vernunft durch. Beachtung des Ehrenkodexes und der Spielregeln sowie Einordnung in Sitte und Brauch, mochten diese noch so grausam oder gar selbstmörderisch sein, galten mehr als ein auf schmähliche Weise errungener Erfolg.

Ritterlicher Topfhelm aus der Burg Küßnacht (Mitte des 14. Jahrhunderts). In der Scheitelpartie ist die Öse zur Befestigung des heraldischen Helmschmucks (Zimier) zu erkennen. In seiner sicht- und bewegungsbehindernden Schwerfälligkeit eignete sich der Topfhelm des 14. Jahrhunderts nur noch für ritualisierte Zweikämpfe und Turniere. Im Krieg trug man einen leichteren Helm. (Schweizerisches Landesmuseum Zürich)

Stärken und Schwächen des Kriegertums Über militärische Stärke und Schwäche entscheidet weniger das Kriegspotential – Anzahl der Truppen, feste Plätze, Bewaffnung –, sondern das Verhalten des Kriegers im Feld, bestimmt von seiner Leistungsfähigkeit und seiner Mentalität. Die Qualität der Führung fiel im Mittelalter kaum ins Gewicht – im modernen Sinne des Wortes gab es sie gar nicht. Erfolg und Mißerfolg, in denen sich Stärke und Schwäche letztlich spiegeln, werden allerdings auch wesentlich vom Verhalten des Gegners geprägt, von der Frage, ob er «mitspielt» oder auf gänzlich unerwartete Weise reagiert. Im Hoch- und Spätmittelalter begegneten sich mehrere Kampfweisen und Kriegermentalitäten, deren Verschiedenheit dann die jeweiligen Vorzüge und Nachteile zutage treten ließ.

Die Unstaatlichkeit des Kriegertums reduzierte die Kriterien der Stärke auf rein militärische Ereignisse – Sieg in der Schlacht, Einholen großer Beute usw. –, während die Umsetzung des Waffenerfolges in politischen Gewinn den einzelnen Krieger nicht mehr berührte. Geldzahlungen an den einzelnen und die Allgemeinheit bedeuteten für die eidgenössischen Kriegerscharen mehr als das Abtreten eines Territoriums.

In der häufigsten Form der mittelalterlichen Kriegführung, im räuberischen und verheerenden Kleinkrieg, entschied über Sieg oder Niederlage das wirtschaftliche Durchhaltevermögen. Hier blieben im Spätmittelalter die Eidgenossen und die Städte stärker als ihre adligen Gegner, die durch Zerstörung der Burg und Verwüstung der Untertanengebiete zur Aufgabe gezwungen werden konnten. Zudem war in der Eidgenossenschaft die bäuerliche Bevölkerung, waffengewohnt und kriegerischen Sinnes, durchaus in der Lage, mit plündernden Scharen fertig zu werden. Umgekehrt wurde die überbordende Beutesucht den Eidgenossen nicht selten zum Verhängnis, wenn sie, mit Plunder beladen, nach Hause strebten und den Schlägen verfolgender Truppen nahezu wehrlos ausgeliefert waren. Dies zeigte sich etwa in den Raroner Kriegen zu Beginn des 15. Jahrhunderts, als die mit Beute beschwerten Berner von den wutentbrannten Wallisern bei Ulrichen gestellt und zusammengehauen wurden. Das Plündern von Weinkellern hat des öfteren die Kampfkraft der Truppen infolge sinnloser Trunkenheit völlig gelähmt.

In der Schlacht, im Aufeinandertreffen größerer Truppenverbände auf engem Raum, galt als Sieger, wer den Platz zu behaupten verstand; ein Grundsatz, der allerdings in völlig irrationalen, ja unvernünftigen Anschauungen wurzelte, denn die wenigsten Schlachtfelder befanden sich an einem Standort, der von irgendwelcher taktischer oder gar kriegsentscheidender Bedeutung gewesen wäre. Zudem verhinderte der unsinnige Brauch des Siegers, drei Tage auf dem Schlachtfeld zu verweilen, die Ausnützung des Erfolges und gab dem geschlagenen Gegner Gelegenheit, sich zu sammeln und auf neue Aktionen vorzubereiten.

Die Eidgenossen waren im 14. und 15. Jahrhundert allen ihren Gegnern in der Schlacht überlegen, und zwar dank ihrem rücksichtslosen, todesverachtenden Angriffsgeist, dank ihrer Beweglichkeit im unwegsamen Gelände und dank ihren körperlichen und waffentechnischen Vorteilen im Nahkampf. Ihrer zügellosen Wildheit waren weder die Ritterheere mit ihrem umständlichen Zweikampfritual noch die italienisch-burgundischen Söldnerheere mit ihrer vor Blut- und damit vor Investitionsverlusten zurückschreckenden Führung gewachsen. Mit dem Aufkommen verbesserter Feuerwaffen und künstlicher Geländeverstärkungen, die einen raschen Sturmlauf zu bremsen vermochten, und mit der Bildung von Kavallerieeinheiten, die wesentlich beweglicher als Fußtruppen waren, verloren die Eidgenossen ihre Vorherrschaft auf den mitteleuropäischen und italienischen Schlachtfeldern. Novara im Jahre 1513 bedeutete den letzten, mit viel Glück errungenen Gipfelpunkt altschweizerischer Kampfweise, von dem aus es nur noch abwärts gehen konnte und in die furchtbaren Niederlagen von Marignano, Pavia und Bicocca führen mußte. Bezeichnenderweise ließen sich die eidgenössischen Krieger wie schon 200 Jahre zuvor die Ritterheere lieber abschlachten, als daß sie sich auf eine effizientere, aber aus ihrer Sicht unehrenhafte Kampfweise hätten umstellen wollen.

Der Kampf um feste Plätze gilt als die Achillesferse des alteidgenössischen Kriegertums. Belagerung und Verteidigung von Burgen und Städten waren gewiß nicht ihre Stärke, doch traf dies auch auf den ritterlichen Adel zu. Der durch Fernwaffen, unterirdische Stollen und geduldiges Ausharren geführte Kampf um Festungsmauern entsprach weder der ritterlichen noch der eidgenössischen Kriegermentalität. Adlige Herren zogen es vor, die schützende Burg zu verlassen und sich mit den Feinden in offenem, ehrlichem Nahkampf zu messen. Ähnlich verhielten sich auch die Schweizer, wenn sie eingeschlossen waren. Bei der Belagerung von Novara hielt man die Stadttore geöffnet, um nicht als feige zu gelten. Auf diese Weise vermochten die Eidgenossen als Verteidiger einige spektakuläre Abwehrerfolge zu erzielen, als Belagerer erlitten sie jedoch die blamabelsten Niederlagen. Die Bellinzoneser Festungswerke des 15. Jahrhunderts waren nicht auf Artilleriebeschuß angelegt, weil die mailändischen Ingenieure von vornherein wußten, daß die Eidgenossen kein schweres Geschütz über den Gotthard schaffen würden. Im 2. Müsserkrieg von 1531 fielen die Verteidiger in der Nacht über die Bündner her, die infolge Trunkenheit wehrlos waren, und stürzten das Belagerungsgeschütz in das Felstobel hinunter, während gleichzeitig die mit den Grisonen verbündeten Zürcher Truppen bei den Huren von Chiavenna lagen. Unaufmerksamkeit, Schlendrian, Trunkenheit und Verlassen der Truppe, um zu plündern oder zu feiern, waren neben der fehlenden Artillerieausrüstung und dem Mangel an technisch geschultem Personal die häufigsten Ursachen für Mißerfolge beim Kampf um feste Plätze. Große Städte wie Bern, Basel, Luzern und Zürich verfügten zwar seit dem Ende des 14. Jahrhunderts über schweres Geschütz, doch ist davon auch beim Kampf um feste Plätze selten eine kriegsentscheidende Wirkung ausgegangen.

Kriegertum und Obrigkeit In den Fastnachtstagen des Jahres 1495 haben 1000 junge Burschen, vornehmlich aus der Innerschweiz, unter Führung des Urners Muheim einen tumultuarischen Heischezug gegen Konstanz unternommen und unter wüsten Drohungen eine Brandschatzung in Höhe von 4000 Gulden erpreßt. Diese private Heerfahrt durchkreuzte alle politischen Hoffnungen der Eidgenossen, Konstanz zum Abschluß eines ewigen Bündnisses zu bewegen. Die Stadt, mit der Tagsatzung bereits in Verhandlungen, wandte der Eidgenossenschaft erbost den Rücken zu. Das eigenmächtige Vorgehen einer Kriegerschar hat sich in diesem Fall völlig kontraproduktiv auf die obrigkeitliche Politik ausgewirkt. Analoge Beispiele, in denen die Interessen der Regierung und die Absichten des Kriegsvolks weit auseinanderklaffen, ließen sich in großer Zahl beibringen. Besondere Beachtung verdient das Datum des erwähnten Unternehmens gegen Konstanz. Denn vierzehn Jahre zuvor hatte die Tagsatzung auf Drängen der Städteorte im Stanser Verkommnis von 1481 unstaatliche Feldzüge verboten, und Schwyz hatte wenig später den Antrag gestellt, dieses Verbot wieder aufzuheben. Vorfälle wie der Zug von 1495 zeigen, daß sich die schweizerischen Raufbolde von den Paragraphen einer Pergamenturkunde nicht sehr beeindrucken ließen.

Dankgebet der siegreichen Eidgenossen auf dem Schlachtfeld inmitten der Toten und Schwerverletzten.

Die eidgenössischen Krieger verfolgten im Feld unter anderem deshalb eigene, persönliche Ziele, weil eine Bindung an eine Vaterlandsidee oder an «patriotische Pflichten» fehlte; ein anderer Grund war die Politik, die keineswegs im Sinne eines modernen Staatsdenkens das Wohl des ganzen Volkes erstrebte, sondern ausschließlich den Interessen der aristokratischen Führungsschicht diente. Immer wieder breitete sich im Volk das Gefühl aus, von der in Handelsbeziehungen, Söldnerpolitik und Herrschaftsbesitz verstrickten Obrigkeit verschaukelt zu werden, was sich in größeren und kleineren Revolten äußerte, die unter Umständen mit dem Sturz oder gar der Hinrichtung der einen oder anderen Magistratsperson enden konnte.

Politische Pläne waren dem breiten Volk oft kaum bekannt und wären von ihm, hätte man sie nicht geheimgehalten, auch gar nicht immer verstanden oder gebilligt worden. Wenn sich die Regierung zum Krieg entschloß, mußte ein Motiv ausgerufen werden, das dem gemeinen Mann einleuchtete und ihn zum Mitmachen bewog. Die Aussicht auf Beute dürfte in den meisten Fällen ausgereicht haben, ihn ins Feld zu locken, vor allem wenn das angekündigte Unternehmen gegen reiche Landstriche gerichtet war, gegen die Lombardei, das Elsaß, die Waadt oder die Freigrafschaft Burgund. Beleidigter Kriegerstolz, Streben nach Ruhm und Ehre sowie der Drang, die Scharten früherer Niederlagen auszuwetzen, konnten ebenfalls eine allgemeine Kriegsbegeisterung auslösen. Im Sundgauerzug von 1468 brachten die Eidgenossen der bedrängten Stadt Mulhouse militärische Hilfe und erfüllte so ihre Bündnispflicht. Das berühmte Lied über diesen Zug, von einem Teilnehmer aus dem Bernbiet verfaßt, erwähnt aber die politischen Hintergründe nicht, sondern enthält nur prahlerische Lobreden über Terror, Plünderung und Brandstiftung sowie über die Feigheit des Gegners. Zur Motivation heißt es:

Si jehend (sagen), wir dörfind nit usser kan;
Wir muessend's ein fart an d'grind schlan.

Den gemeinen Mann kümmerten demnach keine politischen Erwägungen und Verpflichtungen, wohl aber provokative Äußerungen des Gegners, die seinen Kriegerstolz verletzten. Oft ergaben sich enge Verflechtungen von obrigkeitlicher Politik und unstaatlichem Kriegstreiben, so daß die Kräfte, die einen Krieg auslösten, im nachhinein kaum mehr zu bestimmen sind, zumal über die Gruppe der militärischen Anführer schwer durchschaubare, nicht selten verwandtschaftliche Verbindungen zwischen dem regierenden Magistraten und dem Kriegertum der breiten Bevölkerung bestanden haben müssen. Unter den 500 Schwyzern, die 1425 auf eigene Faust Domodossola besetzt hatten – um die Schmach von Arbedo zu rächen – und von einem obrigkeitlichen Aufgebot herausgehauen werden mußten, befanden sich nachweislich auch Söhne aus Familien der Oberschicht. 1487 kam der auf Kollisionskurs mit Mailand treibenden Politik des Bischofs von Sitten die Ermordung von Wallisern im Eschental entgegen, die im Volk grimmigen Rachedurst weckte. Gewaltsam ausgetragene Grenzkonflikte – gegenseitige Sachbeschädigungen, Viehdiebstähle und Bluttaten – bildeten oft den Auftakt für große, unter obrigkeitlichem Banner geführte Kriege. Auch im Schwabenkrieg von 1499 scheinen nicht die politischen Spannungen, die mit friedlichen Mitteln hätten gelöst werden können, den Krieg ausgelöst zu haben, sondern die provozierend zur Schau gestellte Feindschaft zwischen Schweizer Söldnern und Landsknechten sowie verschiedene lokale und persönliche Konflikte im Grenzgebiet.

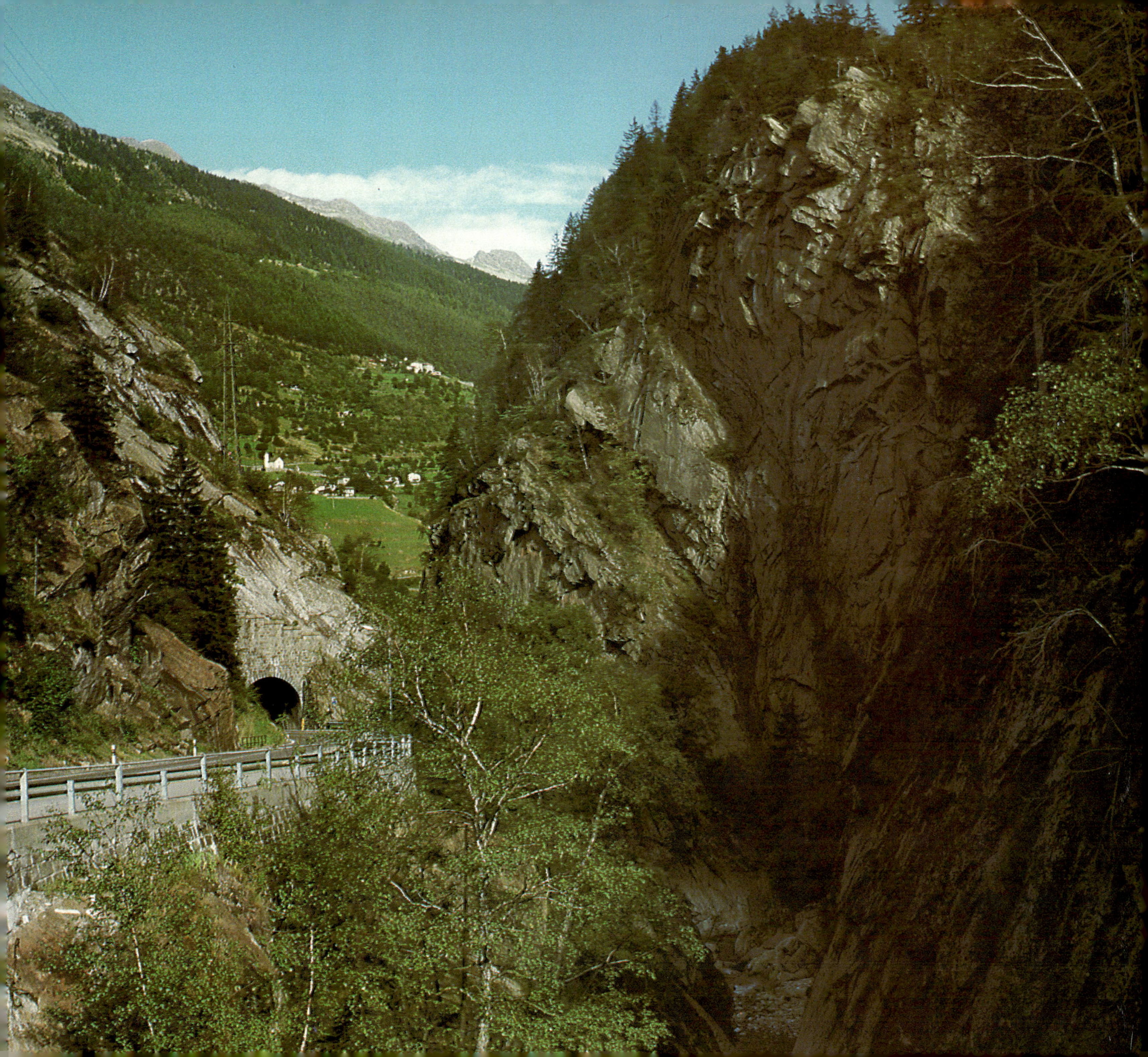

≪ Engpaß am Monte Piottino in der Leventina. Der seit dem Zürcher Bund von 1352 vertraglich festgelegte Hilfskreis, innerhalb dessen die eidgenössischen Orte zu gegenseitiger militärischer Unterstützung verpflichtet waren, endete südlich des Gotthardpasses an dieser Stelle.

< Burg Wimmis. In Verbindung mit einer Letzimauer im Engpaß hinter der Burg war die Feste im 14. Jahrhundert ein wichtiger Stützpunkt der Freiherren von Weißenburg im territorialen Konflikt mit Bern.

> Castel Grande in Bellinzona. Der Felshügel des Castel Grande, seit der spätrömischen Kaiserzeit befestigt, galt im Spätmittelalter als «Tor und Schlüssel nach Italien».

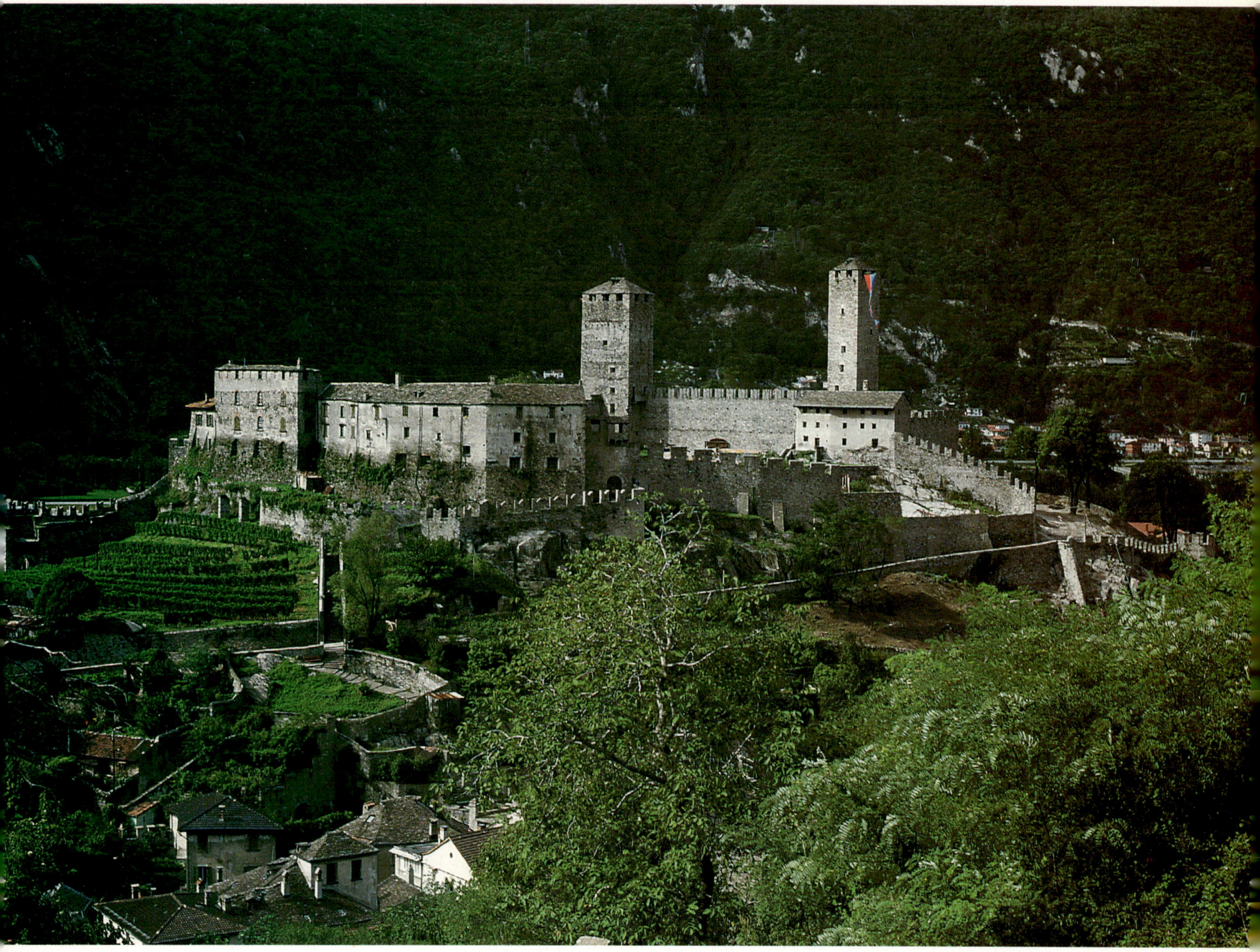

Ritterliche Fehde mit Viehraub.
Die mit Armbrust oder Spieß
bewaffneten Reiter treiben Rinder
weg. Der Krieger rechts hat ein
Huhn erbeutet.

Öffentliche Aufgebote ließen sich in der Regel rasch und leicht auf die Beine stellen, obwohl die allgemeine Wehrpflicht sehr nachlässig gehandhabt wurde. In der Regel liefen mehr Leute mit als vorgesehen, und wer lieber zu Hause blieb, konnte einen Stellvertreter schicken. Von dieser Möglichkeit machten in den Städten die Handwerksmeister gern Gebrauch und delegierten ihre Gesellen ins Feld. Eine eigentümliche, der militärischen Schlagkraft aber abträgliche Regelung war in Basel üblich, wo man durch die Teilnahme an einem Feldzug das Bürgerrecht erwerben konnte. Wer sich mit diesen Hintergedanken meldete, hatte natürlich alles Interesse, heil zurückzukehren, und blieb im Gefecht vorsichtig im Hintergrund.

Schwierig war es, in einem Feldzug die politischen oder selbst die taktischen Ziele und Erfordernisse durchzusetzen. Am Tag der Schlacht von Arbedo raubte ein Teil des eidgenössischen Heeres Vieh in der befreundeten Mesolcina, wie sich denn Eigenmächtigkeiten, die ans Selbstmörderische grenzten, beim Kampf um feste Plätze, den man für langweilig und unehrenhaft hielt, auffallend häuften. Als Disziplinlosigkeit darf man derartiges Verhalten nicht bezeichnen, denn eine unbedingte Gehorsamspflicht, wie sie im heutigen Militärwesen gilt, war im Mittelalter noch unbekannt. So konnte es geschehen, daß sich beutebeladene Verbände kurzerhand auflösten, daß gegnerische Geldzahlungen die Krieger zur Heimkehr bewogen oder daß Ehrgeiz, Hochmut und Rachedurst spektakuläre, meist verlustreiche Aktionen auslösten, obwohl aus politischer Sicht Zurückhaltung oder Vorsicht geboten gewesen wäre. Aus dem mißratenen Dijoner Zug, der in Verdrossenheit endete, meldete ein Hauptmann resigniert nach Hause: Hätten die Schweizer Gehorsam, würden sie ein Kreuz durch Frankreich ziehen.

Den unterschiedlichen Interessen von obrigkeitlicher Führung und unstaatlichem Kriegertum entsprach die auffallende Divergenz von politischem und militärischem Ergebnis: Schwere Niederlagen, wie in St. Jakob an der Birs oder in Marignano, konnten zum Abschluß günstiger Verträge mit dem Gegner führen, während aus aufsehenerregenden Waffenerfolgen vom Ausmaß der Burgunderkriege oder der Schlacht von Giornico kein nennenswerter politischer Gewinn resultierte. Wie die Eroberung des Aargaus 1415 und der Waadt 1536 zeigten, war der Krieg nur dann ein wirksames Mittel der obrigkeitlichen Politik, wenn der Konflikt durch Verhandlungen und Abmachungen diplomatisch bereits entschieden war.

Das Söldnerwesen

Ursprung und Hintergründe des Reislaufens Wenn in modernen Abhandlungen die wirtschaftliche Notwendigkeit des Solddienstes für die Eidgenossenschaft des ausgehenden Mittelalters betont wird, schwingt stets ein Unterton der Entschuldigung mit, als ob es die Schweizer um 1500, in der Blütezeit des Söldnertums, nötig gehabt hätten, das Reislaufen vor der Nachwelt zu rechtfertigen.

Die Anfänge des Solddienstes verlieren sich im Dunkel der Vorzeit. Reisläufer aus dem Alpenraum sind schon für die Jahrhunderte vor Christi Geburt bezeugt. Ihre damalige Wertschätzung bei den Römern gründete sich auf ihre Angriffslust und auf ihre Beweglichkeit im schwierigen Gelände, also auf Eigenschaften, die mehr als 1000 Jahre später auch dem eidgenössischen Fußvolk seinen gefürchteten Ruf eintrugen.

Im Hochmittelalter, als sich das Kriegswesen Europas zur Hauptsache auf das freie Söldnertum stützte, traten im Alpenraum lokale Grundherren und kleine Dynasten als Söldnerführer hervor, die sich und ihre kriegerischen Untergebenen in den Dienst italienischer Städte und mitteleuropäischer Landesherren stellten. Deutlich erfaßbar unter diesen Söldnerführern sind etwa Walter von Vaz und Simon von Orelli. Diese beiden scheinen vor allem Walser aus den neu entstandenen Siedlungsräumen angeworben zu haben.

Bis ins 14. Jahrhundert hinein waren außerhalb des Alpenraums die Söldner im allgemeinen beritten und rekrutierten sich aus der Schicht des ländlichen Kleinadels. Als «Soldritter» fristeten sie ein ebenso abenteuerliches wie dürftiges Dasein. Als nach den Niederlagen des europäischen Adels gegen die englischen Bogenschützen und die eidgenössischen Fußtruppen die ritterliche Kampfweise seit dem 14. Jahrhunderts bei den fürstlichen Kriegsherren nicht mehr groß gefragt war, verlegte sich der kriegslustige Adel teils auf ein romantisches Wanderrittertum, teils auf eine neue Rolle in der Führung kleiner Söldnereinheiten, die sich in den Dienst der Städte stellten. Basel beschäftigte bis um die Mitte des 15. Jahrhunderts eine kleine, von adligen Herren geführte Reitertruppe, die sich im beweglichen Raubkrieg gut bewährte. Im Alten Zürichkrieg zählte Ritter Hans von Rechberg, der eine berittene Söldnertruppe befehligte, zu den gefährlichsten Gegnern der Eidgenossen.

Mit dem Aufstieg der Territorialherrschaft im 14. Jahrhundert erhöhte sich die Nachfrage nach Söldnern, da außerhalb des Alpenraums die Bauern weitgehend vom Waffendienst ausgeschlossen waren und deshalb als militärische Stütze des Landesherrn entfielen. Auch in Italien, wo sich in den großen Städten ein hochzivilisierter, unkriegerischer Lebensstil entfaltete, der aber den Ausbruch von Machtkämpfen keineswegs verhinderte, wurden Reisläufer absolut unentbehrlich. Hier entwickelte sich seit dem 13. Jahrhundert eine besondere Form des Söldnerwesens auf der Grundlage eines kapitalistischen Unternehmertums. Der Anführer, Condottiere genannt, stellte mit eigenen Mitteln eine Truppe auf, die er einer kriegführenden Partei gewinnbringend vermietete. Da in den Söldnern das Vermögen des Condottiere angelegt war, hatte dieser alles Interesse, Verluste zu vermeiden; so verliefen Söldnerschlachten italienischer Art oft sehr unblutig, wenn beide Heere, bevor es zum Handgemenge kam, den Rückzug antraten. Gegen Ende des 14. Jahrhunderts waren in Italien auch englische Reisläufer begehrt, die als Bogenschützen große Erfolge erzielten, aber nach der Ausweitung des englisch-französischen Krieges um 1400 nicht mehr zur Verfügung standen. In diese «Marktlücke» traten nun die Eidgenossen, die man in Italien im Dienst der Visconti von Mailand seit etwa 1370 gut kannte und deren draufgängerische Kampfweise dem zaghaften Verhalten der einheimischen Söldnerverbände himmelweit überlegen war.

Söldner aus der Innerschweiz sind bereits für das 13. und frühe 14. Jahrhundert bezeugt. Sie begegnen uns im Dienst Straßburgs und des Abtes von St. Gallen. Regelmäßige Abnehmer von Reisläufern aus der Schweiz waren seit dem 13. Jahrhundert die Grafen von Savoyen. Nach 1400 zogen die eidgenössischen Söldner nicht nur nach Italien, wo sie besonders willkommen waren. Eine starke Schar stellte sich 1449 erfolgreich in den Dienst Nürnbergs, und nach der Mitte des Jahrhunderts finden wir Schweizer Reisläufer in Frankreich, in der Pfalz und selbst in Spanien. Wohin es einzelne Krieger und kleine

Gruppen verschlagen hat, ist nicht mehr auszumachen. Ein Hans Müller von Luzern, der um 1480 zeitweise für Venedig als Werber tätig war, begegnet uns auch im Sold Ferdinands von Sizilien gegen die Türken, dann als Reisläufer in Ungarn und in Burgund. Er nahm am Zug von Dôle teil, zuletzt taucht er noch in Mailand auf, bevor sich seine Spuren verlieren.

Die Beliebtheit des Reislaufens schon im 14. und frühen 15. Jahrhundert zeigt deutlich, daß es nicht vorwiegend wirtschaftliche Gründe gewesen sind, die den Schweizer – quasi gezwungenermaßen – in den Solddienst getrieben haben, denn sie könnten frühestens für die Zeit um 1500 geltend gemacht werden. Das Reislaufen ist in der Eidgenossenschaft aus dem unstaatlichen Kriegertum herausgewachsen. Dessen Eigendynamik und Ehrbegriffe galten auch für den Solddienst, der sich für die Suche nach Abenteuern, für das Erraffen von Beute und das Erringen von Ruhm und Ehre ebenso eignete wie der private Kriegszug. Ob man sich an einer Fastnacht zusammenschloß und einen Saubannerzug zum Grenznachbarn unternahm, um von ihm eine Brandschatzung zu erpressen, oder ob man nach Italien reiste und von einem fremden Fürsten Geld entgegennahm, damit man dessen Feinde totschlug und ausplünderte, machte aus der Sicht eines altschweizerischen Haudegens keinen Unterschied: In der Eidgenossenschaft waren unstaatliches Kriegertum und freies Söldnertum identisch, in der personellen Trägerschaft, in den Verhaltens- und Denkweisen sowie in den eigengesetzlichen Zielvorstellungen.

Das Söldnerleben Das unstaatliche Kriegertum des Spätmittelalters mit seiner ganzen Eigendynamik und brauchtümlichen Wildheit hat im Söldnerwesen seine Vollendung gefunden. All die privaten Raufereien in Dorf und Stadt oder die eigenmächtigen Raub- und Plünderzüge blieben letztlich Episoden, die wie ein Gewitter losbrachen und wieder abzogen. Das Reislaufen aber hat die Gewalttätigkeit zur Lebensform verfestigt und damit all die irrationalen Gebräuche und Anschauungen des Kriegertums zur Grundlage eines Berufsstandes gemacht. Urs Graf, der virtuose Zeichner und unverwüstliche Raufbold, hielt zu Beginn des 16. Jahrhunderts in seinen Skizzen weniger die jugendlichen Krieger fest, die das Hauptaufgebot der eidgenössischen Truppen ausmachten, als vielmehr die zernarbten, altgedienten Söldnerveteranen, seine eigenen Kumpanen, denen der Reislauf Schicksal und Lebensinhalt geworden war und für die es keinen Weg zurück in einen friedlichen Beruf mehr gab.

Wie groß im Spätmittelalter die Zahl derer gewesen ist, die im Solddienst hängengeblieben sind, sich anwerben ließen, solange es ging, und schließlich irgendwo in der Fremde endeten, ist kaum zu schätzen. Sie aber waren es, welche die Traditionen des Kriegertums von Schlacht zu Schlacht und von Land zu Land weitertrugen und den nachrückenden Generationen vererbten. Wie froh werden junge Grünschnäbel gewesen sein, wenn ihnen irgendwo in Italien oder Frankreich ein altgedienter Kamerad beibrachte, wie man sich im Kampf verhielt, wie man Wunden pflegte, vor wem man sich in acht zu nehmen hatte, wo es am meisten zu plündern gab, mit welchen Tricks man beim Würfel- und Kartenspiel gewinnen konnte und wo man die besten Weine und Huren fand.

Das Dauerhafte am Söldnerdasein war die Unstetigkeit, bedingt durch das wechselhafte Kriegshandwerk, das einen bald nach hier und bald nach dort verschlug und schließlich jeden Sinn für Seßhaftigkeit verlernen ließ. Eingefleischte Reisläufer waren hin und her gerissen vom Drang, in die Fremde zu ziehen, um doch noch das erhoffte Glück zu finden, und von der Sehnsucht nach der Heimat, wo man sich von den Angehörigen bewundern ließ, sofern man nicht wegen verbotenen Weglaufens eine obrigkeitliche Verfolgung zu gewärtigen hatte. Das Heimweh, in nachmittelalterlicher Zeit als «Schweizerkrankheit» zum medizinischen Phänomen erhoben, dürfte schon im 15. Jahrhundert manchen Reisläufer in der Fremde gepackt haben. Kaum zu schätzen ist die Zahl der im Ausland an Seuchen, Krankheiten, Elend und Verletzungen verendeten Söldner.

Die Unsicherheit des Söldnerdaseins ließ einen Lebensstil entstehen, der durch den Genuß des Augenblicks gekennzeichnet war. Fressen, Saufen und Huren, vor allem auch das Würfel- und Kartenspiel um hohe Einsätze füllten die Tage und Nächte des Wartens auf das nächste Gefecht aus. Man vertrieb sich die Zeit mit Raufhändeln, räuberischen Streifzügen, wohl auch mit derben Späßen an der eingeschüchterten Bevölkerung. «Hier fürchten sie uns unmenschlich, Gott sei dessen gelobt», schrieb ein Hauptmann um 1500 triumphierend nach Hause. In der Fremde, zumal in Italien mit seiner kleinwüchsigen Bevölkerung, erregten die vierschrötigen, kraftstrotzenden Schweizer Söldner mit ihren ungeschliffenen, barbarischen Manieren Grauen, Abscheu und Bewunderung. 1496 empfingen die im Dienst des Königs von Frankreich stehenden Söldner in der Schlacht von Genua die attackierende Kavallerie der Italiener mit rituellem Hohngelächter.

Den Eindruck der Selbstsicherheit und Unüberwindlichkeit verstärkte noch die kriegerische, provokative Aufmachung des Reisläufers mit der puffigen, obszönen Tracht, dem protzigen Federhut und den klirrenden Waffen. Wenn der Berner Chronist Justinger die Söldnerscharen der Gugler, die um 1375 in den Aareraum eingefallen und von den Bernern vertrieben worden waren, als «Mörder, Räuber, Brenner, Kirchenaufbrecher, Frauenschänder, Unglückmacher, fremde Martererdenker und Bösewichte» beschimpft, so trifft diese Beschreibung auch auf die Schweizer Reisläufer im Ausland zu. Wegen der im Spätmittelalter von den Eidgenossen verübten Greuel gilt in der Freigrafschaft Burgund der Name «Suisses» auch heute noch als Kinderschreck.

Das selbstbewußte Kraftgefühl des Kriegers bestimmte auch die Einstellung des Reisläufers zu seinen Soldherren, den Königen, Fürsten und städtischen Magistraten: Macht und Leben des Soldherren hingen – so glaubten die Söldner – von der Treue und der Schlagkraft ihrer Truppen ab. Kriegstauglichkeit, vor allem Gewandtheit im Nahkampf, galt in Reisläuferkreisen als absoluter Wertmaßstab, der Vorwurf der Feigheit oder Unehrenhaftigkeit als tödliche Beleidigung. Voll Verachtung blickte der Söldner auf Krämer, Pfaffen, Schreiberlinge und anderes unkriegerisches Gelichter hinunter. Seit dem Hochmittelalter führten die professionellen Söldner Über- oder Kriegernamen, in denen sich die ganze Ablehnung friedlicher Lebensformen in Arbeitsfleiß und Frömmigkeit ausdrückte. Werner von Urslingen nannte sich im frühen 14. Jahrhundert «Feind Gottes, des Mitleides und der Barmherzigkeit». Wir stoßen auf Namen wie «Kopfentzwei, Lämmerfraß, Speckesser, Niemandsfreund, Böshans oder Scherdenbart». Wer außer Ehre und Leben nichts zu verlieren hatte, brachte für bleibende Werte der Wirtschaft, Kunst und Wissenschaft kein Verständnis auf: Das wunderbare Gußmodell des Reiterstandbildes Francesco Sforzas, ein Meisterwerk des Leonardo da Vinci, ist von Reisläufern in französischen Diensten zerstört worden, die ihren Spaß daran hatten, das bewunderte Monument als Zielscheibe für einen Schießwettbewerb zu mißbrauchen.

Der französische König empfängt Schweizer Söldner. Das Bild vermittelt einen trefflichen Einblick in die Selbsteinschätzung der Reisläufer: Die Krieger sind als kraftstrotzende Hünen dargestellt, während der König als verwachsener Gnom abgebildet wird.

Reislauf und obrigkeitliche Politik

Die sehr losen Bindungen des unstaatlichen Kriegertums an die politische Führung gaben dem freien Solddienst bis weit ins 15. Jahrhundert hinein großen Spielraum. Wie viele Schweizer einzeln oder in Gruppen während des 14. und 15. Jahrhunderts als Reisläufer ins Ausland gezogen sind, hauptsächlich nach Italien, läßt sich nicht abschätzen. Für Kriegsknechte, die irgendwo als Söldner tätig waren, brauchte sich die Obrigkeit nicht verantwortlich zu fühlen, solange die betreffenden Haudegen nicht gegen eidgenössische Orte oder Verbündete eingesetzt wurden und solange sie nicht nach Hause zurückkehrten, um im eigenen Land Raufereien vom Zaun zu brechen.

Als im Verlauf des 15. Jahrhunderts Reisläufer aus der Schweiz im Kurswert stiegen und auswärtige Fürsten und Städte bei der Tagsatzung und bei den Regierungen der einzelnen Orte um das Recht der Werbung baten, wurde der Solddienst allmählich zum Politikum. Wem sollte man die Werbung gestatten und zu welchen Bedingungen? Wem nicht? Und wie sollte man illegales Werben und unerlaubtes Weglaufen verhindern? Dadurch daß die Fürsten des Auslandes ihre Söldnerpolitik über einflußreiche Persönlichkeiten in der Schweiz abwickelten, die sie durch regelmäßige Geldzahlungen, die «Pensionen», von sich abhängig machten, geriet die Werbung von Reisläufern in jene zwielichtige Sphäre, wo sich private Geschäftsinteressen, öffentliche Politik, privates Machtstreben und die Sorge um das allgemeine Wohl auf undurchsichtige Weise überschnitten. Schon im Zeitalter der Burgunderkriege kam es zu sozialen Spannungen zwischen den Pensionsherren, die riesige Summen bezogen, und den Scharen der Reisläufer, die oft jahrelang auf ihren Sold warten mußten. In solchen Konflikten spiegelten sich aber nicht, wie heute oft behauptet wird, die vermeintlichen Schattenseiten des Reislaufens, sondern die Bestechlichkeit und die Selbstsucht der damaligen politischen Führerschicht. Der später erst vertretene Grundsatz «Pas d'argent, pas de Suisses» (Zuerst das Geld und dann die Schweizer) galt im ausgehenden Mittelalter noch nicht; dabei darf freilich nicht übersehen werden, daß der gemeine Mann dank dem hemmungslos gehandhabten Plünderungsrecht stets auf seine Kosten gekommen sein dürfte.

Mit dem Abschluß von Soldverträgen, «Kapitulationen», die den ausländischen Fürsten nicht bloß das Recht der Werbung einräumten, sondern auch die Pflicht zur Übernahme eines bestimmten Kontingentes zu festgesetzten Bedingungen auferlegten, wurden die freien Söldner, die auf eigene Faust einzeln oder in Gruppen irgendeinem Kriegsherrn zuliefen, zum ernsten Problem. Nicht nur daß auf diese Weise Schweizer in gegnerischen Lagern hätten aufeinanderstoßen können. Derartiges kam auch bei den unstaatlichen Kriegszügen und nachbarschaftlichen Raufereien vor, und daß in der Schlacht von Murten 1476 auch auf der Seite Karls des Kühnen Eidgenossen standen, nämlich Söldner in mailändischen Diensten, hat, weil eine feste Bindung zwischen Kriegertum und Staat fehlte, kein besonderes Aufsehen erregt. Viel schwerer wog für die Obrigkeit die Furcht, daß der freie Reislauf das Pensionswesen aushöhlen und damit die vermögenbildenden Geschäfte der politischen Führungsschicht verderben könnte. Wozu brauchte man den gut geschmierten Vertrauensmann in der Regierung, wenn einem ausländischen Fürsten die Leute von sich aus in Scharen zuliefen, weil das direkt ausgeschüttete Gold seine Wirkung nicht verfehlte?

Nach der Mitte des 15. Jahrhunderts begann die Obrigkeit, mit Verboten das freie Reislaufen zu bekämpfen, freilich ohne nennenswerten Erfolg. Trotz gelegentlich statuierten Exempeln in Form von strengen Strafen, die bis zur Hinrichtung gingen, fruchteten die Verbote wenig bis gar nichts.

Nach den Burgunderkriegen und dem Schwabenkrieg hielt man die Eidgenossen für unbesiegbar, deshalb waren sie als Söldner höchst begehrt und schienen vor allem im Kampf zwischen Frankreich und Habsburg um die Vorherrschaft in Italien, von beiden Parteien umworben, unentbehrlich. Auf dem Höhepunkt des Kriegsruhms ließen sich die Eidgenossen dazu verleiten – typisch für erfolgreiche Söldnerverbände –, selbständig in die Auseinandersetzung um Mailand und Italien einzugreifen, was sie 1515 mit der Niederlange von Marignano teuer bezahlen mußten. Diese Jahre zwischen 1475 und 1515 hat man als Epoche schweizerischer Großmachtstellung bezeichnet, freilich völlig zu Unrecht. Außer einer verblüffenden Schlagkraft auf dem Schlachtfeld hatten die Eidgenossen nichts vorzuweisen, was zum Wesen einer Großmacht gehört hätte: weder wirtschaftliche Reserven, unerschöpfliches Menschenpotential oder unbezwingbare Tiefe des Raumes, von maritimen Voraussetzungen ganz zu schweigen, noch eine kontinuierliche und kompakte politische Führung, nicht einmal eine Regierung, die sich bedingungslos auf eine Armee hätte abstützen oder die ein klares politisches Ziel hätte formulieren können.

Schweizer Söldner galten als zuverlässig, nicht nur hinsichtlich ihrer Kampfkraft, sondern auch bezüglich ihrer Treue zum Soldherrn. Wenn es um 1500 in Europa bisweilen hieß, die Eidgenossen könnten durch höhere Geldangebote von der Gegenpartei leicht abgeworben werden, traf das nicht für den gemeinen Mann zu, der seine eingegangenen Verpflichtungen getreulich einhielt, sondern für die Pensionsherren, die je nach Höhe der Schmiergelder bald diesen, bald jenen Fürsten begünstigten und deshalb vom Volk oft mit Mißtrauen verfolgt wurden. Anhänger Frankreichs waren zeitweise als «Kronenfresser» verschrien. Politisches Doppelspiel um Pensionen und Werbungen hielt der gemeine Reisläufer für Verrat, denn in seinem Ehrenkodex kam der Treue ein gleicher Stellenwert zu wie der Kampfstärke und dem Todesmut.

Auswirkungen des Reislaufens Als um die Wende vom 15. zum 16. Jahrhundert das Söldnerwesen in der Eidgenossenschaft wie ein Fieber um sich griff und weite Teile der Bevölkerung erfaßte, erhoben sich auch Stimmen der Kritik, die vor den üblen Folgen des Reislaufens eindringlich warnten. Seither ist das Urteil über den Solddienst und seine Auswirkungen auf die Schweiz umstritten. Es bewegt sich auf dem Band eines breiten Spektrums, das am einen Ende von romantischer Verklärung und am anderen von moralischer Entrüstung begrenzt wird. Die meisten Autoren halten richtige Beobachtungen fest, deuten und beurteilen sie aber nach den Wertmaßstäben ihrer eigenen Zeit und rücken sie damit in ein schiefes Licht.

Das ausgehende Mittelalter war eine Epoche tiefgreifender Veränderungen auf politischem, sozialem, wirtschaftlichem und kulturellem Gebiet. In einer derart aufgewühlten Zeit prallen die Meinungen über Gut und Böse hart aufeinander, und was dem Befürworter des Neuen willkommen erscheint, empfindet der Anhänger des Alten als Greuel. Gewiß sind über den Solddienst um 1500 zahlreiche Neuerungen in die Schweiz gelangt, gute und schlechte. Wer dem Solddienst ablehnend gegenüberstand, sah darin begreiflicherweise den Quell aller Übel der Zeit, von der Verheerung durch Kriege über die Sittenverderbnis bis zu Hungersnot, Pest und

Syphilis. Der Berner Chronist Valerius Anselm, Gegner des Reislaufens und eingefleischter Franzosenhasser, zählt eine lange Liste verwerflicher Sitten und Zustände auf, die von Reisläufern eingeschleppt worden seien und das Leben der Eidgenossen ruiniert hätten. Seine Tirade schließt er mit einer Umschreibung der neuen Gesellschaft, umfassend «viel Müßiggänger und neue Fensterjunker, viel Kriegsleute, viel Huren und aller Gattung Buben, deren doch der Mehrteil und die schlimmsten für wohlgeschickte, witzige, redliche Ehrenleute geachtet und gehalten werden.»

Derartige Urteile haben dazu geführt, das Reislaufen zwar für eine wirtschaftliche Notwendigkeit, gleichzeitig aber auch für die Ursache zahlreicher Mißstände zu halten. Gewalttätigkeit und Widersetzlichkeit, die zu Beginn des 16. Jahrhunderts die Schweiz in anarchische Zustände versetzten, sind aber nicht erst durch das Reislaufen importiert worden, sondern gehörten, wie bereits erwähnt, zu den traditionellen Begleiterscheinungen des unstaatlichen Kriegertums. Neue Moden in Tracht und Verhalten, die von den Söldnern in der Heimat verbreitet wurden und hier neue Statussymbole schafften und zu kostspieligen Ausgaben reizten, hätten über kurz oder lang den Weg in die Schweiz ohnehin gefunden.

Um 1500 weilte ein großer Teil der waffenfähigen Mannschaft im Ausland, so daß in der Eidgenossenschaft die Arbeitskräfte rar wurden. Es gibt Beschreibungen, wie beim Herannahen fremder Werber die Leute alles im Stich ließen und dem Ruf des Abenteuers und des fremden Goldes folgten. Die Verknappung der Arbeitskräfte durch den Reislauf führte mitunter zu Versorgungsengpässen, bewirkte aber auch ein allmähliches Ansteigen der Löhne. Bis zur Reformationszeit muß das Volkseinkommen zu einem ansehnlichen Teil den Einnahmen aus dem Reislauf, aus ordentlichen Soldzahlungen sowie aus Plünderungen, gestammt haben. Wenn vom politisch erfolglosen Italienzug Karls VIII. von Frankreich in den Jahren 1494 bis 1496 einzelne Knechte ein kleines Vermögen von 600 Pfund mit nach Hause gebracht haben, ist das allerdings eher als Ausnahme zu betrachten.

Nicht zu übersehen sind die Wirtschaftsprivilegien, die Zoll- und Handelsvergünstigungen, die den Eidgenossen beim Abschluß von Soldverträgen zugestanden wurden und die auf den Vieh-, später auch auf den Textilexport sowie auf die Einfuhr lebensnotwendiger Güter, vor allem von Getreide und Salz, belebend wirkten.

Die Auswirkungen des Reislaufens auf die Bevölkerungsentwicklung lassen sich für das ausgehende Mittelalter nur grob schätzen. Bei einer Gesamtbevölkerung von gut 800 000 Menschen (um 1500) mögen pro Jahr 3 bis 5 Prozent, allerhöchstens 10 Prozent in den Reislauf gezogen sein. Ein Drittel davon dürfte wieder den Weg nach Hause gefunden haben. Bei diesen Schät-

---

Werbung von Söldnern in einer Kneipe. Am Tisch sitzen die Werber mit prallem Geldsack und die noch zögernden Krieger. Der Wirt bringt Wein herbei. Als allegorische Figuren der Gefahr und der Torheit begleiten der Tod und der Narr die Szene. Zeichnung von Urs Graf (frühes 16. Jahrhundert).

---

zungen ist zu berücksichtigen, daß Zahlen für die Gesamtschweiz wenig über die sehr ungleiche Verteilung in den einzelnen Städten und Ländern aussagen. In verschiedenen Alpentälern – vor allem der Innerschweiz – scheint sich zeitweise der größte und vor allem der schlagkräftigste Teil der waffenfähigen Mannschaft im Solddienst herumgetrieben zu haben.

Zwei Aspekte des Reislaufens will ich noch erwähnen, die oft übersehen werden, aber für die Entwicklung der

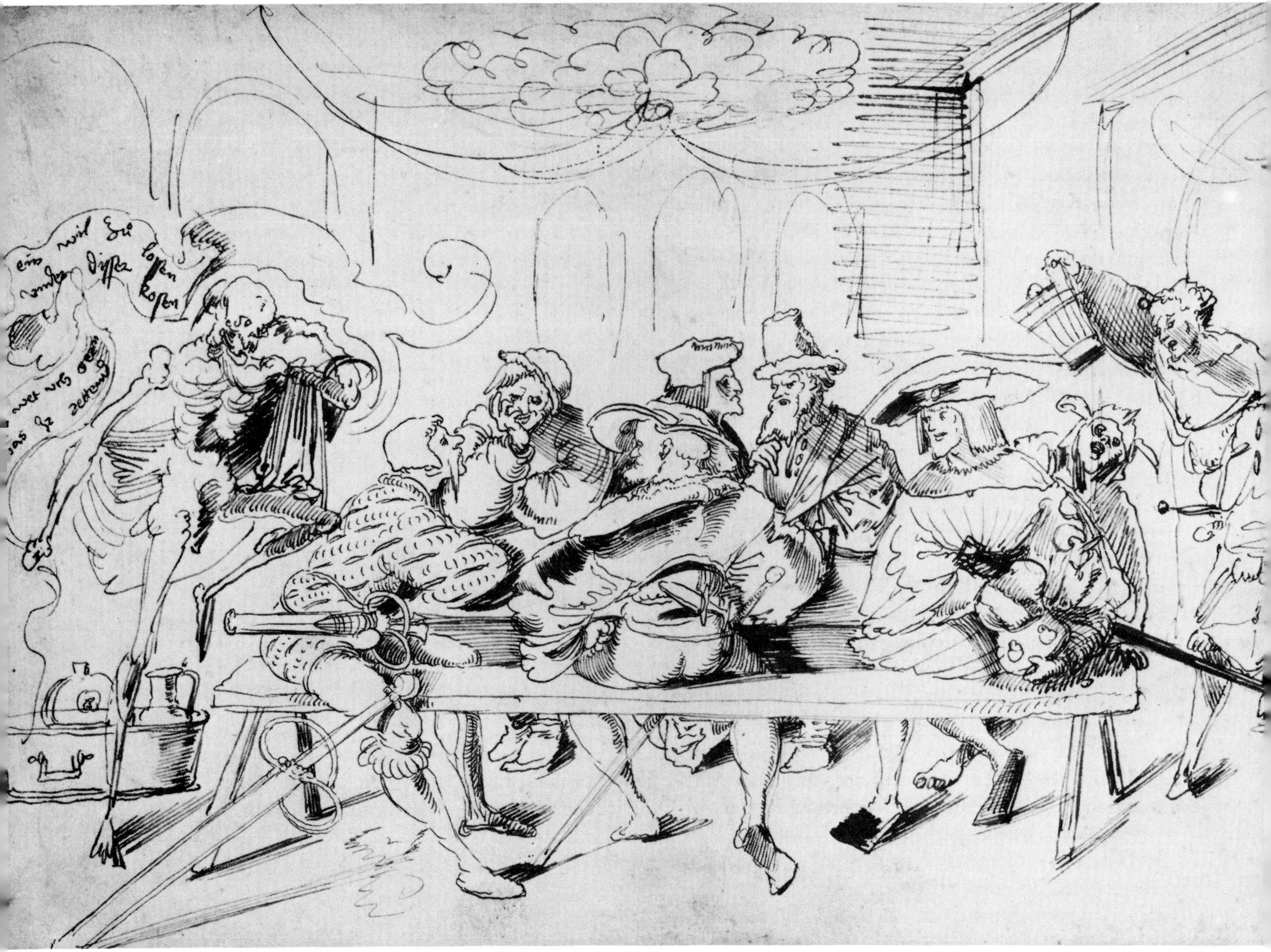

Eidgenossenschaft große Bedeutung bekommen sollten, auch wenn ihre Folgen erst in nachmittelalterlicher Zeit voll zum Tragen kamen.

Die Soldverträge mit dem Ausland sahen die Entlassung der Reisläufer vor, wenn die Eidgenossenschaft selbst in einen Krieg verwickelt würde. Aus diesem Grund lag es im Interesse aller Mächte, in deren Diensten Schweizer Söldner standen, die Eidgenossenschaft aus bewaffneten Konflikten herauszuhalten. Der über Jahrhunderte dauernde Friede für die Eidgenossenschaft, das «Schweizerglück», ist vom 16. bis 18. Jahrhundert mit dem Blut der Schweizer Söldner auf den Schlachtfeldern Europas bezahlt worden. Die durch die internationale Politik geförderte Ausklammerung der Eidgenossenschaft aus den Kriegen Europas hat wesentlich zum Entstehen des schweizerischen Neutralitätsdenkens beigetragen.

Schon im 15. Jahrhundert waren die Schweizer Reisläufer nicht getrennt nach ihrem Herkunftsort ausgezogen, sondern in gemeineidgenössisch gemischten Verbänden. Im Ausland wurden sie auch nicht als Urner, Berner oder Zürcher betrachtet und bezeichnet, sondern gemeinhin als Schweizer oder Eidgenossen. So wuchs über die Zusammensetzung der Söldnerscharen allmählich ein Solidaritäts- und Zusammengehörigkeitsgefühl heran, das die Grenzen zwischen den einzelnen Gemeinden, Gerichtsbezirken, Städten und Orten überschritt und in ein gesamteidgenössisches Nationalbewußtsein mündete. Zu dessen sichtbarem Symbol entwickelte sich das gemeinsame Feldzeichen der Reisläuferscharen, das weiße Kreuz im roten Feld. Ursprünglich als Abzeichen der legendären Thebäischen Legion geltend, wurde dieses Kreuz von den Schweizer Kriegern als Amulett ans Wams geheftet und in die Hellebarde gestanzt und nach der Erhebung der thebäischen Märtyrer zu Nationalheiligen von den Söldnerkontingenten zum Bannerzeichen erwählt. Die heutige Nationalflagge der Eidgenossenschaft – im 19. Jahrhundert heraldisch allerdings durch Verkürzung der Arme verstümmelt – geht somit auf das alte Feldzeichen der Schweizer Reisläufer zurück.

Der politische Graben zwischen Eidgenossen und Reich, zwischen «Kuhschweizer» und «Sauschwob», ist wesentlich durch die tödliche Feindschaft zwischen den Schweizer Söldnern und ihren Nachahmern und Überwindern, den von Kaiser Maximilian geschaffenen Landsknechten, entstanden. So bildete sich um 1500 in Reisläuferkreisen ein national empfundener Gegensatz zwischen Deutschen und Schweizern heraus, der bei der Bevölkerung im Grenzgebiet zwischen Basel und Bodensee vorher unbekannt gewesen war.

Bei der Beurteilung des Reislaufens und seiner Auswirkungen wird man sich des Beitrages des Solddienstes zur Entwicklung des schweizerischen Nationalbewußtseins gebührend erinnern müssen.

Siegelstempel des Landes Obwalden, um 1250.

Das «finstere Mittelalter» – eine Schlußbetrachtung

Die Jahre und Jahrhunderte der Geschichte sind mit durchscheinenden Vorhängen vergleichbar, die den Blick auf die Vergangenheit verschleiern, die Unmittelbarkeit der Sinneswahrnehmung abschwächen und sich mit zunehmendem Zeitabstand zu einer undurchdringlichen Schranke verdichten, um uns den Zutritt zu fernen Epochen zu verschließen. Der Historiker möchte diese Vorhänge beiseite schieben oder gar zerreißen und so die Vergangenheit freilegen. Da er sich aber von der Gegenwart aus rückwärts tasten muß, begleitet ihn zwangsläufig die Versuchung, die Dinge aus der Sicht seiner eigenen Epoche zu beurteilen oder überhaupt nur Dinge wahrzunehmen, die seine eigene Zeit berühren. Wunschvorstellungen, Lebensformen und Wertmaßstäbe eines bestimmten Zeitalters nützen aber zum Verständnis früherer Jahrhunderte wenig bis gar nichts. Denn das Andersartige läuft stets Gefahr, als minderwertig zu gelten, vor allem wenn bloß Einzelaspekte beurteilt werden, die aus dem kulturellen Gesamtzusammenhang gerissen sind: Über vermeintlich makabre Formen des mittelalterlichen Totenkultes kann sich nur wundern, wer vom damaligen Jenseitsglauben keine Ahnung hat. Ebenso müßte uns die politische Ereignisgeschichte aller Zeiten, gedeutet und bewertet nach den Normen moderner Regierungsgrundsätze und losgelöst von den Anschauungen der jeweiligen Epoche, wie eine endlose Kette absurden und unverständlichen Unsinns vorkommen. (Was freilich nicht heißen soll, es habe nicht auch aus der unmittelbaren Sicht und Interessenlage einer bestimmten Zeit heraus törichte Fehlentscheide gegeben.) Das europäische Ritterheer, das 1396 in den Balkan zog und bei Nikopolis von den Türken niedergemetzelt wurde, wollte keine politischen Ziele durchsetzen, sondern in Anlehnung an den Nibelungenmythos den heroischen Untergang suchen. Erst aus dieser Sicht bekommt das scheinbar verfehlte Verhalten der Ritter einen verständlichen Sinn.

Mein Versuch, das mittelalterliche Leben in der Schweiz in seinen vielfältigen Erscheinungsformen zu schildern, hat ein Gesamtbild ergeben, das manchen Leser vielleicht befremdet oder gar abstößt. «Vaterländische Geschichte», die der patriotischen Erbauung dient und dem Leser die Identifikation mit historischen Vorbildern ermöglicht, wird im vorliegenden Werk kaum geboten, denn man hat Mühe, in der urtümlichen Landschaft des Mittelalters die Grundlage für unsere zerstörte Umwelt und in den rauhen, auflüpfigen Burschen des 15. Jahrhunderts die Vorfahren unseres heute als so brav, bieder und ordnungsliebend geltenden Schweizervolkes zu erkennen. Wenn wir aber akzeptieren, daß das entworfene Bild – bei aller Lückenhaftigkeit und quellenbedingten Unschärfe – in den wesentlichen Zügen der in schriftlichen und archäologischen Zeugnissen faßbaren Wirklichkeit entspricht, müssen wir uns wohl zu der Erkenntnis durchringen, daß die moderne Schweiz – weltweit als demokratischer Musterstaat gepriesen – nicht wegen, sondern trotz der spätmittelalterlichen Ereignisse und Zustände entstanden ist. Damit verrät der humanistische Spruch aus dem 16. oder 17. Jahrhundert «dei providentia, hominum confusione Helvetia regitur» (Gott und die Menschen regieren die Schweiz, der eine mit seiner Vorsehung, die anderen mit ihrer Verwirrung) eine tiefe historische Einsicht.

Für den Fortschrittsoptimismus des 19. Jahrhunderts ist das Mittelalter zum Inbegriff der Rückständigkeit, der Kulturlosigkeit, ja der Unmenschlichkeit geworden.

Noch heute ist man geneigt, Mißstände aller Art, beispielsweise in der Rechtspflege, in der Hygiene oder in der Sozialfürsorge, dem «finsteren Mittelalter» zuzuweisen, das somit als Verkörperung der Rechtlosigkeit, des Aberglaubens, der Primitivität und der Fortschrittsfeindlichkeit gilt. Daß vieles, was heute dem Mittelalter angelastet wird, in Wirklichkeit erst in der Neuzeit aufgekommen ist, muß ich hier nicht näher ausführen, denn es ist nicht meine Aufgabe, eine Ehrenrettung des Mit-

---

Die Stadtbürger sind von Leibe wohl geschaffen ... und was Leute sind von Handwerk, die sind sehr sinnreich und nicht zu grob, sehr der Wollust geneigt ... Die Landleute sind die rauheren, von grassem Leib, grimm und sind stark, wahre Kinder des Kriegsgottes Mars. Sie suchen den Solddienst und sind von ungeschliffener Sprache, übel zu bezwingen, kräftig, raublustig und stolz.
Nach Albrecht von Bonstetten, Beschreibung der Schweiz, 1479.

---

telalters vorzunehmen. Wie falsch indessen dieses Zeitalter heute bisweilen beurteilt wird, möchte ich wenigstens kurz an der Tatsache illustrieren, daß wir zwar schmutzige Hinterhöfe, schlecht geheizte Wohnräume, miserable Straßen und verstopfte Abortanlagen als «typisch mittelalterlich» bezeichnen, nicht aber gesunde Wälder, sauberes Wasser, lärmfreie Städte, niedrige Steuern und giftfreie Lebensmittel. Um eine Epoche der Vergangenheit zu verstehen, genügt es nicht, Eigenschaften, die wir als positiv oder negativ beurteilen, einander gegenüberstellen, darüber Bilanz zu ziehen und schließlich Zensuren zu verteilen, die um so besser ausfallen, je mehr sich der Gesamtdurchschnitt unserem eigenen Standard annähert. Erwünschte und unerwünschte Kulturerscheinungen sind stets aufs engste miteinander verflochten, und mancher Mißstand ist nichts anderes als der Preis, den man für ein Gut, auf das man nicht verzichten will, entrichten muß: Unsere zivilisatorischen Annehmlichkeiten bezahlen wir mit einer zerstörten Umwelt oder die zahllosen Dienstleistungen des Staates mit hohen Steuern, so wie der Mensch des Mittelalters für die Unverdorbenheit der Natur Seuchen und Hungersnöte oder für das Fehlen einer allgegenwärtigen Staatsgewalt ein Leben in Unsicherheit oder in persönlicher Abhängigkeit in Kauf genommen hat. Ohne gesamtheitliche Betrachtungsweise kommen wir nicht weiter. Wir dürfen nicht übersehen, daß der mittelalterliche Mensch mit vielen modernen Errungenschaften, auf die wir stolz sind und ohne die wir kaum mehr auskommen könnten, nicht viel hätte anfangen können. Für einen großen Teil der damaligen Bevölkerung wäre beispielsweise eine allgemeine Schulbildung gänzlich überflüssig gewesen, oder einem mittellosen Bauern ohne Familie hätte die persönliche Freiheit, heute ein Grundrecht, rein gar nichts genützt. Zudem wäre manches, das uns heute selbstverständlich und unerläßlich erscheint, im Mittelalter als frevelhaft verabscheut worden. Erzogen zu Sparsamkeit im Umgang mit Rohstoffen und Lebensmitteln, hätte ein Mensch aus dem Mittelalter unsere ungeheuerliche Verschwendung von lebensnotwendigen Gütern nur mit Entsetzen zur Kenntnis nehmen können. Auch hätte er, verhaftet in den Vorstellungen einer harten Vergeltungsjustiz, unsere schonende und rücksichtsvolle Behandlung von Verbrechern völlig abgelehnt. Die gleichen Verständnisschwierigkeiten, die uns den Einstieg in die Welt des Mittelalters verwehren, hätte auch einem Menschen von anno dazumal den Zugang zur Mentalität des 20. Jahrhunderts verschlossen.

Trotzdem gibt es verbindende Elemente. In vielen Lebensbereichen haben sich nur die äußeren Formen geändert, nicht aber der Inhalt. Irrationales Denken, das wir gern der Vergangenheit zuweisen, beherrscht auch das Leben des 20. Jahrhunderts. Es wird wohl niemand im Ernst behaupten wollen, auf wichtige Entscheidungen in Staat und Wirtschaft hätten rein irrationale Triebkräfte wie Machthunger – nationaler oder persönlicher –, Prestigedenken und ebenso unangefochtene wie unbewiesene Doktrinen und Glaubenssätze keinen Einfluß. Ob sich die Menschen in ihrem ewigen Verlangen, die Welt zu verbessern, wie im Mittelalter wegen des wahren Glaubens totschlagen, wegen der besten Verfassung wie im 18. und 19. Jahrhundert oder wegen der idealen Gesellschaftsordnung wie im 20. Jahrhundert, ändert an der Irrationalität des Kriegsgrundes herzlich wenig.

Und wenn wir uns über die Bedeutung der mittelalterlichen Statussymbole amüsieren, über die Wappen, Adelsbriefe, Schnabelschuhe, Federhüte und Burgtürme, dürfen wir die Statussymbole unserer eigenen Zeit nicht vergessen, unsere Autos, Fabrikkamine, Verwaltungsgebäude, Abschlußdiplome, Ferienhäuser, Pelzjacken und Krawatten.

Mit seiner hochentwickelten Technik hat der Mensch in den letzten 200 Jahren die Welt verändert – nicht unbedingt zu ihrem Vorteil – und die Spuren des Mittelalters weitgehend verwischt. Es ist ihm aber nicht gelungen, die alten Geister umzubringen. Unter Blech, Plastik und Papier leben sie weiter und warten auf ihre Stunde wie die drei schlafenden Tellen, deren Rückkehr nach der Sage dann bevorsteht, wenn wir uns in der Schweiz einst nicht mehr selbst zu helfen wissen.

Vergleichende Zeittafel

Das Mittelalter in Europa

800	Karl der Große wird zum Kaiser gekrönt
843	Teilung des Karolingerreichs im Vertrag von Verdun
nach 860	Auflösung des Mittelreiches Lothars
911	Die ostfränkischen Karolinger sterben aus
	Der Normanne Rollo erhält die Normandie als Lehen
10. Jh.	Mitteleuropa wird von Norden durch die Normannen, von Osten durch die Ungarn und von Süden durch die Sarazenen angegriffen
	Beginn der cluniazensischen Kirchenreform
919	Heinrich I. wird deutscher König
955	Otto I. besiegt in der Schlacht auf dem Lechfeld die Ungarn
962	Otto I. wird zum römisch-deutschen Kaiser gekrönt
um 1000	Die französische Krone geht an das Haus Capet über
um 1000	Blütezeit des Byzantinischen Reiches unter Basileios Bulgaroktonos
um 1030	Seereich Knuts des Großen (England, Dänemark, Norwegen)
1025–1030	Aufstand des Herzogs Ernst von Schwaben gegen Kaiser Konrad II.
um 1050	Die Normannen setzen sich in Sizilien fest
1066	Wilhelm der Eroberer wird König von England
1077	Im Investiturstreit zieht Kaiser Heinrich IV. zum Papst nach Canossa
1099	Auf dem 1. Kreuzzug erobern die Kreuzfahrer Jerusalem. Bildung christlicher Reiche im Heiligen Land
1122	Ende des Investiturstreites im Wormser Konkordat
12. Jh.	Rückschläge der Christen im Heiligen Land trotz mehreren Kreuzzügen
	Die Cluniazenser vereinigten 2000 europäische Klöster
um 1150	Aufstieg des Hauses Hohenstaufen, zunehmende Rivalität mit den Welfen
1152–1190	Kaiser Friedrich I. Barbarossa

und in der Schweiz

um 800	Blütezeit des Klosters St. Gallen
888	Gründung des Königreiches Hochburgund
917	Basel wird von den Ungarn zerstört
919	Burkart von Schwaben siegt über Rudolf von Hochburgund
900–950	Die Sarazenen halten verschiedene Alpenpässe besetzt
929	Zürich zum erstenmal als Stadt genannt
	Das Kloster Einsiedeln wird gegründet
	Der St. Galler Mönch Notker Labeo übersetzt römische und griechische Texte ins Althochdeutsche
gegen 1000	Die Bischöfe von Basel, Lausanne, Genf, Sitten und Chur erhalten gräfliche Rechte
10. Jh.	Beginn des Burgenbaus
um 1000	Das Königreich Hochburgund wird aufgelöst
1019	Das Basler Münster wird in Gegenwart von Kaiser Heinrich II. eingeweiht
1027	Im Kampf zwischen Herzog Ernst und dem Kaiser wird die Kyburg zerstört
1033	Kaiser Konrad zieht das Königreich Burgund ans römisch-deutsche Reich
um 1080	Die Bischöfe von Sitten, Lausanne und Basel bekommen Güter der im Investiturstreit enteigneten Papstanhänger, vor allem des Gegenkönigs Rudolf von Rheinfelden
nach 1090	Der Oberaargau fällt an die Herzöge von Zähringen
gegen 1100	Erste Befestigung der Stadt Basel
12. Jh.	Größere Adelsherrschaften bilden sich
	Machtpolitische Kämpfe zwischen rivalisierenden Adelsgruppen. Der Landausbau wird intensiviert
1127	Lothar überträgt Konrad von Zähringen das Rektorat Burgund

1162	Barbarossa zerstört Mailand
1180	Die Macht Heinrichs des Löwen wird zerschlagen
1194	Kaiser Heinrich IV. erobert Sizilien
um 1200	Aufstieg Frankreichs unter König Philipp August. Auseinandersetzungen mit dem auf dem französischen Festland begüterten König von England
1214	Schlacht von Bouvines. Sieg Philipps von Frankreich über den Welfenkönig Otto IV.
1215	Erlaß der Magna Charta in England
1215–1250	Kaiser Friedrich II. von Hohenstaufen. Dessen Kämpfe mit dem Papsttum bleiben bis 1250 ohne Entscheidung
1220	Wien erhält Stadtrecht
1228	Fünfter Kreuzzug unter Kaiser Friedrich II.
1241	Sieg der Mongolen über ein deutsch-polnisches Ritterheer an der Liegnitz
1250–1273	Interregnum im römisch-deutschen Reich
1273–1291	König Rudolf I. von Habsburg. Nach dem Sieg über Ottokar Anschluß Österreichs an Habsburg
1282	Aragonien erobert Sizilien von den Franzosen
1291	Mit dem Fall von Akkon verlieren die Kreuzfahrer ihren letzten Stützpunkt im Heiligen Land
1308	König Albrecht I. wird ermordet
1309–1377	Päpste in Avignon
1314	Doppelwahl von Ludwig dem Bayern und Friedrich dem Schönen von Österreich
1339	Beginn des 100jährigen Krieges Frankreich/England
1346	Niederlage der Franzosen in der Schlacht von Crécy
um 1350	In Europa wütet die Pest
14. Jh.	Aufstieg des Osmanischen Reiches
1356	Goldene Bulle. Karl IV. regelt die Königswahl durch die sieben Kurfürsten
1363	Bildung des Herzogtums Burgund
1365	Herzog Rudolf IV. gründet die Universität Wien
1378	Der Vatikan wird päpstliche Residenz
1386	Polen erobert russische Fürstentümer in Galizien
1396	Die Türken vernichten ein europäisches Ritterheer in der Schlacht von Nikopolis

1150–1200	Zähringische Stadtgründungen (Bern, Freiburg, Murten, Rheinfelden usw.)
um 1180	Das Erbe der ausgestorbenen Grafen von Lenzburg fällt an die Häuser Habsburg und Kyburg
gegen 1200	Eröffnung des Simplonpasses (durch die Bischöfe von Sitten)
um 1200	Höhepunkt des Landesausbaues mit der Gründung von Burgen und Städten
nach 1200	Eröffnung des Gotthardpasses
1206	Die Äbte des Klosters St. Gallen werden Reichsfürsten und herrschen über Appenzell
1218	Die Herzöge von Zähringen sterben aus; ihr Erbe in der Schweiz wird teils Reichsgut, teils fällt es an die Grafen von Kyburg
1231	Reichsunmittelbarkeit der Urner
1241	Reichsunmittelbarkeit der Schwyzer
um 1260	Peter II. von Savoyen dehnt seine Macht bis an die Aare aus
1264	Die Grafen von Kyburg sterben aus; ihr Erbe fällt an die Habsburger
13. Jh.	Beginn der Walserwanderungen nach Rätien
1291	Bundesbrief der drei Waldstätte Uri, Schwyz und Unterwalden
1315	Morgartenkrieg, Bund von Brunnen
1332	Luzerner Bund
1336	Politischer Umsturz in Zürich unter Rudolf Brun
1339	Laupenkrieg
1351	Zürcher Bund
1352	Zuger und Glarner Bund
1353	Berner Bund
1356	Erdbeben von Basel
1370	Pfaffenbrief
1375	Einfall der Gugler
1385/86	Kyburger Krieg zwischen Bern und den Grafen von Neu-Kyburg
1386	Schlacht von Sempach
1388	Schlacht von Näfels
1393	Sempacherbrief
1395	Gründung des Grauen Bundes in Rätien
1401–1411	Appenzeller Kriege

1414–1418	Konzil von Konstanz	1415	Eroberung des Aargaus
1431–1449	Konzil von Basel	1422	Niederlage der Eidgenossen von Arbedo
um 1430	Vertreibung der Engländer aus Frankreich durch die Siege der Jeanne d'Arc	1436	Graf Friedrich VII. von Toggenburg stirbt
		1440–1450	Alter Zürichkrieg
um 1450	Erfindung des Buchdrucks	1444	Schlacht bei St. Jakob an der Birs
1453	Die Türken erobern Konstantinopel	1446	Schlacht von Ragaz
1461–1483	Unter Ludwig XI. steigt Frankreich zur Großmacht auf	1468	Sundgauer Zug und Belagerung von Waldshut
1462	Spanische Heere besiegen die arabische Festung Gibraltar	1474	Ewige Richtung
		1474–1477	Burgunderkriege
1471	Portugal erobert Tanger	1476	Schlachten von Grandson und Murten
1477	Karl der Kühne stirbt; das Herzogtum Burgund wird aufgelöst	1477	Schlacht von Nancy
		1477	Zug vom «törichten Leben» (Saubannerzug)
1479/92	Zusammenschluß der spanischen Teilkönigreiche und Eroberung Granadas	1487	Schlacht von Giornico
		1481	Stanser Verkommnis. Freiburger und Solothurner Bund
1492	Kolumbus erreicht Amerika	1499	Schwabenkrieg; Schlachten von Frastenz, Calven, Dornach
1493–1519	Kaiser Maximilian I.; seine Reichsreform scheitert		
1494	Mit dem Zug Karls VIII. von Frankreich nach Neapel beginnt die Auseinandersetzung zwischen Habsburg und Frankreich um Italien		Friede von Basel
		1501	Ewiger Bund mit Basel und Schaffhausen
		1513	Ewiger Bund mit Appenzell
	Portugal und Spanien teilen sich die noch unerschlossene Welt	1499–1516	Mailänder Feldzüge
		1500	Verrat von Novara
1513–1517	Bauernaufstände in Deutschland, Ungarn, Österreich und der Schweiz	1513	Schlacht von Novara, Könizer Krieg
		1515	Schlacht von Marignano
1517	In Deutschland beginnt die Reformation, ausgelöst von Luthers Thesenanschlag	1516	Ewiger Friede zwischen Frankreich und den Eidgenossen
1524–1525	Deutscher Bauernkrieg	1531	2. Kappeler Landfriede
1526–1529	Die Türken erobern Ungarn und belagern erfolglos Wien		

Literaturhinweise

Die aufgeführten Titel bilden eine Auswahl von Einstiegsliteratur. Quellensammlungen und Zitate von unpubliziertem Archivmaterial sind weggelassen.

Allgemeines

Bergier, Jean-François: Die Wirtschaftsgeschichte der Schweiz. Zürich-Köln 1983

Bircher, Ralph: Ursprünge der Tatkraft. Beiträge zur Ernährungsgeschichte der Schweiz. Erlenbach-Zürich 1982

Borst, Arno: Lebensformen im Mittelalter. Frankfurt/M-Berlin 1973

Ganz, Paul: Geschichte der Kunst in der Schweiz. Basel-Stuttgart 1960

Gimpel, Jean: Die industrielle Revolution des Mittelalters. Zürich-München 1980

Guichonnet, Paul (Hrsg.): Histoire et Civilisations des Alpes. 2 Bde. Lausanne 1980

Huizinga, Jan: Herbst des Mittelalters, hrsg. K. Köster. 7. Aufl. Stuttgart 1953

Peyer, Hans Conrad: Könige, Stadt und Kapital. Aufsätze zur Wirtschafts- und Sozialgeschichte des Mittelalters. Zürich 1982

Singer, Samuel: Die mittelalterliche Literatur der deutschen Schweiz. Frauenfeld 1930

Schwarz, Dietrich W. H.: Sachgüter und Lebensformen. Einführung in die materielle Kulturgeschichte des Mittelalters und der Neuzeit. Berlin 1970

Waas, Adolf: Der Mensch im deutschen Mittelalter. 2. Aufl. Graz 1966

Wackernagel, Hans Georg: Altes Volkstum der Schweiz. Gesammelte Aufsätze zur historischen Volkskunde. Basel 1956

Wildnis und Wohnlichkeit

Hauser, Albert: Wald und Feld in der alten Schweiz. Zürich 1972

Pauli, Ludwig: Die Alpen in Frühzeit und Mittelalter. 2. Aufl. München 1980

Pfister, Christian: Klimageschichte der Schweiz 1525–1860. 2 Bde. Bern-Stuttgart 1984

Roellin, Werner: Siedlungs- und wirtschaftsgeschichtliche Aspekte der mittelalterlichen Urschweiz bis zum Ausgang des 15. Jahrhunderts. Diss. Zürich 1969

Schulte, Alois: Geschichte des mittelalterlichen Handels und Verkehrs zwischen Westdeutschland und Italien mit Ausschluß von Venedig. 2 Bde. Leipzig 1900

Schwabe, Erich: Verwandelte Schweiz – Verschandelte Schweiz? Zürich 1973

Stauffer, Marianne: Der Wald. Zur Darstellung und Deutung der Natur im Mittelalter. Bern 1959

Weiß, Richard: Häuser und Landschaften der Schweiz. Zürich-Erlenbach 1959

Zinsli, Paul: Ortsnamen. Strukturen und Schichten in den Siedlungs- und Flurnamen der deutschen Schweiz. Frauenfeld 1971

Behausung und Gemeinschaft

Ammann, Hektor: Das schweizerische Städtewesen des Mittelalters in seiner wirtschaftlichen und sozialen Ausprägung. Brüssel 1956

Bickel, Wilhelm: Bevölkerungsgeschichte und Bevölkerungspolitik der Schweiz seit dem Ausgang des Mittelalters. Zürich 1947

Boesch, Bruno / Hofer, Paul: Flugbild der Schweizer Stadt. Bern 1963

Bundi, Martin: Zur Besiedlungs- und Wirtschaftsgeschichte Graubündens im Mittelalter. Chur 1982

Ennen, Edith: Die europäische Stadt des Mittelalters. Stuttgart 1960

Gasser, Adolf: Entstehung und Ausbildung der Landeshoheit im Gebiete der schweizerischen Eidgenossenschaft. Aarau-Leipzig 1930

Gschwend, Max: Schweizer Bauernhäuser. Bern 1971

Meyer, Werner: Die Verwaltungsorganisation des Reiches und des Hauses Habsburg-Österreich im Gebiet der Ostschweiz. Diss. Zürich 1933

Meyer, Werner / Widmer, Eduard: Das große Burgenbuch der Schweiz. Zürich 1977

Mommsen, Karl: Eidgenossen, Kaiser und Reich. Studien zur Stellung der Eidgenossenschaft innerhalb des Heiligen Römischen Reiches. Diss. Basel 1958

Zinsli, Paul: Walser Volkstum. Frauenfeld-Stuttgart 1968

Die mittelalterliche Gesellschaft

Becker, Howard S.: Outsiders. Studies in the Sociology of Deviance. New York 1963

De Capitani, François: Adel, Bürger und Zünfte im Bern des 15. Jahrhunderts. Bern 1982 (Schriften der Berner Burgerbibliothek)

Danckert, Werner: Unehrliche Leute. Bern-Frankfurt/M 1963

Epperlein, Siegfried: Der Bauer im Bild des Mittelalters. Leipzig-Jena-Berlin 1975

Gloggner, Arthur: Die Mitwirkung des Adels bei der Gründung und Festigung der Eidgenossenschaft. Diss. Bern 1941

Graus, František: Randgruppen der städtischen Gesellschaft. Berlin 1981 (Zeitschrift für Historische Forschungen 8.4.1981)

Rösener, Werner: Bauern im Mittelalter. München 1985

Sablonier, Roger: Adel im Wandel. Eine Untersuchung zur sozialen Situation des ostschweizerischen Adels um 1300. Göttingen 1979

Schneider, Hugo: Adel – Burgen – Waffen. Bern 1968 (Monographien zur Schweizer Geschichte 1)

Shahar, Shulamit: Die Frau im Mittelalter. Königstein 1981

Sommer, Peter: Scharfrichter von Bern. Bern 1969

Zahnd, Urs Martin: Die Bildungsverhältnisse in den bernischen Ratsgeschlechtern im ausgehenden Mittelalter. Bern 1979

Das Alltagsleben

Borst, Otto: Alltagsleben im Mittelalter. Frankfurt/M 1983

Curschmann, Fritz: Hungersnöte im Mittelalter. Ein Beitrag zur deutschen Wirtschaftsgeschichte des 8.–13. Jahrhunderts. Leipzig 1900

Dubler, Anne-Marie: Maße und Gewichte im Staat Luzern und in der alten Eidgenossenschaft. Luzern 1975

Geiger, Hans-Ulrich: Schweizerische Münzen des Mittelalters. Bern 1973 (Aus dem Schweiz. Landesmuseum 33)

Das Handwerk in vor- und frühgeschichtlicher Zeit. 2 Teile Göttingen 1981 (Abhandlungen der Akademie der Wissenschaften in Göttingen. Phil.-Hist. Klasse 3. Folge Nr. 122f.)

Hauser, Albert: Vom Essen und Trinken im alten Zürich. Zürich 1973

Helfenstein, Ulrich: Beiträge zur Problematik der Lebensalter in der mittleren Geschichte. Zürcher Studien zur allgemeinen Geschichte, Zürich 1952

Husa, Václav: Der Mensch und seine Arbeit. Die Arbeitswelt in der bildenden Kunst des 11. bis 17. Jahrhunderts. Wiesbaden 1971 (Lizenzausgabe)

Krebs, Werner: Alte Handwerksbräuche, mit besonderer Berücksichtigung der Schweiz. Basel 1933

Kühnel, Harry (Hrsg.): Alltagsleben im Spätmittelalter. Graz 1984

Schiedlausky, Günther: Essen und Trinken. Tafelsitten bis zum Ausgang des Mittelalters. München 1956

Tauber, Jürg: Herd und Ofen im Mittelalter. Olten-Freiburg/Br. 1980 (Schweiz. Beitr. z. Kulturgeschichte und Archäologie des Mittelalters 7)

Tuor, Robert: Maß und Gewicht im Alten Bern, in der Waadt, im Aargau und im Jura. Bern 1977

Das Zeitalter des Glaubens

Bader, Guido: Die Hexenprozesse in der Schweiz. Diss. Zürich 1935

Braun, Albert: Der Klerus des Bistums Konstanz am Ausgang des Mittelalters. Münster 1938

Erbstößer, Martin: Ketzer im Mittelalter. Stuttgart 1984

Hecker, Norbert: Bettelorden und Bürgertum in deutschen Städten des Spätmittelalters. Bern 1981

Helvetia sacra. Begründet von P. Rudolf Henggeler, hrsg. von A. Bruckner. Bd. 1 ff. Bern 1972 ff.

Klösterliche Sachkultur des Spätmittelalters. Veröffentlichungen des Instituts für mittelalterliche Realienkunde Österreichs Nr. 7. Wien 1980

Muschg, Walter: Die Mystik in der Schweiz. Frauenfeld 1935

Nüscheler, Arnold: Die Gotteshäuser in der Schweiz, 3 Hefte, Zürich 1864–73

Pfister, Rudolf: Kirchengeschichte der Schweiz. Bd. 1 Von den Anfängen bis zum Ausgang des Mittelalters. Zürich 1964

Reinhardt, Hans: Die Schutzheiligen Basels. Basler Zeitschrift für Geschichte und Altertumskunde 65, 1, 1965

Speich, Klaus – Schläpfer, Hans. R.: Kirchen und Klöster in der Schweiz. Zürich 1978

Stückelberg, E. A.: Die Schweizerischen Heiligen des Mittelalters. Zürich 1903

Das Fest

Hoffmann-Krayer, Eduard: Feste und Bräuche des Schweizervolkes, neu bearb. von Paul Geiger. Zürich 1940
Meuli, Karl: Schweizer Masken. Zürich 1942
Meyer, Werner: Mittelalterliche Turniere. Sandoz-Bulletin 17, 1969
Michel, Theodor: Schützenbräuche in der Schweiz. Frauenfeld-Stuttgart 1983
Schaufelberger, Walter: Der Wettkampf in der alten Eidgenossenschaft. Bern 1972

Recht und Gewalt

Boesch, Gottfried: «Das kaiserliche Schwert». Die Zeremonialschwerter der urschweizerischen Landammänner. Geschichtsfreund 118, 1965
Carlen, Louis: Rechtsgeschichte der Schweiz. Bern 1968 (Monographien zur Schweizer Geschichte 4)
Carlen, Louis: Das Recht der Hirten. Aachen 1970 (Veröffentlichungen der Universität Innsbruck)
Elsener, Ferdinand: Die Einflüsse des römischen und kanonischen Rechts in der Schweiz. Historisches Jahrbuch 76, 1957
Graus, František: Gewalt und Recht im Verständnis des Mittelalters. Basel 1974 (Basler Beiträge zur Geschichtswissenschaft 134)
Hagemann, Hans-Rudolf: Basler Rechtsleben im Mittelalter. Basel-Frankfurt/M 1981
Usteri, Emil: Das öffentliche Schiedsgericht in der schweizerischen Eidgenossenschaft des 13. bis 15. Jahrhunderts. Zürich–Leipzig 1925

Krieg und Frieden

Blickle, Peter: Aufruhr und Empörung? Studien zum bäuerlichen Widerstand im alten Reich. München 1980
Durrer, Robert: Die Schweizergarde in Rom und die Schweizer in päpstlichen Diensten. 1. Teil Luzern 1927
Kurz, Hans-Rudolf: Schweizer Schlachten, Bern 1962
Meyer, Werner: Vom Langbogen zum Sturmgewehr. Geschichte des Wehr- und Schießwesens in Liestal und im Baselbiet. Liestal 1974
Padrutt, Christian: Staat und Krieg im alten Bünden. Diss. Zürich 1965
Von Mülinen, Wolfgang Friedrich: Geschichte der Schweizer Söldner bis zur Errichtung der ersten stehenden Garde 1497. Bern 1887
Schaufelberger, Walter: Der Alte Schweizer und sein Krieg. Zürich 1966 (Neuausgabe von 1952)
Sennhauser, Albert: Hauptmann und Führung im Schweizerkrieg des Mittelalters. Zürich 1965
De Vallière, Paul E.: Treue und Ehre. Geschichte der Schweizer in fremden Diensten. Deutsch von W. Sandoz. Lausanne 1940
Wernli, Fritz: Die Wahrung des Friedens in den Bundesbriefen der Urkantone. Zürich 1958

Bildnachweis

Farbbilder

Gerhard Howald, aus: M. Beck, P. Felder, E. Maurer, D.W.H. Schwarz, Königsfelden, Walter-Verlag, Olten/Freiburg i. Br. 1970
   253, 254

Werner Pfister, Olten
   49, 50, 51 links, 51 rechts, 52, 53, 54, 55, 56, 111, 112, 165, 166, 249, 250, 331, 371, 372, 373

A. Raimann/W. Roelli, Gotische Wandmalereien in Graubünden, Desertina-Verlag, Disentis 1983
   255, 256

Rätisches Museum, Chur
   215

Diebold Schilling, Amtliche Chronik. Burgerbibliothek Bern (Mss. h. h. I. 16)
   114, 169, 171, 217, 332

Diebold Schilling, Luzerner Chronik 1513. Eigentümerin: Korporationsgemeinde Luzern, Aufbewahrung: Zentralbibliothek Luzern
   113 oben, 113 unten, 216, 251, 252, 293, 294, 295, 300, 333, 334

Staatsarchiv Basel
   168

Universitätsbibliothek Heidelberg, Große Heidelberger Liederhandschrift («Manessische Liederhandschrift»)
   167, 170, 172, 218, 296, 297, 298, 299, 374

Schwarzweiß-Illustrationen

Albertina Wien, Graphische Sammlung
   176

Peter und Margrit Ammon, Luzern
   345

Amt für Museen und Archäologie des Kantons Basel-Landschaft, Liestal
   20, 42, 183

Amt für Naturschutz und Denkmalpflege des Kantons Basel-Landschaft, Liestal
   263

Anthropologie IAG (Siegfried Scheidegger, Basel)
   363

Arbeitsgemeinschaft für alpine Siedlungsarchäologie der Schweiz
   35, 61, 103, 129, 131

Archäologische Bodenforschung Basel-Stadt
   207

Archäologische Forschung im Fürstentum Liechtenstein
   223

Basler Denkmalpflege (A. Ballié, Basel)
   132, 224

Claude Bornand, Lausanne
   279

Gerold Edlibach, Zürcher Chronik. Zentralbibliothek Zürich, Kopie 1506, (Ms. A 77)
   289 (f. 343 r), 303 (f. 344 v)

Eidgenössisches Archiv für Denkmalpflege, Bern
   39, 191, 212

Historisches Museum Basel
   190, 195, 237, 283, 287

Historisches Museum Luzern
   200, 276, 354

Mesocco, Schweizerische Kunstführer Nr. 362/363, Bern 1985
   81

Werner Meyer, Basel
   31, 36, 79, 96, 99, 156, 179, 192, 193, 227, 230, 238, 241, 265, 315

Öffentliche Kunstsammlung, Kunstmuseum Basel
   220

Öffentliche Kunstsammlung, Kupferstichkabinett Basel, Urs Graf, Zeichnungen und Holzschnitte
   139, 154, 181 links, 181 rechts, 359, 365, 383

Werner Pfister, Olten
   17, 19, 45, 144

Rätisches Museum, Chur
   41, 186, 234

A. Raimann/W. Roelli, Gotische Wandmalereien in Graubünden, Desertina-Verlag, Disentis 1983
   178

Ulrich Richenthal, Chronik des Konstanzer Konzils, Handschrift im Rosgarten-Museum zu Konstanz. Faksimilierte Ausgabe von Josef Keller und Jan Thorbecke, Konstanz 1964
   198

Oswald Ruppen, Sion
    233
Diebold Schilling, Amtliche Chronik. Burgerbibliothek Bern (Mss. h.h. I. 1–3)
    22, 160, 161, 188, 269, 275, 302
Diebold Schilling, Spiezer Chronik. Burgerbibliothek Bern (Mss. h.h. I.16)
    25, 123, 140, 143, 151, 174, 203, 244, 264, 307, 310, 313, 317, 324, 341, 369
Diebold Schilling, Luzerner Chronik 1513. Eigentümerin: Korporationsgemeinde Luzern, Aufbewahrung: Zentralbibliothek Luzern, Negative: Schweizerisches Landesmuseum Zürich
    65, 87, 93, 100, 119, 126, 259, 321, 325, 379
Werner Schodoler, Eidgenössische Chronik, Faksimile-Ausgabe von Walther Benz. Faksimile-Verlag, Luzern 1983
    74, 77, 208
Schweizerischer Burgenverein, Zürich
    69, 73, 105, 107, 204
Schweizerisches Landesmuseum Zürich
    137, 148, 185, 197, 210, 228, 243, 247, 261, 266, 329, 353, 366
Staatsarchiv Basel
    71, 98, 159, 162
Staatsarchiv Obwalden, Sarnen (Josef Reinhard, Sachseln)
    336, 384
Staatsarchiv Uri, Altdorf
    327
Sascha Stehlin, Basel
    62, 184
Benedikt Tschachtlan, Bilderchronik. Eigentümerin: Zentralbibliothek Zürich. Faksimile-Ausgabe von H. Bloesch, L. Forrer, P. Hilber, Genf/Zürich 1933
    32, 64, 76, 89, 221, 348, 356
Universitätsbibliothek Basel
    134, 284
Universitätsbibliothek Heidelberg, Große Heidelberger Liederhandschrift («Manessische Liederhandschrift»)
    27, 136, 157, 240, 271, 272, 281, 338
Johann Jakob Wick, «Wickiana». Zentralbibliothek Zürich (Ms. F12 – F31)
    182 (F12, 250v), 222 (F12, 184v), 225 (F13, 85r), 270 (F31, 172v)

Dank

Zu danken habe ich Maria-Letizia Heyer-Boscardin für die Beschaffung der Abbildungsunterlagen, Susanne Bruggmann für die Reinschrift des Manuskriptes. Mit zahlreichen mündlichen Informationen trugen zum Gelingen des Buches bei: Kurt Bänteli, Peter Baumann, Werner Bellwald, Josef Betschart, Jakob Bill, Thomas Bitterli, Kari Danioth, Käthi Eder, Benno Furrer, Angelo Garovi, Peter Kaiser, Hans Knöri(†), Philippe Morel, Hans Murer, Jakob Obrecht, Siegfried Scheidegger, Urspeter Schelbert, Peter Schmid, Heiri Stüssi, Toni Walker; auch ihnen gilt mein besonderer Dank.

Werner Meyer